革命文献与民国时期文献保护计划

革命文獻與民國時期文獻
保護計劃

成果

革命文献与民国时期文献整理出版
工作委员会

革命文献与民国时期文献整理出版
学术顾问

（按姓氏笔画排序）

新宁铁路档案资料汇编

（二）

总结册1：1913年、1916年、1917年

林　军　高东辉　罗达全　主编

暨南大學出版社
JINAN UNIVERSITY PRESS

中国·广州

图书在版编目（CIP）数据

新宁铁路档案资料汇编．二．总结册 1，1913 年、1916 年、1917 年 / 林军，高东辉，罗达全主编．—广州：暨南大学出版社，2020. 10

ISBN 978 - 7 - 5668 - 2789 - 0

Ⅰ. ①新…　Ⅱ. ①林… ②高… ③罗…　Ⅲ. ①铁路线路—史料—广东—近代
Ⅳ. ①F532. 865

中国版本图书馆 CIP 数据核字（2019）第 247101 号

新宁铁路档案资料汇编（二）
总结册 1：1913 年、1916 年、1917 年
XINNING TIELU DANGAN ZILIAO HUIBIAN（ER）
ZONGJIECE 1：1913 NIAN、1916 NIAN、1917 NIAN
主　编：林　军　高东辉　罗达全

出 版 人： 张晋升
策划编辑： 黄圣英
责任编辑： 冯　琳　詹建林
责任校对： 黄　球　苏　洁
责任印制： 汤慧君　周一丹

出版发行： 暨南大学出版社（510630）
电　　话： 总编室（8620）85221601
营销部（8620）85225284　85228291　85228292　85226712
传　　真：（8620）85221583（办公室）　85223774（营销部）
网　　址： http：//www. jnupress. com
排　　版： 广州市天河星辰文化发展部照排中心
印　　刷： 深圳市新联美术印刷有限公司
开　　本： 787mm × 1092mm　1/16
印　　张： 76
字　　数： 1208 千
版　　次： 2020 年 10 月第 1 版
印　　次： 2020 年 10 月第 1 次
定　　价： 428. 00 元（全七册）

江门市博物馆馆藏新宁铁路文物概述
（代序）

江门市博物馆　林　军

新宁铁路是江门市台山籍旅美华侨陈宜禧先生创办的一条全国最长的侨办民营铁路。新宁铁路从1906年5月开始兴建，至1920年完成，前后共分三期工程，历时14年，共召集股本近366万元，投资800多万元，建成铁路全长133公里，共有车站46个，并先后建成公益码头、北街码头、公益机器厂、牛湾船坞、宁城印刷厂等一大批工程。新宁铁路前后经营30多年，对当时江门地区乃至整个广东地区的水陆交通以及民族经济的发展起到了巨大的推动作用。抗战期间，为防资敌，国民政府下令彻底破坏铁路，后又下令搜集铁轨运往广西建筑铁路，至此，新宁铁路遭到毁灭性的破坏，仅遗下台山新宁铁路火车站（后因故拆毁）和江门北街火车站旧址。

图1　1929年新建的宁城车站

陈宜禧（1844—1930），字畅庭，台山人，19世纪60年代初赴美，1889年组建广德公司，自任总理，包工承建北太平洋铁路工程。他先后在美国从事铁路建设达40年之久，筑路经验丰富。光绪三十年(1904）回乡，以“不收洋股，不借洋款，不雇洋工”为号召，倡建新宁铁路，得到县人及旅外侨胞的支持，于1906年成立新宁铁路公司，历经14年建成新宁铁路，写下了我国自力建筑铁路的光辉史页。

图2　陈宜禧像

江门市博物馆是国内重要的华侨专题博物馆，馆藏华侨文物4万多件（套），其中新宁铁路文物资料150余件，时间主要为清末至民国时期，主要包括图纸、章程、股份簿、股息折、车票、货票、行李票、工作证、年结册、股东入场证、行车时刻表等，是目前国内收藏新宁铁路文献资料最为丰富的博物馆，下文即对江门市博物馆馆藏部分重要新宁铁路文物进行介绍。

1. 1911年商办新宁铁路展筑至新会江门白石路线图

该图（图3）绘制于宣统三年即1911年5月。新宁铁路自1906年动工兴建，先后进行了三期工程，分别是1906年5月至1909年3月，完成公益至斗山线路工程；1910年1月至1913年4月，完成公益至北街线路工程；1917年2月至1920年3月，完成台城至白沙线路工程。其中第二期工程原计划将铁路连接至佛山，但遭到粤汉铁路公司的坚决反对，1908年邮传部只批准了铁路公司修建公益到新会的线路，该项目于1910年6月即将完工时，陈宜禧再次向政府申请将铁路展筑到江门的北街，7月份获得核准，铁路公司在继续修筑新会线路的同时，开始进行到北街的线路测量工作。该图纸即是于1911年5月绘制的展筑到江门白石北街的路线图，由广州岭南书局五彩石印，图纸左下方为图例、图说，是新宁铁路早期的重要文物，对研究新宁铁路以及江门地方历史具有重要价值。

图3　新宁铁路展筑至新会江门白石路线图

2. 新宁铁路股份簿和新宁铁路公司息折

新宁铁路自筹办起，制定《筹办新宁铁路有限公司草定章程》即提出“不收洋股，不借洋款，不雇洋工”的主张，1906年新宁铁路公司成立，制定公司章程确认了“三不”原则，大大激发了海外华侨的爱国热情，纷纷购买新宁铁路公司的股份，新宁铁路前后修建共召集股本近366万元，并按期向股

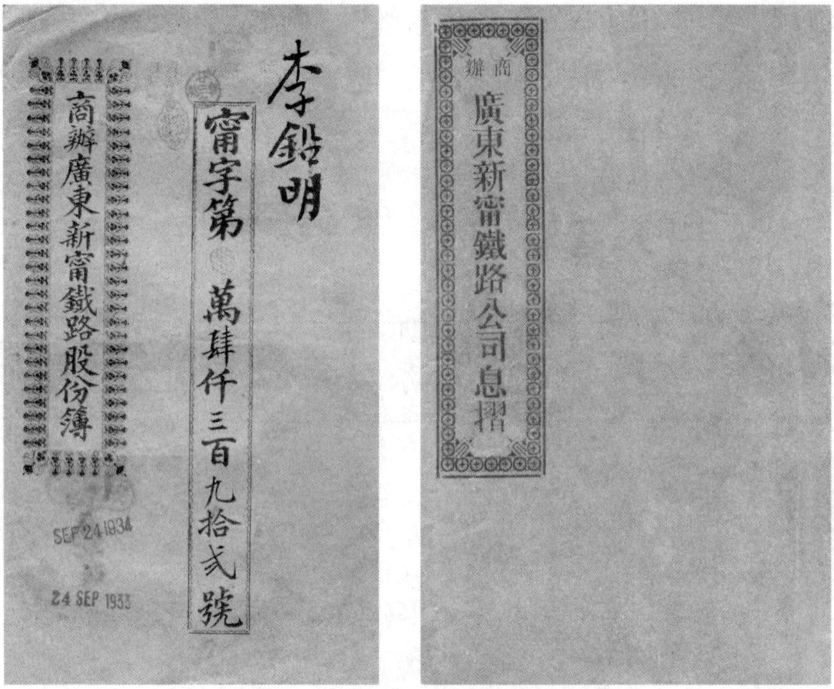

图 4　新宁铁路股份簿和公司息折

东支付股息。江门市博物馆馆藏之文物基本涵盖了清末至民国时期新宁铁路公司前后各时期发行的股份簿、股息折。

此外，特别介绍 1921 年马田坡祖新宁铁路股东会股份簿（图 5）：新宁铁路三期工程从台城修筑到白沙，为在新宁铁路的经营和管理中获得更大的话语权，维护白沙马氏宗族的利益，马氏宗族将族人所持有的新宁铁路股票统一保存、统一管理，并成立股东会——马田坡祖新宁铁路股东会。根据章程，每一届股票管理专员为三人，民国十年（1921）股票管理专员为马叙朝、马顺贤等三人，其中马叙朝是祖籍台山的香港著名华商，为四邑轮船公司和新宁铁路公司的理事。该

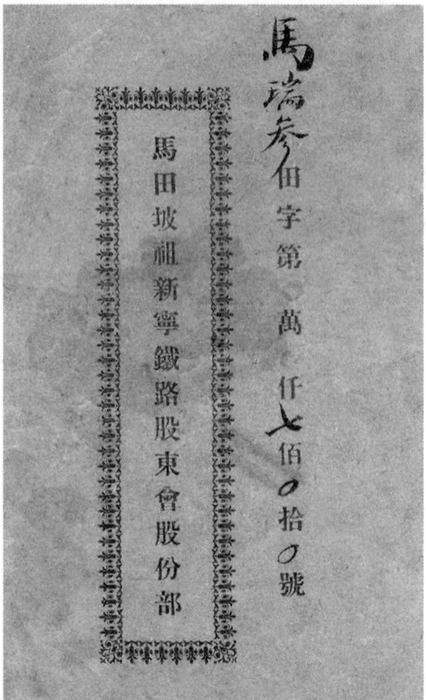

图 5　马田坡祖新宁铁路股东会股份部（簿）

股份簿是台山马田坡祖新宁铁路股东会发给马瑞参的，马瑞参上交代存新宁铁路股票五份，价值二十五元。

3. 新宁铁路客座、货运票

新宁铁路自1909年开始运营客运和货运业务，是新宁铁路公司的主要收入来源，其中客座票分为头等、二等、三等，对幼童和儿童有免票和半票的规定，根据不同等级的客座规定对乘客所带行李有相应的免费限额，超出的部分需要另外收取费用，并印制有专门行李票；江门市博物馆馆藏新宁铁路的货运票为新宁铁路货运票和新宁铁路二等货运票，其货运票背面印制有新宁铁路公司的装货规则，共七条。(图6)

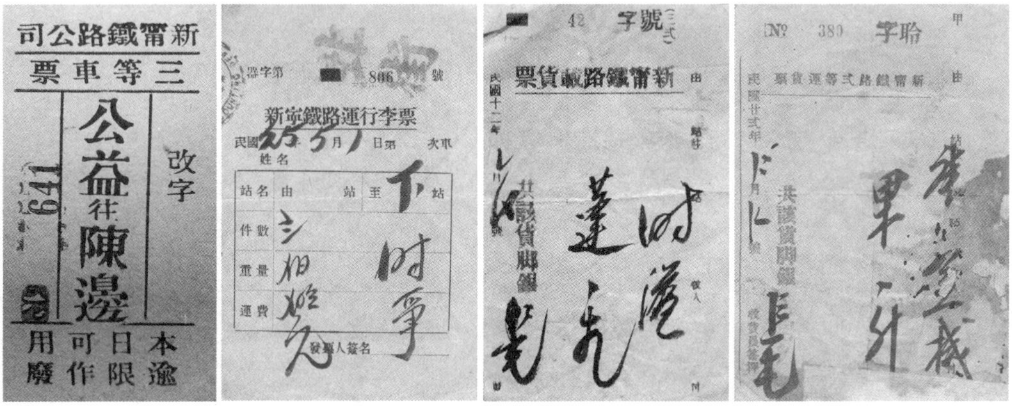

图6　新宁铁路客座、货运票

(从左至右分别为三等客座票、专门行李票、货运票、二等货运票)

此外，新宁铁路公司还有铁路公司职工乘车凭证和新宁铁路各乡"巡城马"搭车半价票（图7），前者是公司给予的职工待遇，公司职员可以按照任职的等级乘坐相应等级的座位，后者则是给予"巡城马"这一特殊客户的优待条件。"巡城马"是清末民国广府地区专门为华侨带送侨汇和为华侨交通服务的特殊群体，因为他们几乎天天都要在路上，且经常携带货物或者陪同华侨，是铁路争取的重要客源，因此专门给他们半价优惠。

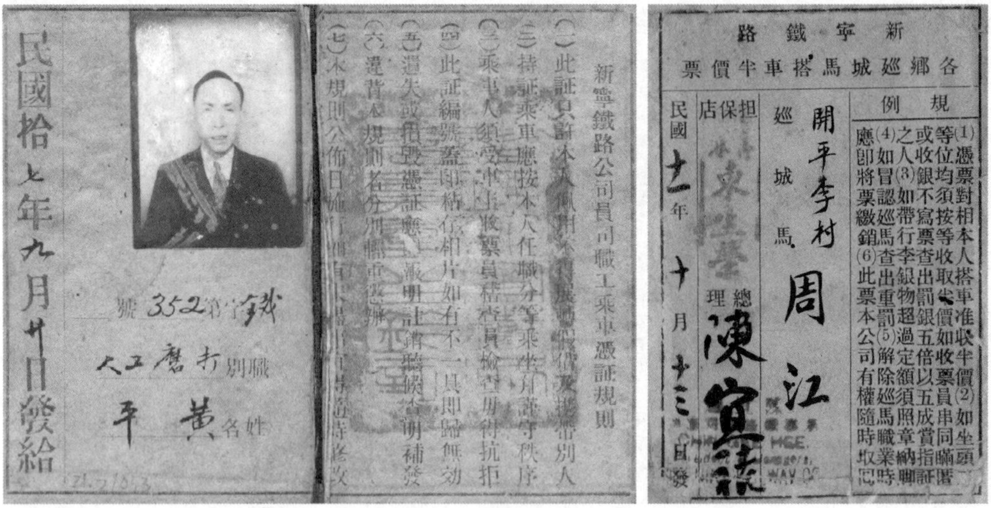

图 7　铁路公司职工乘车凭证（左）和各乡“巡城马”搭车半价票（右）

4. 新宁铁路公司十六年度（1927）岁入岁出报告书

1926 年，由于内外原因，新宁铁路经营困难，爆发工潮，广东省政府随即组织新宁铁路整理委员会接管新宁铁路路权，此事受到股东们以及陈宜禧的抵制，但整理委员会于 1927 年借助军事力量强行接管路权，开始了对新宁铁路为期两年的管理，1929 年 1 月新宁铁路才恢复商办。该报告书（图 8）就是新宁铁路整理委员会管理新宁铁路期间出具的 1927 年公司收支情况的报告。

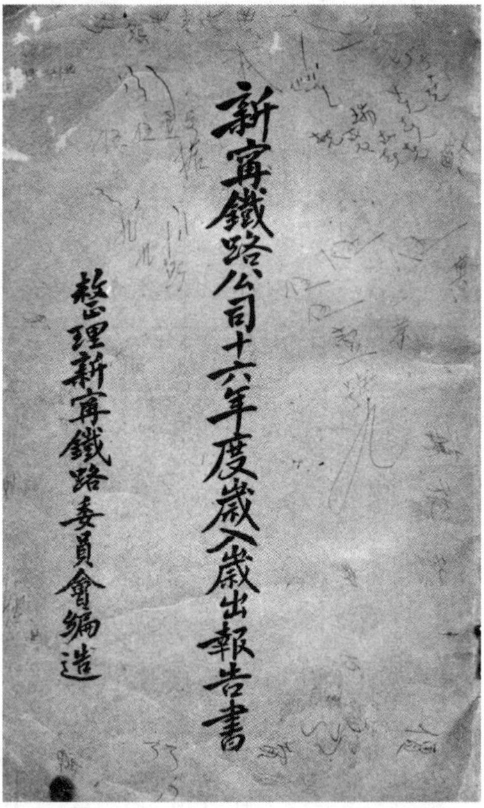

图 8　新宁铁路公司十六年度（1927）岁入岁出报告书

5. 新宁铁路公司定期附款单

1929 年新宁铁路恢复商办以后，新的公司管理层进行了许多改革，特别是有轨电车的开通，使得公司终于实现了盈利。此外，公司还进行多种经营，重新改造了宁城和北街的车站、出租车站前面的铺位。新宁铁路公司定期附款单的出现则是因为公司开辟了储蓄的业务领域，并以“存款铁路、利息优厚、手续便捷、基本稳固”为口号。该附款单是叶茂湛1 000元存一年期的单据（图9）。

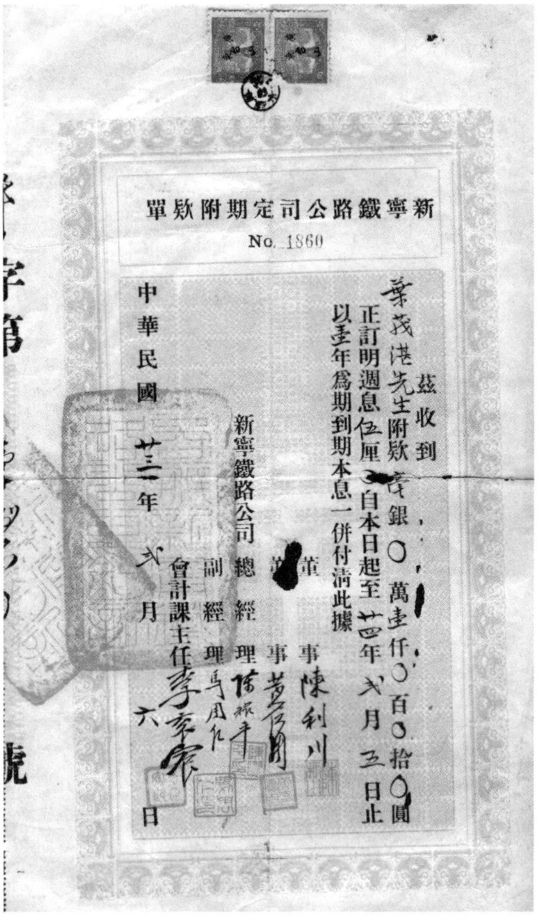

新寧鐵路公司定期附欵單

No. 1860

茲收到

葉茂湛先生附欵壹銀〇萬壹仟〇百〇拾〇圓

正訂明週息伍厘自本日起至廿四年弍月五日止

以壹年為期到期本息一併付清此據

董事 陳利川

董事

總經理

副經理

會計課主任

新寧鐵路公司

中華民國廿三年弍月六日

图9　新宁铁路公司定期附款单

6. 1931年新宁铁路行车时刻表

1931年，新宁铁路公司执行新的列车运行时间，刊印了新的列车时刻表（图10）。从该表可以看出，其时新宁铁路除整体线路外，还运行西南支线以及新会到北街的支线，遇白沙墟以及宁市墟墟市时间还开行特别列车到达，公司运行的列车有客户混列、特别客车和有轨电车，其中以新会到北街的线路运行最为繁忙。它从侧面反映了当时经济社会的殷实情况。

新宁铁路的建成，使地方的交通建设有了一个质的飞跃，直接影响和推动了邻近各县的公路网建设以及航运的发展，在中国交通史尤其是铁路建设史上有着重要的地位。江门市博物馆馆藏的新宁铁路文物，见证着我国侨办民营铁路的历史，也见证着以陈宜禧为代表的爱国归侨对祖国建设所作的巨大贡献，展现了海外华侨华人款款爱国之情以及中国人民自强不息、勇于开拓的气概。

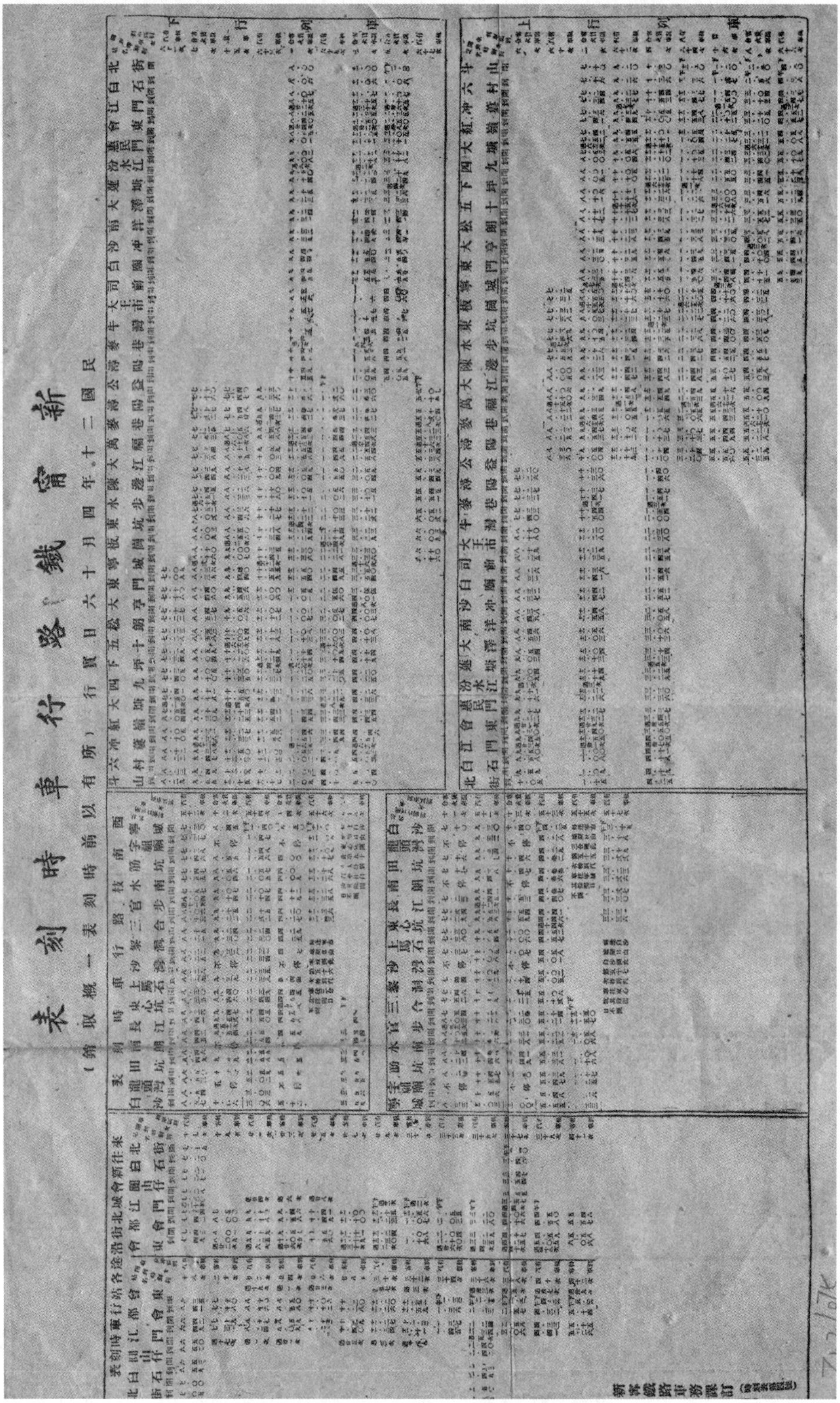
新寧鐵路行車時刻表
（所有以前時刻表一概取銷）民國二十年四月十六日實行

图10　1931年新宁铁路行车时刻表

新宁铁路档案资料汇编（二）全七册

总目录

总结册1：1913年、1916年、1917年

总结册2：1920年、1921年

总结册3：1923年、1924年

会计年报：1931年　会计统计年报：1933年、1934年、1935年

章程、息折、股份簿、收支报告书

新宁铁路公报（第1期）

新宁铁路公司志暨陈总理宜禧先生铜像纪念录

目 录 contents

江门市博物馆馆藏新宁铁路文物概述 （代序） 001

商办广东新宁铁路公司民国二年总结册 001

商办广东新宁铁路公司民国五年份总结册 059

商办广东新宁铁路公司民国六年份总结册 097

商辦廣東新寧鐵路公司民國弍年總結册

商辦廣東新寧鐵路公司年結序

攷查各國通例商路公司每一次年度必有因革損益之計畫營業盈虧之報告刊刻徵信書派給股東以資攷核查本公司自丙午年正月開辦至己酉四月新寧全路告成經將收入股欵支出建築費四年總結造册報 部立案並印徵信錄分寄省港內地金山各埠股東查閱以後遞年年有年結月有月結循照商家普通規則開列接管新收支出實存四柱總册分送 公鑒本公司並遵奉部頒統計表式每年循例造報內容如營業運輸之狀況

資産建設之攷查燦然具備詳晰無遺惜卷帙太繁故未附列年結以供瀏覽茲者路工已竣百端具有條理年結徵信錄一書若仍如上年之簡畧實不足以饜股東之望緣上年謠諑繁興風潮突起謂本公司八年無數核算茲再督率會計員司將歷年統計表册刊印成書如欲查每歲出入各數册内條分縷晰較諸年結尤爲詳備但表册卷帙繁多排印頗費手工恐難與年結同時出版伏望衆股東勿以濡滯時日見責是爲厚幸爰誌數言刋于篇首

民國三年四月吉日　新寍鐵路公司總理陳宜禧謹識

謹將民國弍年本公司進支數目年結總册列呈

公鑒

舊管

接上民國元年結存來銀叁萬弍仟叁百零玖元九毫八仙九

新收

車脚類

營業項下

一進正月份客車儎脚銀四萬五千四百八十九元七毛一仙

一進二月份客車儎脚銀三萬八千八百四十八員七毫三仙

一進三月份客車儎脚銀四萬七千四百零六元五毛一仙

一進四月份客車儎脚銀四萬九千六百五十一員四毛三仙五文

一進五月份客車載脚銀四萬五千一百三十五元六毫三仙五

一進六月份客車載脚銀四萬零八百三十四元九毫四仙五文

一進七月份客車載脚銀四萬二千八百零二元八毛

一進八月份客車載脚銀三萬五千五百五十五元二毛三仙五文

一進九月份客車載脚銀四萬二千一百八十五元二毛四仙五文

一進十月份客車載脚銀四萬六千五百六十五元五毫五仙五文

一進十一月份客車載脚銀四萬三千六百三十四元四毛三仙五文

一進十二月份客車載脚銀五萬零四百六十九元七毛九仙

一進正月份貨車載脚銀一萬六千三百二十三元一毛五仙

一進二月份貨車載脚銀九千零五十二元七毛一仙

一進三月份貨車載脚銀一萬一千二百八十七元七毛九仙

一進四月份貨車載脚銀九千三百九十九元九毛一仙

一進五月份貨車載脚銀八千六百零三元四毛九仙

一進六月份貨車載脚銀七千三百一十四元三毛

一進八月份貨車儎脚銀七千八百零八元三毛一仙
一進八月份貨車儎脚銀七千零一十六元六毛九仙
一進九月份貨車儎脚銀九千五百七十八元四毛九仙
一進十月份貨車儎脚銀一萬一千三百六十元零五毛二仙
一進十一月份貨車儎脚銀一萬一千八百七十六元九毛四仙
一進十二月份貨車儎脚銀一萬七千三百七十九元六毛四仙
一進正月份戲班車脚銀八十元
一進三月份戲班車脚銀二百零五元
一進四月份戲班車脚銀一百三十元
一進五月份戲班車脚銀二百三十元
一進六月份戲班車脚銀一百二十元
一進八月份戲班車脚銀八十元
一進十月份戲班車脚銀三百一十元
一進十二月份戲班車脚銀一百元

是年計進客脚銀五十二萬八千五百八十元零零二仙五
是年計進貨脚銀一十二萬六千九百九十一元九毛四仙
是年計進觙戲班車脚銀一千二百五十五元
以上共進車脚銀六十五萬六千八百二十六元九毛六仙五文

營業項下

一進前認股報費銀三十元零一毛四仙
一進轉賣公益埠地段銀一千三百五十元
一進印務局接印外處印件銀三百九十一元三毛
一進違犯路章罰欵銀一百七十七元一毛
一進貨項扣現銀三百一十三元六毫三仙
一進找換銀水銀四千一百四十六元零一仙
一進存欵生息銀一百八十元零八毫五仙
一進廣寧輪船派股息銀二百四十元
一進廣寧輪船派上利銀一千元

一進永聯輪船派股息銀一百四十七元七毛八仙

一進永聯輪船派上利銀三百六十元

一進收回錯領田價銀四十二元六毛八仙

以上一十二柱共進銀八千三百七十九員四毫九仙

營業項下

租項類

一進永祥來癸丑年正月起至六月止六個月公益地舖租銀一百二十六元七毛四仙

一進祖記來舊歷九月十五起至十二月底止三個半月公益地舖租銀七十二元九毛一仙七文

一進朱家周來批北街賣物塲頭期租銀四百七十九元

一進紹興公司來紹安輪船三月廿六日起至十二月底止北街碼頭租銀九百二十元

一進廣安公司來泰安輪船三月廿六日起至十二月底止北街碼頭租銀九百二十元

一進四邑輪船公司來安利順利輪船三月廿六日起至十二月底止北街碼頭租銀一千八百四十元

一進進發來批寧城站賣物塲第二期地租銀九十七元

一進陳福盛來癸丑四月起至甲寅三月止斗山地租銀三十元

一進李彥來批車上賣物頭期租銀一百三十元

一進甯會輪船公司來六月份北街碼頭租銀六十元

一進廣福來批江門站賣物塲頭期租銀一百五十元

一進下坪站收來地租銀三元

一進廖榮來全年屋租銀三十六元

一進三合醬園來全年舖租二十元

一進永達堂茧市廠批北街地第二期租銀二百元

一進周斗來北街寮仔地租銀八元

以上共進租項銀五千零九十二員六毛五仙七文

營業項下

變賣物品類

一進前任民團長李海雲來舊歲取煤炭銀五百五十元

一進北街洋關來取煤炭銀一十元

一進廣寧輪船來修整船工料銀一千三百二十七元六毛六仙

一進湯偉記來定做鐵器二件工料銀三十五元三毛
一進陳伯棠來取駁壳碼一百粒銀八元一毛
一進朱家周來取煤炭除比對數外實收銀三十九元一毛
一進伍華學來取砂一卡銀一元五毛
一進寗江輪船來取煤炭銀三十元
一進廣順安來取煤炭銀九十元
一進板崗黃棣來取砂二卡銀一十元
一進廣寗輪船來修整船工料銀二十九元
一進利安來取煤炭銀六十元
一進新寗日報來定做鐵器一件工料一十元零零六仙
一進新寗日報來定做銅器一件工料銀一十二元八毛
一進寧江輪船來取煤炭銀四百二十元
一進廣寗輪船來修整船工料銀八百五十元零六毛三仙五文
一進寗安兵船來修整船工料銀二十六元五毛

一進寧江輪船來取煤炭銀一百二十元

一進江門會城警區來取鉛線瓦壺銀五十二元八毛五仙

一進陳宗棟來取椿頭銀六元二毫四仙

一進均利來取羅絲銀五元五毛

一進兆安祥來取生鐵碌銀一十六元

一進雷保來取椿頭銀二十三元四毛

一進海萃輪船來取青梯扇銀七十八元五毛

一進余煒和來取椿頭銀九十八元九毛六仙

一進李儒珍來取銅器物件銀三十六元七毛

一進東海輪船來取煤炭銀一十二元

一進鹽埠來取椿頭鐵板銀一百二十八元四毛

一進廣寧輪船來取煤炭銀六十五元

一進余偉和來取椿頭銀三十七元一毛五仙

一進東河輪船來取材料銀一百七十八元
一進陳良滾來取銅器銀八元
一進東河輪船來取材料銀五十元
一進廣順安輪船來做套南鋼工料銀三十一元
一進李金銘來取銅板銀六元零八仙
一進紹榮來取椿頭銀一元三毫二仙
一進公益渡火船來取汗炭銀三元
一進何得利船來取鐵板較銀四元五毛
一進同德公司來取鋼銼銀五元零三仙
一進仁安來取魚油銀九元四毛
一進永聯公司來取機油威士銀八元五毛二仙
一進賣火水罐坭桶帋張零碎舊物銀一百二十二元零一仙四文
以上變賣品類共進銀四千六百一十八元二毫一仙九文

营業項下　**雜項類**

一進元月十四日扣廣成利船欠煤(壹噸叁壹)補銀一十三元七毛五仙
一進元月廿九日扣坤利船欠煤(壹噸陸)補銀一十六元八毛
一進元月卅日扣周添利船欠煤三百七十斤補銀二元三毛一仙
一進四月初六日扣裕利船籐絲皮四磅補銀二元四毛
一進五月初六日扣裕利船欠煤(壹噸柒五叁)補銀一十七元五毛三仙
一進五月十五日扣何華新船欠舊銅九磅補銀三元六毫
一進九月二十日扣新有利船欠木枕二枝補銀三元二毛
一進十二月十二日扣順安船欠煤一萬二千零六十磅補銀六十四元六毫二仙
一進沽垠桶油桶等件銀六百零八元九毛二仙
以上雜項共進銀七百三十三元一毛三仙

股本項下

一進展築會路新股份銀一千零七十元

借欵項下

一進息借入各欵銀六十萬零四千九百零二元一毫六仙（逐條表明于後）

按櫃項下

一進各站長按櫃銀一千四百元（來往表明于後）

滙欵項下

一進香港分局收滙項銀二十五萬三千九百九十元零三毛九仙（收支表明于後）

以上新收

營業項下共進銀六十七萬五千六百五十元零四毫六仙一文

股本項下共進銀一千零七十元正

借欵按櫃滙項共進銀八十六萬零二百九十三元五毛五仙

舊管新收合共進銀壹百五拾陸萬九千叁百二拾三元

開除

還欵門

一支還息借各欵銀六十四萬一千三百三十一員一毫八仙四文（逐条表明于後）

一支還各站長按櫃銀二千元　（來往表明于後）
一支還萬國銀行來往銀一萬九千五百一十元零零五　（由是年來往比對計還）
一支借欵利息銀一十二萬三千零五十四員二毛七仙二文　（內有上年未支息由今年支息）
一支按櫃利息銀四百八十七元零九仙四文
一支交香港分局滙項銀二十五萬六千弍百五十八元壹毫九仙　（收支表明于後）
以上還欵項下共支銀壹百零四萬二千六百四十元零七毛九仙

營業門　總務類

一支陳總理全年薪水銀四千二百元
一支書記長全年薪水銀一千八百元
一支書記二員全年薪工銀七百八十四元三毛三仙
一支會計二員全年薪工銀九百七十九元零六仙六
一支收支二員全年薪工銀一千一百四十元
一支繙校三員全年薪工銀一千零五十元零八毛六仙

一支庶務二員全年薪工銀八百六十七元
一支番譯一員叁個月薪工銀一百五十元
一支總巡一員四個半月薪工銀一百八十元
一支理股册三員全年薪工銀六百四十三元三毛三仙
一支管材料三員全年薪工銀五百七十一元二毛
一支購地總管一員全年薪工銀七百二十元
一支測繪工程一員四個月薪工銀二百元
一支香港分局員役全年薪工銀一千六百零三元
一支各處更夫什役火夫全年工項銀三千九百四十二元零九仙
一支全路管理電話員役全年薪工銀二千五百三十九元零五仙二
一支添購電話材料銀一千八百三十五員八毛一仙三
一支全路巡警四隊全年薪工雜費銀六千二百三十七元二毛四仙
一支添置巡警用什物項銀一百六十四元零三仙八
一支購電燈器具項銀一千零八十二元五毛一仙

一支撫邮醫傷費銀一千五百九十七元二毛五仙七
一支電報郵費銀一千七百零四元四毛八仙二
一支登告白費銀一千零三十八元八毛四仙
一支賞格費銀二十七元五毛
一支辦公什用旅行各費銀五千九百二十七元三毛九仙九
一支總公司逊分局關員處添置傢具銀四百零五元七毫一仙五文
一支材料運駁費銀二千八百元零零二毛四仙二
一支材料稅釐銷號項銀一萬八千八百五十三員六毛二仙八文
一支儎大宗材料船脚銀一萬五千四百五十四元四毛七仙
一支沽銅仙虧水銀一百三十二元一毫
一支銀行辦房借欵扣佣銀三千一百八十四元五毛九仙
一支補滙項港紙水銀一萬五千七百八十二元零四仙（滙項收入內多係滘銀紙交還係用銀毫）
一支駐滘分局壬子年樓租銀五百七十元
以上總務項下共支銀九萬八千壹百六十七員七毛九仙二文

營業門 **車務類**

一支總管一員全年薪工銀四百八十九元三毛
一支會計一員全年薪工銀四百八十元
一支查票各員全年薪工銀一千五百三十二元
一支各站站長員役全年薪工銀一萬九千四百一十二元零六仙（共計三十五站）
一支行車驗票各員全年薪工銀四千六百零六元九毫四仙五文
一支行車理貨各員全年薪工銀三千六百七十元零一毫八仙
一支站守司信號什差全年工銀八百一十二元九毛六仙三
一支印務局員役全年薪工銀二千一百四十六元二毛五仙
一支印務局購紙張銀四千一百一十二元七毛七仙
一支印務局購字粒銀一百四十七元一毛六仙
一支管理寧陽小火船員役七個月薪工銀七百八十四元
一支寧陽小火船修理費銀二十三元二毛

一支管理牛灣過海大船員役全年薪工銀二千九百五十元零六毫五仙九文
一支牛灣過海船修理費銀四百九拾三元六毛二仙七文
一支牛灣駁客艇船費銀壹千八百元零零零五仙七文
一支各站添置家具銀二拾九元九毫四仙一文
一支各站各處什用物項銀一千九百七十一元五毛九仙六
一支賠償損失貨物銀一百七十五元六毛六仙六
一支建築六村公益水塔工料銀五千六百五十四元零零七文
一支建築公益轉車盆工項銀二千零六十二元九毛零三文
一支裝修擴大車站車廠工料銀五千二百六十八元六毛一仙三
一支購洋磅二架銀三百三十元零零四仙

以上車務項下共支銀五萬八千九百五十三員九毛三仙七文

營業門

廠務類

一支機器廠總管二員全年薪工銀九百八十九員三毛一仙六

一支機器廠全年散工銀一萬二千零五十元零四毛七仙七文
一支鑄鐵廠頭目一員全年薪工銀三百七十二員一毫六仙
一支鑄鐵廠全年散工銀二千五百六十二員六毫六仙
一支打鐵廠頭目一員全年薪工銀四百三十三員九毛九仙
一支打鐵廠全年散工銀一千七百七十四元六毛六仙
一支補爐廠頭目一員全年薪工銀三百五十二員二毛
一支補爐廠全年散工銀三千七百九十八員一毛六仙
一支車輛廠頭目一員全年薪工銀五百一十五員二毛
一支車輛廠全年散工銀七千三百零七員三毛五仙
一支行各機車員役全年薪工銀一萬三千八百二十三元九毛三仙二
一支各廠什用物項銀二千六百一十八員八毛一仙二文
一支裝修車輛包工銀一千一百五十元
一支築機廠圍墻工料銀四百七十元零八毫八仙八文
一支築機廠爐房工料銀二千一百二十三元三毛七仙

一支購煤炭項銀八萬七千零六十五員七毛八仙
一支購機油項銀三千五百八十九元九毫六仙
一支購車輪項銀五千三百二十八員一毛五仙
一支購銅鐵材料銀二萬九千一百四十員零零八仙
一支購卡礎頭風古銀四千四百二十六元三毫一仙
一支購卡汽古彈弓車石銀五千六百五十九元七毛七仙
一支購水櫃鑽床螺絲床銀一千一百六十元
一支購松板銀五百四十元零六毛八仙
以上融務項下共支銀一十八萬七千二百五十三元九毛零五文

營業門　養路類

一支工程司一員五個月薪工銀二百四十元零六毛六仙
一支稽核工數一員全年薪工銀三百壹十二元二毫六仙六
一支巡查路㑹工數員二員全年薪工銀五百五十九員一毛六仙六文

一支分段工廠管理各員全年薪工銀九百五十員零四毛三仙
一支分段查工數二員全年薪工銀三百六十六員二毛
一支沿途路𤘈各工頭全年薪工銀九千五百九十六員零二仙四文
一支修路全年散工銀五萬六千一百四十九員九毛一仙六文
一支修路全年取坭沙項銀六千七百二十二員三毛一仙七文
一支修路器具銀一千七百五十四員九毛一仙六文
一支修路工役住屋篷廠什用等費銀一千三百二十六員八毛八仙三文
一支購田地項銀一百八十六員三毫三仙四文
一支補種植項銀七元一毛五仙
一支補遷墳費銀一十六元二毛
一支購士敏坭銀五百四十元
一支購木枕銀一萬六千四百三十六元七毛四仙
一支購修路尾卡仔銀七百七十八元四毫九仙
以上養路項下共支銀九萬五千九百四十三元六毛九仙二文

會路建設門

一支工程員役五個月薪工銀三百四十九元五毫六仙六文

一支築路各冚工頭全年薪工銀九百二十六元八毛六仙

一支築路各冚全年散工銀七千七百二十三元二毛九仙

一支築路包工銀四百一十元零五毫七仙

一支橋樑夫役六個月工銀二千一百七十五元三毫四仙九文

一支橋樁司機夫役六個月工銀二百八十六元一毫七仙

一支安軌夫役五個月工銀一千八百四十二員一毫七仙九

一支工程車員役全年薪工銀三千三百六十一元五毫五仙六

一支更夫雜役全年工銀六百一十九元四毫六仙六文

一支牛灣木匠全年工銀一千九百七十元零四毫五仙四

一支築牛灣碼頭船塢工銀一千三百六十六元一毫六仙六文

一支牛灣船塢鑿坭砂工銀五百一十六元九毫七仙一文

一支牛灣船塢改涌甃坭包工銀三百二十四員八毫四仙
一支築北街車盆工項銀七百三十一元六毫五仙
一支築北街車站工料銀三千零八十一元六毛八仙九文
一支築北街泵水偈屋工料銀一百三十元零六毛七仙
一支築北街水井屋工料銀二百七十八元二毫八仙四文
一支築江門車站工料銀九百九十九元四毛零四文
一支築江門站舖屋工料銀四百六十九元四毫零六文
一支修整北街碼頭工銀二十五元二毫五仙
一支路工廠用器具銀五十六元一毫六仙八文
一支築路工役住屋篷廠什用費銀五百八十五元九毫六仙六文
一支購田地項銀三千五百二十九元四毫二仙
一支購地員薪水用項銀九百三十元零七毫八仙七文
一支購石料銀一千二百一十四元九毫二仙五
一支購士敏坭銀一千九百零八元四毛

商辦廣東新寧鐵路公司　民國二年總結册　十二　本鐵路公司自刊

一支購木枕銀七千零六十九元零五仙

一支購橋木銀一萬四千四百四十五元二毛七仙

一支購杉木銀一百七十元零二毛四仙六文

一支購松木樁銀五百九十九元三毛八仙六文

一支購松板銀二千二百五十七元五毛三仙

一支購鐵路釘銀二千四百四十九元五毛

一支取坭砂銀三千八百二十六元四毛八仙六

一支補種植費銀二十七元六毛二仙

一支補遷舖戶費銀七十五元五毛

以上建設項下共支銀六萬六千七百三十六元零四仙四文

統計

還欵門項下借項息項滙項共支銀一百零四萬二千六百四十元零七毛九仙

營業門項下薪工材料什費共支銀四十四萬零三百一十九員三毛二仙六文

建設門項下薪工材料什費共支銀六萬六千七百三十六元零四仙四文

管收
開除

比對外實存銀壹萬玖千陸百貳拾陸員捌毫肆仙

實存項下

計開

一存港官銀錢局欠來往銀四千零五十五元五毛五仙
一存港廣東銀行欠來往銀四百六十八元零三仙
一存省廣東銀行欠來往銀二百六十元零五毛
一存寧總公司銀三千八百三十八元零七仙三文
一存公益分局銀四十四元四毛四仙九文
一存新會分局銀四千八百七十三元四毛二仙二文
一存香港分局銀一千一百四十七元七毛二仙
一存各號欠銀四千九百三十九元零九仙六文

合實存銀壹萬玖千陸百貳拾陸員捌毫肆仙

另存

附廣甯輪船股份票二千元

附永聯輪船股份票二千元

茲將滙項收支表明于左

接上民國元年底結存香港分局進收滙項銀二千四百一十六員八毛

今年香港分局新收滙項銀二十五萬三千九百九十元零三毛九仙內除出登錯代理關員薪水

銀二百四十九元外實收銀二十五萬三千七百四十一元三毛九仙

合共進收滙項銀二十五萬六千一百五十八元一毛九仙

今年甯總公司支交滙項銀二十五萬六千弍百五十八元一毛九仙

（核計收支香港分局滙項漏進銀一百元由下年進數）

商辦廣東新寗鐵路公司

民國二年總結册

十三

新舊借欵四柱清册

本鐵路公司自刊

兹將接上民國元年底結存欠各號息借欵銀表明于左

一接舊結欠廣東官錢錢局本銀壹拾八萬四千零八十元零二毛三仙四文
一接舊結欠港官錢分局本銀壹萬五千元正
一接舊結欠廣東交通銀行本銀一十五萬元正
一接舊結欠港廣東銀行本銀八萬七千六百元正
一接舊結欠廣東浙江銀行本銀八萬六千七百一十八元零八仙
一接舊結欠港四邑輪船公司本銀三萬五千元正
一接舊結欠新寧中學堂本銀一萬三千一百六十二元七毛五仙正
一接舊結欠李星衢本銀五千元正
一接舊結欠胡現業本銀四千二百元正
一接舊結欠伍于紹本銀伍千元正
一接舊結欠黃琴譜本銀二千伍百元正
一接舊結欠胡紀和本銀五千元正

一接舊結欠趙頌德本銀四千元正
一接舊結欠陳任國本銀八千九百元正
一接舊結欠陳宜禧本銀九千元正
一接舊結欠貞洮本銀二千元正
一接舊結欠陳宣德堂本銀一千五百元正
一接舊結欠譚文鉅本銀三千元正
一接舊結欠潴商務公所本銀三千五百四十一元正
一接舊結欠明益號本銀五千元正
一接舊結欠陳煥祥本銀三千二百元正
一接舊結欠浩昌和本銀一萬三千元正
一接舊結欠廣寧輪船公司本銀四千元正
一接舊結欠陳玉華本銀一千元正
一接舊結欠滋大置業公司本銀一萬七千五百元正
一接舊結欠許恒廣本銀一千一百五十元正

一接舊結欠許昌雅本銀二千元正
一接舊結欠許長龍本銀一千八百五十元正
一接舊結欠伍時儉本銀二千元正
一接舊結欠孚源號本銀二千元正
一接舊結欠馬沃川本銀二千五百元正
一接舊結欠馬棠政本銀五千元正
一接舊結欠馬鴻穩本銀五千元正
一接舊結欠馬孔政本銀五千元正
一接舊結欠馬才煥本銀五千元正
一接舊結欠馬昌就本銀四千元正
一接舊結欠譚翊僑本銀五千元正
一接舊結欠新廣合本銀五千元正
一接舊結欠周道莊本銀三千元正
一接舊結欠劉杰生本銀三千五百元正

一接舊結欠龍德記本銀五千元正
一接舊結欠林時舉本銀三千三百元正
一接舊結欠麥禮廷本銀五千元正
一接舊結欠劉鼎三本銀三千元正
一接舊結欠劉阜南本銀一千元正
一接舊結欠劉順來本銀一千元正
一接舊結欠趙寶杰本銀五千元正
一接舊結欠趙康平本銀二萬一千元正
一接舊結欠林袞焯本銀一千元正
一接舊結欠黃德卿本銀二千六百元正
一接舊結欠區秩生本銀一千元正
一接舊結欠李長炎本銀五千元正
一接舊結欠胡五雲本銀一千元正
一接舊結欠趙連盛本銀五千元正

一接舊結欠趙寶達本銀六千元正
一接舊結欠王祚璽本銀二千元正
一接舊結欠伍燭學本銀五百五十元正
一接舊結欠萬益堂本銀二千六百元正
一接舊結欠伍閣卿本銀五千元正
一接舊結欠伍于瀚本銀一千元正
一接舊結欠伍于簪本銀一千元正
一接舊結欠陳文焜本銀一千弍百五十元正
一接舊結欠陳揪宗本銀五千元正
一接舊結欠陳相宗本銀五千元正
一接舊結欠陳高運本銀三千五百元正
一接舊結欠黃昴湘本銀五千元正
一接舊結欠陳懿祥本銀八百五十元正
一接舊結欠黃釗德本銀一萬七千五百元正

一接舊結欠朱啟心本銀二百元正

一接舊結欠陳才德本銀六千元正

一接舊結欠麥友楠本銀五千元正

一接舊結欠陳玉堂本銀五千元正

一接舊結欠陳國撰本銀五千元正

一接舊結欠陳佐國本銀四百元正

一接舊結欠陳四發堂本銀三千元正

一接舊結欠陳有豐堂本銀二千元正

一接舊結欠陳明世祖本銀八百元正

一接舊結欠陳祥讓本銀一千五百元正

一接舊結欠朝阜堂本銀二千元正

一接舊結欠趙宏耀本銀五千元正

一接舊結欠李克明本銀二千四百元正

一接舊結欠黃棠記本銀一萬元正

一接舊結欠陳德豐堂本銀二千元正
一接舊結欠陳源業堂本銀一千八百元正
一接舊結欠港商會本銀二千五百一十二元三毫七仙
一接舊結欠伍于積本銀五千元正
一接舊結欠陳介宗本銀一千元正
一接舊結欠李逑之本銀四百二十五元正
一接舊結欠曹龍燮本銀一千八百元正
一接舊結欠怡記本銀一千元正
一接舊結欠李煒堂本銀六百五十元正
一接舊結欠陳潤之本銀八百元正
一接舊結欠廣茂興本銀五千元正
一接舊結欠伍乾初本銀二千一百五十元正
一接舊結欠趙鈞棨本銀五千元正
一接舊結欠新寧賣物救國會本銀四千元正

一接舊結欠陳富裕堂本銀五百元正
一接舊結欠陳暢庭本銀五百元正
一接舊結欠陳總辦本銀一百二十六元正
以上舊結共存欠息借入欵本銀九十壹萬九千陸百一十五元四毛三仙四文

茲將是年新收各號息借入欵銀表明于左

一進廣東官銀錢局本銀二十八萬元正（此係轉賬）
一進港廣東銀行本銀四萬元正
一進省城廣東銀行本銀五萬元正
一進港四邑輪船公司本銀三千元正
一進新寧中學堂本銀一百元正
一進李星衢本銀二萬五千元正
一進胡垷業本銀一萬九千元正
一進趙頌德本銀一千五百元正

一進貞　湛本銀五百元正
一進陳宣德堂本銀二千元正
一進譚文鉅本銀四千元正
一進明益號本銀四萬四千元正
一進陳煥祥本銀一千元正
一進廣寧輪船公司本銀二千元正
一進陳符祥本銀九千七百五十三元六毛四仙
一進陳秀池經手來本銀一萬八千六百八十七元七毛七仙　（陳秀池此欵係東帋訂明無息）
一進伍燦堂本銀四百元正
一進李惠余本銀四千元正
一進麥禮廷本銀一萬元正
一進趙康平本銀五千元正
一進陳懿祥本銀一千元正
一進永聯公司本銀一千零六十九元正

一進陳宜裕本銀六百元正
一進泰源本銀二千元正
一進陳旺宗本銀五百元正
一進陳杜宗本銀四百元正
一進陳懷松本銀三百元正
一進陳燦本銀六百五十元正
一進陳子賢本銀八百五十元正
一進陳顯德本銀二百五十元正
一進伍于鍾本銀四百元正
一進港治安會本銀二千九百五十元正
一進鄺翼南本銀七千元正
一進陳宗晃本銀五百元正
一進李煒南本銀二千元正
一進李宣亭本銀四百元正

一進翁貞石本銀一千元正
一進馬雲橋本銀三百元正
一進趙鞏賢本銀一千元正
一進陳　元本銀一千一百二十三元七毫五仙
一進李子超祖本銀五百元正
一進趙文錦本銀二千元正
一進陳益愛本銀二千元正
一進陳擢剛祖本銀四百一十元正
一進翁　就本銀一千元正
一進陳廣興本銀七百四十四元正
一進陳祥靄本銀四百一十元正
一進黃益忠本銀三百一十元正
一進陳殷學本銀一百八十六元正
一進陳祥瑞本銀一百八十六元正

一進陳肇遠本銀一百八十六元正
一進伍于波本銀一百八十六元正
一進陳孔潤本銀五千元正
一進鄺翊波本銀六千元正
一進陳景頤堂本銀壹千元正
一進同協隆本銀三千元正
一進梁發貴本銀壹千元正
一進東興隆本銀壹萬五千元正
一進趙林莊本銀壹千八百元正
一進趙應滄本銀一千八百元正
一進趙沃莊本銀一千八百元正
一進怡怡堂本銀三千元正
一進陳開亮本銀二千元正
一進陳敬仁堂本銀二千元正

一進萬榮信本銀二千元正
一進甄倫順本銀二千元正
一進華英昌本銀三千元正
一進陳孔欽本銀二千元正
一進李來楫本銀壹百五十元正
以上新收共息借入欵本銀六十萬零四千九百零二元壹毛六仙

舊存新收合計息借入欵本銀一百五十二萬四千五百二十七元五毫九仙四

茲將是年支還各號息借欵銀表明于左

一支還廣東官銀錢局本銀三十二萬壹千七百零八元四毛六仙四文（內連轉單比對數）
一支還廣東交通銀行本銀壹萬五千元正
一支還港廣東銀行本銀四萬七千六百元正
一支還廣東浙江銀行撥入官銀局收本銀八萬六千七百壹十八元零八仙
一支還新寧中學堂本銀七十六元九毛正

一支還李星衢本銀二萬元正
一支還李述之本銀四百二十五元正
一支還曹龍燮本銀壹千八百元正
一支還怡記本銀壹千元正
一支還李煒堂本銀六百五十元正
一支還陳潤之本銀八百元正
一支還伍于紹本銀二千元正
一支還黃琴譜本銀壹千五百元正
一支還廣茂興本銀五千元正
一支還胡紀和本銀二千元正
一支還趙頌德本銀三千九百零三元壹毛
一支還伍乾初本銀二千壹百五十元正
一支還陳任國本銀壹千九百元正
一支還陳宜禧本銀五千五百元正

一支還趙鈞棨本銀五千元正
一支還譚文鉅本銀六千元正
一支還港商務公所本銀三千元正
一支還明谷號本銀三萬五千元正
一支還浩昌和本銀五千元正
一支還新寧賣物救國會本銀四千元正
一支還陳富裕堂本銀五百元正
一支還廣寧輪船公司本銀四千元正
一支還陳玉華本銀六百二十元正
一支還陳暢庭本銀五百元正
一支還陳總辦本銀壹百二十六元正
一支還陳符祥本銀六千七百五十三元六毫四仙
一支還陳秀池經手本銀壹萬七千四百元正 (陳秀池此欵係柬帋訂明無息)
一支還龍德記本銀二千元正

一支還嫪禮廷本銀五千元正
一支還趙連盛本銀五千元正
一支還麥友楠本銀五千元正
一支還李克明本銀四百元正
一支還泰源本銀二千元正
一支還陳旺宗本銀五百元正
一支還伍于鍾本銀四百元正
一支還鄺翼南本銀七千元正
一支還李宣亭本銀四百元正
一支還翁貞石本銀壹千元正
一支還趙埜賢本銀壹千元正
一支還陳縊愛本銀二千元正
一支還翁就本銀壹千元正
一支還梁發貴本銀壹千元正

以上共支還各號息借欵本銀陸拾肆萬壹仟叁佰叁拾壹員壹毫捌仙肆

茲將除支還外尚結欠各號息借欵銀表明于左

一結欠廣東官銀錢局本銀壹十四萬二千三百七十壹元七毫七仙正
一結欠港官錢分局本銀壹萬五千元正
一結欠廣東交通銀行本銀壹十三萬五千元正
一結欠港廣東銀行本銀捌萬元正
一結欠省廣東銀行本銀伍萬元正
一結欠港四邑輪船公司本銀叁萬捌仟元正
一結欠新寧中學堂本銀一萬叁千一百八十五元八毫五仙
一結欠李星衢本銀壹萬元正
一結欠胡現業本銀弍萬叁千弍百元正
一結欠伍于紹本銀叁千元正
一結欠黃琴譜本銀一千元正

一結欠胡紀和本銀三千元正
一結欠趙頌德本銀一千五百九十六元九毛正
一結欠陳任國本銀七千元正
一結欠陳宜禧本銀三千五百元正
一結欠貞港本銀弍千五百元正
一結欠陳宣德堂本銀三千五百元正
一結欠譚文鉅本銀一千元正
一結欠港商務公所本銀五百四十一元正
一結欠明益號本銀一萬四千元正
一結欠陳煥祥本銀四千弍百元正
一結欠浩昌和本銀八千元正
一結欠廣寧輪船公司本銀弍千元正
一結欠陳玉華本銀三百八十元正
一結欠陳符祥本銀三千元正

一結欠陳秀池經手本銀一千弍百八十七元七毫七仙正（陳秀池此欵係東帋訂明無息）

一結欠伍燦堂本銀四百元正

一結欠李惠余本銀四千元正

一結欠滋大置業公司本銀一萬七千五百元正

一結欠許恒廣本銀一千一百五十元正

一結欠許昌雅本銀弍千元正

一結欠許長龍本銀一千八百五十元正

一結欠伍時儉本銀弍千元正

一結欠孚源號本銀弍千元正

一結欠馬沃川本銀弍千五百元正

一結欠馬棠政本銀五千元正

一結欠馬鴻穩本銀五千元正

一結欠馬孔政本銀五千元正

一結欠馬才煥本銀五千元正

一結欠馬昌就本銀四千元正

一結欠譚翊僑本銀五千元正

一結欠新廣合本銀五千元正

一結欠周道莊本銀三千元正

一結欠劉杰生本銀三千五百元正

一結欠龍德記本銀三千元正

一結欠林時舉本銀三千三百元正

一結欠麥禮廷本銀一萬元正

一結欠劉鼎三本銀三千元正

一結欠劉阜南本銀一千元正

一結欠劉順來本銀一千元正

一結欠趙寶杰本銀五千元正

一結欠趙康平本銀弍萬六千元正

一結欠林裘焯本銀一千元正

一結欠黃德卿本銀弍千六百元正
一結欠區秩生本銀一千元正
一結欠李長炎本銀五千元正
一結欠胡五雲本銀一千元正
一結欠趙寶達本銀六千元正
一結欠王祚璽本銀弍千元正
一結欠伍燭學本銀五百五十元正
一結欠萬益堂本銀弍千六百元正
一結欠伍閣卿本銀五千元正
一結欠伍于瀚本銀一千元正
一結欠伍于簪本銀一千元正
一結欠陳文熀本銀一千弍百五十元正
一結欠陳揪宗本銀五千元正
一結欠陳相宗本銀五千元正

一結欠陳高運本銀叁千五百元正
一結欠黃昂湘本銀五千元正
一結欠陳懿祥本銀一千八百五十元正
一結欠黃釗德本銀一萬七千五百元正
一結欠朱啟心本銀弍百元正
一結欠陳才德本銀六千元正
一結欠陳玉堂本銀五千元正
一結欠陳國撰本銀五千元正
一結欠陳佐國本銀四百元正
一結欠陳四發堂本銀叁千元正
一結欠陳有豐堂本銀弍千元正
一結欠陳明世祖本銀八百元正
一結欠陳祥讓本銀一千五百元正
一結欠朝阜堂本銀弍千元正

一結欠趙宏耀本銀五千元正
一結欠李克明本銀弍千元正
一結欠黃棠記本銀一萬元正
一結欠陳德豐堂本銀弍千元正
一結欠陳源業堂本銀一千八百元正
一結欠永聯公司本銀一千零六十九元正
一結欠陳宜裕本銀六百元正
一結欠陳柱宗本銀四百元正
一結欠陳懷松本銀叁百元正
一結欠陳燦本銀六百五十元正
一結欠陳子賢本銀八百五十元正
一結欠陳顯德本銀弍百五十元正
一結欠港治安會本銀弍千九百五十元正
一結欠陳宗晃本銀伍百元正

一結欠李煒南本銀弍千元正

一結欠馬雲橋本銀叁百元正

一結欠陳元本銀一千一百弍十叁元七毫五仙正

一結欠李子超祖本銀伍百元正

一結欠趙文錦本銀弍千元正

一結欠陳擢剛祖本銀四百一十元正

一結欠陳廣興本銀七百四十四元正

一結欠陳祥靄本銀四百一十元正

一結欠黄簽忠本銀叁百一十元正

一結欠陳殷學本銀一百八十六元正

一結欠陳祥瑞本銀一百八十六元正

一結欠陳鑒遠本銀一百八十六元正

一結欠伍于波本銀一百八十六元正

一結欠陳孔潤本銀伍千元正

一結欠鄺翊波本銀陸千元正
一結欠港商會本銀弍千五百一十弍元叁毫七仙正
一結欠伍于積本銀伍千元正
一結欠陳介宗本銀一千元正
一結欠陳景頤堂本銀一千元正
一結欠同協隆本銀叁千元正
一結欠東興隆本銀一萬伍千元正
一結欠趙林莊本銀壹千八百元正
一結欠趙應滄本銀壹千八百元正
一結欠趙沃莊本銀壹千八百元正
一結欠怡怡堂本銀叁千元正
一結欠陳亮本銀弍千元正
一結欠陳敬仁堂本銀弍千元正
一結欠萬信榮本銀弍千元正

一結欠甄倫順本銀弍千元正

一結欠華英昌本銀叁千元正

一結欠陳孔欽本銀弍千元正

一結欠李來楫本銀一百五十元正

以上共計除支還外尚結存欠各號息借欵本銀八十八萬叁千一百八十六元四毛一仙正

另欠各號材料銀表明于左

一欠三井洋行煤炭銀伍千壹百零叁元七毫正

一欠浩昌祕銅鉄器銀弍萬零五百八十七元五毛九仙正

一欠黃棠記木枕銀壹萬四千壹百七十一元弍毫八仙正

一欠新旗昌電機銀一十弍元六毫正

一欠泰源威士銀四十五元零七仙正

一欠德律風公司電話器具銀弍十叁元四毛正

一欠恭信貨銀弍十九元零四仙正

一欠三榮昌貨銀一元四毫五仙正

以上共欠材料銀叁萬九千九百七十四元一毫三仙正

另欠萬國銀行來往項表明于左

接上民國元年底結存欠萬國銀行銀四萬九千四百七十七元零七仙

今年共計支還萬國銀行銀一萬九千五百一十元零零五仙

比對外尚結存欠萬國銀行來往銀二萬九千九百六十七元零二仙

另欠各站長按櫃項來往表明于左

接上民國元年結存欠各站長來按櫃銀八千二百八十元

今年新收各站長來按櫃銀一千四百元

合共來按櫃銀九千六百八十元

今年計共支還各站長按櫃銀二千員

比對外尚結存欠各站長按櫃銀七千六百八十元

統計結欠各號各欵銀玖拾陸萬零捌百零柒元五毫六仙

如有字粒刋錯照
本公司原册爲正

民國二年十二月卅一號　商辦新寧鐵路公司謹識

商辦廣東新寧鐵路公司民國五年份總結册

新寧鐵路總理

陳宜禧眞像

新寗鐵路總公司

在台城西拱橋頭

商辦新甯鐵路年結序

鐵路業務之盛衰視夫收入之盈絀爲衡本路車利逐年增進營業收入數達百萬之外除支出比較尚贏五十餘萬以三百三十餘萬股本計算有一分五厘之週息矣從此多築枝路延長路線輸運日多營業更形發達可操左券查本路五年分收支比對盈餘五十餘萬本可分派股息因提還上年年結負担債務本息尚有

二十餘萬未能一律清還本公司遵照　部定
民業鐵路條例每屆年終編造營業報告書呈
報
交通部核奪幷佈告本路中外各埠股東查攷
如有錯悞希爲指示

民國六年三月　商辦新甯鐵路總理陳宜禧謹識

業盈虧一覽表

八月份車脚銀九萬八千二百七十三元三毛五仙

九月份車脚銀壹拾萬零七千零一十三元四毛三仙

十月份車脚銀壹拾壹萬五千三百二十元零八毛九仙

十一月份車脚銀壹拾萬零零五百一十七元六毛九仙

十二月份車脚銀壹拾萬零弍千三百元零零六毫

以上共收車脚銀壹百零五萬壹千零七十八元四毛一仙

工務門銀壹拾三萬四千三百零九元四毛三仙四文

稅脚門銀五萬九千九百三十九元五毛三仙五文

銀水門劃三分之一銀二萬三千七百五十二元五毛

共支銀伍拾四萬零八百七十八元三毛三仙五文

（各項數目查下進支詳細登明）

是年本路營業除支銷外尚存餘利銀五十一萬零二百元零零零七仙五文

（此欵過入統一收支表計）

商辦新寧鐵路

民國五年份 照陽歷計

收入支出

收入

一月份車脚銀捌萬捌千一百五十元零一毛一仙

二月份車脚銀六萬六千八百弍十八元三毛三仙

三月份車脚銀七萬九千六百零五元零二仙

四月份車脚銀六萬八千三百九十一元三毛三仙

五月份車脚銀七萬六千七百零二元零九仙

六月份車脚銀六萬九千六百二拾元零三毛六仙

七月份車脚銀七萬八千三百五十五元四毛三仙

支出

總務門銀六萬四千壹百四十三元零四仙九文

車務門銀三萬三千三百零三元三毛五仙七文

運務門銀壹拾九萬五千三百六十元零一毛一仙八文

廠務門銀三萬零零七十一元三毛四仙三文

收支簡明一覽表

公債票利息銀一百零三元五毛

船戶賠償損失煤炭銀弍千一百五十一元八毛七仙

林姓賠償捐失鋤鏟銀壹百零三元二毛

雜項銀二千六百九十三元七毛八仙

新會分局收回重支火水項銀四十五元六毛

各號貯下來往銀一十二萬七千一百零三元零九仙

江門站員按櫃項銀弍百元

共銀七十六萬一千六百一十四元二毛

建設各項銀一十八萬九千六百五十二元零六毛七仙七文

銀水項下劃三分之三銀四萬七千五百零四元九毛

共銀七十三萬一千三百九十八元四毛六仙七文

收支比對外實存銀三萬零二百一十五元七毫三仙三文

商辦新寧鐵路統一

民國五年份 照陽曆計

收入

接上民國四年底結存來銀四萬七千一百四十四元八毛九仙八文

本年營業部餘利銀五拾一萬零三百零零零七仙五文

印務局接印外處印件銀五百六十一元五毛七仙

違犯路章罰欵銀三百零三元六毛六仙

賣材料項銀三千八百五十三元二毛六仙七文

賣地段項銀伍萬零四百零四元四毛五仙

租項銀九千一百五十元零六毛三仙

找換銀水銀六千四百六十一元一毛三仙

貨項扣現銀八百二十四元七毛三仙

存欵[illegible]

支出

還各號付欵比新付外實對入還銀三十四萬一千〇八十一圓七毛

還各號來往銀一拾一萬八千五百八十二元六毛七仙

還利息銀三萬四千四百七十八元五毛二仙

謹將民國五年份本公司進支數目年結總冊列呈

（本鐵路所有員司工役均自備伙食）

公鑒

舊管

接上民國四年底結存來銀肆萬柒仟壹百肆拾四元八毫九仙八

新收

一進是年客貨車脚銀壹百零五萬壹千零七十八元四毛壹仙

一進印務局接印外處印件銀五百六十壹元五毛七仙

一進違犯路章罰欵銀三百零三元六毛六仙

一進賣材料項銀三千八百五十三元二毫六仙七文

一進賣地段項銀五萬零四百零四元四毫五仙

一進租項銀九千一百五十元零六毫三仙

一進找換銀水銀六千四百六十壹元一毛三仙

一進貨項扣現銀八百二十四元七毫三仙
一進存欵生息銀三百零八元七毛五仙
一進三年内國公債票利息銀壹百零三元五毛
一進船戶賠償損失煤炭銀二千壹百五十壹元八毫七仙
一進南洋站林姓賠償損失鋤鏟物料銀壹百零三元二毛（林姓團毆工廠）
一進雜項賣爛木椰篸圍帶報紙工打電話費及收回稅脚等銀二千六百九十三元七毛八仙
一進新會分局收回四月份重支火水項銀四十五元六毛
一進各號附欵銀五萬六千九百零六元一毛八仙
一進各號貯下來往項銀一十二萬七千一百零三元零九仙
一進江門站員陳銓按櫃銀二百元
以上新收共進銀壹百三拾壹萬式千二百五十三元八毛壹仙七文

舊管新收合共進銀壹百叁拾伍萬玖千叁百玖拾八元七毫一仙五

開除

還欵門

一支還各號附欵本銀三十九萬七千九百八十七元八毛八仙
一支還各號來往項銀壹十壹萬八千五百八十二元六毛七仙
一支還利息銀三萬四千四百七十八元五毛二仙
以上還欵項下共支銀五十五萬一千零四十九元零七仙

銀水門

一支是年還欵及購材料補港銀紙水銀六萬五千五百一十六元三毫五仙
一支是年沽出銅仙虧水銀五千七百四十一元零五仙
以上銀水項下共支銀七萬一千弍百五十七元四毛

總務門

一支陳總辦全年薪水銀四千八百元
一支董事局全年薪水銀一千八百六十元
一支查賬處全年薪水銀壹千零八十元

一支總文案全年薪水銀一千八百五十元
一支書記處全年薪水銀九百四十弍元一毛七仙
一支收支處全年薪水銀一千一百六十元
一支賬務處全年薪水銀二千三百八十六元五毫
一支股册處全年薪水銀弍百五十一元六毛六仙
一支庶務處全年薪水銀一千四百九十七元九毛
一支材料處全年薪水銀一千一百一拾九元二毛
一支電話處全年薪工銀三千零六十五元二毛三仙
一支駐港執事員役全年薪工銀九百六十七元
一支總局分局更夫伙夫什役全年辛工銀二千六百七十元零二毛七仙
一支本路警務處全年薪餉銀九千六百八十七元三毛四仙
一支加設護車隊四個月薪餉銀八千六百零七元三毫壹仙
一支總局分局添置傢具什物銀七百零二元二毫四仙五文
一支警務處添置服裝傢具什物銀一千零二十一元八毛八仙三文

一支護車隊添置服裝傢具什物銀九百三十八元五毛四仙
一支護路警衞軍廠置傢具什物銀弍百八十弍元五毛一仙
一支賠償護路警衞軍廠被焚損失服物銀三百元
一支賠償本路警勇廠因會城戰事損失服物銀一百四十七元五毛
一支賠償付車損失貨物銀一百四十九元一毛五仙
一支滙駁用費銀一十五元
一支旅行辦公費銀四百九拾二元九毛五仙九文
一支電報郵費銀四百四十八元二毛八仙
一支賞格費銀一百六十三元五毛三仙
一支點電燈費銀八百四十五元零六仙
一支登告白費銀五百八十元零二毛五仙
一支撫恤醫傷費銀二千八百八十六元二毫九仙八文
一支選舉董事費銀九百六十三元壹毛六仙二文
一支辦公什用費銀七千零四十三元六毛二仙一文

（總公司及寧城站）

一支駐港分局樓租費銀五百七十四元
一支完納新會縣乙卯丙辰兩年粮銀六百一十六元八毫
一支新會縣割稅項銀一十二元
一支捐助新會保衛團乙卯丙辰兩年軍餉銀二百四十元
一支賠補修理屋宇銀五十九元七毫四仙一文
一支補回租項銀八十元
一支購電話器具材料銀九百五十五元八毫二仙
一支電桿杉木銀二千六百七十九元一毫二仙
以上總務項下共支銀六萬四千一百四十二元零四仙九文

車務門

一支車務總管全年薪水銀四百八十元
一支管理處全年薪水銀一千一百四十四元三毛三仙
一支查票處全年薪水銀八百零六元三毫三仙

一支各站站長及員役全年薪工銀壹萬八千九百八十三元零六仙

一支印務局全年薪工銀二千六百三十三元八毛四仙

一支看守水偈閃口及更夫什役全年辛工銀三千二百九十八元零九仙

一支貨物裝卸工費銀二千二百六十七元零二仙

一支印務局購字粒紙料銀七百一十八元六毫五仙

一支雜項筆墨紙料線球色油火水燈具什用等銀二千九百七拾二元零三仙七文

以上車務項下共支銀三萬三千三百零三元三毛五仙七文

運務門

一支司行機車及駁卡員役全年薪工銀一萬五千四百四十一元二毛五仙

一支車上驗票員全年薪工銀六千五百三十二元八毛五仙

一支車上管貨員全年薪工銀四千四百四十八元九毛二仙

一支行牛灣過海大船員役全年薪工銀四千四百零二元三毫

一支購煤炭銀一十五萬一千九百七十五元六毫五仙（尚存二千噸）

一支購機油銀八千四百八十四元三毫八仙
一支雜項盖搭篷廠煤籮繩篸火水油燭器具什用等銀四千零七十四元七毛六仙八文
以上運務項下共支銀一十九萬五千三百六十元零一毛一仙八文

廠務門

一支製造廠工匠自製車件各物工項銀一萬二千二百零六元一毛九仙（工頭兩名薪工在內）
一支本廠工匠修理機車頭工項銀五千九百七十元零七毛九仙
一支仝上工匠修理載客卡工項銀一千一百一十一元零八仙
一支仝上工匠修理載貨卡工項銀一千零八十三元三毫二仙
一支仝上工匠修理載坭卡工項銀六百零一元三毛二仙
一支仝上工匠特別修理車工項銀一千九百六十八元九毫五仙
一支仝上工匠修理牛灣過海大船工項銀三千一百七十五元三毛五仙三文
一支仝上工匠修理寗陽小火船工項銀一十二元三毛六仙
一支判造車件工項銀八百九十元零四毫

一支修理各廠工料銀五百五十九元零四毛四仙
一支各廠更夫什役火夫工項銀壹千零一十三元七毫
一支購水泵鐵床銀九十八元
一支雜項火水松炭什用各物銀一千三百八十元零八毛三仙五文
以上廠務項下共支銀三萬零零七十一元三毛四仙二文

工務門

一支稽核工數處全年薪工銀六百三十九元四毫七仙
一支分段管理處全年薪工銀五百八十弍元
一支各巡查路工員全年薪工銀八百八十元零五毛
一支養路各冚工頭全年薪工銀九千一百九十一元五毛四仙
一支養路各冚全年散工銀四萬八千七百七十五元一毫三仙
一支沿途修理橋樑工銀四千五百六十元零五毛三仙
一支養路修橋鎅木工銀二千一百四十三元三毫七仙三文

一支養路取坭砂項銀四千三百三十七元九毛
一支養路購木枕項銀四萬八千二百九十七元弍毛七仙
一支修橋購石仔項銀二千四百九十六元零八仙
一支修橋購青州坭銀一千六百九十五員六毫
一支修橋購士敏坭銀三千三百一十一元六毛二仙
一支養路繩篸竹木什物銀一千八百四十弍元八毛四仙五文
一支養路篷廠雜費銀八百三十八元零五仙七文
一支牛灣船塲淘坭沙項銀七百五十四元壹毛
一支牛灣碼頭修理費銀六百六十七元七毛六仙六文
一支總局分局房屋修理費銀一千八百九十四元五毛八仙二文
一支車站房屋修理費銀一千四百零一元零七仙一文
以上工務項下共支銀壹十三萬四千三百零九元四毫三仙四文

建設門

一支購田地項銀弍千六百一十六元九毛六仙
一支塡北街鋪地坭砂工項銀弍千九百零四元九毛八仙
一支續築北街長堤工料銀九千零四十三元四毛二仙
一支築北街煤炭園工料銀一百四十三元八毛五仙
一支築大王市車站工料銀六百一十一元六毛四仙
一支築惠民門車站工料銀一千五百八十八元四毛四仙
一支築司前車站工料銀六百七十二元一毛四仙
一支築會城東門站月台工料銀二百七十二元六毛一仙
一支續築江門站貨倉工料銀一千四百七拾元零零八仙
一支續築冲蔞車站工料銀一千四百二十四元零四仙
一支築斗山車頭廠拱篷工料銀一千三百五十三元二毛
一支築寧城車頭廠工料銀一千二百四十二元五毛零三文
一支築南洋拱橋工項銀五百三十九元零七仙
一支築各處橋樑工項銀四千零四拾八元三毛九仙五文

一支築會城東門泵偈屋工料銀一百八十八元五毛五仙

一支築會城東門水井工項銀三百零二元六毛

一支築會城東門兵房二樓工料銀一千八百五十八元五毛一仙

一支續築公益鑄鋼爐工料銀四百二十六元零五仙

一支築總公司後樓工料銀五千三百七十八元一毛六仙九文

一支承頂寧城站邊板皮舖屋一間銀三百五十元

（現開築白沙枝路銅鐵木料先在此取用）

一支購木料項銀七萬四千六百七十七元四毛一仙

一支購銅鐵材料銀五萬八千一百四十五元三毛二仙

一支購鐵碌床銀一仟弍百元

一支購車輪項銀四千一百八十元零八毛五仙

一支購機車頭先交定銀壹萬元

一支購青州坭銀弍千壹百九十一元

一支購士敏坭銀九百六十六元三毛四仙

一支購舊青磚銀一千七百四十六元五毛五仙

一支購船仔一隻銀一百零八元

以上建設項下共支銀壹拾捌萬九千六百五十元零六毛七仙七文

稅脚門

一支材料稅厘銷號經費銀壹萬九千弍百五十一元七毛七仙五文

一支材料船脚咕哩運費銀四萬零六百八拾七元七毛六仙

以上稅脚項下共支銀五萬九千九百三十九元五毛三仙五文

統計九項廿八支出銀壹百三拾弍萬九千零八十三元九毫八仙二文

管收開除**比對外實存銀三萬零三百壹拾五員七毫三仙三文**

實存項下

計開

一存滘官銀錢局欠來往銀四千零五十五元五毛五仙

一存滘廣東銀行欠來往銀七千五百零五元零三仙

一存港萬國銀行欠來往銀三百六拾四元一毛九仙
一存寧總公司銀壹萬零八百六十元零八毛九仙七文
一存新會分局銀二千四百五十九元四毛
一存香港分局銀一千二百零二元零三仙
一存各號欠銀三千八百六十八員六毛三仙六文
合實存銀三萬零三百一拾五員七毫三仙三文
另存
附廣寧輪船股份票銀弍千元　購存三年份中政府公債票銀四千三百元
附永聯輪船股份票銀弍千元　購存四年份中政府公債票銀弍千元
是年底點查材料倉尚存銅鐵木各項材料值銀壹拾弍萬陸千員　煤炭值銀叄萬肆千捌百員名目繁瑣未能細錄

茲將是年收入車脚項逐月表明于左

一月份車脚銀八萬八千一百五十元零一毛一仙
二月份車脚銀六萬六千八百二十八元二毛二仙
三月份車脚銀七萬九千六百零五元零二仙
四月份車脚銀六萬八千三百九十一元二毛二仙
五月份車脚銀七萬六千七百零二元零九仙
六月份車脚銀六萬九千六百二十元零三毛六仙
七月份車脚銀七萬八千三百五十五元四毛三仙
八月份車脚銀九萬八千二百七十三元三毛五仙
九月份車脚銀壹拾萬零七千零一十三元四毛三仙
十月份車脚銀壹拾壹萬五千三百二十元零八毛九仙
十一月份車脚銀壹十萬零零五百一十七元六毛九仙
十二月份車脚銀壹十萬零弍千三百元零零六毛

以上共收車脚銀壹百零五萬一千零七拾八員四毫一仙

兹將是年收入租項逐条表明于左

一四邑輪船公司賃北街碼頭是年全年租銀二千四百元（輪船弍艘）

一四邑輪船公司賃北街貨倉是年全年租銀二百四十元（輪船弍艘）

一廣安輪船公司賃北街碼頭是年全年租銀一千二百元

一廣安輪船公司賃北街貨倉是年全年租銀一百二十元

一紹興輪船公司賃北街碼頭是年全年租銀一千二百元

一紹興輪船公司賃北街貨倉是年全年租銀一百二十元

一岡州輪船公司賃北街碼頭是年先來租銀四百三十二元（每年七百二十元）

一華新輪船公司賃北街碼頭是年全年租銀六百元

一寧會輪船公司賃北街碼頭正二兩月租銀六十元

一寧江輪拖公司賃斗山貨倉由四年十二月一號起至五年四月一號止租銀三十元

一陳宗謀賃斗山貨倉由四年四月六號起至五年十二月底租銀七十一元三毛三仙
一南粤酒店賃北街車頭地屋民國四年份全年租銀二百零四元
一南粤酒店批北街車頭地賣物塲民國四年份全年租銀七百二十元
一李祖記批公益站處賣物塲乙卯年份全年租銀二百元
一張茂批江門站處賣物塲由五年四月十五至六年四月十五止租銀三百二十元
一成昌批公益車路邊地一年期租銀八元
一梁鋟祖批麥巷站東邊地一年期租銀七元
一伍華學批下坪站後背地一年期租銀三元
一轃輻公司批車上賣物民國四年份全年租銀三百元
一成德堂譚瑞芝批車上賣物由三月十九起至十二月十九號止九個月租銀七百五十元零六毛
一陳藻宜賃付近公司屋仔一間八個月租銀二十四元

一陳篤學賃付近公司屋仔一間十一個月租銀三十三元
一馬雲橋賃付近公司屋仔一間四個月租銀一十二元
一伍曜南賃付近公司屋仔一間四個月租銀一十一元七毛
一鄧南捷耕北街車頭桑地禾田是年份租銀四十元零五毛
一周斗耕北街站竹桑地是年份租銀一十三元五毛
一關崇元耕牛灣橋邊餘田是年份租銀五元
一聯安輪船公司賃北街碼頭租銀二十五元（後因不能灣泊將銀支回）

以上共收租項銀九千壹百伍拾元零六毫三仙

茲將是年收入賣材料項表明于左

一永聯輪船取煤炭銀八百七十六元
一秦來渡取煤炭銀一十九元一毛五仙
一福安寶仙兩船取煤炭銀四百元
一雷營長取煤炭銀二十一元八毛

一李統領取煤炭銀九十二元
一袁統領取煤炭銀五百元
一石岐護國軍取煤炭銀一百二十元
一廣寧輪船取材料銀二百零一元零一仙
一永聯輪船取材料銀一百七十一元二毛六仙
一寧江火船取材料銀一十八元三毛
一廣順安船取材料銀六十元零一毛一仙
一龍門火船取材料銀二十二元一毛五仙
一同華火船取材料銀一十二元二毛
一寧安公司取材料銀四十九元二毛
一海康火船取材料銀一十八元一毛
一捷足火船取材料銀二十元零二毛六仙
一斗山宏利號取鐵閘銀一百六十三元七毛五仙
一斗山籌防局取材料銀三百六十一元一毛七仙七文

一永明電力公司取材料銀二百一十元零三毛七仙
一江門紙局取材料銀二百一十元零七毛
一寧源取電話材料銀六十元零五毛七仙
一李吉廷取材料銀一十七元四毛
一趙達祥取材料銀五元
一祥隆取材料銀四元五毛五仙
一彭華取材料銀一十元零五毛
一公益鹽埠取材料銀九元七毛七仙
一成利取材料銀一十一元一毛八仙
一廣萬林取材料銀一十四元零五仙
一廣恒豐取材料銀七元四毫
一陳渠宗取材料銀一十九元三毛三仙
一東昌取材料銀一十六元二毛九仙
一恒利取材料銀二三元三毛四仙

一伍粲取材料銀八元七毛五仙
一陳總辦取材料銀一十元零九毛五仙
一陳篤學取材料銀二元一毛
一陳藻宜取材料銀二元一毛
一余煦初取材料銀三元
一德昌取材料銀四十九元六毛五仙
一江門籌餉局取電話材料銀一十二元二毛
一沽士敏埕桶銀三十八元六毛

以上共收賣材料項銀叄千八百五十三元二毫六仙七文

茲將是年收入賣地段項表明于左

一鄺光宴
光寬
光宗
買北街舖地銀一千五百元
一伍銓學買北街舖地銀三千元

一陳月亭買北街舖地銀一千元
一周世勤買北街舖地銀五百元
一同益堂買北街舖地銀二千元
一馬挺政買北街舖地銀一千三百五十元
一趙達勤買北街舖地銀五百元
一馬孔政買北街舖地銀七百五十元
一馬倫德堂買北街舖地銀一百五十元
一温荔坡買北街舖地銀五百元
一鄺振興堂買北街舖地銀一千元
一伍耀廷買北街舖地銀五百元
一黄森煜買北街舖地銀一千元
一崔緒綿買北街舖地銀一千元
一吳東啟買北街舖地銀一千五百元
一陳符祥買北街舖地銀七千零五十四元四毛五仙

一許柏買北街舖地銀三千五百元
一何永廣堂買北街舖地銀五百元
一陳福慶堂買北街舖地銀壹千五百元
一馬觀順買北街舖地銀五百元
一高亮清買北街舖地銀弍千元
一王壽南
　祚璽買北街舖地銀壹千元
一馬叙朝買北街舖地銀七千元
一高榮圃買北街舖地銀一千元
一馮葉南買北街舖地銀一千五百元
一麥禮廷買北街舖地銀一千元
一許濟權買北街舖地銀弍千元
一許盛貽買北街舖地銀五百元
一陳禮堂買北街舖地銀一千元
一陳玉堂買北街舖地銀一千元

一陳新發堂賣北街舖地銀二千五百元

一廣福公司買公益舖地銀六百元

以上共收賣地段項銀伍萬零四百零四元四毫五仙

玆將尚欠各號付欵數目表明于左

民國四年底結欠各號付欵本銀六拾萬零八千七百一拾五元三毛一仙
是年份進入各號付欵本銀伍萬六千九百零六元一毛八仙
是年份支還各號付欵本銀三拾九萬七千九百八十七元八毛八仙
統計比對外實欠各號付欵本銀弍拾六萬七千六百三十三元六毛一仙

實欠各號附欵　計開

一結欠香港商會雙毛銀三千二百元

一結欠新寧中學堂雙毛銀二千零九十六元一毛一仙（即王侯祠賣田銀）

一結欠廣寧輪船公司雙毛銀二千元

一結欠譚翊僑港紙銀伍千元

一結欠王祚璽港紙銀弍千元

一結欠陳高運雙毛銀一千四百元

一結欠陳源業堂雙毛銀四千八百元

一結欠陳開亮雙毛銀三千元

一結欠李煒南雙毛銀弍千元

一結欠陳祥靄双毫銀四百一十元

一結欠陳祥瑞雙毛銀一百八十六元

一結欠甄倫順港紙銀一千一百元

一結欠陳瑞燕雙毛銀一千元

一結欠陳高暢雙毛銀三千五百元

一結欠陳藻宜雙毛銀二千七百七十元

一結欠陳宜業雙毛銀五千元

一結欠馬棠政港紙銀三千元

一結欠趙康平港紙銀壹萬元

一結欠陳楸宗雙毛銀五百元

一結欠陳煥祥雙毛銀八千二百元

一結欠陳介宗雙毛銀一千元

一結欠趙應滄港紙銀一千八百元

一結欠陳祥靄港紙銀壹萬壹千五百元

一結欠陳祥瑞港帋銀三千元

一結欠鄺翊普雙毛銀一千元

一結欠甄倫順雙毛銀一百九十五元四毛

一結欠余國和雙毛銀三千伍百元

一結欠黃洪金雙毛銀一千一百元

一結欠陳宏光港紙銀五百元

一結欠陳灌宜雙毛銀五千元

一結欠陳敦義堂雙毛銀二千七百元
一結欠陳高潤雙毛銀一千八百元
一結欠盧家仁雙毛銀一百元
一結欠陳雄光港紙銀一千元
一結欠慎德堂港紙銀四百元
一結欠陳滿宜雙毛銀弍千元
一結欠陳開宜雙毛銀壹千三百元
一結欠陳滌齋雙毛銀壹千九百六十元
一結欠陳啟賢雙毛銀三千元
一結欠陳文祿雙毛銀弍千元
一結欠馬大秀雙毛銀壹千壹百元
一結欠陳炎宜雙毛銀壹千壹百元
一結欠陳氏家族會港紙銀一千五百七十五元
一結欠陳榮良雙毛銀四千元

一結欠陳高策港紙銀五千元
一結欠劉顯煌雙毛銀弍千元
一結欠陳齊宗雙毛銀五千元
一結欠陳若文港紙銀八千二百五十元
一結欠譚翊屏雙毛銀一千三百元
一結欠陳壽祖雙毛銀一千元
一結欠陳宜郿雙毛銀一千五百元
一結欠陳肇宜雙毛銀五千六百元
一結欠李有成雙毛銀二千三百元
一結欠梁江崇雙毛銀二千四百五十七元
一結欠伍學欽雙毛銀二千元
一結欠李維慶雙毛銀壹萬元
一結欠黃亮朝堂雙毛銀一千五百元
一結欠陳應宧祖雙毛銀一千元

一結欠陳端宸祖雙毛銀二千元
一結欠譚翁祖行山會港帋銀五百八十八元
一結欠陳安宜雙毛銀二千三百元
一結欠許張氏雙毛銀四千五百元
一結欠陳五宜双毛銀一千一百七十元
一結欠陳文爵双毛銀一千元
一結欠陳龍記双毛銀五千四百五十元
一結欠陳龍勝双毛銀弍千元
一結欠李仲卿港帋銀五百元
一結欠仁義堂雙毛銀弍千元
一結欠譚文章會港帋銀一千元
一結欠李聖璉雙毛銀二千元
一結欠馬維驤雙毛銀二千元
一結欠陳暢庭港帋銀七千元
一結欠利安號港帋銀二千元

一結欠陳大棟雙毛銀二千三百元
一結欠何美金港帋銀一千元
一結欠許濟權双毛銀五千元
一結欠陳顯纘双毛銀三千七百元
一結欠伍燕榮双毛銀一千元
一結欠伍憓鴻双毛銀一千四百元
一結欠陳裕廣雙毛銀一千元
一結欠李同鈞雙毛銀五百元
一結欠陳孔林雙毛銀一千元
一結欠梁堯先雙毛銀一千元
一結欠陳國逢雙毛銀弍千元
一結欠馬維駱雙毛銀二千元
一結欠伍勤學雙毛銀一千五百元
一結欠陳文學港帋銀二千元
一結欠陳賡堂港帋銀三千元

一結欠陳禩滾雙毛銀叁千元

一結欠馬有修雙毛銀五千元

一結欠陳永華港帋銀八千元

一結欠馬受之港帋銀弍千五百元

一結欠冼義港帋銀四百元

一結欠陳慶宜雙毛銀一千一百八十七元九毛三仙

一結欠粵豐礦務公司雙毫銀四千二百四十元零七毛六仙

一結欠甘譚氏甘毓沛甘聯照雙毛銀二千元

一結欠陳國琴雙毛銀四千元

一結欠甄岐豐堂港帋銀三千五百元

一結欠馬恒芳港帋銀一千五百元

一結欠鄭麗常港帋銀一千元

一結欠陳元榮雙毛銀一千一百九十七元四毛三仙

一結欠馬挺政港紙銀一千元

一結欠陳宜鄭雙毛銀一千元

一結欠陳裕宜雙毛銀一千五百元

以上合共欠各號附欵本銀弍拾陸萬柒千六百三十三元九毫一仙

（內港帋銀捌萬九千壹百壹拾叁元

（內雙毛銀壹拾柒萬八千五百弍十元零六毛一仙

民國五年十二月卅一號 商辦新甯鐵路公司謹識

商辦廣東新甯鐵路公司民國六年份總結册

新寕鐵路總理

陳宜禧眞像

新寧鐵路總公司

在台城西拱橋頭

商辦新寗鐵路公司年結小序

天下治亂安危繫夫商業之盈虛消長本路軌線跨越台新兩邑恩開交通亦出其途兵燹匪患頻仍客商視爲荆棘運輸既形薄弱營業當然減色調查車利收入最近三年比較五年超過四年五份之一六年比較四年則無減有增惟支出之數驟加甚鉅因歐戰所牽所有煤觔車油及各種鐵料木料價昂數倍兼負擔衞車隊一營兵餉是

以盈虧比對無厚利之足云據會計處編列年結前來遵章由鑒察員核對無訛刋印成册謹弁數言於篇首

民國七年五月　　日商辦新寧鐵路總理陳宜禧謹識

業盈虧一覽表

八月份車脚銀五萬七千四百八十三元六毛四仙

九月份車脚銀六萬零七百六十八元三毛二仙

十月份車脚銀五萬九千六百三十元零零九仙

十一月份車脚銀五萬九千零七十九元四毛八仙

十二月份車脚銀六萬四千四百六十二元九毛九仙

以上共收車脚銀八拾四萬三千三百三十八元二毛三仙

工務門銀壹十壹萬零五百九拾元零一毛四仙八文

稅脚門銀六萬零零零三元六毛六仙四文

銀水門銀弍萬零三百八十一元六毛九仙六文

共支銀六拾六萬八千七百二十七元九毛零二文

（各項數目查下進支詳細登明）

是年本路營業除支銷外尚存餘利銀一十七萬三千五百一十元零三毫二仙八文

（此欵過入統一收支表計）

商辦新寧鐵路營

民國六年份 照陽歷計

收入

一月份車脚銀九萬八千一百五十七元六毛三仙

二月份車脚銀九萬弍千八百弍十弍元五毛六仙

三月份車脚銀八萬八千九百九十元零七毛

四月份車脚銀七萬五千六百七十五元一毛六仙

五月份車脚銀六萬七千弍百九十四元一毛

六月份車脚銀六萬一千弍百弍十五元二毛六仙

七月份車脚銀五萬六千六百四十八元三毛

支出

總務門銀壹十萬零五千九百九十四元八毛二仙六文

車務門銀叁萬壹千九百二十八元九毛九仙九文

運務門銀三十萬零八千九百六十七元二毛一仙八文

厰務門銀叁萬零八百六十一元三毛五仙一文

收支簡明一覽表

李浩祖回改路工費銀式百元

白石站員按櫃銀三百元

賣寧陽小輪船銀三千一百元

陳益愛補回光緒三十三年漏茂隆數銀壹百元

廣寧輪船先派回三成股本銀六百元

廣寧輪船派四年至五年一年股息銀式百四十元

各號貯下來往銀壹十八萬四千零五十三元四毛五仙

各號附欵對比還外尚附入銀四萬六千二百一拾六元八毛五仙

展築白沙枝路股份銀式十三萬五千六百式十五元

展築新昌枝路股份銀七萬零壹百八十五元

共銀七十八萬四千四百式十式元八毛三仙三文

延請往工銀壹拾[illegible]

又購機車頭式架銀五萬五千三百零九元六毛八仙

購公債票銀六千五百五拾五元

展築白沙枝路工程建設費銀叁拾四萬三千一百八拾八圓八毛二仙五文

共銀六拾四萬八千五百四拾一元六毛五仙四文

收支比對外實存銀一十三萬五千八百八十一元一毫七仙九文

商辦新寧鐵路統一

民國六年份 照陽歷計

收入

接上民國五年底結存來銀三萬零三百一十五元七毛三仙三文
本年營業部餘利銀一十七萬三千五百一十元零三毛二仙八文
印務局接印外處印件銀四百四十三元二毛九仙
違犯路章罰欵銀八百九十八元三毛
賣材料項銀壹萬弍千四百一十四元三毛一仙
賣地段項銀四千元
租項銀七千九百零六元五毛八仙
找換銀水銀七千五百弍十四元弍毛九仙
貨項扣現銀四百六十二元五毛
存欵生息銀壹千弍百五十七元九毛六仙
船戶賠償損失煤炭銀三千一百八十九元零四仙

支出

還各號來往銀壹拾萬零六千九百九拾一元九毛
還附欵利息銀壹萬七千一百八拾一元五毛四仙
還按櫃項銀壹千八百元
還陳宜禧光緒三十三年至宣統元年來往來長銀二百六十五元

謹將民國六年份本公司進支數目年結總冊列呈

公鑒　（本鐵路所有員司工役均自備伙食）

舊管

接上民國五年底結存來銀叁萬零三百一十五元七毫三仙三文

新收

一進是年客貨車脚銀捌拾四萬弍千弍百三十八元二毛三仙

一進印務局接印外處印件銀四百四十二元二毛九仙

一進違犯路章罰欵銀八百九拾八元三毛

一進賣材料項銀壹萬弍千四百一十四元三毛一仙

一進賣地段項比對交回外實銀四千元

一進租項銀七千九百零六元五毛八仙

一進找換銀水銀七千五百弍十四元弍毛九仙
一進貨項扣現銀四百六十二元五毛
一進存欵生息銀一千弍百五十七元九毫六仙
一進船戶賠償損失煤炭銀三千一百八十九元零四仙
一進雜項賣爛木椰篸園等銀一千八百八十二元二毛零二文
一進李孟浩祖帮囘改路工費銀弍百元
一進白石站員按櫃銀三百元
一進賣寧陽小輪船銀三千一百元
一進陳益愛補囘光緒三十三年漏茂隆數銀一百元
一進廣寧輪船先派囘三成股本銀六百元
一進廣寧輪船派民國四年至五年一年股息銀弍百四十元
一進各號附欵銀壹拾弍萬四千五百九十六元五毛六仙
一進各號貯下來往項銀壹拾八萬四千零五十二元四毛五仙

一進展築白沙枝路股份銀式拾三萬五千六百二十五元

一進展築新昌枝路股份銀七萬零一百八十五元

以上新收共進銀壹百五拾萬零壹千式百一拾四元七毛一仙二文

舊管新收合共進銀壹百五拾二萬壹千五百三十元零四毫四仙五文

開除

還欵門

一支還各號附欵本銀七萬八千三百七十九元七毫一仙

一支還各號來往項銀一十萬零六千九百九十一元九毛

一支還附欵利息銀一萬七千一百八十一元五毛四仙

一支還按櫃項銀一千八百元

一支還回陳宜禧由光緒三拾三年至宣統元年來往來長銀式百六十五元

以上還欵項下共支銀二十萬零四千六百一十八元一毛五仙

銀水門

一支是年還欵及購材料補港銀帋水銀一萬二千九百二十七元六毛九仙六文
一支是年沽出銅仙虧水銀七千四百五十四元
以上銀水項下共支銀弍萬零三百八十一元六毛九仙六文

總務門

一支陳總辦全年薪水銀四千八百元
一支董事局全年薪水銀二千七百四十五元
一支查賬處全年薪水銀七百弍十元
一支總文案全年薪水銀弍千四百元
一支書記處全年薪水銀六百二十四元
一支收支處全年薪水銀一千二百七十四元
一支賬務處全年薪水銀三千零四十元零四毛

一支庶務處全年薪水銀一千五百六十一元五毛
一支股册處全年薪水銀弍百九十一元一毛
一支材料處全年薪水銀一千一百三十九元七毛
一支電話處全年薪工銀三千零七十二元八毛一仙
一支駐港執事員役全年薪工銀一千零三十二元
一支總局分局更夫伙夫什役全年辛工銀二千五百五十八元七毛七仙
一支本路警務處全年薪餉銀八千零零九元
一支加設護車隊全年薪餉銀四萬七千九百五十六元八毫
一支總局分局添置傢具什物銀五百零五元八毛四仙二文
一支警務處添置服裝傢具什物銀七百七十五元二毛五仙五文
一支護車隊添置服裝傢具什物銀四千二百七十元零五毫五仙
一支賠償附車損失貨物銀弍十三元九毛三仙
一支賠償都會更棚被炭屑焚燬損失銀一百七十元

一支電報郵費銀二百三十五元三毛四仙

一支旅行辦公費銀六百二十七元八毛九仙

一支賞格費銀七百二十一元

一支點電燈連電鏢材料費銀一千一百四十八元九毛九仙（總公司及寧城站）

一支登告白費銀七十八元二毛

一支撫恤醫傷費銀二千七百七十三元九毛零六文

一支辦公雜用費銀五千六百七十八元五毛零三文

一支本公司呈部立案規費銀一百二十三元四毛二仙

一支完納台山縣新會縣粮務銀五百九十四元五毛六仙

一支捐助新會保衛團丁巳年軍餉銀一百弍十元

一支賑濟陝北水災銀一百元

一支新會縣割稅項銀三十三元

一支駐港分局五年份下半年樓租銀四百四十一元三毫八仙

一支添置槍彈項銀弍千三百四十七元

一支購電話器具材料銀弍千六百零五元八毛

一支測勘新昌枝路費銀弍百零五元七毛五仙

一支補北街南粵酒店遷舖費銀一百五十元

一支拆卸北街南粵酒店舖宇工費銀壹百二十四元四毛七仙

一支新會購義墳地及遷葬工料費銀九百壹十四元九毛六仙

以上總務項下共支銀壹十萬零五千九百九十四元八毛弍仙六文

車務門

一支車務總管全年薪水銀四百八十元

一支管理處全年薪水銀壹千壹百五十五元八毛

一支查票處全年薪水銀八百四十二元七毫

一支各站站長及員役全年薪工銀壹萬九千三百九十五元三毛七仙

一支印務局全年薪工銀弍千五百五十三元零壹仙

一支看守閘口水偈及更夫什役全年辛工銀三千二百四十三元六毛九仙

一支貨物裝卸工費銀弍千七百七十三元二毛三仙

一支印務局購紙料字粒銀五百五十四元八毛三仙

一支雜項筆墨紙料線球色油什用等銀九百三拾元零三毫六仙九文

以上車務項下共支銀三萬壹千九百二十八元九毛九仙九文

運務門

一支司行機車及駁卡員役全年薪工銀一萬四千弍百零二元一毛四仙

一支車上驗票員全年薪工銀六千五百七十六元零弍仙

一支車上管貨員全年薪工銀四千四百二十八元九毛三仙

一支行牛灣過海大船員役全年薪工銀四千四百三十九元四毛五仙

一支購煤炭銀弍十六萬四千五百七十九元七毛五仙

一支購機油銀壹萬弍千九百零七元六毛五仙

一支雜項煤籮繩篸火水油燭器具什用等銀壹千八百三十三元二毛七仙八文

以上運務項下共支銀三十萬零八千九百六十七元二毛一仙八文

廠務門

一支製造廠工匠自造車件各物工項銀壹萬四千五百零八元九毛三仙三文（工頭一名薪工在內）

一支本廠工匠修理機車頭工項銀六千五百八十八元七毛五仙三文

一支仝上工匠修理載客卡工項銀一千七百八十九元零六仙五文

一支仝上工匠修理載貨卡工項銀壹千五百一十二元七毫五仙三文

一支仝上工匠修理載坭卡工項銀四百九十元零四毛二仙

一支仝上工匠特別修理車工項銀一千一百四十二元一毛五仙

一支仝上工匠修理牛灣過海大船工項銀一千七百二十四元六毛三仙三文

一支修理各廠工料銀四百三十三元六毛三仙三文

一支各廠更夫伙夫什役工項銀一千三百六十九元零七仙

一支雜項火水松炭什用各物銀一千三百零一元九毛四仙一文

以上廠務項下共支銀三萬零八百六十一元三毛五仙一文

工務門

一支稽核工數處全年薪工銀七百一十三元七毛

一支分段管理處全年薪工銀五百八十二元

一支各巡查路工員全年薪工銀八百六十八元九毫弍仙

一支養路各岀工頭全年薪工銀八千七百七十六元三毛七仙

一支養路各岀全年散工銀四萬七千四百八十一元零四仙

一支沿途修理橋樑工銀五千壹百八十九元六毫六仙

一支養路修橋鎅木工銀一千五百五十五元八毛一仙

一支養路購木枕項銀三萬壹千四百四十四元壹毛八仙七文

一支修橋購木料項銀一千壹百七拾八元六毛九仙

一支養路取坭砂項銀三千九百三十七元捌毫五仙
一支修橋購石仔項銀六百五十二元三毛
一支修橋購青州坭銀一千四百八拾五元
一支養路繩篸竹木什物銀壹千四百六十六元零四仙
一支養路篷廠什費銀六百四十三元弍毛五仙三文
一支牛灣船塢淘坭砂項銀六百五十一元九毫七仙
一支總局分局房屋修理費銀弍千一百七十六元八毛九仙八文
一支車站房屋修理費銀一千五百七十七元七毛九仙
一支總局後便水塘修理費銀九十七元八毫
一支各碼頭修理費銀一百一十元零八毛七仙
以上工務項下共支銀壹十一萬零五百九十元零一毛四仙八文

建設門

一支續建總公司後樓工料銀七百二十九元六毛七仙弍文

一支建寧城車頭廠工料銀弍千五百二十四元一毫四仙七文

一支建斗山勇廠工料銀壹千四百八十四元一毛零一文

一支建公益工廠工料銀二千三百壹十壹元壹毛壹仙九文

一支建公益勇廠工料銀五百三十七元二毛五仙七文

一支築公益碼頭海基項銀弍百元

一支續建五十車站工料銀六百四十六元七毛四仙六文

一支續建六村車站工料銀壹千三百四十六元八毫弍仙

一支續建陳邊車站工料銀三百五十三元六毛一仙

一支建陳邊工人屋工料銀弍百九十一元八毛七仙五文

一支續建大塘車站工料銀壹百八十九元零八仙七文

一支建冲蔞工人屋工料銀弍百四十三元八毛弍仙五文

一支塡北街舖地坭砂工項銀八百九十六元壹毛壹仙

一支築會城東門水塘工項銀壹千壹百四十二元六毛
一支建會城東門護車隊兵房工料銀三千一百零捌元七毛三仙
一支建會城東門工人屋工料銀四百三十三元六毛六仙
一支建白石站房屋工料銀七百七十一元零九仙
一支建會城東門站後便舖屋工料銀七百六十七元一毛
一支建南洋車站工料銀四十五元六毛七仙五文
一支建牛灣車站工料銀一十九元五毛七仙五文
一支建大澤車站工料銀壹千壹百四十八元九毛七仙
一支砌司前站地台工料銀五十元零零三仙
一支建沙冲車站工料銀一千一百三十七元六毛五仙
一支續建江門站貨倉工料銀九十五元六毛二仙
一支建北街舖屋二樓兩間工料銀弍千七百五十八元七毛八仙
一支建牛灣護車隊兵房工料銀九百七十元零九毛

一支築各處橋梁工項銀一千四百四十四元零八仙
一支購木料項銀二萬五千三百一十二元一毛二仙
一支購銅鐵材料銀六萬四千三百二十三元九毛一仙
一支購機車頭除舊歲交銀壹萬元再交銀五萬五千三百零九元六毛八仙
一支購汽喉項銀一千七百四十九元九毛二仙
一支購車輪項銀四百九十弍元四毛五仙
一支購士點忢項銀三百九十四元九毫八仙
一支購士敏坭銀三百弍十七元五毛
以上建設項下共支銀壹十七萬三千五百五十九元三毛八仙九文

稅脚門

一支材料稅厘錙號經費銀弍萬一千五百六拾六元二毛六仙四文
一支材料船脚咕哩運費銀三萬八千四百三十七元四毛

以上稅脚項下共支銀六萬零零零三元六毛六仙四文

購公債票門

一支購存中央政府六年份公債票（六千元）九五折加水共銀六千五百五十五元

以上購公債票項下共支銀六千五百五十五元

展築白沙枝路工程建設門

一支購田地項銀五千三百六十七元三毛二仙九文

一支勷辦路事員兩個月薪水銀一百六十元

一支工程員全年薪水銀一千四百六十一元六毛七仙

一支丈量員全年薪水銀一千五百零七元三毛四仙

一支司行工程車員役全年薪工銀一千零八十四元八毛一仙

一支更夫什役全年辛工銀六百四十七元六毛三仙

一支築路基包工項銀八萬七千六百五十三元九毛七仙六文
一支築路散工銀七千七百一十七元
一支築橋梁工項銀七千二百五十三元七毛八仙三文
一支鑿改河道工項銀五千九百九十六元四毛七仙
一支築水井工料銀七百五十八元九毛四仙
一支築橋鎅木工銀四百三十二元七毛六仙
一支機器各工匠工項銀一千二百二十元零六毛三仙
一支釘鐵軌工項銀四千二百九十四元九毛六仙
一支辦公雜用費銀九百八十七元九毛九仙
一支轎夫挑工費銀六百零二元二毛
一支電報郵費銀一百六十八元一毛五仙
一支登告白費銀八百一十二元九毛八仙
一支撫䘏醫傷費銀二百四十四元九毛七仙

一支補遷墳費銀四百九十三元四毛
一支補種費銀三元七毛八仙
一支租項銀一十八元
一支搭蓋蓬廠費銀一千九百九十八元三毛九仙七文
一支鋤鏟繩篸什物銀六千三百八十四元零七仙九文
一支購石仔項銀六千三百九十五元六毛六仙
一支取坭砂項銀弍千七百五十二元三毫四仙
一支購青州士敏坭銀二萬二千零四十一元七毛
一支購木枕項銀一十四萬五千七百五十四元零九仙四文
一支購木料松椿銀一萬七千一百二十七元九毛八仙二文
一支購銅鐵材料銀四百五十三元六毛
一支購閃口鐵銀三千四百四十一元七毛八仙
一支購路釘項銀二百八十六元四毛八仙

一支購炸石洋藥項銀八百一十二元五毛

一支補港紙水銀五百六十元零六毛七仙

一支材料稅厘鎖號經費銀三千零零八元八毛零五文

一支材料船脚咕哩運費銀二千二百八十一元九毛七仙

以上工程建設項下共支銀三拾四萬二千一百八十八元八毛二仙五文

統計拾壹項廿八支出銀壹百三十九萬五千六百四十九元二毫六仙六文

管收開除比對外實存銀壹拾叁萬五千捌百捌拾一元一毫七仙九文

實存項下

計開

一存港官銀錢局欠來往銀四千零五十五元五毛五仙
一存港廣東銀行欠來往銀二千二百六十九元八毛二仙
一存港萬國銀行欠來往銀三萬九千六百七十六元六毛六仙
一存寧總公司銀七萬八千六百八十五元一毛七仙三文
一存新會分局銀二千一百二十六元五毛三仙
一存香港分局銀三千一百九十八元八毛一仙
一存譚偉欠銀式千元
一存各號欠銀三千八百六十八元六毛三仙六文

合實存銀壹拾叁萬五千捌百捌拾壹員壹毫七仙九文

另存

附廣寧輪船股份票銀弍千元（是年派回股本銀六百元）

附永聯輪船股份票銀弍千元

購存三年份中央政府公債票銀四千三百元

購存四年份中央政府公債票銀弍千元

購存六年份中央政府公債票銀六千元

是年底點查材料倉尚存銅鐵木各項材料值銀弍拾叁萬六千四百元煤炭值銀陸萬叁千元名目繁瑣未能細錄

玆將是年收入車脚項逐月表明於左

一月份車脚銀九萬八千一百五十七元六毛三仙
二月份車脚銀九萬二千八百二十二元五毛六仙
三月份車脚銀八萬八千九百九十元零七毛
四月份車脚銀七萬五千六百七十五元一毛六仙
五月份車脚銀六萬七千二百九十四元一毛
六月份車脚銀六萬一千二百二十五元二毛六仙
七月份車脚銀五萬六千六百四十八元三毛
八月份車脚銀五萬七千四百八十三元六毛四仙
九月份車脚銀六萬零七百六十八元三毛二仙
十月份車脚銀五萬九千六百三十元零零九仙
十一月份車脚銀五萬九千零七十九元四毛八仙
十二月份車脚銀六萬四千四百六十二元九毛九仙

以上共收車脚銀捌拾四萬弍千弍百三拾八員二毫三仙

茲將是年收入租項逐條表明於左

一四邑輪船公司賃北街碼頭是年全年租銀弍千四百元（輪船貳艘）

一四邑輪船公司賃北街貨倉是年全年租銀弍百四十元（輪船貳艘）

一廣安輪船公司賃北街碼頭是年全年租銀壹千弍百元

一廣安輪船公司賃北街貨倉是年全年租銀壹百弍十元

一紹興輪船公司賃北街碼頭是年全年租銀壹千弍百元

一紹興輪船公司賃北街貨倉是年全年租銀一百二十元

一華新輪船公司賃北街碼頭由正月至八月底止八個月租銀四百元

一合安祥批寧城站賣物兼舖屋壹間由五年八月一號至六年七月底租銀六百二十一元六毛

一陳藻宜賃附近公司屋仔壹間是年全年租銀三十六元

一陳篤學賃附近公司屋仔壹間是年全年租銀三十六元

一馬雲橋賃附近公司屋仔壹間是年全年租銀三十六元

一伍曜南賃附近公司屋仔一間是年全年租銀三十六元

一成德堂譚瑞芝批車上賣物由正月十九至七月底六個月十一天租銀五百三十元零九毛八仙

一伍華學批下坪站後背地是年全年租銀三元

一興利合利賃北街長堤自築碼頭由四月至七年正月底十個月租銀一百元

一寧江輪拖公司賃斗山碼頭由五年四月一號至五年十月一號六個月租銀三十元

一張茂批江門站賣物場由四月十五至八月十五四個月租銀一百元

一周蓮界批北街站左邊舖位由七月十五號起至舊歷十月廿七日五個月租銀一百一十元

一岡澳輪船公司賃北街碼頭九月十月兩個月租銀八十元

一岡州輪船公司賃北街碼頭五年租銀二百八十八元

一英美烟公司賃東門江門北街樹招牌處由六年九月一號至七年九月一號一年上期租銀四十元

一英美烟公司賃公益樹招牌處由六年九月一號至七年九月一號一年上期租銀二十元

一麥同安賃江門站樹招牌處租銀五元

一美光公司賃江門站掛招牌處由六年十月十六至七年十月十六一年上期租銀一十元
一陳宗貽陳欲學賃江門賣物塲由九月十五起至十二月十五三個月租銀六十元
一梁鋑祖賃麥巷站東邊地一年期租銀七元
一中英林賃公益車頭地由四年十二月一號至五年十二月一號一年期租銀二十五元
一協和公司賃公益車頭地由六年九月十五至七年九月十五一年上期租銀二十五元
一鄧南捷批耕北街車頭桑地禾田是年份租銀二十二元
一關崇元批耕牛灣橋邊餘田是年份租銀五元

以上共收租項銀柒仟玖百零陸元伍毫八仙

茲將是年收入賣材料項表明於左

一賣吉桶油罐銀八十七元二毛八仙
一利安公司取煤銀一千五百四十八元五毛一仙
一安利輪船取煤銀九十二元
一祥和取鐵鍊銀六千八百四十六元四毛五仙
一趙達祥取材料銀一十八元七毛七仙
一鄺洪取材料銀九元四毛

一李聯取材料銀一元五毛
一永聯輪船公司取材料銀八元二毛五仙
一公益輪拖渡取煤銀七十元
一永明電力公司取材料銀二百二十二元九毛
一江門帋局取材料銀八百三十三元三毛
一胡松取材料銀二元二毛五仙
一寕安交鋼鍊一條銀七十七元零六仙
一西寕市公所取石碎銀三十五元
一陳宗椅取材料銀拾元
一胡邊村取材料銀一百三十五元五毛三仙
一昌利隆取色油銀一元九毛
一斗山廣豐泰取電話材料銀六十四元七毛
一斗山怡昌取材料銀四元四毛
一裕興公司取電話材料銀三十一元一毛

一寕安輪船取爐通銀二百三十一元
一陳逢宜取材料銀四毛
一胡先生取材料銀四元
一台山酒店取材料銀二十八元八毛
一廣恒豐取材料銀五元四毛三仙
一廣順安取材料銀二十九元五毛三仙
一龍門火船取材料銀一百三十三元八毛
一李麗生取材料銀四元
一和昌取煤三噸銀八十一元
一陳捷三取長柄鏟式把銀三元二毛
一陳倫取色油銀四元五毛
一冲蔞安隆取電話材料銀五十五元八毛
一活生膏堂取材料銀一十三元六毛三仙
一仁安藥房取電話材料銀三元八毛

一鉅昌隆取材料銀一十三元五毛

一中華酒店取電話材料銀二十四元六毛

一光遠公司取材料銀一十六元

一各姓取物料銀一千五百七十八元六毛六仙

一正合取材料銀三元二毛

一台城公司取材料銀七毛五仙

一東漢輪船取材料銀二十元零六毛六仙

一粵豐公司取材料銀五元二毛

一江門商會取電話材料二十一元四毛

一公安代美孚取電話材料銀二十二元五毛五仙

一有成公司取電話材料銀八元六毛

以上共收賣材料項銀壹萬貳仟肆百壹拾肆元三毫一仙

兹將是年收入賣地段項表明於左

一陳暢庭買北街舖地銀二千元

一陳榮良買北街舖地銀五百元

一陳符祥買北街舖地銀一千元

一鄺翙普買北街舖地銀一千元

一陳雄光買北街舖地銀五百元

以上賣地段項（除交回許柏地價銀一千元）實收銀肆千元

兹將尙欠各號附欵數目表明於左

民國五年底結欠各號附欵本銀二十六萬七千六百三十三元六毛一仙
是年份進入各號附欵本銀一十二萬四千五百九十六元五毛六仙
是年份支還各號附欵本銀七萬八千三百七十九元七毛一仙
統計比對外實欠各號附欵本銀三十一萬三千八百五十元零四毛六仙

實欠各號附欵　計開

一結欠新寧中學堂雙毛銀三千零九十六元一毛二仙（即王候祠賣田銀）
一結欠廣寧輪船公司雙毛銀二千元
一結欠馬棠政港帋銀三千元
一結欠譚翊僑港帋銀五千元
一結欠陳高運雙毛銀一千元
一結欠陳源業堂雙毛銀四千八百元
一結欠陳開壳雙毛銀三千元
一結欠陳介宗雙毛銀一千元
一結欠趙應滄港帋銀一千八百元
一結欠李煒南雙毛銀二千元

一結欠陳祥靄港帋銀一萬一千五百元

一結欠陳祥瑞港帋銀三千元

一結欠陳藻宜雙毛銀弍千七百七十元

一結欠陳敦義堂雙毛銀二千七百元

一結欠陳高潤雙毛銀一千八百元

一結欠陳齊宗雙毛銀伍千元

一結欠譚翊屏雙毛銀八百元

一結欠陳壽祖雙毛銀一千元

一結欠陳宜郿雙毛銀一千五百元

一結欠陳璧宜雙毛銀四千元

一結欠李有成雙毛銀二千三百元

一結欠馬大秀雙毛銀一千一百元

一結欠陳炎宜雙毛銀一千一百元

一結欠陳氏家族會港帋銀一千五百七十五元

一結欠陳祥靄雙毛銀四百一十元

一結欠陳瑞燕雙毛銀一千元

一結欠陳濯宜双毛銀四千元

一結欠陳高策港帋銀三千二百元

一結欠盧家仁雙毛銀一百元

一結欠陳若文港帋銀八千二百五十元

一結欠陳滿宜雙毛銀二千元

一結欠陳開宜雙毛銀一千一百元

一結欠陳滌齋雙毛銀一千九百六十元

一結欠陳啟賢雙毛銀三千元

一結欠梁江崇雙毛銀二千四百五十七元

一結欠伍學欽雙毛銀二千元

一結欠李維慶雙毛銀八千元

一結欠黃堯朝堂雙毛銀一千五百元

一結欠陳榮良雙毛銀四千元
一結欠陳安宜雙毛銀二千三百元
一結欠陳顯纘雙毛銀三千四百元
一結欠伍燕榮雙毛銀一千元
一結欠陳龍記雙毛銀三千五百元
一結欠陳龍勝雙毛銀二千元
一結欠李仲卿港帋銀五百元
一結欠梁堯先雙毛銀一千元
一結欠陳國逄雙毛銀二千元
一結欠馬維駱雙毛銀二千元
一結欠伍勤學雙毛銀一千五百元
一結欠陳暢庭港帋銀三千五百元
一結欠陳禩滾双毛銀二千五百元

一結欠陳大棟雙毛銀三百元
一結欠許濟權雙毛銀五千元
一結欠陳五宜雙毛銀一千一百七十元
一結欠陳文爵雙毛銀五百元
一結欠陳裕廣雙毛銀一千元
一結欠陳遇祥港帋銀一千元
一結欠仁義堂雙毛銀二千元
一結欠譚文章會港帋銀一千元
一結欠李聖璉双毛銀一千五百元
一結欠馬維驟双毛銀二千元
一結欠李慶港帋銀弍萬元
一結欠陳文學港帋銀一千二百元
一結欠陳國琴双毛銀三千五百元

一結欠甄岐豐堂港帋銀三千五百元
一結欠黃洪金雙毛銀一千一百元
一結欠陳永華港帋銀七千五百元
一結欠馬受之港帋銀二千五百元
一結欠甄倫順雙毛銀一百九十五元四毛
一結欠陳慶宜雙毛銀一千一百五十元
一結欠粵豐公司雙毛銀四百零五元九毛
一結欠陳裕宜雙毛銀一千五百元
一結欠陳孔恒雙毛銀八百元
一結欠廖永培港帋銀一千元
一結欠陳良滙港帋銀二千元
一結欠亞洲銀行港帋銀弍萬元
一結欠劉孔瀚雙毛銀一千元
一結欠陳宜裕雙毛銀九百元
一結欠陳高暢双毛銀三千五百元
一結欠陳雄光港帋銀一千元
一結欠馬恒芳港帋銀一千五百元
一結欠甄倫順港帋銀一千一百元
一結欠陳元榮雙毛銀六百元
一結欠馬挺政港帋銀六百五十元
一結欠甘譚氏甘毓沛甘聯照雙毛銀弍千元
一結欠陳賡堂港紙銀三千元
一結欠永明電力公司雙毛銀二千四百元
一結欠陳宜禧雙毛銀三千五百元
一結欠趙康平港帋銀三萬元
一結欠陳維棟雙毛銀一千九百元
一結欠黃澤衍雙毛銀一千元
一結欠陳益謙雙毛銀六百元

一結欠陳齊富雙毛銀一千元

一結欠譚璧雙毛銀一千五百元

一結欠安業堂双毛銀弍千元

一結欠陳柱宗双毛銀五百元

一結欠馬萬昌港帋銀壹萬元

一結欠陳成文双毛銀一千零四十五元

一結欠陳頌興堂双毛銀弍千一百五十二元

一結欠馬行修港帋銀弍千元

一結欠馬林運港帋銀四千元

一結欠陳署祖雙毛銀九百元

一結欠陳勝雙毛銀五百元

一結欠羅來雙毛銀一百二十元

一結欠陳炳新雙毛銀五千元

一結欠陳連宗雙毛銀六百七十四元零五仙

一結欠陳端宸祖雙毛銀弍千元

一結欠陳文祿雙毛銀一千元

一結欠陳宋雙毛銀四百七十元

一結欠陳羨德港帋銀三千五百元

一結欠陳宜業雙毛銀五千元

以上合廿六欠各號附欵本銀叁拾壹萬三千八百五十二元零四毫六仙

（內港帋銀壹十五萬七千七百七十五元）（內雙毛銀壹拾五萬六千零七拾五元四毛六仙）

鑒察人 陳孔惠
陳樹藹

民國六年 十二月卅一號 商辦新寧鐵路公司謹識

革命文獻與民國時期文獻
保護計劃

成果

新宁铁路档案资料汇编
（二）
新宁铁路公司志暨陈总理宜禧先生铜像纪念录

林　军　高东辉　罗达全　主编

暨南大學出版社
JINAN UNIVERSITY PRESS
中国·广州

图书在版编目（CIP）数据

新宁铁路档案资料汇编．二．新宁铁路公司志暨陈总理宜禧先生铜像纪念录／林军，高东辉，罗达全主编.—广州：暨南大学出版社，2020.10
ISBN 978-7-5668-2789-0

Ⅰ.①新… Ⅱ.①林… ②高… ③罗… Ⅲ.①铁路线路—史料—广东—近代 Ⅳ.①F532.865

中国版本图书馆 CIP 数据核字（2019）第 247103 号

新宁铁路档案资料汇编（二）
新宁铁路公司志暨陈总理宜禧先生铜像纪念录
XINNING TIELU DANGAN ZILIAO HUIBIAN（ER）
XINNING TIELU GONGSI ZHI JI CHENZONGLI YIXI XIANSHENG TONGXIANG JINIANLU
主　编：林　军　高东辉　罗达全

出 版 人：张晋升
策划编辑：黄圣英
责任编辑：冯　琳　詹建林
责任校对：黄　球　黄晓佳
责任印制：汤慧君　周一丹

出版发行：暨南大学出版社（510630）
电　　话：总编室（8620）85221601
营销部（8620）85225284　85228291　85228292　85226712
传　　真：（8620）85221583（办公室）　85223774（营销部）
网　　址：http：//www.jnupress.com
排　　版：广州市天河星辰文化发展部照排中心
印　　刷：深圳市新联美术印刷有限公司
开　　本：787mm×1092mm　1/16
印　　张：76
字　　数：1208 千
版　　次：2020 年 10 月第 1 版
印　　次：2020 年 10 月第 1 次
定　　价：428.00 元（全七册）

（暨大版图书如有印装质量问题，请与出版社总编室联系调换）

目 录 contents

广东新宁铁路公司志　001

论新宁人兴办铁路　004

龙将军功在白石桥　005

张督功在借款　006

铁路公司值理列位先生大人阁下　007

陈总理致铁路股东书　012

序　言　013

奏为移交铁路档卷并历年办理情形折　028

各官绅商学报界祝词　030

新宁铁路总理陈宜禧答词　049

正式董事局成立各界祝词　050

新宁铁路董事局答词　055

步原韵　056

新宁绅商告白　058

重过宁阳铁路公司感赋（四章）　059

恭　挽　064

新宁铁路总理陈宜禧先生铜像纪念录　069

新宁铁路总理陈宜禧真像　070

新宁铁路总公司远影图　071

陈总理宜禧铜像 072
陈总理宜禧先生铜像远影图 073
铜像石亭正面题字 074
铜像石亭后面题字 075
附录新宁铁路兴工竣工开车日期一览表 076
董事局题铜像石亭右面文 077
中华民国九年六月吴议长景濂题铜像石亭左面文 078
白沙枝路告成暨陈总理铜像开幕纪盛 079

廣東新甯鐵路公司誌

暨陳總理宜禧先生銅像紀念錄

中華民國十四年乙丑四月重刊

新甯鐵路總公司圖

THE

SUN NING RAILWAY CO.

HEAD OFFICE

SUN NING CITY.

KWONGTUNG, CHINA.

新寧鐵路總理

陳宜禧眞像

陳君宜禧總辦新甯鐵路[illegible]務本年全路告成榮膺奏獎余適守土甯邑爰邀諸父老晋祝並製聯以紀之

王道蕩蕩王道平平來往萬千輿人留得豐碑里閈謳歌長在路

利權爭挽不如君天下熙熙天下攘攘縱橫十八行省鑄成大錯

宣統元年孟冬月穀日

知新甯縣事湖北覃壽堃謹賀

論新甯人與辦鐵路

錄港商報前清光緒三十年十月初五日論說　徐君勉

今日吾粵全省紳商。。因合興公司一案。。所汲汲研究。。斤斤爭論。。外謀抵制之策。。內籌集欵之方。。欲以挽回全省之利權者。。非粵漢鐵路之事情哉。。利害之所關。。存亡之所係。。蓋迫於時勢之無可如何。。不得不挾全力以爭之。。使當日早能見及此。。自籌欵。。自興築。。以吾粵之人。。辦吾粵之事。。主權在握。。操縱由我。。何至有今日如是糾紛之問題哉。。乃始則視若等閒。。輕舉妄動。。率以利權授於人。。一而再。。再而三。。省城至某縣鐵路。。省城至澳門鐵路。。皆次第落於外人之手。。坐令利權喪失。。四分五裂。。危亡立至。。此則吾粵人利權思想薄弱之見端。。而可爲痛心者也。。

吾於是不得不愛新甯人。。敬新甯人。。新甯之在廣府。。其與南番東順香較。。地之廣也不相若。。人之衆也不相若。。而能結團體。。合大羣。。謀公益。。挽利權。。以興辦一縣之鐵路。。不動聲色。。而議遂成。。不借助於官吏。。不假手於外人。。而組織絕大之偉業。。與張榕軒創辦之潮汕鐵路。。同爲完全無缺之主權。。是皆吾粵民權利思想發達之見端。。而政治能力進步之明徵也。。

夫新寗一縣。。雖隸屬於廣州。。而語言不同。。於政界上人物上與廣東無纖毫之影響。。當海禁未開以前。。不過山陬僻縣。。聲名文物。。遠遜於他邑。。土瘠民貧。。番禺東莞香山。。擅沙田之利。。而新寗無聞焉。。順德擅蠶桑之利。。而新寗無有焉。。乃至詞賦文學。。不能標榜於都邑。。製造工業。。未聞競爭於市場。。天然之富源。。其不敵於他邑者。。不能爲新甯諱也。。然其人進取之心甚銳。。冒險之性質最強。。以故海禁一[illegible]。。冒險遠行。。隻身萬里。。凌怒濤。。涉重洋。。奔走於五洲以謀生業者。。合縣計之。。不下二十萬[illegible]。。與外族競爭。。以汗血所得。。每年滙回祖國之欵。。不下數百萬。。其在外洋操業者。。多半由工而進於商。。工商社會之發達。。幾爲吾粵各縣之冠。。此海禁既開以後。商業財力之進步。蒸蒸日上。勃勃而不可歇。浩浩而無所止。實有足令人驚歎者也。又以久居外洋。吸文明之[illegible]所創建事業。卓有可觀。如建設西甯街市。其規模閎敞。與歐美文明大國街市相彷彿。[illegible]國數千年來未有之市政。於縣城興築馬路。整齊完好。為民間修設道路之權輿。近年海外設立之維新會。熱心救國。結合大羣。而新寧人十居八九。此皆新甯人之特色。吾粵各府州縣。所當聞風興起者也。茲復怵於利權之外溢。而謀工商業之發達。慨然興築鐵路。以成不朽之盛業。識大禮。顧大局。甯[illegible]新寧人之幸福。抑亦廣東人之幸福耶。使吾國之人。觀感而興。縣縣如是。省省如是。則自治之基礎立矣。文明之進步速矣。新甯人勉旃。廣東人勉旃。中國人勉旃。

龍將軍功在白石橋

新寧鐵路之創辦也。談者不曰新寧實業之導師。即曰中國民辦之先河。斯言也。凡以為已成已立後之獎借詞耳。而未及夫締造伊始之艱難萬狀。其功尚多不可沒者在也。距民國紀元前七年卽有清光緒三十一年。本路經始測算。所過通都大邑名鄉鉅村以至小里落。各姓各族。鮮不恃其龍蟠虎踞之雄。嚴其彼疆此界之限。或迷風水而起反抗者有之。或恃强權而起反抗者有之。或鬧意見借事生端而起反抗者又有之。工程所至。風潮斯起。統二百二十一里間。動輒負隅以相抗者。前後不下百數十處計。其千辛萬苦情形。至今邑中縉紳先生。凡與有勞於路事者。猶能鑿鑿言之。不能誣也。而其反抗最力。風潮最大。則又莫如展築新會一綫會城與北街間之白石橋焉。夫白石橋者。因地而名其橋。橋之上游。爲棠下各鄉。有九大書院主持鄉事。劣紳盧肅平林廣賢倡議抵抗建橋工程。該鄉之勢恴豪猾。復不恤人言。罔顧公益。以陰爲之助。彼一般無知被動之徒。又知唯主動者之命是聽。而抵抗之潮乃愈激而愈烈。理諭不能聽。勢壓不能來。橋工旋作旋輟。路事之不敗于垂成者幾希。時適振武上將軍龍公子誠綰粵軍符。不得不以其事上聞請兵保護。龍公以鐵路係國家交通要政。未便任土豪族孽。囿於方隅之偏見。從中鼓煽而破壞之也。乃卽派兵駐紮橋傍。力加保護。俟橋工完全告成而後已。不數月間遂收完全通車之效焉。使當日者龍公不以路政爲重。任令地方豪紳爛崽之所爲。則白石橋之爲白石橋。未可知也。迄今全路交通行旅稱其便。股東賴其利。當已拜龍公之賜爲不少矣。卽後之過白石橋而談白石橋歷史者。亦豈能忘龍公之功耶。

張督功在借欵

寧陽鐵路展築至江門也。未再集股。本薄用窘。勢難就緒。且揭交通銀行叁拾萬金。屢催歸欵。當事者急甚。路局垂敗。時張公堅白方督粵。不得已禀請准借洋欵陸拾萬。以濟亟需。公謂此路一無所需於洋人。今特以借欵玷名譽。不亦大可惜乎。因爲移咨交路部。緩其還欵。來往駁論。部終直公可其議。復爲商於官銀錢局及浙江銀行。息借叁拾萬。路賴竟功。公於部有回天之力。於路有再造之恩。今前行者載其便。股東樂其利。誠恐莫知便與利之所由來也。爰備顛末。表厥功績。俾後之人觀焉。

鐵路公司値理列位先生大人閣下

敬啟者近閱香港維新報實報載有駁[illegible]寧鐵路擬借外債論說各一篇洋洋灑灑數千萬言謂鄙人蔑視股東無以自明其心迹在該記者故以訾議之詞熒惑股東之聞聽鄙人旅美四十餘年立心行事如何爲各梓里共見共聞豈一操路權遂昧良至此公司開辦數年歷盡許多艱辛危險早知蜚語橫生時受局外人彈刺何如當未開辦之前將股本派回各股東以省苦惱至於展築路綫招股困難初非鄙人意料所及世變更移亦非人事可能挽救論者謂開股東會可以速集百數[illegible]萬元此非鄙人所敢決信也不觀夫上年香港集議籌款担任雖達五十萬數月之間只收到實數二十[illegible]萬工事方殷股本不足鄙人身任總理兼管財政斷不能畫餅充饑停工以待上年息借交通三十萬元藉資周轉路工不致半途中止倘我邑人熱心公益竭力扶持或將前認之欵交足原數則可以竟其全功又何至續議息借外債乎至若借債築路本非良策鄙人安有不知其利弊者當欵絀工忙之際交通追討迫切鄙人故出此策藉以搪塞交通緩收前欵起見不過發憤而言並非眞實冒險而行總之不借外債亦須轉向本省商號通融若如該記者所言招集海外股東會議組織正式董事局然後籌欵接濟恐迫不及待路工已停功虧一簣敗於垂成則此路之前途不堪設想何記者之夢夢也現蒙　張督憲鼎力維持已另籌有欵可以接濟路工交通借項亦陸續分還各股東遠隔天涯不知底蘊恐爲該記者發報飛傳轉生疑慮用特佈達區區敬乞登報佈告

新寧鐵路列位股東先生垂鑒焉專此順請

台安諸惟

朗察不旣　宣統三年閏六月廿八日　新寧鐵路總理愚弟陳宜禧頓首

再維新報登載之論說係我新寧人劉君小雲所著揆厥其發生此論之由因月前在省海珠酒店晤談路事迫弟辭退吳某用伊在公司充當文案一席便可籌欵百十萬元大言不慚毛遂自荐弟婉詞却之遂挾嫌登報攻擊劉君果熱心公益維持路事乎抑爲一己之私乎弟素性率直辦事力戒虛靡屢屢堅持毅力與人抗議保守股東權利反爲邑中士紳所不容此時展築路綫汽車已達會城距離北街僅三十里耳日奔逐於炎天酷暑中督率工程進步俾早日告厥成功無閒暇工夫與此等貪劣輩較量辯論是非自有公評抱此勞怨弗辭之宗旨俟路工告成後任憑　各股東詳察而判斷焉可弟宜禧又及

計開

張督憲與郵傳部來往電文四件呈　閱

原禀

敬禀者竊職商旅居美洲四十餘年竊見歐美列邦鐵路縱橫如織軌若布網之蛛車如銜尾之鵲故其商業日盛國勢日强職商有感於斯眷懷　祖國深知鐵路之權利至溥轉輸交通最便是以倡議集資辦路僑民聞風興起慕義附股踴躍爭先僅三數月而募集二百餘萬元職商於光緒三十一年秋間載欵還鄉興辦新寧本邑鐵路禀奉　大部　奏准立案時加培植而顧衞之並蒙　各憲札屬切實保護而維持之五載經營弗辭勞瘁總理一切及勘造工程皆獨任其事至宣統元年全路告成迺蒙　大部　奏奬謬叨非分受寵若驚觀感所及愈思奮勉遂急起而直追再請推廣新會江門路綫斯時股東則函電交馳粤漢則迭欵爭阻職商經此一番磨折心力具窮幸蒙　大部注重路政擘畫精詳知當路本重利微難以持久先後　奏准續辦職商預算資本擬添招新股一百伍十萬元儘足敷建築之用開收伊始認股者頗形踴躍迫後時艱日甚收股未及過半而銀行之倒閉頻聞市面之銀根益絀海內外各股東更有鑒于粤路之風潮忽而裹足不前勸催罔應職商於上年八月間查視新會一段工程十成其七而續築江門白石一段正在興工股欵已慮不敷購田地價急須應付迫于無可如何暫向交通銀行

息借毫洋三十萬元訂期本年六月通車後便可分次歸還詎本年開春以來雨水連綿難施工作且新會江門沿路地勢低窪土人屢以水患爲詞堅請造橋洩水添數十處之橋梁增無限之資本且延緩工程不能如期告竣茲查新會一段鋪軌完竣尚餘江門白石三十里仍須數月工程目下所最急而又可慮者無欵應收急若燃眉前借交通銀行三十萬頻頻追討不肯展限通融又向外國定購汽車客車需欵拾餘萬付給羅掘俱窮雖巧婦難爲無米之炊職商肩茲重任日切焦思迭經變產充貲以爲提倡庶免停工稽遲時日不至路事敗于垂成爭奈家產微薄杯水車薪支撐匪易擬再向本國銀行及富紳商號籌挪借貸以便清還交通行欵兼資購辦汽車客車工程等項之用詎奔走月餘舌敝唇焦苦無應者本國財政困難概可想見爰集各股東紳商會議思得一權宜變通之法可以補救日前查寧路股欵年前存貯香港外國銀行隨時支用彼此往來密切誠信素孚此次需欵孔亟迫不得已轉向外國銀行暫借六十萬元訂期兩週年分期還清照商場揭借之例辦理無須政府担保立約商借商還並無別項交涉外國銀行大班欣意樂從特囑職商由公司自行稟明 制憲大人暨勸業道衙門知詎便可由職商簽名取用明知借債築路本非善策無如欵已用完路工將竣本屬所缺無多苦無通挪之處是否可行仰乞 憲台設法維持而救濟之所有寧路公司展築新會江門路線欵項不敷擬向外國銀行借欵應用各緣由理合具稟 察核備案伏候 訓示祇遵

督院張批新甯鐵路總理陳宜禧稟展築路線欵項不敷擬向外國銀行借欵應用緣由文 附件一

新寧鐵路該職商招集華股一手刱辦經營數載克底於成洵足爲粵省商界特色上年據該職商稟請展築由新會至江門白石枝路據稱預算兩段工程均須添招股本一百三十萬元即可敷用本督院以爲粵中人士向以籌辦公益爲各省冠該職商辦理鐵路已著成效則此百餘萬元股本定能刻期而集當不至有徘徊觀望之虞乃查現稟內稱上年請展新會江門路線時因粵漢公司出而爭阻各股東則

函電交馳堅請推廣迫經　大部奏准展續收股未及過半而海內外股東忽而裹足不前勸催罔應夫以粵省紳商素稱殷富海外華僑尤號急公鐵路交通可爲桑梓振商務興利源乃竟任其功虧一簣淡漠置之實非本督院意料所及矣該職商前因股本不敷暫向交通銀行息借三十萬元定期本年六月通車後分次歸欵乃爲春雨所阻未能竣工目下工程最急交通借欵追討頻頻該職商迭經變產充資以爲提倡而奔走月餘苦無應者言之可嘆據稱現集股東紳商會議思一變通之法轉向外國銀行暫借六十萬元訂期兩年清還等語在該職商迫於工程緊急出此權宜原屬不得已之舉惟商辦鐵路訂借洋欵流弊最大卽都人士縱無異議而按之事理究屬非宜且　郵傳部奏定該公司章程第七條業經聲明將來擬再續請接展路線總在所集股銀支用不得抵借洋債等語該職商現請暫向外國銀行借欵尤與原禀不符未便照辦惟閱該職商來禀惶迫情形溢于言外自不能不設法維持以保公益候即電商　郵傳部飭令交通銀行將該公司前借之欵酌量展限俾易周轉俟准電復另飭遵照其餘應需路工及購買汽車等費仍由該職商招集股東設法湊集以竟全功興辦實業爲粵省目前最要政策粵省明達紳商關懷桑梓諒亦不忍坐視該公司功敗垂成必有衆擎之策也仰廣東勸業道卽飭遵照京抄發（六月十六日發）

宣統三年六月廿七日　　閏六月初二日奉到

照錄粘件四紙

北京郵傳部鑒粵省新寧鐵路由該公司總理陳宜禧招集華股一手刱辦新寗縣屬路線早經通車上年該公司續請展築由新會至江門白石枝路經奉　大部奏准辦理在案現據陳宜禧禀稱展築路工預算約需添招新股一百五十萬元卽可敷用乃因銀行近多倒閉市面銀根緊絀各股東又鑒于粵路風潮以至招股尚未過半遂多裹足不前而工程緊迫急須應付祇得暫向交通銀行息借毛洋三十萬元

二

訂本年六月通車後分期歸還詎春間雨水連綿難施工作不能剋期告竣現在交通借欵追討迫切而未完路工及訂購汽車等費尚需數十萬元公司羅掘俱窮無可楮柱現集股東會議擬一權宜辦法暫向外國銀行借銀六十萬元訂期兩年還清等語查商辦鐵路息借洋欵流弊甚大且大部奏定該公司章程第七條本有不得押借洋欵之語尤與定章不符自難照准惟該公司路工已著成效現因招股未足功虧一簣將敗垂成深爲可惜似不能不量予維持以保商業擬懇　大部電飭交通粤行暫將前借與該公司毫銀三十萬元酌量展限俾得設法陸續籌還其公司未竣路工及訂購汽車等欵據稱約欠三十萬元倘承飭令交通銀行量爲撥濟以竟全工則粤省紳商曉然商辦枝路　大部力任維持似于鼓舞商民籌辦實業深爲有益該路原集股本爲數甚鉅交通借欵本息將來斷不至無著現仍由　飭該公司迅集股東設法招股以便赶緊籌還借項是否有當祈卓裁示復〇文六月十六日

廣州張制台鑒文電悉新寗息借洋欵核與官章不符業經本部批駁在案至該公司前借交通粤行毛銀三十萬元請飭該行酌量展限各節查銀行係營業性質展期續借係商業來往常有之事應由該公司自向該行妥商本部未便干涉除電知交通粤行外此復　郵傳部巧印六月十八日

郵傳部鑒巧電敬悉新寗鐵路息借洋欵與原案不符〇已批駁惟該路股東藉口粤路官收因而觀望該總理陳宜禧奔走數月投股仍復不前幹路國有爲朝廷政策自與商辦無干而粤人疑慮既多遂難解譬〇前電請　大部飭令交通銀行緩收前欵並與續借原欲粤人深知商辦枝路大部極力維持則此後集股當能踴躍該路商股爲數甚鉅將來江門通車之後車利較優交通之欵似當不至無著承示應由該公司與交通妥商息應轉飭遵辦惟所借之欵數目頗鉅恐粤省分行未敢擅專似應仍由　大部飭令粤行與該公司妥商當否祈卓裁示復〇皓六月十九日

廣州張台鑒皓電悉新寗鐵路借欵展限各節業已札飭交通總行轉電粤行與該公司直接郵傳部養印六月二十二日發到

陳總理致鐵路股東書

股東諸先生鑒　握別十稔天各一涯溯新寧鐵路經營之始曾蒙　鼎力且叨禮遇中心藏之何日忘之惜弟不文函候久缺　伏維旅祉多佳爲慰爲頌弟性愚直初承　君等委任之重以爲竭股肱之力繼之以忠貞不難聿觀厥成路乃局甫開人心險惡阻誤事機多歷年所軌道始通公益竊念路線太短利權即薄且出入交通非直抵北街未甚靈便不忖棉薄遂展築焉詎開工未久資本告罄幸官商協助旣憫弟苦幷鑒弟誠源源接濟功成亦捷去歲春夏之交車達北街少足告慰於　股東矣謹將全路工費畧列一表知我罪我核表便悉弟本商人謝絕一切十年心力盡瘁此路若謂祇欲漁利皇天后土可鑒此心乃爭權營私之徒是非蜂起於弟用人行政尤覺多不滿意弟非敢多辯以不廣示人惟念武王聖君也彼於行政盡美猶難盡善武侯賢相也彼於用人猶有李嚴馬謖弟何人斯敢望用人行政無一不當苟求於事有濟大局無碍亦云足矣人即不諒亦祇有深自引咎徐圖更改而已嗟乎莫知我艱詩人興感功成受謗志士短氣自昔然矣弟復何尤獨是軌道者大陸之血脉軌道交通之地以覘其國則氣勢强以覘其民則生計活中國南服當嶺海之間應築一路蔓延滇黔桂粤交結其團體通濟其有無用以上贊化育下益國計寧路雖短始基之矣

君等無慮玆事體大落落難合也果得有志者善爲繼述焉烏知事之不竟成乎特恐縱有其人鑒弟前轍裹足不前而不肖者承乏藉路攘利大事去矣夫鐵路之利愈長則愈溥愈久則愈厚且凡事之利便者必益人以益人爲專者終必益己

君等復何憾乎自今三年手續漸清弟或再遊舊地復聆　雅教身雖伏櫪志尙千里暮雲秋水久繫懷思雁足魚腸聊紓鬱結臨書神往卽請

旅安希

照不備

中華民國三年八月一號　弟陳宜禧謹上

序言

趙宗壇

丙午之春。。予與陳君宜禧。。勘視路綫。。至金鷄寺。。時公益埠方奠基址。。以金鷄寺路綫。。諸多窒礙。。改由公益埠東。。繞出上冲山逕。。即今告成之軌道也。。陳君熱心公益。。爲吾邑人所信服。。故能以一人總理鐵路工程事務。。三年告成。。從容奏績。。上邀　褒奬。。馳名海宇。。固吾中國今日經營實業之鉅子也。。其于勘路之際。。發言爲詩。。不必拘于尋常韻律。。但就其志之所感觸。。信筆直書。。純然天籟。。唱酬諸君。。益助其興。。裒然成集。。洵鐵路韻事哉。。吾觀陳君生平天性。。樸厚坦直。。不事雕飾。。令讀其詩。。適肖乎其爲人與古詩三百篇。。公卿士夫。。野人游女。。各言其志無異。。今當甯邑路事告成陳君彙同人諸佳卷。。編爲一帙。。畀以相示。。爰著其作詩之由。。弁諸卷端云爾。。

時宣統元年端午節　　趙宗壇序於新甯教育會

◉陳宜禧（暢庭）（偶吟）【照前原稿錄正】

遠望巷山樹色濃（伍姓巷村）　条条古道透上冲（上冲李姓村）　野猿渴飲三仙水（三仙寺水最佳）

鵲鶴群棲渡頭松（渡頭斗洞伍姓墟名）　麥巷牧童吹玉笛（麥巷梁姓村）　金鷄僧寺撞銅鐘（寺在文昌都）

夜來携酒水口飲（水口墟名）　醉到天明月上中

◉余灼（見樓）△步韻

常話茶濃與酒濃　旁人潑水淡相冲　欲名佳士胸無竹　那羨大夫腹有松

過去迷金兼醉紙　醒來暮鼓並晨鐘　不知吟髻何時秃　猶作楊州好夢中

△其二

閱盡人情淡與濃　生平善怒轉謙冲　道旁苦處歎遺李　嶺上寒時識古松

未作和羹三足鼎　休持撞木一聲鐘　清風兩袖翹翹舉　常引南薰滿座中

◉李月垣（毓華）△步韻

火車路築興彌濃　發軔龍田達上冲　麥巷沿途除惡草　潯陽過洞憶喬松

三仙遶繞雲横嶺　萬福行聞寺擊鐘　此去大江通海艖　功成名譽震寰中

△其二

山路斜窺樹色濃　暗妨荊棘勢相冲　力維公益擎天柱　節懍彌堅比嶺松
變却危途成坦道　醒聞暮鼓與晨鐘　余心計畫無焦灼　多少英雄入彀中

△其三

自慰艱辛醉酒濃　志同道合漫相冲　金溪弗涉泥塗海　斗洞經過水岸松
不憚持籌兼畫策　未曾食鼎但鳴鐘　築成車路忘勤苦　快覩馳驅樂在中

△其四

清泉渴飲勝茶濃　志氣凌霄直上冲　鑄鐵錚錚須順軌　排枋節節最宜松
任勞每借篷爲榻　司事蹔聞飯後鐘　總辦機宜貴節用　工程應記在心中

△其五

識盡人情淡與濃　不辭勞怨尚謙冲　溪成遺蔭誰知李　歲耐寒時獨有松
當道披荊兼剪棘　錄功勒鼎更銘鐘　商場輻輳通寧邑　異日名垂史冊中

◎朱師韓（係管帶巡兵師爺）　△步韻

世味從來有淡濃　強權世界莫嫌冲　成梁不易求喬木　苦李偏生傍古松
麥巷兒童仍力穡　金溪僧侶尚撞鐘　諸公豈是爲名利　且付閒情一笑中

◎陳介眉　△步韻

問自予心鐵路濃　頻興阻力慮冲冲　河深莫渡金溪水　牆隔誰踰古巷松
四顧躊躇途改麥　一聲繚繞澗聞鐘　諸公袞袞皆豪傑　軌道何妨共折中

◎劉沛如（榮恩）△步韻

自到濬東興轉濃　長途徙倚尚冲冲　牆遮萬遂防多李　嶺聳三仙礙秀松
宿海渡遙難射斗　雲峯寺隔不聞鐘　何如麥巷過平逕　一路驅馳坦蕩中

◎黃偉南（毓棠）△步韻

交誼由來道味濃　和平主義矢謙冲　橋通萬遂環牆樹　途繞三仙阻嶺松
麥巷經營成不日　鐵輪功績自銘鐘　而今王路無偏黨　高辯雄談杯酒中

◎伍月蟾　△步韻

倡和同聲興倍濃　鑾叢路闢鑿冲冲　渡頭趨市烟含柳　巷口流泉月照松
蘇海潮平漁泛艇　仙巖風靜寺鳴鐘　紳商羣領欽同軌　天語褒嘉履蹈中

◎陳若思（元鼎）△步韻

僕豈炎凉世味濃　羣情要合不相冲　磋商莫管溪頭寺　漫說何當巷裏松
惟有麥田堪設軌　詎無柱石作鳴鐘　風潮應亦從今息　萬派同歸巨壑中

△其二

袞袞諸公道味濃　持平論斷尚謙冲　冰炭洗却和調鼎　梅竹圖成勁比松
示我周行千里軌　發人深醒一聲鐘　從今路直無偏黨　瞬息縱橫上下中

◎譚翊屏（錫藩）△步韻

舊麥新禾淡與濃　豪情相洽不相冲　胸懷冠整須防李　性耐歲寒豈讓松
營始一心還一德　功成銘鼎亦銘鐘　蕩平正直推王道　蓋世勳名指顧中

◎李英廉　△步韻

軌道頻尋興倍濃　相期共濟矢謙冲　澄心喜飲清泉水　愛蔭應栽古徑松
萬戶登新盈麥巷　長途依舊繞梁鐘　功成得値還沽酒　兒女依依几席中

◎李伯濂　△步韻

寧海歡迎意倍濃　誰人阻力怒冲冲　龍溪水滿奚須楫　麥巷霜寒不凝松
高逕鑿開容鐵轂　橫樑路繞掛金鐘　佇看周道平如砥　銅像鑄成在眼中

◎譚鏡濂　△步韻

路政關懷興倍濃　羡君劍氣九霄冲　功成不日勳銘竹　蔭比長途壽比松
大陸轉輪知有數　羣情鼾睡孰敲鐘　山河自此難爲限　軔發天衢在箇中

◎温鏡吾　△步韻

時局維新轉淡濃　滑稽信是一飛冲　羡君萬里胸成竹　愧我十年手植松
儘辟野蠻當暮鼓　頓開草昧作晨鐘　可憐粤漢工程者　六載依然醉夢中

◎李維相　△步韻

往來士女似雲濃　兩軌分馳上下冲　千里蛛絲看結網　百年鳥革頌如松
異時綫道跨江佛　蓋世勳名勒鼎鐘　荊棘莫愁前路蔽　數聲汽笛徹寰中

◎陳景田　△步韻

閱歷深時世味濃　芒芒星斗劍氣冲　非因血熱非勞草　不値歲寒不識松
羣犬若狂千喙怪　睡獅纔覺一聲鐘　玉門關外歐風徹　蕩入黃魂醉夢中

△其二

轂擊肩摩種類濃　耆髫時代兩相冲　只因阻道思除棘　非爲封侯乃種松
十載乏承叢怨府　滿途爭拷自由鐘　偉人名譽傳化外　紀念碑懸天地中

◎李乾譜　△步韻

洗却從前氣燄濃　文明世界莫相冲　任勞畢竟心嫌草　守節終須眼識松
幾許經營同運甓　半生功績自銘鐘　諸公務早求成立　王道平時樂在中

◎陳兆蓉　△步韻

熱心公益興何濃　耿耿雲霄氣上冲　路闢蠶叢胸有竹　量含鷗逐腹生松
祇圖力盡除荊棘　那計功成勒鼎鐘　邑小已臻同軌盛　先聲長自播寰中

◎陳彰貽　△步韻

聯吟互飲幾情濃　獨恨橫江水激冲　海口樓臺無定址　鑿頭棧道未排松
鋤荊斬棘忙磨斧　遏笛停輪漫打鐘　多少謗勞須結局　莫教私議幸言中

◎余熾庭　△步韻

對酒聯吟興倍濃　英豪壯志斗牛冲　詎容當道栽荊棘　誰識擎天有柏松
遠奮前程欣順軌　蕩平危路合銘鐘　丹心還望成功速　利我同人跋涉中

◎秦來寄稿　△步韻

羣賢佳作興何濃　漫品詩成語尚冲　今已車行誰勒鼎　早知枋列要栽松
前程遠達皆同軌　發軔遙聞有响鐘　總辦雖然能取信　仍憑梓里熱心中

◎林蔭南 △步韻

君是生平熱血濃　提倡鐵路孰相冲　當途不患多荆棘　夾道何嫌有柏松
雙軌務奔新大陸　數聲恍警自由鐘　喚醒夢裏沉迷者　從此馳驅樂在中

◎伍燦堂 △步韻

鐵軌圖謀意倍濃　心勞力竭具虛冲　程途乃爾除荆棘　氣節惟君等柏松
路務曉明維大局　車聲特警甚清鐘　待將輦轂功成後　勳績應留竹帛中

◎李毓琳 △步韻

台城如畫淡還濃　鬱鬱葱葱淑氣冲　示我周行除茂草　照人古道仰喬松
文明進步循途軌　喚醒同胞警世鐘　有志竟成天下事　聲名從此滿寰中

△其二

飛輪到處翠煙濃　舒卷雲霄鶴共冲　呼吸機關憑汽笛　往來站次響金鐘
臨歧乍折台城柳　觸景旋經斗洞松　路線拓張休自畫　知君成竹在胸中

◎李寶煌 △步韻

鐵路提倡熱血濃　相逢演說矢謙冲　半生籌畫胸成竹　幾度歲寒質挺松
招股徧馳新大陸　同胞恍警自由鐘　犧牲私利爲公益　鉅欵告成轉瞬中

△其二

起點和平意最濃　不期阻力迭相冲　沿途草惡胡滋蔓　碍道枝横轉恨松
林鳥尚知防密網　野蠻無計醒晨鐘　强權公理須兼用　對待方針盡執中

△其三

黑暗入羣墨色濃　豪光萬丈喜相冲　蠶叢獨闢鋤荊棘　虬幹凌寒羨柏松
終點直趨三夾海　展途上接五仙鐘　漫愁甯佛漸行阻　次第措施掌握中

△其四

世態炎涼判淡濃　而今和洽不相冲　明燈電掣擎天柱　德律風連特地松
廿紀舞臺新啟幕　千聲軌道遠聞鐘　縱橫上下交通便　普徧文明大陸中

△其五

回首去年梓誼濃　瑤章又惠感謙冲　鶴樓筆擱應慙李　鳳詔銜封孰識松
幾日會逢重促席　千杯共醉五更鐘　英雄時勢相需造　豈在區區筆硯中

◎何作鈞　△步韻

歐風心醉入時濃　慘淡經營熱血冲　隻手擎天平亂梗　一聲特地起喬松
犇馳電線通關鑰　嘹喨汽筒答寺鐘　望氣遙知偉人出　生才誰謂域西中

△其二

飛汗渾如洒雨濃　入山入海氣騰冲　西歐白種留鳧舄　東亞黃旗麾麈松
夾道呈圖環弱笠　九天飛響度鈴鐘　應知鐵軌告成日　不朽榮名播外中

△其三

長留福蔭碧雲濃　黍雨棠風氣度冲　肖像鑄金鐫籀篆　清操如玉礪筠松
歌餘蜀道開雲棧　夢破秦樓度曉鐘　竟使寧都通上下　合籌全局點歸中

◎黃漸逵

入奏曾叨聖澤濃　熱心公益矢謙冲　幾勞歲月除荊棘　能耐風霜礪菊松

軌道通籌寗佛綫　汽筒響答普陀鐘　試看觀禮告成日　人海人山一望中

◎伍陳菊亭

大夢沉沉獅睡濃　歸來滄海氣冲冲　榛蕪時代誰披棘　風雪天涯獨挺松

商界競爭新亞陸　國魂喚醒警晨鐘　毆風東漸伊先覺　三載功成指顧中

暢庭宗伯大人閣下敬肅者前日承

教敬悉　偉人愛國之苦心經營之宏力有非俗人所可與言者幷蒙即以

大箸路圖暨　玉照見贈歸而諷詠久之昨夜大雨滂沱風雲變色撫圖觸

景不勝君國蒼生之感繞榻旁皇遂步　元韻得十一章聊一洩其崇拜

英雄之夙志非敢言詩也質之　吟壇伏祈　斧政即叩

公安

楚三乜兄大人均安

宗小侄子偕頓首

△其一

廣海南來曙色濃　黑雲遙望九霄冲　須臾我在山之斗　那剎人過朗上松

(初五早自廣海至斗山搭車經松朗站)

百里臥虹身是鐵　一聲汽笛自由鐘　問誰健者斯籃篳　臺指前車短轂中

(是日與公同車咫尺天涯未及領教)

△其二

尋公千里感情濃　得接芝顏氣自冲　長揖識荆懷李白　披圖贈蜀感張松

(初七日公司拜謁即荷以圖見贈)

縱談路政人驚座　細記詩壇寺打鐘　(并蒙以丙午大箸見示及余陳諸公和章中有江太史雲帽詩鐘二偶)　恨不躬逢開幕典　歡聲猶繞舞臺中

(寧路四月行開車禮建演說臺女士如雲極一時之盛)

△其三

卅載經營世味濃　哥崙渡海尚齡冲　著書只見胡公棟　進履誰師赤子松

(公弱冠遊美歷辦路政不必入鐵路學堂畢業也)　(胡棟朝有鐵路指南)

風鑑早歸丞相轂　月評遠應白宮鐘　(李傳相遊美訪鐵路人材美人咸推許公)

千金養士甌風侈　豪傑偏藏韋布中

△其四

沉沉大陸黑烟濃　鐵路風潮徧激冲　蘆漢榆津材借楚　紳川商粵腹橫松
九州鑄錯嗟成鐵　碧眼持柯倒撞鐘　千古英雄能愛國　滿腔熱血灑寰中
（中國鐵路借洋欵聘洋工大半爲西人撞木鐘言之可嘆公自美歸過佛見三水枝路皆洋人持柄遂感激而獨力辦茲鐵路）

△其五

腦汁濃時膽汁濃　隻身渡美氣冲冲　故鄉公益維桑梓　廣廈論材選柏松
百萬白金三月橐（公到美演說集股夏去秋歸三月而得百五十萬無一洋股各華僑皆獨推公總辦邑人排之不動）　五更黃夢一聲鐘
問誰大信孚華嶠　新陸歸來月正中

△其六

萬戶台城萬樹濃　羣材羣策矢和冲（公司一切皆甯人）　三弧測地平於水（勘線畫測購機器打平水買料一切皆公主持）　一木擎天健似松
北美路成天劃塹　西卑夜桀電鳴鐘　問誰獨力籌全局　財政工程一手中

△其七

名利由來兩味濃　五丁誰共鑿冲冲　半飧甘苦和殘卒（江太史雜詠謂公與工人同膳常不得飽）　三載風霜臥斷松　八十薪金兒女飯

（華僑議公月薪百金辭只受八十） 七千汗血寺門鐘 （公自集股至工成犧牲家產七千金有奇） 工成誰是廉聲滿 依舊淸風兩袖中

△其八

聯吟衮衮酒情濃 誰識寒芒劍匣冲 （丙午公與諸紳謀始於公益埠臺以賦詩難公不吟則罰公即景寫情天眞爛熳一座皆驚即韻聯和遂成巨帙） 百里風光供畫草 七言天籟譜濤松 工成不學車同軌 詩到無題律叶鐘 自古英雄多韻事 漢高歌已入雲中

△其九

廉能公信血成濃 天賦文章量更冲 欲殺公孫滋鄭蔓 （初勘路時鄉人有持鐮刀哃喝者） 論功天子册奏松 （奏請賞以四品京堂） 千秋銅像應鎔史 華僑邑人咸擬捐廉爲公鑄銅像立傳） 六字金牌勝瀏鐘 （域多利送公金牌一具文曰寧陽鐵路偉人） 滿道口碑詞曷贊 大名長古播天中

△其十

商情能否淡還濃 推展維持費慮冲 宏策知君胸有竹 大年祝彼茂如松 何須遠近爭滕薛 寧佛之案粤漢爭之） 豈爲功名慕鼎鐘 （公只知公益不顧富貴也） 拭目接通南北幹 平年王道達都中

△其十一

環球遊興少年濃　聖主當陽尙幼冲　國力範圍隨細草　中興砥柱屬喬松
偉人應有王前箸　孺子何來飯後鐘　提筆忽驚鳴鐵笛　幾回吹徹九重中

子鍇未定草初八灯下漏三下

奉和鐵路公司陳總辦元韻

一樹須賚萬樹濃　功成那計六爻冲　堅持主義非蒲柳　總辦工程挺柏松
着手甯陽標赤幟　蜚聲寰海響黃鐘　禮行多少來觀者　萬歲歡呼一醉中

△其二

六都士女比雲濃　氣喜歡騰北斗冲　夾道永懷郇伯黍　熱心何羨始皇松
甯陽合力先扛鼎　粵漢同魂乍警鐘　選入郵傳諳部務　全球軌轍在胸中

姪子占未定稿

奉和鐵路總辦陳宜禧世伯余見樓世伯大作用原韻即請
敎正　世姪維相擬草

共荷天恩雨露濃　更兼參議倍謙冲　相逢自是同投李　獨立偏能不讓松
一紙電書如得路　滿腔鐵血可銘鐘　莫愁荆棘正當道　兩軌飛騰大陸中

◎新會縣議事會朱植庭

親炙芝顏道味濃　台城几席挹謙冲　長途萬里除荆棘　一片堅心邁柏松
從此路行平陽軌　至今人識自由鐘　山河以後融界域　震古功成隻手中

△其二

濟濟諸公意蕊濃　詩情磊落斗牛冲　艱難共任多勞草　寒冷高撐獨老松
鑄鐵經營千里軌　沿途喚醒幾聲鐘　從今路政無波浪　誰賜羣遊坦蕩中

◎趙沅芬　△步韻

笛汽爐煙淡又濃　嗚嗚聲徹九霄冲　一程山水看新畫　十載波濤問古松
漢世長房能縮地　湄州聖母不聞鐘　我來周道平如砥　猶憾樓船泊海中

新甯鐵路。。開始至今。。將屆十稔。。今者商業飈發。。行旅稱便。。遙憶當年。。波折萬端。。恩怨叢集。。非陳總辦之力不及此。。鄙人於甲寅之秋受董事局文牘職。。讀陳總辦詠路之句誠得諸天籟。。敬步原韻。。和律一張。。希　大吟壇斧正焉。。　芷汀趙沅芬

◎林尊三　△步韻

百里新甯萬戶濃　鬱葱佳氣斗牛冲　地靈人傑皆班筍　凰逸龍蟠一老松
身命拚將成鐵道　勳名應許勒旗鐘　英雄時勢相需造　誰信大王別外中

◎李仲卿　△步韻

君子交情淡亦濃（總辦待人推誠相與不同酒食徵逐）　飛鴻振翮拍天冲（當日不辭勞瘁獨具高遠之志）　蛛絲百里鋪新網（沿途鐵軌鋪排如蛛絲結網語出歐美游記）　鶴髮千年視老松（總辦年屆七十老當益壯如松之茂）　北望騁馳齊合轍（異日南北交通有閉門造車出門合轍之妙齊字借對下句洛字）　東應消息洛傳鐘（沿線電話通靈儼有銅山西崩洛鐘東應之象）　乾坤旋轉操何術　機柚分明掌握中（汽笛一聲山嶽徭動旋乾轉坤得毋類此）

◎伍步蟾　△步韻

遠望會城樹色濃　金鷄寺內撞金鐘　五邑墟船來載貨　岐途渡頭上通冲
水步大江舟遊往　寶興車輪响玲瓏　新寧縣市兼三埠　皆言公益在其中

◎黃子材　△步韻

任事公眞熱血濃　心如路坦更謙冲　風濤難撼擎天柱　霜雪方知勁節松
偌大工程成不日　爛然姓字合銘鐘　佇看軌接陽江道　操利奇贏意計中

寧陽鐵路綿亘一百二十餘中里

陳公宜禧以一身經理其間越五年卒底於成外人之來參觀者猶交口譽之近竟有鼓動風潮從而毀之者要之直道在人　公之心轉因此而愈白小人之謀無往不福君子也僕來此匝月得閱
公己酉年所爲詩不揣固陋敬步原韻一章錄呈
斧政　民國三年歲次甲寅端午日黃子材求定稿

◎吾公一代偉人也緣賦拙句以獻　陳伯夔詠唐稿

蓋世英雄起草茅　維新事業肯全拋　名轟大陸驚殊族　信服重洋熟外交
籌有金錢歸祖國　築成鐵路利同胞　知公偉績垂千古　愧我無才一繫匏

又姪抵舍路埠誌感

大陸環遊夙所期　迄今初度到花旗　親朋誼重蒙遺贈　兄弟情深感別離
風景異邦添眼福　雲箋祖國奇心知　韶光一去驚何易　眞個英雄好及時

◎温孝生原韻

山城斗大半荒凉　野鳥閑花亂點粧　世事不知忘歲月　塵囂滌盡倩滄浪
催人行樂墳新舊　助客消愁酒白黃　潦倒此生酣如夢　子規底事喚歸航

丙午之歲宜禧奉　商部命總辦新寧鐵路其時起點於公益埠與邑中縉紳先生竭力將事禧本不文拙於韻學然公餘之暇偶有感得七律一首諸君子不我遐棄屬相和之天籟所發亦一時佳話也

光緒三十二年中秋　陳宜禧謹誌

這尊容　大不同　懷公益　熱腸中

世界上　偉人翁　當崇拜　有始終

此翁六旬熱心行熱事振興路基爲首一人　原藉遷都番邑晚生伍文光頓首拜題

奏爲移交鐵路檔卷並陳歷年辦理情形摺

農工商部

奏爲移交鐵路檔卷並陳歷年辦理情形恭摺仰祈　聖鑒事光緒三十二年九月二十日奉　上諭輪船鐵路電綫郵政應設專司著名爲郵傳部等因欽此竊維鐵路事宜於光緒二十九年八月間奉旨裁撤路礦總局歸併臣部辦理於今三年玆奉　諭旨特設專部臣等當即督飭員司檢齊舊卷十六宗新卷一百二宗編列檔目六本以及圖冊表稿等件一併移交郵傳部接收以清界限伏念中國鐵路自津榆創造推及京漢正太道淸汴洛滬甯各路垂二十年大抵因庫欵不充借債興築列國又不惜競投巨資以爭先著欲圖挽回之術宜籌倡導之方臣部自奉　命接管路務以來知非空言所能抵制爰取各國民有鐵路之通例招徠提倡首於潮汕一路奏由華商自辦欽奉　詔旨飭令地方官切實保護不得膜視風聲所樹薄海響應川漢滇蜀西潼洛潼粵漢黑龍江吉長等路則由各省將

軍督撫會同紳商籌辦江西安徽浙江福建江蘇陝甘山西廣西廣厦等路則由各省紳商士民集股自辦以至海外僑民如陳宜禧等感懷德意亦且載欵還鄉興辦新寗鐵路均經臣部核訂章程先後奏准咨行保護各在案所慮各辦各路枝幹旣不足以相維車軌復未能合轍以及工程行車各規則用英工程師則從英用法工程師則從法參錯紛歧未能一律上乖體制下惑視聽臣部是以有釐定軌制及統籌路綫之請又慮情形隔閡無以實行整頓之策是以有請設路務議員之奏凡此規畫亦惟竭盡愚忱冀收得尺得寸之效想郵傳部諸臣精心擘畫自能擴充辦理以仰副　聖朝同軌之盛除應辦未結各件應統由郵傳部接辦外所有移交鐵路文卷並歷年辦理情形理合恭摺具陳伏乞

皇太后　皇上聖鑒謹　奏十二月初八日具奏奉　旨知道了欽此

◎遊客勸和

富商陳君宜禧向在華盛頓省舍路埠開張廣德號素以量地學著名近日來遊本埠昨到本報晤叙語及中國積弱再三慨歎謂有機會凡我華人當盡國民責任以圖自强縱談時事慨慷激昂言皆中要又因本埠現有兩堂搆訟之事特向兩造力爲勸和并請見領事及中華會館紳商共議調停善法今陳君以魯仲連自任事能和息實本埠之福也

◎是魯仲連

舍路埠廣德店富商陳君宜禧日前來遊本埠前晚設筵於杏花酒樓席上談次言及本埠洋文政務司與四邑會館轇轕之事據陳君謂兩造到底必須和息其事乃已諸君何不早爲計及言畢在座諸人無不然之翌日陳君特爲此事詣領署謁見鍾領事及中華會館紳商等共議善法從中調停俾兩造早日言歸于好可知陳君於此事力爲勸和并以魯仲連爲己任也聞陳君素以量地學著名此次擬赴美京華盛頓與梁星使及美外部商議回粤接辦粵漢鐵路云云

◎方官積肆祝新甯鐵路開車文　(上年開車)

自開海禁中外交通歐洲工藝流傳國中行李往來軌轍皆同惟我甯陽商戰稱雄紳商學界鼓舞從風創辦鐵路告竣鳩工荻海之北廣海之東一線環廻一氣鴻濛願爾商民獲益無窮貨財殖焉不告屢空九衢不匱四野慶豐爲我　國家頌德歌功錫民之福荷
帝之聰萬年有道郅治隆隆謹祝

◎答方邑侯及各國來賓香港商界報界粤漢路代表員本邑紳學商各界

今日爲敝邑甯陽鐵路開幕之日蒙　方邑侯　莊守戎　李守戎　潘廉捕　龔大令
及各國來賓香港譚觀察商界報界粤漢路代表員本邑紳學商各界諸君子光臨不勝忻幸溯自甯陽路自去年四月動工一手一足之烈不知歷盡幾許艱辛幸底于成現由公益埠築至新甯城計有十七英里由此達三夾海口共四十餘英里約明歲全路告成皆藉地方官保護之力桑梓襄助之功及附股諸君之踴躍更望全路告成後凡本邑一切地利從此展拓則鄙人之厚幸也
李心靈暨列位先生頃聞李公所發言論無徵弗至令弟感激過獎之辭心中有愧今日列公之能光臨敝邑多且衆者全藉各位過愛幷得各日報言之助路事豈敢居功仍不能不謝李公所發之言前途如何發達雖難預料弟必盡乃心以冀報於將來可也再謝李心靈先生

各官紳商學報界祝詞

(一)張督憲頌詞

新甯鐵路全工告成祝文

禮言同軌古制尙矣世變日奇機巧愈出鐵軌連雲汽車奔電以資輪運則萬鈞轂轉也以利遄行則千里跬步也車之爲用至此極矣

朝廷因時宜之創制宏王道於無偏特設專官經營路政慮帑藏之不足以溥也知商力之大可有爲也於是有華商集欵治路計成效得請優獎之條教令所頒儔倫興起內而富商巨室外而賈客僑民爭思效尺寸累錙銖從事於畚築締造宏我 聖清通道萬方之盛軌顧如京漢而津沽而京奉而京張而正太而滬甯其成也不以商而粵漢而滬杭甬以商而其成也有待惟茲路經始於光緒乙巳越五年而乃竟厥功商辦鐵路之有成殆以是爲嚆矢歟諏吉甲午新寧邑人陳君宜禧爲路工告成舉行開幕禮式於時冠蓋雲集商旅駢闐美其工事稱者之曰班輸運斤遜其巧利於行路稱之曰長房縮地失其神本部堂尤望有類乎商辦鐵路者觀感所及急起直追與茲路並底於成也則今日所爲茲路祝者皆異日所爲他路祝者焉

◎勸業道憲頌辭

惟宣統龍飛紀元孟夏穀旦新寧鐵路工成公司以開車來告本道奉

郵傳部暨

督部堂檄蒞會監視賓僚欵洽道路騰歡電激霆奔俶然發軔人第見康莊履穩王道砥平軌若布綱之蛛車如銜尾之鵲大助告臧視若固有而不知經營締造之人其事勞其心苦有不可沒者在也夫以中國幀幅之廣鐵路之爲利至溥能自辦一處鐵路卽自保一處利權得尺則尺得寸則寸顧自辦矣或官力不足商本弗繼舉責募股有從旁染指者是顯則保全而隱仍損失焉且也吾國鐵路自津榆以至京漢正太道清汴洛滬甯等處刱辦之始路工未習難免借材異地之事不獨漏巵外溢抑亦乏之才可羞惟斯路之成由該縣紳商合力自行集資不招外股不借外債至於總理一切及勘造工程則陳君宜禧獨任其事以本邑之人辦本邑之路熱心毅力是眞能自愛其鄉土者矣抑聞之粵東一省經商外洋挾貲歸國者以新寧人爲最多是其長於商才不讓外人之證今商辦此路僑民募義附

股既多五載鳩工集事亦速非民智增進曷克臻此本道心焉嘉之況鐵路爲人造之河流文明之導綫後此交通利便地利蕃興行商坐賈集於斯百物環貨萃於斯其於實業振興之前途誠大有造於以覘康衢擊轂之盛豈僅佐　聖世同軌之休而已哉是則頌禱尤殷者爾

◎監視委員廣東候補知府孔慶輝祝詞

蓋以懋遷有無載在典籍披荆斬棘以啟山林在昔先民閉關自守猶思揆厥地勢以便交通矧今五大洲競開商戰胥視我國爲中心點其不能自封故步以退處於劣敗之地也必矣甯陽　暢庭陳君等有見於此倡辦新甯鐵路于宣統元年四月告成是月十六日舉行開車禮鄙人　承勸業道之命得與斯會竊念粵東地濱南海輪船往來西人所稱爲商務良港況內地物產豐饒貨如山積使無運輸之便何以立幟商塲陳君等具識時偉畧懷愛國熱心倡辦此路以便轉輸他日輪路銜接五通六闢斯路其起點也西人稱我國進步甚速使二萬萬同胞盡聞諸君之風而興起安知我國商務不足以陵轢歐美而駕軼環球哉願諸君更勉之願與二萬萬同胞共勉之謹祝

◎新會縣主頌詞

是日也爲新甯鐵路全功告成之期壽璠忝權岡篆得從
各大憲後觀開車禮榮幸曷極而私心所竊喜者則以岡與甯毗連甯路以今日成即岡路以今日始行見軌道通而機關捷岡州之行旅商業將從茲利便發達矣因爲之辭曰

維皇膺圖　扇巍顯翼　百度維新　八軌咸則
上川士夫　經營組織　收挽利權　版築是力
諏吉告成　蕩平正直　汽笛一聲　百里瞬息
琛寶川輸　閭閻允殖　接壤風輪　懽愉無極

◎譚乾初翁頌詞

惟宣統元年四月十六日甯陽鐵路工程告竣禮行開幕鄙人躬逢其盛喜總理陳君宜禧具大智識任大勤勞成此偉大之事業烏可無詞以祝之乎乃致祝詞曰

王道蕩蕩王道平平道茀不行國何以興偉哉陳子洞息情形集羣策力建此工程發軔之始旣經且營歲星兩稔全道底成祝茲商業如日斯升偉茲工藝如木斯榮人物蔚起物產繁蕪唯斯鐵路實孕其萌我今至此敢貢愚誠願擴生計願絡商情交換智識日躋文明進步進步永葆隆名

花翎二品銜分省即補道前古巴總領事譚乾初謹頌

◎新甯縣主方積驊祝甯陽鐵路開車祝詞

中國風氣開西洋藝士來導我文明路蕞爾有人材兩載課工程甯陽鐵路成環迴三十里一綫萬人行自昔津榆路遙接大凌渡蘆溝至漢陽一派相貫注我甬與蘇杭借欵載約章集會商抵制拒欵慰鄗湯我過廣海東新昌路已通熙來與攘往祇在轉瞬中安良偕八堡與我守軌道商戰誠要策胡不頌與禱自古昔安全王道正無偏方今我　皇上馨香億萬年

◎龔大令祝詞

乃爲辭曰首段初成兮由公益而至縣勞兩歲之羣力兮計十七英里之路綫憶明夏而全路告竣兮獲利益之無限望官紳之時護兮是余之所而翹盼

又其辭曰

祝我皇皇萬歲兮羨方公之神明謝諸君子雅意荷情誼之殷殷頌英美德法各大國之君主民主總統兮萬年英武四海同人聯邦交之誼篤願天下之太平愧余學之不敏望報界以指陳

◎花翎二品卿補道前任古巴領事現充駐港古巴領事官譚乾初演說詞

今日爲甯陽鐵路分段之大功告成弟爲香港紳界商界代表恭逢盛會特到道賀夫鐵路爲全球最大最要之商務非此不足振興中國我等向不以此宗公益爲當今要務者以其有碍風水不知鐵路卽是風水鐵路可以致富富而可求也雖財產亦由此而來新甯甯邑人多謀生外洋得此風氣最早入此程度最深今日之成皆藉此班洞達機宜之人爲之倡良可賀也陳總辦宜禧於鐵路一事束志數十年在美國辦理商政路政四十三年於玆陳公向得梓里深心不數月招集股本弍百六十餘萬元歸里後銳意爲新十八閱月工成五十餘里再辦十月之內便可將全路壹百三十餘里告成事成之速工價之廉令人喜出望外查車機卽日車頭中有數副係過于太大不適目前之用者係金山代理之悞此亦小焉者矣然於此可見假手于人苦況之大概情形也陳公辦理路政無論大小精粗均係力到力爲不惜氣力不惜辛苦不惜險阻勇往無前無往不利於是無事不辦無言不從至有今日至其薪水從廉而自己非富竟能解囊津貼所辦工程始終未嘗用過一西人猶爲能人之所不能弟望陳公多福多壽爲甯陽造福爲廣東造福更爲中國造福旣爲今日賀便爲前途賀大家恭喜多賀

◎廣海左堂董景韶頌詞

宣統元年四月十六日甲午爲新甯鐵路全功告成之期舉行開車禮是日也官紳士商各界雲集欣欣然有喜色而相告曰此道告成開吾邑特立之偉功進吾邑文明之景象商務雲興地方繁盛雖婦人孺子莫不歡欣載道樂觀厥成誠盛事也爰進一言而告之曰鄙人佐治海疆十有餘年溯自癸巳莅任之初目擊地方之蕪萊道路之泥濘商塲之冷淡民情之凋敝心焉壓之緣自土客亂後元氣未復自慙涼德無補時艱惟立意撫循與民休息持一不擾市廛要義數年來幸賴雨暘時若人民樂業地方漸見繁庶又籍出洋人歸以工力博外人之金錢輸入內地遂增經濟社會之勢力漸成富庶之區近年外國禁工之例日益繁苛諸君眷懷桑梓預知外洋不足久恃籌集厚資爲故

邦就地創立商埠興築軌道尤望擴充工藝使游手之徒不致流而爲盜庶期工商並進人獲甯居當此路政萌芽時代而能以本縣之人用本地之財成本地之鐵路開中國各方自築已路之先聲爲環球之視線者非我新寗之鐵路乎今偉功告成實爲寗邑之特色亦賴陳君宜禧誠篤毅力有以成之也鄙人不揣固陋特進祝詞而頌之曰工商立國歐美盛傳商戰時代注重懋遷自築鐵路寗邑爲先諸君毅力造福閭閻同胞慶幸飲水思源努力擴充偉業彌堅官斯土者與有榮焉後之君子其尙勉旃

知新寗縣分縣事古越董景韶敬獻

◎粵漢鐵路公司祝詞

維

天子在位之三十有三年冬十有二月寗陽鐵路大工告成爰於初三日開車鄙人奉公司命來瞻典禮甚盛事也謹獻蕪詞以伸頌禱其詞曰

緬同軌之盛治兮遵王道之蕩平自歐化之東漸兮角智力以競爭揆大勢之所趨兮跨路綫之縱橫路權關乎命脉兮沈醉夢而將醒粵路爭回自築兮合三省以經營幸商辦之成立兮寗陽倡其先聲景頴川之魁碩兮萃山嶽之菁英策妙算以扶植兮發祖國之光榮貿遷紛其便利兮工藝於以振興立富强之基礎兮建不朽之令名垂千秋與萬禩兮樹偉業之觥觥如金湯之鞏固兮長翊載夫聖清

◎恭頌

寗陽鐵路全功告成頌辭宣統元年四月十六日爲新寗鐵路全功告竣舉行開車禮之辰是日官紳咸蒞商民雲集歡忭同聲極盛事也因爲辭以祝之曰夫經營締造端資發起之有人共圖公益尤賴衆志以成城新寗地臨濱海民智日開則凡舉辦要政提倡實業建闢商埠保守路權莫不恐

後爭先非獨關懷桑梓抑亦爲全粤先聲也今　諸君合本地之羣力保本地之路權集本地之資財造本地之軌道用本地之工師成本地之基業全功告竣厥功甚偉將見商塲利便商務繁興處茲商戰之時代挽囘外溢之利權當時拭目以俟之矣惟是商力所至路綫所及當不止此將來與內地各道聯絡直通達地球各大埠擴充利益豈不大且溥哉

諸君已倡之於前必有善成於後鄙人承乏是邦有保護之責職守所在毋敢自懈以是爲　諸君敬告焉

署廣海都司密峯何永淸敬頌

◎粤省自治會頌詞

今日爲新寗鐵路全路告成舉行慶典之期

闔省政界暨中西紳商學報慈善各界踴躍觀成總理陳公和藹謙恭至敬盡禮基建承粤省七十二行商之囑代表致賀懽欣鼓舞感奮彌深竊維廿世紀爲商戰世界而商務之發達智識之開展實由輪路之交通歐美列邦鐵路工程縱橫如織故其商業日旺國勢日强我國銳志維新近尤注重路政乃以庫欵奇絀借債外人挖肉醫瘡路權旁落識時之士常切杞憂　陳公以大商家振臂一呼集欵數百萬始終其事肩承要工用能三年有成達商辦完全之目的偉矣而　政府之維持中外同胞之協助凡我華商有榮施焉寗路成而新會江佛各路將接踵而起他日由寗而江而佛而粤漢京漢京奉接連西伯里亞直達於歐洲獲利之厚交通之便固不待言而我國萬年有道之長皆於此基之矣鄙人恭逢其盛奔走偕來敬爲

貴公司捧觴上壽曰祝我國日富强祝我商務而熾而昌祝我寗路總理與日月爭光懿歟休哉行見

我商辦新寗之鐵路與天地以俱長

粤省自治會代表陳基建暨全體同人拜頌

◉廣東地方自治研究社頌詞

宣統元年四月十六日新甯鐵路全工告成行開幕禮廣東地方自治研究社謹公舉代表梁慶桂梁肇修黃啟燾李棨等蒞會觀禮是日官紳士庶農工商賈蹌蹌蹡蹡歡欣抃舞樂觀厥成甚盛事也竊維汽車之設英人發軔於始繼而歐美諸國交相仿效今者徧地布軌如蛛網然覘國者至核其鐵路之長短定其國勢之强弱斯亦天運之一大轉機哉我　國經營鐵路不遺餘力京外各行省先後舉辦陸續告成然未有由箇人發起集資數百萬設軌百餘里安然秩然不數年而全功告竣如今日之新寧鐵路者新寧鐵路爲陳君宜禧倡辦集股之迅速工程之敏捷材料之堅固均非尋常可比而復於衝要之地闢一商塲名曰公益埠以萃瓌貨以廣懋遷謀商務之振興挽利權之外溢便利行旅裨益民生是殆能採泰西之成法以爲祖國之文明者歟新甯人士開通最早出洋最多至今日而效果大見將來交通發達貨物充牣蔚成繁盛之區非偶然耳苟由是而擴張其範圍由一邑而推諸一省由一省而推諸全國行見鐵軌雲連汽車電掣精神渙發大局陸離我　國家富强之基其在斯乎爰爲之頌曰環球列國商戰方張縱橫軌道馳騁康莊繄我黃種發奮自强陳公宜禧歸自遠洋眷懷祖國造福梓桑廼營鐵路廼闢商塲功成此日爲國之光萬年永保願祝無疆

廣東地方自治研究社謹上

◉新會地方自治籌辦處祝詞

今上御宇之元年四月既望越日廼

甯陽鐵路工程告成之期舉行開車禮新會地方自治籌辦處同人幸覩盛會爰進祝詞曰懿惟鐵路者所以利交通便往來而爲商戰爭勝之要道也夫懋遷化居情形朝夕不同鐵路既成則瞬息

千里利市何止三倍環球各國凡富庶之區衝要之地無不有火車爲之接續是以路綫如織商業日益蕃盛甯陽巨商遠游歐美探巨洋之秘奥抉神臯之精英其商業亦於今爲盛仰惟
總理陳君眷懷祖邦汲汲焉以鐵路爲當務之急首於寧陽鼎力興建提倡早在粵漢路鐵之先經之營之有志竟成異日商權擴張直可陵駕歐美而上也敝邑居　寧陽之東界近則鷄犬相聞遠則梯航相接尤有密切之關係此路旣通自可連車接軌達於江佛與粵漢之幹路相連屬焉譬如百川滙流朝宗於海豈不泱泱乎大觀哉是斯路之成非獨甯陽之幸亦爲敝邑之幸更爲粵漢全路之幸前途發達正未有限量也新會地方自治籌辦處同人謹祝

◎潮汕鐵路頌詞

宣統元年四月十六日恭逢
甯陽鐵路告成行開車禮謹擬頌詞錄呈　台鑒　敬頌者竊思開通鐵路在昔未邉近今時代振興非常或由官辦或倡於商冀收成效抵禦外洋交通而後如履平康　公聞興起籌及梓鄉毅然集股如願以償勘成路線名曰甯陽經營三載煞費周章不辭勞怨不事矜張工堅料實擘畫有方告成今日利便周行爲桑梓福亦邦家光欣逢盛典願事趨蹌羡　公令望匪言可揚祝　公萬福與路孔長

張振勳謹頌

◎閩路祝詞

維
宣統元年歲次己酉孟夏中浣吉日爲
甯陽鐵路告成之期典甚鉅也禮至隆也因爲文以祝之辭曰
繄聖王之御宇兮躋一世於蕩平既同軌而合轍兮復絡繹而縱横慨路政之弗講兮梗萬里之郵

程惟甯陽之鐵路兮振百粵之先聲事不難於謀始兮功更捷於垂成固得人而爲理兮實衆志之成城緬同志與同業兮敢致敬而輸情祝前途之發達兮恒履道而安貞

◎會邑商會頌詞

維

宣統元年四月十六日爲甯陽鐵路公司開幕之期我會邑商會同人不勝踴躍懽忻謹上頌詞以抒誠悃夫事莫難於創始力莫難於獨任功莫難於速成粵漢鐵路蘇杭甬道開辦數年迄今未就惟甯陽鐵路之告竣由一人之力而提倡之組織之成立之所用皆華人所集皆華股其告成之捷甫及三年而交通之遙已百餘里非有絕大才幹絕大魄力者曷克臻此爰額手相慶而爲之頌曰

奠鰲足兮地軸不移交通萬國兮惟鐵路是宜
官商合辦兮曠日需時一人肩任兮艱鉅何辭
功成神速兮遵章設施追風逐電兮軌道爭馳
客貨往來兮兩無延遲尤冀愈推愈廣兮願合力以維持

◎惠普輪船會社頌詞

宣統元年四月望越一日爲我粵東新甯鐵路公司開幕之期粵省大吏地方有司及紳商學報各界皆踴躍蒞會樂觀厥成誠盛事也惠普忝蒙輪船會社推舉代表赴會謹額手爲貴公司上頌曰

洪爲鐵路　强國之基　道砥直矢　攸往咸宜

鴻運方新　天子聖神　王道蕩蕩　洋溢海濱
維我新寧　文明進步　按轍循塗　遵王之路
鳩資集股　風聲建樹　魯斧宋斤　圓規方矩
經理有方　正直平康　良工哲匠　慷慨以當
大功告成　全羣歡迎　金甌鞏固　萬里鵬程
作此好歌　頌禱云何　鐵路萬歲　食福良多
代表陳某　附驥恐後　爲我公司　百拜頓首

◎香洲商埠祝詞

賞載花翎鹽運使銜甯陽鐵路大總理宜禧陳都轉大人鐵路告成喜鑒

洪惟我

皇上御極之年卽甯陽鐵路告成之日是路也乃寧陽邑紳宜禧陳君發起之而告成之者也其交通之利便工程之迅速不藉手于外人而完善大備夫人而知之矣又自我

勸業道憲侯官陳觀察以次文武官屬暨遐邇紳商學報等界蹌蹌蹡蹡齊集觀禮遞致頌詞美矣善矣詵等亦無能更贊一詞矣　然凡事可與樂成難與圖始況當此過渡時代非有高遠之特識偉大之願力堅苦之精神更持以愛國之眞意鮮有不望而卻步者詵等躬逢其盛輒爲之額手稱慶試回憶其經之年凡櫛風沐雨艱苦備嘗以有今日者非　陳公之公廉正直深得人心之信始服不至此非　陳公之潔己奉公以爲同事之表率不至此更非寧陽之民氣發達蓬蓬勃勃有以成　陳公之志亦不至此噫所謂非閭里之榮乃邦家之光者非耶抑詵等更希望於我　陳公者則以擴充其宏偉之志力不以一路之成自限而大有造於我粵此又當馨香祝之買絲繡之鑄金事之以爲千萬年之紀念者矣　陳公其有意乎謹爲之頌曰

懿我寧陽　爲粵之光　懿我陳公　爲粵之祥
提倡路政　炳炳烺烺　宏規先道　光于萬邦
吉日甲午　以張同軌　萬民所望　瞬息千里
循途守轍　幷受其祉　於萬斯年　國其有豸

宣統元年己酉四月十六日廣東香洲商埠創辦員　王詵　馮憲章
伍于政　葉舜琴　頓首拜頌
戴國安　何肇忠

◎公益埠祝詞

甯陽鐵路公司全路告成開幕恭祝
總理陳君宜禧暨勷辦　諸君紀念大慶

鐵路國之命脉也愈交通愈富强吾寧謀建築久矣迄未得其人適陳君宜禧由美歸熟諳工程廉正殷實僉舉之以總其事惟陳君具愛國之熱心亦慨然以自任爲爰刊佈章程自備川費走集外洋華僑及內地同胞股本數百萬金稟報商部立案與辦爾時風氣初開或嬉笑或怒罵或私圖攙奪或野蠻反抗卒能持以毅力秉以至公僅越三年而全路告成又非襄辦諸公熱誠將事不至此也僕等喜其以埠東爲車頭地行旅商務繁盛相因所爲歡迎我勸業道憲陳觀察　縣主覃大令其中文武官宦與夫紳商學報各界諸君鼓舞而樂慶其成也尤有足多者不招洋股不僱洋工不借洋欵而一切措置裕如洵甯路之特色歟今者大部嘉其成效准推廣至江門北街與學路交通果其力加整頓確有利而無弊畀同胞互仿傚爭相建築以致國中鐵軌如蛛網如機織又何患不富且强耶斯固不僅吾寧之幸福已也　陳君勉之

宣統元年　四月十六日　公益埠發起人弟李伯濂李基伍于政等敬頌

◎新會西南學堂祝詞

新會西南學堂恭祝　甯陽鐵路行開車禮

維宣統元年四月十有六日甯陽鐵路行開車禮先期函致四方人士樂觀厥成于是我新會西南學堂議長梁國士校長黃震川與同志數君親往觀禮顧不可無祝詞以代表我西南學堂同人慶祝之意蓋非僅爲甯陽紀盛將以勉勵我中國四百五十兆之同胞使咸知鐵路之有益於人國也夫甯陽鐵路以陳君一人總理之力以諸公同心協助之勞遂克運諸掌握之中不動聲色以底於成其爲功也甚鉅是能開創從古未有之奇局卽貽謀此方以從古未有之幸福者也他日延長此綫而達於我敝邑蓋不勝厚望切禱之至乃爲之祝曰

甯陽之山山岳瑰奇甯陽之水海波渺瀰負山襟海耆定坤維炎方大盡位置南離實誕人傑匡濟時宜吸受歐化心焉慕之以倡於衆羣力扶持乃營鐵道僉謀集貲不二三年軌範是晌施息千里不脛而馳人傑伊何曰惟陳君是司總理克恭克勤諸公佐之乃成厥勳呼呼汽笛響遏行雲造福此方開我人文吉月令日行開車禮函致四方郵程迢遞來者熙熙冠裳濟濟賓至如歸坦途洞啟風伯塵清雨師香洗履險而夷周道如砥萬衆臚歡若飲甘醴嗚呼我國民智沉迷雖有大利而志各睽營營抱甕渺若醯鷄孰能開之齊其不齊惟此鐵路明是階梯捷於影響覺悟羣黎方軌以濟不濡以泥斯爲首功于胥樂兮

◎沙涌蔡族廣成兩等小學堂祝詞

甯陽鐵路創辦僅三年於茲全路工程告竣之速殆任事諸公之力也　刻當開幕誌念爰掇數言以祝之曰猗歟盛哉鐵路之成立也百貨流通商務發達從此文明輸進智識日增固交通之機關亦國家之命脉杜外人之窺伺發祖國之光輝放異彩於鄉土歷史喜吾邑之振興是舉也靡特爲吾邑前途賀抑且進而爲中國前途賀矣

沙涌蔡族廣成兩等小學堂全體學生拜祝

◎六村學堂恭祝新寧鐵路歌

宣統建元孟夏望日

新寧鐵路告竣偕官紳游車聊作歌詞慶賀以誌成功

學堂生　唱歌聲　恭喜新寧鐵路成
大總辦　功滿盈　艱難締造費經營
深遠慮　弭隱萌　股集華人不外幷
全路政　獨自辦　不招洋工愈顯榮
路完竣　通旅程　東西南北便送迎
萬萬歲　不變更　齊輿頌祝表微情

◎八和學堂祝詞

宣統元年四月甲午我粵新甯商辦鐵路全工告成鄙人偕同學友軍樂小隊蒞會觀禮發揚盛舉謹獻詞於　當事諸君子之前曰粵人辦事事無鉅細動多猜忌多風潮多虛狡多浮冒每每共圖一事或既作而忽輟或有始而無終更無論集巨股選衆材以成此鐵路之巨工今者甯陽鐵路不假權於外人不借才於異域完全商辦性質不數年而全路告成未聞有猜忌風潮虛狡浮冒之弊用能作輟得宜始終如一他日利權之大利賴之多可以預決而無俟再頌所最足頌者甯路之成實全粵商辦鐵路之倡首他屬有繼新甯而以路工歸商辦必能以斯路爲先河無猜忌無風潮無虛狡無浮冒則路工之成不讓專美是今日之所以爲甯陽鐵路祝者當亦　甯陽鐵路諸君子所樂爲全粵路事前途祝也謹書以獻

廣屬優界公立八和學堂校長陳慶琛上言

◉祝詞

維　宣統元年歲在己酉四月十六日爲
甯陽鐵路公司開幕之期
端芬培根高等小學堂　端芬山后兩等小學堂　校長
上澤成務兩等小學堂　六堡養正兩等小學堂　教員　暨全體學生恭祝

自鐵路政策亡人家國歐美列强挾重貲締秘約以鐵路爲分割我國之界線者波譎雲駭當軸者絀於應付乃捌爲官督商辦官督商辦之勢窮而借債辦路飲鴆止渴之害作矣蓋其害豐其利莫善於商辦商辦之路其大者曰粵漢而甯陽鐵路實媒其先夫甯山國也而其民航海動數萬里胼胝繭足倏焉挾資百萬驂八駿而循環極者所在皆有故能合山海締媾之性以成活潑纘毅之特質其高掌遠蹠僅一線商辦支路遂奮起爲天下倡而商辦之路若廣澳若江皖函電爭持踵武影從日興未艾國民權利之思想何其翕應若是哉然則曲突徙薪不可謂非尸軸諸人力今北抵甯海南蹴滄溟通軌之道百有餘里尸軸諸君子與國中由壟界樂觀厥成異日者上銜江佛下距南溟用以保主權完領土通商政銷委積其爲利也繄未可以由旬計矣惜夫往車方遵來軫旋折甯路之事終而粵路借債之議起毋亦董事局之舞智中飽授人以間歟抑吾國路政官辦居贏而商辦木絀歟見光緒三十四年郵傳部奏各路盈虧比較表願吾聞之湘鄂造路每里二萬金而粵路通車僅百餘里耗帑乃至六百餘萬今甯路之成亦百餘里矣决算之表視湘鄂或稍過而於粵路之耗蠹則大遜惟夫交通便利瞬息百里譬如富商大賈瑰貨山積流泉布布則百金中人之產固有不暇銖較者矣倘所謂可以樂成難與圖始者非耶因爲祝之而媵之以詞曰

於皇時清梯航萬國嶺海以南交通絕域中爲台城天竈阨塞襟海礪峯綰轂南北偉哉羣公負山以力乃立商團是組是織陘谷濬途如矢斯直汽車乘之踰溝三刻電掣雷奔響應瞬息上通廣武下臨南極商賈阜通交換智識天賦人權疇則余逼衆志成城乃勝天職非常之原黎民所感庶績咸熙觀者憑軾福我民兮於千萬億

◎循環報頌詞

惟宣統元年四月十六日新寧鐵路公司舉行全路告成禮衆賓戾止士庶臨觀喜王道之共遵幸商家之自辦盛昭同軌功在方輿猗歟懿哉不可及已然而是路也實由總理陳君宜禧先後効勞始終任事良工心苦費三載之經營衆役身兼備百端之況瘁加以只收華股裘須集於千狐不聘洋工廈實之於一木率使要工無誤成效彌昭爲兩粵之開先得一夔而已足故今日之躬逢其盛由當年肩任其勞非慶得人曷由臻此也鄙人爲循環報代表叨附末座謹上頌詞

蕩蕩者路　轔轔者車　無偏無頗　或馳或驅　發軔甯城　通軌公益　展築延長　曷其有極

椎輪大輅　商辦先聲　人方慮始　今已樂成　大哉工程　量力而動　好自爲之　楚材不用

己酉之夏　甲午之辰　祝彼盛典　集此來賓　禮聿觀成　利權保守　路與國家　永垂不朽

循環報何碗政謹頌

◎域多利埠贈横額扁詞

陳君宜禧前四年以甯陽鐵路招股來域多利華僑信服數月之間裒集鉅欵今甯陽鐵路已逐段告成開行汽車矣夫鐵路爲今日寰球大利有事則運兵無事則通商歐美各邦握兵商之勝利者莫不由此故各國勢力之强弱以爲國境鐵路之多寡爲比較今我中國師倣西法朝野上下羣注意于鐵路以爲灌輸歐美文明之引線矣惟是創造伊始資本不敷工程不備即如蘆漢鐵路爲中國南北鐵路之幹合中國全力以圖之不能不貸欵外人借材異族鐵路之權利或猶有外溢焉惟甯陽鐵路以中國之財辦中國之事工程技師能以中國人自任之築路權利獨能保守而不致外溢洵我中國各行省近年以來築造鐵路工程之所僅見者哉域多利埠同人喜鐵路告成僉曰非陳君熱心公益之力不至此爰倣寶星樣式製金牌一面鐫其文曰築造甯陽鐵路偉人以旌厥績俾後之君子爲我國民提倡文明事業者勗焉謹述其事巓末書以特贈時在

光緒三十四年四月浴佛日呈

宜禧大總理先生雅鑒

域多利埠同人敬誌

◎江孔殷太史之新寗鐵道觀禮途中雜詠十二首

樓船東下會凌晨　裙屐衣冠兩意親　到此合倡平等學　相因何事說陳陳
(乘兵輪早發珠江陳省三觀察陳星耀太守同行)

河流瀰瀰過江門　汽笛嗚嗚欲斷魂　回首漫尋乾淨土　白沙祠畔日黃昏
(晚過江門釣臺懷古)

沉璽何年問逝波　中原王氣此銷磨　九朝傳寶渾多事　千古傷心有卞和
(弔厓門沉璽處)

雜遝論推中外賓　餓夫應許作功臣　三年慘淡經營事　同是今朝行路人
(寗陽鐵路總理陳宜禧薪水微甚不自開膳終日雜工人操作會食常不得飽)

一心隻手挽狂瀾　事到頭來見肺肝　等是名言防假借　自由專制一羅蘭
(寗路無協理無坐辦無董事局無工程師一百四十萬之商本一百三十里之路綫號召創成於一總理之手社會精神專制手段兼而有之)

他鄉捆望載金蕉　夫穢中由郤有盧　漫笑不知耕鑿苦　家家婦子竟含哺
(汽車所過村傷居民每於田中結盧頗著殷饒而人多田少且有棄不耕植者詢之土人謂事蓄所資全倚賴于旅外華僑)

同年同社同拈句　七字蜂腰信手成　遙望蓋雲知王氣　拚丟紗帽博官聲
(汽車中晤新甯令覃孝方同年新會令陳鹿莊明府皆平日詩友戲拈詩鐘得雲帽二字以蜂腰成之尾聯即原句也)

五十纔過又四九　斗山回駛舊車頭(五十四九斗山皆站名)閒中忽動榛苓感　釃酒調冰過別舟(歸舟盛季瑩太守邀過小艇同行西人連得君偕其夫人女公子暨諸女友出冰酒相餉賦詩誌之)

半年未已龍髯痛　昨日忽聞狐犬鳴　行樂何心歸去好　無端蝸角野蠻爭

（聞前夜埠中唱戲營勇與賭徒鬨互有夷傷劇遂停止）

漫天風雨入江關　憑眺西河慨以歎　誰道聖朝傜賦重　有人揮淚說台灣

（翌晨過西河口風雨大作陳省三觀察邀登舵樓停輪察視擬諭紳士請開作商埠因道及台灣近年賦稅之重欷歔久之）

重樓傑閣勢嵯峨　犵草蠻花錯眼過　記否故鄉風物好　殖民畢竟地無多

（遊公益埠旅居橋梁麗舍馬路大致成立十九西式）

河山歌舞仍如昨　海國樗蒲最入時　生利不如分利好　萬方一概我何之

（埠中一隅之地娼家賭館不下百十處門前獵賞人多于鯽爲之慨然）

◉上海鐵路公會賀電

新寧鐵路總理及諸公大喜蘇有滬嘉粵有貴路併時告成同盟對線辱承寵召未克觀禮望風觴賀專電抒忱鐵路公會諫

◉潮汕鐵路公司賀電

新寧鐵路總理陳宜禧翁鑒貴路舉行開車典禮極應趨詣參觀刦事羈不果歉甚謹電賀潮汕鐵路公司張步青咸

◉閩路公司賀電

新寧鐵路公司台鑒貴公司開車寵召電已交通總理陳星耀太守詣觀盛典未及肅函謹電馳賀閩路元

◎水樓家族學堂喜帳歌

龍吟虎嘯聲嗚嗚駕山海騰雲霧陸行非撬非軸轤駿馬注千丈坡鋼軌滿地蛛網鋪萬人來如蟻附

嗚嗚汽車纔到發軔向前途

水樓家族學堂頓首拜

◎下坪站題聯

大哉開時事未有之奇一路完竣出入康樂衢何須僕僕征途勞勞車馬

宜乎創世界維新之象四方戾止觀瞻隆上國豈徒寧陽生色粵嶺先聲

載道龍旂赫赫官威嚴整肅

停車車站平平王路頌安康

下民鼓舞樂從來軫方遒須共遵文明軌道

平綫進行最速絕塵奔逸當到達遠大前程

下土興情洽

平山大道成

◎板崗站對聯

廿世紀競爭劇烈潮流不外交通謀發達

五千年食古鮮化風氣竟能灌輸進文明

◎酒廠聯

念寧路告厥成功且行開幕良規爲此移情參末席

請大家慶茲好會聊設供茶薄酌何妨放量飲多杯

◎趙嶧山翁題演說臺聯

登二十世紀舞臺演吾邑民族進化精神得此鐵路告成交通赤縣

開千萬人羣講座舉今日實業競爭主義爲我衆生說法喚醒黃魂

◎新寧縣覃公壽堃題演說臺聯

集資不招外欵鳩工不聘客卿心思才力各因其人惟茲路可稱獨立

爲六都作機關爲一邑開風氣子孫黎民尙亦有利願永世無忘前脩

新寧鐵路總理陳宜禧答詞

鄙人不才謬承海內外同胞委任專辦此路夙夜兢兢深懼勿克負荷幸大功告成稍足以對同胞委命雅意於萬一今日復蒙官界紳界學界商界報界及各界諸君子惠然肯來錫寵良多更蒙贈我敎言獲益更非淺鮮鄙人且慙且感自玆而後益更加鞭策用圖報稱幷獻蕪詞仰答嘉貺其詞曰

猗歟鐵路維國之防民賴以富國賴以強交通利便商務擴張鐵路民有首推寧陽吾邑之美即國之光承茲鉅任夙夜遑遑今幸告成賴衆贊襄祝其發達日就月將猥獻俚詞用答佳章美哉斯會紀念彌長

正式董事局成立各界祝詞

◎温監督祝詞

鄙人迭奉
交通部訓令監視
貴路選事凡八閲月矣中間經過事實諸君亮能記憶無待贅言茲仗
大部威信暨
地方長官維持之力獲覩
貴路董事局之成自茲以往依據民業鐵路條例
大部監督於外
貴董事局維持於内
貴路總理得以專心壹志於營業之進行力謀發達甚盛舉也鄙人誼屬維桑且奉
大部委任自宜始終其事然而選事方終董事方始一切計畫所以謀路務之妥善者
當選諸君碩望藎籌必有以無負全體股東之付託卽全體東股之屬望於諸君者不外乎是是卽
區區之志所願與
諸君子商榷而祝
貴董事局之前途與
貴路公司相維相繫共規久遠且將爲中國民業鐵路之模範豈不懿歟豈不懿歟謹鞠躬而祝曰

新寧鐵路萬歲

新寧鐵路董事局萬歲

古岡温德章

◎王縣長祝詞

中國鐵路以商辦不數年而告厥成功者寗陽鐵路是也陳君宜禧精心果力獨爲其難爲中國路政放一異彩不可謂非路界中之偉人今者董事局告成查賬員亦被選就職公司手續漸臻完備傳珍不才適承乏斯土目覩開幕竊願　諸君子處路事如家事持之以公濟之以平勿爲偏激之行勿存見好之心使寗陽鐵路永久長存自一世以至萬世子子孫孫咸占利賴則傳珍所頌禱不置也願

諸君勉旃

王傳珍謹頌

◎團保總局祝詞

維

中華民國三年十月一日爲寗陽鐵路董事會成立之期行開幕禮審第等辱承東召得隨諸君子後一觀盛典懽忻莫名是不可無一言以致祝也竊查商律公司條例有董事會之組織爲監督扶助之機關寗路告成數載于玆矣至今日而此項機關正式成立　諸公以最大之股東受衆股東之委託居會員之地位握監督之大權則此後之所設施當不祗維持今日之現狀其必大加整頓大加擴充俾寗路前途日形發達大有以慰衆股東附股之初心固無俟鄙人等之喋喋也則此一會也是固可祝也爰爲之祝曰

完全商辦　不雜洋股　竟慶告成　厥爲寧路　後此發達
端藉董事　決議查賬　是其職務　擴充整頓　尤爲要圖
權司監督　名與寔副　可喜可嘉　路政前途　期望殷切
謹上蕪詞

團保總局黃蓉第
趙耀蒼等謹祝

◎西寧市公所祝詞

維

中華民國三年十月一號爲

台山鐵路正式董事局開幕之期我台僻處陬澨山行則犖确岸行則偪仄澤行則泥濘久矣幾同無足之國矣陳總辦歸自北美慨行路之難爰集巨資興建鐵道而洋工弗用洋欵弗貸不數稔而道成行旅以便運輸以捷雲飛鳥逝一息千里世稱我台路政之發達頡頏西歐弁冕東亞不其然歟今者董事諸公皆當世偉傑由公衆推選而來嘉謨碩畫早具於平昔涖職而後必能一乃心力咸矢公忠相得益彰達其美滿之目的行見成效卓著路既彌推彌廣法亦愈久愈良口碑達於殊方利賴綿諸異代當不僅我儕蒙其休也爰祝曰

吾台鐵道得風氣先經營在昔既固既全翊贊今日偉哉羣賢恪修厥職無黨無偏房謀杜斷擴我路權平平蕩蕩於萬斯年

西寧市公所　温鏡吾　李仲卿　李佩鈴　譚翊屏　譚文遇　等敬祝

◎邑紳祝詞

維

中華民國三年十月一日爲商辦新寧鐵路正式董事局成立之期禮行開幕鄙人等辱承寵召得以躬逢鉅典甚盛事也竊思世界之有鐵路所以利交通而便輸運法至良意至美也歐美列强其境內鐵路愈縱橫國勢愈强盛中國開通最早向皆墨守成法故籌辦鐵路之政策遲之又久而後始成然此偉大之鐵路悉由政府建造民間不容過問如京津鐵路京漢鐵路等等其發見於中國境內者祇有此數若以鐵路歸諸商辦除粵漢鐵路外如鳳毛麟角不可多覯誠以工程未諳不可以籌鐵路集股無多不可以謀鐵路此等空前絕後之偉大事業必有品識素優堅忍耐勞之人物出而擔任之始能聿觀厥成懿歟休哉其惟我新寧之鐵路乎我新寧商辦鐵路係陳君宜禧出而擔任之集二三百萬之資本擲五六年之光陰毀譽不計强權不畏勞瘁不辭比諸愚公移山輸此愚誠精衛塡海無斯精力而新寧鐵路之大功遂以告成比年來交通利便輸運快捷厥功甚偉彼都人士久矣口碑載道今日正式董事局成立維持鐵路之政策業已完全無缺稔知董事諸先生本平日籌辦路政之熱誠體衆股東選任之重寄與陳總辦和衷共濟策畫進行有利於鐵路者協謀以興之有害于鐵路者協謀以除之公司之發達蒸蒸日上他年再謀擴充路線以通恩陽雷廉等屬胥于陳總辦暨董事諸先生實利賴之鄙人等固爲之祝曰

新寧鐵路萬歲

新寧鐵路董事局萬歲

黃少泉　伍秩常　伍述之
黃仿周　陳秀池　伍時美　謹祝

◎恩開新鹽埠祝詞

維

中華民國三年十月一日爲新寗鐵路董事局成立開幕良辰是日官紳士商學報各界諸君蒞會躋蹌一堂弟等得隨其後參觀盛典懽躍莫名不可無一言以頌祝也竊思我新寗鐵路創始於陳君之力成功於一人之手交通便利運輸快捷非具有大才幹大魄力焉能成此大事業爲邦國之光造梓鄉之福也本路全體股東感念陳君爲路事奔馳多年怨勞獨任是以遵章組織董事局完全路政設監督扶助機關今日董事諸公皆洞達時宜卓識智謀之士籌畫路事之進行擴充路綫之綿遠從此蒸蒸日上獲厚利於無窮不僅股東之希望實啟全國民有鐵路之先也謹此恭祝

新寗鐵路萬歲

新寗鐵路董事局萬歲

恩開新鹽埠　伍于政　陳玉堂　陳炳坤　謹祝

新寗鐵路董事局答詞

今日爲本路正式董事局成立之期同人等蒙衆股東公舉自愧不才恐難副衆股東之希望竊念本路自開辦至今時越九年全仗陳總理一人堅心毅力勞怨弗辭遂有今日大功告成完全民有鐵路之譽詳考此九年中所歷艱鉅人所共知同人等固不待言亦不暇言大抵主持路事者持正不阿萬難四面圓融滿人之意如本路上年因選舉事生出種種風潮致勞　溫監督奉　部令來寗竭八閱月之精神纔得良好之結果並蒙地方長官維持鎮靜之能力造福寗路實非淺鮮今日敝局開幕良辰復蒙　監督代表　台山縣長暨紳商學報各界諸君惠然肯來錫寵良多更蒙贈以嘉言獲益匪少同人等且感且慚敢不稍竭棉薄贊勷陳總理經營路務之發達籌商善策保守利權庶無負衆股東之重托也謹掇蕪詞仰答嘉貺

新寗鐵路董事　陳賡堂　伍于諄　鮑宗泰　譚俊鰲　古仲明　陳典琇　余國相　李勍藻　余贊夔　馬大秀　等仝鞠躬

步原韻

百里新甯萬戶濃　鬱葱佳氣斗牛冲　地靈人傑皆班筍

袞袞諸公玉筍班聯佐陳公披荊斬棘以成此實業界中不世之偉業使百里新甯在中國在世界享有民辦鐵路轟轟烈烈之大名譽諸公誠一時之人傑然瞻望佳氣鬱鬱葱葱直冲斗牛何莫非山川鍾毓之靈之所致耶

鳳逸龍蟠一老松

鐵路開辦伊始吾甯龍蟠鳳逸之士疏附先後奔走禦侮皆樂爲耐寒老松之陳公效用卒以殫策殫力成玆偉舉名顯當時王者之興必有名世英雄遇合良非偶矣

身命拚將成鐵道

陳公家窶貧年弱冠游於美由工而商勤儉起家在美西華盛頓州之舍路埠置有洋樓一座英文顏曰陳宜禧樓價值美金七萬餘約中國金十五萬甯路既成展築會路招股不足欵項大困工程垂敗陳公乃即電美將其所置之樓業低值售去得回中國金十一萬餘自加股數萬並以其餘欵貸公司挹注又會路各處抵抗風潮比甯路尤烈公則不畏强禦出生入死之稍回顧公之對於路事拚身家拚性命其熱誠毅力有如此迄今大功告成交通利賴人之不滿於公者反或飛短流長誣謗備至嗟乎忠而見疑信而見謗直道奚存故公每向人談及其締造艱難歷史並指其洋樓攝影言間輒泣數行下曰有此便足溫飽何爲辦公益而叢私怨嗚呼公之爲此言公之衷苦矣

勳名應許勒旗鐘

開中國民辦之先河作新甯實業之導師其勳其名勒之鐘鼎旗常永垂不朽當無愧色

英雄時勢相需造 西儒有言英雄造時勢時勢造英雄美中鐵路國有民有縱橫綱織僑美諸公於人我有無之間比較兮復比較激刺腦筋久矣陳公登高一呼則萬山皆應不數月間踴躍附股至二百餘萬而大事以成然則謂陳公爲時勢所造之英雄固無不可惟陳公以一介民僑挾貲數百萬歸而辦祖國鐵路不用洋款不用洋工總理工程一人兼之空前大業三年成之然則謂陳公爲英雄造時勢亦無不可英雄乎時乎勢何其相需殷而相遇不疎乎

誰信大王別外中 美中如市丹佛占喜路諸儕輩在彼國中均有鐵路大王之徽號吾於陳公亦欲以鐵路大王比之更以鐵路大王期之誰謂中國竟無市丹佛占喜路其人耶

民國三年甲寅十月一號新甯鐵路董事局成立 予友李君礽藻被選查賬以不暇漸命僕代表蒙陳公以測繪路線時與群賢唱和鐵路諸佳作見示不忖譾陋遂步原韻得七律一章以當紀念亦所謂自鳴天籟不擇好音者耶 尚希

大吟壇

斧政

林尊三未定稿

新寗紳商告白

寗縣刱辦鐵路爲十八行省開風氣挽利權誠莫大之善舉况不入洋股不借洋欵不聘洋工尤爲中國鐵路之冠此事由陳君宜禧自備資斧親往美國幷英屬咸水埠域多利等埠數月之間集欵二百餘萬此陳君忠信誠篤人心欽服平日在美舍路埠包辦鐵路多年無不周妥所致故金山中華會舘紳商均推陳君爲總辦至八月初旬回唐港商及合邑紳士聯禀 督憲將近開辦不料有本邑老劣巨紳不自量度出頭硬爭總辦衆論譁然人皆鄙之尤可異者於十月中旬私自出名幷揑各紳名字竟以壯罔貽譏夜郎自大等謊誣控陳君謂其不勝總辦之任幸蒙 督憲洞燭其奸僅批軌道所經有無干碍田園廬墓水道衆情是否允愜等因飭 縣行查禀覆是以合邑紳商在縣城集明倫堂敬請 倪邑候駕臨亦均舉陳君爲總辦皆無異詞卽聯名在縣入禀現蒙 縣主據情通禀 大憲發札給諭刻卽開辦凡與股諸公切勿爲謠言所惑踴躍報股幸觀厥成是所厚望

光緒卅一年 十一月 二十日 新寗合邑商紳公啟

重過寗陽鐵路公司感賦 四章

九載離雲一晌間（余自丁未夏來寗襄理公司文案未及一載以疾解館去今九稔矣）重來祗覺鬢添斑 閈閎大啟勞經畫（公司屋宇圖樣皆總辦手繪故布置盡善）軌轍旁通便往還 創始記曾排百難 觀成容易洽群顏（開辦時鄉民因風水祠廟水利等種種阻碍甚多今則習而安之矣）山環水互寗陽境 移殖文明莫等閒

盡斂奢豪騖遠心（不貪江佛微利最有卓識）垂簾書算晝沉沉（公司規模峻整肅謐有異於他）窮鄉醵欵沙成塔（貲本除金山舊股外餘多半從內地零星募集）瘠壤回腴地布金（地價以需要故有甚貴者）信有椎輪先大輅 何須彈鋏動微吟 拮据十載殫精力 獨立西風感不禁（營業建築悉由總辦一手經理始終未延一西友咸謂華路所無）

白石曾籌衍派支 恢張猶恨進行遲 馳驅早許酬知己 纍

若何會繫夢思　展築新會支路時未踐約迄今抱恨　總辦來省邀往襄事已面諾矣適委署淡水場鈌致又余素無宦興前清到省二十年曾兩署場鈌皆由勞績資格絕未嘗求民國肇建非不能考取知事然久不作此幻夢矣

世局滄桑更面目　歲寒松柏見交期　總辦授餐適館相待一如昔日感愧不已

仲宣漫有登樓感　作賦年華尚盛時　犬馬之齒今已五十有五矣

小園風物劇清嘉　蜜蕊喧蜂趁午衙　石澗分泉來細竹　竹竿裊裊細泉分老杜咏水筒句也

金絲引電燦奇葩　電力公司與園比鄰　文明盛啟台山縣　薄笨羞乘下澤車　此日殷勤留爪跡　待將三過話桑麻

◎陳總辦宜禧題

同治二年、予旅美洲、在啷吧埠開採金礦、同事工作者十餘人、張幕居住、適有黑藉中人到來、精神惝恍、鼻流清涕、問其何故、答稱煙癮、時幕中無煙具、急覓煙灰與之、見其用手摩擦、以茶咽下、轉瞬精神爽朗、其病若失、因成雜句、以博一粲、

三叔眞係散。。　無法講埋欄。。　五人捉入衙門辦。。　擂（諸音）一番。。

淚滿眼。。　又把水漿來救難。。　猶如神仙下仙丹。。

寧路開辦伊始、設辦事處于台城陳太守祠、邑紳黃緯南李月垣諸君、因路務商榷、時相往還、均以宜禧未嘗學問、每于公餘之暇、故以吟詩難之、時值光復軍興、我國士女、有剪辮者、有放足者、有半中西裝束者、予卽景書成、聊以塞責、工絀非所計也、

路上行人眞奇怪。。　中不中兮西不西。。　文不文兮武不武。。　札不札兮踺不踺。。

皆因新政初更改。。　擇其善者行則例。。　强權欺弱天指定。。　中國端正定太平。。

前數年、因公赴港、港商湯信君、召飲于澄天酒店四樓、邑紳黃緯南陳杏橋諸君均在座、又以吟詩倡和相責難、如詩不成訂有罰則、宜禧未嘗學問、無以塞責、時適大雨滂沱。太平山畔水花飛漲、予凭欄四顧、觸景興懷、因成雜句、就正大雅、姑幷誌之、

遠望高山路曲灣。。 高山流水响潺潺。。 水响潺潺和叠叠。。
叠叠雲鄉上半山。。 半山流水依然在。。 依然流水在半山。。

◎勸人早起

早起三朝當一工。。 休要睡到日頭紅。。 若是一家皆早起。。 免得求人落下風。。

◎十二年八月二號即六月廿壹日下午五點陳總辦宜禧在港分局偶遇颶風無聊以作此歌謡詩

天地變遷傷萬物風雨齊來誰能阻皆因甲子輪廻轉初一不見十五圓四季菓草要合時全球人貌無同樣說出聲音也不同殺人放火落地獄福壽富貴獲好名天公做事無差錯思想回頭定太平

◎慰陳總辦被軍營索餉出港回台而作 民國十二年八月中秋 △陳筱山

總辦勞因索餉來。。 急於星火屢爲催。。 三千浪涉思投港。。 卅萬債逃擬築臺。。
易轍幾愁違衆望。。 設筵招飲仰公回。。 平平王道依然在。。 銅像亦應笑口開。。

書新寧雜誌後

萑苻遍地叢危局狐火當年種孽因始信椎埋皆惡少何曾草澤有奇人一官汲汲如傳舍萬貫陳陳莫買鄰鄉里未須談自治盈廷勸進正紛綸

乙卯中秋後二日 匏盦居士太倉朱桂笙氏未定草

暢庭大總理斧政　　乙丑孟夏雷澤普敬贈

天降三台一偉人。八旬矍鑠似青春。及身塑鑄新銅像。濟世咸推老鐵輪。
當道豺狼誰反側。絕塵騏驥獨精神。假年但視蒼窮眷。百粤交通若比鄰。

◎慰總辦創成鐵路萬世利賴故作詩以誌之　　癸亥大陽上浣　伍筱山吟

自辦自籌大錯成。利權獨挽莫能爭。柏松骨格經霜雪。鐵石心腸在路程。
天上遊來符吉夢。人間到處頌昇平。欲瞻魁偉觀銅像。浩氣長留不世生。

（題解）總辦赤松子後身天上下降人間閱平韻一聯知其說夢之非謬也

◎壬戌宜禧翁善觀予掌即吟一律以贈之　　塹頭八十老人陳筱山作

公眞堅忍似愚公。大智天生不露雄。鐵路鑄成心若鐵。銅山移去額留銅。
閱人有識超塵表。相我無差在掌中。此老孰知神藻鑒。君平善卜莫如翁。

◎說風水句　　陳總理宜禧題

風水人間不可無。全憑積德兩相扶。富貴若從風水得。世間郭璞也難圖。

◎說好心　　前人

心作良田耕不盡。善爲至寶用無窮。

◎勸人公正　　前人

越奸越狡越貧窮。奸狡原來天不容。富貴若從奸狡得。禍積兒孫辱祖宗。

◎勸戒洋煙歌　　前人

手執一條梗。点着火頭燈。口啣火筒身放橫。日久練成似隻蝠。眼撐撐。脚步唔得硬。連累妻兒飢共冷。玷辱祖宗知未曾。若得洋煙能戒斷。夫妻兒女望團圓。

◎其二　前人

勸人不可食洋煙。入手初時不用錢。聽得茶煙兼果食。同羣作樂見心歡。恐怕成癮心難戒。一時無食見迍邅。又損元神兼氣血。膊高過耳氣懨懨。損傷身體顏容變。面似烏煙實可憐。農士工商遭彼害。任他伶俐盡收全。不是充饑能解渴。風寒不得作衣穿。不是求名兼富貴。不是丁財福祿添。不是消灾能解厄。不是得道會成仙。明知冲入羅網路。死心偏偏又向前。農者為煙無氣力。痴迷終日懶耕田。工藝為煙心懶散。丢拋工藝散財錢。客途食盡難尋買。想食無煙赴黃泉。心懷毒計無人曉。共你祖父有仇冤。散你錢財絶你嗣。貼錢教會你兒孫。縱有萬年怨恨事。只此一件盡報完。食了精神多困倦。不理父母及子孫。散盡錢財無數計。田園房屋盡變遷。極至賣男兼賣女。家散人亡實可憐。無錢欲戒眞難戒。年寒年熱日顛連。口苦鼻流兼眼淚。頭暈骨痛身愛眠。冷汗淋漓手足軟。甚過饑寒無飯添。窮極都要食煙屎。一時無食病灾纏。有等冲埋化子隊。手持竹籃過鄉村。因煙食窮無體面。廟角祠門倸共眠。衣裳寒冷無多件。着出雲南共四川。餓得體膚難抵住。屍骸暴露沒人憐。賭飲花消容易戒。無錢就改立心堅。洋煙眞是迷魂藥。貪充大架入偏門。祖宗父母多嗟怨。妻子饑寒受苦酸。聽我良言須當醒。千祈早食戒煙丸。若然洋煙能戒斷。夫妻兒女共團圓。

◎勸人戒賭歌　前人

人生世上。戒賭為先。賭之一字。實不堪言。贏來易散。輸去難塡。日轉月甚。典屋賣田。厚轉成薄。薄轉成穿。輸去追注。六百作千。利加十倍。日久難塡。或造假數。甘心情愿。不顧前程。禍患牽連。挪借朋友。誰人可憐。欲求親戚。也是虛言。生借無路。無邊拐騙。家財盡散。欲尋短見。抵饑受寒。見人無面。行前背後。談論多言。迫妻賣女。母子淚漣。常被嘲笑。受苦含怨。想做生涯。乜誰引荐。見賭不向。便是高見。

恭輓

振武上將軍
兼署巡閱使　寵錫嘉禾章號濟光龍老大人　靈右

振武上將軍岡起臥龍羽扇綸巾今諸葛
特任巡閱使原當逐鹿功成仙去古留侯

廣東新甯鐵路總理陳宜禧鞠躬

民國拾四年乙丑正月十三日往台城城隍廟求籤（陳總辦）

問開銀行　第六十二籤

風煖花開滿錦城　雨收雲散月正明
千祥萬福君家集　病者安然產婦寧

問銅鼓商埠　第九十四籤

福集災消喜氣濃　和鳴琴瑟樂無窮
遠道投人相許愿　前程祿馬路亨通

問牛灣橋　第三十八籤

憂恨多時忽自消　今年始覺任逍遙

百事亨通無阻滯　暗中神力助相照

問自身　第一百一十籤

夫婦相和過百年　仙女婚姻喜氣顏

百事所求皆獲益　消災除難暫安然

問水力電燈　第六十八籤

暗裡藏刀君莫知　機關用盡見災危

尸內陰人防產厄　男人出路有官非

正月拾壹日在金雞凹水月宮觀音菩薩所求之籤

問開銀行事　第十四籤（古人）姜子牙棄官

宛如仙鶴出樊籠　脫得樊籠路路通

南北東西無阻隔　任君直上九霄宮

（解曰）任意無虞路有亨通

（解曰）隨心自在逍遙如人

問陽江枝路 第四十簽 古人 則天登位

紅輪西墜兔東生 陰長陽消萬事亨

若是女人宜望用 增添財祿福其心

（解曰）陰利女人不宜男子

（解曰）若是求謀先凶後吉

問銅鼓商埠 第二十九簽 古人 子龍救阿斗

寶劍出匣耀光明 在匣全然不惹塵

今得貴人攜出現 有威有勢衆人欽

（解曰）寶劍出匣光輝萬里

（解曰）貴人指引無不美觀

問牛灣橋 第八十九簽 古人 大看瓊花

出入營謀大吉昌 似玉無瑕石裡藏

若得貴人來指引 斯時得寶喜風光

（解曰）如石藏玉　貴人指引
得寶稱心　歡懷得意

問自身　第九十一中簽　古人　三戰呂布

好展愁眉出衆來　前途改變喜多財
一條大路如天闊　凡有施爲盡稱懷

（解曰）一條大路　可向前行
心中有事　只可向前

灣碑頭石板潭　問水力電機　第七十一簽　古人　卓文君奔相如

誰知蒼龍上九衢　女子當年嫁二夫
自是一弓加兩箭　切恐龍馬上安居

（解曰）不出重重　事由天命
振放中開　切宜謹守

民國十三年甲子五月十五日銅鼓太保廟（三十二上簽）

古人李太白遇唐王　大展才志

福祿添新減舊憂　經營出入任圖謀

求財移徙般般吉　從此無憂過百秋

民國十三年甲子舊歷六月初一日（即七月二號在萬福寺求簽）

觀音廟第十八上簽　問開銅鼓商埠　古人　日月陰陽相會

金烏西墜兔初生　日夜循還古至今

信道得之無不利　士農工賈各從心

（解曰）心中無事　所作有功　如弓上箭　一發當中

仝上　問自身　第九上簽　古人　北極上帝得道

煩君莫問私心事　此意偏宜說向公

一片明心淸皎潔　宛如皎月正當中

（解曰）心中正直　理順志寬　聖語無私　終有分明

新甯鐵路總理陳宜禧先生銅像紀念錄

新甯鐵路總理

陳宜禧眞像

新甯鐵路總公司

遠影圖

陳總理宜禧銅像

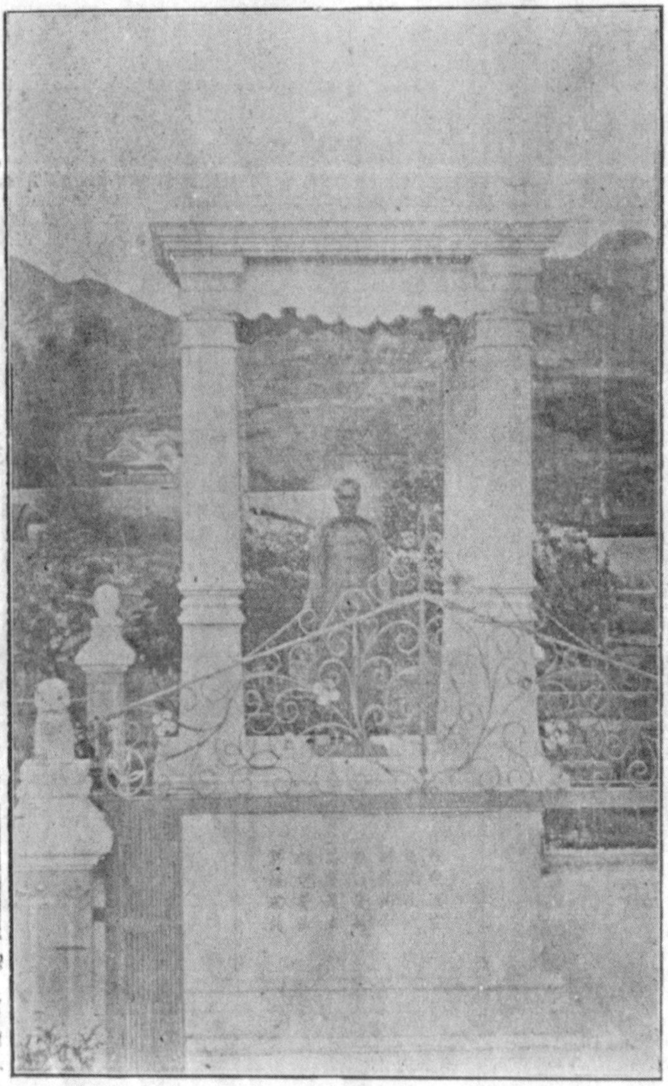

民國九年冬月建立

陳總理宜禧先生銅像遠影圖

銅像石亭正面題字

陳總理宜禧先生之銅像爲董事局發起捐貲建立以申景仰並紀功績

銅像石亭後面題字

陳宜禧先生創辦新寧鐵路任總理職兼工程師清光緒三十二年公司成立宣統元年第一段公益至斗山路工告成京部奏奬農工商部四等顧問官晉資政大夫銜民國二年第二段新會北街工程告竣三年董事局成立九年第三段白沙枝路竣工總理時年七十有六爲之鑄像以留紀念并述本路成績

3

附錄新甯鐵路興工竣工開車日期一覽表

事項 / 段名	興工	竣工	開車
公益至斗山	光緒卅二年四月初八日	宣統元年二月卅日	宣統元年三月初一日全路通車
公益展築至會城	宣統元年十二月十一日	宣統三年八月卅日	民國元年正月初六全路通車
會城展築至北街	宣統二年八月十一	民國二年三月廿日	民國二年三月廿三全路通車
甯城展築至白沙	民國六年正月十日	民國九年四月竣工	民國九年五月十二日全路通車

董事局題銅像石亭右面文

陳總理宜禧號暢庭台山縣朗美村人爲中國民業鐵路創辦第一少航美操路礦業曉暢技術旅美卌年餘忠信篤敬僑商咸信仰之彼邦人士尤相推重美工黨爭慘害華僑賴陳君力彼政府償損失爲領給被難者不私一介僑民益敬且佩清末回航祖國憤實業不興利權外溢倡議築甯路爲國民先台紳士庶咸贊同之乃自備資斧復航美向華僑陳說鐵路之利振臂一呼三閱月而股欵大集旋被舉爲總理挾貲回依序進行公司成立勘路定線兼任工程功速而本輕不兩年告竣嗣議展築新會至北街段因縣界爭築大部持正誼爭者計弗逞簧言鼓煽認股者咸裹足頓呈困難乃張羅借貸不足復變私產拮据殆甚幸張制府鳴岐廉其情亟奬勸之並電郵部予維持始觀厥成甚矣謀始之難也洎竣工後總理益陷悲境蓋有好事者譏其後以選舉董事局繩之屢釀風潮三伏三起其究也經過階級無傷日月竭來粤亂頻仍四邑人民咸藉鐵路交通之便成效大著鄉人續議展築白沙枝路爲接通陽江基礎甫事測量忽起爭執不相下總理竟叢爲怨府然仍處之泰然今大功告成而總理已七十有六歲矣猶日孜孜以甯路發展爲職志其熱心毅力蓋亦可知也已歲寒知松柏同人等乃今而知總理也爲捐貲鑄像以誌景仰並示來茲

董事局　馬持隆　陳符祥　馬受之　李星衢　鄺錫堯　伍耀垣　馬用賓　陳瑤宗　陳勵如　敬題

中華民國九年六月

吳議長景濂題銅像石亭左面文

升龠鼎鐘器有所窮五雉鶻鳩事各不同先生恢恢扢揚夏風歛財勸相方鳩僝功厥孚交如民亦仰止領袖華僑信以發志彼路斯何君子所履築之登登利濟桑梓作之屏之其菑其翳修之平之其灌其栵除之梁之其涂其溼經之營之其輖其軌黜贏開路三百餘里俾彼彌龍周道如砥大車業業征夫捷捷有賚其趾免於跋涉灌輸文化始利交通民志發舒蘊隆蟲蟲韛資百萬烝也無戎矯矯先生實創膚功倓然之容義然之狀華服儒冠國之大匠瞻仰英姿懦夫克壯遵大路兮視此銅像

眾議院議長吳景濂敬題

民國九年五月

銅像亭石柱四面題聯

謀交通便利以卜富强樹業千秋堪鑄像
建偉大事功不辭勞苦遊踪四海合留題

參議院議長林森題

范金功紀范少伯
縮地術逾費長房

廣東省長楊永泰

通道政參同軌盛
鑄金心表繡絲誠

廣東省議會議長林正煊題

力借運籌思締造
功成鑄像仰巍峩

水利局副總裁王清穆題

白沙枝路告成暨陳總理銅像開幕紀盛

民國九年十一月廿六日即舊歷庚申年十月十七日爲白沙枝路告成舉行通車禮暨建立陳總理宜禧銅像開幕紀盛是日由鐵路董事局同人柬邀各界到會參觀盛典幷演周康年班助慶晨早六點鐘行通車禮陳省長派委新會縣知事陽子園先生蒞塲監視隨到各站停車各站長預備恭迎旋至白沙站卽行回車寧城時已十句鐘矣是日通車禮式(一)上午六點鐘齊集公司前(二)燃爆竹鳴汽笛三响(三)奏樂(四)本公司職員及來賓脫帽齊向國旗行三鞠躬禮(五)職員向來賓行一鞠躬禮(六)全體賓主歡呼中華民國萬歲新寧鐵路萬歲白沙枝路萬歲(七)上車開車(八)鳴汽笛長聲三响燃爆竹奏樂(九)到各站時停車放汽笛三响職員向地方紳耆行一鞠躬禮禮成再行上車(十)回車寧城時先鳴汽笛三响下車燃爆竹同日舉行陳總理銅像晋陞大典其禮式(一)十一點鐘搖鈴齊集假座戲塲(二)奏樂(三)主席宣佈開會理由(四)請陳總理宜禧受賀(五)主席遞証書與陳宜禧總理(六)職員及來賓向陳宜禧總理行一鞠躬禮(七)奏樂燃爆竹(八)宣讀祝詞(九)宣讀答詞(十)請學生唱國歌(十一)演說(十二)奏樂(十三)禮成(十四)茶會(十五)拍照(十六)讌會此當日行禮之秩序也至其布置鐵路公司門首交懸國旗及飛輪式鐵路旗公司騎樓徧懸萬國旗陳總理石亭之鐵欄門首上懸一橫額文曰中外同欽四大字配點電燈入夜大放光明極其輝煌旁有一大金字篷寮爲招待來賓之所中懸萬國旗頂上峙五色國旗內設辦事處人員分組辦事藉免凌亂另搭一龍舟廠爲讌會衆賓之所至其會塲卽假座戲棚塲內陳設生花幷懸紙花絢綵奪目台城童子軍到塲維持秩序井然計是日到塲者有陳省長代表陽子園粵軍總司令部委員彙籌餉局募欵專員陳榮樞新會縣陽知事台山縣陳知事代表莘持鄧先生新會縣立中學校長譚仲鸞台山中學校長黃仿舟等暨各團局均派有代

表到會至城廂內外各學校計有中學師範瑞應商業達人達聰譚氏縣立國民及女子高等小學校綱德綱紀慎並女學校南昌育才等學校數達四千餘人至十一句鐘開會由主席李星衢君宣佈開會理由隨請來賓演說計演說者有新會縣知事黎陳省長代表陽子園台山縣知事代表鄧莘持分庭監督陳仁山粵軍總司令部委員陳侶掄省會副議長譚炳華議員馬超羣青年會代表李家芬慎昌洋行代表歌利恒君（西人）港商朱實生君等發揮痛快娓娓動聽鼓掌之聲如雷演畢時已二句半鐘矣遂由主席宣布答詞奏樂燃燒串砲搖鈴散會

銅像開幕日會場各聯

銅像亭前聯

羣來附轍攀轅桑港欽舊游光寵

一具銅筋鐵骨台城有新造英雄

客廳聯

開桑梓中數百里交通可爲先路導矣

是工程家第一流人物自當鑄金事之

總公司門口聯

大業著郵傳萬里攀轅欽軌範

名山多鍾毓三台遵路利西南

總公司門口又聯

德被台會

功賽京張

戲台聯

纔開臺便封相坐車看六國紛爭經幾番龍戰大陸鹿逐中原問誰銅像巍巍留得英雄眞面目

論出身都揚鑣分道羨五陵豪俠數不盡屠狗封侯爛羊作尉賴有鐵漢糾糾縱然傀儡亦文明

酒廠聯

飲者留名願與諸君酬醉

偉人鑄像豈惟四邑榮光

八音棚聯

異口同聲歌頌功德

大家協力鼓吹文明

各界賀聯

公與石人山並壽
我瞻鐵道砥如平
廣東省議會台籍議員 伍嶽 黃嵩齡 馬超羣 譚炳華 雷澤普 余同仁 余文鐸同賀

同軌賴交通當年締造初基爲粵路別開新局
鑄金崇景仰他日光榮歷史知甯陽尚有偉人
恩開新台赤五邑春軍第三統領王定華鞠躬

縮地繼長房後先媲美
范金同范蠡今古齊名
台山縣分庭 秉理監督推事愚弟徐湘 監督檢察官宗愚弟熾昌 鞠躬

鐵路馳名不招洋股洋工最爲特色
銅金鑄像無論中東中外崇拜偉人
鐵路開辦董事 李煜華 陳元鼎 鞠躬

同軌同文中華盛世
銘功銘德當代偉人
天聲日報 四邑平報 四邑公報 主任雷平石鞠躬

像鑄嘉模垂百世
幕開慶典洽同人
新會古兜善後事務所梁少奇等鞠躬

率履無愆同矜矩矱
本身作則手拓康莊
黃蓉第鞠躬

驚座夙留名畫閣繡絲同不朽
鑄金長紀績攀轅推轂有殊榮
新會黃震川鞠躬

一邑一鄉民國以來此爲先路
其人其地白沙而後應得大名
何藻廷　周幹廷
吳海籌　陳澤民　陳少衡敬賀

半生創業稱台會
一路成功邁古今
梁石文率男希伸毅三姪烱南鞠躬

銅像喜高陞定卜長春不老
龍門多燿彩更占福壽無彊
宗弟國宜率男瓊宗敬頌

航海梯山鐵路宏濟
項天立地銅像長留
蘭亭僑店陳伯周 宗惠 昌槐 孔寅敬賀

銅像耿夫任怨任勞堅持路政
像留永古矢公矢慎力挽商權
李寬明敬祝

一路福星司馬之言堪敬贈
三台令望范蠡有像共長留
陳伯漸 子占 蔭亭 恭譜 浩臣 恭頌

創見汽車譽隆四邑
巍峩銅像輝映三台
林竹軒 陳平宜等鞠躬

憑隻手以闢甯路交通天荒始破
鑄豐容而爲壽翁紀績斗極延輝
雷若衡敬賀

鑄金同懷范少伯
買絲爭繡平原君
李學瀛 吳聰廷 陳用康 同人等卅九名同頌

惠旅通商百里慶同軌轍
項天立地千秋景象儀型
馬錦培 馬寶森 馬國驥 鞠躬

譽滿瀛寰豐碑載道同羊祜
鴻名洞外晉像鎔金鑄范蠡
陳鸞波敬賀

各界贈送橫額

日月同光　台山保衛團總局

功成不朽　馬金紫堂

造福桑梓　開灤礦務局許君信

偉業　香港浩昌和

山河並峙　李海雲

謳歌載道　廣東陸軍游擊第五營營長陳秉虞副營長陳象嘉全體隊長排長等

路蹟功高　李灼學李鍵學李鉽學李鐄學

神州偉者　泡步陳喜色祖房

功成名立　宗姪子祥寶饒

共仰巍峨　鐵路總局職員

金鑄范蠡

偉哉先生才關天授忠信篤敬有爲有守遊歷重洋時務精究鐵路倡開四邑領袖忍辱負重厥功成就名動九重顧問賜綬偉哉先生誰出其右時局滄桑草莽伏寇河斷交通百貨逗遛賴玆鐵軌往來輻輳糧運如常一方賴救四邑生靈二天同覆偉哉先生功高德厚像鑄黃金分所當有祟拜英姿山河並壽

永聯聯和輪船公司同人鞠躬

來軫方遒

先生以獨力經營甯陽全路交通快捷商業驟興爲一方之利誠爲吾國空前之偉業也謹銘額持贈

香港祥和號

各界來賓祝詞

陳暢庭總理於前清民智未開之時一手創造甯陽鐵路二百餘里集股至三百餘萬行車十四年修築管理有條不紊輿論翕服便民益國厥功甚偉股東董事等懷德不忘集資鑄像用表功勞以留紀念于民國九年十一月廿六日行開幕禮錦春躬逢其盛欣忭莫名爰爲之頌曰

道路通塞國政攸關歐西强國鐵軌連環撫我華夏急起追攀地縮長房巧逾魯般甯陽僻處行道維艱築成鐵路交通市寰偉哉總理功德如山巍巍銅像百世不刊

台山縣知事陳錦春謹頌

民國九年十一月二十六日白沙枝路告成舉行通車禮式謹致頌詞曰甯陽僻遠交通阻遲偉哉
總理巧矣工師行車築路由幹及枝南轅北轍折矩周規速而能達險化爲夷四民利賴百世功施

陳錦春謹頌

民國九年十一月二十六日爲寗陽鐵路公司陳總理宜禧銅像豎立紀念並白沙枝路告成裕達適權
新會縣篆奉
陳省長令委監視開車得逢盛會曷勝慶幸緣綴數語爲之祝曰

誕敷鐵道　遵軌而行　增工經緯　廣益途程
福民利國　功業既成　允宜鑄像　千古流名

新會縣知事陽裕達謹祝

維中華民國九年十一月二十六日恭逢
新寗鐵路局董事諸先生爲白沙枝路告成舉行通車大禮幷建立
陳暢庭先生銅像以著紀念甚盛事也湘等覩斯美舉頓忘蜀道之難念此奇猷謹上蕪詞之頌詞曰

偉哉暢翁　建不朽功　倡築鐵路　利便交通
台新各屬　受益無窮　頌聲載道　遐邇僉同
爰立銅像　以表欽崇　瞻仰巍峩　眞可以風

台山縣分庭監督徐湘 陳熾昌謹頌

維中華民國九年十一月廿六日爲白沙枝路告成舉行通車禮式暨建立陳總理宜禧先生銅像紀念之期紳商各界咸致頌詞定華不文亦幸隨諸君子後參觀盛典豈可無一言以頌揚休美乎爰爲之頌曰

寧陽鐵路　創自陳公　熱心宏願　乃克成功　旣成幹路　利便交通
枝路再闢　車軌攸同　白沙接迹　雲合景從　通車禮節　舉行孟冬
歡聲載路　典鉅崇隆　力謀公益　澤及無窮　峩峩銅像　百世所宗

恩開新台赤五邑春軍第三統領王定華敬頌

新寧鐵路白沙枝線工竣行通車禮董事局演劇誌慶並爲陳總理宜禧銅像揭幕祝詞

震旦古國肇祖軒轅農墾榛莽都市高原測極地軸思幡天根坤輿發秘自章亥始有車指南有鼓記里長房玄譚於焉嚆矢中更板蕩絕學遜荒穆馳西極秦鶩東滄鄒談髡裸語焉弗詳漢宋學說卑蓺尊道公輸墨翟失其智巧禮失求野維憂用老世界棣通琛航互市歐化東漸攻車同軌鐵路國有發於清季皝皝陳公壯遊美洲美洲洵美祖國之羞乃鳩僑民宏玆遠猷發軔伊始號召甯陽旣展新會達於洋塲復展白沙益便民商董事諸君多公之力乃范精銅是儀是式侑以綵觴以銘藻飾某等不敏耳熱能詳董局初選曾與贊襄白沙再展曾與考量視公盛烈如邱如陵祝公壽考如恒如升鐵路萬歲繼繼繩繩

廣九鐵路局　温德章　容文蔚　仝敬祝

維中華民國九年十一月廿六日寧陽鐵路總辦　陳君宜禧創辦甯陽鐵路大功既成邑人嘉之爲立銅像以留紀念開幕之期敝局同人得參盛典廼詞而祝之曰巍巍銅像屹立寧陽偉哉總辦鐵路之王世界競爭軌道稱强甯陽鐵路尤出尋常資不集外工不用洋是曰自力中外稱揚西達潮沙北接新昌是曰發展進未可量功在不朽美宜表彰矗金馬柱紀念堂皇台道瀉瀉台山蒼蒼銅像巍巍山高水長

台山保衞團總局同人敬祝

維民國九年十一月廿六日爲甯陽鐵路白沙支路通車之期亦宜禧陳總辦銅像開幕之日同人等躬逢其會幸何如之謹爲詞以祝曰

甯路創始　商辦先河　惟陳總辦　厥功足多
擴充支路　煞費張羅　交通益便　孰不謳歌
紀以銅像　永久不磨　千秋萬世　瞻仰摩挲
實業興國　爰肇厥初　繼起聞風　鞏固共和

新會籌辦古兜善後事務所同人梁少琦等謹頌

廣州西南　古曰新會　迄明弘治　甯會分界　山海崎嶇
交通延滯　鐵路既成　人心稱快　建設伊誰　總理力大
伊誰贊襄　董事是賴　總理鑄像　所以酬庸　浩然其氣
藹然其容　農商之脈　制作之宗　實業勿怠　視此立銅

新會縣教育會譚鑣等敬上

維中華民國九年十一月廿六日爲　貴公司白沙枝路舉行通車禮式暨　陳總理銅像開幕之期敝所同人辱承雅召得參盛會何幸如之特敬派代表員莫伯選君謹上祝詞曰

國家强盛　實業爲宗　提倡實業　首重交通
開車成禮　銅像紀功　萬民稱便　四邑大同
敝所勸學　貴局勸工　祝茲偉業　永永徽窮

新會勸學所同人謹祝

民國九年十一月廿六號即夏歷十月十七日新寧鐵路公司以白沙枝路告成行開車禮式并爲陳總理鑄像甚盛事也辱承　寵召何幸如之竊維築路爲國家要政而以一人集合羣力倡辦一路克底於成實爲吾國人絶無而僅有況又增築枝路以竟全功爲鑄銅像此其宜矣震川等來觀盛典謹上祝詞曰

甯陽鐵路誰主功程總理陳君竭力經營白沙枝路今又告成開車行禮偉績莫名巍巍銅像萬古光榮我來觀禮崇拜同聲

新會西南方　岡州中學校校長黃震川
　　　　　　保衞團局局長趙西藩　敬頌

維民國九年歲在庚申月屆孟冬日躔戊子爲　貴枝路舉行通車禮式及鑄　偉人銅像芳辰鄙人等叨與觀禮何樂如之竊維中西發達權在交通吾粵冠冕西南諸省會製造名家彬彬鬱鬱而交通路軌權利享受除粵漢廣九廣三合羣策力以搆此丕基求能一手一足之烈以成莫大偉業者厥爲
貴總理所獨見宜乎金鑄范子永世不忘歟今者展拓枝綫異日利權膨脹留爲郡邑所法式而追步之者其希望寧有涯耶爰進詞以祝之曰

巍峩銅像絲繡平原堂堂菊部曲譜開元今日何日萬福之門遙遙虹影轆轆車聲發軔所及十站功成筋坑起點循水而南官步以外合又名三是處金鷄礦匪朱提是曰金質其苗成堤藉路運使壟斷地利天不愛寶人胡可棄況有熱泉其流濺濺游鞭駐浴凡骨亦仙由此而前地曰黎洞上陳東坑長江可控十石駐車暫達白沙欽光人影如鯽如麻以通貨賄以便士商輸進文化如旭騰光猗歟盛矣公私之慶

江門　商會　會長趙仲瑚
　　　　　　副會長梁心俊等謹頌
　　　商團　趙仲瑩　陳毓棠

維中華民國九年夏歷十月十七日爲西南枝路告成暨建立陳總理銅像開幕之期因思陳公宜禧生長斯邑素知山谷深長道途艱險非鐵路無以貫通全邑接濟四鄉故不惜財與力遠涉英美諸國攷察路政隨處召集華僑提倡組織集數百萬之鉅貲竭廿餘年之熱血以致幹路有成自甯迄會數百里來往稱便焉他及西南枝路修而毀毀而修輾轉經營備嘗艱苦雖効各國交通之舊軌實開吾台未有之先聲斯路成厥功偉宜繪鑄銅像以留爲萬世紀念焉董事等躬逢其盛荷蒙柬召爰撰蕪詞以祝曰

偉哉陳公　命世英雄　才華卓犖　氣度和融　籌貲鼎力　築路成功

康莊並達　車軌皆同　引重致遠　績偉公豐　聊鑄銅像　典重報崇

公益商會　董事局　同人謹頌

恭維

暢庭總理壯客外洋晚歸故里手創新甯鐵路尤爲祖國光榮竊思商辦鐵路新甯實爲中國始創而復以一手經理之尤爲東西各國得未曾有謂我

總理爲中國中之偉人也可謂爲全球上之偉人也亦可此前日所以得中西各報之贊揚特來美國總統之嘉譽也況其間不畏辛苦艱難不避譏毀抗阻壹其志毅其力卒使幹路功成而枝路亦次第興築迴溯自入民國以來道途荊棘航路不通微斯路吾邑人不爲餒而之鬼者幾希其績豈不偉哉爲之立銅像以表其功使之永垂於不朽也宜矣茲值西南枝路告成暨

總理銅像開幕之期愚等不才既不能作紀功之碑又不可無歌德之頌謹以四字祝之曰

偉人偉績

中華民國九年十一月二十六日　新昌鐵路籌辦處　商務分會　埠務公所　同人等謹祝

維中華民國九年夏歷十月十七日爲　宜禧總理銅像開幕之辰菊部臚歡華筵叙慶甚盛舉也跡公生平賦性剛方作事勤敏不慕虛名惟求實踐其倡建新寧鐵路也海外一呼羣情信仰數年之間而二百餘里之鐵路直貫會台二邑絡繹車輪交通稱便其尤著者鼎革以來亂機時起地方糾紛殊甚幸藉此鐵路以運輸米糧而民食不生恐慌歷刧數番地方依然安堵厥爲鐵路之功也今者西南枝路又以告成　公之願遂矣然　公之精神固甚矍鑠也　公之體魄固甚强健也即　公欲展擴斯路之志固仍未有艾也玆者　董事局諸君以　公手成偉業匪惟有裨地方實爲吾邑增莫大之光榮爲爰仿金鑄范蠡之意爲　公鑄像以垂不朽本商會同人叨承寵召參觀盛典曷勝榮幸謹進而頌之曰

洪惟我公　富於學識　鐵路經營　堅心毅力
台山之陽　車輪絡繹　百貨雲屯　人多如鯽
利便交通　四民受益　譽滿寰瀛　同欽偉績
銅像巍巍　閭閻矜式　萬古昭垂　聲名赫奕

香港台山商會　陳杏橋　伍耀雲　雷蔭蓀　李燿堂　等恭頌

民國九年十一月廿六號即夏歷庚申十月十七日新寧鐵路展築白沙枝路告成舉行開車禮式並爲陳總理宜禧先生銅像開幕甚盛舉也敝總局同人叨承柬請觀禮無任寵榮謹以蕪詞獻頌曰

鐵路交通國賴以强同遵道路接軫華洋剏在一國而分界疆維我四邑軌里連鄉台新開恩素號蕃昌比鄰閭壤拆地相望偉哉陳公太邱名彰記詳攷工地縮長房飈輪既設灌輸津梁西南軌途基於寧陽通其隔閡履此康莊江城展築規模益張馳騁一綫若網之綱蕩蕩平平示我周行爲民增福于國有光緜繡平原今尚揄揚況乎功得迴越尋常何以崇報銅像流芳瞻拜鬚眉景仰無忘載道口碑同祝馨香豐功偉烈與路俱長

香港四邑商工總局董事全體謹頌

民國九年十一月廿六號歷即夏庚申十月十七日新寧鐵路展築白沙枝路告成舉行通車禮式並爲陳總理宜禧先生銅像開幕敝公所同人荷承　寵召無任光榮謹爲詞以頌之曰

强國要政鐵路握中如人一身血脉流通華洋接軫中外同風况乎一國畛域胥融况乎一方轍迹維同西南軌道我車旣攻輪扶大雅峩峩陳公太邱道廣職掌攷工周行示我何以報功一鑪共冶肖像鑄銅夾道歡呼崇拜英雄謳歌載路福星當空長留紀念垂示無窮

香港開平商務公所全體董事　譚宜廷　吳東啟　伍卓生　黃棣山　鄧仲澤　等謹頌

中華民國九年十一月廿六日新寧鐵路局爲陳總理宜禧銅像行開幕暨白沙支路舉行通車禮謹賦蕪詞鄧政

古人三不朽　立德言與功　功德凡在民　食報古必崇　繄昔中華士
老大成頹風　維新倡鐵道　幸有宜禧翁　艱難創寧路　爲粵啟其蒙
匪唯擅才藝　魄力更稱雄　廿年如一日　盡瘁澈始終　草創迄完備
任肩隻身中　幹路觀成後　四邑運輸通　民生因以裕　民智賴以聰
公自總樞紐　發達氣蓬蓬　覩彼窩蠹路　百拜獨推公　朝野咸一致
仿立紀碑豐　飲水思源自　範像鑄青銅　開幕羣瞻仰　光氣斗牛充
公今覩公像　矍鑠萬載同　支路今接軌　所至徧澤濃　白沙有知者
當亦敬禮隆　扶輪胥大雅　輔車誼如虹　青年欽耆範　聊以表丹衷

香港中華基督教青年會

今天是新寧鐵路白沙枝路通車的禮典和總理陳君宜禧銅像開幕的良辰本會同人叨蒙邀請到來躬與其盛寔是光榮得很但是遭逢這個大慶同人也應當說幾句老寔話來祝頌祝頌

現在我們想着輸進文明發達社會就要依靠那交通的便利交通的便利在大陸上鐵路就算首屈一指了試看那歐美各國鐵路係蛛網似的弄得國家富强他們的社會又非常的文明豈不是一個明證麼我們中國近數十年來各省的鐵路也算次第開築了但是沒有財政要借外債或沒有工程師要聘外人這也是一個鈌點若單把我們中國人的股本和中國的工程師來做成一段有成效的鐵路就算這一條新寧鐵路罷　新寧鐵路的路線橫貫新會台山兩縣把那五邑兩陽的交通一日縮短他們的策劃很周長模規很宏遠慘淡經營十餘年才能夠斗山白沙兩路次第告成總理啦工程師啦都是陳君宜禧一人兼之那麼陳君的苦心孤詣豐功偉業豈不應該令我們紀念的麼那董事局諸君因爲思念陳君的功勞不可不作一個永久的紀念把給後人作一個榜樣所以有今日的大慶典現在那巍巍的銅像矗立在光天化日之下又復唱戲叙會可謂極一時之盛了陳君的功業也能夠長與天地同留了同人希望陳君不可就因此志滿還望陳君和董事諸君努力前進再把那路線展築和世界交通振興四邑的百業于無窮無盡這就是同人很大的祝頌也是同人很切寔的希望

一九二十年十一月二十六日　台山教基督青年會仝人敬祝

主降一九二十年十一月二十六日爲
貴公司白沙枝路告成舉行通車禮式暨建立　陳總理宜禧先生銅像紀念之期仝人等荷蒙寵召得瞻盛典謹綴蕪詞爲之頌曰

偉哉陳公　鐵路之雄　艱難締造　利路宏通
同文同軌　輸進新風　口碑載道　勳業崇隆

東門循道會同人鞠躬

吾粵鐵道社會之敷設其成立期時最早故粵漢廣九實行拓築至於需用之物料以舶來品爲一大宗即其中測繪工程東西人士躬參要職至如甯陽鐵路公司挽回溢利搆成絕大工業機關行使地方原有人材前清郵傳部認成全國路政第一洵篤論也陳總理宜禧自籌集股本酌量購地其時風氣未通任勞任怨竭誠擘畫卒能利便交通達其最後良好之結果民國九年歲次庚申潮境白沙枝路築成准于月之廿六號舉行通車禮式補立陳總理銅像以誌紀念報功崇德禮固宜然鄙人籍隸台山參觀盛典鬚眉如在瞻褒鄂之元勳面目常存仰龔黃之遺澤爰序蕪詞以伸景仰祝曰

英倫美紐　巧奪天工　全國軌道　四達八通　臺山之麓　乃有陳公
汽車建設　開闢鴻濛　苦心毅力　閭里嚮風　晦盲否塞　同室戈攻
維持利益　路綫擴充　婉若游龍　翩若驚鴻　白沙區域　經界西東
一日千里　來往其中　峩峩道貌　浩氣長虹　所謂伊人　不世豐功
英姿颯爽　酬報宜崇　萬歲千秋　記念無窮

四邑平報　天聲日報
四邑公報　雷平石恭祝

維中華民國九年陽歷十一月二十六號爲白沙枝路告成舉行通車禮式暨建立　陳總理宜禧先生銅像紀念之辰同人等荷蒙寵召得觀盛典欣忭無似爰綴蕪詞以爲之祝曰

台本山國　不便交通　自有鐵路　快若乘風　伊誰之力　端賴我公
創此鉅業　中外欽崇　巍巍銅像　淩彼蒼穹　千秋萬歲　紀念豐功

輿論報同人敬祝

中華民國九年十一月下澣爲新甯鐵路總理
陳公宜禧銅像開幕之期鄙人辱承寵召躬與盛會見峩峩銅像將垂勳於萬年赫赫路政并交通乎四
邑四民稱德有口皆碑萬流仰鏡無斯不服則　陳公之道德功勳固足以名垂不朽况爲之鑄像紀念
以啟後人之崇拜乎然有果者必有因有流者必有源有名者必有實故曰名者實之賓也又曰實大而
聲宏也則　陳公今日之美譽實昔年辛勤勞苦之結果非一朝可期也綜覈
陳公生平歷史由礦工而受傭鐵路由路工而留心建築雖一軌之微一木之用一機之巧無不加以研
究復本熱心毅力爲祖國謀公益爲社會樹楷模故新甯一路之成績實
公一手一足之烈也方之我國鐵路借外債以建築聘顧問以臂助者不亦天涯之別乎鑄像紀功固其
宜也因爲之祝曰

國家富强　端在交通　交通之利　路政爲隆　以君偉力　成此豐功
留茲紀念　鑄像以銅　峩峩雅範　爲世之雄　萬載千秋　景仰無窮

廣東陳氏書院
潁川公會代表陳兆棠謹祝

維中華民國九年歲次庚申孟冬夏歷十月十七日爲新甯鐵路公司總理
陳公暢庭銅像揭幕之期謹致詞以祝曰
富强之道首在交通鐵路尤要萬國同風譬諸人身血脉貫注勿事桂苓肌肉豐裕台爲山邑渡乏津梁
商旅嗟怨彼界此疆扶輪大雅宏此遠謨通其隔閡上下六都行有餘力以達古岡擴其模範西南是鄉
長房縮地無此良圖朝發夕至福及吾徒功業爛然口碑載道鑄銅造像永以爲好義取繡絲匪忤于古
億萬斯年祝無量祜謹頌

馬金紫堂維翰　錦瀾　家驥等鞠躬

維中華民國九年十一月念六日爲
新甯鐵路董事局建立
陳總理宜禧銅像開幕之期夫吾邑鐵路不集洋股不招洋工悉由 陳總理艱難締造以蕆厥成偉績豐功固不可沒吾邑向分上下方山河阻隔運輸不靈匪風既慮熾張人民亦虞乏食惟自鐵路告成上下相通運兵轉餉毫無窒礙故入民國後政爭數次而邑屬地方藉交通之便不至糜爛而四鄉糧食亦獲挹濟不匱是 陳總理以建鐵路而有功于一邑者尤爲邑人所當歌頌也今 董事局爲
陳總理建立銅像以留紀念此豈獨
陳總理之榮抑亦吾邑之光也

六村團軍講習所全體長官學生謹祝

維中華民國九年十一月廿六號爲白沙枝路告成暨陳總理銅像開幕之期同人等叨蒙柬招參觀盛會歡暢奚如溯自鐵路告成十有餘載我台人拜君之賜咸額首稱慶曰此路也賴總理經營之苦心其德不可忘其功不可沒當必有歌功頌德流傳後世者此董事局諸公提倡鑄像所由來也今者銅像工竣矣彰總理之德揚總理之功宜矣我台人空前絕後之偉業由總理一人之手而製造之集一邑之財孚衆志之願商民交稱利便貨物漸見流通丁時事之多艱得車郵之輸運通商患工救濟民食所以總理之名飛揚四邑銅像之鑄照耀三台豈徒爲一邑之慈航抑亦爲衆生之寶筏矣爰爲之祝曰

台山萬古 鐵路千年 功高一邑 銅像巍然 石花文塔 輝映後先
倡明路政 挽回利權 富强謀國 造禮郵邊 偉哉總理 耆莫大焉
交通利便 人戴二天 宜禧先生 名與路傳

台山振漢醫院譚道五曁同人等謹頌

維中華民國九年十一月廿六號爲白沙支路告成舉行通車禮式暨建立陳總理宜禧先生銅像紀念之期謹致詞以祝之曰交通爲驗文明程度之尺凡其國之道路與交通機關進步不已即爲其國文化程度日高之證道路鐵路航路三者互相交絡而成交通網與人體中之血管系相類血管系大小相合而縱橫於體中亦猶交通網幹支相合而縱橫於國中也交通網之疏密視乎編製此網者爲有才之民族與否果爲有才之民族其網必密否則其網必疏此自然之符驗也我邑位處東粵之南山嶺叢雜河流淺淤交通向稱不便故血脉停滯不能造成健全之民族邑人有見及此於前二十餘年建築寗陽鐵路南達斗山北通公益東抵北街綿長二百餘里復於前年增建西南支路旁通白沙於是全邑血脉始流通而往來始便得以交換品物以促物質文明之進步交換智識以促精神文明之進步迄今邑中各種事業發展如旭日東升方興未艾謂非寗陽鐵路之力不可也謂非有才之民族不能也然所以能編製此鐵路網者股東汗血構成之也惟股東不自以爲功歸功董事董事不自以爲功歸功總理乃於白沙支路行通車禮之日勒碑刻銘鑄像垂念此豈爲一人酬庸哉殆將以興觀感也使吾邑人於陸上既成之網而益加密焉復於水上之網空中之網而結構焉則吾邑事業之發展寗有旣歟因爲之歌曰

大車轔兮大道循兮健行不息業乃日新

台山縣立中學校全體學生謹祝

維中華民國九年夏歷十月十七日爲白沙枝路告成舉行通車禮式暨

陳總理宜禧先生銅像開幕之期時則梨園度曲鼓樂喧天中外人士集於一堂甚盛舉也竊惟野蠻之世榛莽徧地獸蹄所過人跡所經漸成蹊徑往來窒礙固不待言厥後有土路矣有石路矣則徒行者漸得其便矣然猶未能風馳電掣通行無阻也最後有鐵路而後千里之遙瞬息可達轉運便利消息靈通

貿易工藝因之發展且能使留戀鄉土之人發其游覽他鄉之念人煙寥落之地變爲繁華富庶之鄉無業之民生計漸裕愚陋之士見聞已廣而五方雜處往來狎習則通國之言語風俗漸歸於一鐵路之關係誠重矣哉西國鐵路有如棋局中國創議於數十年以前至今告成者無幾此亦文明不進之一大原因也 陳總理宜禧先生少小游美愛國愛鄉是其本懷痛祖國之垂危憤交通之不便苦心毅力建築一新寧鐵路又增築白沙枝路爲吾國爭光榮爲吾台謀幸福其功一何偉歟董事局諸公募集鉅貲爲之建一銅像於城西鐵路公司之前以垂永久所以報有功者在此所以勗後人者在此凡我台人作麒麟閣凌煙閣觀之可也敝校同人辱承寵召得與盛會欣喜莫名爰爲詞以祝之曰

白沙枝路 建築告終 伊誰之力 總理陳公
巍巍銅像 卓立邑中 永垂不朽 偉績豐功

商業學校員生謹祝

維中華民國九年十一月二十六號爲
新寧鐵路董事局建立陳總理宜禧先生銅像舉行成立禮之期敝校叨蒙寵召得觀盛典懽欣無似爰綴蕪詞以頌之曰

歐美雄國 鐵道設施 四通八達 儼若蛛絲 文明日進 故彊如斯
吾台巖邑 僻處邊陲 素稱閉塞 運輸極遲 卓哉陳公 鑿巘爲夷
建築車路 縮地使卑 交通利便 行旅適宜 台邑氣象 因亦轉移
民智大啟 厥功殊滋 儻各省縣 繼之踵之 禹域發達 翹足可期
董事諸公 欽佩嘉爲 范金鑄像 巍峩顯丕 表彰偉業 德澤永垂
千秋萬世 景仰丰儀

台山縣立國民學校校長趙榮基暨全校同人謹頌

中華民國九年十一月二十六日爲鐵路總理陳公宜禧銅像開幕暨白沙枝路舉行通車禮式荷蒙柬召得觀盛典爰綴詞以頌之曰

稽古豪傑　功德在民　金鑄翁仲　絲繡平原　新甯鐵路　商辦椎輪
締造艱難　鑿山濟川　周道如砥　銅柱銘勳　巍巍寶像　翼翼石人

譚氏學校全體員生鞠躬

中華民國九年夏歷十月十七日台山縣白沙枝路告成董事局諸公篤念前勳爲　陳總理宜禧建立銅像猗歟盛哉洵不朽矣夫鐵道者交通之機關也台邑山原交錯水少陸多形勢所趨殊俗異政自敷設鐵道始革從前閉塞之習今且枝路告成貫全邑以一線縮百里於咫尺然後同軌同文於斯爲盛斯則陳總理草創之功而董事諸公贊勷之力也敬爲之頌曰

茫茫鐵路　血脈貫通　巍巍銅像　氣度謙冲　疇築斯路　宜禧陳翁
疇建斯路　董事諸公　我瞻我仰　崇拜英雄　是範是式　偉哉可風

瑞應學校同人謹頌

維中華民國九年十一月廿六日爲白沙枝路告成舉行通車禮式暨建立陳總理宜禧先生銅像紀念之期敝校仝人辱承　柬召獲觀盛典曷勝欣忭謹綴蕪詞以祝之曰

竊惟交通之事業曰航政曰郵務曰鐵道三者之興廢而國家之文野繫焉我國自海通以來歐瀛之文明遂得灌輸於中土而航行郵務諸端亦漸次發達惟鐵道尚在幼穉時期其犖犖大者曰京奉京漢粵漢諸路然曠觀全國鐵道南北猶未貫通東西不可奔馳以神州幅員之廣袤而鐵道之寥寥若是以交通爲國家之血脈而路政之頹廢如此而更欲於邊遠荒漠之區窮鄉僻縣之地如歐美諸邦鐵道之密若蛛網者殆難多覯矣惟我邑山巒重疊河流淤淺視他邑之交通較爲艱阻而獨能築一新甯鐵路以貫之不可謂非吾邑人之幸也第思築路之初民智未盡開通頑固者泥乎風水之說信口鼓簧阻撓實

多惟　陳總理以堅忍處之於是涉重洋募鉅資本其百折不回之志悉心籌劃而

董事諸公亦協力同心切實進行幹路卒底於成而白沙支路且通車於今日矣微　陳總理慘淡經營之志　董事諸公同心襄助之力吾邑交通曷克臻此今　董事諸公復爲　陳總理建立銅像以紀功績而留紀念自玆以還巍巍銅像異彩光被乎四表濟濟　諸公模範昭示乎六都仰高山而瞻景行不禁心焉嚮往是則仝人等所由祝也

台城達人學校全體員生謹祝

維中華民國紀元之九年夏歷十月十七日爲白沙枝路告成舉行通車禮式暨

陳總理宜禧翁晉像開幕之期敝校員生叨蒙　寵召得瞻盛典欣忭莫名爰爲詞以祝之曰

溯昔吾台　交通閉塞　偶遭政變　滿途荆棘　海運不通　民艱其食

偉哉陳公　募捐美北　造福梓桑　不遺餘力　甯路之成　公旣盡職

枝路復通　尤足矜式　澤及全台　人懷公德　銅像巍峩　亭亭淨植

與路同休　傳諸無極

達聰學校校員黃輔宸　容秋苑　朱孔嘉　趙湛若　暨全體學生謹祝

庚申夏歷十月十七日甯陽鐵路公司白沙枝路告成舉行通車禮式暨建立

陳總辦銅像紀念開幕敝校員生承董事諸公柬招全隊赴會以慶典禮諸生乃捧檄而喜羣請於予曰

董事諸公以鐵路有成總辦有功故買絲繡之鑄金事之先生其亦有詞以頌祝之乎予乃告之曰車行於陸古有明訓我台巖邑也山麓之地多川澤之流少其適於鐵路固矣溯甯陽公司之籌設也始於丙午越戊申而幹路成陳總辦以一手經之營之彈丸小邑不數月而集三百四十餘萬元之貲本當時旣以不

藉洋股不借洋工邀美譽於滿清政府至今十餘年再接再厲日引日長東至北街西至白沙縱橫百餘里往來交通者便之是鐵路之有利於吾邑人乎其無利於吾邑人乎總辦之有功於公司乎其無功於公司乎吾邑人終有公論無庸予之多言也第思夫事之功大而過小則當原其過而表其功利多而害少則當忘其害而美其利以甯陽鐵路而比於美之鐵路托辣斯其幹綫之長足以繞全球四周而有餘固未及萬分之十也謂陳總辦之專然以較諸鐵路大王摩爾根一手合併十一大公司亦未及十分之一也韓子曰莫爲之前雖美弗彰莫爲之後雖盛弗傳總辦雖未倦於勤吾願我邑人毋各挾其私有其舉之莫或廢之則吾甯鐵路方蔓延而未已也觀於此而知吾所以頌祝之意矣

下坪學校教務長黃翼周偕全校員生同上

恭維

民國九年十一月廿六日爲台山西南鐵路告成行通車禮暨

陳總理宜禧先生建銅像紀念之期鄙人等荷蒙寵招何榮如之因摛蕪詞以祝曰

地平天成　日公庚庚　地動天驚　行車轟轟　神工鬼斧　意匠崇宏

移山倒海　鐵軌縱橫　費房縮地　造父歸程　西南半壁　汽笛長鳴

上下千古　銅像高擎

水南南强學校　雷樹之　張中正　陳鈞植　率全體高等生仝祝

維中華民國九年十一月二十六日爲　陳總理宜禧榮晉銅像暨西南枝路告成舉行慶典之期是日官紳學商界蹌蹌蹡蹡歡欣忭舞齊集觀禮甚盛事也同人等爰爲蕪詞以祝之曰竊維鐵路爲人造之河流文明之導綫歐美列邦徧地布軌如蛛網然故其商務日愈盛國勢亦日愈强我國銳志維新振興實業尤爲注重路政如京漢而津沽而京奉而京張而汴洛而滬寗等亦經次第興築不遺餘力然創辦

伊始路工未熟借材異地挖肉補瘡路權旁落識時之士常切杞憂惟寧陽鐵路則以中國之財辦中國之事工程技師能以本國人自任之築路利權獨能保守而不致外溢洵爲我中國之偉大事業亦吾台山實業中之特色者歟然我台山山陬僻縣向來聲名文物遠遜于他邑而何以竟得此等空前絕後之偉大事業轟傳中外者必有品識素優堅忍耐勞之人物出而擔任以建造之始與聿觀厥成今者該路屢著成功而西南枝路又舉行告成開幕禮矣噫飲水思源果誰之功歟吾以非他人乃陳君宜禧一人之力也然則陳君造桑梓之福爲邦家之光凡我邑人又當馨香祝之買絲繡之鑄金事之使銅像巍巍高矗雲霄輝映三台飄揚五嶺爲千秋萬世之紀念者亦崇德報功之美舉歟

南昌育才學校員生全體敬祝

今何日乎國慶紀念之後粵局平定之初孟冬既望菊放東園陽春始回梅開南嶺適値　陳公宜禧總辦銅像開幕之期時則四邑交通良朋星聚八方來往勝友雲屯禮行新式燕賀情深樂奏大韶鳳儀美著衣冠濟濟賓主雍雍蘭味相投開歡迎會梨園大演號周康年美景良辰兼備工情商務俱隆甚盛典也敝校同人等躬逢盛舉欣幸莫名夫鐵路之所由成功良非易事耳俄之通中國有西北利亞路線延八千萬里之長德之迫巴黎托商路進行建築經數十年之久况我國開築鐵路以來垂二十餘年尚無起色若粵漢之激風潮川京之歸國有可無論也其餘所謂大幹路究未完全小枝路更多延擱路政亦難收效果矣而陳公獨存大志宏此遠謨提倡于外埠集款于同胞用至四百萬元時經十有餘載特築吾台商辦鐵路幹線通江門東支線達斗山西支線接白沙自始築以至告成其中之經營之奔走正不知歷幾許艱辛受幾次挫折幾同颶風擊舟隨波飄蕩而忍乃有濟不辭勞瘁然後達成功之目的縱有阻力其排除之雖憂乏之歟其籌備之持之以毅力堅心出之以一勞永逸功彌大德彌隆也夫神禹治洪流鑿破龍門之險張騫通西域直窮蠻旅之邦他若哥侖坡尋新大陸繞轉地球雷賽開蘇彝士河歷十有餘年美女士造紐約吊線橋不成誓不休以陳公之偉業較之可合五人而編列傳矣與人誦之中外

贊之諸董事景仰深之特鑄銅像咸欣頌祝宜也非幸也雖然他人所晋祝者歡呼萬歲天保九如等名詞特口頭禪耳奚足爲偉人贊焉吾則一祝其有擴張力將來展築由白沙而陽江而廣西而雲南直達北京再祝其有堅忍力主持路政康强其体悠久其壽按股給息坐觀厥成三祝其有剛果力九路權所關係以總辦公決之能挽利權使營業性質持之億兆年而始終如一昔康衢以三祝祝帝堯吾今以三祝祝　總辦祝曰

文明之利器惟公造成之我國之利權惟公挽回之路線分幹枝路局賴維持石室堅而固銅像偉而奇俾公昌而熾與山河並壽皓首且龐眉休哉　謹祝

六村崇善學校同人鞠躬

維中華民國九年歲次庚申陽歷十一月廿六號爲白沙枝路開幕暨總理

陳公銅像建立紀念之期是日也來賓濟濟秩序雍雍鼓樂悠揚生花點綴甚盛事也同人等叨蒙柬召蒞會觀禮何幸如之竊思緜繡平原金鑄范蠡報功崇德亘古如斯我

公少年英偉遊學歐美研究有得慨然歸國倡築甯陽鐵路鳩工數載告厥成功技藝精良有匠石運斤之妙往來迅速得長房縮地之傳際玆粤亂頻仍河道梗塞吾台與恩開民食全賴斯路運輸接濟無虞厥功最偉故我

公之在四邑久矣口碑載道今再展築白沙枝路又告成功由台城來往白沙數十里山路崎嶇如登蜀道而汽笛一聲瞬息即至交通利便灌輸文明非

公之經營擘畫曷克臻此今台人念

公之功特建銅像用彰厥美誰曰不宜爰具蕪詞以祝之曰

巍巍銅像冠冕堂皇摩天矗立兩蓋高張三台生色五嶺增光長遺模範輩流仰望想

公遊美技藝超常學成歸國竭力提倡鳩工集股路築甯陽往來便捷示我周行惟彼美國鐵路大王

公堪比擬百世馨香報功崇德是用孔彰休哉謹祝俾壽而康

白沙馬氏廣育學校同人敬祝

陳總辦宜禧性慤而毅其所成就有足多者吾台嶺表僻處交通閼塞商旅跋涉動滯時間總辦陳公愍焉傷之奔走海外以關鐵道倡邑僑感其誠應者雲龍風虎不數月而巨款集　陳公喜人己之從遂奮焉歸國暴霜露冒風雨觸烈日早作夜休勤力勞心窮幽涉阻測其高下鳩工庀材剪榛剗棘刳山開道然而民智未開風水蒙惑路線所過往往梗撓　陳公以果毅當之不畏豪强不顧衆怒惟行我事卒底於成蓋非常之原黎民多懼及臻厥成天下晏如是故創始所以多艱也當鐵道之未成之人之怨　陳公者至不可數及享其利則怨者喜怒者笑恨鐵道之不經其門故西南枝路今所以成於易也然後人知　陳公之功於人者深建銅像以表之俾垂永久爲月之廿六日　鐵路董事同人爲陳公銅像行開幕及西南枝路成立禮員生等辱承柬召與其盛典遂敬贅數言爲陳公祝曰

台爲巖邑跋涉棘艱行旅商賈咸苦往還伊維

陳公愍焉哀痛倡關鐵道以利交通振臂奮呼應者靡風時不一稔巨金團聚　陳公曰嘻善者我同豈辭勞瘁必竭厥躬以期有成爲吾邑雄遂不憂苦聾蒙怒侮率彼衆工劚山聳土曾不數紀縱橫其軌汽車轉輪一息千里塞豁阻夷商旅交喜西南今日輪軌同一無遠弗屆曷有梗窒偉哉　陳公勇毅誠衷卒成其志造福台中聲名洋溢銅像崇隆豈耀閭閈光燭亞東豈榮一時永垂無窮人其立像匪私於公謂不出此莫以尊功而今開幕賓主融融猗歟盛哉聲動三台謹祝

剛德禮拜堂暨剛德男女學校全體員生鞠躬

維大中華民國之九年十一月廿六號爲新寧鐵路之白沙枝路告竣舉行通車禮式暨

董事局諸公爲建立
陳總理暢庭先生
銅像紀念行開幕禮之辰同人等辱蒙柬召榮幸莫名謹於額手稱慶之餘而有不得已於言者思我祖國之貧弱由實業之不振實業之不振由鐵路之不通近紀以來鑒於世界之潮流起而爲鐵路之建築然而洋股參之洋人操之利未興而害已見所謂聚九州之鐵鑄成大錯者也我
陳公賦性率直任事勤勞以愛國愛鄉之熱誠以僻壤彈丸之故土能集數百萬之貲財立成數百里之鐵路再而通北街今而通白沙而勞怨不計也辛苦不言也洋股不與也洋人不問也其後果之大固難預卜而近功之成見於白沙此功此德　董事諸公知之邑人知之國人知之知之而恐久而湮沒也恐後人而無所表率也於是有建立銅像之舉大演梨園之慶此　董事諸公之表揚盛德者以此邑人之謳歌偉業者以此同人等之額手稱慶者亦以此再爲之頌曰

憶該路之發軔兮萬口肆其雌黃或陽阻與陰傷兮萬事艱其進行惟熱誠與毅力貫澈兮始終不移其主張歷數年而上下交通兮秩序井然而有章不甘於自小與自畫兮一達北街之區一達白沙之鄉再努力而前進兮必有事於通佛漢而達兩陽經營十餘載而勞苦功高兮國民應爲之表揚奈何飛短流長之叢生兮宵小從而中傷人非親信而大任難冀兮何所云而任用梓桑總攝萬幾必資熟手兮何所據而忘倡改良暗潮起而流言布兮作事不改其常一國自有公論兮褒獎得之中央劍以磨鋭玉以琢美兮豐功大德之益難忘表大功而彰奇勞兮宜乎銅像之堂堂破我一邑之天荒憶自此路之補益近年兮利乎運兵尤便乎運糧朝發而夕至兮有如神龍之飄忽縮地之長房國民感恩而鞠躬謳歌兮豈惟一省一邑之光壽並山河而光爭日月兮知千秋俎豆而馨香

台西綱紀愼學校男女員生謹祝

中華民國九年十一月廿六日欣逢

新寗鐵路陳總理宜禧銅像開幕之期暨白沙枝路通車禮典敝校同人荷蒙柬召曷勝雀躍爰進蕪詞以爲之頌竊以灌輸文明發達社會端賴交通歐美諸邦鐵道蜘網國家富强社會文明有由來也我國數十年來各省鐵道次第開築或艱於經濟則借外債以充之或工程乏師則聘西人以任之權不我握曷勝惋惜若以華人股本華人工程師者則惟我新寗鐵道耳原夫　新寗鐵道之築也總于新寗貫乎新會交通五邑接及兩陽十餘年來慘淡經營斗山白沙二路次第告成總理工程惟陳君宜禧一人任之嗚呼其功不亦偉乎于是董事局諸君念陳君之功特爲造像紀念以垂萬禩藉風社會今者巍峩銅像矗立三台山之下況復演戲敘會車水馬龍極一時之盛陳君之功業是馳乎五州名留四邑矣同人景仰之餘尚望董事諸君暨陳總理努力前進展築路綫以振發四邑事業以交通于世界是同人之所祝禱也是爲頌

台山循道女學校同人謹祝

維中華民國九年陽歷十一月二十六號爲白沙枝路告成舉行通車禮式暨建立　陳總理宜禧先生銅像紀念之辰敝校同人等荷蒙寵召得觀盛典欣忭無似爰綴蕪詞以爲祝曰

崇尚實業　首推若翁　進行弗懈　利賴靡窮　築斯鐵路　不世之功

强哉魄力　有始有終　何以圖報　惟像鑄銅　永留紀念　共瞻高風

台山女義校校長温雪芳暨全體教員敬祝

維中華民國九年十一月廿六日爲　新寗鐵路公司白沙枝路舉行通車禮暨　陳總辦宜禧銅像開幕之期錫祺等躬逢其盛不勝榮幸有不能已於言焉夫我國地大物博出產富饒徒以交通不便以致商務未能暢旺比年以來識時務者倡議興辦鐵路以利轉輸洵屬當務之急但人才缺乏大都借助外人求其獨力舉辦者實不多覯維我　陳總辦志願宏大才具優長本其閱歷經驗富有鐵路最優學識蘉者創辦新寗鐵路自始建以迄成功獨力經營悉心擘畫概未求助于外國人士通車之後獲利頗多

論其成績實爲中國各鐵路之冠茲復推廣白沙枝路大功告成將來營業發達其造福于桑梓者誠非淺鮮復仰　陳總辦爲人誠實慷慨知人善任不獨中國人民深致信仰即全美洲人士亦無不十分欽佩故美舍國路商務總局曾推舉爲名譽員若　陳總辦者以名滿中西之才而復毅力苦心艱難締造又以　董事局諸公善于籌畫創茲偉舉爲天下先洵可謂中國之人傑矣況復克享大年老而益壯以矍鑠之精神成偉大之事業將來造福正有未艾夫以中國地土之廣物產之富他日鐵路棋布星羅可計日而俟誠使人人辦事能如　董事局諸公暨

陳總辦之堅忍耐勞則實業之進步豈可限量富强之基始於是矣錫祺等不僅爲　陳總辦及　董事諸公賀且爲中國前途賀也茲者白沙枝路告成舉行通車之禮而該公司　董事局同人以　陳總辦豐功偉業宜垂不朽特爲之建立銅像以誌不忘斯誠崇德報功之舉備極一時之盛也爰爲之頌曰

維我陳公　學碩而豐　創茲艱鉅　利便交通　宏才峻望　譽遍西東

維彼吉人　造福無窮　巍巍銅像　赫赫尊崇　永垂不朽　奕世興隆

愼昌洋行經理黃錫祺謹上

甯陽鐵路陳總理銅像開幕頌

陳總理宜禧秉性樸厚勤敏而愼同人等幸與結識知其爲人其壯年之聲譽在美洲晚年之功業尤在甯陽鐵路獨力終始成績斐然四邑人士德之公建　陳總理銅像於鐵路公司門前以垂不朽開幕禮成時爲中華民國九年十一月廿六日也同人廼獻頌曰

赫赫陳公　勤樸篤誠　惟樸實踐　惟勤業精　越在美國　鐵路是營　著績海外　以垂令名

顧念家鄉　慨然有慕　交通崎嶇　風氣閉錮　曰余矢志　甯陽敷路　百貨雲屯　列車霞布

正路蕆事　支線繼通　千里縮地　九軌同風　利溥四邑　云何報公　僉範銅像　以紀首功

火車轔轔　名與之馳　台山峩峩　功與之毗　亭表思賢　金鑄范蠡　開幕觀禮　同獻頌詞

黃卓卿 伍時儉 譚輝堂 方富倖 陳業照 何冰甫
鄺祝南 溫荔坡 唐乾初 陳庭光 鄧子援 謝閣臣
謝春舫 伍時珍 陳雄光 何雅選 雷家和 吳瓊波
伍時義 陳欽業 梁國英 雷家安 余伯疇 陳露泉 恭頌
甄清渭 朱表權 羅若蓀 譚炳華 吳爵廷 陳國撰
李勉卿 張雲飛 譚煥堂 方廣平 陳祥讓 嚴賡甫

陳公宜禧素抱實業救國政策壯遊歐美攷察路政迨返國後發展其宏大之志願夙抱之才識發布號召不數年其能建設數百英里之寧陽鐵路四邑文明物助長進化其功豈不偉歟外界逐逐疊起波瀾而陳公不爲所撓苦心孤詣殫力維持茲邑中人士爲紀功崇德起見特鑄陳公銅像用誌不忘誠盛舉也是月望日爲開幕之期祝樓忝附交末謹上蕪詞以頌

鐵路敷設 我國無多 寧陽汽軌 實業先河 偉哉陳公
經緯胸羅 培植國脉 如樹萌柯 空前事業 告竣剎那
利便交通 有口咸歌 道高毀來 其奈我何 浮雲偶蔽
皎月不磨 青銅拂拭 鑄像巍峩 華封頌祝 鼓舞傞傞

五邑督辦副官
省長公署諮議
粵軍西路第二路司令部參謀 張伯英祝樓恭頌

維民國九年十一月廿六日乃寧陽鐵路總辦 宜禧宗伯銅像開幕之期是日也瞻隆儀之奕奕覩舃偕來慶鉅典之煌煌兒航共視宗姪等分居後輩久蒙示我周行誼屬同宗何幸親茲盛會因喜而祝之曰

卓哉寧路告厥成功誰爲總辦箴曰
暢公艱難締造沐雨櫛風熱心毅力善始圖終不論男女不論商工熙來攘往利便交通欲留紀念醵金
鑄銅一唱百諾詢謀僉同巍然成立崇拜英雄忝屬宗末典禮躬逢高山仰止萬歲呼嵩

宗姪 廣東春軍陸軍游擊第六營營長陳伯漸
台山縣保衛團局參議員陳子占
前三合區保衛團團總陳恭譜 恭頌
台山縣署催征委員陳蔭享
前三合保衛團駐局團董陳浩臣

寧陽鐵路展築至白沙行第二次通車開幕禮董事局
李君星衢等篤念成勞爲
陳暢庭總理鑄銅寫像用示將來用酬勳勩伯婁等以誼屬邑鄰過蒙
寵邀參觀盛典曷勝榮幸夫江門流急縣渠水淺吾新會鐵路之必要人人知之風氣初開圖始無樂鐵路之必要而甚難辦又人人知之而寧陽鐵路之進行則自立案以迄開幕不過五年已由斗山而達北街爲海內商辦鐵路所未有之迅速
陳總理之高識毅力不避怨勞
董事諸君之居中裁斷指揮能定成功盛德於此可見將來大工完竣非特台山一邑之利卽吾輩往來方便亦與有榮施爰上頌詞用申敬禮

新會馮伯婁敬頌

維中華民國九年十一月二十六日爲寧陽鐵路公司白沙枝路行通車禮

貴局董事諸公復爲

總理陳公宜禧立像紀念邑屬人士景仰賢豪來賓濟濟洵盛事也鄙人得參斯會與有榮焉蓋聞之偉大之事業必有偉大之人才以成之亦偉大之人才而后能建偉大之功績吾國鐵路之稱商辦者在所多有或貲本不足或人事未周一簣之虧因而中輟而能以個人之毅力經營肩玆艱鉅備任勞怨卒底于成者厥惟寧陽鐵路之　總理陳公宜禧憶宣統庚戌間郵部以寧路告成六載敦促呈繳統計表冊適以任務相委屬得　陳公宜禧提其綱　吳君楚三挈其要不旬日而六年度之統計表冊草創有成然每一華里自購地以迄通車工本不及萬元此豈惟吾國鐵路之所無抑亦泰西各路所未有謂非　總理與同事　諸君之共慶得人與夫撙節有度因應得宜曷克臻此也哉轉瞬十年而新會與白沙枝路次第告成尋而至展築以達恩陽直指顧間事耳癸丑丙辰以迄于今邑屬迭遭兵燹鄉民之飢寒困苦者藉鐵路以拯濟之鄉民之覊析流離者賴鐵路以便利之吾不禁有感于鐵路之利濟同羣更有感于總理陳公之能建此偉大之功績此豈僅爲台山之偉人我四邑之偉人誠中華民國商辦鐵路之大偉人宜乎建立銅像而永留紀念矣敬擬蕪詞藉伸景慕曰

寧路商辦　經營肇造　伊誰之功　總理陳老　金鑄少伯　絲繡平原　巍巍銅像　勛業長存

瞻公丰采　雄邁和藹　瞻公識力　譽馳中外　豐功偉績　惠及梓桑　路政昌明　爲國之光

因更爲祝之曰

寧路萬年　陳公銅像萬年　中華民國萬年

新會周許悳書頌

維一千九百二十年十一月旭日爲中外人士酬庸寧陽鐵路總理

陳公慶典鑄金肖像來賓崇拜誠以東西各國均於道路之通塞驗民俗之文野　陳公游歷老成歸爲同胞開風氣爲梓里謀幸福手創寧陽鐵路測量指揮必躬必親合羣策羣力告成十載豈止利便行人

已哉邇來時局多艱河道蔽塞四境告饑賴斯路運輸保全四邑古之所謂不朽有三太上立德其次立功其次立言

陳公功德及人其鑄銅像以垂不朽矣暁得逢盛會謹贅蕪詞以祝曰

開闢道路　偉烈豐功　宏濟時局　運輸靈通　澤遍四邑　漸臻大同
報功懷德　壽祝如松　中外景仰　一本至公　峩峩銅像　垂之無窮

新會東溪學校學董施瓊波恭祝

中華民國九年十一月二十六日寧陽鐵路公司　董事局諸君維

陳公暢庭辦理寧陽鐵路厥功宏偉爰爲之倡建銅像以留紀念永誌弗諼從此地方交通萬民景仰今更值白沙枝路告成恭行銅像開幕慶典毅三忝屬世誼躬逢其盛謹爲詞以頌之曰

古稱不朽　惟德與功　平治道路　責重司空　翳我台邑　昔號蠶叢　惟公崛起　經營交通
擢幽鑿險　慎始圖終　砥平矢直　轍合軌同　行旅戴感　遐邇景從　爰鑄銅像　崇拜英雄
厥形惟肖　中外尊崇　昭茲來許　遜拜下風

世侄梁毅三敬頌

民國九年夏歷十月十有七日乃新寧鐵路完全告成曁建立

陳總理銅像開幕之期　寵召辱承欣幸無已素耳台山士庶殷富居多僑商外洋尤甲他邑惟地非臨海輪舶弗通行李往還輒勞跋涉　陳總理重洋久歷才識兼長慨然集資興築鐵路用佐輪帆之不逮罔恤心力之交勞自幹路通車以來載客運輸咸稱利便今枝路又復完善名區僻域並喜交通允當效圖閣之銘勳爲鑄像而紀績瞻斯

盛舉無任臚歡爰綴俚詞恭爲頌祝

經營全路　有志竟成　交通利賴　商旅同聲
銷金製像　赫赫寧城　名聞遐邇　榮誰與京

雷若衡敬頌

陳君宜禧于前清光緒三十年倡辦寧陽鐵路自出舟資來美招股所到之埠爭先歡迎弟謬承公推爲英屬倡辦值理互相策劃不數月間大集股欵歸而建築

陳君以箇人兼總理工程數職全路遂告成功誠中外之所僅有也硒者海內外梓里以 陳君造福鄉土亟宜爲之表彰爰捐資敬鑄 陳君銅像于鐵路總公司之前弟愧無以敬聊贈宣爐一座以留紀念并爲之頌曰

鼎 祝 馨 香

中華民國九年歲次庚申孟冬之月

鄉愚弟李世瑶題贈

維民國九年歲在庚申孟冬之穀日爲

宜禧總理建立銅像紀念慶典甚盛舉也自 公壯時遠遊歐美于鐵路學識久富經驗前二十年倦遊歸國欲于家鄉成一偉大事業以餉邑人乃倡建新寧鐵路登高一呼羣響者應數百萬元之公司咄嗟立辦不數年間而二百餘里之鐵路遂交通于會台兩邑鼎革以來地方多故幸藉運輸之力而四邑有衆不至絕粒者皆我公之賜也以言功烈詎不偉哉弟亦股東一份子因閩董事局 諸君謀爲我

公鑄像以紀勳勞弟不禁鼓舞軒鼚協贊成之玆値閼暮令辰不可無詞以頌之也爰進而頌曰

輪路奔馳　瞬息百里　四境交通　羣情忭喜

金鑄范蠡　絲繡平原　先生之烈　萬古常存

弟 李夢九
黃卓卿 謹頌
李毓霖

維大中華民國九年歲在庚申十一月廿六日新寧鐵路第三屆　董事諸公爲　陳公宜禧建立銅像蓋以紀功也又適白沙枝路工竣通車兩事均於是日行開幕大典禮辱承　董事諸公　陳公宜禧寵召竊附仁者贈言之義敬撰俚辭以當頌禱而留紀念頌曰

偉哉陳公一介僑氓六十老翁手創鐵路膽氣如虹不招洋股不用洋工開民辦之先聲乃造時勢之英雄

偉哉陳公憶昔招股奔走美中不辭勞瘁自西徂東登高一呼僑胞景從使非我公之信義昭昭兮焉能大欵立集竟如感之斯通

偉哉陳公經營伊始險阻萬重民智未開是非益叢十六載之怨勞總集爾躬風潮愈大魄力愈雄往事追維殆如夢中今應大笑親見巍峩之銅像皎然如朗日之當空　偉哉陳公總理工程一人兼充持以毅力不稍懈鬆再接再厲有始有終而甯而會而白沙此爲第三次告厥成功

偉哉陳公覽舍路之陳宜禧樓圖兮比櫛崇墉賤價而沽兮化私爲公犧牲一己之實業力謀公共之交通曠觀宇內兮孰能效我公之愚忠　偉哉陳公吾寧人物代產英賢惟公挺生特別不同功在路政與天無終爲一邑光爲一國光無怪南中國鐵路大王之徽號轟傳于美之西東

偉哉陳公安得四萬萬同胞兮奮發其所爲天下雄奮發爲雄兮力追公蹤力追公蹤兮講求實業講求實業兮第一須謀全國鐵路之交通鐵路交通兮中國富强中國富强兮全球當推我爲主人翁行見碧眼紅髯兒兮甘拜我大中華民國之下風猗歟盛哉金鑄范蠡絲繡平原古訓昭垂崇德報功倡之者誰董事諸公和之者誰萬衆所同將歷千秋而萬歲兮後人觀摩瞻仰而無窮

鄉弟林甞三謹頌

中華民國九年十一月二十六日爲寗陽鐵路陳總辦　暢庭銅像開幕之期鑠學等辱承寵召得來觀禮何幸如之竊蘇彝士河開而雷賽君之銅像屹立河畔美洲新得地而科侖布之銅像高插雲中古今大偉人成大業事無不令人紀念況我公倡辦鐵路創吾邑未有之奇開吾國富强之業可無紀念物爲後人景慕乎是以董事諸君爲鑄銅像表其功勳永垂不朽從此我公之名與日月爭光而我公之像亦與山河並壽矣謹上祝詞曰

偉哉先生　直以持躬　創辦鐵路　一片苦衷　不辭勞瘁　力貫始終　卒達鵠的　利便交通
瞬息千里　快捷如風　運貨載客　惠及商工　民國肇造　迭起內訌　水陸梗塞　荆棘滿叢
運兵靖亂　運米濟窮　民安食足　惟賴我公　口碑載道　頌公之功　巍巍銅像　肅肅其容
如繡平原　如畫放翁　特留紀念　無任尊崇　歡呼萬歲　聲震雲空　功垂千古　名耀亞東

李　鑠學　鍵學　敬頌
　　鉽學　鑌學

宜禧陳總辦銅像成立紀念慶祝

台山踞粵海之南會城處涯門之北地當要衝爲五邑往來之孔道寗會毗理河道雖通輪渡輸運不如鐵路之利便處二十世紀商戰時代此鐵路之不能不設也　陳總辦以誠樸之性質且堅忍之毅力倡辦寗陽鐵路於美洲一時華僑皆爲之樂從不一年而集鉅資不數年而路告成西人嘗稱贊之謂以一人之力而成數百里之路其信用實爲環球所未有也況二十年前吾國倡辦鐵路其時風氣未開民智蔽塞以一商人獨當其任非具絕大精神絕大魄力焉足以維持其間自寗陽幹路告成繼築會屬以展白沙其中艱難困苦不爲大紳大族所推翻不爲輿論私人所攻擊自能堅苦忍耐卒底於成其功亦豈

淺鮮哉今日
銅像巍峩使後世景仰規模知開創之難其成功之偉大誠足增五邑之光矣謹爲之祝曰
數百里路 一人運籌 功業偉大 加乎五洲 寗會有道
交通自由 精神命脈 全賴公手 銅像巍峩 景仰千秋
宗任子祥 寶饒 仝敬祝

宜禧陳君大總理銅像贊
總辦陳翁 實像紀功 濟人利物 軌合大同 西南枝路 適届車通
舉行慶典 時在孟冬 衣冠濟濟 人集西東 交游光寵 祝華呼嵩
名垂不朽 如范金鎔 董局捐助 永振圖鴻
乃賡載歌曰
台山蒼蒼 滙水泱泱 銅像儀型 山高水長
世愚姪朱賓生拜題

寧陽鐵路陳總辦大偉人鈞鑒
玉帝封先鋒開路功成卓然公有千秋業
英姿稱上壽鑄銅願遂別是天生一種人
袁少枚敬頌

吾台僻在一隅多山少水非若奧區重鎮也非有長江大河也向者路政不修畫疆自守篳路藍褸未便交通邑之人久已安於簡陋矣何幸

總理陳宜禧公應運而興綜全台之州輻達千里之軌塗鐵路既建隔閡遂通今者白沙枝路得與寧陽幹路聯絡進行維我邑人歡忭鼓舞詎非吾台夐絕之盛軌歟本董事局同人厘懷邑事凡有建設尤賴提倡故對於商務則日冀運輸之便利對於路政則日視營業之擴張對於生長之邦必由之路則尤昕夕翹企其連軫結檣以省跋涉之勞對于可久之業非常之人則必鋪張揚厲其偉烈豐功以當馨香之祝茲際軌道蕩蕩銅像巍巍頌盛德者崇拜英雄合來賓而參觀典禮美滿之希望有可爲吾台之父老兄弟告慰者行見路政修明財權發達交通上之利益何可勝計邦人諸友皆相與舉手加額而祝

總理陳公之萬歲也同人等不敏謹攄心理所希望者著爲頌詞以爲異日之左券焉

董事局李星衢 馬持隆 伍耀垣 馬叙朝 鄺錫堯 陳符祥 陳瑤宗 等謹頌

民國九年十一月廿六號

夏歷庚申年十月十七日

答詞

新寗鐵路者吾國民有鐵路之一也自創辦以迄于今日白沙枝路之告成蓋完全商股未嘗有絲毫借助于官股及洋欵者夫以壤地褊小路綫之長達三百里就我國今日情勢論之實已難能罕見吾人亦足以自豪矣斯則股東熱心贊助之力而董事諸公擘畫之成績也于宜禧何有焉方以措置乖方未能全副股東之期望深自引咎乃董事諸公不惟不責且以謀四邑交通利益之功歸于宜禧建銅像以表彰之在諸公本獎勵實業之心無妨厚禧以爲來者勸在宜禧負德薄能鮮之疚寧敢貪天功以爲己力乎

剏復蒙各界鉅公辱臨奬飭備至滋益愧矣所望邦人君子進而教之匡其不逮俾吾新甯鐵路前途不以今日之程度爲限而吾人振興實業之榮譽益將繼今日而光大之以垂于永久斯則宜禧之所深願也

陳宜禧鞠躬

新寧建立陳宜禧銅像紀

（民國九年十月三日上海申報）

九月一號 KANSAN 輪船由美國抵香港時載來新寧鐵路主任陳宜禧君之仿眞銅像一座再由香港運至新寧縣以便建立於該總公司前面之空廣場上像下築座以承之像上建一石亭四週則圍以鐵檻此像係一英國婦人所製由中國愼昌洋行經理爲四邑人民向美國訂造陳君爲晚近中國實業界領袖之一此像爲四邑人民所公送所以爲彼經營新甯鐵路偉業之紀念也

陳君生平雖備嘗險阻然不因此而稍挫其志氣終能造成此鐵路自籌劃經費建築工程以至開車運轉曾無一外國人參與其間不可謂非於中國實業界中獨樹一幟君爲廣東新甯人童年即赴美國以求機遇一千八百六十一年至加利佛尼亞省作工於磺田中繼至西亞德城先爲路工後爲包工性勤勞節儉因稍有所積蓄從事鐵路事業有年進而爲商創立廣德號至今尚存君經營事業三十餘年全城之人殆無不知有鉅商建築家及鐵路包工陳君其人者而且素秉熱忱凡本城公益之事多所贊助衆望所歸被舉爲本城商會及商業俱樂部之名譽會員初君在某鐵路作路工及包工時卽以建築鐵路於其故鄉爲職志懷之有年矣及稍有資本乃益毅然以此爲己任週游美國各地演說先告華僑以中國鐵路之不可緩繼言興築新甯鐵路之機會言詞懇切聽者感動不及三月而募款約三百萬元於是從事修築不避物議舉凡中國迷信風水不可掘墳築路等說置之不顧經營慘淡卒底於成公司之股東以君成績卓著且爲大股東之一故公舉君爲新寧鐵路之終身主任及總理以增進公司之幸福於

是君數十年之素志終得償矣君慷慨好施不吝貲財生平所捐慈善事業指不勝屈惟往往隱名故其總數未詳至於建築此路之特別工程觀下面之記載可見一斑新甯鐵路計自一千九百零六年動工正線自北街至斗山長六十七英里支線自新寧至白沙長十七英里全路建築費爲四百三十萬元車站四十六處火車頭十六座內美國式十三座貨車及客車一百三十四輛共計股東付出之股本三百六十三萬元近又建一大鐵廠能製生熟鐵品云

新甯鐵路陳宜禧總理荅謝董事籌立銅像書暨各界捐貲送禮芳名列後

蓋聞不朽有三其次立功此必有不朽之功乃能享不朽之名禧何人斯曷克當此第念半生沐雨櫛風艱苦備嘗毅然以建築鐵路爲己任幸而公益至斗山之路成公益至北街之路成台城至白沙之路又成此固如天之福而董事諸公竟歸功於禧而爲之立銅像焉夫銅像者所以紀其功而垂諸後者也禧雖竭盡棉力經百折而不回歷萬辛而不懈其所以爲國家挽權利爲地方謀公益者不能不稍効微勞耳今既事觀厥成實賴諸公勛勷之力其敢貪天之功以爲己有乎乃諸公不諒余心加余以非常之光譽又蒙各界捐金鑄像厚儀致賀清夜自思益增慚悚惟是愛人以德諸公既有此眞誠勉爲其難鄙人更從此奮勵或者天假之年使禧得以垂老之精神共謀不朽之事業則所以盟幽獨者在此所以荅諸公者亦在此矣

新甯鐵路總理陳宜禧鞠躬

再者叨蒙　各界君子厚貺或捐貲財或贈禮物彌增慙感愧靡遑躬自叩謝玆特將諸君子所惠財物統登斯册以誌不忘並當表謝之意云耳間有遺漏舛錯尚希鑒原爲荷

禧　再　誌

玆將捐欵開列

李星衢 馬持隆 馬叙朝 鄺錫堯 陳符祥 陳玉堂 李煜堂 陳賡堂 王傳善

蕭味峯 四邑輪船公司 台山下山都籌防局（JUDGE THOMAS BURKE 佐治爹馬時卜）

以上每名捐銀二百元

黃卓卿捐銀六百元 香港祥和號捐銀七百元 香港浩昌和捐銀五百元 白沙馬金紫堂捐銀三百元

黃雁賓 陳敦樸 台山保衞團總局 譚炳華 六村自治會 公益和安公司

伍耀垣 劉傑生 馬受之 朱松軒 陳勵如 水南陳氏文起房 葉惠伯

陳邊陳氏德星堂 中禮陳式穀堂 以上每捐壹百元

六村沙坦新市公所 六村觀佐祖房 以上每捐六十元

秀墪陳環溪祖 三合陳氏祠堂 翟崇亮 陳孔祥 成符孟 陳宗活 萬安公司

斗山商會 湯厚臣 大灣陳自然祖 劉鼎三 六村陳氏長河渡 馬綿敬

冲蔞堡南泮里陳氏合族祠 大灣陳瓊宗 冲蔞新舊墟商會 朝中陳瓊宗 林伯權

朗美宗時祖 陳五宜 山背彥冲房 墪頭陳元福祖房 李耀堂 陳祥靄

以上每名捐銀五十元

麥禮廷 伍時儉 伍耀廷 陳麗堯 王定華 伍時暢 嚴賡甫 温荔坡 唐乾初

伍葆初 許濟權 陳榮良 吳竹泉 馬翊廷 六村東臯房 三合洋瀾壘

以上每名捐銀三十元

三合黎洞上堡陳潁川堂　陳捷三　三合泮洋堡陳潁川堂　以上每捐式十五元
陳昌宗捐銀式十四元六毛
三合沙灣陳潁川堂　禾田陳思敬堂　陳宗衍　胡現業　陳祥紹　黃幹臣　李周來
陳仲珊　農瀚勳　黃星漁　馬雲橋　高振鐸　伍于彙　陳殿學　謝光祖　陳清池
陳宗悅　伍時美　陳孔文　陳宗全　吳爵廷　陳賢榮　陳爵信　馬大秀　陳棠宗
陳孔潤　林梓浩　陳露泉　黃少泉　李夢九　斗山廣寧輪船　吳聰廷　劉孔蓁
陳卓然　陳安　許恆廣　陳修宗　陳篤學　許盛貽　西喬陳炳燊　李鍵學
東頭堅操房　六村茂隆當　新寧鐵路警察隊長吳楚三率全隊　陳宜擴
陳宜纘　陳宗職　陳國宜　陳宗桓　陳以松　陳雄光　陳廷光
以上每名捐銀式十元
北街裕安祥捐銀一十九元　黃亦爲捐銀一十五元　陳財貴捐銀一拾五元
陳孔森捐銀一拾二元三毫　陳象偉捐銀一十二元三毫
黃森家　陳榮光　伍時珍　伍時義　陳孔權　陳滌齋　陳煥宗　陳孔彥　譚卓卿
李樞天　李澧聖　廖永培　陳煥祥　李豐明　李標　陳海生　李郁明　伍周屏
陳國常　陳國撰　陳灝泉　伍募南　益泰號　陳炎宜　陳文樂　梁子智　李善甫
陳用康　陳柱宗　陳宗策　項啟滔　陳祥讓　李學瀛　林尊三　陳伯棠　伍于郁

陳恭甫 陳勁棠 馬孔政 以上每名捐銀壹拾元
陳宗椅 陳啟宗 余煒和 以上每名捐銀六元
陳源宜 陳禩雁 陳孔韶 李樹明 陳禩徐 馬月湖 李朗星 陳光燿 陳德榮
劉若周 陳禩鐙 陳 提 李英廉 陳 源 陳明訓 陳星南 水南站 陳宜裕
岑鳳笙 陳立業 陳禮宗 伍于鍾 陳文祿 麥箕雅 陳介宗 陳祥治 陳典琇
陳孔璇 源來號 梁 焌 陳森煥 黃子材 林 坤 陳亮國 譚郁文 李勷發
陳滿宜 陳高宜 陳 廣 陳澤南 陳 巨 李庚佑 霍 順 劉 勳 雷 奇
黃 錕 唐 田 伍 休 李瑞雲 馬渭泉 馬榮堯 黃發傳 陳寶學 馬榮日
馬叙用 陳宗貽 陳秀屏 馬年俊 馬榮贊 陳宗琚 李 長 馬淦華 黃遠犖
唐 林 陳逢宜 陳御宜 黃學禮 陳孔烋 陳紲宜 陳稔德 伍于昌 陳宗初
陳業燦 陳 尚 陳 勝 陳 池 陳邦學 陳福芹 陳象家 黃 楨 陳兆祺
陳棟文 陳明允 陳文洽 陳禮賢 區 焌 陳泮良 以上每名捐銀五元
林竹軒 惠民站 陳德宗 沙冲站 陳明朗 陳連福 牛灣站 許 柏 陳國訓
南洋站 陳璗慶 陳炯宗 伍燦堂 以上每名捐銀四元
陳華畧 鄺堯修 趙 榮 陳國境 伍遂恩 余捷中 利生號 鄺光前 陳照華
陳長材 李 杜 筯坑站 陳管學 甄 沃 馬世富 李毓滋 陳 釗 曹 瑞

陳金源　高朗軒　馬綿祥　陳德　陳樓　李照　譚紹　陳贊浣　鄧廣
陳明潤　彭瑞怡　鄧池　黃作進　黃錦　鄧錦　李道沛　李周　廖齊
陳益華　陽江來　陳百榮　陳富　陳維光　陳絆閣　陳祉宜　陳錦宜　陳欲學
陳盛　陳宗燕　陳羅德　李五　長江站　馬本愷　陳良球　以上每名捐銀三元
陳學李　陳賢富　陳孔奕　陳宜武　陳良楨　陳平宜　陳禧華　永發棧　李天蘇
陳耀苍　譚管　李世洽　陳禩盛　陳亨　陳聖宗　陳良勳　黃普　司前站
白廟站　大王市站　陳福森　陳禮宗　李椿來　陳惠棠　陳文度　梁森　陳來
陳悅煌　以上每名捐銀二元
戚曾　陳福姚　雷聰　以上每名捐銀壹元

統計合共捐銀壹萬零二百零八元弍毫（由吳楚三經手收支用訖）

送禮芳名開列

胡現業　陳殷學　李夢九　葉惠伯　陳祥譪　陳孔祥　陳倚雲　陳滌齋　陳煥宗
陳宗賞　胡冠作　許恒廣　陳宗悅　陳孔鑾　陳宗全　陳迪生　陳明普　陳孔鳳
陳孔權　黃邦悅　陳祥瑞　陳展雲　陳宗活　陳宗昌　陳錠宗　陳孔潤
仝送大花鏡一面
陳爵學送爆竹一萬　陳鰲坡送聯一對　陳自然祖送爆竹一萬
黃元發　黃元滔送海味津酒喜炮　廣寧輪船送爆竹一萬
六村自治會送喜帳炮竹　黃敦五送炮竹二千　陳錦春送紅燭喜炮

李天祿 麥箕雅 甄奇 陳渠宗 蘇林 陳典秀 李世洽 黃普 陳令宗
伍燦堂 李椿來 雷聰 陳安 仝送酒陸樽爆一萬
譚管 余銓 劉租 余銳 陳蕃 譚紹 梁植 梁遠 譚光
陳玉成 余柏 劉柏 梁焌 譚明 陳筆 余深 梁焌 譚松
譚輝 伍彬 劉壽 梁忠 陳相 時創 仝送喜酒喜炮
陳子容 伍時美 陳光恩 李周來 譚卓卿 黃少泉 仝送爆酒八音
台山保衛團總局送爆竹一萬
陳宗璋 宗鐲 宗玉 宗禧 宗煦 宜彰 宗業 宗臻 宜約
宜璇 庚雲 宗寶 宗則 植庭 宗韶 宗汝 卓雲 宜綏
宗瓊 宗熾 宜韶 宗沛 宗棟 宗運 宗奕
仝送喜帳一幅喜炮一萬
公益新會斗山牛灣行車同人 仝送爆竹二萬
陳樹榮送爆竹一萬 禾田房思敬堂送爆竹一萬 秀墪環溪房送炮竹一萬
五十站 松朗站 四九站 陳國勳 仝送爆竹一萬
朱次白 伍汝舟 趙仁三 陳煥吾 李家臣 陳明芳 趙雨平 仝送爆竹一萬
陳秉虞 陳象嘉 陳會卿 陳沃蘭 陳倫甫 陳雲階 陳景雲 陳乾光 陳達臣
陳卓凡 仝送綢紗橫額爆竹一萬
陳携良 陳文職 陳居良 陳浩文 仝送爆竹一萬

六村新公所送爆仗一萬

林竹軒 陳平宜 陳金源 陳尙德 陳 提 鄧 廣 仝送聯炮

陳宜擴 陳宜纘 陳宗職 陳國宜 陳宗桓 陳以松 仝送爆竹一萬

新寧鐵路警察隊送爆竹一萬 鄺美宗時祖房送爆竹一萬

王秀瑀 楊雄鵠 葉容本 王恆遠 馮娛光 張 燦 仝送喜帳喜炮

山背彥冲房送爆竹三萬 六村崇禮學堂送爆竹一萬

陳宗策 陳孟芹 陳活宜 陳宗諄 陳福洽 陳龍煥 陳光仰 陳光利 陳煜宗

陳孔宏 陳榮章 陳 顯 李 宗 李 燦 梁 榮 曾 連 伍 培 陳連疇

李兆基 黃世藩 李長錦 陳翕宗 陳 盛 吳 松 余 揖 李錫培 雷 奇

伍 休 陳熠宗 鄧 池 潯陽站 黃 大 伍學鵬 李 週 廖 齊 陳德宗

陳禮宗 黃 錦 仝送橫額一張 色酒六樽 爆竹一萬

黃仿周 譚夏持 趙芷汀 李景漢 陳潤三 林少尹 仝送爆竹一萬

黃卓卿 雷家和 何冰甫 雷家安 何雅選 羅若蓀 謝春舫 鄺祝甫 吳爵廷

方富俸 陳雄光 鄧子瑗 李勉卿 陳露泉 譚煥堂 溫荔波 伍時儉 余伯疇

方廣平 陳廷光 伍時珍 伍時義 朱表權 陳祥讓 譚炳華 梁國英 張雲飛

吳瓊波 謝閣臣 陳業照 唐乾初 陳欽業 甄渭清 陳國撰 嚴賡甫

仝送大鏡一面炮竹五萬

余熙和　余育之　李毓霖　周家賀　李節三　陳良珍　余仕榮　霍祥兆　余景臣

鄭綢敬　仝送爆竹五萬

浩昌和　陳式陶　楊舜如　何炳桓　黃心如　仝送大鏡一面喜炮一萬

李鑠學　李健學　李鉽學　李寅學　仝送橫額喜炮

李毓華　陳元鼎　仝送聯炮　祥和號　送鏡屏一座　王定華　送緞聯一對

黃嵩齡　譚炳華　馬超臺　余同仁　雷澤普　余文鐸　伍嶽　仝送聯炮

李海雲　送喜帳一張　劉孔秦　送橫額一張喜炮一萬

榮發欄　順利欄　仝送酒六樽炮一萬　鄒池匯　送酒六樽炮一萬

永安發　金福利　新金利　何德利　廣安泰　廣安祥　仝送爆竹一萬

黃蓉第送聯炮　蘭亭僑店陳伯周　陳昌槐　陳宗惠　陳孔寅　仝送聯炮

鄺翼南　朱澤民　麥禮庭　馬邦修　陳杏橋　麥雲卿　熊宗明　梅襄廼　伍耀雲

甄勿廷　黃月樵　余卓垣　雷波生　劉鼎三　羅春珊　朱潤之　雷蔭孫　余澤生

李惠東　伍育之　吳竹泉　余卓生　梁瀚青　李燿堂　譚若彭　伍耀廷　黃月波

陳用之　湯信　馬沃川　仝送橫額一張

鄧辛持　吳卓英　陳嘉謀　陳椿園　朱還旋　羅漢山　王景山　梁超愚　林如英

仝送喜帳一幅　陳蔚林送喜帳一幅　新會東北局送喜帳一幅

陳氏書院　澤民　俊生　幹臣　仝送喜帳喜炮

潁川公會　啟輝　玉堂

黃碧全 永利威 余道生 雷翌屏 劉傑生 李煜堂 李自仲 余日如 伍于瀚
甄乙黎 廣東銀行 陸蓬山 李伯川 黃廷珍 黃筱偉 陳瓊宗 陳始昌 曾毓權
曾毓樞 陳釆臣 陳達卿 仝送鏡屏一座
陳恭譜 陳浩臣 陳伯漸 陳蔭亭 陳子占 仝送聯炮
譚道五送爆竹一萬
新昌鐵路籌辦處 黃植蕃 新昌商會 新昌埠務公所 黃植蕃 黃召棠 張國偉
李耀廷 仝送喜帳炮竹
冲蔞站 紅嶺站 四九站 大塘站 下坪站 仝送喜帳炮竹 萬寶和送喜帳炮竹
陳仲珊 陳祥紹 黃子材 李善甫 梁子智 陳篤學 岑鳳笙 馬月湖 陳榮良
陳介宗 陳玉池 陳文樂 陳孔璇 陳高宜 馬雲橋 陳孔韶 伍于鍾 陳捷三
伍芬南 陳灝泉 陳棠宗 譚郁文 陳炎宜 陳修宗 李毓滋 伍 柄
仝送横額一張炮竹一萬
陳子祥 陳寶饒 仝送横額一幅炮竹一萬
李伯濂 李奕慰 李乙楠 李仲陵 李潤生 劉雲屏 雷家元 伍眉山 李朗星
伍步青 伍于政 雷淡如 仝送喜帳炮竹
四邑平報 四邑公報 天聲日報 主任雷平石 仝送聯炮
李世璠 送大銅宣爐一座連底 李寬明 送聯炮 余 湘 陳熾昌 仝送聯炮
陳顯德 陳暢德 仝送炮仗一萬 泡步陳喜色祖房 送横額一張

上陳堡紳耆　馬世謙　馬洪擴　馬人修　馬朝宗　仝送金牌一只

牛灣站　大澤站　王市站　蓮塘站　南洋站　白廟站　惠民站　沙冲站　司前站

汾水站　仝送大花瓶一只雲石屏一座喜炮一萬

開欒煤局許君信　送大鏡一面　日昇煤庄　唐乾初　唐孟和　仝送銀杯一只

新會合邑保衞團局　育育圻　何勉　仝送喜帳一張

新會西南保衞團局　黃耀門　李子萬　趙朋舉　趙旭如　仝送紙花炮仗

新會西南第五區保衞團局　李捷鵬　李伯謙　李發枝　何耀　仝送喜帳一張

呂興仁　送喜帳一張　陳仲　送喜帳一張　榮合號　送爆仗一萬

吳聰廷　陳巨　陳用康　李學瀛　陳御宜　彭瑞怡　陳德榮　陳富　唐林

李庚佑　黃學禮　陳祉宜　陳樓　陳宗貽　陳宜　陳宗琚　陳洽宗　羅桂廷

項啟滔　高朗軒　余偉和　陳羣興　黃均　陳維光　劉芬　陳啟宗　霍順

陳欲學　余捷中　陳元　陳泮閣　陳性宗　梁宗燕　李顯　陳宗椅　區煖

陳稔德　伍于昌　趙榮　仝送顧繡畫屏六幅炮竹一萬

永聯公司　聯和公司　仝送橫額一張炮竹一萬

天津永利威　江門永長春　仝送炮竹二千喜聯一對

余筆雲　李梓峯　仝送炮竹一萬　台山保衞團總局　送橫額一幅

福源公司　裕源公司　仝送酒陸樽爆竹壹萬

黃式毸　譚漢槎　羅伯樞　曹墨侶　李子均　黃灼棠　蘇玉泉　仝送爆仗壹萬

譚鐵肩 雷躍池 劉栽甫 陳筆珊 譚秋平 仝送爆竹壹萬
潢村房 陳德性 陳昇前 陳謙光 陳庭光 仝送喜帳喜炮
馬年俊 陳焯宜 馬渭存 馬大秀 馬禮隆 陳　求 陳祥耀 馬榮贊 馬本檻
李嚴明 陳佐國 馬　瀚 馬綿堯 馬順倫 陳羅德 馬叙用 黃遠舉 馬協修
陳文度 陳立業 馬洪倚 馬濟政 李　安 陳統業 馬榮日 馬光華 陳譎宗
陳　長 陳業燦 黃法傳 馬綿灼 陳祥治 仝送喜帳喜炮
梁笏廷 李惠階 梁月池 梁海文 梁惠予 梁伯華 仝送畫一幅
馬錦培 馬寶森 馬國冀 仝送聯炮 水南自治會 送橫額炮仗
鳌頭元福祖房 送爆仗一萬 縣立高小女學校 送爆仗一萬二千
江門商會 趙仲珊 梁心俊 江門商團趙仲瑩 陳毓棠 仝送顧繡中堂一幅
新會西南學校校長 黃震川 送聯炮 發興輪船公司 四邑輪船公司 紹興輪船公司
仝送銀大花樽二只 銀大花碗一只
阮秉鈞 劉培煒 翁幹中 朱家杰 陳祺生 羅瑞綸 仝送喜帳喜炮
何錦堂 梁紀常 何耀光 朱植廷 楊宗亮 何若珊 李梓臻 張達廷
仝送喜帳炮仗 南强學校 張中正 雷樹之 陳鈞植 仝送爆仗壹萬
陳念典 陳寶森 陳廉伯 陳雲卿 陳敵輝 陳乃斌 陳崇澧 陳廉仟 陳稼軒
陳俊生 陳理棠 陳兆堂 陳立三 陳之乃 陳勉畬 陳舜臣 仝送喜帳喜炮
雷若衡送聯炮

大利輪船辦房 李仲堂 李濯堂 朱澤民 朱迪文 朱植階 朱熠 鄺仝東

朱卓峯 安利輪船辦房 朱俊 李道美 陳福進 李輝生 楊日初 馬萼華

陳江盛 李連相 仝送大鏡屏一座 黃喜堂 黃潤生 仝送酒陸樽爆仗壹萬

黃輔宸 朱孔嘉 容秋苑 周香池 趙湛若 林鶴齡 鄺躍池 康毅朋 梅庭俊

朱彬如 仝送爆仗壹萬 新會古兜善後籌辦處 送繡屏一幅 鏡聯一對 銀壺一只

西巖寺主持炳燽送聯炮 剛紀慎學校送爆仗一万 甯城站送酒弍埕

江門 財安 大利渡 容桂睦 送喜帳喜炮 新會縣知事送喜帳一張

何藻廷 吳海籌 周幹廷 陳澤民 仝送中堂一幅聯一對 陳澤民送中堂字一幅

張伯英送鏡一架 譚鑣送喜炮 莫芹英 施樹森 仝送紅炮 台山中學校送炮仗一千

興論報送炮仗二万 溢生公司送爆仗一万 寍市公所送喜帳一張

陳德春 李樹穠 陳家威 仝送喜帳一幅 海味四色

鄺光衡 黃良旋 劉傑生 陳玉堂 陳麗堯 黃少泉 譚卓卿 伍時美 鄺文宏

李周來 仝送橫額一幅 梁文石 梁毅三 梁希仲 梁燗南 仝送繡聯一對爆仗一万

新會東南護沙團練局 送喜帳壹張 愼昌洋行送大花銀杯一只 福田醫院送喜帳爆仗

林尊三送爆仗二千 陳邊房送爆仗一万 江寍輪船辦房送大鏡壹面

北街唐記館送爆仗一万 林紹棠 王光海 趙殷甫 仝送喜爆喜帳

粵華輪船公司司理朱錦篇 江寍輪船辦房 伍傑卿 仝送大鏡壹面 陳天爵

陳景垣 陳獻宗 陳祚培 陳景柳 陳堯芬 陳孔彥 陳伯雋 陳宏育 仝送喜帳喜爆

革命文獻與民國時期文獻
保護計劃

成果

新宁铁路档案资料汇编

（二）

章程、息折、股份簿、收支报告书

林　军　高东辉　罗达全　主编

暨南大學出版社
JINAN UNIVERSITY PRESS

中国·广州

图书在版编目（CIP）数据

新宁铁路档案资料汇编．二．章程、息折、股份簿、收支报告书／林军，高东辉，罗达全主编．—广州：暨南大学出版社，2020.10
ISBN 978－7－5668－2789－0

Ⅰ．①新…　Ⅱ．①林…②高…③罗…　Ⅲ．①铁路线路—史料—广东—近代
Ⅳ．①F532.865

中国版本图书馆 CIP 数据核字（2019）第 247015 号

新宁铁路档案资料汇编（二）
章程、息折、股份簿、收支报告书
XINNING TIELU DANGAN ZILIAO HUIBIAN（ER）
ZHANGCHENG、XIZHE、GUFENBU、SHOUZHI BAOGAOSHU
主　编：林　军　高东辉　罗达全

出 版 人：张晋升
策划编辑：黄圣英
责任编辑：冯　琳　詹建林
责任校对：黄　球　冯月盈
责任印制：汤慧君　周一丹

出版发行：暨南大学出版社（510630）
电　　话：总编室（8620）85221601
营销部（8620）85225284　85228291　85228292　85226712
传　　真：（8620）85221583（办公室）　85223774（营销部）
网　　址：http：//www.jnupress.com
排　　版：广州市天河星辰文化发展部照排中心
印　　刷：深圳市新联美术印刷有限公司
开　　本：787mm×1092mm　1/16
印　　张：76
字　　数：1208 千
版　　次：2020 年 10 月第 1 版
印　　次：2020 年 10 月第 1 次
定　　价：428.00 元（全七册）

目 录 contents

商办广东新宁铁路股份有限公司章程 001

修订新宁铁路股份有限公司章程草案（附选举章程草案） 031

宁邑铁路章程 055

商办广东新宁铁路公司息折 069

马田坡祖新宁铁路股东会息折 073

马田坡祖新宁铁路股东会股份部 077

商办新宁铁路公司民国七年五月份进支月结 091

新宁铁路公司十六年度岁入岁出报告书 107

新宁铁路公司十八年度岁入岁出报告书 123

商辦廣東新甯鐵路股份有限公司章程

民國十一年刊

新寧鐵路股份有限公司章程

本路招股伊始曾任美洲中華寧陽兩會館概各埠聲明凡認股者祗准本人將股份讓與別人除認股之本人外無論何人均不得任意售賣其與認股之本人購有股份者亦與原始認股者同此係爲保全股東血本起見亦爲原始招股之定議本路開辦以來迄今十餘年向均依此辦理日後總協理董事暨全體股東慎勿任意變更致虧前人心血倘能永守勿替天必相之特編簡端以垂久遠

陳宜禧誌

新寧鐵路股份有限公司章程（一）

商部奏准新寧鐵路章程

謹
奏爲核訂新寧鐵路章程繕具清單恭摺仰祈
聖鑒事竊臣部於本年正月間具奏粵紳籌辦新寧鐵路擬准先行立案摺內
聲明當臣等將原訂章程詳加核定飭令迅速勘辦各等語奉
旨允准業經分行欽遵並准兩廣總督岑春煊咨送此項章程請核定奏明立
案等因到部臣等伏查造路係地方公益之舉該總理陳宜禧向在美國
金山等埠辦理鐵路閱歷甚深玆特招集華僑鉅欵回華籌辦一切工作
不用洋人用意洵堪嘉尚所有勘路定綫集欵招股購地興工用人理財
各節諸關重要既須聯洽羣情尤宜分清權限自應妥訂章程俾有遵守
當將原訂章程詳細察核悉遵臣部迭次
奏准公司律鐵路章程各省商辦鐵路成案參酌訂定二十一條均屬妥協
謹開具清單恭呈
御覽如蒙

（二）新寧鐵路股份有限公司章程

俞允即由臣部咨行兩廣總督諄飭地方官切實保護後公司事宜令照章由股東議決總理等依次施行以專責成而重路政所有核訂新寧鐵路章程緣由謹繕單恭摺具　陳伏乞

皇太后　皇上聖鑒訓示謹　奏　謹將臣部核訂新寧鐵路章程二十一條敬繕清單恭呈

御覽

計　開

第一條　公司承辦新寧鐵路原議自新昌至三夾海止約計華里九十餘里今勘明路綫畧迤向東自新昌經新寧縣城及沖蔞斗山等處至三合海止作爲幹綫又自水步墟起公益埠止作爲枝綫共計華里一百三十餘里名曰新寧鐵路有限公司俟路工告成之日再行核計餘款續招新股另議接展以廣公益

第二條　公司擬集股本洋銀二百五十萬員每股洋銀五大員收取股銀時先塡給三聯股票收齊後再換給股份簿執據所有股本以周息一分計

新寧鐵路股份有限公司章程（三）

第三條　鐵路股份每股收洋銀五大員任從沿途鄉村土著報多寡聽其自便俾各鄉人等視爲自己產業互相保護至開辦時每段工程估價值先招附近土人承辦若土人不願做工或索價過昂由公司另招外處工人該土人不得抗阻

第四條　公司將來辦有成效核算餘利每一萬員報效公家五百員即將此欵呈繳臣部其餘按股均派悉遵臣部奏定公司律辦理此係與股諸人權利未占股份者不得別立名目希圖分利以昭覈實

第五條　公司股份由旅寓美國金山各埠以及香港新加波新寧附近及州縣等處華商湊集並無洋股在內亦不准將股票股份簿轉售抵押于洋人遇有爭執不得請洋人干預以杜轇轕

第六條　鐵路須勘明路綫遠近方向河道川溝山嶺平陽測量高低屈曲旋轉繪圖張貼公司以便施工今勘定新寧鐵路幹綫由新昌至三夾海止支綫由水步墟公益埠止計長華里一百三十餘里

第七條　公司所定路綫係由向來舊路填築者居多既無大河水塘建築長橋鉅費又無高山峻嶺平高補低需沿途酌買地畝路旁取坭培高路基

(四)新寧鐵路股份有限公司章程

卽有大小橋梁俱是淺水沙地較之別處路工經費畧省現在股銀已集至洋銀二百五十萬員將來所餘股銀擬再續請接展路綫總在所集股銀內支用不得抵借洋債不得請動公欵

第八條　鐵路先須買地自應援照粤漢鐵路章程分等定價惟寕邑田價高昂甲於他邑擬由公司禀請地方官出示曉諭按照時價發給以昭公允不得爭執阻撓致誤要工

第九條　新寕鐵路經過處所凡地方水利田園廬墓務期無碍其實在逼近路綫爲設軌必需之地自宜商令遷徙酌給用費如各處路工成例該地主不得故意昂價居奇將來路工告成商運便捷沿路村鄉均沾利益倘有惑於風水阻撓要工應由公司禀地方官究治

第十條　公司各項辦事人員薪水公費以及工役飯食均於開辦之時由各股東公同議定不得浮濫卽開車以後所有日收客貨車脚及開支養路經費均應實收實支由總理副總理隨時稽核彙册報告各股東倘經辦之人有侵蝕弊混情事卽由公司禀請地方官究辦勒令賠繳

新寧鐵路股份有限公司章程（五）

第十一條　公司開辦章程悉遵臣部奏定公司律有一股東公舉總理副總理各一員主持一切外仍在股東中推舉董事若干員仍以照章會議公司各項事務其股東會議章程仍遵公司律凡一股者得一議決之權所有公司出入總賬按照月結年結布告各股東查閱以昭大信

第十二條　鐵路經過地方必須逐段分設巡警以資彈壓應由公司稟請地方官派撥護路警兵按段梭巡所有應支薪餉由公司按月送交統帶之員分別發給不得別有需索

第十三條　如有匪徒毀壞偷竊公司物件或尋釁滋鬧恃衆騷擾致令公司受虧者准由公司稟請地方官究治並追償所有損失之費

第十四條　鐵路所用車輛其駛動之力或用水氣或用電氣由公司擇定惟車輛格式及橋梁軌道尺寸均遵照臣部頒定程式辦理並准公司設用手車以便商旅至路工所用機器及一切材料由外洋運購至中國境內悉照潮汕路章照納關稅

第十五條　鐵路須設電線德律風專備鐵路傳遞信息之用者應由公司稟

（六）新寧鐵路股份有限公司章程

請臣部轉咨電政大臣准由公司自建惟不准代人傳電收費

第十六條　鐵路開車以後載客運貨仿照各路章程隨時定價倘遇公家有事承運官兵糧械一切車價自應遵照各路定章儘先承運減半收價并遵照外務部核定鐵路代寄郵政章程辦理

一鐵路祇允中國郵政官局送包件其民局及別國官局郵件概不代行運送至各國軍隊按合同應送各件應由中國郵政局隨同日行郵件代爲由大車寄投

二火車搭客行李郵政局不願擾及惟若風聞或確知有夾帶郵件之弊致違禁令應如何辦理之處亦須預定妥章

三火車每日開行時應備有合用專棚以便郵政局員運送尋常郵件此開行時刻倘有改易須於前二日向郵局聲明以便早諭衆知

四郵政局運送尋常郵件備用專棚鐵路應不收費至遇有另用專車之時其專車之費照各國向例必須格外從廉此後各國從廉之費尚須另行酌訂

新寧鐵路股份有限公司章程（七）

五郵政員役因公上下火車聽其自便不得攔阻惟携有免票爲憑倘無免票即照常人一體看待其免票由各郵政司向鐵路局員聲領轉發

六火車各站准租疊屋若干間照納租費并於各站設立信箱係歸郵政局自行經理其疊屋租費尙須另行酌訂

七所有此章程內載郵政局應交鐵路各費均按每年結清

八嗣後鐵路推廣各處均須照此章程辦理倘有更改之處須由外務部核准

第十七條　凡違禁物件非商人所應購運者公司概不接載倘有客商私自携帶一經察出由公司送請地方官究治

第十八條　公司現由各股東公舉陳宜禧爲總理余灼爲副總理主持一切陳宜禧熟諳路工并招集寧人之在洋辦理路工及曾入工程學堂者同寧帮同興築毋須僱用洋工程師以節糜費

第十九條　路工告成時應由公司稟請商部派員查驗工程一切及軌道尺寸車輛格式務與部定程式相符工料堅實方准行車

（八）新寧鐵路股份有限公司章程

第二十條　此項章程均遵照臣部奏定鐵路章程公司律以及潮汕成案辦理將來臣部奏定路律仍當一律遵守

第二十一條　無論本地及寓居外洋各埠華商一經附入公司股份即應遵照此項章程並恪守臣部奏定路章公司律及將來奏定路律辦理不得違異

劄

商部爲札行事光緒三十二年四月初二日准軍機處片交本日商部奏釐訂新寧鐵路章程開單呈　覽摺奉

旨依議欽此傳知欽遵到部相應恭錄　諭旨鈔錄原奏章程飭該總理陳宜禧等一并欽遵辦理可也此札抄件附

右札新寧鐵路公司總理陳宜禧等准此

光緒三十二年四月初四日

商辦廣東新寧鐵路有限公司章程

第一章　總則

第一節　本公司定名商辦新寧鐵路有限公司經由前清　商部奏准立案

郵傳部奏給關防自應遵章呈　部注册以垂久遠

第二節　本公司成立伊始稟奉　前清商部奏准立案並嚴訂鐵路章程二十一條至本路選舉辦事及公司各項章程均未議及此次特開股東會議公同訂立公司章程暨股東會議選舉總協理董事監察人董事會議各簡要章程共四章七十九節恪遵商律有限公司辦法經衆股東議決交由公司總理呈請　交通部立案

第三節　本公司建築鐵路地點係由新寧縣（即今改名台山）屬公益埠起點至斗山墟止續請推廣路綫又由麥巷站分綫展築至新會江門北街洋關止全路共長六十七英里三三日後擬再推廣路綫由本公司呈請交通部核准照辦

第四節　本公司築成路綫其左右兩面各十英里之內他人及別公司均不得築造平行同綫之鐵路以保本公司路利而杜爭端

第五節　本公司建築時所有鐵路材料器具經蒙政府訂定年限批准免納稅厘日後推廣展築路綫時由公司援案聲請要求政府批准俾得減輕成本

（十）新寧鐵路股份有限公司章程

第六節　本公司係由商人集股自籌自辦地方官祇任保護維持不干涉用人理財之事所有公司各事遵照商律由股東會議總協理執行以符商辦宗旨

第七節　本公司前集股本三百三十餘萬元經將股東名册呈　部立案全路通車數年營業進步甚有起色本路股東如欲推廣枝路或附設銀行籌辦礦產各項實業准由公司呈請政府批准施行

第二章　股東會章程

第一節　凡占有公司股份者無論其原有股份或與原認股本人買得股份所有官紳商庶均認爲股東其應得權利一律均沾

第二節　公司係由股東投資而成卽爲股東之產業凡公司事務均由股東主持裁斷非有公司股份之人一概不能干預公司之事

第三節　股東係處立法地位全路事務應由股東會議决定辦法其應議之事如下

一選舉總協理

新寧鐵路股份有限公司章程（十二）

二選舉董事監察人

三查核公司賬目

四核議公司添築枝路或兼辦別項營業

五訂立公司各項章程或須添改更變各欵

六酌定全路辦事各處公費員役薪水及護路警察名額薪糧

第四節 凡有公司股份十股以上者皆得入座五十股以上者有發議權一百股以上者有議決權如係零星小股湊集五十股亦可舉一代表到會其資格與五十股之股東同

第五節 凡一百股以上之股東得議決權股份多者遞加議決權如不滿一百股之股東可聯合湊集一百股即有一議決權

第六節 凡股東會議應設會長一員開會時由衆股東當塲公舉會畢除名

第七節 凡會議事件以得議決權多數者爲決如彼此議決權相等則由會長裁判加一議決權爲准

第八節 凡赴會之股東應先將股票呈驗號數股份十股以上者發一入座票五十股以上者發一入座發議票一百股以上者發一入座議決票

（三）新寧鐵路股份有限公司章程

第九節　凡入座發議議決及選舉等票均用二聯票式騎蓋圖章一存根一發交股東票面塡明股東名字股票號數股東到會須驗票截角放入

第十節　會塲坐位分入座票發議票議決票選舉票編排次序各股東依票入座以免投票時淆亂

第十一節　凡零股聯合而成之票均應將各零股之股東名字股票號數份數一一列明如該零股股票號數有重見疊出者該議決選舉票即作爲無效

第十二節　股東領有入座票者止能聽議領有發議票者准將所議事件書明辦法執有議決票者得將所擬意見決定可否寫明票內當塲交收票人註入記事册內即將原票當塲標貼比較議決選舉權之多寡以昭公正

第十三節　議決意見概由各股東自行註明於議決票上當堂標貼不必登台演說致生喧雜如止到會演說未將議決意見註寫在票面該股東議決作爲無効力

第十四節　如有特別事故應招集全體股東會議

第十五節　股東會議事件自以得議決權多者爲准若查核賬目一事則不論議決權多少但經有一議決權之股東將數目簽註者應即將所簽註之數目當會塲交出澈查務期彼此明白以釋疑慮

第十六節　如遇總協理員闕時應開特別會公舉

第十七節　特別會無定期惟應將所議事件先期半月函告股東並登報十天俾各股東將所議之事預早研究調查以定可否

第十八節　凡有下開之資格有招集開會或要求開會之權

一股東須占有公司股票壹萬股以上者或聯合股東湊足壹萬股以上者方得要求開會

二總協理

三董事

四監察人

(十四) 新寧鐵路股份有限公司章程

第十九節　凡到會之股東統算股票至少有二十萬股以上方能開議決議作准如不滿二十萬股之數可報告各股東限一月之內集第二次開會不論到會股東股數多寡得議決之

第二十節　股東對於總協理所執行之事如確查有不守定章及違背股東會議決之事欵侵害股東權利之証據而董事又扶同隱庇者准由股東開特別會議決稟　部撤換

第二十一節　無論獨資股東或聯合之股東至二十萬股以上者請求開特別會或被總協理及董事等壓抑不予開會者應將各股東名字股份並請求開會事由聯行稟　部核明飭令開會

第二十二節　股東如查出董事營私舞弊憑據可開特別會議決開除

第二十三節　總協理董事監察人如在股東會內有附議事件當先期十五天函告登報俾股東預知或股東有欲在股東會內附議事件亦應先期十五天函知公司登報俾衆股東週知以便討論

新寧鐵路股份有限公司章程　（十五）

第二十四節　如有臨時發生事件經總協理及董事認爲有重要關係者立即登報並於開會時附議或各股東有所聞見一時不及聯合壹萬股之股東而請求附議者但得總協理之認可亦可於開會時由總協理宣佈附議

第二十五節　股東會即日有未能議決事件會長得延長會期以十日爲限會議時係議是會未決之事不得再涉已經議決之事件亦不得牽涉別事

第二十六節　有議決權之股東因有事故不能到會可發表意見先期函知公司其應得之議決權與到會同

第二十七節　如股東並未到會又未將意見函知公司於開會時議決事件作爲默認

第二十八節　股東如查該路人員確有吞蝕舞弊情事可函知董事局查明轉告總協理分別究辦

第二十九節　股東會議時由公司選派書記一員將是會議決事由登記有關重要必須立案者由總理稟　部備案

（十六）新寧鐵路股份有限公司章程

第三章 選舉總協理章程

第一節 公司總協理由股東選舉

第二節 股東選舉權限與選舉董事同

第三節 選舉各辦法與選舉董事同

第四節 凡占有本公司股份壹千股以上並有下開之資格者得舉爲總協理其資格如下

一身家殷實素有名譽者

一具有路事學識者

（附說）凡總協理在任期內如營私舞弊查有確據者股東或董事監察人均得招集股東開特別會議議決開除將其原有股份扣抵如不足另案禀官究追仍由選舉該總協理之股東負責塡還

第五節 總協理定期五年爲一任任滿由股東開會公舉或留任或另舉均由股東主持總以得選舉權多數者爲准但陳宜禧翁爲本路創辦人且勞苦功高應定爲終身總理繼其任者其任期仍照本條辦理

第六節　總協理居行政地位凡全路用人辦事各節及股東會所議決之事件均由總理會同協理主持執行

第七節　凡公司存放提用欵項與延訂合同購買材料支給包工各節非經總理協理簽字不能作准

第八節　全路工程人員由總協理商同工程司僱用

第九節　全路各處辦事人員由總協理分別繁簡支配調度節制如查各員有不稱職守應由總協理隨時撤換

第十節　凡僱用工程司如有不稱職守違背合同之處總協理得按照合同辭退

第十一節　凡與洋商訂購材料機器總協理經手訂立合同定單須交董事局核議作准

第十二節　所有全路各處進支存放賬目由總協理年終造册報告股東並送董事局備查

第十三節　全路護路警察均歸總協理支配調遣節制如有不安本份不遵約束者總協理可隨時撤換

第十四節　全路一切事務均歸總協理執行遇有重要事件須由股東會議

（六）新寧鐵路股份有限公司章程

者得隨時召集股東開特別會議

第十五節　凡遇公司有緊急事件值總理公出由協理代爲執行其總協理俱公出應由董事局過半數之董事議決執行

第十六節　總協理任滿退職新總理接任時應將全路各處賬册現存銀兩及材料車輛存放單據合同地契圖籍文牘檔案逐欵點交清楚報　部備案

第十七節　總協理未經任滿或因意外事故出缺卽開股東會投票選舉補充

第十八節　總協理辦事如確有不守定章或違背股東會議決之事欵董事得有權禁止糾正如力不能阻可開股東會集議

第十九節　公司一切事務旣由總協理主持執行董事不得侵奪總協理用人行政之權

第二十節　總協理薪水公費經由股東會議決照支不得增減（衆議總協理薪水公費由股東公舉總協理時隨時公定）

第四章　選舉董事監察人章程

第一節　董事係居司法地位如各處支用浮濫賬目弊混及辦事有與股東

會議決之事相違背者董事得隨時糾正職掌如下

一稽核全路各處各站各段員役警察名數薪水公費是否照股東會所議定數目支給

二稽核總公司庶務處一切支用

三稽核收支處出入賬目有無混弊

四稽核購地處支用及購買地畝地價有無混弊

五稽核工程處支用及包工建築有無串通舞弊並工程成績若何

六稽核材料處支用及添購用去現存材料是否核實

七稽核行車處支用及各站所報收入客脚貨脚有無吞蝕

八稽核汽機製造廠支用及每月製造料件成績

九稽核電話處支用

十每年將各處進支賬目表册報告股東並料理股東會開會事宜

第二節　公司擬設董事七名監察二名均由有選舉權之股東投票公舉以得選舉權多數者充當

第三節　舉選董事監察人定期十二月初一日由公司函告股東並先期登報四個月俾衆週知

（二十）新寧鐵路股份有限公司章程

第四節　凡股東開會選舉如占有公司股份二十股以上者得有一選舉權股多者遞加如不滿二十股者聯合零數小股東湊足一選舉權公推代表赴會投票

第五節　董事監察人均以三年爲任期任滿續舉均用投票法公舉仍以票數最多者充當

第六節　凡占有本公司股本壹千元以上者得舉爲董事監察人惟董事不得兼監察人監察人不得兼董事

第七節　董事監察人薪水經股東會議定永以爲例不得任意增減

第八節　董事闕員時應照章報告邀請股東開會投票補舉

第九節　董事監察各員如有失去舊有股份資格及有倒產犯法與不到任事等弊應即辭退

第十節　董事監察人舉定後應即常川到局辦事每月開期會四次以星期日爲會期各董事均應齊到會議事件監察人亦得預會聽議

第十一節　董事會應議事項如下

一核議工程包工購地購料

二預算全路員役薪水公費什項支用

三預算修車養路各項支用
四訂立各項合同
五核議推廣路綫展築枝路預算工程招股辦理各事
六核定客貨車往來時刻次數及運費
七議定失職各員懲罰辦法
八公司各項章程

第十二節　董事局會議時每人有一議決之權

第十三節　董事局會議時應就董事中公推一人爲主席

第十四節　董事局會議至少有五人到場方能開議議決

第十五節　董事局會議時所議之事有與董事一人之事牽涉者該董事自應迴避

第十六節　董事局會議事件如彼此意見不同總以多數取決如議決權相等可由主席董事加一議決權決定

第十七節　董事局會議時由公司派書記一員將議決各事登載記事册俟下次會議時對衆宣讀如無異議即由主席簽名作准交由總協理執行

第十八節　監察人可隨時到公司及各處查閱賬目及一切部册各處司賬

（廿二）新寧鐵路股份有限公司章程

人不得阻止如有詢問應卽答復

第十九節　凡公司各處賬目如查出確有弊竇應卽報知董事局如察知董事局有通同作弊情事應報告股東開特別會議決辦法

第二十節　無論董事局監察人如能將各項賬目弊混查出實據卽將經手人所吞蝕之銀數追出以七成歸公司以三成歸查出之人所得

第二十一節　本公司既經股東會議訂定選舉董事章程共七章計二十九條所有每屆辦理選舉事宜悉依照此次規定章程辦理章程另錄

新寧鐵路股東公議選舉董事章程

第一章　總則

第一條　新寧鐵路股份有限公司關於董事及監察之選舉事宜悉依此次股東會議規定之章程辦理

第二條　選舉事務擬設監察管理庶務若干員分任驗股票發選舉票會場書記唱票各事員額由公司總理指派開會選舉之日請地方長官蒞會場監視并請軍政長官派兵到場保護彈壓

第三條　選舉會場及事務所均就公司所在地設立凡驗股票發票投票開票一切事宜均於本會場及事務所辦理

第四條　選舉日期由此次股東會議決定歷次照行先由公司預早四個月登報通告全體股東屆期投票

第二章　選舉人及被選舉人之資格及其員額任期

第五條　凡股東皆得爲選舉人及被選舉人但選舉票以一權爲一票每二十小股爲壹權其零星小股不及二十股者得集合併計股多者不限權

第六條　凡股東有十權以上卽占股壹千元又無左列情事之一者有被選舉權

一未成年者

一褫奪公權者

一有精神病者

一受破產宣告確定後尚未撤銷者

一不識文字者

一辦理路事聲名惡劣有案者

第七條　凡股東有十權以上無論用堂名嘗名社會名義入股者得委託代表一人在選舉期前一個月提出委託書送到公司登記姓名亦有被選權

第八條　當選董事定額七人當選監察人定額二人

（廿四）新寧鐵路股份有限公司章程

第三章　發票投票開票

第九條　選舉票及股東入場劵均用有記名式由公司制定加蓋戳記其來賓所用之入場劵亦同

第十條　發給選舉票暨股東入場劵須由股東將股票親自交由事務所驗明加戳方能發給如股東有事故時得委託代表代理之但須提出委託書交存事務所其餘地方官來賓暨管理員之入場劵亦由事務所發給並登記其姓名

第十一條　管理員發給票劵時驗明股票即於票及底册上各將股數註明以便開票時核算確數

第十二條　會場啟門後投票股東暨各項職員地方官來賓均將入場劵交由警察驗收魚貫入場分別就席投票人入場先挨次投票再行就席有投票後即出場者聽但不得再入場

第十三條　凡投入匭內之票無論如何不得取出更改

第十四條　投票限當日正午十二時以前完竣午後一時宣告開票限午後六時完竣

第十五條　會場內設選舉董事票匭暨選舉監察人票匭二種均於匭面標

明各匭鑰由監視員掌之投票之先由管理員將票匭當衆開視卽行封鎖開票時仍當衆開鎖如票數過多則加設票匭

第十六條　選舉人在塲除關於投票事項得與職員問答外不得與他人接談

第十七條　開票時遇有左列情事之一者均作爲無效

一寫不依式夾寫他事者

二字跡糊塗不能辯認者

三票內有挖補或汚損塗改者

四不用發出之票紙者

五被選舉人自佔股份不及制限格式或有第六條情事之一者

第四章　開會

第十八條　會塲入口置選舉人名册職員來賓簽到册各一本到會各股東於本人名下自簽到字其職員來賓亦簽到字

第十九條　會塲內應列席次如左

一監督地方官席

二來賓席　酌度會塲地位限定人數

（卄六）新寧鐵路股份有限公司章程

三監察員紳席
四股東席
五管理員席

第二十條　會塲設監察員若干監視管理員辦理投票開票事宜並監視投票人如有違反章程或其他關於選舉有不正當之行爲者得隨時指交地方官核辦此項監察員由公司總理酌定員額柬請公正紳商充任報知地方官備查

第二十一條　開會之日會塲內外由地方官撥派警察維持秩序如有借端滋事或對於投票人有脅迫阻難行爲者不論何人得由監察員指揮警察制止或逮捕之

第五章　董事及監察人之選出及其宣示

第二十二條　董事及監察人均以得票最多數前列者爲當選次多數後列者爲候補當選票數相同者抽籤定之

第二十三條　當選人及候補當選人確定後當塲標貼宣示呈報交通部立

新寧鐵路股份有限公司章程（廿七）

案由公司於三日內分別通知各當選本人一面登報佈告當選人接到通知書應於七日內答覆就職有謝絕當選者亦於三日內提出理由書過期不答覆作爲默認

第二十四條　當選人同時被選爲董事及監察人時聽其擇一應選不得兼任

第二十五條　凡有左列情事之一者認爲當選無效

一謝絕當選

二死亡者

三被選資格或票數有疑義者

第二十六條　當選無效時以候補當選人次第補充之

第六章

第二十七條　管理員之職務由總理分配指定員額由公司內派員充當如不敷用臨時添僱職務終了時遣散選舉時期因公費用由公司支給

第二十八條　管理員分掌事務如左

一依照定式製備選舉票及股東入場券普通入場券
二發給票券查驗股票
三掌投票匭
四核對票部檢查廢票
五審查當選票之是否合格
六登記發票投票開票一切數目編製報告
七保存選舉票及其他書類
八管理職務員均聽總理指揮辦理屬於選舉範圍內一切事項

第七章　附則

第二十九條　本章程經此次股東會議規定後由公司呈報交通部立案永遠遵守選舉日期亦由股東規定准新歷十二月初一日舉行如非有特別事故發生不得改期

修訂新寧鐵路股份有限公司章程草案

附選舉章程草案

修訂新寧鐵路股份有限公司章程草案

第一章　總綱

第一條　本公司已築成路綫由台山縣屬斗山墟起點至公益埠止又由麥巷站展築至新會北街止爲幹路復由台山城至白沙墟止爲枝路全路共長八十五英里半日後如展築路綫至陽江水東欽廉省佛由本公司呈請主管機關核准辦理之

第二條　本公司築成路綫其左右兩面各拾英里之內他人及別公司均不得築造平行同綫之鐵路以保路權而杜爭議

第三條　本公司係由商民集股自籌自辦計前後三次共集股本總額爲叁百陸拾伍萬捌千餘元每股收香港通用銀幣伍元股息週息壹分算前經將股東名册呈　部立案並領有民業鐵路執照將來如推廣路綫得呈報主管機關批准再招新股

第四條　本公司每年溢利除股息盤費及附項息外以拾分之弍爲董事監察人總副經理及各職員之酬勞金其餘拾分之捌及股息或定期按股開派或撥作公積金均由董事會體察情形議決執行之酬勞金之分配應以各員薪額多寡爲比例其職員之分別由董事會會同總經理定之於下年宣佈年結後壹個月內發給倘供職不滿壹年中途辭職非因犯事開除者得按照在職若干月計算給領

第五條　本公司業務之管理權由股東大會選舉董事由董事會聘任總副經理行使之

第二章　股東會

第六條　凡占有本公司股份者無論其原有股份或與別人買得股份經照章向公司轉換股票者均認爲本公司股東其應享受之權利一律均同

（一）

（二）

第七條　股東應享之權利

（一）有選舉及被選舉爲董事及監察人之權

（二）有要求召集開股東會議之權

（三）有主持裁斷本公司各種事務之權

（四）有彈劾本公司各職員之權

（五）有查核本公司賬目之權

（六）有領受本公司溢利之權

第八條　股東會分定期會與特別會兩種定期會以每年新歷四月一日開會壹次查核上年營業情形省覽進支賬目年結及議公司應辦各事

第九條　每年定期會議時監察人應預飭公司總經理將上年數目分類列出以便股東鈎稽如股東認爲有可疑者應卽向公司查取數部將該數當塲澈查

第十條　董事會或監察人如在定期會內有附議事件應先期十五日登報俾股東預知或股東有欲在定期會內附議事件亦應先期十五日函知公司登報俾衆股東週知以便討論

第十一條　特別會無定期如有重要事件發生得隨時召集之惟至少先期十五日將所議事件登報佈告俾各股東將所議之事預早研究調查以定可否

第十二條　凡有下開之資格者有要求開特別會或召集開特別會及提出議案之權

（一）股東須占有公司股本總額十分之一以上或聯合湊足股本總額十分之一以上者方得要求開會或提出議案

（二）董事會

第十三條　無論定期會特別會如有臨時發生緊急事件經董事會認爲有重要關係而不及依限登報者可立即登報並於開會時附議或各股東有所見聞一時不及聯合股本總額十分之一之股東並不及依限登報而請求附議者但得董事會之認可亦可於開會時由董事會宣佈附議

第十四條　股東如查出公司職員確有營私舞弊或不守定章及違反股東會議決之事可函知董事會撤換之如董事有扶同隱庇者則由股東於定期會或特別會議決勒令執行如情罪重大者仍呈請　政府依法究辦

第十五條　股東如查出董事或監察人確有營私舞弊違背章程議案等事可由股東於定期會或特別會議決立予開除以候補當選人挨次補充之如情節重大者仍呈請　政府依法究辦

第十六條　無論定期會特別會凡開會時董事會應先期指派公司職員組織辦理股東會事務所其成立日期及辦事細則由董事會議定之股東會場及事務所通常應就公司所在地設立如公司所在地有特別故障時得由董事會議決另擇適宜地點設立之倘股東會議事件董事會認爲關係重要有呈請主管機關派員蒞會監督之必要時亦得由董事會呈請之

第十七條　凡赴會之股東應先期將股票交事務所驗明每股票壹號發給入座劵壹張

第十八條　凡赴會之股東每壹股有壹議決權每拾股有拾議決權其股份更多者照類推算均應先期將股票交事務所驗明塡發議決票逾期不驗者雖持有股票亦作拋棄議決權論不得赴會

第十九條　凡入座劵及議決票均用二聯票式行之式如下

（三）

（四）

No.

新寧鐵路

第口屆股東定期會

民國　年　月　日在　開會

入座券

字第　號　股股東

字第　萬　千　百　拾　號

No.

新寧鐵路

第口屆股東定期會

民國　年　月　日在　開會

入座券存根

字第　號　股股東

（說明）特別會入座券式與定期會同惟將定期二字改爲特別二字

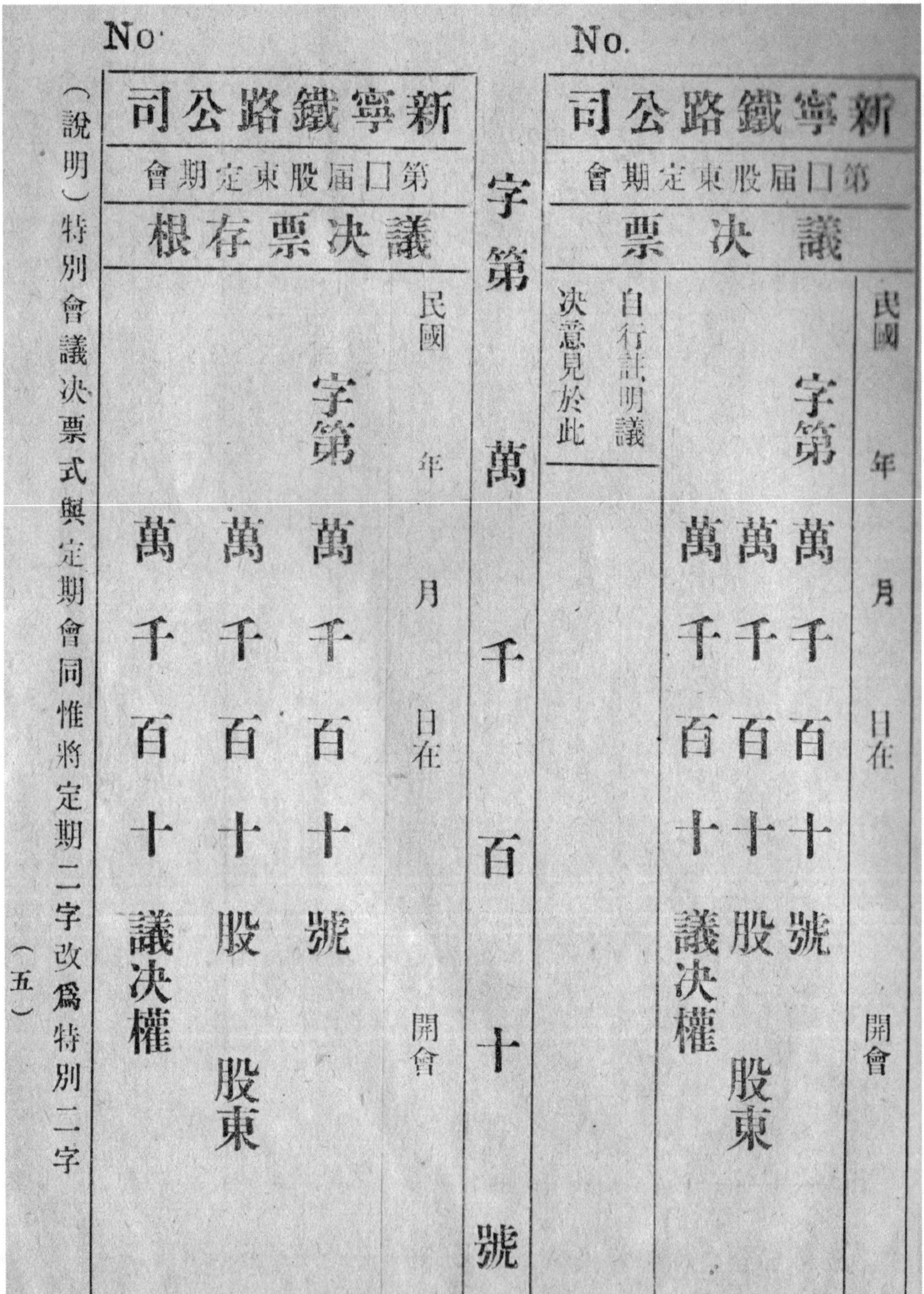

No.

新寧鐵路公司

第口屆股東定期會

議決票

民國　年　月　日在　開會

字第　萬　千　百　十　號

萬　千　百　十　股　股東

萬　千　百　十　議決權

自行註明議決意見於此

字第　萬　千　百　十　號

No.

新寧鐵路公司

第口屆股東定期會

議決票存根

民國　年　月　日在　開會

字第　萬　千　百　十　號

萬　千　百　十　股　股東

萬　千　百　十　議決權

（說明）特別會議決票式與定期會同惟將定期二字改爲特別二字

（五）

二

（六）

第二十條　凡股東會議應設主席壹員每次開會時由到會股東用雙記名式票當塲選舉之以得議决權多數選舉者當選如多寡相等者抽籤定之選舉主席票由事務所製定於開會時分派股東自行塡寫式如下

新寧鐵路公司

第口屆股東定期會

選舉主席票

民國　年　月　日在　開會

原領議决票　字第　萬　千　百　十　號

有　萬　千　百　十　議决權股東

推舉　爲主席

此票內號數權數姓名均由股東自行塡寫如查有重見叠出或與原領議决票不符者概作無效

（說明）特別會選舉主席票式與定期會同惟將定期二字改爲特別二字

第廿一條　凡會議事件以得議決權多數者爲決如可否相等時由主席加一權以決之

第廿二條　凡會議事件在會塲由股東選舉主席之後由主席挨次提出討論議決意見概由各股東自行註明於議決票上交主席宣讀如股東有臨時動議事件或主張變更議事日程者非得有股權壹千股之連署並得主席之許可不能提出討論如所議不止一事股東原領議決票不敷填寫意見時由事務所預行製定填寫議決意見票於開會時每議壹案分發壹張以便股東逐案自行填寫意見式如下

新寧鐵路公司

第口屆股東定期會

股東填寫議決意見票

民國　年　月　日在　開會

爲議　事

原領議決票　字第　萬　千　百　十　號

有　萬　千　百　十　議決權股東

自行註明意見如左

票內號數權數姓名均由股東自行填寫如查有重見叠出或與原領議決票不符者概作無效

（七）

〔說明〕特別會股東填寫議決意見票式與定期會同惟將定期二字改作特別二字

第廿三條　凡會議時如股東因有事故不能到會發表意見可委託代表並具委託書先期送達事務所其應得之議決權與到會同如不到會又不委託代表則議決之事當作默認委託書式如下

新寧鐵路公司

第口屆股東定期會

股東委託書

原領議決票　字第　萬　千　百　十　號

有　萬　千　百　十　議決權股東

今委託　君爲全權代表出席

貴公司第　屆股東定期會議及推舉主席等事項委任期限由委任日起至閉會日止此致

新寧鐵路公司鑒

股東　簽名或盖章

中華民國　年　月　日

書內號數權數姓名日期均由股東自行塡寫如查有重見叠出或與原領議決票不符者概作無效

〔說明〕特別會股東委託書式與定期會同惟將定期二字改作特別二字

第廿四條　無論定期會特別會簽名到會之股東統算股票至少有總股額過半數以上之出席者方能開議倘有特別故障時有二十萬股以上亦得開議如不滿上列之數者可佈告股東限一個內集第二次開會不論到會股東股數多寡得議決之惟定期會如無附議事件股東到會祇係省覽上年賬目年結則無論到會股東股數多寡均卽依期開會無庸展期再行召集

第廿五條　凡股東會即日有未能議決之事件主席得延長會期至多以十日爲限

第廿六條　凡股東會議應由董事會酌派書記將是會議決案紀錄如有關重要必須立案者由董事會呈報主管機關立案

第廿七條　股東會之費用由公司支理

第三章　董事會

第廿八條　董事定額爲九名內設常務董事三名由董事互舉每年更換一次被連舉者得連任

第廿九條　董事任期叁年期滿由股東復舉得以連任惟九名內舉定壹名爲主席者要隨時到會主持會中一切事務

第三十條　董事及常務董事薪俸由股東大會定之

第卅一條　董事會係處於監督行政地位其職權如下

（一）互選常務董事

（二）任免總副經理及公司司庫並監督之

（三）核訂購料購地包工批租各項合同

（四）核定全路職員各級薪俸

（九）

（五）議訂本公司各項單行法規章程及失職各員懲罰辦法交由總經理執行之

（六）提議及決議修改或展築路綫預算工程添招新股各事

（七）辦理本公司股東開會事宜

第卅二條　董事會主席壹員應於每屆第壹次開會時用雙記名式票選舉定之以叁年爲任期常務董事叁人常川駐會辦事每月終將全路營業及與路務有關各事項類列召集董事會議報告之如有臨時重要事件發生時隨時召集董事會議解決之

第卅三條　董事會議時至少有董事五人（常務董事在內）出席方能開議議決

第卅四條　董事會議事件如有與董事個人牽涉者該董事應自行迴避

第卅五條　董事會議時每人有壹議決權如彼此意見不同以多數取決如可否相等時由主席加一權以決之

第卅六條　董事會得聘用文案壹員掌管文牘案卷及開會紀錄等事

第四章　監察人

第卅七條　監察人定額爲弍名於每年省覽年結時由股東開會票選之

第卅八條　監察人任期壹年連舉得連任

第卅九條　監察人之薪俸由股東大會定之

第四十條　監察人係處於司法地位其職權如下

（一）稽核全路所屬員司職工警役辦公是否盡職有無浮濫報告於董事會

（二）稽核全路所屬各機關一切進支賬目及材料出納是否核實有無混弊並成績若何報

告於董事會

（三）稽核公司存放提用欵項是否正當報告於董事會

（四）稽核公司購料購地包工批租各項有無混弊報告於董事會

（五）每年將全路進支賬目表册稽核清楚於未開定期會以前早壹月報告於董事會由董事會覆核通過然後於股東定期會時提出報告股東

第四一條　監察人應常川駐會辦事每月終將稽核所得結果報告於董事會如有應賞應罰事件得咨請董事會執行之

第五章　職員

（甲）總副經理

第四二條　總經理壹員副經理壹員均由董事會以多數同意聘任之並將其姓名履歷呈報主管機關備案

第四三條　總經理之聘任要具如下之條件

（一）有經濟工程或鐵路管理專門學識及經驗者

（二）品行端正身家殷實者

（三）年齡在叁拾歲以上六拾伍歲以下者

第四四條　總經理處於行政地位凡全路用人辦事管理營業各節均由總經理執行之副經理爲總經理之勷助人總經理如遇公出副經理得執行其職權

第四五條　總副經理薪俸由董事會定之

第四六條　總副經理任期由董事會於延聘時與之雙方訂定但至長不得過叁年期滿續聘連任不在此限

第四七條　總副經理遇有左列情事之一者無論所訂任期滿否均卽退職由董事會另聘之在新總副經理未聘定就任以前其職權暫由董事會行使之但總副經理之另聘及董事會之代行職權其期間至長不得過壹年

（一）不守定章或營私舞弊有據經股東會或董事會議決開除者

（二）受褫奪公權之處分者

（三）受破產宣告者

（四）有精神病者

第四八條　總副經理職守及權限如左

（一）總副經理辦事應遵守本公司所有一切章程並執行董事會議決各案

（二）關於管理路務及公司營業範圍內所有呈報官廳公文並對內對外一切函牘佈告及與各方交涉函件等概以總經理名義行之

（三）總經理有權督飭本公司各課職員辦理各該課應辦之事如認為有未臻妥善者得隨時改良之

（四）全路職員工人警役總經理應分別職務繁簡妥為支配隨時調動增減之如查有不稱職守或營私舞弊者得隨時撤換之惟公司司庫員照章應歸董事會任免如總經理認為有虧職守應行撤換時可據情報告董事會核辦至股東會或董事會議決開除懲罰之人員總

經理亦須照案執行

（五）全路職員工人警役名額薪金除本章程有特定者外概由總經理擬具等級數額移送董事會核定之

（六）如公司庫款充裕時總經理可將款項存放殷實銀行商號生息其單據則交司庫員保管之惟每次存放或提用時均應先行報告董事會核准辦理

（七）倘因路款支絀公司急需籌用時總經理得用本公司名義設法揭借銀兩以應公用惟須先期報告董事會核准辦理並有董事中二人簽名方能照准

（八）公司每日收入車利及其他款項應由會計主任於本日結數時列報總經理核閱後即將款項點交司庫員保管每日支出款項無論巨細概由會計主任逐款列呈總經理核准蓋章負責方得提支

（九）凡公司添購機車機器及養路所需銅鐵材料枕木煤炭油類英坭沙石等大宗品物每單價值在壹千元以上者一律由總經理招商投承惟須先將擬購數量預算價格招投章程等送董事會核准方得舉行開投時並應至少請監察壹人到場監視其合同定單亦須先送董事會核准方能訂立如遇特種情形不便招投時得商准董事會由總經理直接向商人訂購惟合同定單仍須送會核訂方能簽立此外購買零星物料及公司日常用品雜費價在壹千元以下者總經理有權主持之

（十）全路材料煤炭一出一納均應有詳細之登記及嚴密之報銷其辦法由總經理妥訂之

（十一）如因修葺礁頭鐵船橋梁路基車站房屋及各種車輛等須招商投承包辦工程或須添

購地段時總經理要分別擬具圖說章程合同預算等件先行移送董事會議決方得舉行

（十二）凡招人租賃沿路餘地或招商投承車上站上賣物或招商懸掛各站告白牌位等一切批租合約均由總經理主持便宜處置但批期不得長過壹年期滿續批者不在此限惟北街碼頭批租之權概由董事會主持訂定合約條件後交總經理照案執行

（十三）總經理對於現行客車貨車開行次數及收費價目如認爲有應增應減時得隨時體察情形擬具改良辦法送董事會核准辦理之

第四九條　每屆月終年終總經理應督飭屬員將全路各處進支賬目存放揭借欵項及材料出納各數造成月結年結冊移送董事會交監察人稽核以便宣告股東

第五十條　總經理於執行職務時如遇有重要事件應由股東會議或董事會議解決者得隨時報告董事會分別召集股東或董事會議解決之

第五一條　總經理及全路職員均不得擅向公司掛借欵項或預支薪水酬金並不得擅以公司名義圖章作担保私人欵項及干與一切外事之用

第五二條　所有本公司關防圖章及全路各種賬冊欵項單據合同地契圖藉文牘檔卷案件與及一切材料車輛機器什物傢私等件總經理均應督同屬員善良保管至任滿或中途因事退職時即須逐欵點交清楚由新任總經理或董事會接收

（乙）各課主任

第五三條　總經理管轄下列各課

（一）總務課

（二）會計課

（三）工務課

（四）車務課

（五）機務課

第五四條　每課各設主任一員概由總經理介紹於董事會聘用之其薪俸亦由董事會議決交由總經理執行之

第五五條　總務課主任之聘用要具如下之條件

（一）有法律或鐵路管理專門學識及經驗並品行端正者

（二）年齡在三十歲以上六十歲以下者

第五六條　總務主任秉承總經理督飭課員辦理全路總務凡材料股册地畝交際警務印務庶務及一切不隸於會計工務車務機務四課各事項概歸總務課主管之

第五七條　全路路警長員兵役概歸總務課統轄總經理有權隨時指揮調動之

第五八條　會計課主任之聘用要具如下之條件

（一）有會計專門學識及經驗並品行端正殷實商店担保者

（二）年齡在三十歲以上六十歲以下者

第五九條　會計主任秉承總經理督飭課員辦理關於全路會計事項並於每月終年終將進支賬目編成結册

第六十條　會計課設司庫一員專司保管公司一切銀兩及單據之責須具相當担保並由董事會直接任免之

第六一條　工務課主任之聘用要具如下之條件

（一五）

（一）有鐵路工程專門學識及經驗並品行端正者

（二）年在叁拾歲以上六拾歲以下者

第六二條　工務主任秉充工程師所有關於全路工程設計或修理概由該主任規畫商承總經理督飭課員辦理之如有重大工程預算需欵在壹千元以上者應先期呈報董事會核准方得興工

第六三條　車務課主任之聘用要具如下之條件

（一）有車務專門學識及經驗並品行端正者

（二）年齡在叁拾歲以上六拾歲以下者

第六四條　車務主任秉承總經理督飭課員辦理關於全路車務運輸事項

第六五條　機務課主任之聘用要具如下之條件

（一）有機器專門學識及經驗並品行端正者

（二）年齡在叁拾歲以上六拾歲以下者

第六六條　機務課主任秉承總經理督飭課員及廠長工目等辦理關於全路機器工作事項

第六章　附則

第六七條　董事及監察人之選舉其章程另訂之

第六八條　各課組織章程及辦事細則由總經理會同各課主任分別擬訂送董事會核定之

第六九條　本章程如有未盡事宜得隨時由董東大會修改之

第七十條　凡本公司舊有各種章程如與此次新改章程無抵觸者均仍爲有效倘新舊章程所未明白規定者則依據國家普通法律處理之

第七一條　本章自奉准立案日施行

新寧鐵路股份有限公司選舉章程草案

第一章　總則

第一條　本章程關於董事及監察人之選舉適用之

第二條　選舉事務由現任董事會指派公司職員組立選舉事務所辦理之事務所設管理一員爲主任設幹事糾察若干員分任驗股發票及料理會場內各事其員額由管理員指派之開始驗股發票及開會選舉之日均呈請主管機關派員蒞場監督另請地方官（指公司所在地之行政長官而言）於開會日派隊到場保護用維秩序

第三條　選舉會場及事務所均就總公司所在地設立凡驗股發票投票開票一切事宜均於本會場及事務所辦理

第四條　選舉日期自本次選舉第六屆董事監察人經由股東大會決定日期後嗣後每歷三年照章選舉一次均以此日期爲准並須早四個月登報佈告股東週知非有特別事故發生不得改期

第二章　選舉人及被選舉人

第五條　凡股東皆得爲選舉人選舉票以一股爲一權其股份多者類推照數遞加但每票限選一人

第六條　凡占本公司股份二百股以上者有被選舉權爲董事及監察人之資格

第七條　有左列情之事一者無被選舉權

（一七）

〔一〕未成年者

〔二〕褫奪公權尚未恢復者

〔三〕有精神病者

〔四〕受破產宣告確定後尚未撤銷者

〔五〕不識文字者

〔六〕辦理路事聲名惡劣有案者

第八條　凡股東用堂名嘗名社會名義入股者得委託代表一人在選舉前一個月提出委託書到公司或選舉事務所登記姓名亦有選舉權但無被選舉權至股東本人委託代表有選舉權亦有被選舉權惟被選時須本人出而任事不得委託代表

第九條　董事定額九名自第六屆起一律由股東選舉會選出之監察人定額二名由每年股東常會省覽年結時選舉之

第十條　董事任期三年監察人任期一年爲限連舉得連任

第三章　發票投票開票

第十一條　選舉票及股東入場劵均用記名式二聯票由事務所製定加蓋戳記其來賓所用入場劵亦同式如下

選舉票式

No.

新寧鐵路

第口屆選舉票

民國　年　月　日在台山城本公司會場投票　監督 蓋章

字第　萬　千　百　十　號

萬　千　百　十　股

萬　千　百　十　權

股東

舉　　　　爲董事員

字第　萬　千　百　十　號

No.

新寧鐵路

第口屆選舉票存根

字第　萬　千　百　十　號

萬　千　百　十　股

萬　千　百　十　權

股東

舉　　　　爲董事員

〔說明〕監察人選舉票式與董事同惟將董事員三字改爲監察人三字

（一九）

股東入場券式

NO.

新寧鐵路

選舉第口屆董事

字第　　號股東

股東入場券

民國　年　月　日開會

字第　萬　千　百　十　號

NO.

新寧鐵路

選舉第口屆董事

字第　　號股東

股東入場券存根

民國　年　月　日開會

來賓入場券式

NO.

新寧鐵路

選舉第口屆董事

先生

來賓入場券

民國　年　月　日開會

字第　萬　千　百　十　號

NO.

新寧鐵路

選舉第口屆董事

先生

來賓入場券存根

民國　年　月　日開會

第十二條　發給選舉票及股東入場券須由股東將股票親自交由事務所驗明加戳如股東有事故得委託代理人代理之

第十三條　管理員及幹事發給票券時驗明股數後即於票及存根底册上各將股數註明以便開票時核算確數

第十四條　會場啓門後投票股東及各職員地方官暨來賓均應將入場券交由守衞驗收魚貫入場分別就席投票人入場先挨次投票再行就席其投票後出場者不得再行入場

第十五條　投入匭內之票不得取出更改

（二〇）

第十六條　投票限當日正午十二時以前完竣午後一時宣告開票限午後六時完竣

第十七條　會塲內設董事票匭及監察人票匭兩種均於匭面標明各匭鑰交由監視員管之投票之先由管理員將票匭當衆開視卽行封鎖開票時仍當衆開鎖如票數過多則加設票匭

第十八條　選舉人在塲除關於投票事項得與職員問答外不得與他人接談

第十九條　開票時遇有左列情事之一者其選票爲無效

（一）寫不依式或夾寫他事者

（二）字跡糊塗不能辨認者

（三）票內有挖補或汚損塗改者

（四）不用發出票紙者

（五）被選人有本章程第七條情事之一者

第四章　開會

第二十條　會塲門口置選舉人名册職員來賓簽名册各一本到會各股東於本人名下自簽到字職員來賓亦要簽名

第廿一條　會塲應列席次如左

（一）監督席

（二）地方官席

（三）來賓席

（四）股東席

（二一）

第廿二條　監督督飭各糾察員監視投票開票事宜投票人如有違反章程或其他關於選舉有不正當之行爲者得隨時指交地方官核辦

〔五〕管理幹事職員席

第廿三條　開會日會場內外請地方官撥派軍警維持秩序如有借端滋事或對於投票人有脅迫留難行爲者不論何人由監督指揮軍警制止或逮捕之

第廿四條　開會之日股東到場祇係投票不演說不議事

第伍章　當選人之選出及其宣示

第廿五條　董事及監察人均以得股權最多數前列者爲當選次爲候補其股權數相同者抽籤定之

第廿六條　當選人及候補當選人確定後當塲標貼宣示呈報主管機關立案由公司於叁日內分別通知各當選本人一面登報佈告當選人接到通知書應於七日內答覆就職其謝絕當選者亦於七日內提出理由書過期不答覆作爲默認

第廿七條　當選人同時被選爲董事及監察人時聽其擇一應選不得兼任

第廿八條　有左列情事之一者認爲當選無効

（一）謝絕當選

（二）死亡

（三）被選資格或股權數有疑義經判定者

第廿九條　當選有缺額時以候補當選人挨次補充之

第六章　選舉事務所權責

第三十條　事務所職務由管理員分配指定幹事員額由公司內職員派充如不敷用臨時添僱職務終了時遣散之所有選舉時期事務所公費雜支均由公司支給

第卅一條　管理員及各幹事員分掌事務如左

（一）依照定式製備選票及股東入場券普通入場券

（二）發給票券查驗股票

（三）掌投票匭及開票唱票

（四）核對票部檢查廢票

（五）審查當選票之是否合格

（六）登記發票投票開票一切數目編製報告

（七）保全選票及其他書類

（八）管理員有指揮辦理選舉範圍內一切事項之權責

第七章　附則

第卅二條　本章程經股東會議規定呈報主管機關立案非由股東大會不得修改之

第卅三條　本章程自奉准日施行

甯邑鐵路章程

謹將會議更正甯陽鐵路詳細章程開列呈

電

第一本公司承辦新甯鐵路自新昌至邑城冲蔞斗山及三夾海等處計華里九十餘里名爲甯陽鐵路有限公司俟辦成之日再加推廣由新昌直達開平新會鶴山南海各縣接至佛山幹路改爲甯佛鐵路公司

商部改定 第二本公司擬集股本三百萬圓每股洋銀五圓收取股銀先給三聯股票開車後換給股份部執據每股老本息以常年壹分計至於溢息照潮汕鐵路核准章程每溢息萬圓除出五百圓報効 國家軍餉現奉 藩憲面諭由溢息壹萬圓內再加報効伍百圓合共每溢息萬圓報効壹仟圓酌給司事人員花紅多寡其餘按股均派此係與股諸人權利未占股份者不得妄行爭佔現在旅寓美國金山各埠已集股本銀壹百伍拾餘萬圓尚有甯邑士人及旅居南洋各埠香港華人客商踴躍爭報其股份俱屬甯邑及鄰邑華商並無洋股在內亦不准將股票轉售洋人及有事請洋人干預以杜轇轕

第三鐵路股份每份收銀伍大圓任從沿途村鄉貧富報股多寡聽其自便俾各鄉人等視爲自

已鐵路互相保護至開辦時每段工程估定價值先招附近土人承充若土人不願做工或索價過奢任招別處人承充該土人不得抗阻

第四鐵路須勘明路綫遠近方向河道川溝山嶺平洋測量高低屈曲旋轉繪圖張貼公司以便施工今勘定甯邑鐵路由新昌至縣城斗山三夾海欲立商埠處自北而南量長二十七英里合華里九十里許由新昌到甯城十英里經過寶興墟網地北坑東坑倉下均無大河高嶺由甯城至沖蔞十英里經過東郊至五十墟四九墟亦係山多田少中有大河小河宜築鐵橋三度由沖蔞至斗山三夾七英里俱屬平原中有沖濂水橋壹度小橋十度亦須加鐵橋合勘該路並無河旁屈曲只有田塍屈曲或包角或棄角取出易於旋轉踰高嶺度平水按鐵軌一尺高一分之法橋樑測土質用重學竪柱穩固之法轉曲處鐵軌外邊高壹寸五分至三四寸不使車輪離軌之法閃車開了路之法均由陳宜禧在美接辦鐵路熟悉工程能自測量余灼往南洋芙蓉嘛能各埠亦考究明白無須僱用洋人外人為鐵路工師其費比諸潮汕等處較為減省

第五甯邑鐵路之路綫由來往舊路開擴居多無大海水塘建築長橋鉅費又無高山峻嶺平高

補低鉅費祇需沿途買田擴濶路旁填坭培高路基即有大小橋樑俱是淺水砂底較之別處鐵路經費畧省　陳縣主粘詳刋刻章程其中估價叁拾捌萬餘圓係照器具各項實數開列公司各項人員薪水工費雜項雜用未在其內約再加十餘萬圓合成五十萬圓前因擬用四號火車現集股畧多推廣擬用頭二號火車所有增置車站工役電線德律風等項經費愈繁且貨價工價日增不能預定數目惟用銀多寡亦係在多報之股份支足不得按借洋債不得請動公欵

第六鐵路先須買田以井數計二十七英里伸九十華里每里壹百八十井路濶二井加倍三百六十井共用田三萬二千四百井折五百四十畝內除山路及已修馬路加濶兩旁外只購田三百四十畝應援照粵漢鐵路章程辦理惟甯邑田價高昂甲於他邑由公司禀請縣主出示照時價發給毋得爭多給少致悞要工粘刋刻章程內稱壹斗壹石者甯邑土話仍照畝數計算

第七甯邑鐵路俱係由舊路開擴興築居多凡地方水利田園廬墓務期無碍倘間有逼近阻碍鐵路軌道宜購買徙遷調停妥協若有竹木蔽壓路途亦補貲剪除況築成鐵路能運粮食

田料屋料雜貨利便官民來往衆情允洽樂觀厥成若有惑於風水抗阻要工由公司禀

官究治

第八本公司股東公推陳宜禧爲正總理余灼爲副總理公推正監察温宗堯副監察黃毓棠公

推會辦趙宗壇劉榮恩陳寶霖黃蓉第李維賀陳鵬超伍士高李毓華鄺湛霖譚鏡濂陳元

鼎等及鐵路經過地方會辦紳士甄典元黃夔堯黃鑾藻李丙奎伍沛伍宗尹陳其昌陳師

洛等均屬公推公認與前禀粘抄不同者因香港閉歇舖店除去數名此外督工各項人等

名不必隨時擇用無庸另聘洋人爲工程師另請總辦監辦人員虛糜薪水

商部改此兩條　本公司股東公推陳宜禧爲總理温宗堯黃毓棠爲監察查温黃雖有監察之

名由部加札以防流弊

又查其餘邑紳之附股者可公推爲董事其並未附股者不得干預如係鐵路經過地方之巨

紳爲衆推服者可由公司隨時酌量聘請作爲監工人員均不得有督辦會辦等名目以符本

部奏定公司律

第九鐵路係地方公益之舉亟宜合力圖成以興美利所有邑內紳民當竭力贊成公司各項同

事人員尤當㷋心辦理矢公矢愼勤始勤終倘有怠惰侵漁有碍公司章程者即時斥逐其侵呑銀両仍禀　官追究勒令親屬賠繳

第十公司各項司事人員薪水公費及工役飯食俟開辦之日合衆公擬不得濫支擅交虧累欵項其購買器具及整路修橋人工亦須核實支給不得將少報多每日車路進欵如數繳交總理彼此核對倘有侵呑瞞騙者禀　官究追勒令親屬賠償

第十一甯邑鐵路係自籌自築所有銀両均由股份湊集並非動用地方公欵自當免造册報銷惟辦事須遵商律并商家規矩路成開車每日載客運貨數目分晰登記所有進支數目每月一小結年終一大結刋入徵信錄呈繳地方官核查并分別股友衆覽以昭大信

第十二本公司資本均係甯邑及鄰邑華商所集與洋商承辦鐵路不同無論將來利益如何應請專歸商辦俾永遠得享　國家保護之益以順輿情

第十三甯邑鐵路格式估價章程已經刋刻佈告外洋各埠　陳縣主粘詳存　督憲衙署惟近來貨價工值日昂增置車站電線德律風經費尤多均隨時支辦毋得以前刋章程不符藉口

甯邑鐵路章程　二　香港維新日報承印

第十四鐵路經過地方必須逐段分巡設巡勇以資彈壓應由本公司請　官派兵保護薪餉由
公司發給

第十五鐵路如有土匪强徒毀壞竊偷公司物件或與公司各項人員尋衅滋事故意攪擾致令
公司受虧者准由公司將其人扣留送　官究治幷追繳賠償之費

第十六鐵路車行時刻往來各處載客運貨車價概由公司隨時仿照各路車價酌定

第十七鐵路所用車輛格式由公司擇定製造其駛動之力或用水氣或用電氣均從其便惟軌
道廣狹須與粵漢鐵路一律無異並准用手車以便商旅至於所用機器及一切材料由外
洋購至中國境內照潮汕鐵路禀准章程照納關稅

第十八鐵路須設電線德律風專備鐵路傳遞修補之用應由本公司自建如遇公家有電線之
處不准代人傳電收費〔其餘本公司路內官商緊要公事不在此例〕

第十九鐵路開車之後倘遇公家有事由公司承運官兵糧械一切車價遵照各鐵路定章儘先
承運減半並按照外務部核定鐵路代寄郵政章程辦理

第二十鐵路遇有違禁物件非商人所應購運者本公司概不准載倘有客商暗藏違禁物件瞞

本公司運載者察出將人貨送　官究治至車站俱係甯邑內地并無轉運出洋貨物應抽
稅項現在無須設廠委員查驗俟三夾立成商埠之後本公司稟請　大憲體察情形辦理
第二十一本公司開辦鐵路工程均由陳宜禧經理且甯人多在外洋操鐵路工業及入學堂專
習工程鹿續回甯帮理各工毋須僱用洋人至應選子弟分班出洋學習以備後用隨時挑
選合格者稟請　大憲給發照護前往所有經費統由本公司籌給
第二十二本公司現定章程係遵照　督憲批示各條會同紳商籌議詳訂並遵守　商部奏准
鐵路新章及查潮汕鐵路奏准成案辦理遇有新章未經核定之事再請批示遵行
附潮汕鐵路按照外務部核定鐵路代寄郵政章程八條
一鐵路祇允中國郵政官局運送包件其民局及別國官局郵局件概不准行運送至各國軍
隊按合同應送各件由中國郵政局隨同日行郵件代爲由火車寄投
二火車搭客行李郵政局不願擾及惟若風聞或確知有夾帶郵政之弊致違禁令應如何辦
理之處亦須預訂妥章
三火車每日開行時應備有合用專櫊以便郵政局員運送尋常郵件此開行時刻倘有改易

甯邑鐵路章程　四　香港維新日報承印

須於前二日向郵政局聲明以便早諭衆知

四郵政局運送尋常郵件備用專欄鐵路應不收費至遇有另用專車之時其專車之費照各國向例必須格外從廉此項照各國從廉之費尙須另行酌訂

五郵政員役因公上下火車聽其自便不得攔阻惟須携有免票爲憑倘無免票即照常人一律看待其免票由各郵政司向鐵路局員聲領轉發

六火車各站准租臺屋若干間照納租費並於各站設立信箱係歸郵政局自行經理其臺屋租費尙須另行酌訂

七所有此章程內載郵政局應交鐵路各費均按照每年結清

八嗣後鐵路推廣各處均須照此章程辦理倘有更改之處須由外務部准定方可施行

十月初十日官紳集學再訂甯陽鐵路公司章程

一議甯陽鐵路公司現因余乾耀充當商務局提調　督憲批飭查覆鐵路事宜乾耀應避嫌疑且與各股東並總辦陳宜禧意見不合以致未經稟覆　督憲電咨　商部奏請立案是以十月初十日闔邑局紳鄉紳港商齊集明倫堂拜請　倪邑尊暨清鄉各委員蒞臨官紳公

同籌議將前訂章程二十二欵均照潮汕奏准章程及體察地方情形已經粘稟　大憲現復詳細更正妥協再訂公司權限章程七條以事實成開辦善後章程十條以昭慎重而垂久遠

權限章程七條

第一公推陳宜禧爲正總辦其權係主管用人理財凡本公司鐵路工程支收一切股份銀両及僱請工匠購買物料田畝地段等項須由伊與同事人酌奪以歸劃一

第二公推余灼爲副總辦其權係協助正總理一切用人理財事務

第三公推温宗堯爲正督辦黄毓棠爲副督理辦其權係主管本鐵路公司官府交接事務及稽查一切工程惟總辦用人理財一切事宜如有未合者督辦當與商量細訂不必侵總辦權限

第四會辦權責係主管會商鐵路工程事宜會辦各紳多係鐵路經過各鄉土著凡購買地段如田園廬墓水道或有礙鐵路軌道宜購買徙遷調停一切事宜乃其專責凡官府交接事宜尤協助督辦所未及

第五正督辦副督辦會辦一切應行之事如應支往來夫馬飯食經費若干須先通知總辦由總辦與各紳會商衆議允可然後行事其銀方得開支若未先通知擅自行事羣議未協者支過銀兩本公司不認

第六正總辦副總辦督辦會辦各紳不支工金有事往來祇支夫馬飯食至鐵路工竣後分功力多寡酌酬紅股若在鐵路上當工者擬給工金

第七公舉正總辦副總辦督辦會辦係由闔邑紳士會集公推當鐵路公司義務其願當義務者可隨時到公司會商若不願當義務告退者各從其便工竣後不當義務者不給紅股

商部改此條　查權限章程內應將正副總辦改爲總理正副督辦改爲監察會辦中之有股份者改爲董事其并未附股者改爲監工人員一切按照本部公司律辦理

開辦善後章程十條

第一甯陽鐵路公司擬在新甯城購地創建先暫在甯城租賃處所開辦凡公司內公益埠斗山各處車站需用管數工人員均由總公司選擇公推以重事權至公司辦事人局外紳商不得擅推濫舉致亂章程亦不得恃勢盤踞公司耗費公項至所用人員須要殷實担保

第二 本邑鐵路公司開辦伊始凡事須要認眞公舉辦事人員務宜公正免被外人指責公推有名者不得退諉無名者不得濫厠如違稟官驅逐

第三 本邑鐵路公司由紳商從甯邑內地擇公正之人拾伍名每月到開工地方查看各辦事人員倘有陽奉陰違懷挾私意當衆問明其人姓名即着公司革去如用過公司之銀要向担保人追回仍將其人姓名四處標貼永不復用以昭炯戒

第四 本公司購買車房地段鐵路田畝公推各處地方紳耆會同公司商議按照上中下三等時價不得任意加減以昭公允所需之田地亦不得揑詞抗阻如違照稟定章程究辦

第五 本公司開辦興工各項買價人工復要核實支給不得浮開濫支侵漁中飽如違革逐仍照數稟追并向担保人補足

第六 鐵路爲本邑公益第一件事邑人均當贊成保護如或匪徒盜竊鐵器木器凡屬鐵路公司所用器皿物件各鄉各舖不得窩藏各當各押不得當押如查出窩藏當押勒向交出匪徒同罪稟官究治

第七 本公司鐵路工竣開車之日各處車站人員每日所收車脚價照實註簿五日一小結一月

一大結銀両逐日繳交總公司總理人收掌年終除去人工利息尙餘溢息若干逐條開明
列入徵信錄俾交衆覽幷禀明地方官呈繳報効銀両

第八鐵路公司司事人不拘他股份多寡務須擇公正勤愼之人方能選用不得藉佔股份多擅
自濫用要一秉至公以示無私如違合衆禀官斥逐

第九甯邑鐵路工竣告成尙存餘貲再行推廣開招股份由開平鶴山新會江門至南海處枝路
接續佛山幹路現經香港紳商面奉　商部左參議王大臣提倡推廣公益隨後改名甯佛
鐵路公司以免外人攙奪利權

第十鐵路股份凡在金山南洋香港各埠華人及鄉邑本邑人做股份者均要垂久安享利權如
或本人緊急欲將股份轉售要先向本公司報明方准改註名册仍不得賣與洋人及按借
洋債致啟釁端如違即將股份扣除註銷復禀官究辦若傳至子孫亦不准轉賣致虧前人
心血各宜善繼善述為望

以上章程共三十九條禀蒙　商部核定奏請立案奉
旨依議欽此

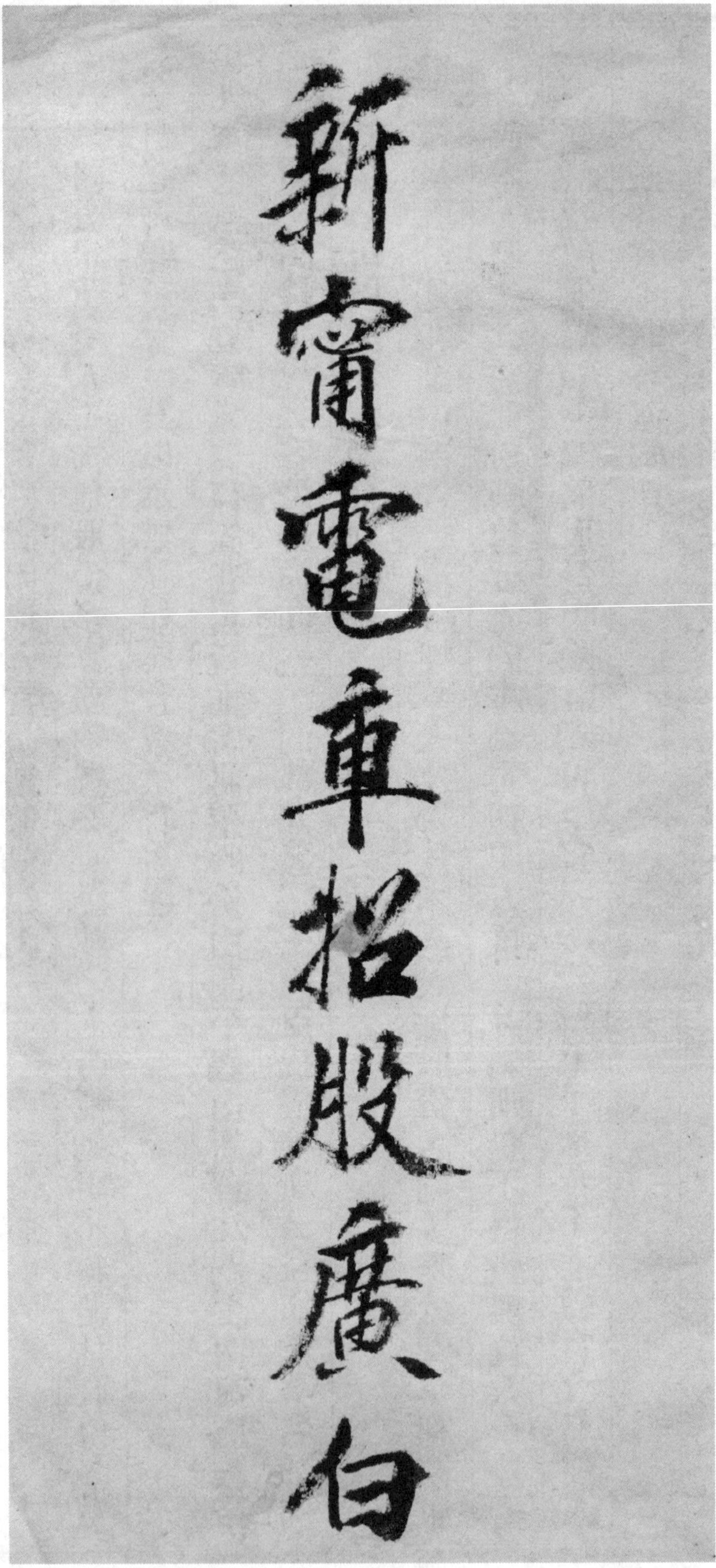

新甯電車招股廣白

商辦

廣東新甯鐵路公司息摺

商辦廣東新甯鐵路公司發到
陳良奕息摺壹本蒙附股本銀伍佰大員
經本公司核數收訖除發給甯字第九
千五百八十四號股部外另立此摺每届派息之
期憑摺到本公司收領此據
宣統元年八月十一日立

新甯鐵路息摺

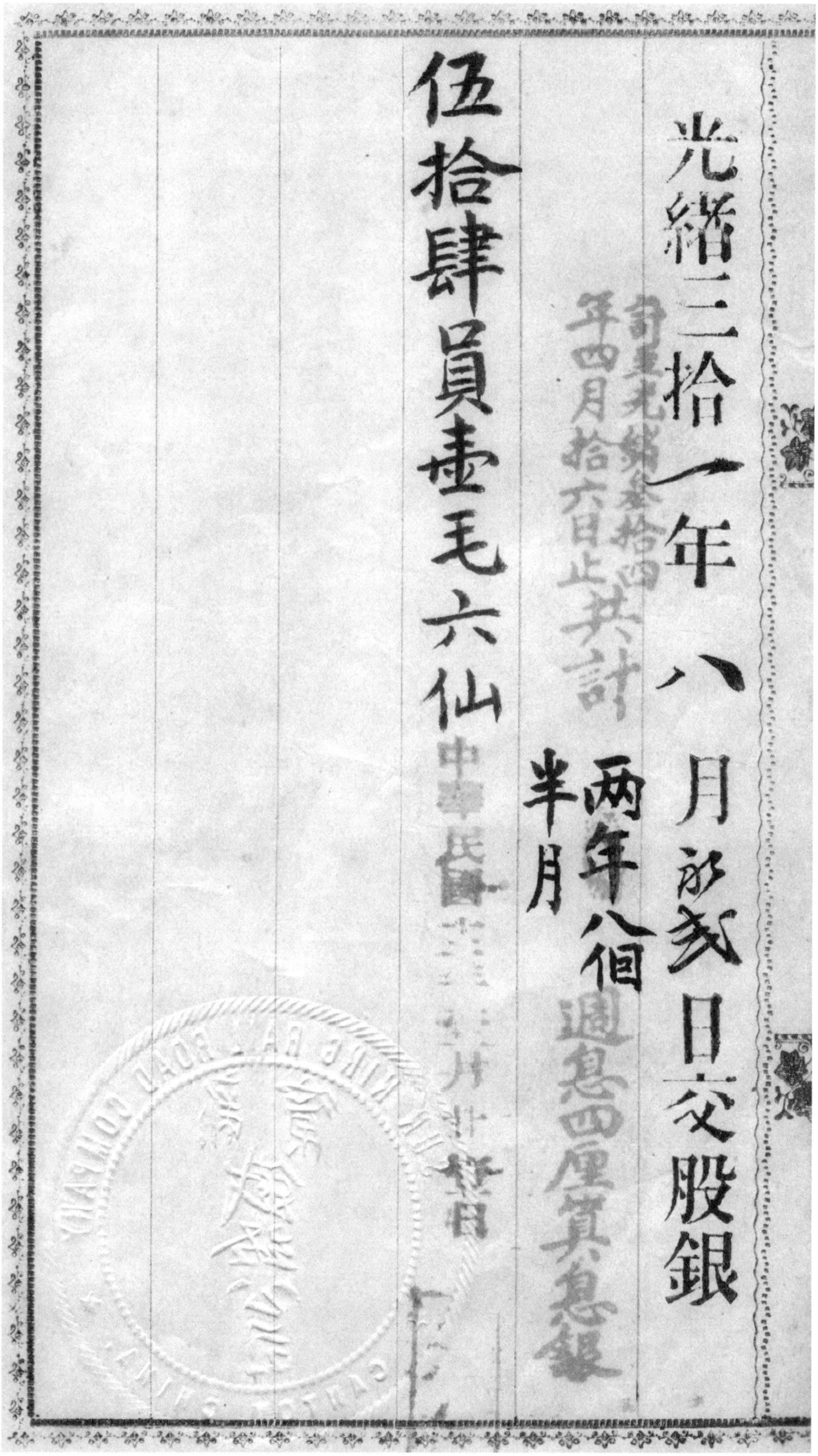
光緒三拾一年八月初貳日交股銀
計至光緒叁拾四年四月拾六日止共計兩年八個半月
週息四厘算息銀
伍拾肆員壹毛六仙

所轄鐵路息摺

馬田坡祖新寧鐵路股東會息摺

馬昌贊

婚

馬田坡祖新寧鐵路公司股東會茲收到
馬昌贊翁所認新寧鐵路股本銀
壹佰元經即如數代繳公司核明收
訖除由公司發給陽字第[illegible]號股票壹

香港荷李活道寶

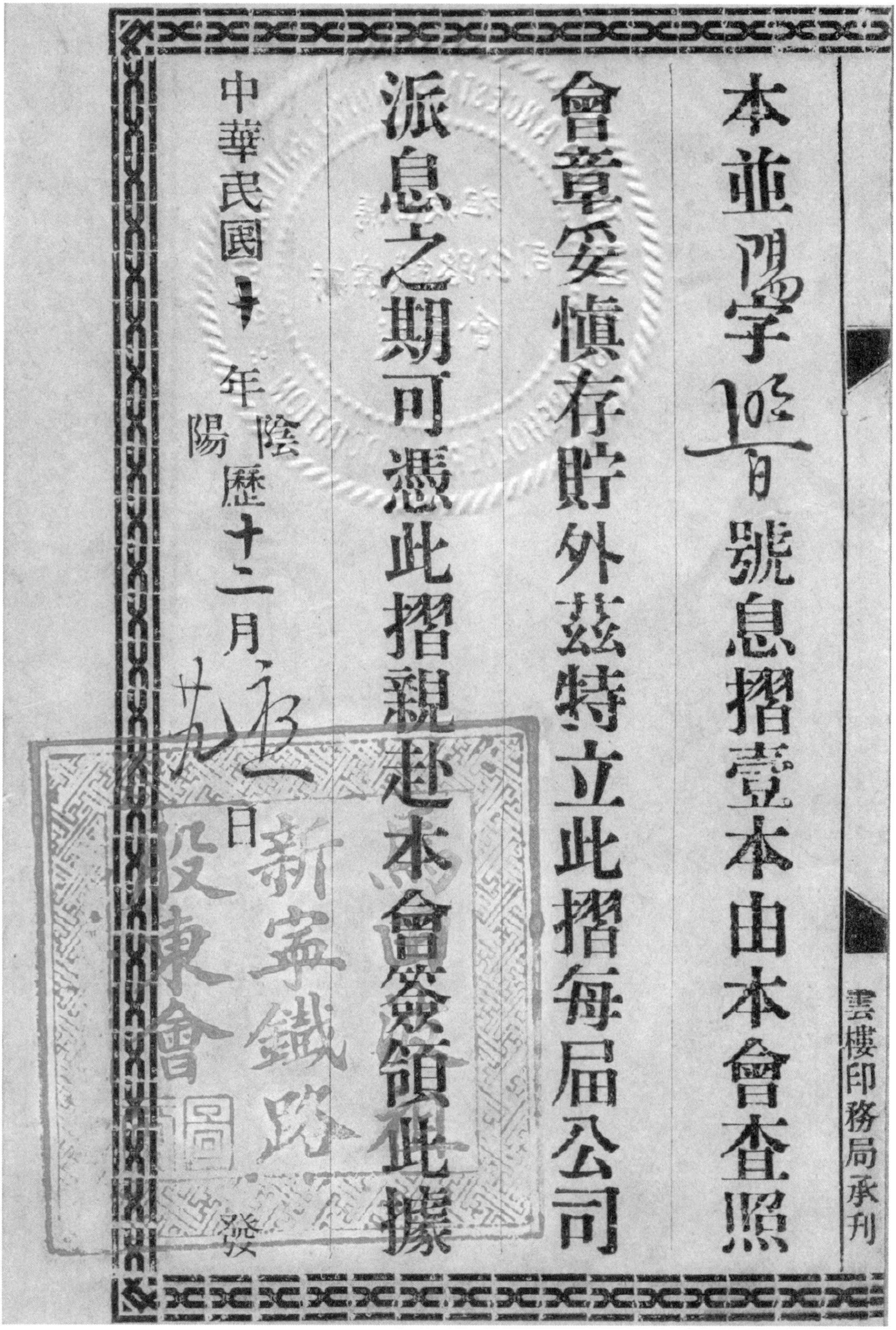

本並陽字105號息摺壹本由本會查照
會章妥慎存貯外茲特立此摺每屆公司
派息之期可憑此摺親赴本會領取此據

中華民國十年 陰陽歷十二月廿九日 發

新寧鐵路股東會圖記

雲樓印務局承刊

马田坡祖新宁铁路股东会息折

民国五年十二月二十五交股長

二

香港荷李活道

馬瑞秀田字第○萬○仟七佰○拾○號

馬田坡祖新寧鐵路股東會股份部

馬田坡祖新寧鐵路股東會緣起

吾人聚族而居白沙。河道淤淺。因感交通不便。乃商諸新寧鐵路公司陳總理宜禧。展築白沙枝路。中經數載。舉凡股欵之籌集。路線之爭持。脫非吾人羣策羣力。同趨一途。事之成敗。未能蓍龜。夫吾曹肩巨欵。竭全力。期事之必成。果何爲者。夫亦以斯路爲吾族生死之關頭耳。今者慘淡經營。已覩蕩平之象。朝發夕至。交通之利。于吾輩及身享受之矣。夫然。求所以保全公司于永久而勿壞。路線長此而無或變更者。寧非吾人之責任耶。是則集合我田坡祖子孫所有該公司之新舊股票。自行成一股東會。

凡事一致進行。務期路事日起有功。正吾人應有事也。凡我昆季。幸喻斯旨。所有章程條列于左。

一本會定名爲馬田坡祖新寧鐵路股東會

一本會以統一田坡祖所屬子孫所有新舊新寧鐵路股票行使股權維持路事爲宗旨

一本會統一股票辦法分爲

(甲)股票之存貯(乙)股票之管理

(丙)選舉之支配(丁)股票之移轉(均另以規則訂之)

一凡屬田坡祖子孫占有新寧鐵路股份者無論新舊均須依照本章程辦理俾成一強有力之股東會以監督路事倘有恃頑不遵者由衆提議處罰之

一所有統一股票辦法俱由公決施行如有未妥善者無論何時有三人以上之提議即得由公衆開會以多數議决修正之

一所有關於本會選舉事宜另以規則定之

◉存貯股票規則

一由田坡祖所屬子孫用選舉法舉定三人爲存貯股票專員以四年爲一任期滿再被舉者復得連任所有股票即由該員等設法收集購置一堅固鐵夾碼存貯之

一所購置之夾碼應備鎖匙三條存貯股票專員各執其一每於年終會同報告一次聲明所存貯之股票

二

香港荷里活道寶雲樓印

均無損失以昭慎重

一存貯股票專員或田坡祖子孫無論何時有一人發覺所存貯之股票有損失情弊時得以一人名義隨時報告從速查追或向公司掛號請求補給

◎管理股票規則

一管理股票專員即以舉出之存貯股票專員兼任之均爲名譽職非有特别事故經衆認可者不得告退惟關於管理上之手續或過繁難得由該員等提議僱用書記帮同辦理給囘伕馬至應給若干由公衆臨時酌定之

一收集所有股票後即以最速之時間將所有股票編

號登記同時製備同樣之股票及息摺由管理股票專員會同簽名加盖本會圖章發回各該股東以憑支息並資存據

一無論何時公司一經發出派息之布告即應由管理員督同書記將所有存貯該公司所發之息摺持向公司領取息金於最速之時間報告公衆俾得依期到管理員處支領

一關於息金收支各項管理員得設立簿記以備公衆隨時檢查

一管理股票專員任期內如有作弊情事無論何時經發覺查有確據除所有損失由該員負責賠償外得

香港荷里活道寶雲樓印

由公衆提議改選之
一管理股票專員任期已滿經衆改選後須於拾日內將所管夾碼圖記股票息摺文件等項逐一點交新人簽收管理無得阻留

◉選舉支配規則

一凡遇公司布告召集股東行使股票選舉時無論何項選舉應由存貯股票專員豫先三個月召集田坡祖子孫中之占有公司股份者開一豫選會由田坡祖子孫中擇相當之人舉出若干名爲候選人並同時推舉辦理選舉事宜人若干名爲代表親赴公司即以本會所有之股票支配當選之名額選舉之

一豫選會之選舉以一股爲一權其得票最多者即爲預選當選人一經舉定本會所有股票即須一致選舉之以執行公司職務無論何人臨時不得異議

一豫選會之當選人以得票之多寡分名次之高下例如所有股票預算支配之可在公司得選人三名而臨時票數忽有變更至票數有不足時其預選當選人名列最後者祇得自行設法取足票數以期當選或有所費用應由預選當選人共同担任甚至卒不當選其名列最後者亦不得有所爭執

一豫選會選舉開票時當選人如有票數相同以當衆抽簽定之以免爭執

◎股票移轉規則

一本會股東如有志圖別業欲將股票轉讓者當先到存貯股票專員處掛號由該專員報告于公衆於壹個月內如無會友承受始許該股東售與別姓人

一所有股票之移轉無論田坡祖子孫中或別姓人承受其移轉時當先赴存貯股票專員處掛號以便依照鐵路公司移轉股票之手續辦理

一本會股東所存本會發給之股票息摺遇有遺失時除本人出資登報聲明外可向管理股票專員處聲請補發毋得留難

一本會所發給之股票息摺係由田坡祖嘗負責所有

應享鐵路公司股東之權利由本會担任向公司如數取給之

香港荷里活道聚雲樓印

廣東省台山縣白沙堡瑞寧村人
馬瑞參翁認新寧鐵路公司股五份銀
貳拾五元正經即如數代繳公司核明收訖
除由公司發給陽字第卅千號股票壹本並陽字
卅千號息摺壹本由本會查照會章妥慎存貯外茲
特發回股証存據此証

六

香港荷里活道聚雲樓印

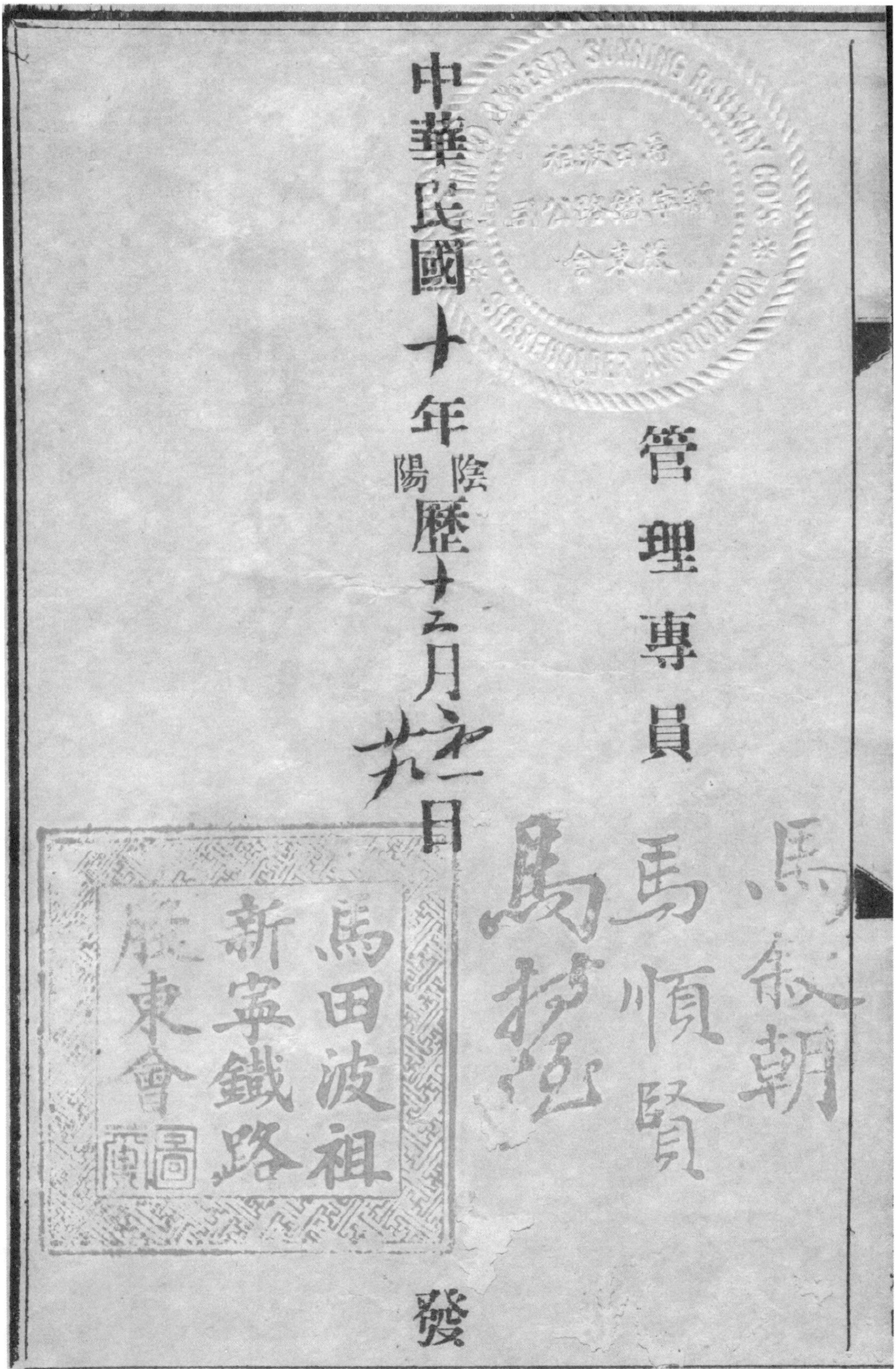
管理專員

馬敘朝

馬順賢

馬[illegible]

中華民國十年陰陽歷十二月初一廿九日

馬田波祖新寧鐵路股東會圖章

發

马田坡祖新宁铁路股东会股份部

商辦新甯鐵路公司民國七年五月份進支月結

一進租項銀四拾八元
一進貨項扣現銀一百二十四元三毛八仙
一進船戶賠償損失煤炭銀三百三十二元八毛
一進什項銀一百二拾元零二毛
一進各號附欵銀一萬八千二百二十七元九毛五仙
一進各號貯下來往項銀七百四拾元
一進各號貨項來往銀壹萬五千九百一十元零四毛七仙
一進展築白沙枝路股份銀二百五十元
一進收回慎昌洋行路尾摂項銀弍百六拾元
以上新收共進銀九萬七千八百五拾三元七毛三仙

舊管新收合共進銀弍拾陸萬壹千三百廿六拾廿六員零零二文

開除

謹將民國七年五月份進支月結列呈

（本鐵路所有員司工役均自備伙食）

公鑒

舊管

接上四月底結存來銀壹拾陸萬三千五百一拾弍元弍毫七仙二

新收

一進五月份車脚銀五萬八千七百八十五元四毛三仙
一進印務局接印外處印件銀六拾六元七毛
一進違犯路章罰欵銀四十五元六毛
一進賣材料項銀一百四十二元二毛
一進賣地段項銀弍千八百元

一支董事局七人薪水銀二百二十五元

一支查賬處二人薪水銀六十元

一支總文案薪水銀弍百元

一支書記處二人薪水銀五十五元

一支收支處二人薪水銀一百一十元

一支賬務處八人薪水銀二百五十三元

一支庶務處三人薪水銀八十五元

一支股册處一人薪水銀弍十五元

一支材料處四人薪水銀八十六元

一支電話處一十四人薪工銀二百八十九元

一支總局分局更夫伙夫什役辛工銀一百八十八元

一支警務處管帶及警察三十一人薪餉銀三百五十四元

一支駐港執事員役三人薪工銀七十六元

一支總局分局添置傢具什物銀一十四元九毛

還欵門

一支還各號附欵本銀七千三百六十九元四毛一仙
一支還各號貯下來往項銀七百四拾元
一支還各號貨項來往銀三萬四千二百二十元零八毛四仙
一支還附欵利息銀一千三百四十六元九毛
以上還欵項下共支銀四萬三千六百七十七元一毛五仙

銀水門

一支補港銀帋水銀一千三百一十二元八毛七仙
一支沽銅仙虧水銀五百八十四元
以上銀水項下共支銀一千八百九十六元八毛七仙

總務門

一支陳總辦薪水銀四百元

一支查票處三人薪水銀七十元
一支各站站長員役一百零六人薪工銀一千六百一十元零五毛
一支印務局八人薪工銀二百一十五元八毛八仙
一支看守閃口水偈及更夫什役一十六人辛工銀二百八十一元六毛
一支貨物裝卸工費銀四百六十七元五毛七仙
一支印務局購紙料字粒銀二百六十七元三毛五仙
一支車務什項銀一拾九元零七仙

以上車務項下共支銀三千零六十七元九毛七仙

運務門

一支司行機車及駁卡員役三十七人薪工銀八百九十七元八毛五仙
一支車上驗票二十八人薪工銀五百六十一元三毛四仙
一支車上管貨一十七人薪工銀二百九十九元三毛三仙
一支行牛灣過海大船員役二十一人薪工銀三百六十八元

一支總局及寧城站點電燈費銀七十七元六毛九仙
一支總局購電鏢項銀九十四元五毛
一支賞格費銀三十五元八毛
一支借款扣佣銀七十五元
一支撫恤醫傷費銀二百八十五元七毛零九文
一支電報郵費銀壹十壹元零四仙
一支旅行公費銀五十一元二毛
一支辦公什用費銀二百二十一元一毛二仙一文
一支捐助公益埠義地項銀五十元
以上總務項下共支銀三千三百二十二元九毛六仙

車務門

一支車務總管薪水銀四十元
一支管理處三人薪水銀九十六元

一支修理機廠機件工項銀一百元零零五毫三仙
一支修理水泵工項銀六元三毛
一支修理電話器具工項銀一十四元七毛七仙
一支修理路冚卡仔工項銀三十三元七毛
一支新裝各種車輛工項銀二百七十六元三毛五仙
一支購水泵機銀一千一百八十九元八毛
一支廠務雜項銀三拾六元五毛六仙五文
以上廠務項下共支銀三千三百零八元三毛零五文

工務門

一支養路稽核工數處二人薪工銀六十元
一支養路分段管理處五人薪工銀六十三元五毛
一支養路巡查路工三人薪工銀七十元
一支養路行工程車一十一人薪工銀弍百三十七元一毛七仙

一支加設護車隊官兵三百九十七人薪餉銀三千九百九十六元四毛
一支護車隊添置服裝傢具什物銀三十八元二毛五仙
一支運務雜項銀弍十元零五毛五仙
以上運務項下共支銀六千壹百八十一元七毛二仙

廠務門

一支機器廠員役六人薪工銀一百八十八元
一支更夫伙夫辛工銀九十六元
一支修理營業機車工項銀六百零五元一毛三仙
一支修理營業車輛工項銀二百三十三元零弍仙
一支修理工程機車工項銀一百五十五元一毛七仙
一支修理工程車輛工項銀一百二十七元七毛八仙
一支特別修車工項銀五十六元九毛
一支修理船隻工項銀一百八十八元二毛九仙

一支碼頭修理費銀三元六毛
一支開水井項銀一百二十四元七毛五仙九文
一支築公益長堤項銀式百六十一元六毛二仙
一支建新會東門車頭廠住屋項銀五十一元五毛五仙
以上工務項下共支銀七千一百零三元零八仙三文

築路建設門

一支白沙枝路購田地項銀一千三百九十八元零四仙式文
一支仝上工程員役四人薪工銀一百七十元
一支仝上行工程車員役五人薪工銀一百二十九元三毛四仙
一支仝上辦公什用費銀一元六毛五仙
一支仝上補種費銀一百零二元
一支仝上築路散工銀三百六十二元八毛

二

一支養路各㘭工頭三十四人薪工銀六百九十九元七毛八仙
一支養路各㘭散工銀三千八百零三元四毛
一支養路修理橋梁工項銀九百一十三元五毛四仙
一支養路鋤鏟繩簩竹木什物銀一百八十七元九毛八仙四文
一支養路盖搭篷廠雜費銀五百四十五元
一支養路修造路㘭用具工項銀五拾二元七毫
一支養路修造修橋器具工項銀四十二元
一支養路修橋石仔項銀一百三十二元五毛
一支養路取坭砂項銀二百零三元七毛
一支總局分局修理及造器具費銀二拾八元九毛五仙
一支車站修理及造器具費銀六十一元一毛
一支印務局修理及造器具費銀七元六毛三仙
一支勇廠修理費銀二十六元五毛六仙
一支材料倉修理費銀一十六元五毛四仙

一支製造材料工項銀弍百三十六元八毛五仙

以上材料項下共支銀三萬七千八百六十二元六毛三仙

稅脚門

一支材料稅厘銷號費銀六百三十九元八毛七仙

一支材料船脚運駁費銀弍千四百二十九元六毛一仙

以上稅脚項下共支銀三千零六十九元四毛八仙

統計拾項卄八支銀壹拾壹萬弍千三百一拾二元六毫三仙

管收開除比對外實存銀壹拾四萬九千零五拾弍元三毫七仙二文

實存項下

一支仝上釘鐵軌工項銀四百六十元零一毛
一支仝上搭盖蓬廠費銀二十八元一毛六仙
一支仝上鋤鏟䌲篸雜物銀一十八元九毛二仙
一支仝上取坭砂項銀一百五十二元四毛五仙
以上築路建設項下共支銀二千八百弍十三元四毛六仙二文

材料門

一支購青州坭項銀一千五百二十八元二毛
一支購鋼纜項銀一萬三千二百四十元零五毫
一支購鐵器油項銀一千四百七十二元一毛七仙
一支購電話器具銀二十元
一支購煤炭項銀二萬一千三百六十四元九毛一仙

玆將附欵出入數目表明于左

四月底結欠各號附欵本銀三拾三萬六千三百四拾弍元五毛九仙

五月份進入各號附欵本銀一萬八千弍百二十七元九毛五仙

五月份支還各號附欵本銀七千三百六十九元四毛一仙

五月底結比對外尚欠各號附欵本銀三拾四萬七千二百零一元一毛三仙

計開

一存港官銀錢局欠來往銀四千零五十五元五毛五仙

一存港廣東銀行欠來往銀二千九百六十九元三毛二仙

一存滙萬國銀行欠來往銀三萬九千六百七十六元六毛六仙

一存寧總公司銀九萬一千一百二十七元四毛九仙六文

一存新會分局銀三千五百八十二元九毛三仙

一存香港分局銀一千九百七十一元三毛二仙

一存四邑各輪船欠銀六百三十元零零六仙

一存譚偉欠銀一千一百七十元零四毛

一存各號欠銀三千八百六十八元六毛三仙六文

合實存銀壹拾四萬九千零五拾弍員三毫七仙二文

中華民國七年五月份結

商辦新甯鐵路公司佈告

新寧鐵路公司十六年度歲入歲出報告書

整理新寧鐵路委員會編造

本路會計向以商埸舊式簿記行之每欲查核一數非調集部據幾費勾稽未易了然殊不足以示明確而便檢查啓祥有見及此視事之初即經督率員司依照我國現行鐵路會計制度力圖改善第爲節省經費計未敢廣攬人材致糜公欵日惟督同二三課員黽勉從事差幸辦理數月粗有成就一切部册方式悉已從新訂製分別實行查本會去年接辦伊始陳前總辦宜禧任內庫存現金僅四百餘員而公司所負債務數逾百餘萬員之鉅索欠盈門急於星火平日素有往來交易之各商號亦以積欠貨賬不貲裹足不前困難情形實已達於極點當時本會爲維持大局起見迫將舊欠附項暫停支付以俟路欵充裕再議償還惟付項息銀滿一年期者概予支給似此辦法無非維持公司金融對於債權債務雙方統籌兼顧以免交受其困凡屬明達當能諒此苦衷至本會接辦後所有交易出納概以現金爲主由是新商罔樂於交易舊商亦要求恢復往來公司名譽信用遂日形穩固財政度支亦日見裕如於是將從前積欠各項分別緩急酌量償還信用益著以視前任之借債度活岌岌不可終日者實不可同年而語玆查整理後本路營業狀況截至民國十六年底止公司庫存現欵叁十二萬叁千餘元又資產支出六萬六千餘元又代還舊欠各項一十三萬三千餘元統計自是年二月廿一日本會接辦日起至是年底止

實共獲溢利五拾二萬餘員雖此項溢利尙須分配於整理及建設之種種必要用途然就其贏餘之數論之實爲本路向所未覩不可謂非整理後營業之進步也啓祥此次復任本路會計職務以上年營業之經過不可無所報告爰率員司編成斯册以備股東省覽至全路各項資產則因陳前總辦幷未交代無從攷核編入姑付厥如書成付梓謹誌崖畧股東諸君幸垂察焉

中華民國十七年　月　日　會計委員鍾啓祥謹識

整理新寧鐵路委員會編造十六年度（十六年二月二十一日起 十六年十二月三十一日止）特別會計歲入歲出報告書

營業項下

歲入門

(1)

科目	十六年度決算數	備考
營業收入	一、五一九、四六二 三三	
第一項 車利	一、四九〇、〇五五 四八	所有旅客業務貨運業務概括此科目內
第二項 其他營業進欵	二六、二二七 〇三	
第三項 雜項收入	三、一四一 八九	
第四項 利息	三七 九三	

(2)

科目 歲出門	十六年度決算數	備考
營業支出	九九七、〇四九、九二	
第一項 總務費	一三六、六五四、五四	
第二項 車務費	七一、六〇四、五四	
第三項 運務費	四二三、八六〇、七〇	
第四項 設備品維持費	一八八、四二〇、一四	
第五項 工務維持費	一七六、五一〇、〇〇	
以上營業收入支出比對淨利	五二二、四一二、四一	
資產支出	六六、六一二、〇五	
第一項 房屋及車站	六一、二四四、九八	
第二項 機器及器具	五、三六七、〇七	
以上營業淨利資產支出比對	四五五、八〇〇、三六	

(3)

還各項舊欠	一三三、一三二八二
統計營業歳入歳出對照盈餘淨利之數	三二六、六六七五四
連前任移交	四五四〇一
共計實存	三三三、一二一五五

(4)

整理新寧鐵路委員會編造十六年度（十六年二月二十一日起 十六年十二月卅一日止）特別會計歲入歲出報告書

營業項下

歲入門

科目	十六年度決算數		備考
營業收入	一、五一九、四六二	三三	
第一項 車利	一、四九〇、〇五五	四八	
第二項 其他營業進款	二六、二二七	〇三	
第一目 租金	二四、九一六	五二	車上及站上賣物及碼頭及職員住屋租金
第二目 其他	一、三一〇	五一	
第三項 雜項收入	三、一四一	八九	
第一目 罰欵	一、〇七六	五八	
第二目 其他	二、〇六五	三一	
第四項 利息	三七	九三	

(5)

科目	十六年度决算數	備考
歲出門		
營業支出	九九七、〇四九九二	
第一項　總務費	一三六、六五四五四	
第一目　委員會督辦費	二一、九三一六六	每月約二千一百六十餘元
第二目　董事薪俸	三、二八六六六	每月約三百三十元
第三目　薪工	二六、〇二九七七	
第四目　文具印件	一、二二二三七	
第五目　雜用	八、九四〇四七	
第六目　伙食	一、〇七七一五	年節宴會及客餐因粮
第七目　電報	六五六二	
第八目　醫藥	五四六四四	

(6)

科目		十六年度決算數	考備
第九目	路警薪餉	三七、九六七七二	
第十目	廣告	一、九〇六九四	
第十一目	電燈局	一、〇〇九七〇	
第十二目	印務局	六、五九七〇四	
第十三目	津貼	四、六五〇〇〇	因時局不靖及清黨時期請十三師派隊上車護路津貼伙食
第十四目	獎金	二、二八二四一	本路各部份十五年舊歷元旦補工及車上補票加二充賞及獲匪獎賞等
第十五目	捐助金	三七七〇〇	
第十六目	傢具	四九三一〇	
第十七目	港局經費	三、五七三三六	
第十八目	恤金	二、二三八六五	

(7)

第十九目	工人學校	二、六〇〇〇〇	
第二十目	路警雜用	一、三八六八五	
第廿一目	路警服裝及備設品	四、九一七七〇	
第廿二目	股東會及選舉會費用	三、〇四〇九九	本年八月起籌備股東會及選舉會一切費用
第廿三目	賠償	九二五	
第廿四目	地畝房屋稅捐	五一三六九	
第二項	車務費	七一、六〇四五四	
第一目	薪工	一五、六七一一二	
第二目	雜用	二、五〇六三七	
第三目	傢具	二三六三三	
第四目	消耗品	一、四三四八八	
第五目	車站薪工	五一、一六三六四	

二

科目	十六年度決算數	備考
第六目　站用品物	五九二二一	
第三項　運務費	四二三、八六〇七〇	
第一目　薪工	一五、六九九一三	
第二目　司機司火薪工	四〇、七二一五一	
第三目　車守薪工	二一、四七〇五六	
第四目　渡船薪工	一一、三九二六七	
第五目　水偈	二、五二七八〇	
第六目　運費	七、九八六九二	
第七目　煤	三〇三、六六三五六	每日用煤約三十餘至四十噸每噸價格連運費稅餉皆在內約平均毫銀二十五元左右
第八目　伙食	一、七八六〇一	
第九目　油脂	一二、三〇六六三	

科目	名稱	金額		附註
第十目	柴煤	三、八一八	六一	本為車頭升火之用間或遇窒礙煤斤未能接濟時則用以代煤
第十一目	雜用	二、四六二	三〇	
第十二目	僱賃船隻等類費用	二五	〇〇	
第四項	備設品維持費	一八八、四二〇	一四	
第一目	薪工	一一九、四七三	一七	
第二目	機廠消耗	三、三三六	六五	
第三目	器具	一六九	八〇	
第四目	車輛修理材料	五七、一八六	七六	
第五目	機件	五、一〇四	二三	
第六目	雜用	一、七三〇	九一	
第七目	運費	八三〇	四六	
第八目	零小新工作	五八八	一七	

科目	十六年度決算數		備考
第五項 工務維持費	一七六、五一〇	〇〇	
第一目 薪工	八、二三八	一二	
第二目 橋工	七、七六三	六二	
第三目 電務薪工	一〇、四二五	五一	
第四目 路軌工	九七、六〇一	八九	
第五目 碼頭工	二、三七三	六六	
第六目 運費	二、五五〇	二七	
第七目 枕木	三三、三七一	四二	
第八目 石渣	七、二四五	一一	
第九目 雜用	一、五五一	二八	
第十目 零小工作	五七四	五六	

(11)

第十一目　電話材料雜用	二、〇三七九五	
第十二目　修理車站及房屋	一、一〇一八七	
第十三目　鋼軌及配件	一、五四五〇一	
第十四目　修改北街碼頭建築費	無	修改北街碼頭約乃本年十一月廿六日簽立十七年一月十八日將第一期工程完竣始發第一期建築費故本年無支出
第十五目　修改北街碼頭建築雜費	一三九七三	

整理新寧鐵路委員會編造十六年度（十六年二月二十一日起 十六年十二月卅一日止）特別會計歲入歲出報告書

資產項下

科目	十六年度決算數	備考
資產支出	六六、六一二〇五	
第一項 房屋及車站	六一、二四四九八	
第一目 寗城站建築費	一五、五〇〇〇〇	
第二目 寗城站建築雜費	八、三二七八八	
第三目 北街站建築費	三一、四四三八二	
第四目 北街站建築雜費	五、九七三二八	
第二項 機器及器具	五、三六七〇七	

(13)

項目		
還各項舊欠帳	一三三、一三二	八二
賠償罷工期內費用	一〇、六七〇	一七
結欠舊煤	二一、三〇二	八〇
結欠舊貨項	四、六七九	〇二
還附項	二六、四一二	七二
結欠附項利息	六五、五七六	二五
其他	四、四九一	八六

查本公司每月應發薪工向在下月初旬支出（例如正月份薪工在二月初發給二月份薪工在三月初發給）本會接辦時曾代前任支過二月份上中兩旬薪工三萬伍千四百餘元至本年年底半月獎金及十二月份薪工共七萬三千六百餘元則歸入十七年度一月份支出合併註明

新寧鐵路公司十八年度歲入歲出報告書

新寧鐵路會計課編造

新寧鐵路公司民國十八年度特別會計歲入歲出報告書

營業項下

歲入門

科目	十八年度決算數	備考
營業收入	一六〇一、〇三七一一	
第一項 營業進款	一五四六、二七九三二	
第二項 其他營業進款	四七、九四四三七	
第三項 其他雜項收入	四、三八二五三	
第四項 利息	二、四三〇八九	

（一）

（二）

歲出門

科目	十八年度決算數	備考
營業支出	一、二七四、六七七六二	
第一項 總務費	二五三、五四五三〇	
第二項 車務費	九八、九九四一六	
第三項 運務費	四四〇、六六五八九	
第四項 設備品維持費	一七七、八七六一五	
第五項 工務維持費	三〇一、七九九二六	
第六項 兌換損益	一、七九六八六	
以上營業收入支出比對淨利	三二六、三五九四九	

資產項下

科目	十八年度决算數	備考
資產支出	二八、三二〇〇四	
第一項 房屋及車站	一四、五六二八二	
第二項 機件及器具	一、一五八二二	
第三項 機件	九、八三五〇〇	
第四項 購地	一、六〇四〇〇	
第五項 客貨車輛	一、一六〇〇〇	
以上營業淨利資產支出比對盈餘	二九八、〇三九四五	

（三）

(四)

舊帳項下

科目	十八年度決算數	備考
還各項舊帳	二八二、二〇九七一	
統計十八年度歲入歲出比對結存	一五、八二九七四	
十七年度結餘	一一五、五七三九五	
十八年度結實存	一三一、四〇三六九	

新寧鐵路公司民國十八年度特別會計歲入歲出報告書

營業項下

歲入門

科目	十八年度決算數	備考
營業收入	一六〇一、〇三七一一	
第一項 營業進款	一五四六、二七九三二	
第一目 旅客業務	一一四〇、〇八二八八	
第二目 貨運業務	四〇四、九九六四四	
第三目 郵運業務	一、二〇〇〇〇	
第二項 其他營業進款	四七、九四四三七	
第一目 租金	二九、三四五一二	
第二目 機廠贏利	一一五六八	

（五）

（六）

科目	十八年度決算數	備考
第三目 廣告	一、五六一九〇	
第四目 車上及站上之特許利益	一六、七〇四二一	
第五目 其他	二一七四六	
第三項 其他雜項收入	四、三八二五三	
第四項 利息	二、四三〇八九	

歲出門

科目	十八年度決算數	備考
營業支出	一、二七四、六七七六二	
第一項 總務費	二五三、五四五三〇	
第一目 委員會督辦費	一、三三三三五	
第二目 經理薪俸	一一、一八一一一	

第三目	董事薪俸	二三、三五八三三
第四目	監察薪俸	三、六〇〇〇〇
第五目	董事監察公費	四〇一六八
第六目	董事會經費	一、四九八四九
第七目	總務課薪工	九、七三四五一
第八目	總務辦公室費用	一、一九七五七
第九目	會計課薪工	一五、四八〇六七
第十目	會計辦公室費用	七四三三六
第十一目	新會分局薪工	二、一五七四七
第十二目	新會分局其他費用	五七五七六
第十三目	港局薪工	二、二七一八一
第十四目	港局其他費用	一、九八〇七五
第十五目	材料所薪工	六、二三六〇五

（七）

第十六目	材料所辦公室用費	一一六三六	
第十七目	總公司其他薪工	四、六六四三八	
第十八目	公費	一〇、五八四六二	
第十九目	廣告費	一、六四二一六	
第二十目	租賃費	一二八一〇	
第廿一目	郵電	七六一七四	
第廿二目	伙食	二、三五九三〇	
第廿三目	醫藥及衛生	一、五一三三七	
第廿四目	什費	五、一三八八六	
第廿五目	電燈房薪工	三八五四七	三月二十日裁撤
第廿六目	電燈房消耗	二五四八一	仝上
第廿七目	印務局薪工	五、三八〇六四	
第廿八目	印務局材料	三、四四六九四	

第廿九目	路警薪餉	四三、七二三一一
第三十目	路警服裝及設備品	四、二二四一二
第卅一目	路警雜用	一、三四九八五
第卅二目	捐助金	二、五二八〇〇
第卅三目	地畝股費用	一、六七六六八
第卅四目	地畝股薪工	一、七四〇三二
第卅五目	股東會及選舉會費用	一、五四二七三
第卅六目	教育費	二、五〇〇〇〇
第卅七目	獎勵金	三七、五三七一八
第卅八目	恤金	五、五〇〇八一
第卅九目	人民死傷	一〇四八〇
第四十目	地畝碼頭房屋稅捐	八、八八八六四
第四一目	總公司費用	四、八二一七八

第四二目 其他	三、一〇九六二	
第四三目 總辦薪俸	一五、七二〇〇〇	補發陳前總辦宜禧乾薪
第二項 車務費	九八、九九四一六	
第一目 車務課薪工	二二、五九九六三	
第二目 公費	二三七〇	
第三目 辦公室費用	六六七九四	
第四目 車站薪工	六五、八八二七七	
第五目 站用消耗品	六、四八二四四	
第六目 站用傢具	三六〇〇八	
第七目 雜費	一、〇九二九〇	
第八目 車務服裝	一、八八四七〇	
第三項 運務費	四四〇、六六五八九	
第一目 司機司火薪工	四〇、七八九一〇	

（十）

第二目	車上員役薪工	二四、八一七七四
第三目	渡船薪工	一一、九九五五一
第四目	渡船消耗	五五〇九七
第五目	渡船雜費	七八三九
第六目	渡船維持費	二、五五〇七九
第七目	泵水機薪工	二、八三五九二
第八目	泵水機消耗	九〇九九三
第九目	其他薪工	九、二八四〇〇
第十目	煤原價	一八一、八八七七六
第十一目	煤價港幣補水	五八、一七二三四
第十二目	煤運輸費	四二、六四〇四四
第十三目	煤稅捐餉項	三五、二六三一八
第十四目	運煤工資	四、四八七二六

（十一）

第十五目 運煤工具	一、五一〇四四
第十六目 柴炭	一、七八〇四〇
第十七目 其他燃料	五四三九六
第十八目 伙食	二、三七二八〇
第十九目 油脂	一七、四三八五五
第二十目 潔淨費	一二七五一
第廿一目 僱賃船隻等用費	二二七〇〇
第廿二目 發光	二四七六
第廿三目 雜費	三八七一四
第四項 設備品維持費	一七七、八七六一五
第一目 機務課薪工	一三、七七九四二
第二目 機廠薪工	一一〇、三九六七五
第三目 公費	四三六六八

（十二）

第四目　辦公室費用	三三一六三四
第五目　車輛機車材料原價	三六、五七四八五
第六目　車輛機車材料稅餉運費	五、一九四四九
第七目　機件	七四二九五
第八目　器具	一、八八二八五
第九目　發光	三、八四一〇一
第十目　伙食	一、一八六〇一
第十一目　機廠消耗	三、〇〇二一六
第十二目　雜費	五一二六四
第五項　工務維持費	三〇一、七九九二六
第一目　工務課薪工	一三、〇八三六七
第二目　公費	九四六五
第三目　辦公室費用	五九二九六

(十三)

第四目　儀器	一七〇三一
第五目　橋工	二三、三〇三〇八
第六目　養路薪工	九六、四七七三一
第七目　火食	四〇三四七
第八目　軌枕	二二四、九三八七九
第九目　鋼軌及配件	五、〇六一六六
第十目　其他材料	二、四六〇五四
第十一目　石渣	三、七一六八六
第十二目　工具	一、四四七九三
第十三目　修理房屋及車站	九、七三一〇六
第十四目　修理碼頭	二、三六二〇〇
第十五目　疏河	六三九〇二
第十六目　信號及軌閘	七九二

第十七目　零小工作	一、四八八三六
第十八目　電務薪工	一〇、〇四三八八
第十九目　電話材料	四、五八〇五七
第二十目　雜費	一、一二三五一
第廿一目　測量隊費用	七二七一
第六項　兌換損益	一、七九六八六

新寧鐵路公司民國十八年度特別會計歲入歲出報告書 （十六）

資產項下

科目	十八年度決算數	備考
資產支出	二八、三二〇〇四	
第一項 房屋及車站	一四、五六二八二	
第二項 機件及器具	一、一五八二二	
第三項 機件	九、八三五〇〇	
第四項 購地	一、六〇四〇〇	
第五項 客貨車輛	一、一六〇〇〇	

新寧鐵路公司民國十八年特別會計歲入歲出報告書

舊帳項下

科目	十八年度決算數	備考
舊帳收入	五〇〇〇〇	
第一項　什項	五〇〇〇〇	
舊帳支出	二八二、七〇九七一	
第一項　還付項	一〇五、八一八六五	
第二項　結欠付項利息	一四四、九九一六四	
第三項　結欠舊煤	八、五九一〇〇	

（十七）

第四項　結欠舊貨項	二三、〇八九六二
第五項　其他	一、二二一八八〇
舊帳收入支出比對實支	二八二、二〇九七一

新寧鐵路公司收支總表

中華民國十八年一月二十日起至十二月底止

收方				付方		
	元	角仙	科目		元	角仙
$ 1601	037	11	營業收入			
1546	279	32	營業進欵			
47	944	37	其他營業進欵			
4	382	53	其他雜項收入			
2	430	89	利息			
			營業支出	$ 1274	677	62
			總務費	253	545	30
			車務費	98	994	16
			運務費	440	665	89
			設備品維持費	177	876	15
			工務維持費	301	799	26
			兌換損益	1	796	86
			資產支出	28	320	04
			房屋及車站	14	562	82
			機件及器具	1	158	22
			機車	9	835	00
			購地	1	604	00
			客貨車輛	1	160	00
	500	00	舊帳	282	709	71
	500	00	什項			
			還付項	105	818	65
			結欠付項利息	144	991	64
			結欠舊煤	8	591	00
			結欠舊貨項	22	089	62
			其他	1	218	80
$ 1601	537	11	合計	$ 1585	707	37
115	573	95	上年結存			
			本年結存	131	403	69
$ 1717	111	06		$ 1717	111	06

(十九)

新寧鐵路公司存欵表

中華民國十八年十二月三十一日

收方			摘要	付方		
	元	角仙			元	角仙
$115	573	95	十七年結存			
1601	537	11	十八年營業進欵			
			十八年營業用欵	$1585	707	37
			十八年結存	131	403	69
			計開 中央紙 $20,712,00 毫銀 $110,691,69			
$1717	111	06	合計	$1717	111	06

(十一)

革命文獻與民國時期文獻
保護計劃

成果

新宁铁路档案资料汇编

（二）

新宁铁路公报（第1期）

林　军　高东辉　罗达全　主编

暨南大學出版社
JINAN UNIVERSITY PRESS

中国·广州

图书在版编目（CIP）数据

新宁铁路档案资料汇编．二．新宁铁路公报．第1期／林军，高东辉，罗达全主编．—广州：暨南大学出版社，2020.10
ISBN 978-7-5668-2789-0

Ⅰ．①新…　Ⅱ．①林…②高…③罗…　Ⅲ．①铁路线路—史料—广东—近代
Ⅳ．①F532.865

中国版本图书馆CIP数据核字（2019）第247014号

新宁铁路档案资料汇编（二）
新宁铁路公报（第1期）
XINNING TIELU DANGAN ZILIAO HUIBIAN（ER）
XINNING TIELU GONGBAO（DI-YI QI）
主　编：林　军　高东辉　罗达全

出 版 人：张晋升
策划编辑：黄圣英
责任编辑：冯　琳　詹建林
责任校对：黄　球　黄晓佳
责任印制：汤慧君　周一丹

出版发行：暨南大学出版社（510630）
电　　话：总编室（8620）85221601
营销部（8620）85225284　85228291　85228292　85226712
传　　真：（8620）85221583（办公室）　85223774（营销部）
网　　址：http://www.jnupress.com
排　　版：广州市天河星辰文化发展部照排中心
印　　刷：深圳市新联美术印刷有限公司
开　　本：787mm×1092mm　1/16
印　　张：76
字　　数：1208千
版　　次：2020年10月第1版
印　　次：2020年10月第1次
定　　价：428.00元（全七册）

目 录 contents

新宁铁路公报（第一期）首页 001

例　言 002

新宁铁路公报（第一期）目录 003

图　画 014

发刊辞 047

半年来之工作概要 048

本报发行之意义 053

本报的愿望 054

今后之本路 055

论　著 056

金汇兑本位制之我见 056

新宁铁路公司暂行组织系统表 059

法　规　060
铁道警察服务规则　060
铁路员工服务条例　079
国有铁路局职员薪给章程　084
国有铁路局员薪给对照表　084
国有铁路局局员月薪分级表　085
国有铁路员司工警夫役抚恤暂行通则　086
民国十七年十月修订新宁铁路股份有限公司章程　094
新宁铁路股份有限公司选举章程　106

命　令　114
部　令　114
厅　令　120
公司令　122
训　令　133
指　令　142

铁路调查表　152

公　牍　153
呈　文　153
公　函　164
电　报　176

会议录　179
新宁铁路公司第七次路务会议录　179
新宁铁路公司第八次路务会议录　180
新宁铁路公司第九次路务会议录　181
新宁铁路公司第十次路务会议录　182
新宁铁路公司第十一次路务会议录　183
新宁铁路公司第十二次路务会议录　184
新宁铁路公司第十三次路务会议录　185
新宁铁路公司第十四次路务会议录　186
新宁铁路公司第十五次路务会议录　187
新宁铁路公司第十六次路务会议录　188

新宁铁路公司第十七次路务会议录　189
新宁铁路公司第十八次路务会让（议）录　190
新宁铁路公司第十八次路务会议录　191
新宁铁路公司第十九次路务会议录　192
新宁铁路公司第二十次路务会议录　192
新宁铁路公司第二十一次路务会议录　194
新宁铁路公司第二十二次路务会议录　195
新宁铁路公司第二十三次路务会议录　196
新宁铁路公司第二十四次路务会议录　198
新宁铁路公司第二十五次路务会议录　201
新宁铁路公司第二十六次路务会议录　202
新宁铁路公司第二十七次路务会议录　203
新宁铁路公司第廿八次路务会议录　204

路　务　207
路政纪要　207

专　载　213
新宁铁路计划意见书　213

统计表　239
新宁铁路公司收支总表　239
新宁铁路拾八年份营业进款用款盈余及百分比较　240
新宁铁路公司营业进款比较表　241
新宁铁路公司营业用款比较表　242

选　录　243
新宁铁路　243

通　告　245
新宁铁路公司布告（第一号）　245
新宁铁路公司布告（第二号）　245
新宁铁路公司布告（第三号）　246
新宁（铁）路公司布告（第四号）　247
新宁铁路公司布告（第五号）　248

新宁铁路公司布告（第六号） 249
新宁铁路公司布告（第七号） 249

消　息　251
国内铁道消息　251
国外铁路消息　254

附录　西南支路行车时刻表　255

新宁铁路公報

第一期

例言

一、本公報發行之旨趣在以本路辦理之狀況公諸當世使社會人士有參加批評及指導之機會藉匡不逮

一、本公報每月發行一次於每月月底出版

一、本公報之內容共分圖畫論著法規命令公牘會議錄路務專載統計選錄通告消息附錄等十三門擇尤編錄

一、本公報取公開態度凡海內外碩彥如有以對于鐵道事業之宏篇鉅作見貺及對于本路有所規畫指示無不樂爲登載惟來稿本報有增删之權登載與否亦由本報鑒定原稿恕不退還

一、本公報第一期忽忽出版內容取材諸多未備所刋文稿其間或不免有豕亥魯魚挂一漏萬之處閱者諒之

編者誌

新寧鐵路公報第一期目錄

圖畫

總理遺像
孫部長玉照
陳前總辦宜禧銅像
董事會陳主席玉照
李董事玉照
馬董事玉照
陳董事玉照
陳董事玉照
黃董事玉照
馬董事玉照
伍董事玉照
陳董事玉照
馬監察玉照

譚監察玉照
新寧鐵路監察人暨陳馬總副經理就職幷慶祝元旦撮影紀念
陳總經理玉照
馬副經理玉照
陳秘書玉照　陳主任玉照　李主任玉照　黃主任玉照
黃工程師玉照　譚主任玉照　梅股長玉照　陳股長玉照
總公司前門改建後撮影
本路新購機車試駛撮影
拆卸萃華商店改建寧城車站全景
寧城新舊車站合影
寧城車站正面撮影
寧城車站背面及月台撮影
寧城車站內部售票處撮影
寧城車站內部賣物部與候車室座位撮影
北街車站正面撮影
北街車站背面及月台撮影
北街車站內部售票處及收貨處撮影

北街車站內部候車室座位撮影
北街舊車站撮影
寧城舊車站正面撮影
寧城舊車站與用價收回拆卸改建新站之萃華商店撮影
寧城舊車站背面撮影
發刊辭　陳耀平
半年來之工作概要　馬周仁
本報發行之意義　李袞宸
本報之願望　陳宗周
今後之本路　陳器璉
新寧鐵公司暫行編制表
論著
金滙兌本位制之我見　陳宗周
法規
鐵道警察服務規則

鐵道員工服務條例
國有鐵路局職員薪給章程
國有鐵路局員薪給對照表
國有鐵路員司工警伕役撫卹暫行通則
民國十七年十月修訂新寧鐵路股份有限公司章程（附選舉章程）

命令

部令

訓令本公司　令知准交通部擬修改路局發電規則由
訓令本公司　通令關於工務司提議改良客車一案經決議通令各路局遵辦由
訓令本公司　令飭將員司應用額數呈部核奪由
訓令本公司　令飭嗣後查獲毒品一律移送司法機關辦理由
訓令本公司　令知奉院令各機關於更動長官時所屬官吏不得同時辭職由
訓令本公司　奉行政院令飭採用國煤由
指令本公司　據報總經理陳耀平等就職日期准予備案由
指令本公司　請發行車統計規則等件應准一併補發由

廳令

訓令本公司　飭令體察該路情形酌量改換鐵枕由
指令本公司　令知據報組織稽查隊仰即編造預算表由

指令本公司　據呈暫用松木枕尚屬可行由

指令本公司　已據轉請第八路總指揮部核發購鎗護照由

本公司令

令李天柱　委該員爲公益站理貨員由

令李　雋　委該員爲會計課司事由

令譚裔洲　委該員爲機務課工務員由

令馬治倫　委該員爲會計課司事由

令陳孔席　委該員爲駐斗山站運輸員由

令陳輝初　委該員爲稽查員由

令吳　培　委該員爲稽查隊隊長由

令陳器璉　委該員爲本公司秘書由

令陳顯德　委該員爲總務課特務員由

令陳貢廷　委該員爲總務課書記由

令陳澍棠　委該員爲會計課練習生由

令李　蝦　委該員爲材料處司事由

令馬永成　委該員爲材料處司事由

令李衮宸　委該員爲會計課主任由

令陳宗周　委該員爲會計課股長由

令潘廷梓　委該員爲本路技士由

令李國深　委該員爲稽查股股員由

令陳贊文等　委該員等爲車務練習生由
令梁獻文　委該員爲本路全路監工由
令蔡　輝　委該員爲第二段監工由
令陳立宜　委該員爲第四段監工由
令阮鼎垣　委該員爲地畝股股員由
令陳敦宗　委該員爲材料處煤炭監磅員由
令陳燕賓　委該員爲公報編輯處書記員由
令陳　起　委該員兼公報編輯處書記員由

訓令

令工務課　令飭照原擬建築北街抽水機室圖樣從速建造由
令車務課會計課　飭知車務員工與司機一律每月補工八天由
令機務課　令知司機不聽號令飭即擬具懲罰辦法由
分令各課　令知奉鐵道部發下國府指令文武官署職員一律服用國貨由
分令各課　奉發鐵路員工條例飭即知照由
令總務課　奉鐵道部發下警察服務規則仰轉飭總巡部遵照由
分令各課　奉部令各路局嗣後遇有調委員司之事務須令到即行由
分令各課　奉部令轉奉行政院令裁汰冗員由
分令各課　奉令廢止廣州政治分會所頒鐵路員工服務條例由
分令各課　令轉飭所屬員工嗣後乘車須携免費票証由
分令各課　飭誥誡所屬員工勤慎辦事由

指令

令工務課　據報同興公司承修北街碼頭竣工請領工值由
令車務課　飭知五十站站長黃紹忠記大過一次由
令車務課　據呈繳舊歷元旦時刻表應准照辦由
令車務課　據報車爐損壞已飭機務課修理由
令總務課　據報總巡部請修理護車炮卡業已轉飭遵照由
令會計課　呈繳十八年度歲入歲出表應准發印由
令車務課　據報路警陳瑞祥救客受傷應即記功給獎由
令工務課　據擬牛灣段招投取沙工程辦法如擬辦理由
令工務課　呈繳採掘平巡坭石合約准備案由
令車務課　據請將特別車三等客卡改用二等客卡應准備案由
令車務課　據報北街車廠被焚請嘉獎救火工警幷函江門市局嚴禁搭蓬寮由
令機務課　據報本月十一日十一次車出軌係因輪薄閃口不合由
令機務課　呈擬各工匠限兩星期返工逾期即補缺辦法應准照辦由
令工務課　據呈報四月份工程進步由
令工務課　據工程師黃勒庸請辭職未便照准由
令車務課　令查明本月廿三日第一次車司機違令留卡各情形具復由

公牘

呈文

呈鐵道部建設廳　呈報一月一日就職由

呈鐵道部　請發列車機車里程及機車鐘點旬報表由

呈鐵道部　請檢發行車統計規則暨表式各一份由

呈鐵道部　呈繳調查表由（附表一紙）

呈鐵道部　呈繳十八年度成績報告表十九年度施政方針表由（附表）

呈鐵道部建設廳　呈報組織稽查隊由

呈建設廳　呈報本路改用鐵枕及暫用木枕由

呈建設廳　請轉呈第八路總指揮部發給購鎗護照由

公函

函董事會　函知就職日期由

函總工會　關于貨車工友准照旺淡月分別補工由（附原函）

函總工會　關于員工界綫爭執案應遵部令辦理由

函江門市局　請嚴禁附近北街車站居民復蓋蓬寮由

函江門市局　函復人和公司濫收磅費業飭取消由

函總工會　關于稽查隊帶回無証乘車工人梁生業飭妥慎辦理由（附原函）

函總工會　函復朱伯成復回工作未便照辦由（附原函）

函董事會　擬在水南站改建貨倉由

函董事會　據陳昱堂請補回屋地建築費請核覆由

函董事會　擬建東坑站工廠由

電報

鐵道部電　令舊歷元旦不准停車由

鐵道部電　令知發下規則誤繕字句應速更正由

鐵道部電　飭知如需用客車貨車運輸通則應早日電復由

會議錄

本公司十九年一月份至六月份議決各案

路務

路政紀要

專載

新寧鐵路改良計畫意見書　黃覺悟

統計

新寧鐵路公司收支總表

十八年份營業進欵用欵盈餘比較圖表

新寧鐵路公司營業進欵比較表

新寧鐵路公司營業用欵比較表

選錄

新寧鐵路

通告

佈告舊歷元旦仍遵令行車由
佈告福塲區鄉民不得毀挖枕木由
佈告搭客嗣後乘車須照章購票及按等乘坐由
佈告北街碼頭上落價目表嗣後各挑夫不得勒索由
佈告奉行鐵路員工服務條例由
佈告禁止毀拆本路所植樹木由
佈告成立稽查隊由

消息

國內鐵道消息

省港快車再變更時刻
粵路公債定期派息
粵路韶樂段興築近訊
鄂匪割電毀鐵路
津浦北上車出軌
新寧鐵路籌築公益鐵橋

廣韶鐵路局聘用杆電工人
機器工會訓誡寧路怠惰工友
匪徒謀炸滬寧火車

國外鐵路消息

中美第一電氣鐵路做成

附錄

新寧鐵路行車時刻並里數表
新寧鐵路北街至斗山及寧城至白沙里數表
新寧鐵路客票價目表

總理遺像

總理遺囑

余致力國民革命凡四十年其目的在求中國之自由平等積四十年之經驗深知欲達到此目的必須喚起民衆及聯合世界上以平等待我之民族共同奮鬭

現在革命尚未成功凡我同志務須依照余所著建國方略建國大綱三民主義及第一次全國代表大會宣言繼續努力以求貫澈最近主張開國民會議及廢除不平等條約尤須於最短期間促其實現是所至囑

孫文

鐵道部孫部長

本路創辦人陳前總辦宜禧銅像

董事會陳主席利川

李董事星衢

馬董事敘朝

陳董事孔樑

陳董事月亭

黃董事鳴迪

馬董事立峯

伍董事耀垣

活 宗 事 董 陳

馬監察沾俊

譚監察蔚亭

新寧鐵路公司監察人暨陳馬總副經理就職并慶祝元旦攝影紀念

陳總經理耀平

馬副經理周仁

總務課陳主任伯嚴

陳秘書器璉

車務課黃主任鳴甫

會計課李主任衮宸

機務課譚主任偉林

黃工程師勒庸

會計課陳股長宗周

總務課梅股長憩南

總匯公司門面改建後攝影

本路新購機車試駛攝影

拆卸萃華商店改建寧城車站後全景

寧城新舊車站合影

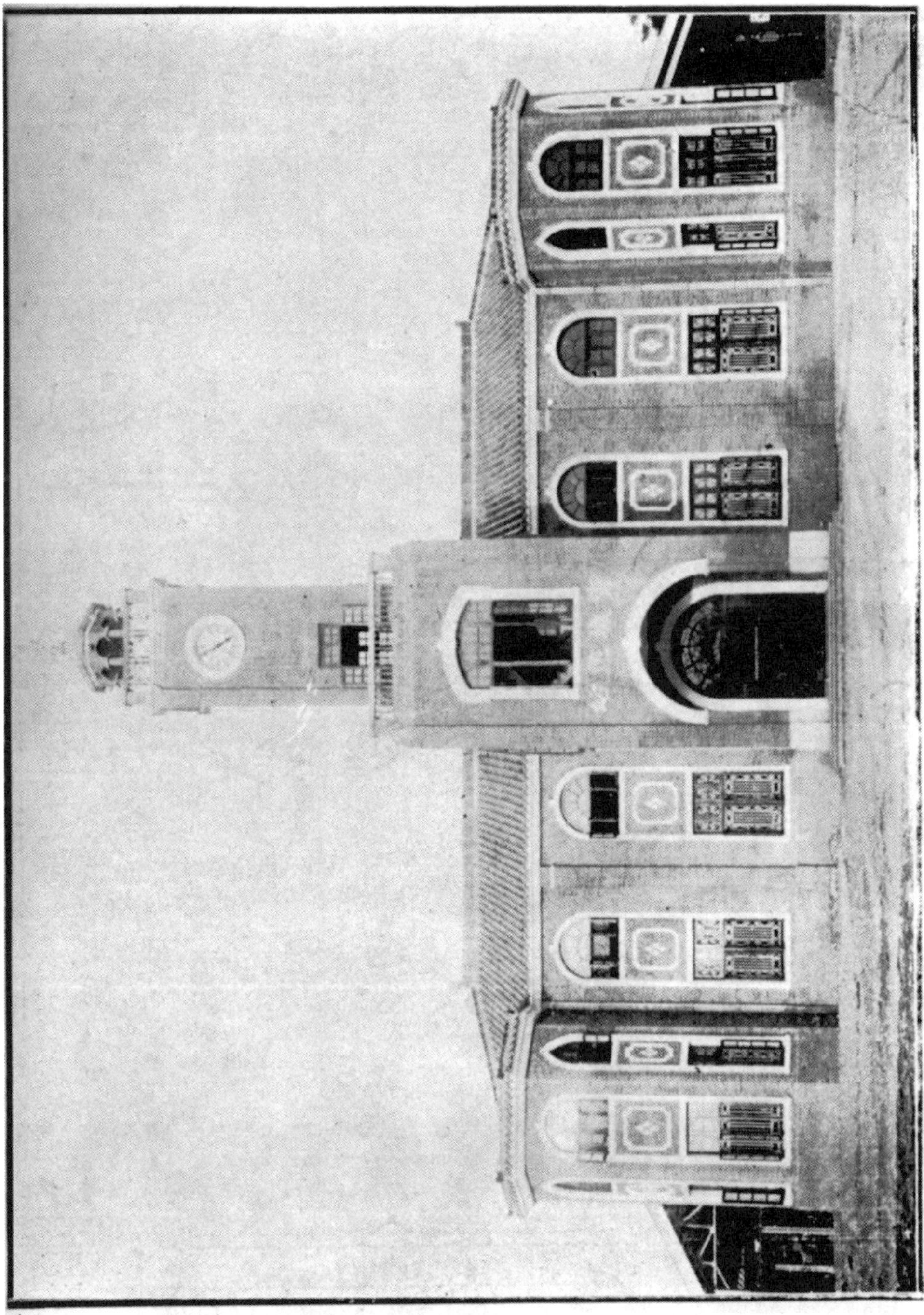

寧城車站正面攝影

民國十六年八月興工
民國十七年七月落成

宁城车站背面及月台摄影

寧城車站內部售票處撮影

寧城車站內部貨物部與候車室座位撮影

民國十六年九月興工
民國十七年五月落成

北街車站正面攝影

北街車站背面及月台撮影

北街車站內部售票處及收貨處攝影

北街車站內部候車室座位攝影

北街舊車站撮影

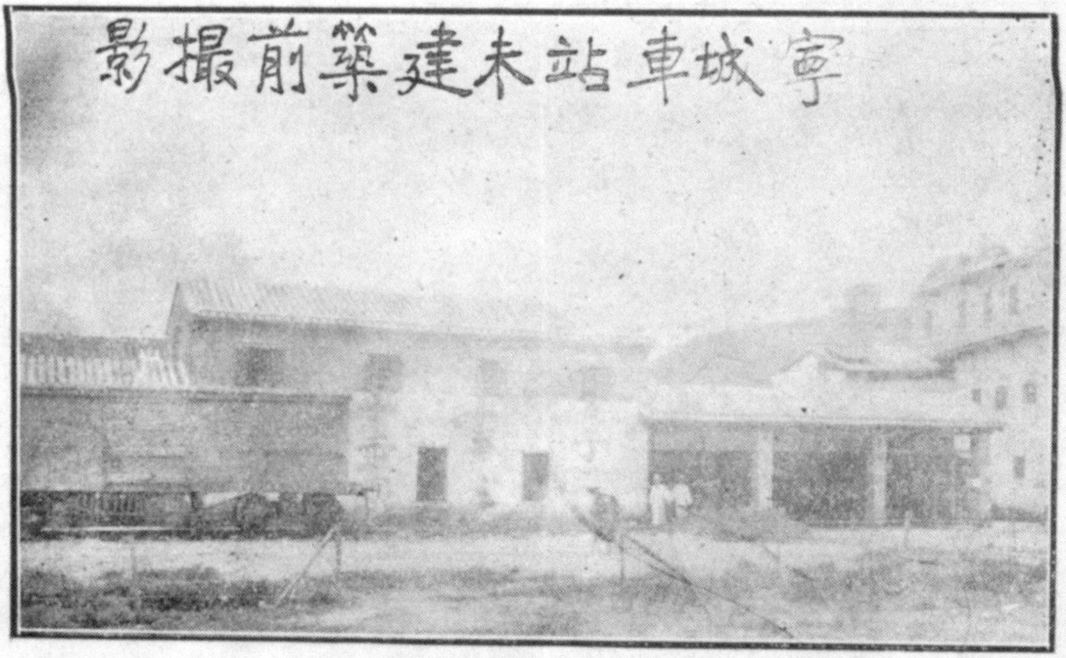

寧城舊車站正面撮影

寧城舊車站與用價收回拆卸改建新站之萃華商店

寧城舊車站背面撮影

發刊辭

吾邑自昔交通梗塞、民智未開、僻壤窮鄉、凡百落後、自陳總辦宜禧集資興築本路後、交通乃稱便利、各種事業始逐漸進步、今且地方日進繁榮、經濟、文化、商務、實業、同趨發達、即四邑之物品懋遷、行旅出途、亦皆以本路爲交通樞紐、是本路地位之重要、非僅關係於我邑一隅而已也、顧自創辦迄今、垂二十餘年、其自身既無何等之進展可言、而日陷於悲境之中、恆呈萎靡不振之狀態、此誠吾人所深歎息、而引爲抱憾者、比年以來、董事會諸公、慨乎營業之衰落、路務之不振、亟謀根本改善、籌維發展、勵精以圖、並使耀平負其責任、耀平自維學識譾陋、深懼弗勝、第念本路爲全邑命脈所關、前人慘澹經營、艱難締造、本敬恭桑梓之義、不能不勉任艱鉅、以圖自効、受事半載、成績雖無可觀、然而對於整飭各部、剔除積弊、改良路綫、增加收入諸要政、固無日不積極進行、罔敢暇逸、惟自顧才力薄弱、資歷既淺、經驗尤希、本路爲我國純粹民辦之鐵道、握四邑之交通、繫地方之興替、欲圖完善、須集衆長、爰特刊行公報、按月發行一次、將本路經過之狀況及各種規畫、盡量披露、編成報告、印而布之、使本路股東咸瞭然於其中情況、期海內外人士予以批評及指導、相與提挈於其前、而督責於其後、豈惟耀平庶免於戾、本路前途、實利賴之、十九年八月 日陳耀平

半年來之工作概要

馬周仁

周仁忝任副職。光陰荏苒。不覺半年。在此半年當中。其辦理之成績爲何若。追時撫事。良用自慚。幸蒙董事諸公之指導。陳總經理之提挈。得免隕越。惟路事之急待整理者。千緒萬端。吾人過去之工作。亦難一一詳述，茲當公報刊行伊始。爰將半年來隨同陳總經理辦理路務之經過。就其犖犖大者。畧陳梗概。爲閱者告焉。

關於整理事項

(一)編訂各項章則以明權限而資遵守也　本路公司自成立以來。僅有立案章程一本。其他盡付闕如。相襲相因。閱時既久。遂成習慣。逮整理委員會時。始將站長應守規則。售票人應守規則。車站收貨人規則。車長應守規則。車上收票人規則。車上稽查辦事細則。車上理貨人規則。司機匠應守規則。掛鈎人規則。扳道伕規則。車上員役罰則。行車各種號誌規則。行車响號規則。乘車免費及半價條例。職員請假規則等訂定。然對於各課之組織及辦事權限。尚未定有專章。以致權限不明。辦事棘手。黃代任時。雖曾一度將各項細則編訂。然按諸現在。多不適合。茲爲整飭內部。以明職責起見。特組織編訂各項章則委員會。將原有各種規則不適用者。從事修改。其未經制定者。則妥爲編訂。使上有綱領。下有法守。秩序不致淩亂。以收整齊劃一之效。而爲刷新路務之圖。

(二)通令所屬員司振奮精神勤慎辦事也　從前管理廢弛。紀律蕩然。辦事既乏精神。抑且弊端百出。路事之敗。實以此爲主因。本任接辦後。除調查各種積弊。實行革除外。並通飭所屬員司。務須振刷精神。勤慎供職。如有曠廢職守。及舞弊有據者。一經查出定必分別撤懲。務使共勵清操。振其朝氣。

(三)增設稽查隊以維車利收入也　鐵路收入。以車利爲大宗。本路爲五邑交通孔道。客商往來如鯽。而每月收入車利。不惟不見增多。反日見其減少。推究其故。或則由於車上職員瞻徇情面。不能認眞執行職務。或有等假冒軍人。恃强無票乘車。或購二三等客位票。而乘坐頭二等客位者。比比皆是。爲維持車利收入計。特組織武裝稽查隊二十餘名。每日駐車稽查。除本路員工及機關職員。有憑証提出准予免票者外。其餘無論何人。凡未經購票者概不得濫行乘車。辦理以來。車利收入。日有起色。

(四)抽換路面枕木免碍車行也　鐵路枕木。關係車行甚大。本路所有枕木。皆屬日久失脩。多已腐爛。以致車行臲卼百出。危險堪虞。現經與福安公司訂購枕木四萬二千條。分期交貨。分別抽換。以期穩捷。而利車行。

(五)設立材料考辦委員會以杜弊端也　鐵路之最易爲叢弊之藪者。莫如購買材料。夫人皆知。同人等有鑒於此。特設立材料考辦委員會以主理之。以總副經理及秘書主任工程師股長主管等爲委員。並以總副經理爲主任。分審核購辦驗收三組。凡經董事會核准應購之材料在一百元以上者。須由各委員會議審核調查。及釐定其物價。然後購買。或招投承辦。以重公欵。而杜舞弊。此爲整理中之最重要者。

（六）調查材料處現存材料以重公物也　本路向設有材料處保管各種材料。設主管一員以管理之。惟現存各種材料共有若干。與夫有用無用。自應分別調查明晰。以妨流弊。當即飭由該主管據實列册詳報。並派妥員前往覆查。俾免散漫無稽。損害公物。

（七）釐定職員俸薪等級以符規制也。本路職員薪額。向來不分等級。悉由前任隨意定之。以致參差不齊。於考核成績及升敘懲獎。殊爲窒碍。茲特將各職員俸薪。依照鐵道部頒行路員月薪分級表。按其職別事務。分別等級。以昭劃一。而符規制。並使各職員知有進級之希望。而亟圖自奮焉。

（八）建築公益北街寧城三處煤塲以防損失也　煤爲鐵路最重要之品。平時儲備甚多。本路所用之煤。向皆於公益北街寧城三處任意屯積。甚屬疎虞。但煤之需用既多。購買之費復鉅。若不妥爲存放。雨露侵蝕盜竊。損失堪虞。現擬於公益北街寧城三處。建築煤塲各一所。四圍用磚環繞。以昭縝密。而免損失。亦無非爲保全公物之意耳。

（九）取銷職員住宅電燈以節省電費也　本路職員住宅向皆裝置電燈。惟多浪用無節。甚至熨衣烹水。惟電是用。以致公司每月支出電費六百餘元。虛糜公欵。莫此爲甚。當經將各職員住宅電綫截斷。不許藉公欵較用電燈。計每月節省電費四百餘元。事雖細微。於公欵不無裨益。

（十）隨時巡察路綫及各車站各工廠以憑整理也　辦理路務。首重精神。而管理尤須嚴密。蓋精神稍不貫注。則路務必無起色。管理若不嚴密。則弊竇從此滋生。本路路綫綿長。而所屬員工既多。範圍頗廣。自非隨時廵察。不足以資整頓。而重考成。故自任事以來。隨時皆與陳總經理分期前赴各地巡視。調查路綫各部有無損壞。外部員工勤惰如何。工廠各處有無積弊。俾資改革整頓。以期路務日有起色。

(十一)訓練路警及稽查隊俾知遵守規則也　路警與稽查隊均同在車路服務。非經教練。則無軌道可循自奉

鐵道部頒行鐵道警察服務規則後。即將規則印發各警隊使之習熟。並令總巡隨時大加訓練。同時並將稽查隊應守規則編發。令飭該隊長飭屬遵守。及訓練隊員。使皆有深切的認識。充分的了解。而後能振奮精神。克盡厥職。

(十二)整頓運輸貨車以便貨客也　鐵路車利收入除客脚外。即以運貨爲入欵之大宗。故運輸不靈。路政當隨之衰敗。本路爲五邑交通之樞紐。運輸貨物。不絕於途。惟本路原有貨卡無多。且皆殘廢不完。不敷應用。現擬從速製造貨卡多輛。以資載運。並爲推廣營業起見。嚴令該管員工。不准有向運客需索費用始允給卡代運情事。並將各貨卡編列號數。凡客商付貨。須預定車輛。挨次輪派。隨到隨運。以利客商。而裕收入。

關於規畫事項。

(一)實行變更牛灣路綫在公益站前建築鉄橋過海也　查牛灣路綫。因以船裝車渡河之故。空費行車時間。且僅限於拖車數輛。于運輸貨物。殊感不便。影響收入。實屬不少。而車行危險。更無論矣。茲爲本路根本改善及發展計。決定由公益西頭建築鉄橋渡河。以入

大王市車站。現經派員前往測量路綫。並請由建築省河鐵橋之美商馬克敦工程公司派工程師前往探驗。一俟測驗完竣。即行估價興工。此項工程費。預計需欵百餘萬元。然無論如何困難。必將此鐵橋築成。以饜我邑人及來往客商之望也。

(二)實行行駛有軌汽車以增加收入也。本邑各處公路均已通行汽車。即由新會以致江門北街亦已有無軌汽車及各種電車行駛。因而影響本路收入。爲數頗鉅。查歐美各國之鐵路因受汽車競爭之刺激。各鐵路公司均兼營汽車。以爲補助機關者。本路現爲補助營業。及維持收入起見。於行車時間外。兼行駛有軌汽車。來往西南枝路。及由新會出北街車站。沿路各鄉皆可隨時附搭上落。玆經向南方公司及茂豐洋行。購買汽車四輛。業已開行矣。

以上所述。皆半年來對於本路整理及規畫之大畧情形。此外如確定資本之實數及其債額。統一記帳方法。勵行預算。實行還債辦法。改正平遥公益路綫。收回公益站已賣之地。追收碼頭租項等。均已次第實施。條目繁多。未能縷述。至將來展築路綫。推而至陽江佛山各枝路。及脩建各站 改善鋼枕機械橋梁。與夫開辦鐵路銀行醫院。養成鐵路專門人材諸端。亦皆在籌劃進行之列。若能一一實現。不特本路前途之幸。抑亦吾人所深希望者也。

本報發行之意義

世界文明日加進化。鐵道企業相繼發展。談路政者。莫不竭其心思才力。改良之不已。又從而擴張之。故理論之外。尤注重實驗焉。蓋鐵道之發展。其影響於實業之振興。文化之灌輸。地方之殷富。國稅之增收。均有密切之關係。歐美各國。凡關於鐵道專書。工程良册。條分縷析。闡發靡遺。重以旬刊季刊月報等宣傳品。時時刊佈鐵道最近改良之法。啓緘發扃。宣洩機秘。爲利之溥。殆不可以言語狀也。新寧鐵路。開辦迄今。凡二十五年。組織規則。既屬因陋就簡。計畫措施。亦復散漫無倫。即求一篇稍論概要之文。亦不可得。推其原因。祗以篳路藍縷之功方始。珥筆紀事之才缺乏所致。而路務之廢弛。營業之衰落。未始不由於此也。今擬編輯公報。月出一册。撮舉興革事宜。籌劃進行方畧。不惟可以供覽閱。而便檢查。且可以研究。而借考鏡。使路內股東。職工員司讀之。本分上之意味環生。任事時之經驗充足。眼界廣。知識開。方針不致有誤。職守可以無曠。至於各課之統系。辦事之聯絡。尤能令任職人員。瞭然路內情形。不致互相傾軋。藉以收和衷共濟之效。公報之設。意在斯乎。本路奉政府派員整理之後。規模均已粗具。現復繼續商辦。自應積極刷新。以圖進展。庶不負我

先總理建國方略開發交通之本旨。及全體股東投資企業之期望也。茲當付梓之期。謹綴數言。以誌編末。李袞宸撰于新寧鐵路公司會計課辦公廳。

本報的願望

陳宗周

我們現在發起這個「新寧鐵路公報」並沒有什麼作用和奢望。我們只覺得本公司以前的一切內情和工作的經過。對於我們一般熱誠的股東和社會。似乎太過隔閡。太是沈寂。感到一種不愉快的心理。想把本公司一切的情況。及收支的狀況。隨時詳細地報告各股東和社會。所以創刊這個鐵路公報。作自由公開發表的方地。我們幷不是期望這樣能够于中國的生活或思想上。會受着有什麼影響。不過姑且發表本公司所要發表的罷了。

我們並沒有什麼主義要宣傳。對于政治和其他的問題。也沒有什麼興趣。我們想做的。是要衝破我們已往隔閡的沉滯的空氣。我們各個的意見。雖各自不同。惟是對于一切不公開和專斷之反抗。則沒有差異。我們這個主張。是提倡公開自由的。想國民經濟的發展。和人民生計的優美。我們的力量薄弱。或者不能有什麼影響。但是我們總要向着這方面努力去做這種工作。

我們唯一的奢望。就是想把本路已往的現在的一切情狀和收支的狀況。盡量發表出來。幷且很希望我們一般熱誠親愛的股東和社會人士有所指導。以求我們大家的協力來謀交通的發達。此外幷沒有別的宏願了。

今後之本路

陳器璉

本路創自前清光緒三十二年。爲我國民辦鐵路之先進。乃以種種關係之故。至今猶未有相當之進步。抑且日趨衰落。不可謂非不幸之事。故吾人今日服務於此。溯徊已往。籌策方來。如何然後能供應目前環境之需要。使營業日臻發達。如何然後能適合現代之趨勢。使路務日益發展。皆爲當今之急務。亦屬職務上所應盡之責任。迴顧半年以來。吾人已往之工作。雖無若何偉大成績表現。然而布新除舊。固未嘗敢息辛勞。整理措施。自顧已不遺餘力。徒以鐵道事業。經緯萬端。而本路又當路務彫敝之餘。百廢待興之際。以言整理。則非旦夕可以竟其成。以言措施。亦非一端足以盡其事。僅能擇其緩急。權其輕重。循序漸進。分類設施。庶幾計日程功。其効或有可覩。乃者積弊逐漸剔除。收入日有起色。路綫着手改築。債務分期清償。舉凡應興應革之事。悉已粗具規模。漸臻上理。斯則吾人所竊用自慰者。惟是建革萬緒。來日大難。念前人締造之艱辛。感此後使命之重大。既不敢以此而自矜。亦不敢以此而自足。自今以往。益當淬勵精神。努力工作。務期各種規畫。一一實現。以底於成。同時並促進其事實上之進步。俾恆呈活潑充實之生機。而成萬年不朽之基業。此吾人所當共勵。抑亦本路之大幸也。昔人有言。從前種種。譬如昨日死。從後種種。譬如今日生。今後本路之新生命。猶願諸同志維持而力振之。發揚而光大之。則本路前途之希望。其庶幾乎。

論著

金滙兌本位制之我見

陳宗周

我國財政狀況的紊亂，現在確是已達到極点了。最近因爲金價的騰漲，銀價的暴落的緣故，更足以引起社會經濟莫大的恐慌。國民的生計和商業界經營的政策，受着這種現象的影響，一天一天的陷于困厄艱難的狀態中，這的確是我國財政目前最不良的現況。現目世界各國，都是採用金單本位制，但我國則仍採行爲世界各國所棄的銀單本位制。一旦發生國際的債權債務的關係，受着金銀滙價漲落的影響，動輒引起驚異的經濟恐慌現象。在這金融紊亂如我國的情形之下，若非切實改行金單本位制，則不足以言救濟我國財政的頹勢。這是不錯的，不過我國財政狀況這樣的頹壞，那有財力來實行金單本位制呢？所以社會上一般的理財專家，都有倡議根據印度和菲律賓的制度，想倣行金滙兌本位制，這制度的起因，是原于美國博士精奇氏，（JENKS）國人多有宗之者。這制運用的方法，在不必鑄造實貨金幣，而和金單位有同一的效用。把這來救濟幣制不良的國家，誠爲一種過渡良美的方法。試觀印菲諸國試行之後，而皆能收有很顯着的效果。然則我國照樣實行，對于國民經濟有甚麼影響？我們可以想像得到有利國民經濟者約有七点。讓我把這逐点來說明吧！現世界各國，都是用金，我國倘能改用金滙兌本位，彼國用金，我國亦用金。國際滙兌滙價的漲落，必不會受着金貨進出口点的過高或低的影響(卽金貨進出口所用的一切費用GOLD POINTS)國際的滙兌，自然會慢慢地達到穩固的地位了。將來償還外債的時候，就能免受金磅或滙兌率的虧損，這是利之第一点。我國旣能改用金滙本位，以後國際間的貿易，對于金銀價漲落，沒有什麼的影響，國際的貿易，必能漸進穩徤。而商務可有發達的希望，這是利之第二点。我國地方這樣的廣闊和物產這樣的豐富，外人本來很愿意來我國投資。祗因爲我國采用銀單本位，每受金銀價漲落無定的影響，所以不敢冒這危險。倘改用金滙兌本位，外人不但愿意以借債的方法，希圖博取利益。且願意以經營的政策，輸入資本，這是利之第三点。金滙兌本位國，若達到適當時機的時候，隨時可停止鑄造銀幣。依照所規定的銀比價，鑄造金幣，以進于金單本位，這是利之第四点。生活程度較低的國家，采用這制，市場的交易，雖然以金計算，授受之間，仍用銀幣。對于國民生計，不至有什麼影響，這是利之第五点。采用金本位，則國內所有的銀幣，向爲貿易之媒介，除把來鑄用輔幣外，頓失其效用。供過于求，而市價跌落，用金滙兌本位制，仍要鑄造輕値銀員，用來替代主幣。這于銀價不至驟落，社會經濟，亦可免受有什麼影響，這是利之第六點。用金本位制，則須多儲生金和實貨金幣，以待全國足用，才能夠發行。但死藏金欵，不能運用，即有損失利息之弊。用金滙兌本位制，則沒有受着死藏金欵之損失，國家財政，亦可沒有什麼影響，這是利之第七点。綜觀以上所列之七点，因其效用很大，且爲事亦非繁難，對於貧弱的國家之采行這制，確見有顯着的利益。惟是我國現時采用這制似乎不免困難者在。因爲利点雖係不弱，而弊害亦不易免避。（待續）

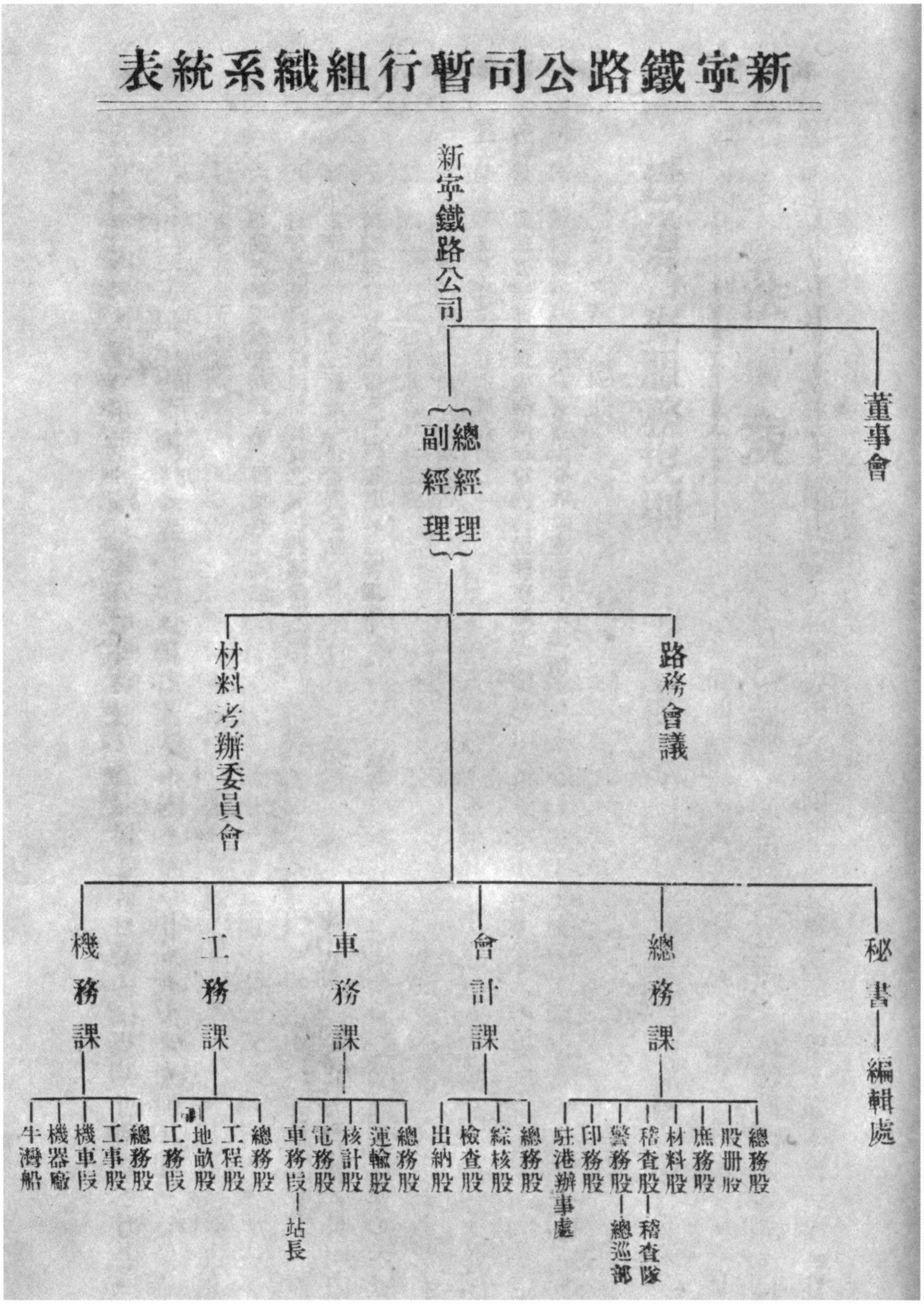
新寧鐵路公司暫行組織系統表
新寧鐵路公司
董事會
總經理
副經理
路務會議
材料考辦委員會
秘書
編輯處
總務課
總務股
股冊股
庶務股
材料股
稽查股
稽查隊
警務股
總巡部
印務股
駐港辦事處
會計課
總務股
綜核股
檢查股
出納股
車務課
總務股
運輸股
核計股
電務股
車務段
站長
工務課
總務股
工程股
地畝股
工務段
機務課
總務股
工事股
機車段
機器廠
牛灣船

法規

鐵道警察服務規則

第一章 總則

第一條 鐵道警察除應遵守警察法令外並應遵守本規則

第二條 鐵道警察於鐵道線路區域以內行使警察職權

第三條 鐵道警察應遵守左列各欵

一 內外勤務須遵從命令不辭勞苦

二 應人接物須和平謙恭力戒傲慢

三 服務時宜身體端重不可稍露惰容致碍觀瞻

四 處理事件須公正廉潔不得需索受酬

五 長警除有特別原因得官長之許可外應常著制服

六 事關公務無論是否機密不得與外人談論

七 對於商民不准賒欠借貸

八 禁止秘密會集結社干涉外事

九 禁止飲酒賭博

第四條 鐵道警察除應知警察法規外凡有關於警務之鐵道規章均應熟悉

第五條　鐵道警察於服務區域內應熟知左列各事項
一　隸屬縣名
二　車站狀況及站務繁簡
三　列車往來次數時刻及起訖站名
四　附近街巷村落名稱
五　附近商店飯館客棧妓館及銅鐵木作各舖
六　本處人煙稠密及人數良莠或荒僻無人
七　橋梁涵洞若干
八　有無山洞長短若干
九　電杆若干
十　道房若干
十一　軌道公里道碑號數
十二　廠所貨棧若干
十三　車站及各處員司職名
十四　工頭小工若干及其姓名行爲
十五　某處有無河流溝渠
十六　某處有無水井有無柵欄木蓋

第二章　服裝

第六條　鐵道警察衣履槍械務須整潔倘有汚損須隨時洗滌妥愼保管

第七條　勤務時間除長官特別委派外應携帶之物如左

一　警械

二　警笛

三　捕繩

四　日記簿鉛筆

夜間並應携帶警燈

第八條　勤務時間通常應携帶之警械爲警棍或警刀該管長官因維持安寧秩序之必要得命其執槍

第九條　鐵道警察因執行職務之必要得使用警棍指揮或制止

第十條　佩刀及槍非遇左列情形不得使用

一　遇持凶器加害他人或自身別無防衛之術時

二　强盜及罪犯持凶器拒捕或將脫逃別無制禦之術時

三　暴徒糾衆擾亂秩序事起倉猝別無彈壓之術時

第十一條　遇有前條各欵情形若將拔刀或放槍而其人即有畏罪之形狀者須立時中止之

第十二條　遇有第十條各欵情形拔刀或放槍時對於其人以外之人當注意勿使負傷

第十三條　拔刀或放槍時非異常急迫當注意勿傷其人致命部位

第十四條　已拔刀或已放槍時不問傷人與否應將必要情形隨時報告長官分別轉報

第十五條　非遇有第十條情形拔刀或放槍者應由該管長官分別轉報加以懲戒其因而傷人或致死者應依刑律處斷但對於被害人應給與之撫䘏金由局負担

第十六條　使用警笛應依左列規定

一　預備列隊　一　長聲

二　列隊　　二長聲
三　失火　　三長聲
四　捕拏盜賊及其他救助事項　　一短聲　一長聲
關於其他諸事應按情形臨時規定記號

第十七條　警察服務時聞警笛鳴聲應即趨至如遇前條第三第四欵情事得鳴笛召集他警之幫助

第十八條　出勤時應將左列事項記載日記簿報告長官
一　日期及陰晴風雨
二　本日所任職務及休息時間
三　服務時間及地點如在站台或路綫應記明往來車次時刻
四　隨車服務應註明車次及往來起訖站名時刻並記明所持乘車證號數
五　遇有違警或其他事項應記載要畧其情節較重者幷隨時報告長官

第三章　職權

第十九條　鐵道警察執行職務以該管路綫區域爲限各廠站警察及保安隊應各備日記簿一册其應記載之事項如左
一　天氣
二　經過之車次開到之時刻
三　勤務之分配
四　發生之事故
五　教育之情形
六　雜項事件

第二十條　鉄道警察發覺員工涉及刑事犯罪或違警者應執行地方警察之職權幷隨時報告長官核辦

第二十一條　遇有緊急事故變起倉猝鳴笛求助仍不能敵時應即報告長官立即知照地方警察及就近軍隊援助其有被追捕之罪犯逃入鐵道界內鐵道警察應即帮同追捕

第二十二條　遇有違警或拘獲刑事罪犯應即帶同人犯及附屬物品報告長官核辦但刑事案件應由該管長官轉送法院辦理如在車內拘獲罪犯並在進行中應即解交獲犯後最初之停車站警察長官轉送法院辦理在停車時查獲者應即時解交

第二十三條　查獲携帶左列違禁物品應連同人犯一併扣留查照前條分別辦理

一　無護照之槍彈

二　私運炸藥炸彈

三　私運製造火藥之原料

四　鴉片嗎啡

五　有傷風化之書畫玩具

六　其他法令查禁之物

七　私運鹽觔

第四章　守望

第二十四條　守望須在一定地點不得擅離凡見聞之事均須注意

第二十五條　守望時須精神貫注於職務除有人詢問事件須解答外不得擅行歇坐歌唱舞蹈吃烟飲酒看書買食零物替人作事與人閒談戲謔及斜倚坐臥

第二十六條　夜間守望除應遵照前二條規定外尤須振刷精神不准假寐及有倦怠狀態

第二十七條　遇暴風大雨雪時得暫入避風閣但對於職務仍應特別注意

第二十八條　遇無知違禁之人須先行勸阻倘有不服即拘至警所聽長官裁處不准私行毆打或辱駡

第二十九條　官吏外人海陸軍人員及其他不便留置警所之人設有違警情事須向本人索取名片並詢明其址住職務報告長官核辦

第三十條　已逾出勤時限若無人接替不得退休

第一節　站台

第三十一條　守望巡警對於站台有維持秩序保護安全之責

第三十二條　旅客未曾購票進站者須帮同站員勸阻但經聲明因購票不及願在車上補票者不在此限

第三十三條　對於旅客宜隨時妥爲保護遇有文武職官軍隊及外人婦女在站須禁止閒人圍觀

第三十四條　客人上下車時須令先後魚貫而入不得擁擠

第三十五條　對於站台貨物宜隨時照看旅客行李無論曾否請求均須代爲注意

第三十六條　旅客不明行車去向或不應在某站台候車者應明白指示如有詢問應和平應答

第三十七條　車已開行旅客行李未及上車須告知站長電告前站知照車隊長及車上警察查明物主將行李寄交前站給原主收領

第三十八條　遇有旅客遺落物件須即告知本人拾取其無主之遺失物應檢交長官招領

第三十九條　旅客到站如有不熟地方情形致有種種困難或婦女幼孩迷失方向伴侶等事宜詳細指導妥爲保護

第四十條　在站旅客如有患病情事宜查明情形報告長官分別辦理

第四十一條　車已開行及將停未停之際應阻止旅客上下以免危險

第四十二條　旅客錯誤下車地點確係誤會者應即告知站長核辦

第四十三條　脚行夫役非着號衣或佩帶銅牌不准進站

第四十四條　旅客自携行李脚夫强欲搬運或於定章外索取運費者須禁止之

第四十五條　旅客行李脚夫故意不爲搬運或乏脚夫搬運時宜加勸導或代爲招致

第四十六條　棧夥小販非着號褂經路局認可不准進站

第四十七條　棧夥小販進站須守規則不准有擾害秩序及妨碍搭客之行爲

第四十八條　車馬不准疾馳停放須在規定地點並不准强攬乘客

第四十九條　站台應格外注意之人如左

一　酒醉者

二　瘋癲者

三　未滿十二歲之幼童

四　婦女無人跟從或携帶婦女幼孩神色倉皇者

五　携帶類似違禁物者

六　徘徊站台窺探他人行囊者

七　傳染病者

八　其他形跡可疑者

第五十條　乘客上下火車時宜嚴防匪徒乘機偷竊

第五十一條　查獲綹竊物件如失主說明件數形狀查驗無誤應將原物逕交失主聽其乘車毋得留滯但應問明該失主姓名住址或索取名片備查所獲竊犯應即帶回警所聽候長官核辦

第五十二條　查獲違禁物品應將携帶之人連同物件帶至警所核辦

第五十三條　站台警察每日應將本站開行及經過本站之各項車輛號數時刻詳載日記

第二節　票房

第五十四條　搭客買票宜和平勸令依次進行不得擁擠紊亂秩序

第五十五條　搭客詢問賣票及開車時間或票價數目須明白回答

第五十六條　搭客因票價找零或因貨幣不能通用致與站員爭執時須婉詞排解

第五十七條　持用僞造貨幣購票經站員發覺指交者應即帶至警所核辦

第五十八條　票房守望應特別防範之事如左

一　公然持槍及其他危險物欲入票房

二　結夥在票房附近觀望者

三　深夜携帶物件出入票房者

四　對於站員欲加强迫行爲者

五　扒手小竊

第三節　軌道

第五十九條　軌道守望須注意軌道有無障礙物及其他危險之虞

第六十條　軌道附近應禁止閒人徘徊站立

第六十一條　如有損壞軌道偷竊附屬品者應即拘獲

第六十二條　軌道內或附近如有堆積物件有礙行車者須令其從速遷移

第六十三條　軌道上所停裝載貨物之車輛須注意有無宵小希圖偷竊

第六十四條　軌道上所停煤車須禁止婦女攀登車上或潛伏車底竊取煤觔

第六十五條　列車往來之際禁止在軌道內横過設有栅門處所須兼顧交通秩序

第六十六條　軌道附近有無盜匪聚集須隨時嚴密防範守望山洞橋梁尤須嚴防盜匪妨害及行人危險

第六十七條　查有軌道上螺絲道釘等件未經旋緊按好者宜隨時報告工人趕速整理倘有損壞鋼軌缺少螺絲等事須立時知照工人報告工務人員辦理

第六十八條　軌道上如有損壞及各項危險之事因火車將到不及修理宜表示危險阻車前進并宜即時通知站員辦理

第六十九條　過火車經過時宜注意車軸有無發火倘有燃燒及一切危險情形應立時鳴笛或舉手令其停車知照車守

第四節　棧廠

第七十條　工料車廠貨棧均應認眞防範

第七十一條　工役脚行人員入廠作工應憑各該局所發銅牌或號衣不著號衣未帶銅牌者應禁止其入內

第七十二條　廠棧員役携帶材料物件外出如無憑單須問明緣由記載日記簿非廠棧員役有類似携帶公物出廠者須留心査察

第七十三條　左列事項應予禁止

一　在廠棧吸煙酗酒聚賭者

二　流氓乞丐在廠棧停留者

三　徘徊門外頻向廠棧窺探者

四　廠棧附近施放火器有危險之虞者

五　非鐵路員役未曾說明理由擅入廠棧者

六　在廠棧口角滋鬧涉及違警者

七　在廠棧內藏用紅頭火柴或容易惹火之物者

第七十四條　左列事項應特別注意

一　無故屢次出入廠棧者

二　夜間忽聞槍聲或人聲者

三　猝有煙氣或硝磺味不知所至者

四　工人在廠棧工作有無法外行爲

五　貨物堆積有無坍塌之虞

第五章　巡邏

第七十五條　巡邏係補值班之不及所負責任與守望同

第七十六條　巡邏以一定崗位爲界自出發之崗位起至最終崗位止凡經過一崗位均應互換號牌

第七十七條　巡邏號牌書明崗位號數分黑地白字白地黑字式種白地黑字號牌由守望警察携帶黑地白字號牌由巡邏携帶互換後各於退勤時繳還警所號牌以直長三寸横闊一寸厚三分之木板製之

第七十八條　巡邏應於守望每次站崗時間內出巡一次

第七十九條　巡邏時須照一定路綫認眞查察不得無故與路上員役閒談

第八十條　巡邏時於橋梁石垛(土旁)山洞岔道涵洞河堤電線電杆軌道拴鐵墊板道釘等須特別注意如有損壞缺少應分別查照第六十七條及第六十八條辦理

第八十一條　軌道上或山洞內查有置放磚石及其他障礙物應即速除去如獲置放之人應即帶至警所報告長官核辦

第八十二條　遇有向行車抛擲磚石或他物者應即帶至警所報告長官核辦

第八十三條　巡邏時如遇鄉民折拾焦柳遺柴在鐵道附近燃燒烤火應即禁止

第八十四條　軌道內有人爭鬧或坐臥者應即驅逐

第八十五條　遇有偷竊軌道附屬物品或損壞道路電綫電杆者應即拘至警所報告長官核辦

第八十六條　遇有行車跳下之人應即向前查問帶所核辦

第八十七條　遇傷病死亡即時報告長官送往醫院或知照法院檢驗抬埋

第八十八條　深夜巡邏應格外注重之事如左

一　軌道上有無障礙

二　軌道附近及山洞內有無盜匪潛伏

三　守望巡警有無疏懈

四　轉轍夫役有無曠廢
五　路燈有無熄滅
第八十九條　凡巡邏時遇有事故宜將詳細情形記錄日記簿報告長官

第六章　緝捕

第九十條　偵查緝捕案件以慎重勇敢務期破獲爲要義不得洩漏其案情緊急關係重要者尤應格外迅速設法偵緝
第九十一條　緝捕之犯如越出鉄道範圍之外須知會地方警察協助
第九十二條　偵查事件如得有確情應即時報告不得延宕
第九十三條　緝捕之人如虞其逃逸應通知所在崗警或地方警察協助
第九十四條　偵查緝捕案件不得有挾嫌及狥私偏袒故縱情事
第九十五條　緝獲人犯遇有涉及刑事嫌疑須送法院審理者應呈報長官核辦
第九十六條　對於緝獲人犯不得有凌虐或故縱行爲其有不守規則者應施以嚴重管束
第九十七條　緝獲人犯之銀錢衣物不得私行扣留如携有違禁物品應即報告長官核辦
第九十八條　遇有人犯猝遭疾病或有非常變故應即報告長官醫治保釋酌量裁處
第九十九條　暫被看管之人由公家給與飯食不得扣減如有送致被看管人之食物須加意檢查
第一百條　暫被看管之人如有人探望時須經長官許可並加以適當之監視遞送書信須經檢查方准發給
第一百零一條　被看管人有暴亡時應記其情形時期呈明長官函知法院檢驗一面通知該家屬具領
第一百零二條　遇天災及非常事變須聲請長官將被看管人安置于適當處所

第七章　諜報

第一百零三條　諜報爲防務中最要之一部分由便衣警察及密探任之

第一百零四條　探警須隨時探查匪情不准在外游惰放棄職守

第一百零五條　探警得有消息時須設法探查確實報告長官不准敷衍塞責

第一百零六條　探警應特別注意之事如左

一　探查各站附近有無化裝匪人偵查消息情事

二　報告沿綫及各站附近村庄有無會匪發生不穩情事

三　察看沿綫及各站附近村庄有無游民妨礙治安情事

四　調查沿路各站附近有無發生土匪情事

五　探查出匪地點與匪之勢力及意向

第一百零七條　偵察所得切實消息須按左列表式填報長官

年月日站	
東西南北村里	
匪情種類	
人數	
意向	
探者意見	
簽名	

第一百零八條　探警應將各站旅客上下情形及各地情況按日隨時報告該管長官其重要事項應由該管長官逕報鉄道部查核

第八章 護車

第一節 客車

第一百零九條 護車警察須隨時巡察不得任意在車上坐臥喧笑

第一百一十條 護車警察遇有左列事項應妥爲處理

一 旅客置放行李發生各種障礙時應勸導安置就緒

二 旅客如有口角或與車務人員有爭執情事應隨時據理排解

三 婦孺上車如無座位應通知車務人員妥爲安置

四 旅客站立門外應勸導入內

五 旅客有形跡可疑者當留心偵察

第一百一十一條 護車警察應隨同車務人員查票收票如有無票乘客宜由車務人員照章辦理

第一百一十二條 乘客有老年及病人上下車時宜注意維護

第一百一十三條 乘客如有違背路章宜詳爲解釋倘有鬥傷人及意外事件俟到前站送交站警辦理

第一百一十四條 車上有携帶婦孺形迹可疑者應特別注意如有拐帶情事應送交長官辦理

第一百一十五條 與乘客接洽事件宜和顏婉詞不得有驕傲粗暴之言論

第一百一十六條 遇有本局警察上車應索驗免票假單詳細記註報告本管長官

第一百一十七條 車上如有押解人犯應協同防護

第一百一十八條 護車警察應隨時查察有無盜竊匪類深夜乘客熟睡宜督察看車夫役加意防範乘客上下時尤宜特別注意遇有曾在車上行竊之人應加意盤查並監視其行動

第一百一十九條 車上查獲竊犯應妥加看管照本規則第廿二條辦理

第一百二十條 贓物或其他遺失物查無原主時送交長官招領

第一百二十一條 車上遇有竊盜要犯跳下逃逸得商請車隊長將車暫停以便即行追緝但以不誤前途行車時刻爲限

第一百二十二條 如有匪人或無知幼童向車內拋擲磚石等物不論損壞車輛或乘客身體與否宜記明該處附近村名里程號數俟到前站告知站警酌量辦理

第一百二十三條 車上遇有中外重要職官應妥爲照料

第一百二十四條 列車坐次包房及車內窗壁等處宜隨時查看如有塵汚不潔應即告知看車夫揩抹灑掃

第一百二十五條 車上膳食及販賣食物應隨時注意有無不潔及有碍衛生情事

第一百二十六條 車上查有傳染病或疾病者應即知照車隊長施行預防救急醫治方法

第一百二十七條 瘋癲酒醉對人有狂暴行爲者暫時管束

第一百二十八條 在車上死亡者到站令其親屬搬下如無親屬朋友告知站上巡警一面呈報長官報用地方警察或法院處理

第一百二十九條 護車警察須列車到站客商物件一律搬運下車方准離車

第二節 貨車

第一百三十條 守護貨車警察查有貨車裝載不妥封誌不固情形應即告知該管站長整理

第一百三十一條 護車警察每班應備運貨備查表册其式如左

年月日車次	貨物種類	車站 起	車站 卸	裝車輛數	封誌情形	接收簽字 站長	接收簽字 車隊長	接收簽字 廠警	接收簽字 車警	備攷

前項表冊守護貨廠警察適用之

第一百三十二條 貨車封誌在途如有損壞情事車警應即知照車隊長查驗於表冊備攷欄內註明情由以備查攷

第一百三十三條 護車警察換班時應互相跟同查驗封鎖棚布烙印有無破綻當面交接明白到站入廠時應由到達站長督同守

護貨廠警察查驗封誌分別于表冊內簽字接收

第一百三十四條　護車警察應于貨車啓行前查驗封誌情形於備查表內簽字接收

第一百三十五條　守護貨車警察對於左列各項宜加注意

一　貨車經站停留時宜即會同該站站長及該次車隊長查驗封誌有無變異

二　車站火星飛颺有無危險

三　沿途高坡及橋梁車行遲緩處所

四　森林及草木茂盛或荒僻處所

五　深夜沿途有無盜竊潛伏

第一百三十六條　守護貨車警察對於左列各項宜加禁止

一　未經站長于運貨單內塡明擅入貨車隨行者

二　在貨車內吸煙者

三　潛伏車底意圖偷竊者

第一百三十七條　第一百三十五條第二至第五款及前條第三款守護客車警察並宜遵照辦理

第一百三十八條　停留各站查驗封誌變動宜即通知該站站長加盖封誌但仍由該次車隊長及護車警察負責

第一百三十九條　貨車經過各站如須停留逾六小時宜即由該站站長及廠警簽收貨物于貨冊備攷欄內註明查驗接收情形待起行再交車隊長護車警察接收

第三節　警備

第一百四十條　遇有必要時得酌派保安隊隨車担任護車任務

第一百四十一條　護車之保安隊應以一部分輪流配置于各車守望以主力集中于武裝車由率隊官長直接指揮

第一百四十二條　率隊官長對於配置各車之警兵應妥定連絡之方法官長除因勤務上之必要不准離武裝車

第一百四十三條　護車之保安隊應具全武裝無論何時不准解除子彈擅離武器

第一百四十四條　在武裝及在各車守望之長警無長官之命令不准擅離職守

第一百四十五條　護車之保安隊應遵守之事項如左

一　應時監視車之兩旁對於蔭蔽處所尤須格外注意

二　發覺匪情宜速照約定之記號通報鄰警并報告官長情況緊急時得鳴槍報警

三　遇警時宜使旅客伏臥原位不准張皇逃奔

四　遇警時宜緊閉車門以射擊抵抗未得官長命令不准下車

五　對於旅客往來各車形迹可疑者宜格外注意

六　守望崗警不准坐臥聚談手武器

第一百四十六條　特別宜遵守之事項由率隊官長臨時授與其應備之事如左

一　宜格外注意之事項

二　各種記號及連絡法

三　鄰崗及官長之位置

四　各種臨時之規定

第一百四十七條　列車入站停止時各車守崗者宜下車守護車監門視上下人等其有可疑者宜阻止詢問之官長宜下車巡視各警兵并與駐站警察交換情報

第一百四十八條　遇警時應在車上抵抗抑應下車抵抗并其配置方法由率隊長官定之

第一百四十九條　保官隊以護車爲專責隊中官長對於護車之辦法遇警之處置宜時時加以研究有時假應各種遇警之情况以研究應付之方法務期胸有成竹臨時不至倉皇訓練部隊亦當本此要領行之

第一百五十條　護車之動作屬於專守防禦無論能否獨立擊退匪人遇事均應迅速報告上下各站及鄰近軍隊增援能如獨立

擊退則俟匪人脫離路綫在步槍有效界外時應即停止

第一百五十一條　遇敵作戰之要領悉遵照陸軍各種典令教範及一切特別規定施行

第一百五十二條　護車保安隊於途中換班交代時卸班之率隊官長應將已往形詳細通報接班之長官

第一百五十三條　護車保安隊卸班之後應即時塡寫報告表呈報主管長官其表式如左

某某鐵道武裝隊護車隊報告表

日期鐘點	車次起止	隊號人數組織	經過情形	換班者隊號及率隊官姓名	備考

第九章　駐防

第一百五十四條　接班護車之保安隊應於車到車開前二十分鐘到站整隊準備

第一百五十五條　凡分駐各站或護車卸班之警察及保安隊自官長以下均應有隨時可以出發之準備

第一百五十六條　凡未上車服務之保安隊應遵照一切之規定計畫按軍隊教育之要領施行教育

第一百三十七條　各站駐防之警察保安隊應獨立或協同地方軍警防除妨害鐵道治安擾亂交通之匪人

第一百五十八條　駐站之保安隊與本站警察應保持密切之連繫按階級之大小有互相服從之義務

第一百五十九條　駐叚之保安隊在防務上應受主管長官之指揮

第十章　備差

第一百六十條　鐵道警察及保安隊除值崗巡邏之外應規定若干人在駐在所聽候差遣以備差警

第一百六十一條　備差警須着制服非經長官許可不准外出

第一百六十二條　鐵道警察禮節規則獎懲規定另定之

第十一章　附則

第一百六十三條　本規則未盡事宜得由各局擬訂單行規則但不准與本規則抵觸

第一百六十四條　本規則如有應行修改之處得由各局申述意見呈部核辦

第一百六十五條　本規則自公佈日施行

鐵路員工服務條例

第一章　總則

第一條　本條例凡國營及其他公營民營鉄路均適用之

第二條　員工之免僱用或解僱除應呈請鉄道部任免或核定者外應由主管人員秉承路局長或路公司總經理辦理之工人或工會不得干涉

第三條　員工應遵守法令及路局或路公司一切規章服從上級命令忠實服務

第二章　管理

第四條　路局或路公司一切行政設備購料管理方法及工作方法應由各該路局長官或路公司總經理及主管人員負責工人或工會不得干涉

鐵道工場管理細則由鐵道部定之

第五條　員工工作由路局長官或路公司總經理及各主管人員切實監督隨時考核如工作之成績及效率過低者路局公司得另行招工承辦

第六條　各處課股廠段站經常及臨時預算並員工名額每月應由主管人員編造依照規章呈報路局長官或路公司總經理核定之

第七條　員工非因疾病或其他不得已事故不得請假未經主管人員許可不得擅離工作

第八條　員工非因不得已事項呈明主管人員轉呈路局長或路公司總經理核准外不得於工作時間中開會

第三章　工作

第九條　工人在廠內工作其有連續性質者除休息及預備時間外每日操作淨工八小時廠外工作行車員工及分班輪值者每日

操作不得超過十二小時但間歇時間較多者得延長至十六小時

第十條　鐵路工人在廠內工作者于規定工作時間實行操作外如因工作上之必要須延長工作時每加工一小時作兩小時計算其在廠外工作行車員工及分班輪值者每日照規定工作時間實行操作外加工在三小時以內者作半工論超過三小時者作一工論按照薪資計算給予加工薪資

第十一條　主管人員因工作上之必要指定加開夜工或於休假日工作者應依照前條給予薪資

第十二條　員工故意不於規定工作時間內完成工作致不能不加開夜工休假日或工作時間外之工作者予以怠工之處分

第十三條　鐵路工人年齡在十四歲以上未滿十八歲者爲幼年工十八歲以上者爲成年工凡未滿十四歲者不准僱用並不准收爲藝徒

第十四條　年在六十歲以上者不得僱用其已僱用之員工年滿六十歲時得酌量情形令其退休

第十五條　幼年工及藝徒祇准從事輕便工作

第四章　待遇

第十六條　員工因事請假每年總計不得逾十五日逾十五者就其超過之日數按日扣薪

第十七條　員工於服務期內發生疾病經醫生証明者由路局或路公司送入醫院治療藥費由路局或路公司負担在治療期內第一月應給全薪資第二月應給半薪資第三月停給薪資

員工患花柳病者不得享受前項待遇

第十八條　員工工作直接對外有關係者由路局或路公司給與制服其式樣及給予規則由鐵道部定之

第十九條　員工因執行職務而致死亡由路局長官或路公司總經理派員查驗屬實者除給五十元之喪葬費外應給與其遺族由一年至二年之平均薪資作爲撫邺費

員工因執行職務而致殘廢不能工作者應給與三個月之薪資額之給養費並發給半薪資至身故日止

員工因執行職務而致傷病一時不能工作者除由路局或路公司担任醫藥費外在治療期內應給全薪資作爲津貼如

經三個月尚未痊愈者其津貼得減至平均薪資二分之一但以一年爲限

第二十條　員工因執行職務致遭意外損失者得酌量情形予以相當救助費但以其一個月平均薪資之額爲限

鐵道沿線發生戰事時員工仍應照常服務其有經主管人員指派在戰鬥區域內之工廠軌道站塲車上工作並證明確實者每一工作三工計算

第二十一條　機廠藝徒每日最低工資爲各該路通行銀幣三角一年以後技藝確有進境者每半年得加工資一角并得遞加至藝徒最低工資之二倍自習藝之日起滿三年後成績優良者得補大工

第二十二條　車務見習生電報生之名額由主管人員呈請路局長官或路公司總經理核定見習六個月後酌量錄用一時未有位置仍在站見習者每月補給膳費十五元

第二十三條　鐵道營業每屆年度終獲有盈餘得酌提若干爲員工獎金依照員工一年所得薪資額比例分配由路局呈鐵道部核定之民業鐵路對於員工獎金之給與或盈餘之分配得由該鐵路自行酌定並呈報主管官署備案

第二十四條　員工服務每滿三年得照原薪資給與酬勞金一個月但因違犯規則被革除者不在此限

第二十五條　路局或路公司爲員工利益起見應辦儲蓄保險其詳細辦法由路局或路公司呈鐵道部核定之

第二十六條　員工繼續服務至二十五年以上而年已達六十歲者准予退休每月照最後月薪資發給半數至身故日止

第五章　獎勵

第二十七旂　員工具有左列各欵之一者得酌量升級加薪

一、對於鐵路技術上有特殊貢獻或發明者

二、記大功三次者

三、遇特別事故能奮勇救護保存本路利益者

第二十八條　員工具有左列各欵之一得記大功一次

一、對於鐵路技術上有相當貢獻者

二、記功三次者

第二十九條　員工具有列左各欵之一者記功一次

一、辦事勤慎克盡職守工作滿一年以上者

二、品行端正成績良好工作滿一年以上者

第六章　懲罰

第三十條　員工藉端聚衆罷工怠工或聚衆要挾妨害秩序者除革除外應按其首從由法院懲辦在軍事戒嚴時並得按軍法處斷

第三十一條　員工如犯左列各欵之一者除革除外應送由法院懲處

一、意圖傾覆火車或破壞行車交通者

二、造作謠言煽動工潮者

三、私運或儲藏違禁物品者

四、營私舞弊有據者

五、盜竊或故意毀壞公物者

六、其他有重大犯罪之行爲者

第三十二條　員工如有左列各欵之一者應即革除或降級

一、不聽命令違反規則屢戒弗悛者

二、不能勝任職務者

三、怠於工作不知悔改者

四、記大過三次者

第三十四條　員工如犯左列各欵之一者記過一次

一、工作不良者
二、品行不端者
三、遲到或早退迭經申誡不知改悛者
四、工作時不着制服者
五、其他違背路局或路公司規章者

第七章　附則

第三十五條　本條例自公布之日施行

國有鐵路局職員薪給章程

第一條　國有鉄路局職員月薪除專門人員另有規定外悉依本章程辦理外籍人員其現行有效之任用合同已規定薪給者暫不適用本章程之規定

第二條　國有鉄路局職員月薪分為四拾級其薪數依國有鉄路局職員薪給等級表之規定

第三條　國有鉄路局職員薪給各依其路局之等但副站長一職衹按站等分級不按局等分級

第四條　局長副局長處長副處長秘書課長段長暨其他相等之高級職員應由鐵道部核敘薪級醫院長分院長所長副段長分段長副分段長暨其他相等之職員應由路局呈請鐵道部核敘薪級課員正副站長車長暨其他相等之職員應由路局核敘薪級

課員正副站長車長其薪級在三十級以上者仍應由路局呈請鐵道部核敘

第五條　國有鉄路局職員應自各本職最低之級起敘但曾經在部局任職者得核敘較高之級由鉄道部或各路局依其學識之高下資歷之深淺職掌之繁簡服務之勤惰定之但由局長定者須分別呈請鉄道部核准或備案

局員之進級須距前次定級或晉級之期至少須滿一年以上平日勤慎得力著有勞績者得由局呈請鉄道部長核准遞進一級

第六條　局長副局長得酌給公費由鐵道部定之但至多不得逾月薪之半

第七條　國有鉄路局月薪發給細則及路員請假扣薪規則另定之

第八條　本章程自公佈之日起施行

國有鐵路局員薪給對照表

（以下以●代級字）

職別	第一號	第二號	第三號
局長	自一級至三級	自四級至七級	自七級至十級
副局長	自五級至七級	自七級至十級	自十級至四級
處長	自八級至十二級	自十二●至十六●	自十六●至二十●
秘書課長	自十二級至十九●	自十六●至二十二●	自二十●至二十四●
課員	自二十一級至三十八●	自二十三●至三十八●	自二十五●至三十八●
段長	自十二●至三十一●	自十六●至三十二●	自十九●至三十三●
分段長	自二十一●至三十八●	自二十三●至三十八●	自二十五●至三十八●
站長	自二十四●至三十八●	自二十六●至三十八●	自二十九●至三十八●
副站長	自三十二●至三十八●	自三十四●至三十八●	自三十五●至三十八●
車隊長	自三十二●至三十八●	自三十四●至三十八●	自三十五●至三十八●
工程司	自十二●至二十六●	自十六●至二十八●	自十九●至二十九●
工務員	自二十一級至三十八級	自二十三級至三十八級	自二十五級至三十八級

備考　各該路車務繁要及專門技術之所廠主任其薪級與課長段長工程司同換言之即以課長段長工程司之資格派充該項所廠主任

國有鐵路局局員月薪分級表

第一級	六〇〇元	第二十級	二〇〇
第二級	五五〇	第二十一級	一九〇

第三級	五〇〇	第二十二級	一八〇
第四●	四七五	第二十三●	一七〇
第五●	四五〇	第二十四●	一六〇
第六●	四二五	第二十五●	一五〇
第七●	四〇〇	第二十六●	一四〇
第八●	三八〇	第二十七●	一三〇元
第九●	三六〇	第二十八●	一二〇
第十●	三四〇	第二十九●	一一〇
第十一●	三二〇	第三十●	一〇〇
第十二●	三〇〇	第三十一●	九五
第十三●	二八五	第三十二●	九〇
第十四●	二七〇元	第三十三●	〇八五元
第十五●	二五五	第三十四●	八〇
第十六●	二四〇	第三十五●	七五
第十七●	二三〇	第三十六●	七〇
第十八●	二二〇	第三十七●	六五
第十九級	二一〇	第三十八級	六〇

國有鐵路員司工警夫役撫卹暫行通則

第一條　本通則除國有鐵路之洋員訂有合同應各照合同辦理凡服務於國有鉄路員司工警夫役因公受傷及在職積勞病故者

皆適用之外

第二條　因公死傷者分左列四等

一等　致死者

二等　終身殘廢不能在鉄路供職者

三等　身體重傷治愈後不能復原而尚能在路供職者

四等　身體一時毀傷治愈後復原仍能在路供其原職者

第三條　前條所列死傷結果其發生原因分為不可抗力與過失二種因不可抗力而致前條第一等至第三等之結果者按照附錄第一表給䘏

因過失而致前條第一等至第三等之結果者按照附錄第二表給䘏

無論因不可抗力或過失而致前條第四等之結果者除第四條第二項之規定外概不給䘏

第四條　明知危險奮不顧身以致第二條第一等至第三等之結果者照附錄第一表加倍給䘏

其屬於第四等者照附錄第二表第三等給䘏

第五條　在職積勞病故而供職滿三年者按附錄第三表給䘏

其供職未滿一年者由路局酌量情形核給但不得超過其原定月薪之數

第六條　因病假逾期暫予停職之員司工警在停職後六個月內（病前供職十年以上者則十二個月內供職二十年以上者則二十四個月內）治療未愈因而病故者得按照前條給䘏但此項停職人員應自停職日起按月取具西醫（無西醫處則中醫）診斷書一份呈由主管長官轉呈路局備案中斷者以病愈論不得補送

該主管長官係指處長課長段長工程司廠長及其他相等之職員

第七條　關於服務年數及䘏金額之計算法

甲，服務年數之計算法

一，繼續在一路局供職者按其年數計算其卹金由該路局核給曾在該路局供職一年以上非因過失離職而再由該路局任用者同

二，由一路局調往他路局供職者合其在該各路局供職年數計算其卹金由撫卹事故發生時之路局核給曾在一路局供職一年以上非因過失離職而再由他路局任用

三，由路局調至鐵道部或由鐵道部調往路局供職者合其在鐵道部及在一路局或各路局之供職年數計算撫卹事故在路局供職發生時其卹金由該路局核給在鐵道部供職中發生時由路局發給薪金者其卹金由該路局核給由鐵道部發給薪金者其卹金由鐵道部按照本通則核給曾在路局供職一年以上非因過失離職而再由鐵道部任用或在鐵道部供職一年以上非因過失離職再由路局任用者同

乙，撫卹額之計算法

一，以卹金事故發生時之月薪爲起算額

二，正額薪金以外之各項給費概不得合算

三，按日給薪者以日薪之三十倍爲一個月月薪

四，一百元以下之月薪照全數計算

五，一百元以上至三百元之月薪以百分之九十計算但其最低數少於前項最高額時須補足其差額

六，三百元以上者月薪以百分之八十計算差數補足同前

第八條　因公受傷致死者在職積勞病故者之卹金受領遺族依左定之範圍及順序

該死亡者屬男性時其妻子父母祖父祖母其子之妻其孫孫之妻其女孫女及其兄弟姊妹（母祖母妻子之妻孫之妻均限於未再醮者女孫女姊妹均限於未出嫁者子孫女孫女兄弟姊妹均先長後幼）

該死亡者屬於女性時其夫子其夫之父母祖父祖母其子之妻其孫孫之妻其女孫女其本身之父母祖父祖母（再醮出

嫁長幼之限制同前）

第九條　前條之卹金須經該管長官及醫士切實證明由死者遺族塡具附錄第一號請願書幷覓相當保證人出具收領證呈由該局核給須在六個月以內受領

前項醫士係指該局附屬醫院之醫士路局囑託之醫士病故不在供職地點時則其他醫士

第十條　第八條卹金以外之卹金除由本人於第十五條療養期間經過後塡具附錄第二號請願書外悉如前條之規定

第十一條　因公受傷致死及在職積勞病故者除給卹金外別給喪葬費因不可抗力與知險奮進受傷致死者員司則一百元至六十元工警則六十元至二十元

因過失受傷致死與在職積勞病故者員司則八十元至四十元工警則四十元至十元

第十二條　喪葬費於遺族受領卹金時一併發給

但遺族全無或居住遠方不及趕到棺殮時得由死者僚友呈由該管長官轉呈所屬該局核給以營治喪葬對於遺族不別給喪葬費

第十三條　死者靈柩經由鉄路運回原籍地及其他地點埋葬者其靈柩及護柩一人之運費全免

第十四條　因公受傷與在職染病而在路局附設醫院或由路局指定之醫院或診斷所療養者其醫藥費及住院之膳宿費由路局負擔由各該醫院或診斷所開列賬目直接向路局核領

第十五條　療養期間以六個月爲限

該期間內之薪金屬於因不可抗力者知險奮進受傷者按月全給屬於因過失受傷與在職染病者前三個月全給後三個月給半

第十六條　凡路局臨時雇用之短工在工作地點因公受傷致死或殘廢者得由該管首領呈由路局照第三條給卹但不得超過該條服務未滿一年者應領之數

其養傷之醫藥費及住院膳宿費依照第十四條之規定

第十七條　本通則施行後所有各路局之關於撫卹規章一律廢止

第十八條　本通則如有未盡事宜得由各路局呈請本部修訂增補

第十九條　本通則以部令公布之由公布部令達到各路局之日起施行

附錄一

第一給卹表　對於因不可抗力而致通則第二條第一等至第三等之結果者

供職年數／卹金／受傷等級	一年未滿	一年以上三年未滿	三年以上五年未滿	五年以上七年未滿	七年以上十年未滿	十年以上十五年未滿	十五年以上二十年未滿	二十年以上廿五年未滿	廿五年以上
一等	五個月份	六個月份	七個月份	八個月份	十個月份	十二個月份	十四個月份	十七個月份	二十個月份
二等	四個月份	五個月份	六個月份	七個月份	九個月份	十一個月份	十三個月份	十六個月份	十九個月份
三等	二個月份	三個月份	四個月份	五個月份	六個月份	八個月份	十個月份	十二個月份	十四個月份

第二給卹表　對於因過失而致通則第二條第一等至第三等之結果者

受傷等級 / 卹金表 / 供職年數	一年未滿	一年以上三年未滿	三年以上五年未滿	五年以上七年未滿	七年以上十年未滿	十年以上十五年未滿	十五年以上二十年未滿	二十年以上廿五年未滿	廿五年以上
一等	四個月份	五個月他	六個日份	七個月份	九個月份	十一個月份	十三個月份	十六個月份	十九個月份
二等	三個月份	四個月份	五個月份	六個日份	七個月份	九個月份	十一個月份	十四個月份	十七個月份
三等	一個月份	二個月份	三個月份	四個月份	五個月份	七個月份	九個月份	十一個月份	十三個月份

第三給卹表　對於在職積勞病故者

供職年數	一年未滿	一年以上三年末滿	三年以上五年未滿	五年以上七年未滿	七年以上十年未滿	十年以上十五年未滿	十五年以上二十年未滿	二十年以上廿五年未滿	廿五年以上
卹金額	無	一個月份	二個月份	三個月份	四個月份	六個月份	八個月份	十個月份	十二個月份

附錄二

第一號撫卹請願書

死者	姓名
	職務
	任職年期
	原受薪金
死亡狀況	原因
	月日
	地點
卹金額	
醫士診斷	
處長簽註	
局長批示	

請願者					
姓名	年歲	籍貫	住址	職業	與死者之關係

中華民國　年　月　日　請願者

第二號撫卹請願書

受傷者			受傷狀況						
姓名	年歲	籍貫	原因	程度	日月	地點	卹金額	處長簽註	局長批示
職務	任職年期	原受薪金					醫士診斷		

中華民國　　年　　月　　日　　請願者

民國十七年十月修訂新寧鐵路股份有限公司章程

第一章　總則

第一條　本公司依據民業鐵路法及公司條例組織定名為新寧鐵路股份有限公司

第二條　本公司股東以中華民國人民為限

第三條　本公司資本總額原定為國幣大洋銀弍百五拾萬元經陸續增至叁百陸拾伍萬捌千五百九十五元但經股東會會議議決仍得增加之

第四條　本公司資本分作七拾叁萬弍千七百壹拾九股每股國幣銀五元

（說明）原收股本概係港幣當時港紙與毫洋本無十分軒輊但本國人經營事業例須以本國貨幣為主故易港幣為國幣

第五條　本公司經股東會之議決得發行債劵但借外債時須呈准主管機關

第六條　股票轉讓時須由當事人雙方塡具轉股証書幷讓受人之履歷送交本公司審查俟核准後方准過戶但不得轉讓或抵押於外國人幷於股東大會前三十日內停止過戶

第七條　股票如有遺失時須即報告本公司幷登報聲明一個月後如無人提出異議即由該股東出具殷實店保方准補給

第八條　凡發給股票除盖公司圖章外幷須由現任董事弍人及總副經理共同簽名盖章以昭慎重其轉換或補發之股票每張收回手續費毫銀壹元

第二章　股東大會

第九條　股東常會以每年新歷四月一日由董事召集之但遇特別事故經董事會之議決或股本總額十分之一以上之股東具書聲明理由請開臨時股東會時亦由董事會召集之

第十條　董事會監察人或占有股份總額二十分之一以上之股東均得在股東大會提出議案各項議案須於會期前十五日登報通知各股東

第十一條　在開會期內無論常會或臨時會如有緊急事件發生得有股東五十人以上之連署或湊合股份壹萬股以上者得提出議案

第十二條　董事或監察人如營私舞弊有據或違背章程議案等事股東得依照第十條第十一條之規定提出常會或臨時會處分之

第十三條　凡開股東大會無論常會或臨時會董事會應先期指派公司職員組織辦理股東大會事務所其成立日期及辦事細則由董事會議定之

第十四條　本公司股東每壹股有壹議決權多者類推均應依照定期將股票交事務所驗明塡發議決票及入座券逾期不交驗者以棄權論

第十五條　凡入座券及議決票均用二聯票式行之式如下

NO.

新寧鐵路

第口屆股東常會

入座券

民國　年　月　日在　開會

字第　號　股股東

字第　萬　千　百　拾　號

NO

新寧鐵路

第口屆股東常會

入座券存根

民國　年　月　日在　開會

字第　號　股股東

(說明)臨時會入座券式與常會同惟將常字改為臨時二字

NO.

新寧鐵路公司

第口屆股東常會

議決票

民國　年　月　日在　開會

字第　萬　千　百　十　號

萬　千　百　十　股　股東

萬　千　百　十　議決權

自行註明議決意見於此

字第　萬　千　百　十　號

NO.

新寧鐵路公司

第口屆股東常會

議決票存根

民國　年　月　日在　開會

字第　萬　千　百　十　號

萬　千　百　十　股　股東

萬　千　百　十　議決權

（說明）臨時會議決票式與常會同惟將常字改爲臨時二字

第十六條　股東大會設主席壹員每次大會由到會股東用雙記名式票當場選舉之以得議決權多數選舉者當選如票數相等者

以抽籤決定之

選舉主席票由事務所依式製定於開會時分派股東自行塡寫式如下

新寧鐵路公司
第口屆股東常會
選舉主席票
民國　年　月　日在　開會
原領議決票　字第　萬　千　百　十　號
有　萬　千　百　十　議決權股東
推舉　爲主席
此票內號數權數姓名均由股東自行塡寫如查有重見叠出或與原領議決票不符者概作無效

（說明）臨時會選舉主席票式與常會同惟將常改爲臨時二字

第十七條　股東大會議事以得議決權多數者決定之可否同數時由主席投一決定票

第十八條　股東大會議事由主席挨次提出討論決議時由各股東自行註明可否字樣於議決票如股東有臨時動議請求變更議事日程者非得有股權壹萬股以上之連署不得提出討論

第十九條　股東因事不能到會發表意見時可委託代表並具委託書先期送達事務所其應得之議決權與到會同如不到會又不委託代表則議決事項作爲默認委託書式如下

新寧鐵路公司

第口屆股東常會

股東委託書

原領議票　字第　萬　千　百　十　號

右　萬　千　百　十　議決權股東

今委託　君爲全權代表出席

貴公司第　屆股東常會會議及推舉主席等事項委任期限由

委任日起至閉會日止此致

新寧鐵路公司鑒

股東　簽名或蓋章

中華民國　年　月　日

書內號數姓名日期均由股東自行填寫如查重有見叠出或與原領議決票不符者概作無效

（說明）臨時會股東委託書式與常會同惟將常字改爲臨時二字

第二十條　無論常會或臨時會簽名到會之股東統算股票至少有總額過半以上之出席時方能開議如有特別故鄣時有二十萬

股以上亦得開議如不滿上列股票之數時須再行佈告股東限一個內召集第二次大會不論到會股東股數多寡得議決之惟常會如無附議事項股東到會祇係省覽上年賬目年結則無論到會股東股數多寡均即依期開會無庸展期再行召集

第廿一條　股東大會在會期內有未能議決之事項主席得延長會期至多以十日爲限

第廿二條　股東大會開會時應由董事會酌派書記將是會議決案記錄係重大有呈請立案之必要者由董事會呈請主管機關立案

第廿三條　股東大會之費用由公司支理

第二章　董事會

第廿四條　董事定額九名由股東大會就股東中選出任之任期三年得連選連任惟九名內互選壹名爲主席任期三年常川駐會主持會中一切事務

第廿五條　董事設常務董事三名由董事互選每年更換一次得連選連任

第廿六條　董事薪俸每員每月壹百五拾元常務董事薪俸每員每月弍百五拾元

第廿七條　董事會之職權如左

(一)互選常務董事

(二)聘辭總副經理及免任司庫並監督之

(三)核訂購料購地包工批租各項合同

(四)核定全路各級職員薪俸表

(五)議訂本公司各項章程

第廿八條　董事會主席應於每屆第壹次開會時用雙記名式票選舉之常務董事應常川駐會辦事每月月終召集董事會將全路營業及其他路務報告之如有重要事件發生得隨時召集董事會解決之

第廿九條　董事會至少有董事五人(常務董事在內)出席方得開議議決

第三十條　董事無正當理由連續不出席三次者以得次多票者遞補之

第卅一條　董事會議事項如牽涉董事個人者該董事得自行引避

第卅二條　董事會會議每人有壹議決權取決于多數可否同數時由主席投一決定票

第卅三條　董事會得聘用文牘壹員掌管文牘案卷及開會紀錄等事

第卅四條　董事會會議須於公司所在地舉行之會議時不得委派代表出席

第卅五條　公司職員如營私舞弊有據或違反定章或股東大會之決議董事會得函知總經理撤換之

第四章　監察人

第卅六條　監察人定額弍名由股東大會就股東中選任之

第卅七條　監察人任期壹年得連選連任但不得過三次經當選爲董事或被聘用爲職員者不得兼充監察

第卅八條　監察人薪俸每員每月壹百五拾元

第卅九條　監察人之職權如左

(一)稽核全路所屬員司職工警役是否盡職有無浮濫報告於董事會

(二)稽核全路所屬各機關一切進支賬目及材料出納是否核實有無混弊並成績若何報告於董事會

(三)稽核公司存放提用欵項是否正當報告於董事會

(四)稽核公司購料購地包工批租各項有無混弊報告於董事會

(五)每年將全路進支賬目表冊稽核清楚於未開股東常會前壹個月報告於董事會覆核通過報告於股東常會

第四十條　監察人常川駐會辦事每月月終將稽核所得結果報告于董事會

第四一條　監察人認董事會議決對公司有重大損害時得要求董事會複議如複議結果仍維持原議時得將情形登報通告各股東

第五章　職員

第四二條　本公司設總經理壹員副經理壹員均由董事會以多數同意聘任之並將其姓名履歷呈報主管機關備案

第四三條　總經理之聘任須具左例之條件

(一)有經濟工程或鐵路管理專門學識及經驗者

(二)品行端正身家殷實者

(三)年齡在叁拾歲以上六拾伍歲以下者

第四四條　凡全路用人行政及營業均由總經理執行之副經理勸助總經理執行職務如遇總經理因事不能執行職務時由副經理代行其職權

第四五條　總副經理薪俸由董事會定之

第四六條　總副經理之任期由董事會於延聘時互訂之但至短不得少于壹年至長不得過叁年期滿續聘得連任

第四七條　總副經理如有左列情事之一時無論所訂任期期滿與否應即退職由董事會另行改聘在新總副經理未聘定就任以前其職權由董事選員暫代但代行職權期間至長不得過三個月

(一)不守定章違背股東大會之决議或營私舞弊有據經股東大會或董事會議决解除聘約者

(二)受褫奪公權之處分者

(三)受破產之宣告者

(四)有精神病者

第四八條　總副經理之職守及權限如左

(一)總副經理應遵守本公司一切章程並執行股東大會及董事會之議决案

(二)管理路務及公司營業範圍內所有呈報官廳公文及對內對外一切文件概以總經理名義行之

(三)總經理應督飭本公司各職員辦理各該課應辦事務如認爲未臻妥善者得隨時改良之

(四)除司庫員由董事會任免外全路員工警役由總經理任免之

(五)全路職員工人警役名額薪金除本章程有特定者外概由總經理擬具等級數額移送董事會核定之

(六)如公司庫欵充裕時總經理可將欵項存放殷實銀行商號生息其單據則交司庫員保管但每次存放或提用時均應先行報告董事會核准

(七)倘因路欵支絀公司急需籌用時總經理得用本公司名義設法揭借欵項但須先期報告董事會核准並有常務董事二人簽名方爲有效

(八)公司每日收入車利及其他欵項應由會計主任於每日結數時列報總經理核閱後即將欵項點交司庫員保管每日支出欵項無論巨細概由會計主任逐欵列呈總經理核准蓋章方得提支

(九)凡公司添購機車機器銅鐵材料枕木煤炭油類士敏土沙石或其他大宗品物每單價值在壹千元以上者概由總經理招商投承惟須先將擬購數量預算價格招投章程等件送董事會核准方得舉行開投時至少須請監察壹人到塲監視合同定單亦須先送董事會核准方能訂立如有特別情形不便招投時得商准董事會由總經理直接向商人訂購惟合同定單仍須送會核訂方能簽立此外購買零星物料及公司日常用品雜費價在壹千元以下者總經理得自行訂購

(十)全路材料煤炭一出一納均應有詳細之登記及嚴密之報銷其辦法由總經理妥訂之

(十一)如因修葺碼頭鐵船橋梁路基車站房屋及各種車輛等須招商投承包辦工程或須添購地段其價值在壹千元以上時總經理宜分別擬具圖說章程合同預算等件先行移送董事會議决方得舉行

(十二)凡招人租賃沿路餘地或招商投承車上站上賣物及招商懸掛各站告白牌位等一切批租合約均由總經理便宜處理但批期不得過壹年期滿續批者不在此限惟北街碼頭批租之樫概由董事會訂定合約條件交總經理照案執行

(十三)總經理對於現行之客運貨運價目認爲有應增減時經董事會之同意須擬具理由呈請主管官廳核准施行

第四九條　每屆月終年終總經理應督飭屬員將全路各處進支賬目存放揭借欵項及材料出納各數造成月結年結冊移送董事會交監察人稽核以便宣告股東

第五十條　總經理於執行職務時如有重要事件應由股東大會或董事會解決者隨時報告董事分別召集股東大會或董事會解決之

第五一條　總經理及全路職員均不得擅向公司揭借欵項或預支薪水酬金並不得擅以公司名義圖章作担保私人欵項及干與一切外事之用

第五二條　所有本公司關防圖章及全路各種賬冊欵項單據合同地契圖籍文牘當卷案件以及一切材料車輛機器什物傢私等件總經理均應督同屬員妥爲保管至任滿或中途因事退職時即須逐欵點交清楚由新任總經理或董事會接收

第五三條　總經理管轄下列各課

一　總務課

二　會計課

三　工務課

四　車務課

五　機務課

第五四條　工務課設總工程師一員其餘各課各設主任一員概由總經理任免

第五五條　總務課主任之任用須具左列之條件

一　有法律或鐵路管理專門學識及經驗並品行端正者

二　年歲在三十歲以上六十歲以下者

第五六條　總務主任秉承總經理督飭課員辦理全路總務事項凡材料股冊地畝交際警務印務庶務及一切不隸於會計工務車務機務四課各事項概歸總務課主管之

第五七條　全路路警長員兵役概歸總務課統轄總經理有權隨時指揮調動之

第五八條　會計課主任之任用須具左列之條件

一　有會計專門學識及經驗並品行端正殷實商店担保者

二　年歲在三十歲以上六十歲以下者

第五九條　會計主任秉承總經理督飭課員辦理全路會計事項並於每月終年終將進支賬目編成結冊

第六十條　會計課設司庫一員專負保管公司一切銀両及單據之責須具相當担保並由董事會直接任免之

第六一條　工務課總工程師之任用須具左列之條件

一　有鐵路工程專門學識及經驗並品行端正者

二　年歲在叁拾歲以上六拾歲以下者

第六二條　總工程師秉承總經理督飭工程人員及課員辦理全路工程設計及修築事項

第六三條　車務課主任之任用須具左列之條件

一　有車務專門學識及經驗並品行端正者

二　年歲在叁拾歲以上六拾歲以下者

第六肆條　車務主任秉承總經理督飭課員辦理全路運輸事項

第六五條　機務課主任之任用須具左列之條件

一　有機器專門學識及經驗並品行端正者

二　年歲在叁拾歲以上六拾歲以下者

第六六條　機務課主任秉承總經理督飭課員及廠長工目等辦理全路機器工作事項

第六章　結算

第六七條　本公司一切賬目每屆陽歷年終結算一次

第六八條　本公司每月須將收支數目塡具月計表呈報主管官廳所有本公司賬表得僱用會計師鑒定之

第六九條　總經理應於每年結期造具全年營業會計工務機務車務材料各項報告送董事會交監察人審查報告股東大會及呈報主管機關幷印送各股東

第七十條　本公司分派盈餘時應先提百分之十以上爲公積金

第七一條　本公司股本定爲年息壹分但遇盈餘不足時得由董事會提議經股東大會議決減少之

第七二條　本公司每年以純溢利十之二爲董事監察人總副經理及各職員之酬勞金按照各人薪額比例分配於年結後一個月發給倘供職不滿一年中途辭職非因犯事開除者得按照在職月數計算給領

第七章　附則

第七三條　其他公司或個人不得在本鐵路兩側十英里內築造平行路綫

第七四條　本公司如須展築路綫至陽江水東欽廉佛山等處須經股東大會議決呈請主管機關核准

第七五條　董事及監察人之選舉其章程另訂之

第七六條　各課組織章程及辦事細則由總經理會同各課主任分別擬訂送董事會核定之

第七七條　本章程如有未盡事宜隨時依法由股東大會修改呈請主管官廳核定之

第七八條　凡本公司舊有各種章程如與此次新改章程無抵觸者仍爲有效倘新舊章程所未明白規定者均遵照普通法令處理之

第七九條　本章程自奉准立案日施行

新寧鐵路股份有限公司選舉章程

第一章　總則

第一條　本章程關於董事及監察人之選舉用之

第二條　選舉事務由現任董事會指派公司職員組立選舉事務所辦理之事務所設管理一員爲主任設幹事糾察若干員分任驗股發票及料理會場內各事其員額由管理員酌量指派開始驗股發票及開會選舉之日均呈請主管機關派員蒞場監督另請地方官(指公司所在地之行政長官而言)於開會日派兵隊到場保護用維秩序

第三條　選舉會場及事務所均就總公司所在地設立凡驗股發票投票開票一切事宜均於本會場及事務所辦理

第四條　選舉日期自本次選舉第六屆董事監察人經由股東大會決定日期後嗣後每歷三年照章選舉一次均以此日期爲准並預早四個月登報佈告股東週知非有特別事故發生不得改期

第二章　選舉人及被選舉人

第五條　凡股東皆得爲選舉人選舉票以一股爲一權其股份多者類推照數遞加但每票選一人

第六條　凡占本公司股份二百股以上者有被選舉爲董事及監察人之資格

第七條　有左列情事之一者無被選舉權

一　未成年者

二　褫奪公權尚未恢復者

三　有精神病者

四　受破產宣告確定後尚未撤銷者

五　不識文字者

六　辦理路事聲名惡劣有案者

第八條　凡股東用堂名嘗名社會名義入股者得委託代表一人在選舉前一個月提出委託書到公司或選舉事務所登記姓名亦有選舉權但無被選舉權至股東本人委託代表有選舉權亦有被選舉權惟被選時須本人出而任事不得委託代表

第九條　董事定額九名自第六屆起一律由股東選舉會選出之監察人定額二名由每年股東常會省覽年結時選舉之

第十條　董事任期三年監察人任期一年連舉得連任

第三章　發票投票開票

第十一條　選舉票及股東入場劵均用記名式二聯票由事務所製定加蓋戳記來賓入場劵亦同式如下

選舉票式

NO.

新寧鐵路

第口屆選舉票

民國　年　月　日在台山城本公司會場投票　監督

字第　萬　千　百　十　號

萬　千　百　十　股

萬　千　百　十　權

股東

舉　　爲董事員

字第　萬　千　百　十　號

NO.

新寧鐵路

第口屆選舉票存根

字第　萬　千　百　十　號

萬　千　百　十　股

萬　千　百　十　權

股東

舉　　爲董事員

〔說明〕監察人選舉票式與董事同惟將董員三字改爲監察人三字

股東入場劵式

NO.

新寧鐵路
選舉第口屆董事
字第　　號股東
股東入場劵
民國　年　月　日開會

字第　萬　千　百　十　號

NO.

新寧鐵路
選舉第口屆董事
字第　　號股東
股東入場劵存根
民國　年　月　日開會

來賓入場劵式

NO.

新寧鐵路
選舉第口屆董事
先生
來賓入場劵
民國　年　月　日開會

字第　萬　千　百　十　號

NO.

新寧鐵路
選舉第口屆董事
先生
來賓入場劵存根
民國　年　月　日開會

第十二條　發給選舉票及股東入場劵須由股東將股票親自交由事務所驗明加戳如股東有事故得委託代理人代理之

第十三條　管理員及幹事發給票劵時驗明股數後即於票面及存根底冊上各將股數註明以便開票時核算確數

第十四條　會場啓門後投票股東及各職員地方官暨來賓均應將入場劵交由守衛驗收魚貫入場分別就席投票人入場先挨次投票再行就席投票出場後不得再行入場

第十五條　投入箱內之票不得取出更改

第十六條　投票限當日正午十二時以前完竣午後一時宣告開票限午後六時完竣

第十七條　會場內設董事票箱及監察人票箱兩種均於箱面標明各箱鑰交由監視員保管未投票之先由管理員將票箱當衆開視隨即封鎖開票時仍當衆開鎖如票數過多則加設票箱

第十八條　選舉人在場除關於投票事項得與職員問答外不得與他人接談

第十九條　開票時遇有左列情事之一者其選票爲無效

一　寫不依式或夾寫他事者

二　字跡糊塗不能辨認者

三　票內有挖補或汚損塗改者

四　不用發出票紙者

五　被選人有本章程第七條情事之一者

第四章　開會

第二十條　會場門口置選舉人名冊職員來賓簽名冊各一本到會各股東於本人名下自簽到字職員來賓亦須簽名

第廿一條　會場應列席次如左

一　監督席

二　地方長官席

三　來賓席

四　股東席

五　管理幹事職員席

第廿二條　監督督飭各糾察員監視投票開票事宜投票人如有違反章程或其他關於選舉有不正當之行爲者得隨時指交地方官核辦

第廿三條　開會日會場內外請地方官撥派軍警維持秩序如有借端滋事或對於投票人有脅迫留難行爲者不論何人由監督指

揮軍警制止或逮捕之

第廿四條　開會之日股東到塲祇係投票不演說不議事

第五章　當選人之選出及其宣示

第廿五條　董事及監察人均以得股權最多數前列者爲當選次爲候補其股權數相同者抽籤定之

第廿陸條　當選人及候補當選人確定後當塲標貼宣示呈報主管機關立案由公司於叁日內分別通知各當選本人一面登報佈告當選人接到通知書應於七日內答覆就職其謝絕當選者亦於七日內提出理由書過期不答覆作爲默認

第廿七條　當選人同時被選爲董事及監察人時聽其擇一應選不得兼任

第廿八條　有左列情事之一者認爲當選無效

一　謝絕當選

二　死亡

三　被選資格或股權數有疑義經判定者

第廿九條　當選有缺額時以候補當選人挨次補充之

第六章　選舉事務所權責

第三十條　事務所職務由管理員分配指定幹事員額由公司內職員派充如不敷用臨時添僱職務終了時遣散之所有選舉時期事務所公費雜支由公司支給

第卅一條　管理員及各幹事員分掌事務如左

一　依照定式製備選票及股東入塲劵普通入塲劵

二　發給票劵查驗股票

三　掌投票箱及開票唱票

四　核對票部檢查廢票

五　審查當選票之是否合格

六　登記發票投票開票一切數目編製報告

七　保全選票及其他書類

八　管理員有指揮辦理選舉範圍內一切事項之權責

第七章　附則

第卅二條　本章程經股東會議規定呈報主管機關立案非由股東大會不得修改

第卅三條　本章程自奉准日施行

編輯處啟事

本報原定七月出版嗣因各種電版未起及修理機器以致稽延時日未能應期深爲抱歉閱者諸君希爲見諒

命令

部令

◉鐵道部訓令

業字第三〇八八號

令新寧鐵路公司

爲令遵事案准交通部咨開查照路局發電規則第一條之規定路局因公發電得照商電各項價目減半收費惟收報局收到此項電報時因其與普通商電並無何種區別往往誤作全價商電列册以致敝部稽核報費殊感困難查減價電報如遲緩電新聞電等均須於收報人姓名住址之前加註納費標識所有路局因公發出之電報亟應仿照辦理以示區別茲擬將路局發電規則第一條脩改如下「國有鐵路各局因公發電無論華洋明密加急均得按照商電各項價目減半收費惟其收報人姓名住址之前應加註納費標識RAIE字樣作一字計費遇有特別情形由交通部特准拍發一等官電飭知有案者得照一等官電定章辦理」並擬自明年二月一日起實行相應咨請貴部查照見復以便轉飭各電局遵照辦理等由准此查路局發電規則前經本部會同交通部於十八年十月四日公佈並於二二四八號訓令本部各司廳會處及各路管理局遵照在案此次交通部所擬修改該項規則第一條內容僅於姓名住址之前加註RAIE一字純係便利稽核起見核與原案並無抵觸除咨復外合行令仰遵照辦理

此令

中華民國十九年一月十日　部長孫　科

◉鐵道部訓令 總字第三一三六號

令新寧鐵路公司

爲令遵事查一月十日本部第四十次部務會議關於工務司提議各路宜少造頭等客車改良二三等客車并在可能範圍內添置二三等臥車以備長途列車之用一案業經決議通令各路局照辦亟應通飭施行除分令外合行抄同原決議案令發仰即遵照切實籌備進行並將辦理情形隨時具報查核爲要此令

計抄發決議案一件　提議書(畧)

中華民國十九年一月十五日　部長孫　科

◉鐵道部訓令 業字第三四六弍號

令新寧鐵路公司

爲令遵事查設官分職國有常經惟當爲事擇人不得人浮於事矧鐵路職屬營業額設員司際茲整飭路政實事求是之時宜如何慎重用人力戒冗濫乃各路仍狃故習多事瞻徇每一長官蒞新往往位置閒員任意委派多至數百人少亦數十人前車來軫層層累增加進易退難勢同薪積且多一人則多一人之薪給經費因以日增不惟款等虛糜亦復成何政體是非先由各路局就編製專章及事務繁簡擬定

應用員額呈候核奪施行無以免浮濫而示限制除分行外合行令仰該局即便遵照辦理從速覈實具報毋稍延混切切此令

中華民國十九年二月十八日

部長孫　科

⊙鐵道部訓令 總字第四一一九號

令新寧鐵路公司

為令飭事案奉

行政院第一七七八號訓令開案據禁烟委員會呈稱查禁烟法施行規則規定凡查獲私運鴉片及麻藥品均須扣留連同人犯送交法庭依法懲處原所以一事權而維禁令乃近查各海關各鐵路局查獲私運鴉片及麻醉藥品悉依慣例自行焚燬並不移送司法機關辦理非但與禁烟法施行規則不合抑且流弊滋多謹擬具議案提交屬會第三十五次委員會議討論議決呈請鈞院通令各省市及財政鐵道兩部轉飭所屬各機關以後查獲毒品一律移交地方司法機關辦理以一禁令等因理合錄案備文呈請仰祈鑒核施行等情據此查所請事關法令規定應准照辦除指令暨分飭外合行令仰該部即便遵照並轉飭所屬一體遵照此令等因奉此自應遵辦除分令外合行令仰該局卽便遵照並轉飭所屬一體遵照此令

中華民國十九年五月九日

部長孫　科

鐵道部訓令　總字第四二〇三號

令新寗鐵路公司

爲轉令遵照事現奉

行政院第一九一二號訓令開准國民政府文官處第三二二九號公函開逕啟者准中央執行委員會秘書處第七六八二號公函開頃據津浦鐵路特別黨部執委會呈「會字七六八二號」爲據第一區黨部轉據五分部呈請擬請轉呈中央函咨國府通令全國各機關於更動長官時所屬官吏不得同時辭職或解職等情理合轉呈鑒核一案奉常務委員批交國民政府相應抄同原呈函請查照轉陳等由附抄呈一件准此即經轉陳奉　主席諭交五院酌辦等因除分函外相應抄同原附件函達查照辦理等由准此查國家設官所以爲民奉職辦公尤資熟練凡百官吏自當忠於所司以公務爲重私情爲輕所請令飭各機關於更動長官時所屬官吏不得同時辭職或解職係爲愼重公務防止流弊起見自應照辦除分令外合行抄發原附件令仰該部遵照并轉飭所屬一體遵照等因奉此除分行外合亟抄發原附件令仰該公司遵照并轉飭所屬一體遵照此令

原件「畧」

中華民國十九年五月二十日

部長孫　科

鉄道部訓令　業字第四二七三號

令新寗鐵路公司

爲令遵事案奉

行政院第二零六六號訓令內開准國民政府文官處第三四六二號函奉

主席發下全國商聯會佳代電爲轉呈提倡國煤管見請准通飭所屬一律採用國產國營煤貨以挽利權一案奉　諭交行政院等因相應抄檢原件函達查照等由准此查原代電所請係爲提倡國煤挽回利權起見自應由各部會及各省市政府轉飭所屬用煤機關一律採用國煤並由農鑛部設法增加產量以期供求相應除原代電暨提倡國煤管見已據分致不再抄發並分令外合行令仰該部即便遵照辦理此令等因奉此並據全國商會聯合會電陳到部查鐵路消耗煤爲大宗如能一律採用國煤自可挽回利權不少合行將全國商會聯合會原電抄發該公司仰即遵照設法儘量採用國煤以資提倡是爲至要此令

計抄發全國商會聯合會佳日代電一件

部長孫　科

中華民國十九年六月二日

◉鐵道部指令 總字第四一六〇號

令新寧鐵路公司

呈一件　呈報總經理陳耀平副經理馬周仁就職日期并送履歷乞鑒核備案由

呈悉准予備案此令

中華民國十九年一月二十七日

◉鐵道部指令　統字四一八二號

令新寧鐵路公司

呈二件　請發行車統計規例等項乞察核由

據第三第四兩號呈均悉所稱本部第一五二三號暨第一六四九號訓令並行車統計規則列車機車里程及機車鐘點旬報表式均未收到等情自應將前項訓令暨行車統計規則二本列車機車里程及機車鐘點統計則例二本列車機車里程及機車鐘點旬報表式二份一併補發仰卽遵照依式塡報爲要此令

附抄發第一五二三號、一六四九號訓令各一件

行車統計規則二本

列車機車里程及機車鐘點統計則例二本

列車機車里程及機車鐘點旬報表式二份

部長孫　科

中華民國十九年一月二十八日

廳令

◉廣東建設廳令

字第二七九二號

令新寧鐵路管理局

爲令飭事現據森林局總務課長戴旭昇呈報招待德國實業團員赴各地攷察經過情形內稱現與該團員前往粵漢鐵路攷察據土木工程會代表拉多麥希氏陳述意見以粵漢鐵路枕木大都朽爛易生危險因德國現在枕木多改用鐵枕路軌平坦至於車輛月台其設施之完備足爲歐洲各國之冠與粵漢鐵路比較相差極遠等情查該代表所稱尙屬實情本省各鐵路亟應加意改良以求完備關於鐵枕一節雖需欵較鉅而堅固耐久實比木枕爲優應體察該路財政情形酌量改換以圖完善除分令外合行令仰該口口即便遵照酌量辦理具報此令

中華民國十九年四月十五日

廳長鄧彥華

◉廣東建設廳指令

字第五六四六號

令新寧鐵路公司總經理

據呈報擬組織稽查隊及添設稽查員請核備案由

呈悉據稱擬組織稽查隊二十名及添設稽查員二員以爲督促員工之努力及補助路警之未逮等情查核尙屬可行惟稽查辦法如何規定及該稽查隊每月經費若干未據呈報無從核辦仰即編造預算呈廳再行核辦可也此令

中華民國十九年五月八日

◉廣東建設廳指令

字第五七九四號

令新寧鐵路公司總經理陳耀平

據呈復擬改良全路綫之灣度及坡度並擬暫用枕木情形請察核由

呈悉據稱該路全綫之灣度均未適合擬將全綫改良並擬在未改正路綫以前仍暫用廉州松木等情查核所擬該路枕木暫用松木尚屬可行應予照准至於改善灣度及坡度一節仰即從速妥爲辦理仍將辦理情形具報查核此令

廳長鄧彥華

中華民國十九年六月　日

◉廣東建設廳指令

字六四三五號

令新寧鐵路公司總經理陳耀平

呈一件　呈請轉請第八路總指揮部核發購槍護照由

呈及清單均悉業已據情轉請第八路總指揮部核發仰候函復再行飭遵可也此令單存轉

廳長鄧彥華

中華民國十九年六月十九日

公司令

◉新寧鐵路公司委任令　第一號

令新委公益站理貨員李天柱

爲令委事照得公益站理貨員林斌另候差委遺缺查有該員堪以接充除分令外合行令委仰該員即便遵照尅日到差認眞辦事仍將到差日期及履歷報查此令

中華民國十九年二月二十四日

總經理陳耀平

副經理馬周仁

◉新寧鐵路公司委任令　第三號

令委會計課司事李　雋

爲令委事照得會計課事務日繁亟應添設司事一員以資勷助查有該員堪以委充除分飭知照外合行令委仰該員即便遵照尅日到差認眞供職毋負委任仍將到差日期連同履歷報查此令

中華民國十九年四月一日

總經理陳耀平

副經理馬周仁

◉新寧鐵路公司委任令　第四號

令機務課工務員譚裔洲

爲令委事照得機務課工務員鍾貞一呈請辭職業已照准遺缺查有該員堪以接充除分飭外合行令委仰該員卽便遵照尅日到差認眞供職毋負委任仍將到差日期呈報備查此令

中華民國十九年四月三日

總經理陳耀平

副經理馬周仁

◉新甯鐵路公司委任令　第五號

令委會計課司事馬治倫

爲令委事照得會計課司事馬丁隆業已他調遺缺查有該員堪以接充合行令委仰即遵照尅日到差認眞辦事仍將到差日期連同履歷具報備查此令

中華民國十九年四月五日

總經理陳耀平

副經理馬周仁

◉新寧鐵路公司委任令　第六號

令委駐斗山運輸員陳孔席

爲令委事照得駐斗山站運輸員朱伯成撤差遺缺查有該員堪以接充除分令外合行令委仰該員即便遵照尅日到差勤愼服務毋負委任仍將到差日期及履歷具報備查此令

中華民國十九年四月四日

總經理陳耀平
副經理馬周仁

◉新寧鐵路公司委任令 第七號

令委總務課稽查員陳輝初

爲令委事照得本路總務課增設稽查員查有該員堪以委充除分飭知照外合行令委仰該員即便遵照尅日到差認眞辦事仍將到差日期及履歷具報備查此令

中華民國十九年　月　日

總經理陳耀平
副經理馬周仁

◉新寧鐵路公司委任令 第八號

令委稽查隊隊長吳　培

爲令委事照得本路增設稽查隊查有該員堪以委充該隊隊長除分飭知照外合行令委仰該隊長即便遵照尅日到差組織成立認眞辦事毋負委任仍將到差日期及履歷具報備查此令

中華民國十九年　月　日

總經理陳耀平
副經理馬周仁

◎新寧鉄路公司委任令 第九號

令委本公司秘書陳器璉

茲委陳器璉爲本公司秘書仰即遵照任事仍將任事日期及履歷報查此令

中華民國十九年四月二十六日

總經理陳耀平

副經理馬周仁

◎新寧鐵路公司委任令 第十號

令委總務課特務員陳顯德

爲令委事照得本路總稽查員缺應即撤銷該總稽查員陳顯德即委充總務課特務員除分飭知照外合行令委仰該員即便遵照尅日到差認眞辦事仍將到差日期報查

中華民國十九年四月二十六日

總經理陳耀平

副經理馬周仁

◎新寧鐵路公司委任令 第十一號

令新委總務課書記員陳貢廷

爲令委事茲委任該員爲總務課書記員仰即遵照尅日到差勤愼供職仍將到差日期連同履歷具報備查此令

中華民國十九年五月一日

總經理陳耀平
副經理馬周仁

◉新寧鐵路公司委任令第一二號

令新委會計課練習生陳澍棠

爲令委事兹委任陳澍棠爲會計課練習生仰即遵照尅日到差認眞供職仍將到差日期具報備查爲要此令

中華民國十九年五月五日

總經理陳耀平
副經理馬周仁

◉新寧鐵路公司委任令第一三號

令委材料處李　蝦

兹委李蝦爲材料處司事專駐寧城站管理發給電油事宜仰即遵照到差認眞辦事仍將到差日期及履歷報查此令

中華民國十九年五月七日

總經理陳耀平
副經理馬周仁

◉新寧鐵路公司委任令 第一四號

令委材料處司事馬永成

茲委馬永成爲材料處司事專駐會東站管理發給電油事宜仰卽遵照到差認眞辦事仍將到差日期及履歷報查此令

中華民國十九年五月七日

總經理陳耀平
副經理馬周仁

◉新寧鉄路公司委任令 第一五號

令委會計課主任李袞宸

爲令委事照得會計課主任黎縈祥另候差委遺缺卽以該課股長李袞宸升充除令知外合行令委仰卽遵照到差迅向前任接收清楚仍將到差日期及接收情形具報備查此令

中華民國十九年五月七日

總經理陳耀平
副經理馬周仁

◉新寧鐵路公司委任令 第一六號

令委會計股長陳宗周

爲令委事照得會計課股長李袞宸業已升充該課主任遺缺查有該員堪以接充除分令外合行令委

仰即遵照到差勤慎供職仍將到差日期及履歷具報備查此令

中華民國十九年五月七日

總經理陳耀平
副經理馬周仁

新寧鐵路公司委任令 第一七號

令委本路技士潘廷梓

爲令委事照得本路技士陳君慧已奉　部令調用遺缺查有該員堪以接充除分飭知照外合行令委仰卽遵照到差認眞辦事仍將到差日期及履歷具報備查此令

中華民國十九年五月二十一日

總經理陳耀平
副經理馬周仁

新寧鐵路公司委任令 第一八號

令委總務課稽查股股員李國深

爲令委事茲委任該員爲總務課稽查股股員除分飭知照外合行令委仰該員卽便遵照尅日到差認眞供職仍將到差日期及履歷具報備查此令

中華民國十九年五月二十四日

總經理陳耀平
副經理馬周仁

◉新寧鐵路公司委任令 第一九號

令車務課練習生

陳贊文　李劍梅
葉　欵　黃伯元
陳齊駒　馬自成
佘維洪　馬汝智

茲派該員等爲車務課練習生除分飭知照外合行令委仰即遵照到差認眞練習仍將到差日期及履歷報查此令

中華民國十九年五月三十一日

總經理陳耀平
副經理馬周仁

◉新寧鐵路公司委任令 第二〇號

令委本路全路監工梁獻廷

照得本路第二兼第四段監工梁獻廷應調充本路全路監工所遺第二段監工缺以蔡輝接充第四段監工缺以陳立宜接充除分令外合行令委仰即遵照尅日到差認眞管理全路監工事務仍將到差日期報由工務課轉呈備查此令

中華民國十九年六月五日

總經理陳耀平
副經理馬周仁

◉新寧鐵路公司委任令 第二二號

令委本路第二段監工蔡　輝

照得本路第二段監工梁獻廷業已調充全路監工遺缺查有該員堪以委充除分令外合行令委仰即遵照到差管理由牛灣至寧城一段監工事務仍將到差日期及履歷報由工務課轉呈備查此令

總經理陳耀平

副經理馬周仁

中華民國十九年六月五日

◉新寧鐵路公司委任令 第二三號

令委本路第四段監工陳立宜

照得本路第四段監工梁獻廷業已調充全路監工遺缺即以該員接充除分令外合行令委仰即遵照到差管理由寧城至白沙一段監工事務仍將到差日期報由工務課轉呈備查此令

總經理陳耀平

副經理馬周仁

中華民國十九年六月五日

◉新寧鐵路公司委任令 第二三號

令委工務課地畝股股員阮鼎垣

茲委阮鼎垣爲工務課地畝股股員仰即遵照到差認眞辦事仍將到差日期及履歷報查此令

中華民國十九年六月十二日

總經理陳耀平
副經理馬周仁

◉新寧鐵路公司委任令 第二四號

令委總務課材料處煤炭監磅員陳敦宗

茲委陳敦宗爲材料處煤炭監磅員仰卽遵照到差認眞辦事仍將到期日期連同履歷具報備查此令

中華民國十九年六月十四日

總經理陳耀平
副經理馬周仁

◉新甯鐵路公司委任令 第二五號

令委本路公報編輯處書記陳燕賓

爲令委事茲委陳燕賓爲本路公報編輯處書記員除分飭外合行令委仰即遵照尅日到差勤愼工作仍將到差日期連同履歷報查此令

中華民國十九年六月十八日

總經理陳耀平
副經理馬周仁

◉新甯鐵路公司委任令 第二六號

令委本路公報編輯處書記陳　起

茲委董事會書記陳起兼充本路公報編輯處書記員除分飭外合行令委仰卽遵照到編輯處辦事可也此令

中華民國十九年六月十八日

總經理陳耀平

副經理馬周仁

訓令

◉新寧鐵路公司訓令 第一號

令工務課總工程師黃勒庸

爲令遵事現准

董事會公函第一二三號內開案准黃前經理第八令號公函據工務課呈送擬建北街抽水机室圖様一紙預算工料約値銀一千陸百餘元一案除原文有案不冗叙外後開相應備函連同原圖送請查照核復等由准此當經本會開會議決照辦在案相應將原圖隨函送復卽希貴經理查照辦理爲荷等由准此合行令仰該課即便遵照原擬建築北街抽水机室圖様招工從速妥建爲要此令

中華民國十九年一月七日

總經理陳耀平

副經理馬周仁

◉新寧鐵路公司訓令 第一五號

令車務課主任黃鳴甫
會計課主任黎榮祥

爲令知事案據該課車務課轉據貨車車長雷培等呈請貨車服務員工與貨車司機一律每月補工八天一案前准

董事會函以貨車服務員工應定爲淡月補工五天旺月補工八天等由業經照辦並函知
總工會各在案旋准
總工會函請仍照前議辦理以昭平允等由又經轉函
董事會函復以該貨車服務員工准與司機同一待遇每月補給夜工八天等由准此除函復
總工會并分令會計、車務課知照外仰知照并轉飭知照此令

中華民國十九年一月十七日

總經理陳耀平
副經理馬周仁

◎新寧鐵路公司訓令　第五〇號

令機務課主任譚偉林

爲令飭事現據車務課呈稱現據運輸員陳錫培呈稱本月十九日第十六次貨車在沖蔞站開往紅嶺站行約五分鐘之久第八次客車亦由沖蔞站開往紅嶺站職乃拍電紅嶺站長迅豎紅旗令第十六次貨車在紅嶺站讓第八次客車先行并着第十六次貨車駁帶該站之吉卡拖回公益站應用隨接紅嶺站長來電稱該十六次貨車司機人不聽號令雖經職站打紅旗亦不停車并不取路簽擅自過站似此藐視路章若發生危險誰任其咎所有該十六次貨車司機人不聽號令情形理合呈報察核等情據此查司機人應守規則已載在本路行車第八章嗣以日久玩生司機匠每每奉行不力誠恐易滋危險經

職於去年十一月七日擇錄行車規程之第八第九兩章呈請黃前代經理飭知機務課轉飭各司機切實遵守經蒙批示准予轉飭在案乃此次該第十六次貨車司機人竟不聽紅嶺站長打紅旗停車之令又不取開車路簽擅自過站殊屬大背路章有乖職守據呈前情理合轉呈鈞座察核迅予飭令機務課對于不遵行車規程之司機人從重處罰以儆效尤實爲公便等情據此查該司機不聽號令不取路簽顯係違犯路章亟應處罰以儆效尤合行令仰該課即便查明擬具懲處辦法呈候核奪毋稍瞻徇切切

此令

中華民國十九年二月廿二日

總經理陳耀平

副經理馬周仁

◉新寧鐵路公司訓令 第五四號

分令各課

爲令遵事現奉

鐵道部總字第三四五三號訓令開爲令遵事現奉　行政院第六〇四號訓令內開案奉

國民政府訓令內開據行政院呈據工商部呈稱救濟金融請轉呈明令着由京內外文武公署嚴飭所屬在職人員自奉令之日起一律服用國貨並責成各該公署主管長官督率實行理合呈請鑒核施行指令祗遵等情據此自應照辦除指令並分行外合行抄發原呈令仰遵照並轉飭所屬一體遵照此令等因奉此除分令外合行抄發原件令仰該部即便遵照並飭所屬一體遵照等因奉此除分令外合行

抄發原呈令仰遵照並轉飭所屬一體凜遵毋違此令等因計抄發原呈一件奉此自應遵辦除分令外合行抄發原呈令仰遵照並飭所屬遵照此令

計發原呈一件

中華民國十九年二月廿八日

總經理陳耀平
副經理馬周仁

◉新寧鐵路公司訓令 第六九號

分令各課

爲令遵事現奉

鐵道部總字第三六七三號訓令開現奉　行政院第八九五號訓令開現奉

國民政府第一二二號訓令開爲令知事查鐵路員工服務條例業經明令公布亟應通飭施行除分令外合行抄發原條文令仰知照並轉飭所屬一體知照此令等因計抄發鐵路員工服務條例一份奉此除分令外合行抄發原條文令仰知照並轉飭所屬一體知照等因奉此除分令外合亟抄發原條文令仰遵照並飭所屬一體遵照此令等因計抄發鐵路員工服務條例一份奉此除分令外合行抄發原條文令仰遵照此令

計抄發鐵路員工服務條例乙份

中華民國十九年三月廿六日

◉新寧鐵路公司訓令 第七六號

總經理陳耀平
副經理馬周仁

令總務課主任陳伯嚴

爲令遵事現奉

鐵道部參字第三六六七號訓令開爲令行事查鐵路警察服務規則曾於民國十四年四月十日由前交通部令公布時逾數年亟應斟酌情形分別修改茲特制定鐵道警察服務規則十一章共一百六十五條業經本部公布合行抄發該路仰即轉飭所屬一体遵照此令等因附規則一份奉此自應照辦合行抄發規則一份仰卽轉飭總巡部分飭各路警一体遵照此令

計抄鐵道警察服務規則一份

總經理陳耀平
副經理馬周仁

中華民國十九年三月二十日

◉新寧鐵路公司訓令 第八六號

分令各課

爲令遵事現奉

鐵道部總字第三九六三號訓令開爲令遵事案查本部調委各該路局員司事前均經審愼爲事擇人

各該員奉令即當迅速前赴任事以期應付事機如有觀望遲延實足以貽誤要公躭誤時日除分行外合行令仰該局遵照嗣後遇有調委員司之事務須令到即行毋得延緩致干未便此令等因奉此自應遵辦除分令外合行令仰遵照此令

中華民國十九年四月二十八日

總經理陳耀平
副經理馬周仁

◎新甯鐵路公司訓令 第八八號

分令各課

爲令遵事現奉

鐵道部總字第三九八〇號訓令開案奉

行政院第一四五三號訓令開爲令行事案准文官處函開逕啓者頃准中央執行委員會秘書處第五一二八號函開爲浙江省執委員轉呈請飭令全國各機關裁汰冗員切實履行一案奉批交國民政府特抄送原呈請查照轉陳等由准此經卽轉陳主席奉諭交行政院等因除函復外相應抄同原件函達查照等由准此查各機關任用人員原有定額值此財政困難之際尤應厲行節約以重公帑所請裁汰冗員自應照辦除分令外合行抄發原呈令仰該部遵照並轉飭所屬一体遵照此令等因奉此除分令外合行令仰遵照辦理並轉飭所屬一体遵照此令等因奉此自應照辦除分令外合行令仰遵照此令

中華民國十九年四月二十八日

總經理陳耀平
副經理馬周仁

◎新甯鐵路公司訓令第八七號

分令各課

爲令遵事現奉

鐵道部參字第四〇〇一號訓令開案奉

行政院第一四九四號訓令開爲令飭事查前據該部呈爲鐵路員工服務條例已奉明令公布施行應請將前廣州政治分會所頒鐵路員工服務條例廢止以免兩歧請鑒核等情到院當經轉呈鑒核並指令知照在案茲奉

國民政府第六八九號指令開呈悉仰卽由院飭知廢止可也此令等因奉此除分令廣東福建廣西省政府遵照外合行令仰該部遵照並轉飭所屬一体知照此令等因奉此除分令外合亟令仰該公司遵照並轉飭所屬一体遵照此令等因奉此自應照辦除分令外合行令仰遵照並轉飭所屬一体遵照此令

中華民國十九年四月二十八日

總經理陳耀平
副經理馬周仁

◎新寧鐵路公司訓令　第九四號

分令各課

查本路員工乘車往往有不携免費乘車証或未請發給免票或不按等乘車坐者殊於路章大有違背為此諭仰該課即便轉飭所屬知照嗣後如有仍犯前弊一經稽查隊查出定即拘究決不姑寬此令

中華民國十九年五月七日

總經理陳耀平

副經理馬周仁

◎新寧鐵路公司訓令　第九八號

令各課處站股局部隊

為通令事照得鐵路事業經緯萬端稍缺精神則辦理難期起色管理不善則弊竇從此滋生本經理此次承　董事股東之委託主持路務其職責在清除積弊增加收入改良路線發展交通接任數月夙夕籌維不敢稍懈無非為桑梓謀樂利為股東保業權非有權利之想也惟是所轄範圍既廣工作人員過多遠近之視察難週個人之精神有限不能不藉所屬員司協同整理共策進行以期路務日臻發達而有以慰　董事股東之期望但近查各部職員能熱心辦事清操自勵者固不乏人而懈怠因循希圖舞弊者亦據報有數起茲為整飭路規起見擬將各部職員嚴行甄別並密派妥員認眞訪查其有貪

婁失職舞弊有據者一概予以開除若有朋比爲奸不卽告發亦必照章懲處務期將怠惰職員不良份子分別廓清以利進行而資表率本經理爲公司服務祇知勉盡厥職嚴守章程勞瘁不辭嫌怨不避願各職員等共喩此旨奉。之後應即去其暮氣振刷精神廉潔自持勤愼辦事勿謂巡察不及隨便任意妄爲勿謂別具感情不妨以身嘗試毋恃鄉親以違法毋藉舊好以橫行須知本經理在公言公倘有背違公司章程虧厥職守者無論何人亦必照章辦理決不姑寬蓋本經理非圖祿位而來所有措施均屬問心無愧執行職務毋待躊躇凡我同寅各宜自愛至於內外大小職員對於本路各部如有認爲應興應革事宜不問事情巨細尙希隨時具告以便改良藉匡不逮俾路政得以昌明營業日益發達豈惟公司前途之幸本經理亦有厚望焉除分令外合行令仰該囗囗卽便遵照幷轉飭所屬一体凛遵毋違切之此令

總經理陳耀平
副經理馬周仁

中華民國十九年六月廿八日

指令

○新甯鐵路公司指令 第二號

令工務課總工程師黃勒庸

呈一件呈報同興公司承脩北街碼頭工程竣工請派員前往驗收并飭會計課依約支給第三四期工值共銀二千四百八十元由

呈悉據稱同興公司承脩北街碼頭工程業已竣工請付給第三四期工值二千四百八十元並請派定人員前往驗收各節現派定陳工程師君慧負責前往驗收並轉飭會計課依約支給該公司第三四期工值二千四百八十元矣仰即知照此令

中華民國十九年一月七日

總經理陳耀平
副經理馬周仁

○新甯鐵路公司指令 第一三號

令車務課主任黃鳴甫

呈一件據五十站站長呈繳五十墟永昌號清單轉呈察核飭會計課照給由

呈單均悉該站長黃紹忠事前疎於防範以致失竊殊屬放棄職守應予記大過一次前據呈繳該永昌號開列失單前來姑准照價償還以昭平允除飭會計課知照外仰即轉飭知照此令單存

中華民國十九年一月十五日

總經理陳耀平
副經理馬周仁

○新寧鐵路公司指令　第三五號

令車務課主任黃鳴甯

呈一件呈繳舊歷元旦行車時刻表四紙請察核備案由

呈表均悉查所定各站行車時刻尚屬妥善應准照辦仰即知照此令表存

中華民國十九年一月二十七日

總經理陳耀平
副經理馬周仁

○新寧鐵路公司指令　第四一號

令車務課主任黃鳴甫

呈一件呈報二月三日第一次車行抵麥巷因爐壞慢車緣由幷請飭機務課將壞車妥爲脩理由

呈悉業已轉飭機務課將損壞機車妥爲脩理或趕換新爐矣仰即知照此令

中華民國十九年二月五日

總經理陳耀平
副經理馬周仁

○新寧鐵路公司指令　第五二號

令總務課主任陳伯嚴

據轉呈總巡部呈一件呈請轉飭機務課派匠脩理護車炮卡乞核辦由

呈悉業已轉飭機務課派匠從速脩理矣仰轉飭知照此令

總經理陳耀平

副經理馬周仁

中華民國十九年二月十五日

○新寧鐵路公司指令　第五四號

令會計課主任黎榮祥

呈一件呈繳十八年度歲入歲出報告書一册請察核轉發付印由

呈及附件均悉查核收支數目尚屬相符業已轉發付印分送股東查攷矣仰即知照此令

總經理陳耀平

副經理馬周仁

中華民國十九年二月十八日

○新寧鐵路公司指令　第二一號

令車務課主任黃鳴甫

呈一件據報路警陳瑞祥因救搭客致被車碰傷究應如何慰獎之處請核示祇遵由

呈悉據報路警陳瑞祥因營救搭客致被車傷實屬忠勇可嘉應予記大功一次並飭會計課給銀拾元以示獎勵除分令外仰即知照此令

中華民國十九年一月　日

總經理陳耀平
副經理馬周仁

○新寧鐵路公司指令 第五三號

令工務課總工程師黃勒庸

呈一件呈擬牛灣段招投取沙工程辦法請核准由

呈暨附件均悉據稱牛灣段路軌既有鋪沙之必要應准如所擬辦理仰即將此項取沙工程從速招投其投得結果仍仰具報備查此令附件存

中華民国十九年二月十七日

總經理陳耀平
副經理馬周仁

○新寧鐵路公司指令 第六〇號

令工務課總工程師黃勒庸

呈一件呈繳掘鑿平逕坭石工程合約請簽印發還並備案由

呈悉准予備案此令合約二紙發還

中華民國十九年二月十九日

總經理陳耀平

副經理馬周仁

○新寧鐵路公司指令 第六四號

令車務課主任黃鳴甫

呈一件呈報特別車三等客卡換用二等客卡仍照三等核收票價以示優待請察核備案由

呈悉准予備案此令

中華民國十九年二月二十一日

總經理陳耀平

副經理馬周仁

○新寧鐵路公司指令 第一二五號

令車務課主任黃鳴甫

呈一件呈報北街站車廠被焚情形懇請去函江門市局令禁附近車站居民不得葺近車站盖搭蓬寮並擬請嘉獎救火工警以資鼓勵由

呈悉所請嘉獎救火工警應予照准業飭會計課支撥獎金一百元交由路警總巡部郭柏青領收會同

北街站站長黃惠譜體察當日救火出力工警酌予分奬以資鼓勵並函請江門市局會禁附近車站居民不得盖搭蓬寮以避火患矣除分函暨令飭外仰即知照此令

中華民國十九年四月二十五日

總經理陳耀平

副經理馬周仁

○新寧鐵路公司指令　第一三〇號

令機務課主任譚偉林

呈一件呈報本月十一日十一次客卡出軌雖因輪薄亦因閃口不合所致請飭工務課轉飭各冚工目隨時察驗由

呈悉業飭工務課轉飭各冚工目認眞查驗各站閃口以防意外仍仰遵照前令辦理此令

中華民國十九年四月二十五日

總經理陳耀平

副經理馬周仁

○新寧鐵路公司指令　第一三七號

令機務課主任譚偉林

呈一件爲工人久假不歸擬由五月一日起限兩星期內返工逾期即補充缺額乞察核示遵由

呈悉據稱機廠工匠久假不歸殊於工作大有妨碍該主任所擬限期返工逾期補缺各辦法尚無不合

應准照辦惟届時確有缺額仍仰先行呈明以憑核辦爲要此令

中華民國十九年四月二十九日

總經理陳耀平
副經理馬周仁

○新寧鐵路公司指令　第一五七號

令工務課總工程師黃勒庸

呈一件呈報四月份工程進步及本月份待辦各項工程請察核由

呈表均悉查四月份工程着手未完者尚有多起仰即督促進行以免延滯至本月份待辦各工程仍仰妥爲計劃隨時呈報核辦爲要此令表存

中華民國十九年五月十日

總經理陳耀平
副經理馬周仁

○新寧鐵路公司指令　第一七一號

令工務課總工程師黃勒庸

呈一件呈請辭職請另派人接管以便交代由

呈悉查該總工程師所擬改良本路種種計劃方期逐漸施行路務繁忙倚畀正殷豈可恝然捨去所請

辭職應毋庸議此令

中華民國十九年五月二十二日

總經理陳耀平
副經理馬周仁

○新寧鐵路公司指令 第一八二號

令車務課主任黃鳴甫

呈一件呈報本月二十五日第三次車十六號機車與四號機車相撞情形乞察核備案由

呈悉該司機黃發遇事機警避免危險殊堪嘉尚應賞給毫銀十元以資獎勵至第四號機車乏人駕駛自動行走以致發生撞車亦應查究除飭機務課知照外仰卽知照此令

中華民國十九年五月三十日

總經理陳耀平
副經理馬周仁

○新寧鐵路公司指令 第一九〇號

令車務課主任黃鳴甫

呈一件呈報六月一日增加特別車次與臨時派員來往江門新會兩站情形請察核由

呈悉應准備案仰卽知照此令

中華民國十九年六月三日

總經理陳耀平
副經理馬周仁

○新寧鐵路公司指令 第二三一號

令車務課主任黃鳴甫

呈一件呈報本月二十三日第一次車司機人不聽站長指揮乞核辦由

呈悉據稱該司機不聽站長命令阻留車卡殊屬不合仰候飭行機務課查明實情照章擬辦具復核奪可也此令

中華民國十九年六月二十五日

總經理陳耀平
副經理馬周仁

鐵路調查表

新寧鐵路公司總經理19年2月8日填報

名稱	起訖地點		國有或商辦	經過重要城市	米長度			軌道寬度	路面種類 泥土碎石柏油或其他
	幹綫	支綫			幹綫	支綫	總計		
新寧鐵路股份有限公司	由新會縣北街起至台山縣五和區斗山墟止	由台山縣城至白沙墟止	商辦（華商）	（幹線）新會縣屬之北街江門市縣城司前墟台山縣屬之公益埠大江墟水步墟縣城四九墟五十墟斗山墟 （支線）台山縣水南三合墟白沙墟	一〇九·九二七公里	二八·六一八公里	一三八·五四五公里	一·四三五公尺（$4'8''\frac{1}{2}$）	沙土

資本		車輛數目		兩孔以上之大橋樑		總管理局地點	總經理或局長姓名	備考
定額	繳足額	機車	載重貨車客貨車輛	數目	建築材料種類			
毫銀三百六十·五萬八千二百四十五元	毫銀三百六十五萬八千二百四十五元	拾輛	客車二十二輛 貨車二十六輛	（幹線）小橋一百三十四大橋二十六涵洞一百八十九 （支線）小橋四十六橋七涵洞五十六	涵洞多用鐵管大小橋用木椿者居多用鋼樑或三合土者亦有些少	台山縣寧城站	總經理 陳耀平 副經理 馬周仁	

註（1）二公尺以下爲涵洞幹線合計九十公尺枝線五十三公尺二公尺以上爲小橋幹線共計九百二十一公尺枝線二百零六公尺二十公尺以上爲大橋幹線共計一千六百三十六公尺枝線三百八十四公尺線計三千二百九十公尺

公牘

呈文

呈

鐵道部
建設廳

呈爲呈報事案准商公司董事會函聘任陳耀平爲總經理馬周仁爲副經理等由准此耀平周仁業於一月一日就職視事除分呈外理合備文連同履歷呈報

察核謹呈

鐵道部部長孫
廣東建設廳廳長鄧

計呈履歷弍紙

新寧鐵路公司總經理陳耀平
新寧鐵路公司副經理馬周仁

中華民國十九年一月一日

呈鉄道部

呈爲呈請事案奉

鈞部十八年十二月十三日總字第二八二四號訓令開案查各路局應行編造之列車機車里程及機車鐘點旬報表前經本部於第一六四九號訓令飭知該局按旬呈報本部在案現在本部業已設立統計處辦理本部及各路一切統計事宜嗣後該局呈報上項旬報表仰卽逕寄該處可也此令等因奉此自應遵辦惟查

鈞部第一六四九號訓令商公司尚未奉到所有列車機車里程及機車鐘點旬報表究應如何塡寫未敢擅擬理合備文呈請

察核迅賜檢發列車機車里程及機車鐘點旬報表各一份以便有所遵循實爲公便謹呈

鐵道部部長孫

新寧鐵路公司總經理陳耀平

中華民國十九年一月十一日

呈鉄道部

呈爲呈請事案奉

鈞部十八年十二月二十一日統字第二八八九號訓令開案查行車統計自本年十月一日起實行早經本部第一五二二號訓令通飭各路局遵照辦理在案實行以來依式呈報者固居多數而未能恰當者仍所難免合再通令仰即注意且此項統計雖由車務處主辦而亦爲會計處長職責之一自應隨時

依照部頒行車統計規則督促辦理務期計核精確悉合規程倘仍有辦理不善及計核欠準之處應即
據情報局轉呈本部核示事關計政仰各恪遵施行爲要此令等因奉此自應照辦惟查
鈞部第一五二二號訓令商公司尙未奉到其行車統計表式究應如何塡報未敢擅擬理合備文呈請
察核迅賜檢發行車統計規則暨各種表式各一份以便有所遵循實爲公便謹呈
鐵道部部長孫

新寧鐵路公司總經理陳耀平

中華民國十九年一月十一日

呈建設廳

呈爲呈繳事案奉
鈞廳第一八九三號訓令開爲令遵事案奉
建設委員會訓令第二號除原文有案邀免冗叙外後開查奉發各種調查表內有因欠缺現成材料非
本廳可以逕行塡報者卽將表內各部分別截出改製成表隨文令發仰於文到十日詳細查塡呈報來
廳以憑彙編呈繳除將各表分別留存截製幷分令外合將截製鐵路調查表式一帋令發仰即遵照依
限塡報毋稍違延切切此令等因計發鐵路調查表一紙奉此遵即轉飭分別依式塡就理合備文連同
該表呈繳
鈞廳察核彙編寔爲公便謹呈

廣東建設廳廳長鄧

計呈繳鐵路調查表一紙

新寧鐵路總經理陳耀平

中華民國十九年二月廿日

呈鉄道部

呈爲呈繳事案奉

鈞部二月十八日總字第三四五六號訓令開爲令遵事查關於本年一月廿二日本部第三一九九號訓令飭各路局編造十八年度政績及十九年度施方針一案亟應由部製定表式分發各路編造俾昭劃一便而彙核除分令外茲特將表式兩種（應用國產連史紙印製）隨文令發仰即查收依式編就十八年度政績及十九年度施政方針各二份呈部以便核明分別存轉爲要此令等因計發表式兩種奉此遵卽依式分別編就理合具文連同十八年度報告表十九年度施政方針表各二份呈繳察核伏乞分別存轉實爲公便謹呈

鐵道部部長孫

計呈繳十八年度成績報告表及十九年度施政方針表各二份

新寧鐵路公司總經理陳耀平

中華民國十九年四月十五日

新寧鐵路民國十九年度施政方針表

項目	施政方針	辦法
清算資產負債	確定資本之實數及其債額	委派專門會計人員將歷年資產負債清算
遵照部定會計則例	統一記帳方法	自本年一月起遵照部定會計則例辦理
勵行預算	確定支出之數以限製濫支	編造預算案送交董事會議決施行
實行還債辦法	編定還債辦法以維信用	所有十八年度以前利息一律清還以後按年攤還本息
訂定全路組織系統	使類別明瞭以明系統之所在	先定各課之組織系統改正職員名稱分別改委
訂定職員辦事權限	根據立案章程劃清辦事權限	送交董事會議決施行
釐訂員工薪水級數	分別等級以示平允	送交董事會議決施行
行駛有軌汽車	與公路汽車競爭而免攙奪車利	先從西南枝路起行漸次推廣及于幹路各段
改正沿路路線	平遥公益已開工	
籌畫建築公益大橋	使水陸交通線聯絡以增進運輸力	擬招商承築

測量改築公益至大王市路線		
實行材料考辦委員會章程	使購料公開	推舉委員辦理每星期開常會一次
收回公益站已賣之站地	改正站前路線以便建築鐵橋	

新寧鐵路民國十八年度工作成績報告表

承辦處所	工作類別	事由	辦理成績
董事會	改選監察人	公司章程每年改選一次	十月一日召集股東大會全體報到股東計　股計選出譚蔚亭得　股馬崇祥得　股并候補
	改聘總副經理		
經理處	專任總工程師	工務應設總工程師專責	從前由總經理兼任十一月因總經理去職遂專委總工程師一人以專責成
	籌劃清算全路資產負債事	本路資產向無統計	十二月委派專門鐵路會計人員從事清算全路歷年資產負債定十九年一月開始工作
	清丈全路地畝	本路沿路所用地畝界線不明漫無稽考	八月派遣專員從事清丈全路地畝至十二月由北街至斗山幹線已清丈完竣其餘西南支路亦來年二三月完竣
	編造十九年預算	從前支出欵項均無預算	本年四月籌議編造預算以資遵守至十二月編訂完竣函董事會議決通過
	整理債務編定還債辦法	編定還債辦法以維信用	爲整理債務維持信用起見擬定辦法函董事會議決通過所有十八年底止利息付清以後按年攤還本息

組織路務會議	爲整理路務	從前各部分辦事未能聯絡一致十二月組織成立每星期會議一次討論議决路務之進行
籌備組織材料考辦委員會	爲統一材料	從前購料權限尚未劃清至十二月組織該會以備十九年實行
抽換枕木	全路枕木腐爛不堪行車危險	本年共換松木及金華枕木四萬二千八百八十五條行車稍爲安全
修理橋樑	全路木橋多已腐爛	抽換腐爛最甚之橋梁共二十餘處以維行車之安全
修理車站各房廠	均將倒塌不堪	是年共修理全路車站房廠共三十六處以後仍要將全路陸續修理
添設北街公益水塔水井	因北街公益兩處機車給水不便	八月添設北街公益兩站水塔水井至年底兩處水井完工水塔未完
修理北街碼頭	八月被風災吹塌	十一月招人承做開工後至十二月底尚未完竣
改良公益站內路綫	因軌道經過機廠至站往往出險	改由機廠外入站共須改釘軌道六千餘尺後以訂購配件未到年底僅完成一半
添設牛灣水底電話線	牛灣過河電話線被風災	改設水底電話線共長一千七百尺完成後通話甚好
準備遵照部定會計則例改良會計	歷年未依部定會計則例記帳	準備十九年一月起悉遵照部定會計則例記帳
準備改用有軌汽車運輸	爲增進運輸營業減省支出	西南枝路因客貨稀少寧城公益段及新會江門段公路气車平行故特添用有軌汽車十二月訂購汽車兩輛并載貨汽車兩輛定明年三月可到
發給車務警務人員制服	因車務人員漫無識別	本年夏季發給斜布制服一次冬季呢絨制服一次

呈 鐵道部
建設廳

呈爲呈報事竊查商路向來積習太深良由考覈不嚴防衛不周故服務員工往往怠於工作泄沓因循遂成風氣狡黠者得以從中舞弊奸宄亦得以隱伏潛滋路政前途不堪設想爰於本月一日組織全路稽查隊二十名另設稽查員二名管轄全隊隨時稽查一以督促員工之努力一以補助路警之未週庶幾挽回頽風洗除積弊於路政不無小補也所有組織稽查隊添設稽查員以資整頓各緣由理合備文呈報

察核俯賜備案實爲公便謹呈

鐵道部部長孫

廣東建設廳廳長鄧

新寧鐵路公司總經理陳耀平

中華民國十九年五月一日

呈建設廳

呈爲呈復事案奉

鈞廳第二七九二號訓令開據森林局總務課長戴旭昇呈報招待德國實業團員赴各地考察經過情形一案除原文有案邀免冗叙外後開查該代表所稱尚屬寔情本省鐵路亟應加意改良以求完備關于鐵枕一節惟需欵較鉅而堅固耐久寔比枕木爲優應体察該路財政情形酌量改換以圖完善除分

令外合行令仰該公司即便遵照酌量辦理具報此令等因奉此查商路所有軌道延長全体合計一百五十五公里二七五路線中曲線佔多數即幹線佔百分之四十八强枝線佔百分之六十二當時建築鋪軌時軌條互相交接每長三十英尺之鋼軌致用枕木拾五枝故用枕木特多計全路共用枕木二十六萬四千枝須每年抽換五萬枝民國十六年以前枕木朽腐者幾達十分之九整理委員會時代計民國十六年抽換八千餘枝十七年抽換三萬五千枝整理完竣之後民國十八年抽換四萬三千枝總共三年內抽換之木枕不達十萬枝行車安全上尙十分危險民國十九年計劃按照本路財政狀況曾預算抽換軌枕費十萬元經董事會議决通過商路路線現時情況應用木質軌枕甚非所宜其原因(一)全路曲線佔百分之五十以上而曲線灣度達至十五度以上坡度達至百分之二以上者不少此種路線列車之震動木枕壽命更不耐久(二)全線附近絕無石料故全線均無石渣鋪墊其中祇有少數鋪墊些少粗砂對于木枕之防腐上最不相宜(三)商路現時行駛機車八九輛經二十餘年除委員會時代添購二輛外餘均破坯不堪爐底煤燼隨路漏出加以本路多年習慣煤燼向由沿站乞丐貧人代火伕挖出因此之故沿路木枕及各木橋梁年中被煤燼燒燬者不少路工無防止均將坭砂遮蔽以避煤燼于木枕耐久更不相宜(四)雨水太多氣候潮濕於木枕之耐久上亦甚受影响基上述原因故商路對于抽換軌枕計畫擬于十二年內將全路更換鐵枕(因現時試用中之三合土枕於商路路線之灣度太促坡度太急狀態之下亦非所宜)商路預算軌枕費十萬元之支配規定購用廉州松木枕三萬枝約六萬元其餘四萬元擬購用鐵枕五千餘枝惟本路全線之灣度及坡度均未適合現在擬將全線改良確定標準灣度改至八度以內坡度改至八分零八三即一百二十分之一以上在未改正路線以

前仍暫用廉州松枕木（每條價格毫銀二元一毫）雖明知不能耐久而以商路情勢又不得不然至於德國所製之鐵枕前經研究訂購之中旋因限於財政及種種阻碍尚未審定採用故以商路現在財政狀況對於改用鐵枕一事尚難實行祇可仍暫用枕木爲將來更換鐵枕之計俟路線改正一部份後方可次第改用鐵枕奉令前因理合備文呈復

察核謹呈

廣東建設廳廳長鄧

新寧鐵路公司總經理陳耀平

中華民國十九年五月六日

呈建設廳

呈爲呈請事竊查商路所轄路警所用槍枝類皆舊式且多朽壞實力不足難資保衛現値土匪猖獗之時尤須增加實力購換新式槍枝以保安全業經商路路務會議議决體察現在經濟情形擬向香港大道中拍拱行五號至六號門牌香港槍彈商店訂購駁亮二十四枝每枝配子彈五百顆七九咪里五响德國馬槍三十枝並每枝配子彈一千顆以便分發各路警應用藉資防衛等語並經函准商董事會核復照議辦理各在案惟關於此項槍枝之購運例由第八路總指揮部發給護照方合手續理合開具擬購槍枝清單二紙備文呈請

察核伏乞轉呈

第八路總指揮部核准迅予發給護照以便採購運回備用實爲公便謹呈

廣東建設廳廳長鄧

計呈繳擬購槍枝清單二紙

新寧鐵路公司總經理陳耀平

中華民國十九年六月十二日

公函

函復董事會

逕啓者案准

貴會第一二零號函除原文有案免復叙外後開茲即將本公司木質鈐記一顆連同總副經理石質小章兩顆隨函移送貴總副經理接收尅日就職視事並希見覆爲荷等由附送本公司木質鈐記一顆總副經理石質小章二顆准此耀平 周仁業於一月一日就職視事除呈報及分行外相應函復

貴會查照此致

董事會主席陳

總經理陳耀平

副經理馬周仁

中華民國十九年一月七日

附原函

逕啓者查本會議决聘請陳耀平爲總經理馬周仁爲副經理一案業經繕具關書分別致送並將就職日期分別函達查照各在案茲准代理總副經理黃鳴迪將本公司木質鈐記一顆文曰商辦新寧鐵路公司鈐記函送前來又本會第十次常會議决刊發總經理石質小章一顆文曰新寧鐵路總經理之印副經理石質小章一顆文曰新寧鐵路副經理之印業經刊就茲即將本公司木質鈐記一顆連同總副經理石質小章兩顆隨函移送 貴總副經理接收尅日就職視事並希見復爲荷此致

函總工會

逕復者案查接管卷內准

貴會先後函開關於貨車工友請照司機人員一律每人每月補回夜工八工以符成例而昭平允一案除原文有案免冗叙外後開相應函達查照希迅即照案每月每人發給夜工八工并祈見復爲荷等由准此查此案前據車務課轉據貨車車長雷培等呈同前情業已轉函

董事會核議在案現准

董事會函復業經開會議決貨車服務員工夜工應定爲淡月「即四月至九月」補五天旺月「即十月至三月」補八天請查照辦理等由准此自應照辦除飭車務課轉飭知照外相應函復

查照此致

本路總工會改組委員會

總經理陳耀平

副經理馬周仁

中華民國十九年一月七日

附原函

逕啓者案據貨車工友請照司機人員一律每人每月補回夜工八工以符成例而昭平允一案當經函請　貴公司照案發給在案現工友紛紛詢問是否照給而敝會尚未接到　貴公司函復殊難答復工友據函前情相應再函達　查照希迅即照案每月每人發給夜工八工並祈見復爲荷此致

函總工會

逕啓者關於工潮協約第三條員工界線爭執一案當經敝經理具呈
鐵道部請示辦理去後現奉指令第四六九號內開呈暨附件均悉查工潮協約第三條已書明工人字樣今該路工會因該公司派用收票員未經工會介紹而干涉殊欠適當凡在鐵路服務之車守收票驗票售票站員站長以至段長處長當屬職員如司機升火車床鏇匠鍋鑪木匠油漆飛班道撥等卽爲工人又若如更夫小工行李夫差役勤務等祇可稱爲夫役不得併稱爲工匠受同一待遇是該協約祇限適用於工人其員司夫役自不適用該協約第三條之規定仰即遵照此令附件存等因奉此查該協約第三條之訂定現奉
鐵道部明令解釋嗣後關於用人行政自應遵照
部令辦理相應函達
貴會查照此致
新寧鐵路總工會改組委員會

總經理陳濯平
副經理馬周仁

中華民國十九年三月六日

函江門市政局

逕啓者現據敝公司車務課呈稱爲呈報事現據北街站站長報告本月十八日上午四打鐘時候附近

本站有一葵棚不愼於火致兆焚如職聞警即督飭工警共同施救因火勢太猛以致本站汽車廠燒去一部幸廠內新購各汽車及所存枕木已趕緊搬開不致殃及查此次火災焚去蛋民葵棚八座及本路汽車廠一小部理合呈報察核等情據此查蓬寮爲惹火之物貼近本路房屋最爲危險去年十月間江門站附近蓬寮發生火警經由本路函請

前江門市政廳出示嚴禁復蓋蓬寮有案此次北街站發生火警事同一例擬請援案函請嚴禁該處蛋民復蓋蓬寮以免危險等情前來據此查北街江門沿岸地方多屬蛋民蓋蓬居住因與敝路車站貼近一旦火警貽累匪細此次北街葵棚失愼殃及敝路汽車廠一部雖損失尙微然爲避免危險起見自不能不設法取締防患未然據呈前情相應函請

貴局查照希即援照江門蓬寮火災後禁止復蓋原案出示嚴禁附近北街站各居民不得復蓋棚寮並轉飭北街警署隨時切實執行以保安全足紉公誼此致

江門市政局局長梁

總經理陳耀平

副經理馬周仁

中華民國十九年四月二十五日

函復江門市政局

逕復者案准

貴局總字第七八號公函以北街車站對於客商行李貨物過磅時除照章征收運費外另索磅費二毫以致來往客商嘖有煩言請即查明轉飭北街車站迅將此項苛索磅費尅日取銷仍將取銷日期見復備案足紉公誼等由准此查敝路北街車站挑伕原由人和公司承辦批約內載祇許徵收行李貨物每百磅磅費二仙詎該公司違約濫收妨碍客商業經傳集該承辦人及一干人証到公司查明屬實除飭該承辦人尅日取銷外並依約處以罰金二百元至該站站長收貨員等事前不加制止事後絕無報告雖查得尚無包庇分肥情事究屬疎忽公務咎有應得亦經各記過二次以示懲儆准函前由相應函復查照此致

江門市政局局長梁

總經理陳耀平

副經理馬周仁

中華民國十九年五月二十日

函總工會

逕啓者現准

大函以關於木工梁生無票乘車被本路稽查隊帶回詢問一案認敝公司於本月十七日復函有袒庇稽查隊之嫌應飭該隊長員登報道歉否則或因此滋生種種誤會其責究應誰負相應再函查照等由准此查此事自敝公司函復後復經馬經理再將此事釋明係屬彼此一時誤會所致並面約嗣後一面

由

貴會轉知工友須遵守規則乘車一面由公司轉飭稽查隊遵照如遇本路工人偶無乘車憑証搭車時若經車上職員証明係屬本路工人則不必查驗准予乘車兩方面均已贊成照此辦理是此事早已渙然冰釋應不再有問題發生茲復准

來函對於此事似仍有未愜并指敝公司有袒庇稽查隊之嫌披誦之餘曷勝詫異查稽查隊與工友皆同在公司服務人員所有工作亦皆爲公司謀利益既無畛域之別又何有愛憎之分誠以彼此手續畧有舛違同屬一路之人自不宜以瑣瑣微嫌頓生惡感故欲以解釋了事兩不深求區區之心未蒙鑒諒謂爲偏袒未免先存成見竊不謂然總之敝公司愛護工人之深心想已爲

貴會所共悉而寧人息事當亦爲

貴會所同情刻在此促進勞工事業發展之際

貴會負領導羣工之責宜力謀增進工人之福利作遠大之良圖而敝公司正値厲行整頓路務之時方賴與

貴會諸君共策進行期臻發達似不必以有用之精神爲小事之爭論也至

貴會諸君向以主持公道遵守法律爲號召凡屬同人夙所欽佩一經勸導相信必不因此小小細故而致有別種誤會發生尙祈

婉勸木工梁生勿再向

貴會曉瀆致勞

貴會諸君動念除諭飭本路稽查隊嗣後如遇路工無証乘車經車上職員証明屬實應免予查驗外准
函前由相應函復
查照此致
本路總工會主席譚

總經理陳耀平
副經理馬周仁

中華民國十九年五月二十二日

附原函

逕啓者現准
貴公司函復開現准貴會函開關於木工梁生無票乘車被本路稽查隊帶回訊問一案除原文有案不復敘外後開相應函達
貴公司查照希即明白切實答覆以釋衆憤是荷等由准此查此案前據稽查員報稱有梁生一名無票搭車當查票之際始則拒絕查問繼則檢出十七年廢舊乘車証交驗誠恐假冒乘車有碍收入爲執行職務起見迫得邀返公司聽候核辦等情並呈繳十七年九月二十日乘車憑証一件前來本公司查問該梁生始悉係屬木工當以該木工雖屬本路工人然對於乘車規則自宜遵守在陳前總經理佈告改換乘車証之時既不按照手續請求換給茲又佩帶已廢之憑証乘車及稽查員查驗車票復不受查問均不免有違路章該稽查員到差未久對於本路員工當然不能一一認識遇有疑點自未便專擅偕回公司請示核辦實稽查員職務上所應爾惟職工與稽查同在本公司服務自應本互助之精神共同遵守規則以維路務等詞詳爲解釋彼此皆已諒解今該木匠梁生復向貴會飾詞聳聽想貴會領導群工雅不欲因此小故致滋誤會也准函前由相應函復查照希即轉知一切爲荷等由准此查木匠工友梁生乘車既帶有敝會會員証章且復經車長暨原日稽查員証明係本路工友則對於梁生是否確係工

友一節可無疑義更無誠恐假冒乘車有碍收入之可言即使工友以所帶之十七年廢舊乘車証交驗是手續略爲欠缺自應着他日後須帶新証乘車亦無細綁押鎖之必要而稽查隊對於梁生竟同現行犯一樣濫行細綁押鎖顯有蓄意侮辱及觸犯私擅逮捕刑章之行爲今

貴公司既不責稽查隊之行爲不合尙謂該稽查隊職務所應爾又稽查隊將梁生細綁押鎖一節乘車各人均知事實具在無可飾諱而

貴公司來函祇偏信稽查隊一面之詞竟謂該稽查隊自未便專擅偕囘公司請示核辦云云似此答復難免無袒庇稽查隊之嫌安能以服衆現各工友羣情憤激倘

貴公司對於該稽查隊長員仍無相當懲戒及向敝會曁被細綁之工友道歉實無以平衆憤若因此或滋生種種誤會其責任究應誰負准函前由相應再函

貴公司查照希即轉飭該隊長員登報道歉以釋衆憤而免滋生誤會是荷此致

函總工會

逕啓者現准

貴會函開據會員朱伯成函稱以敝經理將其撤差委非工會人員陳孔席接充無非志在濫用私人迅卽將該員復囘原有工作而免糾紛等由准此查運輸股員朱伯成前因報載和姦婦女復經車務課主任查明具報前來當即將其撤差派員充任接替

鐵道部指令業字第四六一九號解釋及新頒員工服務條例第二條規定自問尙無不合至朱伯成之是否和姦婦女抑或狎暱私娼則有報章可查警署原供可攷茲不具論若謂濫用私人一節查敝經理接任經已數月不獨對於工人幷無撤換卽內外員役亦少更張可以詳查弗容諱飾濫用私人一語不

悉何所見而云然此次更換朱伯成一員無非爲維持鄉俗風化及整飭路務起見并無成見存乎其間吾人既站在黨國旗幟之下作事須從良心上主張個人權利之思實不容有絲毫存在此固敝經理夙所自信與

貴會工友共事數月當亦所深悉也現朱伯成既已撤差遺職甫經派員接理未便再予紛更如朱伯成果能從此敎品勵行敝經理亦樂與人爲善不患無見用之日似不必過爲亟亟也准函前由相應函復

查照此致

本路總工會主席譚

總經理陳耀平

副經理馬周仁

中華民國十九年五月二十二日

附原函

逕啓者現據會員朱伯成函稱會員前因往都斛訪友不遇時已入夜遂駐阜安客棧不料睡至半夜被該區警察傳去問話謂有嫖私娼嫌疑須要留候否則六十元保全釋放是時會員居其勢力之下且恐阻延職務是以逼得照繳志在趕回辦公詎料該路

總經理見勁風報登載此事竟謂傷及該路名譽藉此行查經蒙鈞會派指導員冼光向陳經理代爲表白眞相乃得其面允將案撤銷照常錄用不料現又于四月九日將會員撤差委非我會人員陳孔席接充竟然朝令夕改不守信用無非志在濫用私人耳迫得瀝情上瀆懇請維持等情據此查

貴公司此次開除朱伯成理由不外藉口謂該員行爲不端放棄職務云云然所謂行爲不端者既無確實証明祇以勁風報新聞爲根據是否屬實姑勿具論即使該員確有嫖私娼行爲亦不過是該員在外個人行動對於路譽及職務上毫無關係自不能以

此爲根據撤職理由又　貴公司所新任用之陳孔席既非敝會會員復不遵照　省府協約第三項暨　鉄道部修正協約之規定辦理殊有未妥據函前情相應函達　貴公司查照迅即將該員復回原有工作而免糾紛是荷此致

函董事會

逕啓者現據工務課呈稱查本路西南枝線水南站向無貨倉設備對於客商寄儲貨物無法安置惟該站從前由陳祥肇租借本公司所有地段內搭蓋坭磚房一間爲經營小生意之用其後歇業仍由本公司轉借用該坭磚房爲暫時貨倉之用但該坭磚房年久已將倒塌且該坭磚房內地方狹隘有時不能盡將貨物存儲故客商多感不便現擬增設貨倉一所以備各商往來存貨得以方便特繪具圖式一紙工料預算表一份約計工銀三百元所用材料係由本公司供給其價約一千七百三十四元二毫合計工料銀二千零三十四元弍毫理合備文具呈察核示遵再該陳祥肇所蓋之坭磚房請即通知拆卸以便改建實爲公便等情附呈圖式一紙工料預算表一份據此查水南一站貼近南昌市商場頗旺貨物齎聚惟向無貨倉之設備商旅苦之該課現擬增設貨倉一所不爲無見其預算各種工料價格亦非過昂似可照辦據呈前情相應備函連同圖式預算表各一份送請

查照希卽核復以便飭遵爲荷此致

董事會主席陳

附送圖式一紙預算表一份

總經理陳耀平

副經理馬周仁

中華民國十九年五月三十日

函董事會

逕啓者現據公益埠中興街四民公司商人陳煜堂函稱前向貴公司買斷公益車站之屋地由第四行第四第五第六共三間今取去該路之用查第一次收回屋地表未有列入此屋地前經分别將行數間數列明現該界線木柱仍在一查便知又第三行第四間建有住屋二間樹花橙桔各種菓樹數百株經數年之久共計用去本銀數百元今貴公司取回該地係發展營業之用仰將建築費及花菓樹等用去之欵如數補回以免有虧爲盼等情計開住屋二間材料工資共銀一百六十元樹花菓一百八十株每株一元弍毫共銀二百一十六元據此當即飭行工務課派員前往查勘呈復核辦去後茲據覆稱案奉條諭第三二七號着令調查公益站陳煜堂之屋地并現有建築物及菓樹等因當即派人前往調查一切據報陳煜堂之屋地係在第四行第四號第五號第六號一連三間該屋地在本公司册籍登載第四行第四間爲永生堂交銀四百五十元經已發契第第四行第五第六兩間爲陳煥禎每間均已交銀四百元亦發有契據交執此等地段公益站改線均當收用至該地段内現存有坭磚小屋一間面積一井八十方尺(英尺計下同)高十一尺半板壁小屋一間面積二井一十方尺高十二尺共計兩間建築費約用工料銀一百五十元至現存花稔樹等共十株高六七尺不等每株約值銀一元二毫據陳煜堂之妻云前有橙桔蕉等樹百數十株被人掘挖或斬砍其樹頭又被土埋沒等語但無從稽核奉令前因謹將

調查實在情形呈報如何辦理之處伏候卓奪等情前來查該商陳煜堂之屋地（在第四行第四第五第六一連三間）既據報稱該地段公益站段線範圍之內似應依照契價補回計共値毫銀一千二百五十元至於該地段內所建小屋二間及所植菓木等等雖由該商開列價値三百七十六元但既經工務課切實估計共値一百七十四元（小屋二間材料工資共値一百五十元花稔樹廿株共値二十四元）亦祇可照現在估計價値補償以昭平允以上各節究應如何辦理之處相應函達

貴會查照希卽核覆以便辦理爲荷此致

董事會主席陳

總經理陳耀平

副經理馬周仁

中華民國十九年六月四日

函董事會

逕啓者現據工務課呈稱查本路第二段路線東坑站向無工廠設備以致養路工人之器具及駐宿亦無指定地點安置對於工作諸形不便現擬添建工廠一所爲該站工人駐宿及儲存器具之用特製就圖式並列具工料預算詳細表各一份計需工銀二百六十二元八毫料價一千四百九十六元合計工料銀一千七百五十八元八毫理合備文附呈圖式及預算表各一份據此查該站向無工廠諸形不便誠有設備之必要核閱該課所列預算亦非過鉅

似屬可行據呈前情相應備函連同圖式及預算送請查照希即核覆爲荷此致

董事會主席陳

附圖式預算各一份

總經理陳耀平
副經理馬周仁

中華民國十九年六月十二日

電報

國民政府鐵道部電

江門新寗鐵路陳總經理覽皓電悉所請於舊歷元旦日停止行車一節未便照准仰即知照鐵道部寄印

附原電

急南京鐵道部孫部長鈞鑒本路向例舊歷元旦日停止行車本年應否仍照向例辦理請電示遵新寗鐵路總經理陳耀平叩

國民政府鐵道部電

廣東台山新寗鐵路公司均鑒查本部本月六日第三八三四號訓令抄發鐵路技術員登記叙用及保

障規則除文第十一條內除本規則第十六條所規定外一句之六字誤繕作八字希速更正爲荷鐵道部總務司巧

國民政府鐵道部電

新寧鐵路公司均覽查鐵路客車運輸通則貨車運輸通則均已脩正亟須付印該局如需用若干本仰於電到十日內電復爲要鐵道部東

會議錄

新甯鐵路公司第七次路務會議錄

時間　十九年一月四日

地点　本公司

主席　陳耀平　陳伯嚴　黎瓊坡　黃勒庸　馬周仁　陳君慧　梅憩南　黎榮祥　李袞宸

黃鳴甫

主席　陳總經理耀平

紀錄　劉漢三

主席恭讀　總理遺囑

提議事項

一、會計課李股長提議查本路員工年終獎金已蒙董事會函復照准發給其到差未滿一年者按月攤計在案惟每月之中員工到差日期參差不齊各員工薪金有前後多少之別究竟各員到差日數如何計算薪金額數以何者爲標準諸公定

議決查照去年辦法辦理但月薪前後不同者分別前後計算在每月內到差當作一月計算

二、會計課黎主任提議　黃代經理前擬定附項貨項尾數於十八年底清找現在該項事務尚未通

報當此期間債項人到取應如何應付請公決

議決依照董事會決定還債議案辦理將各附項貨項尾數全數支出債項人未到取時另立一科目歸入進數

新甯鐵路公司第八次路務會議錄

時間　十九年一月十八日

地點　本公司

列席　陳耀平　黃勒庸　李衮宸　黎瓊坡　譚偉林　黃鳴甫　陳君慧　黎榮祥　梅憩南

主席　陳總經理陳耀平

紀錄　劉漢三

主席恭讀　總理遺囑

提議事項

一、會計課李股長提議　本月薪金應否提前發給案查本公司向例每屆歲暮發薪時期提前數日發給歷年辦有成案本年陰歷過年適在陽歷一月卅日關于是月份之員工薪金應否提前數天發給請公定

議決由廿一起着編造薪工表隨時發給止薪全月補工扣工由廿一號至月底止撥歸下月計算

一、車務課黃主任提議　關于一月廿九廿八卅一三日期內應否減少車次請公決

議決照常通車時間及行車次數俱由車務課主任訂定執行仍電呈請鐵道部示遵

一、總務課梅股長提議　關于員工告假案查員工服務條例第三章第十九條規定鐵路員工每年例假祇准十五天如逾限者扣薪云云並無規定每月若干日係指全年告假而言本路對於告假每月祇准一天二五逾限則扣薪倘職員因事請假數在一月內以後全不告假以全年計算並未逾限而一月逾限則已扣薪按諸事理似未有當究應如何改善之處請公議

議決每年假期十五天以全年計算

一、總務課梅課長提議　關于本路總工會函請發給十八年度例假十五天工資以惠工人一案究應如何辦理之處請附公決

議決電請鐵道部示遵

新寧鐵路公司第九次路務會議錄

時間　十九年一月廿四日

地點　本公司

列席　陳耀平　陳伯嚴　黃勒庸　譚偉林　黎瓊坡　馬周仁　黃鳴甫　陳君慧　李袞宸　梅憩南　黎棨祥

主席　陳總經理耀平

紀錄　劉漢三

主席　恭讀　總理遺囑

提議事項

一、修正第八次會議總務梅股長提議　關於員工告假案議決每定每月員工告假過一工二五扣薪不告假者補一工二五由十九年一月份起

一、黃工程師勒庸提議　關于各課主任股長工程師所有告假例假一律不補不扣案請公決

議決通過由十九年一月份起

一、馬經理提議　關于購辦枕木福安公司現經訂約來枕木壹萬弍千条但本路枕木仍須續購可否照現價或加二十五文再與該公司訂約續訂購叁萬條請公決

一、議決訂購三萬條民國十九年六月份以前交枕木一萬條十二月以前交一萬條二十年三月以前交一萬條其價格每條二元一毫正

一、陳經理提議　關于購煤擬向東華洋行或仁信公司訂購壹千噸案

議決通過

新甯鐵路公司第十次路務會議錄

時間　十九年二月七日

地点　本公司

列席　馬周仁　陳伯嚴　黃勒庸　黎瓊坡　黃鳴甫　黎桀祥　梅憩南

主席　馬副經理周仁
紀錄　劉漢三
主席恭讀　總理遺囑
（甲）報告事項
一、宣讀第九次議決事項
（乙）提議事項
一、總務課陳主任提出本路材料考辦委員會辦事細則草案請修正案
議決卽席修正（條文另錄）通過

新甯鐵路公司第十一次路務會議錄

時間　十九年二月十四日
地點　本公司
列席　陳耀平　陳伯嚴　黃勒庸　黎瓊坡　譚偉林　陳君慧　黎榮祥　李袞宸
主席　陳總經理陳耀平
紀錄　劉漢三
主席恭讀　總理遺囑
（甲）報告事項

一、宣讀第十一次議決事項

新寧鐵路公司第十二次路務會議錄

時間 十九年二月廿一日

地點 本公司

列席 馬周仁 李袞宸 陳君慧 譚偉林 陳伯嚴 黃鳴甫

主席 馬副經理周仁

紀錄 劉漢三

主席恭讀 總理遺囑

一、報告前次會議經過

(甲)報告事項

(乙)提議事項

一、總務課陳主任將經理條字第九二號指派各組委員提出宣布成立議決材料考辦委員會刻印一顆每組各刻一顆

二、陳工程師提議上淺增設車站案請附公決

議決將案付交車務課審查

三、黃主任提議各次列車增設手提電話八架以便車次中途之用每架約值港幣五十元左右請附

公決

議決照辦

新寧鐵路公司第十三次路務會議錄

時間 十九年二月廿八日

地点 本公司

列席 陳耀平 馬周仁 梅憩南 黎榮祥 陳君慧 譚偉林 黎瓊坡 陳伯嚴 黃勒庸 黃鳴甫 李袞宸

主席 陳總經理耀平

紀錄 岑喬五

主席恭讀 總理遺囑

(甲)報告事項

一、宣讀前第十二次會議議決案

(乙)討論事項

一、梅股長提議修正十九年度預算案

議決交會計課修正後再提出交路務會議

二、黃總工程師提議關于考辦委員會購辦材料之範圍應如何規定案議決依照材料考辦委員會章程第三條規定凡價值在壹百元以上之材料本應提交委員會辦理但遇有急促情形得由該主管課及總經理負責先行購辦俟委員會開會時再提出追認

三、黎主管提議關于材料處報銷應如何決定各材料價目以便核算案

議決由會計課先將一月份材料價目補送材料處以後每應由會計課從速開列價單送交材料處辦理以免延擱

新寧鐵路公司第十四次路務會議錄

時間　十九年三月七日

地点　本公司

列席　馬周仁　梅憩南　陳君慧　陳伯嚴　黃勒庸　黎祥榮　黎瓊坡

主席　馬副經理周仁

紀錄　岑喬五

(甲)報告事項

一、宣讀前第十三次議決案

二、會計課黎主任報告一月份材料業由會計課詳細開列價目送交材料處查照辦理

(乙)討論事項

一、總務課陳主任提議現奉鐵道部發下徵集史料例言及編纂須知各一份飭按照例言編集史料

呈部以憑彙編交通史案應如何辦理案
議決由總務課向各課徵集史料彙編呈部
二、黃總工程師提議現據各路㠯工人請求發給簑衣雨帽以便工作核計每年需費三百餘元應如何辦理案
議決由本公司購辦分發備用每年限三月發給一次

新甯鐵路公司第十五次路務會議錄

時間　十九年三月十五日
地点　本公司
列席　陳耀平　馬周仁　梅憩南　黃鳴甫　李袞宸　黎瓊坡　陳伯嚴　陳君慧　黃勒庸　黎榮祥
主席　陳總經理耀平
紀錄　岑喬五
主席恭讀　總理遺囑
（甲）報告事項
一、宣讀前第十四次議案
（乙）討論事項

一、陳總經理提議關于工務課呈擬填築白沙三叉道路路基工程是否適合抑或另有種別方法轉車以省經費案

議決照工務課原定計劃填築迅速招工投承工程

二、會計課李袞宸提議規定各課先行造成報總表然後發薪並分配各課發薪日期三十號總務一號車務二號運務三號工務四號機務案

議決照辦

三、陳總經理提議工務課呈擬建築公益橋工程由本公司直接自辦不適用全體包工承辦究應如何辦理案

議決先由工務課測量設計繪圖估值呈報總經理再提出會議

四、總務課梅股長提議本公司及附近職員住屋每月所用電燈電費逐月增加多至六百餘元應如何設法節省電費案

議決由四月一日起職員家眷住屋所用電燈自備電費本公司各職員住房工人住所及路燈均用長明電燈其餘各辦公室均裝電錶

新寧鐵路公司第十六次路務會議錄

時間　十九年三月二十一日

地點　本公司

列席　陳耀平　陳伯嚴　梅憩南　黃勒庯　譚偉林　李袞宸　黎瓊坡　黎榮祥　黃鳴甫
主席　陳總經理耀平
紀錄　岑喬五
主席恭讀　總理遺囑
一、宣讀前第十五次議案
(甲)報告事項
(乙)討論事項
一、總務課梅股長提議關於本路需用煤炭應時常準備弍千噸以免缺乏之案
議決照辦
二、黃總工程師提議關于泵水工人擬一律撥歸機務課管轄案
議決由工務課撥歸機務課管轄
三、材料處黎主管提議關于各課領用各種器具應於換領時將原領器具繳回方得從新領用以免耗費案
議決照辦

新寧鐵路公司第十七次路務會議錄

時間　十九年三月二十八日

地點　本公司
列席　陳耀平　梅憩南　黃鳴甫　譚偉林　黎瓊坡　陳伯嚴　李袞宸　黎榮祥
主席　陳總經理耀平
紀錄　岑喬五
主席恭讀　總理遺囑
（甲）報告事項
一、宣讀前第十六次議案
（乙）討論事項
一、陳總經理提議關于總工會函請發給工人陳宇保卹欵三個月一案應如何辦理案
議決緩辦
二、總務課陳主任提議查有成公司承辦車上賣物原約四月七日滿期應如何擴充另行招商投承案
議決照原約加入賣餐一項另行招商投承

新寧鐵路公司第十八次路務會議錄

時間　十九年四月四日
地點　本公司

列席　馬周仁　黃鳴甫　黎瓊坡　陳伯嚴　黃勒庸

是日因人數不足改開談話會

新寧鐵路公司第十八次路務會議錄

時間　十九年四月十一日

地點　本公司

列席　馬周仁　李袞宸　譚偉林　黎瓊坡　黎榮祥　陳伯嚴　黃勒庸　黃鳴甫

主席　馬副經理周仁

紀錄　岑喬五

主席恭讀　總理遺囑

一、宣讀前第十七次議案

（甲）報告事項

（乙）討論事項

一、馬副經理交議據機務課呈報犂頭咀工人住房電燈公益電燈公司不允改裝長明燈等情應如何辦理案

議決一律改裝長明燈完竣後通知電燈公司收回電錶

二、馬副經理交議據公益車站站長呈擬將公益站電燈六十一盞一律改用長明燈以便稽核案

議決一律改裝長明燈仍派稽查帶同電燈工人到該站並工人子弟學校定行裁減燈數

新甯鐵路公司第十九次路務會議錄

時間　十九年四月十八日
地点　本公司
列席　陳耀平　梅憩南　李袞宸　黄鳴甫　馬周仁　譚偉林　黎榮祥　陳伯嚴
主席　陳總經理耀平
紀錄　岑喬五
主席恭讀　總理遺囑
（甲）報告事項
一、宣讀前第十八次議決案
（乙）討論事項
（一）陳總經理交議奉部令發鐵路員工服務條例應定實行日期案
議決定期五月一日實行

新寧鐵路公司第二十次路務會議錄

時間　十九年四月二十五日

地點　本公司
列席　陳耀平　陳伯嚴　譚偉林　馬周仁　黃鳴甫　黎棨祥　李袞宸
主席　陳總經理耀平
紀錄　岑喬五
主席恭讀　總理遺囑
(甲)報告事項
一、宣讀第十九次議決案
(乙)討論事項
一、陳總經理交議准董事會議交辦公益站北街站寧城站三處各用圍牆建築煤場一案應如何辦理案
議決交由工務課派員勘踏擬就工程計劃具報再行提出討論
二、陳總經理交議准董事會議決交辦購買廣州市電車公司舊汽車兩架一案應如何辦理案
議決交購料委員會照購
三、總務課陳主任提議修正北街碼頭挑夫合約案
議決交由總務課修改完竣再行提出討論
四、總務課陳主任提出黃車務主任交來車上補票式樣乙紙是否可行請公決案
議決照出之補票式樣辦理

新寗鐵路公司第二十一次路務會議錄

時間　十九年五月二日

地点　本公司

列席　陳耀平　梅憩南　郭柏靑　李袞宸　黄鳴甫　譚偉林　黎瓊坡　黎榮祥　陳伯嚴

　　　吳　培　黄勒庸

主席　陳總經理耀平

紀錄　岑喬五

主席恭讀　總理遺囑

（甲）報告事項

一、宣讀前第二十次議決案

（乙）討論事項

一、總務課陳主任提交本路稽查員及稽查隊服務規則草案請付討論修正案

　　議決修正通過

二、陳總經理提議公益站改築被收用各地段應如何辦理案

　　議決已收用者照原契原價補回未收用者俟收用時補回

三、陳總經理提議西南李樂善祖請照原價給回被收用地尾地價應如何辦理案

議決照原價准李樂善祖贖回

四、陳總經理提議公益福寧醫院函請依向例補助及發給免票應如何辦理案

議决捐助壹百元免票停發

五、機務課譚主任提議關於會計課每月發給薪工之毫銀屢次挑出次銀交還請換均被拒絕應如何辦理案

議決領欵時應當面看明以免轇轕

六、機務課譚主任提出材料處一百九十五號請購單應如何辦理案幷請追加預算

議決客車用車輪連軸購二十四套貨車用車輪連軸購二十四套

七、機務課譚主任提議機務課工人擬發襟章以資識別案

議決照發其襟章式樣由該主任擬定之

新寗鐵路公司第二十二次路務會議錄

時間　十九年五月二十九日

地点　本公司

列席　馬周仁　梅憩南　黃鳴甫　黎瓊坡　陳伯嚴　李袞宸　黃勤庸

主席　馬副經理周仁

紀錄　岑喬五

主席恭讀　總理遺囑

（甲）報告事項

一、宣讀前第二十一次議決案

（乙）討論事項

一、陳總經理提議古兜附加軍仙之酬勞費應如何分配案

議決各車站各車隊共着四成其餘以二成五歸車務課以一成五歸會計課以二成歸總務工務機務三課均分但稽查隊仍歸車隊內分派

二、陳總經理提議關於罰欵如何分配案

議決以五成歸庫以二成五歸發覺人以一成二五歸該案繫屬之本課其餘一成二五由關係各課均分

新寗鐵路公司第二十三次路務會議錄

時間　十九年五月二十三日

地点　本公司

列席　陳耀平　梅憩南　譚偉林　李袞宸　馬周仁　黎瓊坡　黃鳴甫　陳宗周　陳伯嚴　陳喦璉

主席　陳總經理耀平

紀錄 岑喬五

主席恭讀 總理遺囑

一、宣讀前第廿二次議央案

（甲）報告事項

（乙）討論事項

一、總務課陳主任提議修正北街碼頭及樑臣公司碼頭與車站上落行李貨物挑夫合約條文案

議決照修正案通過

二、總務課梅股長提議本路路警所用槍枝俱是舊式稽查隊槍枝亦是借來寔力不充擬從新購買補充案

議決應購馬槍弍拾枝駁壳弍拾枝

三、機務課主任總務課股長提議依照員工服務第十七條擬籌設本路醫生或醫院案

議決組織本路醫院交五課主任審查後如認爲必要時再行擬具計劃提出會議

四、陳總經理交議准本路總工會函請將客車貨倉理貨員陳宗延等援照司機補給伙食成例每月補囘伙食費七員應如何辦理案

議決交車務課查復再行核辦

五、總課務梅股長提議發刊本路公報案

議決從新組織

新寧鐵路公司第二十四次路務會議錄

時間　十九年五月三十日

地點　本公司

列席　陳耀平　梅憩南　黄鳴甫　譚偉林　馬周仁　陳宗周　黎瓊坡　李袞宸　陳伯嚴　陳器璉

主席　陳總經理耀平

紀錄　岑喬五

主席恭讀　總理遺囑

（甲）報告事項

一、總務課陳主任報告前次議決案第一項已登報招投定期六月九日下午開投第二項俟調查槍價再行函請董事會核復第四項據車務課查復各客車貨倉理貨員照待遇司機成例補給每月伙食費七元業已照辦飭行會計課由六月一日起按月支給並函復總工會查照第五項已函董事會核復

（乙）討論事項

一、車務課黄主任提議關於車上加二加五補票提出五成充賞之欵除車長收票員共占全數四分二及隨車路警占四分一外其餘四分之一擬以七成分給總務課之稽查隊以三成分給車務稽

查是否有當請公決案

議決應將該五成充賞之欵分作五份以二成分給車長收票員以一成分給車務稽查以一成分給總務課稽查隊以一成分路警

二、陳秘書提議查獲無票乘車人客應如何處置案

議決(一)遇有假冒軍人工友搭車拒絕購買者應拘回本公司議罰(二)若搭客有不得已事故情願到站遵章購票者應予准許(三)其無力購票任便乘車者應予驅逐落車

三、陳秘書提議調查各站有無留難運客貨卡及應如何取締案

議決通飭車務課各稽查及稽查隊嚴密查察

四、陳馬經理提議由各課及外段主管者就內外主管事務及現在業務狀況需用必不可少之人數擬定各項員工名額案

議決暫從緩議

五、陳馬經理提議就事務繁簡從新訂定職員薪額案

議決遵照鐵道部頒行鐵路職員薪給及國民政府頒行各機關職員薪給將本路現有職員薪額從新訂定

六、陳馬經理提議規定各站每月開支預算案

議決緩辦

七、陳馬經理提議限制公司內外各處支用什費案

議決照舊辦理

八、陳馬經理提議廢除免票案

議決函催董事會核復

九、陳馬經理提議從新釐定各項章則案

議決由秘書及各課主任股長等組織委員會將原有各項章則重加修正其未經訂定者另行訂定

十、陳馬經理提議委任庶務股長以專責成案

議決付審查

十一、指派委員調查工廠及各站有無積弊於路務會議時商量整理方法案

議決緩議

十二、訓練收票員案

議決飭車務課認眞訓練

十三、訓練路警案

議決飭總巡認眞訓練

十四、訓練稽查員案

議決飭總務課認眞訓練

十五、於每站設置木牌案

議決飭工務課辦理

十六、油新貨客車卡以壯觀瞻案

議決飭機務課照辦

十七、調查材料處現存材料案

議決飭總務課照辦

十八、編輯各種合同以便易於省覽案

議決飭總務課照辦

新甯鐵路公司第二十五次路務會議錄

時間　十九年六月六日

地点　本公司

列席　陳耀平　梅憩南　譚偉林　馬周仁　黎瓊坡　黃鳴甫　李袞宸　陳伯嚴　黃勒庸

主席　陳總經理耀平

紀錄　岑喬五

主席恭讀　總理遺囑

（甲）報告事項

一、宣讀前第二十四次議案

（乙）討論事項

一、機務課譚主任提議會東站叚設三角軌道案

議決照工務課原定計劃設置轉盤辦理

二、總務課梅股長會計課李主任提議庫存中央紙幣依照時價發沽案

議決依照時價發沽函請董事會核復

三、馬經理提議關于公益電燈公司每月送來機務課電燈費單須先由機務課審查轉呈核支案

議決照辦

四、馬經理提議關于黎頭咀及工人子弟學校擬編列門牌規定電燈案

議決飭機務課照辦

五、馬經理提議擬蓋搭公益叚稽查隊駐紥篷廠及機務課凉棚案

議決照辦

新甯鐵路公司第二十六次路務會議錄

時間　十九年六月十三日

地點　本公司

列席　陳耀平　梅憩南　李袞宸　黃鳴甫　譚偉林　黎瓊坡　陳伯嚴

主席　陳總經理耀平

新寧鐵路公司第二十七次路務會議錄

紀錄　岑喬五

主席恭讀　總理遺囑

一、宣讀前第二十五次議案

（甲）報告事項

（乙）討論事項

一、車務課黃主任提議據收貨員陳聰等呈請將處罰客商私取貨物之罰欵依照舊例以八成歸收貨員等充賞二成歸庫等情應如何辦理案

議決關于各客商不交紙尾擅行取貨之罰金應以八成歸經手人所得二成歸庫其餘各項罰欵仍照本路第二十二次路務會議第二項議決案辦理

二、總務課陳主任提議據材料處主管呈擬在會東寗城兩站擇適中地点添設收發汽油辦事所案應如何辦理案

議決暫從緩辦

三、材料處主管黎瓊坡提議現在金價暴漲本路購入材料需欵較多擬將各貨客車脚稍爲增加以資彌補案

議決緩辦

時間　中華民國十九年六月二十日
地点　本公司
列席　馬周仁　陳噐璉　黃鳴甫　李袞宸　陳伯嚴　陳宗周
主席　馬副經理周仁
紀錄　岑喬五
主席恭讀　總理遺囑
（甲）報告事項
一、宣讀前二十六次議案
（乙）討論事項
一、總務課陳主任提議據材料處主管報告南方公司汽車兩架業已裝妥尚未油色惟關於該車輛之分等及車身之符號應如何辦理案
議决車內分特等普通兩種座位車身油黃色要用黑色標明新寗鐵路有軌汽車字樣其符號仍用寗字

新寗鐵路公司第廿八次路務會議錄

時間　十九年六月二十七日
地點　本公司

列席　陳耀平　李衮宸　馬周仁　黎瓊坡　潘廷梓　陳器璉　陳伯嚴　陳宗周
主席　陳總經理耀平
紀錄　岑喬五
主席恭讀　總理遺囑
（甲）報告事項
一、宣讀前廿七次議案
（乙）討論事項
一、總務課陳主任提議前次關於議決汽車車身油黃用黑色標寫新寗鐵路有軌汽車字樣用寗字符號一案現查此種黃色與別種汽車相混應如何改正案
議決特等車身油深綠色間以紅線普通車用深綠色間以黃線均用白色標寫新寗鐵路有軌汽車字樣及寗字符號
二、陳總經理提議擬向別處招工包修本路客貨車卡以資應用案
議決照辦

路務

路政紀要

△工務

一月三日　令工務課照原擬建築北街抽水機室圖樣從速建造

七日　令工程師陳君慧前往北街驗收修理碼頭工程

廿五日　令工務課准將北街舊泵水房及公益站樓上瓦面工程批與合記號及伍樓記承辦

二月六日　飭工務課將本路枕木種類及壽命如何詳細具報

十一日　飭工務課派員往東心站勘明建築貨倉工料呈報核奪

廿六日　飭工務課赶速更換水步橋木并轉飭各路工認眞巡查

三月一日　令工務課准以林成承辦改築軌道

四日　令工務課據繳建築寧城車站廚房廁所浴室圖及預算表應照准

七日　令工務課建築寧城車站貨倉廚房改建鐵棚

十七日　飭工務課擬具本路造林計劃呈復轉報

四月廿五日　飭工務課派員測勘建築公益大橋工程

飭工務課轉飭各段工目隨時查驗閃口及抽換枕木以免危險

廿八日　飭工務課曉諭各工人嗣後乘車不得逾越車次
五月三日　飭派員查明公益車站收用陳煜堂屋地價値具復核奪
八日　飭工務課准將籌備牛灣南北兩岸碼頭打樁事由機廠工人承攬
十九日　令工務課飭招工開投第二期平逕鑿石工程及購買地畝
廿三日　令工務課改良路綫灣度及坡度
六月五日　令工務課轉飭各監工隨時廵視本路橋樑以免意外
廿六日　飭工務課於各站各設站名木牌并擬具格式尺寸呈候核奪
　飭工務課派員赴斗山站勘明擴濶起卸材料地方地段繪圖呈核
　飭工務課派員帶同路警赴下坪站竪立界石以資標誌

▲車務

一月十三日　令發車務課部頒增修車站帳則例及格式飭自十九年一月一日起切實遵辦
十八日　飭車務課所有貨車服務員工與司機一律每月補工八天
廿一日　令車務課准予獎飭五十站站長黃兆忠并仰酌量辦理
廿二日　令車務課奉部令取締路員勒索旅客仰即遵照
廿七日　令車務課據繳舊歷元旦行車時刻表准予照辦
二月五日　飭車務課查明筋坑站長擅離職守擬辦呈核
六日　飭車務課將客貨車運價及行車時刻各表具繳核奪

八日 令車務課誥誡車務人員如有違章溺職者被告查實即照章處罰

廿二日 令車務課准將特別車三等卡換用二等客車照三等收票

廿六日 令發陳工程師提議增設上淺車站意見書審查呈核

三月三日 飭車務課查明徵收行李費數目呈核

七日 飭車務課轉飭公益斗山二等車車長稽查等認眞查辦瞞脚搭客照章征收

廿六日 令車務課轉飭各車長對于各種廣告牌認眞保護

四月七日 飭車務課飭後車上各員對于搭客無票乘車或越等乘車不得徇情包庇如違從重速處罰

十九日 飭車務課查明三月十七日第十五次貨車拖往斗山時公益站長有無預告應拖車輛據實呈復核辦

令車務課奉發修正客車運輸通則第四章包裹運輸七十三條條文飭遵照辦理

廿二日 飭車務課迅卽查明本月十四日黃世裕在車上失貨情形具復核奪

五月六日 令車務課查明搭客嚴復初被輾傷斃命與車上各員有無關係據實呈復

十四日 飭車務課轉飭所屬不得在斗山白沙等處貯煤

廿一日 飭車務課對收票員及理貨卡人嚴行警告不得包庇搭客如違定照章懲罰

廿八日 飭車務課查明四九站長有無故意留難貨物情事擬辦具報核奪

卅一日 飭車務課查明江門站承辦賣物人擬於站內添設茶檯有無妨碍具復核奪

六月三日　飭車務課關于查獲無票搭客辦法遵照路務會議議決案辦理

四日　令車務課據報六月一日增加特別車次與臨時調員來往江門新會兩站情形准予備案

令車務課據呈江門利達公司汽車在本路北街地界行駛業已函請江門市局并飭路警隨時制止

令車務課飭所屬對于各站貨運情形須隨時認眞查察如有留難或勒索等情應卽具報核辦

△機務

一月八日　令發機務課制服帽各五十一號仰卽分發

二月五日　飭機務課轉知司機陳子相嗣後交拖車輛應得站長憑單

六日　飭機務課卽將損壞各機車妥爲修理或改換新爐以利車行

十一日　令機務課轉飭司機嗣後撥炭須用水熄滅方得開車如沿途遺落以致延燒應照章處罰

十七日　飭機務課卽派匠修理護車炮卡

二十日　令機務課轉飭機工認眞查驗各項車輛如有廢壞應卽從速修理

廿二日　令機務課飭將本月十九日第拾六次車貨車之不聽號令違背路章之司機擬具懲處辦法呈核

廿四日　飭機務課查明代工目陳日等有無成績擬實具報

三月廿　日　令機務課查愼冒洋行函報各種綱箍車輪價目具復核奪

飭機務課將本路前購愼昌洋行貨卡十架取具影片并開列費用數目呈報轉送

廿七日　飭機務課轉令油漆部以後油卡須保全廣告牌毋任散失

廿八日　飭機務課轉知機廠工目務須在考勤部簽到呈報查核

四月四　日　令機務課准撥支修理牛灣船小艇及租艇各費

十一日　飭機務課將廿二號三等卡修整窗門及從新油色

十七日　飭機務課塡繳機車燃煤調查表以憑轉送

廿八日　飭機務課曉諭各工人嗣後乘車不得逾越車次

三十日　令機務課認眞查驗機車機件以免發生意外

六　日　令機務課准增加警兵二名到廠看守

七　日　令機務課擬定該課工人襟章式樣呈候核辦

八　日　令機務課飭工廠將煤渣挑往路面鋪塡毋得棄置河邊

六月四　日　飭機務課將工廠原存轉盤赶工修造妥當以備改行汽車之用

七　日　令機務課仍照工務課原定計劃設置會東站轉盤

十六日　飭機務課派員編列犂頭咀及工人子弟學校門牌規定電燈數目列表報核

廿三日　飭機務課關于公益電燈公司電費單應由該課審查轉呈核支

又新購南方汽車分別座次及油色標誌各節仰卽遵照辦理

廿六日　令機務課准僱人潛水拔除牛灣南岸斷樁二桿

三十日　令機務課據請暫時調派機匠代理寕城西南牛灣各客車司機等缺准如擬辦理

專載

新寧鐵路計劃意見書

黃覺愔

是書係本路黃工程師所擬、其中計劃多經次第實行、茲以其對於本路之利弊得失、言之詳盡、洞中肯要、爰特錄之、以供參攷

編者誌

一、概論

本路經過地方可稱全國最富庶區域開辦二十餘年幹枝線合計延長二百五十二華里居全國商辦三十餘公司之第二三位經前總辦陳宜禧專職二十餘年事權統一宜得相當之成績不料反至衰微不振幾瀕破產夷考其故皆因建築當時未依照建築標準管理行政未按照鐵路成規致雜亂無章成爲積習去年整理委員會破除積習所謂弊症已除茲當接回商辦之始正宜逐漸改良臻于完善以期發展顧改良事項應從管理及工程兩方面入手惟本路開辦廿餘年來幷無工程設計圖式及各種記錄統計等五百餘萬元之建築事業實屬兒戲致改良無從着手去年整理委員會始設立工務課聘任專門工程師購備儀器圖帋等幾費一年時日始將全路現在形狀從新測量繪成圖式藉資參考連日

巡察全路各種工程情形其中最劣壞者爲路線均不依技術的建築如所謂曲線坡度者均不成其爲曲線坡度且均超出標準限度之外致機車車輛無法行駛曲線過其限度致機車輪中特別定造鏟去輪緣輛車連結特別改造鐵線坡度過其限度致機車運轉須用砂撒舖軌面始能行駛此等行車勿論危險萬分幾每日出軌而機車車輛鋼軌枕木道岔橋梁等等破壞之狀態呈出技術以外之現象加以頻年失修枕木橋梁霉爛不堪若不從速設法改良補救恐將來列車顛覆發生莫大之危險旅客性命及本路財產所關甚大此改良之刻不容緩也但按照鐵路標準大加改良成爲最良好之路線恐財力有所不逮故擬定方針照現在形狀于最小限度內期以行車安全減省行車費增加運輸力以期增加收入爲主計畫于十二年內改良擴充務達完成至于行政事務之改良如下列各項可于最短期內求其實現庶幾全路根本改良一勞永逸照下列財政計畫六七年後如無特別變故則本公司自己力量可以建築公益大橋改成路線償清債務八九年後且可展築至三埠循而逐漸東北至佛山西南至開平恩平陽江以至欽廉完成孫總理建設計畫中西南鐵路統系中之一大幹線以發展吾粵西南部之物產此則對于本路之大希望也

二、應行改良事項

(一)編定預算　欲求財政基礎之鞏固事務進行之準確必預立計畫編定預算乃有所遵循鐵路事業最爲複雜年中營業支出數目頗鉅加以本路建築當時資金缺少所有工程均屬臨時性質如木橋等往後逐漸補充以期行車之安全營業之發展所費甚鉅故即宜立定計劃編製預算每年分上半年下半年兩次每次于一兩月前編定如工務課所管薪費工料雜項等若干總務車務機務會計各部分

均照樣編製按照國有鐵路通用規則分別門類詳細估算由經理召集路務會議審查核定預計營業收入之狀況事務進行之緩急酌量增減勵行預算案以期財政上收入支出之適合經理核准預算案之後呈董事會核准存案由經理督率各部分主管實行不得無故超過預算額但如半途中營業收入不達預算額時應酌量減少支出勿使財政上發生缺陷如收入超過預算額時各項工程可以提前進行提前完成較爲有益

(二)清查路產　本路開辦廿餘年無詳細之賬目故編造資產統計無從下手究竟本路截至現在股本三百六十餘萬元負債一百五十餘萬元共計五百三十餘萬元某種工程用去工欵若干材料若干現値價値若干無從考查無論股東方面頗多疑慮卽在公司內當局亦莫明眞相本路信用之失墜股票之低落以此爲最大原因此淸查路產之刻不容緩也但本公司前既無賬目可查則淸查之法宜設立委員會協同工務課會計課實地調查估價以期確實

(三)清理地畝　現查從前購地時册底多不完全且無明細地圖卽契據亦被白蟻蝕食且其中有買後而復賣出者亦無圖件及詳細尺寸無法淸理此項工作本可歸併于淸查路產內併案辦理但于淸丈時與地方上劃界等不免許多交涉事件應派專員辦理將全路按照里數椿號逐一淸丈繪具圖式路線兩旁餘地有可以耕種或植樹者有已被人私耕者均宜淸查正式招人承租亦可爲進欵之一且可免與相鄰地主界線不明時生轇轕

(四)整理股册　本公司股册底簿已經二十餘年吾粵氣候潮濕恐遭霉爛而白蟻不時侵襲尤爲可慮一有不愼股册難查無法淸理故應整理一次另行付印多份分置各處以期永遠保存

（五）釐訂鐵路行政統系劃分權限　本路行政積習相沿因陋就簡統系不淸權限混淆于路務之進行大受影响如養路工人則管理車務裝卸貨物機器廠則管理渡船事務電話電燈則均歸工務管理員司住屋則歸總務管理購買材料則有由庶務辦理者有由站長代買者行車事務則總務派設稽查員工料欵項有着站長將進欵借支或墊支者有行車運輸事務直接向經理接洽者工人雜役有由經理直接用免者此等權限淆混手續不淸無論事權不能劃一而賬目上之開銷及統計更爲雜亂應按照各事務之性質國有鐵路編訂之成規釐訂行政統系辦事手續某種事務應歸某部分管轄者由該部分主管完全負責各種事務應循一定之手續如此則路務之進行乃有條不紊始有刷新發展之望

（六）嚴核購料及用料　本路向無預算及統計故購買材料及領用材料漫無標準毫無統計年中消耗恐不可勝算應由各部分主管于編造預算時將年中必需應用之材料切實估算由經理核准定購交材料廠存貯備用各部分領用時由主管核准簽字後方得領用材料廠應每月將發出材料量數及價格由某部分領用者列單通知某部分主管由某部分再造單列明某工程或某處用去交由會計入帳報銷至所存材料每月底亦列册報告經理幷抄送各部分主管俾知材料廠所存何種材料量數若干以便領用其缺少者請經理預購備用以免延誤

（七）添設車務段長　車務運輸營業爲鐵路收入之最重要部分事務最爲繁忙對于每日行車如何督率員工服務車輛如何調動及分配旅客貨物如何以廣招徠旅客之乘車貨物之裝卸如何使其利便應添設車務段長一員常巡察車上及各站凡關行車及外站各事務負責管理商同車務主任進行蓋主任在辦公室辦事對于外站各情形無法兼顧故添設車務段長而外段事務乃得管理周到也

(八)舉行路務會議　本路自年前改組後已分設總務工務機務車務會計五課分管全路各種事務負責進行但鐵路事務最爲複雜權限雖已分清而事務之進行有互相關聯不能各自爲政絕對分離者故應舉行路務會議每星期或兩星期舉行一次各部分主管將該部分應行興革事務提出議案討論經理暨各部分主管及重要職員列席席議決通過後乃能實行俾每一部分均明瞭全路情形而事務之進行乃不至牽窒也

(九)劃分資本營業賬目　本路從前賬目祇循舊式記賬法各種開銷并未劃分資本營業歷年營業究竟盈餘或虧損若干無從考查去年改用新式簿記應卽劃分資本營業賬目盖資本營業兩項性質不同資本關夫路產營業關夫銷耗例如增添車輛屬於資本而購買零星機件則屬於營業其折舊費亦屬於營業購買枕木新釘軌道屬於資本而每年更換之枕木則屬於營業銷費修理房屋添築一室屬於資本拆築一室則歸營業開銷如此分別記賬則路產之增加或缺少每年可以明瞭每年營業收入除去營業開銷卽爲盈餘記入資本類者卽將盈餘金加入資本之意路產從而增加故每年統計雖無現金存留若資本賬支出甚多路產價值從而增加卽公司獲利而股票亦無形增價矣故劃分營業資本賬目實爲最要事項也

(十)修改路線　本公司營業不振原因甚多路線窳劣乃其大原因前已言之盖運輸力減少用煤太多機車及各種設備損壞太甚卽營業費支出太多因而入不敷出卽或營業發達而無形中銷費太多卽盈餘亦從而減少鐵路爲永遠事業漏卮無窮難期良好之成績積習相沿輒曰行駛已二十餘年不欲改善苟且偸安因循姑息最爲誤事如寧城電燈公司不從更換新電機何以有今日之發展此識者

所共見工欲善其事必先利其器路線者鐵路營業之利器也所謂路線窳劣者非指枕木橋梁糟爛之謂乃指灣度坡度等之未適合也茲將應修改各項列之

甲、路線　現在由北街至斗山延長六十四英里枝線由寧城至白沙延長十七英里七沿路經過除些少土岡小石山之外均屬平原地勢高低相差幹綫八九十英尺枝線五六十英尺而現在路線之坡度詳細測驗所謂坡度全無規則其中有多處達至陸七十分之一者超過築路定規最大限度之一百二十分之一沿線所經村墟幷非十分稠密而現在幹綫曲綫至一百九十四處曲綫佔全路之半枝綫至六十一處佔全路十分之七所謂灣度者亦全無規則有同一曲綫之內灣度由二三度以至十五六度者超過築路定規最大限度之八度者甚多且連續五六個反向之曲綫多處實不成爲鐵路之路綫致外國原來之機車車輛不能行駛不得不將原來車輛改造機車則剷去其中輪之緣邊車輛不能聯結乃改用鐵鍊機車不能行駛則用砂撒舖軌面加以木枕之霉爛二十餘年全未墊石渣如此路綫何能行車勉强行駛而年中煤炭油膏之耗費機器之磨損枕木橋梁道岔等之破壞其損失何可計算且運輸力之減少更爲無形之損失長此以往流弊無窮應設法改良若全體改成最良好路綫所費鉅大故於最小限度工費無幾之內將坡度之超過一百二十分之一者改爲此之限度以上灣度之超過八度者改爲此之限度以下反向之曲綫均設法除去使兩灣離開三四百尺外軌高度現有超過四英寸以上至九英寸者一律照合度的改低如此則行車安全用煤減省機器耐用運輸力增大車行穩定實爲本路根本解決方法（全綫應改良之地點下節詳細說明）

乙、築造正式橋梁　本路幹綫內橋梁涵洞水溝共計延長八千六百六十五英尺其中除三合土鐵桁圓鐵管之外木造的尚有五千六百十三英尺枝綫全體二千一百英尺木造的一千二百五十七英尺此外另牛灣一千七百五十英尺全未修築各橋均是臨時性質經二十餘年均無設計圖式無可稽查其中最危險者木樁橋脚入地祇八尺木柱及木梁霉爛不堪行車危險萬分無論何時均有木橋陷落列車顛覆之可慮且各橋每孔之長短均不一律同一座橋其每孔之長有十尺數寸以至三十六英尺五寸數十種類更換橋木購買材料彼此長短不合用最爲困難此改築全路正式橋梁之刻不容緩也

丙、改良及減少車站　本路車站十之八九多設在曲綫及斜坡之內列車之停留及出發無不甚覺困難而避車之危險更不堪設想近頃津浦鐵路烏衣站列車相撞之大事故發生其原因由站兩端之路綫均是斜坡入站時機車無法停留遂致與列車相撞車輛顛覆乘客死傷此僅車站兩端有斜者而發生此等事故本路各站則均在曲綫斜坡之內故不得不改良以免危險至多設一站則建築時用地岔道房屋月台等所費不貲而行車之後速率減少多費煤及油員工住宿之設備等費尤不可少故設置車站除爲避車或客貨擠擁不能不設站之外不宜多設車站本路幹綫延長六十八英里設三十五站相距最近者祇六分七英里平均祇兩英里枝綫十七英里七設十一站最近者一英一分六平均亦祇一英里七分七設站距離未免過近損失不可勝算宜擇其客貨蕭條者歸撤若干以免營業上種種之損失

(十二)添用有軌汽車　自寧城至公益一段之交通政府未能顧慮本路之現狀議決修築公路與本路

路綫平行似屬攙奪本路旅客之運輸之舉動當時本公司未提出抗議近頃廣九鐵路工程師提出抗議使公路不得與鐵路平行使之離本路路綫若干里以外以達公益將來該公路建築告成行駛汽車影响於本路營業收入甚大現在爲維持本路客運起見不得不另謀競爭之策會城至江門一段情形亦復相同至西南枝路則客貨運輸甚少不足以維持行車及養路之費以上三段宜卽添設行駛有軌汽車西南段則可廢除機車專用汽車公益江門兩段則每日增添汽車行駛若干次以維持本路運輸之現狀

(十二)養植人才　鐵路事務最爲複雜且須用各種專門技術及有經驗的人員辦理業務乃有起色本公司規模甚小未能全體調用此種人員宜預先自行培養訓練養植之法酌量各部分須用人員分別招考練習生如工務之繪圖生監工工目等車務之站長查票員客貨售票生車守電話生等機務之繪圖生監工工目司機生火夫等會計之簿記生等總務管轄之股册材料路警等等嚴訂練習章程服務章程等紀習期滿循序任用升級或派遣現在員工分赴國內或國外鐵路參觀或實習藉廣見識爲改良本路各種業務之資盖因本路孤立一隅應參考別路情形也

(十三)嚴定員工賞罰條例　事業由人力而成賞罰嚴明方足鼓勵員工之精神增進工作之効力嚴定薪額級數其勤愼稱職者每半年或一年加薪一次以資奬勵其有過失或不稱職者罰薪記過革除凡一事故之發生如出軌撞車等等必要查明發生之原因應由何人負責如工務車務或機務等務必有相當之處分使全路員工各有責任心而事故之防止業務之發展乃可期也

三、將來展築之計劃

本路孤立一隅始點及終端均非繁盛出產之商埠或港口且無別的鐵路交通之聯絡最爲缺點商辦鐵路公司之經濟原則大概由國有幹路之一點通至大商埠或港口或鑛山工廠等地運輸乃有發展本路欲達此目的非由北街展築至佛山及由公益展長經三埠開平恩平陽江高州之廣州灣以達廉州之北海成爲粵省西南部之大幹不可默察本路情狀此種大計劃斷非於短期間可以實現惟於最近之將來必要努力以求實現者則可分爲下列之五期計劃

第一期計劃改築公益路綫延長約五英里大橋長約一千六百尺

第二期計劃展築三埠路綫由公益至三埠長約十餘英里

第三期計劃展築至佛山路綫由北街至佛山延長三十六英里

第四期計劃展築至開平赤坎路綫由三埠至赤坎延長約十餘英里

第五期計劃展築廣海海岸路綫由斗山至海岸延長約七八英里

以上所列均爲本路發展之重要路綫蓋無論何地何人其交通之目標均在省港澳佛上列諸路綫均爲與省港交通之最近路綫若現在西南枝路由白沙至寧城則非該地與省港交通之通路寧城非客貨交通之大目標客貨稀少不足以維持行車費實在情勢使然未合運輸交通原理之結果改用有軌汽車爲減少營業虧損之唯一方法也上列五期計劃除公益綫略經踏查佛山綫經廣三路局實測估算工費五百餘萬元之外餘均須實地測量方能估算

四、施行之步驟

（一）關於營業支出者　前列各種應行改良之事項總以增大運輸能力從而增加運輸收入核實開

銷減省營業費嚴守預算使財政鞏固爲唯一之方針卽所謂節流政策其施行之步驟先行核實用料如運務費去年達四十五萬八千餘元其中用煤一項從前漫無限制隨意使用計三十萬零九千四百餘元若核實領用年中可減省煤價四萬元設備品維持費卽公益機器廠去年開銷二十一萬八千餘元應設法增進其工作之能率卽所以減輕營業之支出計年中可以減省二萬元工務維持費二十九萬七千餘元其中枕木購用十三萬九千餘元按照養路情形年中應更換枕木七八萬條支出尙不祗此數但欲節減此項更換枕木經費以本路全無道渣加以天氣潮濕白蟻發生宜改用鋼鐵枕木（三合土枕木應再研究然後試用）枝路改用有軌汽車近數年內無改換枕木之必要照去年枕木費十四萬元可以減少弍萬元祗換用鐵枕壹萬條約七萬元木枕弍萬條約伍萬元共計十二萬元至鐵枕換完之後每年枕木費可以減去牛灣渡船去年大爲修理支出修理費一萬餘明年可以減去至渡船費每年約伍萬元公益橋建築後可以完全減去改用有軌汽車西南枝路車站可以裁撤約可減少弍萬元運務煤炭人工可以減少八萬元養路人工可以減少五萬元茲爲總括約計草案如下

	十七年決算額（十三個月）	假定十八年預算額（十二個月）	增減數額
總務費	一七八·四二八·二六	一三六·五一二·二〇	減少委員會督辦費　二七，七七，六〇 減少選舉會費　二、七四二、四五
車務費	一〇二·〇六九·二〇	七四·弍一七·七二	西南改用汽車減少二萬元
運務費	四九六·三一〇·九三	三四七·三六三·九三	核實用煤等減少四萬員 西南改用汽車減少八萬員
設備品維持費	二三六·七四七·五一	一八一·六一三·〇九	減少夜工及修理灣船約二萬元

工務維持費	三•一一•五一三•四六	式五一•一五八•五八	減少枕木二萬元改良路線增加二萬元 西南用汽車減少養路費五萬元
債務利息	一•二四五•二一	五四•○○○•○○	債務九十餘萬元之利息
總計	一•三三六•三一五•二六元	一•○四五•八六五•二二元	

以上假定數額爲大概預算宜通令各分部主管詳細預算或增或減總不出此數額範圍之外以紓財力增加盈餘額爲資本支出之用

(二)關於資本支出者　現時本路運輸營業不振之主要原因在公益至大王市一段已屢言之卽空費麥巷至公益之行車費麥巷至大王市之客貨稀少卽因牛灣渡船運輸力減少之障礙寧城白沙段客貨之稀少乃因寧城至白沙非商業重要通路之故寧城至公益及會城至江門兩段乃因汽車競爭及路綫窳敗之原因故欲客貨運輸之發展非除此等障碍不可建築公益橋梁修築麥巷大王市路綫改用有軌汽車改良全體路綫諸端實爲救濟本路唯一之方法也然究竟此等計畫須用經費若何茲大畧估算如下

(甲)購用有軌汽車　此項全體計畫擬公益寧城段陸輛寧城白沙段陸輛江門會城段四輛估算經費二十萬元分五年完成第一年先購四輛連零件計陸萬元二•三年各二萬元四五年各四萬元

(乙)建築正式橋梁　幹綫橋梁共延長五千六百十三尺估算工料費二百二十四萬五千弍百元枝綫一千二百五十七尺改用汽車後暫不用正式橋梁幹綫之正式橋梁可分十二年完成初六年每年支出十二萬四千七百三十三元次六年每年二十四萬九千四百六十六元

(丙)更換鋼枕　現在所用木枕以氣候潮濕且易生白蟻耐久不過三年現價廉州枕木每條毫

銀二元三四南洋枕木每條港銀二元六七鋼枕每條港銀五元二三耐久二十五年乃至五十年是則木枕每年需銀捌毫鋼枕每年需銀二毫八加入原價合毫銀七元一毫五分二十五年間七釐利息平均每年担負利息二毫五分合計每年一條枕木費五毫三分比木枕可以減少二毫七分幹線用枕十五萬條除原價利息之外每年可以減少四萬零五百元假定幹線十五萬條價格一百零六萬二千五百元分十二年完成初四年每年換壹萬條次四年每年換壹萬二千五百條其次四年每年換壹萬五千條

(丁)鋪墊道渣　本路通車二十餘年尚期鋪墊石渣盖石渣爲疏水保持枕木之耐久路床堅實行車安定不可缺少應逐漸鋪墊由西南路石廠陸續開鑿計幹線約需石費壹萬六千井每井約需工價捌元分十二年鋪齊每年需壹萬元共計十二萬元

(戊)建築公益橋　築橋地點牛灣與公益之比較下節詳細說明計現在公益河面寬一千六百五十英尺除公益埠堤岸填埋二百餘尺外築橋一千四百英尺尚未鑽查河底地質未能詳細設計大約需工費七十五萬元叁年完成每年支出二十五萬元

(已)改築公益至大王市路綫　路綫尚未實測未能詳細估計延長約伍英里地勢平坦除潭江河築橋四百英尺外無甚大工程現在牛灣綫之鋼軌可以復用外大畧預算需欵四十五萬元兩年完成每年支出二十三萬五千元

(庚)改築公益車站　建築公益橋同時須改築站內各設備估算用欵拾萬元兩年完成合計公益築橋改綫改站共需欵一百叁十萬元

總計以上各項屬于資本支出額共需欵四百九十二萬七千七百元財政應如何調度下節討論之

五、財政之計劃

現查本公司財政狀況尚負債一百五十餘萬元歷年股息尚未分派信用失墜何能調集如此鉅額資金以完成良好之鐵路然不完成良好之鐵路又何能冀其發展根本解決祇有先行恢復自己信用開源節流嚴定預算確定基金分年進行茲將前叄年本路營業狀況列表參考藉爲預算之根據

年度	營業收入額	營業支出額	營業盈餘額	營業費對於收入
民國十五年	一、〇二二、二五九、四三	九六三、八八〇、五五	五七、三七八、八八	百分之九四
民國十六年	一、六四三、九四八、〇八	一、〇九九、八四三、四〇	五四四、〇九八、六八	百分之六七
民國十七年	一、四九三、八四〇、九八	一、二三三、五二一、七八	二六〇、三一九、二〇	百分之八三

（十七年乃十三個月之統計改算爲十二個月）

觀前三年狀況每年收入額數增減無常支出額遞年增加此由於時局之影响及整理期內變動之故茲照整理期內兩年之平均數作爲本年預算之根據營業收入預算壹百伍拾陸萬捌千捌百九十四元購用有軌汽車于最速期內實行西南枝路行駛兩輛估算每日增收三百元寧城公益段行駛一輛增收二百五十元江門會城行駛一輛增收一百五十元合計每增收七百元年計二十五萬五千五百元本年下半年增收拾弍萬七千七百五十元預算本年營業收入爲一百六十九萬六千六百四十四元照上節預算所定營業費一百零四萬五千八百六十五元當得盈餘六十五萬零七百七十九元茲特製成十二年計畫假定前五年改良未完成時祇由汽車增收後七年改築完成之後每年營業增收

百分之十營業支出定爲百分之六十一分六由盈餘額作爲資本每年分配各種工程進行如下

十二年財政計畫各項支出表

支出用途	購用有軌汽車	建築正式橋梁	更換軌枕	鋪墊道渣	建築公益橋梁	改築大王市路線	改築公益車站	償還債務
第一年	六萬圓	十式萬四千七百圓	七萬壹千五百圓	壹萬圓	二十五萬元			十三萬四千三百元
第二年	式萬圓	十式萬四千七百圓	七萬壹千五百圓	壹萬圓	二十五萬元			二十二萬四千三百元
第三年	式萬圓	十式萬四千七百圓	七萬壹千五百圓	壹萬圓	二十五萬元			二十二萬四千三百元
第四年	四萬圓	十式萬四千七百圓	七萬壹千五百圓	壹萬圓		二十二萬五千元	五萬員	十七萬九千三百元
第五年	四萬圓	十式萬四千七百圓	八萬九千四百圓	壹萬圓		二十二萬五千元	五萬員	二十三萬一千五百元
第六年		十式萬四千七百圓	八萬九千四百圓	壹萬圓				三十六萬零六百元
第七年		式十四萬九千四百圓	八萬九千四百圓	壹萬圓				十四萬五千五百元
第八年		式十四萬九千四百圓	八萬九千四百圓	壹萬圓				
第九年		式十四萬九千四百圓	十萬零七百圓	壹萬圓				
第十年		式十四萬九千四百圓	十萬零七百圓	壹萬圓				
第十一年		式十四萬九千四百圓	十萬零七百圓	壹萬圓				
第十二年		式十四萬九千四百圓	十萬零七百圓	壹萬圓				

分派股息	分派紅利	展築新昌路線	總計	預算每年盈餘額	公積金
			六十五萬零七百員	六十五萬零七百員	
			七十萬零五百員	七十萬零五百員	
			七十萬零五百員	七十萬零五百員	
			七十萬零五百員	七十萬零五百員	
（七厘）			七十七萬零六百員	七十七萬零六百員	
二十五萬五千九百元			八十四萬零六百員	八十四萬零六百元	
二十五萬五千九百元		十六萬零五百元	九十一萬零七百員	九十一萬零七百員	
二十五萬五千九百元		三十七萬六千一百元	九十八萬零八百員	九十八萬零八百員	
二十五萬五千九百元		四十三萬四千八百元	一百零五萬零八百員	一百零五萬零八百員	
二十五萬五千九百元		五十萬四千九百員	一百十二萬零九百員	一百十二萬零九百員	
二十五萬五千九百元	十四萬六千三百元（四厘）		七十六萬二千三百員	一百十八萬零九百員	四十一萬八千六百員
二十五萬五千九百元	二十五萬五千九百元（七厘）		八十七萬一千九百員	一百二十六萬員	三十八萬八千一百員

上列十二年財政計畫實爲最低限度的估算實際我國國有各路交通運輸之趨勢每年約增加百分之二十茲不過假定公益橋完成後每年運輸單算的增加百分之十至于新昌三埠展築之後其增加之程度當更大也每年運輸收入雖不能準確的然事在人爲鐵路事業與別的營業不同倘無別的政局特別發生變故其進行可照預定之計畫相差無幾也

預算編定審查核准之後無論何人當局均當勵行此方針中途如有不足預算額時可酌量伸縮蓋鐵路事業當局者若本已定之方針進行則財政斷不至發生危險故照預算計畫所定之基金如公益橋及改大王市路綫兩項可向資本家或洋行預先墊借照預算按期歸還則工程可以提前完成盈餘額

亦可以提前增加本路得以提前發展其利益當不祗如上表所列也

鐵路事業需用資本最爲鉅大世界無論任何鐵路公司未有資金充分餘裕者南滿鐵路公司股本金四億四千萬元尚常發行社債爲貲金通融之用吾國國有鐵路現負債欵六億四千餘萬元平綏路爲我國自欵自辦之鐵路貲本金祇二千二百萬元而建設事業費至六千四百餘萬元若非政局變動軍閥推殘亦不至于危險故借債以貲銷費之用則不可借債爲增加路產發展業務之用實爲補救本路之唯一方法也因本路建築時股本缺少實際上不能完成各種工程尚不能稱完成之鐵路若建築時各種工程完全齊備而刻下破壞不堪營業不振借債以爲度日之貲此則飲酖止渴之窮策稍具鐵路事業眼光者所斷不敢贊同也兩年以來經委員會稍加整理而盈餘至八十餘萬元上表預算盈餘之額數實非奢望照其預算以進行實爲最穩健之政策也

六、改良各種工程之詳細說明

一、幹線應行改良事項

沿線各種工程應改良或添置設備者甚多兹將其最有碍於行車有損於營業者分别說明如下

椿號零號　北街車站應卽添設貯煤塲爲保管及貯煤之用添設火車房及員工住房爲列車出發之站同時幷要水塔爲機車汲水之便

椿號五八號　白石橋改造新橋加寬橋面以免行車危險橋之兩端提高路基與橋相平卽所以保護橋梁

椿號六二號　白石車站在曲線斜坡内應填平改直爲列車入站出站停站之便

椿號一四八號　路線坡度祗四十餘分之一應塡高壹尺餘改爲三百分之一

椿號一七〇號　路線一六六及一七三號兩處坡度祗達五十餘分之一應塡高弍尺餘爲五百分之一由一六六至一九〇號二千四百尺之內均是曲綫穿過江門市街灣度由六度以至十五度不等且連續爲千向曲綫其灣外加高之軌突然變爲灣內減低之軌致車輛通過之時對角之兩輪在高軌之上其他之兩輪又在低軌之上車身不平從而揉散車輪或因而出軌故反向連續之曲綫行車最爲危險列車左右震動不定若改成八度之灣則該處沿綫右側商店林立要拆去七八丈不得已勉强計畫改成八度半之灣亦須拆讓商店叁丈至於此處之反灣則實無法可以除去（全路反灣不能除去者祗此一處）

椿號一九弍號　江門車站據查現在車站地點由繁盛街市之客貨到站頗爲不便但站房已建築不便變更惟改路綫時應將站前中綫移離弍丈以就廿灣之便站前之篷棚應卽拆去免失觀瞻而致危險并應設置地磅一處爲貨車過磅之用以免裝貨過重致壓壞貨車機件（現在貨車均爲裝貨過重壓壞）

椿號四二四號　會城車站亦在斜坡曲綫之內綫將站右路線提高二尺站左路線挖低二尺餘改直中心綫加添岔道一股以爲停車之用

椿號四三〇號　會城惠民兩站之間曲綫五處相連至六千叁百餘尺其灣度至十度以上坡度亦至八十餘分之一機車至此不能上坡必須撒鋪細砂于軌面開盡汽門方能行駛有時列車滑溜而下危險最甚機器亦易損壞費煤亦多故應即刻改良

凡曲線灣度超過八度以上者灣曲太甚車輛前後兩輪之旋轉過其極限遂致不能轉灣故現在機車之中輪要磨去其輪緣甲車之前輪與乙車之後輪聯結時遂致不能通過此等灣道故現在另用鐵鍊引長之致兩車之踏脚板離開二尺餘而車行遂致震動不已灣度過其極限外軌之高度亦特別增加致車在兩軌上傾斜太甚此等情狀火車勉强通行各車輪受軌條面内角之壓迫磨缺成漕而兩緣遂致突起故現在各站之道岔剪口鐵均被車輪之突緣磨壞軌條内部之羅絲屢被車輛之突緣切斷危險萬分故欲除去此等損害免除此種危險應速將灣度改成八度斜坡改成一百二十分之一所有反灣均設法離開以免永遠之損失及不時之危險

椿號四九四號　惠民車站出站後坡度僅及七八十分之一應塡高四尺餘成爲二百分一之坡度

椿號一〇二八號　沙冲車站在曲線上應改成直線以便停車

椿號一一六〇號　司前車站亦在曲線上應改成直綫以便停車

椿號一二四七號　大王市車站路線應由此處改築經大墟河村潭江黎村至公益對岸距單水口約一英里渡河接公益車站

椿號一四八〇號　麥巷車站由大王市車站經牛灣至麥巷計延長四英里四此段路線經過牛灣渡河沿途人烟稀少幷無客貨運輸若由大王市改線將此段之鋼軌枕木移作改線之用現在之地畝出賣爲另行購地之價

椿號一六六〇號　公益車站現在情形路綫經過機器廠内售票處前面之軌道旅客往來擠擁雜亂不堪致列車行駛常發生危險宜在車站北邊空地另行設站路綫由南而北直綫渡河站房設于西

邊使客貨上落不用穿過軌道以免危險站內設備從新布置另築月台水塔轉盤貨倉員工住房等規模稍爲宏大以便展築至三埠時布置之用設備齊全東邊如有餘地可開闢馬路街市等

渡河問題之研究

路線渡河問題議論紛紛現計共有三處地點卽（一）由牛灣築橋渡河（二）由公益車站築橋渡河（三）由公益埠西頭築橋渡河茲將三處地點之利害得失分別研究如下

一、牛灣卽現在渡船之地點適在河身轉灣處河面較寬計一千七百五十英尺水深滿潮時四十二英尺最大洪水時約達四十六七尺河底軟泥卽粘土厚叁十餘英尺共計七十餘尺河身轉灣河流至此忽然轉折水流衝擊力殊大故河床亦恐常起激烈之變動故在此處築橋甚非所宜且河水較深河面較寬工費亦鉅

二、公益車站此處河身較直河流至此略爲安定河岸河床少起激烈之變動水深滿潮時叁十五英尺干潮時二十叁英尺最大洪水時共計叁十九英尺河面寬一千六百五十英尺現在公益埠堤岸塡埋二百二十餘尺實際築橋祇須一千四百英尺築橋工費可比牛灣大爲減少河床地質雖未鑽探北邊大概黃土質地盤堅硬南邊畧似粘土質此處築橋甚屬相宜北岸距單水口約一英里

三、公益埠西頭若爲交通之便利計由公益埠西頭渡河至單水口埠東頭聯接兩埠最爲合宜惟此處地點適在河身轉灣又在單水口支流三叉口之下游受河水之衝擊河床河岸恐常起激烈之變動築橋甚非所宜且路綫要由公益埠後邊紆迴一英里始達西頭渡河後又要退回一英里共計多費建築約二英里軌道之費

以上所列渡河三地點之利害得失則在現任公益車站築橋渡河最爲相宜惟築橋後改築路線接聯至大王市車站其利害得失又若何試詳細比較之

改築路線問題之研究

甲、現在牛灣渡船之情狀　每次行車空費時間且祇裝載客貨車共四輛致江門會城之貨不能裝運其無形之損失不可計算而有形之損失每年用費若干雖無詳確之統計而大畧估算每年損失至伍萬弍千元二十餘年間損失已達百餘萬元另前總理陳宜禧無技術的設計妄行開工建築橋墩虛擲工料費不知如許據有賬可查者至三十餘萬元茲將年中牛灣渡船費直接間接費用畧爲估算如下

一、船價十六萬捌千元及碼頭等假定一萬元之每年折舊費	七千一百二十元
二、每月煤九十噸每年計煤費	弍萬一千六百元
三、機器油等每月三十元每年計	三百陸十元
四、工人辛金計三十名每年約	八千陸百四十元
五、鐵纜每年換三次每次一千五百元年計	四千五百元
六、碼頭每年浚渫河底沙泥約一千五百井每井一元	一千五百元
七、年中修理零件平均每年（去年曾修理萬餘元）	一千二百元
八、每次列車由公益複行至麥巷一段長三英里四每次每英里用煤九十四磅價	六千元
九、油每英約一毛五分年計	一千零九十五元

牛灣渡船費每年總計五萬二千零十五元

乙、公益築橋及改綫後之豫想

現在由大王市經牛灣至公益計路共延長八英里若由大王市經河村至公益約延長五英里縮短三英里每年減少行車費不少至於公益築橋後每年之修養費卽更換橋梁枕木修理開橋旋轉機件人工及油飾橋鐵等約三千元其餘增運貨車增加旅客假定最少每年增加全路收入十分之一每年可加增七十八萬元則築橋改綫之利害得失比較自明矣

椿號一六九五　公益出站之後路綫灣曲太甚鐵橋東邊灣度至十一度以上且連續反灣此處坡度應另購地些少將曲線改成八度取消反灣

椿號一八三八　麥巷車站在斜坡曲線之內列車停留及出發最爲困難最易發生危險宜將站內路線改平取直

椿號一八四〇　麥巷出站後灣度至十五度以上連續反灣且在五十餘分一斜坡之上列車行駛由此要開盡汽門尙不能開行常有行駛至半途而全車飛溜而下者常用沙撒鋪軌面藉其磨擦之力方能行駛者出軌翻車之事故時時發生此種情形此種險狀全路以此爲最應另購地些少改成八度之灣及百二十分之一坡取消反灣以成良好之路線行車安全

椿號一八八〇　由椿號一八八〇至一九二〇此段之路線與上列情形相同列車出軌亦在此段爲最多應將路線提高四五尺及挖低三四尺改成百二十分一之坡及八度之灣取消反灣

椿號一九三六號　由一九三六至一九八〇坡度僅達八九十分之一應塡高約二尺以至百二十分一之緩度

椿號一九六〇 坡。不足百分之一應塡高二尺餘及挖低弍尺餘以達百二十分一

椿號二〇〇八 萬福車站亦在斜坡曲線之內應將站內墊平改直兩端路線塡高挖深二三尺

椿號二〇三〇 由二〇三〇至二〇四二此段路綫灣曲太多連續反灣在十分以上應另購地長約

一千尺改成合度之路綫

椿號二〇五三號 大江車站亦在斜坡曲線之內應改直墊平

椿號二一一八號 陳邊車站亦在斜坡曲線之內應改直墊平站北另購地長七百尺

椿號二一八二號 由二一八至二一九〇灣度太亂絕無規則機車行駛用力大小變更無常機件損

壞亦易應另購地延約一千尺將路線改良

椿號二二一五號 水步車站亦在斜坡上車站兩端路線坡度至八九十分之一列車之進站出站及

停站甚覺困難且最容易發生危險應將站內路線墊平將站北一千二百尺之路線塡高三尺餘站

南一千八百尺之路線挖低叁尺餘成爲百二十分一坡度

椿號二二四三號 由二二四三至二二六四坡度達八九十分一應塡高及挖低二尺餘成百二十分

一之坡度

椿號二三六五號 東坑車站亦在斜坡曲綫之內站南坡度至八十分一應將站內路線墊平改直兩

端路綫挖低三尺餘成百二十分一坡度

椿號二四四八號 板崗站站北曲綫應改正爲合度之灣度

椿號二五四八號 寧城車站應添設地磅一個下行月台一處貨物裝卸站台一處爲磅貨車及客貨

上落之便

椿號二五六三號　寧城車站出站後由二五六三至二五七七路線灣曲太多應爲改正

椿號二五八三號　東門車站此站雖爲過路站但旅客之乘降頗爲重要亦在曲綫斜坡之上列車之入站出站及停留甚覺困難及危險應將站路綫改直塡平入站塡高三尺成二百分一坡度出站挖低成百二十分一坡度

椿號二六三〇號　由二六三〇至二六五〇路綫反灣太多應另購地長約一千尺將路綫改良取消反灣

椿號二六七七號　大亨車站亦在斜坡之內應畧爲改平

椿號二七四五號　松朗車站亦在斜坡之內宜畧爲改平

椿號二七八〇號　由二七八〇至二七九〇路綫宜挖低三尺

椿號二八九七號　下坪車站在曲綫之內應將站內改爲直線

椿號二九五五號　四九車站入站出站灣度太急應改成合度之路綫

椿號二九六七號　由二九六七至二九九四坡度太急灣度太甚宜挖深弍尺改成百弍拾分一灣度在拾一度以上應改成八度

椿號三〇七五號　大塘車站亦在斜坡曲綫之內應改直塡平但現在車站內商店林立成爲街市每逢墟期羣衆混雜婦孺擠擁列車行駛危險萬分應設法將路綫移至站後方以免危險該處路綫亦平直良好

椿號三一五二　路線由三一五二至三一六五灣度太多連續反灣宜另購地除去反灣

椿號三一七〇　路線由三一七〇至三二〇五坡度太急宜塡高及挖低二尺成百二拾坡度

椿號三二二七號　路線由三二二七至三二五一坡度太急應挖地三尺成百二拾分度之一

椿號三二五六號　紅嶺車站亦在斜坡上宜塡高及挖低各一尺改成平綫

椿號三三〇七號　由三三〇七至三三二〇連續反灣甚多應除去反灣以成良好之路綫

椿號三三四二號　冲蔞車站亦在斜坡上應塡高一尺餘以成平綫

椿號三四五五號　路線由三四五五至三四九〇灣度太多應畧爲改直減少曲綫

以上所列乃路線應行改良之重要者其餘各處應小小更改者全綫盡是記載不盡在施工時逐段改良而已至於橋梁一項則全體多是木造的臨時性質現經廿餘年已霉爛太甚前述預算計畫宜酌量財政分年建築正式橋梁以期行車之安全一勞永逸

二、西南枝路應行改良事項

西南枝路路線由寧城至三合一段更爲窳劣如水南車站附近實屬無法可想蓋若正當改良則不如另築一新路較爲經濟也惟現在已決議改用有軌汽車廢除蒸汽火車則路線無改良之必要茲僅將枝路應行改良之處列下以備參考

椿號零號　由零號至四十八號卽由寧城起點連續反灣六處灣度有達至十二度以上者應另購地長捌百尺改成八度取消反灣

椿號一三一號　筋坑車站在斜坡曲綫之內應改直將東邊塡高壹尺餘

椿號一六四號　由一六四至一七二之曲綫達九度半以上應改成七度

椿號一九四號　由一九四至二一一度之路綫坡度僅六拾餘分之一應挖低弍尺餘連續反灣至伍處之多灣度達拾一度以上應改成八度取消反灣

椿號二三五號　水南車站在十五度曲線之內該站在某時期內有多少貨物裝運但停車甚覺困難欲改成直線則以該處地勢關係不能布置若欲改成八度之灣則須另鑿山長捌百餘尺高約百餘尺工程鉅大仍不能得良好之路綫故欲將現在情形改良實屬無法可想非全將附近之路綫盡行更改不可此等難題與更改江門街市內之路綫同一情形爲全線改良之最難者

椿號二九〇號　路綫由二九〇至三〇六坡度達六拾餘分之一行車頗感困難應塡高及挖低弍尺餘成百二拾分坡度且連續反灣亦應除去改爲合度之灣

椿號三一九號　官步車站亦在斜坡曲綫之內連續反灣坡度達拾度以上須另鑿山九百餘尺方能除去反灣站內之路綫亦要全體更改

椿號三八〇號　路綫由三八〇至三九七連續反灣要另購地長一千餘尺方能除去反灣又要挖低弍尺餘方能得合度之坡度

椿號四三二號　亦在曲綫之內應改成直綫

椿號五二四號　黎洞車站直綫太短應再引長之以便停車

椿號五八八號　路綫由伍八八至六〇三連續反灣要另購地長一千二百餘尺方能除去反灣

椿號六二八號　上馬石車站在斜坡上要塡高三尺餘成爲平綫

椿號七一八號　東心車站在斜坡上要挖低壹尺餘以成平綫
椿號七七九號　長江車站在斜坡上要挖低壹尺餘以成平綫
椿號八六五號　田坑車站在斜坡上要挖低壹尺餘以成平綫

新寧鐵路公司收支總表

中華民國十八年一月二十日起至十二月底止

收方 元	收方 角仙	科目	付方 元	付方 角仙
$ 1601 037	11	營業收入		
1546 279	32	營業進欵		
47 944	37	其他營業進欵		
4 382	53	其他雜項收入		
2 430	89	利息		
		營業支出	$ 1274 677	62
		總務費	253 545	30
		車務費	98 994	16
		運務費	440 665	89
		設備品維持費	177 876	15
		工務維持費	301 799	26
		兌換損益	1 796	86
		資產支出	28 320	04
		房屋及車站	14 562	82
		機件及器具	1 158	22
		機車	9 835	00
		購地	1 604	00
		客貨車輛	1 160	00
500	00	舊帳	282 709	71
500	00	什項		
		還付項	105 818	65
		結欠付項利息	144 991	64
		結欠舊煤	8 591	00
		結欠舊貨項	22 089	62
		其他	1 218	80
$ 1601 537	11	合計	$ 1585 707	37
115 573	95	上年結存		
		本年結存	131 403	69
$ 1717 111	06		$ 1717 111	06

統計表

新寧鐵路

拾八年份營業進欵用欵盈餘及百分比較

以萬為单位

每壹星角作八萬元計算

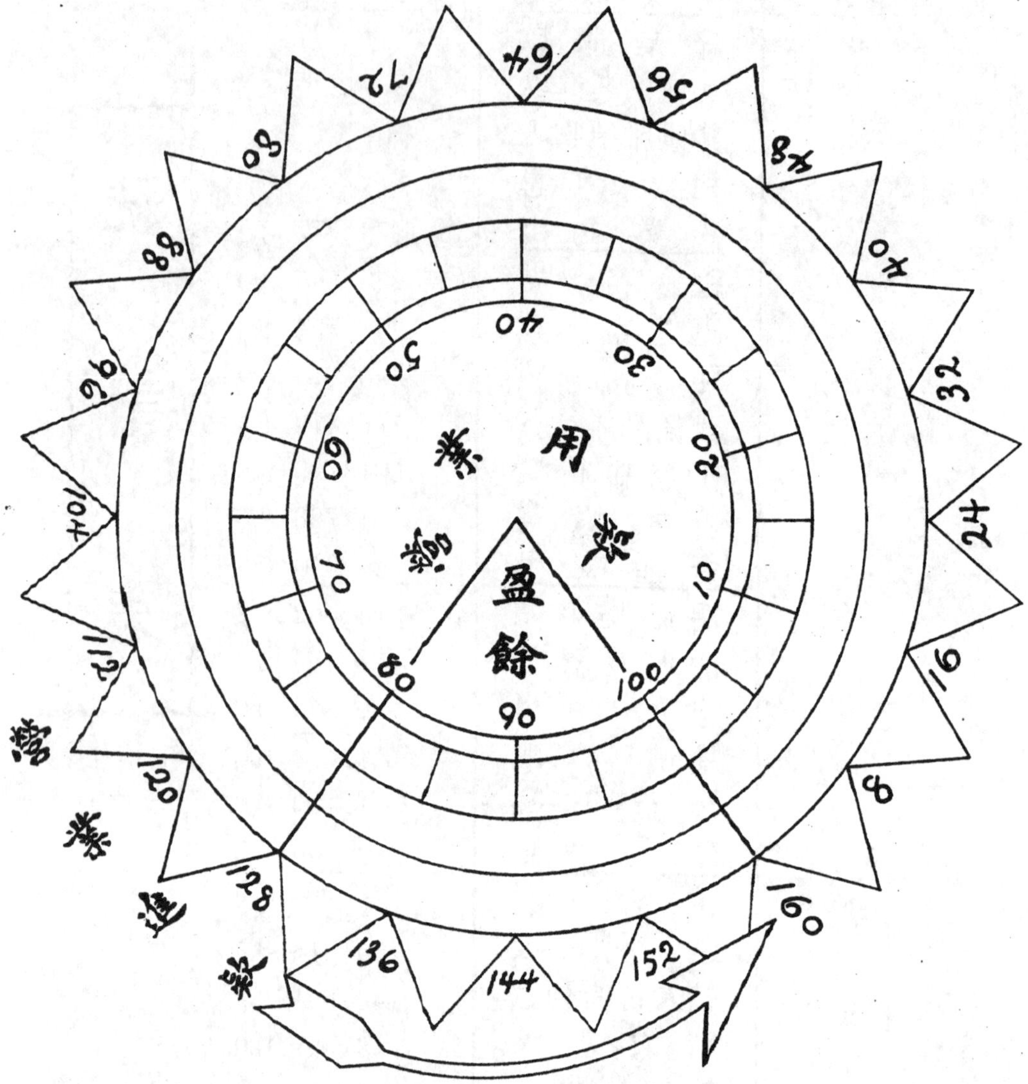

年份	拾捌年份		
欵别	營業進欵	營業用欵	盈餘
金額	1.601.037.11	1.274.677.62	326.359.49
百分比例	100.00	79.61	20.39

印司公限有務印雜東港香

新寧鐵路公司

營業進欵比較表

民國十九年一月二月三月與民國十八年一月二月三月

日期		載運旅客	載運貨物	進				欵	
年	月	人數	公頓數	客運業務	貨運業務	雜項	共計	增或減	百分數
19	1	195,561	9,789	107,805 90	40,664 06	2,165 51	150,635 47	7,506 83	—4,75
18	1	187,504	15,046	105,598 54	49,418 16	3,125 [illegible]	158,142 30		
19	2	203,367	9,517	112,708 12	35,402 54	1,691 17	149,801 83	28,805 49	+23,81
18	2	156,203	7,371	85,942 97	27,933 35	7,120 02	120,996 34		
19	3	210,930	12,079	119,159 78	38,980 88	2,173 29	160,313 95	360 91	+0,22
18	3	203,981	12,123	117,986 70	40,369 38	1,596 96	159,953 04		
總計		609,858 547,688	31,385 34,540	339,673 80 309,528 21	115,047 48 117,720 89	6,029 97 11,842 58	460,751 25 439,091 68	21,659 57	+4,93
增或減		62,170	3,155	30,145 59	2,673 41	5,812 61	21,659 57		
百分數		+1,14	—0,91	+9,74	—2,27	—49,08	+4,93		

—，此符號表示十九年比較十八年減少，

十，此符號表示十九年比較十八年增加，

表內雜項進欵，十九年份比較減少百分之四九，查北街碼頭租每月港幣二千八百八十元，十九年一二三月份尚未收到，是以相差如此之巨，

新寧鐵路公司

營業用欵比較表

民國十九年一月二月三月與民國十八年一月二月三月

日期		用			欵				
年	月	總務費	車務費	運務費	設備品維持費	工務維持費	共計	增或減	百分數
19	1	53,578 56	10,411 63	9,526 94	9,744 15	15,089 05	98,350 33	14,908 18	—13,16
18	1	49,455 24	7,671 84	27,617 07	14,077 35	14,437 01	113,258 51		
19	2	33,277 37	10,451 51	43,188 02	14,269 55	34,917 24	136,103 69	41,325 57	+43,60
18	2	14,810 01	7,408 82	44,016 25	12,450 51	16,092 53	94,778 12		
19	3	18,152 64	11,313 09	37,845 30	13,061 35	24,018 40	104,390 78	5,084 25	+ 5,12
18	3	14,224 02	8,548 59	42,335 75	11,313 78	22,884 39	99,306 53		
總計		105,008 57 78,489 27	32,176 23 23,629 25	90,560 26 113,969 07	37,075 05 37,841 64	74.024 69 53,413 93	338,844 80 307,343 16	31.501 64	+10.25
增或減		26,519 30	8,546 98	23,408 81	766 59	20.610 76	31,501 64		
百分數		+ 33,77	+ 36,25	— 20,54	— 2,03	+ 38,58	+ 10,25		

—，此符號表示十九年比較十八年減少，

十，此符號表示十九年比較十八年增加，

選錄

新寧鐵路

(錄中國鐵道史)

(一)沿革

清光緒三十一年十二月新寧縣(現改名台山)紳商陳宜禧余灼等以新寧至廣州省城沿途戶口稠密應造鐵道以利往來遂於旅美華僑中籌集鉅欵設立新寧鉄路有限公司於三十二年正月十一日稟由商部奏准立案陳旅美多年積資巨萬新寧人旅美最多均信賴之洎辦鉄道即自爲總理兼工程師以路務爲終身事業鐵道員役胥選華僑充任故用費極省(平均每華里不過弍萬元)論者謂不用客卿不借外欵實可爲吾國商辦鐵路之模範云

(二)工程

本路所經除斗山至公益埠間有邱陵起伏外餘皆平原惟港議紛歧架橋多至八十八座然除新昌江外亦無大河江位公益埠麥巷牛灣三站之間爲新會潮恩平之帆船孔道如架鉄橋不第妨碍帆船交通且工艱費鉅不易架設陳宜禧乃造長三百五十尺寬五十五尺之木船以長千八百尺之鉄鍊繫紮兩岸絞船裝渡火車此項渡船造自香港造船所費銀二十萬元此爲本路工程最可特紀者也　北街臨西江支流公益埠臨新昌江處均建有碼頭設置起重機斗山臨三夾海處亦有民間小艇往來外海六呷之間幹線公益埠至斗山墟興工于光緒三十二年閏四月竣工于宣統元年四月第一次展築至新會興工于宣統元年十一月竣工于三年八月第

二次展築至北街興工于宣統三年十一月竣工于民國二年八月第三次展築白沙枝線興工于民國六年竣工于九年二月

（三）路綫里程

本路起斗山經寧城公益埠江門至北街凡三十五站（站名詳後各路里程總表）長達二百二十一華里二九三九枝路自寧城至白沙長凡五十八華里七設寧城筋坑水南官步三合黎洞土馬石東心坑長江田坑白沙十一站（此路俗呼寧陽鉄路西南枝路）

通告

新寧鐵路公司佈告 第一號

爲佈告事現奉
鐵道部電令十九年一月三十日（卽舊歷元旦）仍應行車等由奉此自應遵照辦理除另定行車時間
表公佈外合行佈告仰各知照此佈
中華民國十九年一月廿三日

總經理陳耀平
副經理馬周仁

新寧鐵路公司佈告 第二號

爲佈告事現據工務課呈稱現據第三段監工報稱沖蔞站段內六十五咪里牌內第三四三四號樁位
卽福塲區團防營對開路綫附近被匪將枕木頭鋤爛二拾餘條等語查該段路軌迫近福塲區團防營

竟被鋤掘枕木頭二拾餘條之多實出意料之外除飭工人將該段枕木從速更換外理合備文呈報請咨行該處福場區團防營予以保護并通告附近鄉民毋得擅將枕木鋤毀以維交通實爲公便等情查鐵道枕木關係車行無論何人均須愛護據報前情顯係附近鄉民貪圖私利罔顧公益所致殊於交通大有防碍合行佈告仰該區居民知悉嗣後對于本路路面枕木毋得任意挖掘毀傷如敢故違定卽從嚴拘究勿謂言之不預也此佈

中華民國十九年二月八日

總經理陳耀平
副經理馬周仁

新寧鐵路公司佈告　第三號

爲佈告事查本路乘車規則除政府各機關職員具備該機關官長公文証明因公乘車並須佩帶襟章相符者得購半價車票或正式軍隊穿着制服並有長官公事証明因公附乘者准予免票外其餘無論何人均須照章購票方得乘車乃近各搭客間有越等乘車及無票乘車而車上收票查票各員往往瞻徇情面不加干涉殊於路收大有防碍亟應嚴行禁止嗣後搭客乘車均須照章購票卽或依例免票者亦應先行請給免票按等乘車以資辨別而杜弊端除飭車上收票人員認眞稽核外合行佈告仰各知照此佈

中華民國十九年四月七日

新寧路公司佈告第四號

爲佈告事照得北街碼頭車站上落貨物行李挑伕前由本公司批與人和公司承辦業將訂定挑運價目佈告在案惟近來各搭客對於挑運行李貨物各挑伕每由資值問題發生糾紛非重行申告無以安行旅合再佈告仰各搭客知悉嗣後務須依照後開挑運價目表所定價目給與資值如果各挑伕有故意留難或抑勒需索等情並准就近報告站長查明究辦毋得滋擾此佈

總經理陳耀平
副經理馬周仁

計開

(子)行李每件挑工弍毫(如二件以上照本表(丑)項辦理)
(丑)行李每挑工力四毫(以一百三拾三磅爲限最多不得過六件)
(寅)大小箱頭每個挑工四毫(如以兩人抬以一百三拾三磅爲限由一百三拾四磅至二百磅六毫)
(卯)大金山箱每個挑工捌毫(不限重量但由鄉出港應折半計)
(辰)上落煤炭每噸工資四毫
(巳)上落枕木每條工資二仙半
(午)上落木料鐵器等物每噸工資一元四毫
(未)上落英坭每包工資八仙

(申)上落白米每包工資八仙
(酉)上落雜貨每百磅工資八仙
(戌)起運靈柩每具壹拾弍元(一切費用在內)
(亥)如客商有笨重貨物運到站內候車轉運此項貨物搬運上卡每百磅工資弍仙

中華民國拾九年四月廿六日

總經理陳耀平
副經理馬周仁

新寧鐵路公司佈告 第五號

爲佈告事案奉
鐵道部總字第三六七三號訓令開爲令行事現奉行政院第八九五號訓令開現奉
國民政府第一一二三號訓令開爲令知事查鐵路員工服務條例業經明令公佈亟應通飭施行除分令外合行抄發原條文令仰知照并轉飭所屬一體知照此令等因計發抄鐵路員工服務條例一份奉此除分令外合行抄發原條文令仰知照并轉飭所屬一體知照等因奉此除分令外合亟抄發原條文令仰知照并轉飭所屬一體知照此令等因計抄發鐵路員工服務條例一分奉此查粵漢廣九各路自奉頒該條例之後業已次第遵行本路爲尊重
國府法令起見亦經提交第拾九次路務會議議決由五月一日起切實遵行在案除分令外合行佈告

仰所屬員工一體遵照此令

中華民國十九年四月廿一日

總經理陳耀平
副經理馬周仁

新寧鐵路公司佈告 第六號

爲佈告事照得造林之效用小之可點綴風景太之可以足驅除旱魃防止潦災關係至爲重要本路迭

奉

鐵道部令飭選擇沿線及各站適宜地點分別造林當經購辦萬利木樹苗數千枝沿路栽植以期收效凡屬附近居民自應時加愛護不容稍有毁傷乃近查沿路所植各樹每有無知鄉民肆行採折甚或偸竊轉賣殊屬藐視功命不法已極除飭本路工警隨時嚴密查拿究辦外合行佈告仰各界人等知悉嗣後如有對于本路所植樹苗仍敢毁折或偸竊者一經拿獲定即從嚴懲罰勿謂言之不預也此佈

中華民國十九年　月　日

總經理陳耀平
副經理馬周仁

新寧鐵路公司佈告 第七號

爲佈告事照得路政之良否全視員工之勤怠爲轉移故考覈不嚴無以剗除泄沓之積習而防衛不周亦無以保護旅商之安全本經理有見及此爰擬增設稽查隊弍拾名隨時稽查以資整頓業經提議送請本路董事會議決照辦在案茲定于五月一日全隊組織成立除分函暨令行外合行布告仰各知照此佈

總經理陳耀平

副經理馬周仁

中華民國十九年四月卅日

消息

國內鐵道消息

省港快車再變更時刻

廣九鐵路省港直通快車因將行車速率減低定于廿七日起將快車開行及到達時刻變更經誌昨報茲查廿七日廣九路局復將時刻變更決定幷停開星期日特別快車茲分錄如下（一）由省往港快車上午在大沙頭開七點五十分到九龍一點零七分下午在大沙頭開三點五十五分到九龍八點五十九分（二）由九龍上午開行來省快車下午一點十二分到大沙頭下午快車八點廿四分到大沙頭（一）逢星下午五點十五分由省往港之特別快車暫行停開

（六月　日越華報）

粵路公債定期派息

廿八日鐵路部收回粵路公債基金保管委員會規定粵漢鉄路公債派息辦法如下（一）地點在廣州市黃沙粵漢路局公債基金保管委員會（二）期間由十九年六月三十日起至九月三十日止（三）時間每日上午由九時起至十二時止下午由一時起至五時止（三〇截止收件五時發清欵項）（四）手續凡持有收回粵路公債票者須將全張公債票繳交候驗對清楚即將第一期息票截出以毫洋加二五伸合大元發息凡一百及四十元公債票必須到本會領息如係四元公債票可就近到廣州市絲業銀行工商銀行（均在十三行馬路）國民銀行（太平南路）廣東銀行（西堤大馬路）興中銀行（西堤二馬路）分別支取凡外埠外省寄來公債票取息者所有郵費滙費均由收欵人負担倘發覺各公債票有僞冒情形時即將該公債票扣留移送路局查究凡登記股票及抵換公債須向收回商股辦事處（設在廣州黃沙路局內）聲請辦理俟換得公債票後方可到會領息

（六月廿九國華報）

第一期　新寧鐵路公報　消息

粵路韶段興築近訊

粵漢鐵路爲我國貫通南北之最大線此線能完成與發展國民經濟有密切關係鐵道部決定於最短期間將韶州至株州一段完現該段工程局長卓康成對展築工程之進行不遺餘力幷決定先完成由韶關至樂昌一段以利運輸該段線長約一百華里預計明年三月通車共需欵六百餘萬元概由鐵道部撥支已將該段之土石方及隧道（該段遂鑿隧道（三千餘尺）工程招商投承因各承商對各項工程之預算太無把握僅有土石方之第二段訂約建築于四月初興工工程費二十九萬元昨十八日該局繼續開投第三段土石方工程及隧道工程是日到局投票者有孔寧裕生等五公司結果土石方工程擬孔寧公司取價最低取銀二十九萬六千一百五十元六毫三仙築路時間二百五十日次爲廣興隆公司取價三十一萬五千九百一十元零四毫七仙築路時間四百五十九日隧道工程取價最低者爲孔寧公司一十三萬二千四百九十元築路時間一百二十五日次爲裕生公司取價二十四萬一千七百五十元築路時間一百八十日現已將開投結果呈鐵道部核辦日間即可興工建築

（七月五日國民新聞）

鄂匪割電毀鐵路

（漢口電）最近旬日花園廣水間有匪千餘鎗擊列車毀壞軌道割斷電線已有三次二日晨衛家店附近又有毀壞軌道事下午即脩復電報三日仍未通惟此等匪幷無綁刦行爲

（七月五日國民新聞）

津浦北上車出軌

（南京電）二日夜十二時韓莊發現土匪三百餘人拆毀鐵道津浦北上車過韓莊時傾覆三日下下已脩復通車

（上海電）津浦北上二次車三日晨在韓莊沙河間出軌死數人傷數百聞係紅鎗會匪所拆

（七月五日國民新聞）

新甯路籌築公益鐵橋

（七月三日廣州民國日報）

新甯鐵路公司以該路由公益直達北街一段路線非常曲折以至浪用煤斤甚鉅而在牛灣用鐵船接載火車渡海亦時感不便故日前曾計劃更改牛灣路線藉免此二重阻碍經決定由公益築一鐵橋以達水口而至北街頃查刻對此規劃已積極進行並聘請承築

省河過海鐵橋西人工程師馬克頓前往將該橋測勘馬氏昨經赴港轉輪過江門而往台山與該路公司接洽進行聞時間以兩星期爲度給回測量費一千八百員云

廣韶鐵路局聘用釬電工人

（七月六日新國華報）

廣韶路局所有機車機件常須電釬接駁近日新購電釬機一具以資應用惟于電釬工作人才務須素具經驗手術純熟者始克充當而諳此電釬技術之人寥寥無幾聞該局擬出特優工價聘請此項人才月薪約八九十員之譜如具有此項才能願就斯職者可逕至該局機務處接洽云

機器工會訓誡甯路怠惰工友

（七月六日新國華報）

機器工會以新甯鐵路間有不肖工人怠于工作特派該會主席李德軒馳赴台山整頓一切并出佈告云爲佈告事照得鐵路爲重要產業端賴勞資合作方有發展可期本會迭受政府委命維持各鐵路交通而對於各鐵路發展前途尤致熱望故一方肅清反動以保路政之治安一方約束所屬工人以增進工作之効率務期達到發展鐵路產業之目的查新寧鐵路爲五邑交通之樞紐關係重要凡我工友尤應努力工作協助鉄路當局剷除秕政使路務日有起色方足以副政府委託本會維持鐵路交通之至意倘有不肖工友怠于工作破壞會譽本會定當執法以繩決不姑寬合行佈告仰各工友一體遵照毋違切切此佈

匪徒謀炸滬甯火車

（七月七日香港大光報）

（路透社七月五日上海電）昨晚有匪徒謀炸滬寧路夜車因該車乘客多是南京官員緣該處車路突然有一炸彈爆發致將附近之農民驚醒各農民乃往報長州站長由彼通電阻止該夜車停行查爆炸後有數鐵軌被炸毀該車須被阻五點鐘之久方進前至今并未拘人云

國外鐵路消息

中美第一電氣鐵路做成

（七月五日廣州民國日報）

（世界新聞社中美訊）葵的拉瑪共和國近做成中美最初之電氣鐵路全線長廿七英里而工程極爲艱鉅六年始完工由德國共通電氣公司承造造價美金五百萬葵人名之爲（高地鐵路）因經過處皆山地崎嶇不平從聖普利發地點（與中美國際鐵路銜接）未幾即升至離海面二千尺處於是迤邐起升直至離海面八千尺之奎若丹谷爲終點全線有大鋼橋三三百尺之地道一此路經過區域在哥崙布發現美洲之前爲印地安人之支種奎楷斯人所住其後頑强抵抗西班牙人者即此種人葵的戒瑪政府擬將來再展築此路至山腹藉以開發農業及礦務云

西南支路行車時刻表

本路爲便利西南各站及赤水遠來搭客乘車鐘點起見特改遲開車時刻如左由十九年六月十五日起實行

站名	開到別	十一次	十三次
白沙	開	上午七·一〇	十·四〇
田坑	到	七·一六	十·四六
田坑	開	七·一七	十·四七
長江	到	七·二三	十·五三
長江	開	七·二四	十·五四
東心坑	到	七·二九	十·五九
東心坑	開	七·三〇	十一·〇〇
上馬石	到	七·三六	十一·〇六
上馬石	開	七·三七	十一·〇七
黎洞	到	七·四四	十一·一四
黎洞	開	七·四五	十一·一五
三合	到	七·五一	十一·二一
三合	開	七·五二	十一·二二
官步	到	七·五八	十一·二八
官步	開	七·五九	十一·二九
水南	到	八·〇六	十一·三六
水南	開	八·〇九	十一·三九
筋坑	到	八·一六	十一·四六
筋坑	開	八·一七	十一·四七
寧城	到	八·二七	十一·五七

站名	開到別	十二次	十四次
寧城	開	上午八·四五	下午三·五〇
筋坑	到	八·五五	四·〇〇
筋坑	開	八·五六	四·〇一
水南	到	九·〇三	四·〇八
水南	開	九·〇六	四·十一
官步	到	九·一三	四·十八
官步	開	九·一四	四·十九
三合	到	九·二〇	四·二五
三合	開	九·二二	四·二七
黎洞	到	九·二八	四·三三
黎洞	開	九·三〇	四·三五
上馬石	到	九·三七	四·四二
上馬石	開	九·三八	四·四三
東心坑	到	九·四四	四·四九
東心坑	開	九·四五	四·五〇
長江	到	九·五〇	四·五五
長江	開	九·五一	四·五六
田坑	到	九·五七	五·〇二
田坑	開	九·五八	五·〇三
白沙	到	十·〇五	五·十〇

新寧鐵路車務課啓

革命文獻與民國時期文獻
保護計劃

成果

新宁铁路档案资料汇编

（二）

总结册2：1920年、1921年

林　军　高东辉　罗达全　主编

暨南大学出版社
JINAN UNIVERSITY PRESS

中国·广州

图书在版编目（CIP）数据

新宁铁路档案资料汇编．二．总结册 2，1920 年、1921 年 / 林军，高东辉，罗达全主编．—广州：暨南大学出版社，2020.10

ISBN 978－7－5668－2789－0

Ⅰ．①新…　Ⅱ．①林…　②高…　③罗…　Ⅲ．①铁路线路—史料—广东—近代
Ⅳ．①F532.865

中国版本图书馆 CIP 数据核字（2019）第 247104 号

新宁铁路档案资料汇编（二）
总结册 2：1920 年、1921 年
XINNING TIELU DANGAN ZILIAO HUIBIAN（ER）
ZONGJIECE 2：1920 NIAN、1921 NIAN
主　编：林　军　高东辉　罗达全

出 版 人：张晋升
策划编辑：黄圣英
责任编辑：冯　琳　詹建林
责任校对：黄　球　刘宇韬
责任印制：汤慧君　周一丹

出版发行：暨南大学出版社（510630）
电　　话：总编室（8620）85221601
　　　　　营销部（8620）85225284　85228291　85228292　85226712
传　　真：（8620）85221583（办公室）　85223774（营销部）
网　　址：http://www.jnupress.com
排　　版：广州市天河星辰文化发展部照排中心
印　　刷：深圳市新联美术印刷有限公司
开　　本：787mm×1092mm　1/16
印　　张：76
字　　数：1208 千
版　　次：2020 年 10 月第 1 版
印　　次：2020 年 10 月第 1 次
定　　价：428.00 元（全七册）

目 录 contents

广东新宁铁路股份有限公司民国九年份总结册　001
民国九年底结欠各号附款清册　037
民国九年营业收入车脚项清册　049
民国九年收入售材料项清册　059
民国九年收入售地段项清册　065
民国九年收入营业产业租项清册　067
民国九年材料处材料清册　071
民国九年工程处材料清册　075
民国九年机器厂材料清册　083
民国九年电话处材料清册　087

广东新宁铁路股份有限公司民国十年份总结册　091
民国十年底结欠各号附款清册　123
民国十年营业收入车脚项清册　137
民国十年收入营业产业租项清册　147
民国十年收入售地段项清册　151
民国十年收入售材料项清册　153
民国十年材料处材料清册　159
民国十年工程处材料清册　163
民国十年机器厂材料清册　169
民国十年电话处材料清册　173

廣東新寧鐵路股份有限公司民國九年份總結册

鏡灝

新寧鐵路總理

陳宜禧眞像

新寧鐵路總公司

在台城西拱橋頭

新甯鐵路總公司

遠影圖

新寧鐵路股份有限公司年結小序

鐵路生利事業也至於盈虧問題則與時局之治亂地方商務之興替有密切之關係焉 鄙人 忝總斯路不敢謂措施悉當然路務之力謀發展經費之力謀撙節賬目之出納必慎管理之勞怨弗辭刻刻以顧存股東血本爲念此心此志差敢自信當亦爲

衆股東所共諒茲查本路民國九年份營業收入車利七拾七萬餘元除支銷經費外得餘利陸萬七千七百餘元

若按股本總額計之約得股息二厘之數素知　股東希望派息用心綦切所以遲遲未克實行者是亦有故其遠因則以當日股本不足藉借欵以充建築費就遞年車利以爲償還于是股息不得不緩派換言之不啻以股息充股本而已其近因則以頻年地方多故商業凋殘匪患頻仍殷富裹足軍人搭車政府運兵均不給費收入因而短絀歐戰後原狀未復煤料價昂支出因而增加且本年潦水爲災沖塌路基數處停車旬日亦屬特別銷耗之一如

無此種種有形無形損失車利收入寗止此數此固時勢使然無可如何者所幸本年金價復原外資輸入驟增內地商務日旺本路車利較之七八兩年已有起色自兹以往惟望地方敉平交通無碍則五六年份之收入不難復現淸償債務分派股息之目的不難早達本公司現復提議展築陽江枝路將來此路若成高雷廉瓊各屬客貨運輸胥出寗路之一途營業發達可操左劵此則 鄙人 所引

爲樂觀而敬爲　股東諸君告者也茲據會計處報告九年份進支數目編列成册送　監察員核對無訛謹誌數言於篇首遵章分呈
各股東公鑒倘有舛錯幸賜教焉是爲序

民國十年三月　日新寧鐵路總理陳宜禧謹識

支簡明一覽表

各號附欵比對還外尙入附銀三萬五千四百零一員九毛一仙

各號貯下來往項銀一十萬零四千三百二十五員九毫四仙

各號過來貨項銀三十五萬六千零四十一元七毫九仙

各站長及收票員按櫃銀六百元

萬國銀行比對實來長銀一千二百七十九元六毛

展築白沙枝路股份銀六千六百六十五員

中央政府來五年份公債票本銀七百員

中央政府來五年份公債票息銀九百員

船戶賠償損失煤炭銀五百五十一員三毫

收回錯領白沙枝路田價銀一百九十四員四毛二仙

材料處退回各號材料銀捌百三十捌元

共銀壹百三拾五萬三千七百五十七員四毫三仙七文

運務項下銀四萬捌千九百零捌員捌毫捌仙

廠務項下銀式萬一千七百零五員六毛三仙

工務項下銀九萬三千四百一拾四員四毫八仙

築路建設項下銀四萬一千七百一拾三員九毫二仙

購材料項下銀三拾六萬三千六百八十七員三毫六仙

製造售料鑄料工銀式千二百一十九員

稅脚項下銀四萬七千零五十七員七毫五仙

購公債票項下銀十元

共銀壹百式拾九萬九千二百八拾員零二毫八仙

收支比對外實存銀伍萬三千四百七拾七員一毫五仙七文

民國九年份

照陽歷計

收入

接上民國八年底存來銀四萬九千三百八十三員五毛三仙七文

本年客貨車脚銀七十七萬零七百三十五員零一仙

印務局接印外處印件銀三百五十六員六毫

違犯路章罰欵銀三百員零零三毫七仙

賣材料項銀二千七百九十五員一毫五仙

賣地段項銀三百六十三員三毫五仙

租項銀一萬一千三百七十九員三毫二仙

貨項扣現銀六百四十員零零九仙

銀紙水項銀六千一百零捌員二毫捌仙

存欵生息銀一百七十捌員二毛

電話費銀一千三百六十捌員三毫三仙

雜項銀一千六百五十一員二毫四仙

支出

還各號貯下來往銀壹十萬零二千九百八十二元九毛

還各號貨項銀三拾捌萬五千五百四拾六員五毫三仙

還附欵利息銀六萬一千三百二拾三員二毫七仙

還站長按櫃銀五百員

補回伍尚信租項錄三拾三員三員

交回陳藻宜購地定銀一千員

錄水項下錄四萬二千六百一拾四員三毫三仙

總務項下錄四萬捌千五百二拾員零零五仙

車務項下銀三萬捌千零四拾四員捌毫捌仙

明一覽表

築路建設項下用去材料值銀一萬弍千一百七十四元二毛一仙

營業開銷項下用去材料值銀三拾七萬六千六百三拾五元四毛六仙捌文

售出材料項下用去材料值銀三千弍百五拾六元三毛捌仙

解戶損失煤炭值銀三百零一元六毛

浩昌和收回洋鏟值銀五百二拾元

合共支材料值銀叁拾九萬二千捌百捌拾七元六毛五仙捌文

進支比對外實存材料值銀壹拾四萬零六百九十三元三毫二仙五文

民國九年份

照陽歷計

進數

接上民國八年底各處總存來煤炭各項材料值銀一拾陸萬七千一百捌拾七元六毫二仙捌文

本年新購入煤炭各項材料值銀三拾六萬三千六百捌拾七元三毫六仙

本年製造售料鑄料加工值銀弍千弍百一十九元

本年售出材料加附屬費銀四百捌十六元九毫九仙五文

合共進材料值銀五十三萬三千五百捌十元零九毫捌仙三文

支數

盈虧一覽表

全路路[illegible]路用去材料值銀五萬[illegible]

沿路修理橋樑用去材料值銀一萬九千六百一拾三員一毫九仙

修理營業機車車輛用去材料值銀二萬零四百二拾捌員捌毫

修理工程機車車輛用去材料值銀一千六百六十三員一毫四仙

修理牛灣過海大船及市欖船用去材料值銀四千捌百零五員捌毫五仙

修理機器廠機件用去材料值銀三千三百三十員零五毛九仙

修理機器廠屋盖用去材料值銀一萬一千三百四十九員四毫叁仙

修理車站及造器具用去材料值銀二千零零六員零九仙

修理路缶器具整橋器具用去材料值銀一千叁百七十一員七毫捌仙

修理碼頭用去材料值銀四千六百捌十一員四毫叁仙

修理水泵用去材料值銀一千二百捌十捌員四毫四仙

修理印務局及整機件用去材料值銀捌百零捌員叁毫捌仙

修理材料處及材料倉用去材料值銀捌百捌十二員六毫一仙

修理總公司及分局連造器具用去材料值銀一千零四十六員四毫一仙

修理車頭廠用去材料值銀三十五員零五仙

續造各種車輛用去材料值銀三百五十三員九毫捌仙

續造火水機偈用去材料值銀六百四十員零一毫五仙

續築寧城水井用去材料值銀九十一員六毫九仙

建造水昃用去材料值銀二百零五員四毫

以上三十六柱共銀七十萬零二千九百肆十二員七毫捌仙

收入支銷比對外尚盈得利銀陸萬七千七百九十二員三毫三仙

民國九年份 照陽歷計

收入

運客車脚銀六十萬零零一百二十九元三毫五仙
運貨車脚銀一十七萬零六百零五員六毫六仙
以上兩柱共銀七十七萬零七百三十五員零一仙

支出

總務門支現銀四萬捌千五百二十員零零五仙
車務門支現銀三萬捌千零四十四員捌毫捌仙
運務門支現銀四萬捌千九百零捌員捌毫捌仙
廠務門支現銀二萬一千七百零五員六毫三仙
工務門支現銀九萬三千四百一十肆員肆毫捌仙
銀水門支購煤炭材料帋水現銀二萬七千九百一十七員三毫二仙
銀水門支沽出銅仙虧水現銀七百三十捌員三毫三仙
稅脚門支俑煤炭材料稅脚咕里現銀肆萬七千零五十七員七毫五仙
營業車用去煤炭松柴偈油威士值銀一十五萬六千三百四十二員七毫七仙
養路工程車用去煤炭偈油威士值銀五萬四千捌百一十四元二毫九仙
機器廠用去煤炭焗炭偈油威士值銀一萬五千七百零五員三毫三仙
牛灣過海大船用去煤炭偈油威士值銀一萬二千九百三十二員一毫一仙
印務局用去偈油值銀一百九十二員五毫
泵水偈用去煤炭偈油值銀一萬零四百六十九員
全路電話養綫用去材料值銀一千零捌十一員捌毫
總公司及分局用去電話材料值銀一百五十九員四毫九仙

謹將民國九年份本公司進支數目年結總冊列呈

（本鐵路所有員司工役均自備伙食）

公鑒

舊管

接上民國八年底結存來銀四萬九千三百八十三元五毫三仙七文

新收

一進是年客貨車脚銀七十七萬零七百三十五元零一仙

一進印務局接印外處印件銀三百五十六元六毛

一進違犯路章罰欵銀三百元零零三毛七仙

一進賣材料項銀二千七百九十五元一毛五仙

一進賣地段項銀三百六十三元三毛五仙

一進租項銀壹萬壹千三百七十九元三毛二仙

廣東新寧鐵路股份有限公司　民國九年份總結册　一　本鐵路公司自刊

一進銀紙水項銀六千一百零八元二毛八仙
一進貨項扣現銀六百四十元零零九仙
一進存欵生息銀一百七十八元二毛
一進船戶賠償損失煤炭銀五百五十一元三毛
一進電話費銀一千三百六十八元三毛三仙
一進什項賣爛木椰等項銀一千六百五十一元二毛四仙
一進中央政府五年份公債票本銀七百元
一進中央政府五年份公債票息銀九百元
一進收回錯領白沙枝路田價銀一百九十四元四毛二仙
一進材料處退回德昌鐵水喉銀四百元
一進材料處退回浩昌和材料項銀四百二十元
一進材料處退回祥和材料項銀一拾八元
一進展築白沙枝路股份銀六千六百六十五元

一進各號附欵銀式拾六萬八千零三十一元四毛
一進各站長及驗票員按櫃項銀六百元
一進各號貯下來往項銀壹拾萬零四千三百二十五元九毛四仙
一進各號過貨項銀三拾五萬六千零四十一元七毛九仙
一進萬國銀行來往比對來長銀一千二百七十九元六毫

以上新收共進銀壹百五拾三萬六千零零三元三毛九仙

舊管新收合共進銀壹百五拾八萬五千三百八十六元九毫二仙七文

開除

還欵門

一支還各號附欵本銀式拾三萬式千六百二十九元四毫九仙
一支還各號來往項銀壹拾萬零式千九百八十一元九毛

一支還各號貨項銀三拾八萬五千五百四十六元五毛三仙
一支還附欵利息銀六萬壹千三百二十二元二毛七仙
一支還各站長按櫃項銀五百元
一支補回伍尙信搬遷北街賣物塲來長租銀三拾三元三毫
一支交回陳藻宜買公益地段定銀一千元
以上還欵項下共支銀七拾八萬四千零一十三元四毛九仙

銀水門

一支是年補各項港銀紙水銀四萬壹千八百七十六元
一支是年沽出銅仙虧水銀七百三拾八元三毛三仙
以上銀水項下共支銀四萬弍千六百一拾四元三毫三仙

總務門

一支陳總理全年薪水銀七千二百元
一支董事局全年薪水銀弍千五百二十元

一支監察員全年薪水銀七百二十元
一支總文案全年薪水銀二千四百元
一支書記處全年薪水銀六百三十六元七毫
一支黃事局書記全年薪水銀三百六十元
一支收支處全年薪水銀壹千七百一十六元一毫
一支賬務處全年薪水銀二千九百三十三元六毛
一支庶務處全年薪水銀一千五百三十五元五毛
一支股册處全年薪水銀四百零三元四毫
一支材料處全年薪水銀六百八拾三元
一支電話處全年薪工銀三千九百三十二元五毫二仙
一支駐港執事員役全年薪工銀一千零三十二元
一支總局分局更夫伙夫什役全年辛工銀二千五百八十三元九毫
一支本路警務處全年薪餉銀三千五百八十八元

廣東新甯鐵路股份有限公司　民國九年份總結册　三　本鐵路公司自刊

一支總局分局添置傢具什物銀六百三十元零三毛一仙
一支警務處添置服裝傢具什物及什費銀五百五十元零三毛七仙
一支賞格費銀一百五十一元六毛
一支點電燈連裝燈材料費銀一千八百六十一元九毛（總公司及寧城站）
一支登告白費銀一百六十四元五毛
一支電報郵費銀二百七十四元六毛二仙
一支撫恤醫傷費銀五百九十四元七毛五仙
一支旅行公費銀三百七十一元四毫八仙
一支辦公什用費銀四千九百四十五元四毫五仙
一支白沙枝路行通車禮辦公費銀七百四十四元六毫二仙
一支銀行借款扣佣銀二千六百三十元零三毛一仙
一支港局八年份樓租銀七百四十九元六毛
一支完納台山縣八年份糧務銀九十五元七毛

一支完納新會縣庚申年糧務銀三百元零零五毛六仙
一支新會縣册房補割稅畝費銀五元五毛
一支納北街碼頭、步頭捐銀二百八十八元
一支捐助新會保衛團庚申年畝捐軍餉銀一百二十元
一支採開平羊路煤礦費銀一千七百九十六元零六仙
以上總務項下共支銀四萬捌千五百二十元零零五仙

車務門

一支車務總管全年薪水銀三百六十四元
一支管理處全年薪水銀一千一百八十八元四毫
一支查票處全年薪水銀一千零一十七元四毫
一支各站站長員役全年薪工銀弍萬一千九百八十二元一毛
一支印務局全年薪工銀二千零九十四元捌毫

一支看守閘口水偈及更夫什役全年辛工銀三千二百二十一元九毫四仙
一支貨物裝卸工費銀五千七百七拾捌元七毛三仙
一支賠償附車損失貨物銀一十五元六毛
一支印務局購紙料字粒等銀一千四百七十七元五毫二仙
一支什項筆墨紙料色油什用等銀九百零四元三毛九仙
以上車務項下共支銀三萬捌千零四十四元八毛八仙

運務門

一支司行機車及駁卡員役全年薪工銀壹萬壹千九百四十五元七毛九仙
一支車上驗票員全年薪工銀六千一百四十九元四毛八仙
一支車上管貨員全年薪工銀三千六百五十九元六毛
一支行牛灣過海大船員役全年薪工銀四千五百六十元零二毛四仙
一支黃統領業興所部吳營長護車隊兵餉銀壹萬五千八百元
一支王統領定華護車隊兵餉銀五千四百元

一支護車隊添置服裝傢具什物及什費銀一百八十五元四毛七仙
一支什項煤鑪繩篸火水油燭器具什用等銀一千二百零八元三毛
以上運務項下共支銀四萬八千九百零八元八毛八仙

廠務門

一支機器廠員役全年薪工銀一千三百四十八元七毫三仙
一支機器廠吏夫伙夫全年薪工銀九百九十九元四毫
一支修理營業機車工項銀七千八百六十四元零七仙
一支修理營業車輛工項銀五千零五十一元七毫二仙
一支修理工程機車工項銀五百五十九元九毛
一支修理工程車輛工項銀二百九拾六元一毛七仙
一支修理船隻工項銀七百九拾一元七毫二仙
一支特別修車工項銀九百零七元二毫八仙
一支修理機器廠機件工項銀一千九百六十元零零一仙

一支修理水泵工項銀四百四十三元四毛九仙
一支修理電話器具工項銀一十六元零六仙
一支修理羊叉工項銀五元九毛九仙
一支修理路冚卡仔工項銀一百三拾四元八毛三仙
一支新裝各種車輛工項銀七十四元九毫五仙
一支新造火水機偈工項銀六百二十五元四毛五仙
一支新造水掘工項銀二十二元六毛九仙
一支什項火水松柴什用等銀六百零三元一毫七仙
以上廠務項下共支銀弍萬壹千七百零五元六毛三仙

工務門

一支養路購田地項銀六百四十八元一毫五仙
一支仝上稽核工數處仝年薪工銀七百四拾四元
一支仝上分段管理處仝年薪工銀七百三十八元

一支仝上廵查路工員全年薪工銀八百三十九元
一支仝上行工程車員役全年薪工銀二千一百四十三元四毫三仙
一支仝上各路佃工頭全年薪工銀七千九百八十元零四毛七仙
一支仝上各路佃全年散工銀五萬六千零四十二元八毛二仙
一支仝上沿途修理橋梁工項銀六千二百八十三元九毛一仙
一支仝上修造路佃用具工項銀三百七十三元五毛一仙
一支仝上修造修橋器具工項銀二百二十五元三毛八仙
一支仝上修橋購石仔項銀九十八元一毫七仙
一支仝上取坭砂項銀五千二百一十四元五毫九仙
一支仝上鋤鏟繩篸竹木什物銀一千九百三十六元九毛一仙
一支仝上篷廠什費銀三百三十九元四毛三仙
一支總局分局修理及造器具費銀七百八拾三元八毛二仙
一支車站修理及造器具費銀八百九十元零零三仙

一支印務局修理及造器具費銀壹百八十二員六毫八仙
一支勇廠修理費銀九十三元六毛六仙
一支碼頭修理費銀二百四十七元零一仙
一支機器廠修理費銀一千五百零五元八毫七仙
一支寧城車頭廠及圍墻修理費銀二百二十四元九毫
一支斗山工廠修理費銀七十員零八毫八仙
一支斗山車頭廠修理費銀七員二毛一仙
一支修葺總公司後便山項水塘費銀四十三員九毫五仙
一支疏通西寧市河口工項銀五百七十九員三毫二仙
一支北街碼頭水步淘坭砂工項銀三百壹十元
一支牛灣船塢淘坭砂工項銀五百三十七元捌毛五仙
一支寧城築水井項銀三百零六元八毫七仙
一支建寧城泵水偈屋仔項銀六十一元零二仙

一支北街木桶改建磚塹項銀一百四十二元二毛
一支建萬福路伍工廠項銀二百五十一元零一仙
一支築牛灣段路英坭拱橋項銀三百零一元五毛捌仙
一支築沙冲段路英坭拱橋項銀九百六十二元五毫三仙
一支築司前段路英坭拱橋項銀一千零六十元零四毛
一支築大王市段路英坭拱橋項銀五百七十六員四毛四仙
一支築南洋段路英坭拱橋項銀六百六十七員四毫八仙
以上工務項下共支銀九萬三千四百一十四員四毛八仙

築路建設門

一支白沙路購田地項銀二萬一千六百一十捌員六毫七仙
一支仝上工程員役全年薪工銀一千九百八十七元四毛
一支仝上行工程車員役全年薪工銀七百二十員零捌毫五仙

一支仝上築路散工銀四千七百四十七元二毫四仙

一支仝上築橋梁工項銀三千零九十元零三毛八仙

一支仝上釘鐵軌工項銀壹千三百五十六員六毛三仙

一支仝上鋤鏟繩篸竹木什物銀三百七十九員四毫三仙

一支仝上搭蓋篷厰費銀三百七十七元五毫三仙

一支仝上購石仔項銀壹千二百四十九員八毫五仙

一支仝上取坭砂項銀二千五百三十元零零九仙

一支仝上辦公什用費銀一百六十肆元捌毛五仙

一支仝上租項銀肆十壹員

一支仝上補種費銀九元

一支仝上建長江車站項銀一千三百一十捌元肆毛七仙

一支仝上建白沙車站項銀二千一百二十二元五毫三仙

以上築路建設項下共支銀四萬一千七百一十三元九毫二仙

材料門

一支購銅鐵材料銀五萬二千捌百零二元五毫六仙

一支購木枕項銀四萬七千六百六十一元二毛

一支購杉料項銀一千七百九十元零二毛一仙

一支購木料項銀二萬二千二百二十九元

一支購車輪項銀五千七百五十一元三毛五仙

一支購卡仔輪項銀七百五十八元三毫七仙

一支購青州坭士敏坭銀一萬二千三百八十一元九毛五仙

一支購火水項銀一千三百八十五元四毛五仙

一支購機油項銀一萬一千三百零四元三毛六仙

一支購電話材料銀七十元零四毫

一支購棕繩煤籮項銀五十五元五毫六仙

一支購煤炭項銀二十萬零五千九百捌十四元零五仙

一支購乾松柴項銀一千五百一十二元九毛

一支製造材料工項銀弍千二百一十九元

以上材料項下共支材料銀三十六萬三千六百八十七元三毛陸仙
工項銀二千二百一十九元

税脚門

一支材料税厘銷號費銀一萬四千一百八十元零七毛

一支材料船脚運駁費銀三萬二千捌百七十七元零五仙

以上税脚項下共支銀四萬七千零五十七元七毛五仙

購公債票門

一支承買三年份公債票銀壹十元

以上購公債票項下共支銀壹十元

統計給一項共支銀壹百伍十三萬一千九百零九元七毫七仙

管收開除比對外實存銀五萬三千四百七十七元一毫五仙七文

實存項下

計開

一存港官銀錢局欠來往銀四千零五十五元五毫五仙

一存港廣東銀行欠來往銀九千零六十八元九毛九仙

一存寧總公司銀七千五百七十四元零弍仙

一存新會分局銀三千七百九十七元零捌仙

一存香港分局銀弍千六百四十七員一毫

一存李燿堂欠銀壹千元

一存陳藻宜燕宜欠銀壹萬五千零三十四元一毫六仙五文

一存各號欠銀一萬零三百零零壹毫五仙二文

合實存銀五萬三千四百七十七元一毫伍仙七文

另存

附廣寧輪船股份票銀二千元（民國六年派回本銀六百元）

附永聯輪船股份票銀二千員

購存三年份中央政府公債票除收回外尚存票銀三千九百四十五元

購存四年份中央政府公債票除收回外尚存票銀一千六百五十五員

購存五年份中央政府公債票除收回外尚存票銀五千三百元

監察員

馬愛之

陳勵如

民國九年底結欠各號附款清册

謹將民國九年底結欠各號附欵數目表明於左

一接上民國八年底結欠各號附欵本銀六拾七萬壹千九百六拾七元三毛四仙

一是年份進入各號附欵本銀式拾六萬八千零三十壹元四毛

一是年份支還各號附欵本銀式拾三萬式千六百式拾九元四毛九仙

統計比對外實欠各號附欵本銀七拾萬零七千三百六拾九元二毛五仙

計開

一結欠新甯中學堂雙毛銀二千零九十六元一毫一仙（卽王侯祠嘗田銀）

一結欠譚翊僑港紙銀五千元

一結欠陳高運雙毛銀五百元

一結欠陳介宗雙毛銀壹千式百元

一結欠盧家仁雙毛銀壹百元

一結欠馬棠政雙毛銀四千元

一結欠東興隆港紙銀二千元

一結欠陳源業堂雙毛銀二千元

一結欠趙應滄港紙銀壹千八百元

一結欠陳氏家族會港紙銀壹千五百七十五元

一結欠李仲卿雙毛銀七百三拾元
一結欠馬受之港紙銀五百元
一結欠趙康平港紙銀三萬元
一結欠陳柱宗雙毛銀五百元
一結欠陳端宸祖雙毛銀壹千元
一結欠陳頌興堂雙毛銀壹千五百元
一結欠馬行修港紙銀弍千元
一結欠馬林運港紙銀四千元
一結欠四合堂港紙銀壹萬七千六百八十二元零九仙
一結欠陳應暢雙毛銀壹千五百元
一結欠陳連耀雙毛銀七百元
一結欠馬天傑港紙銀三千壹百元
一結欠馬士元港紙銀壹千元
一結欠馬榮爵港紙銀壹千元

一結欠馬恒芳港紙銀壹千五百元
一結欠甘譚氏毓沛聯照雙毛銀弍千元
一結欠陳勝雙毛銀五百元
一結欠馬萬昌港紙銀壹萬壹千元
一結欠陳成文雙毛銀壹千元
一結欠陳宋雙毛銀九百七十元
一結欠陳羨德港紙銀二千二百元
一結欠陳宜業雙毛銀三千元
一結欠陳祥瑞港紙銀三千元
一結欠鈞和港紙銀三千元
一結欠馬佳政雙毛銀八百三拾元
一結欠馬萬秀港紙銀八千元
一結欠馬榮廣港紙銀壹千弍百元
一結欠馬益豐港紙銀三百元

一結欠馬龍安港紙銀七千元
一結欠馬頌唐港紙銀弍千元
一結欠馬洛修港紙銀弍千元
一結欠馬榮楫港紙銀四千五百元
一結欠馬壽眉港紙銀三千元
一結欠旅港馬金紫堂港紙銀五千四百元
一結欠馬宗鉶港紙銀二千七百元
一結欠陳振良港紙銀壹千八百元
一結欠陳濯宜雙毛銀弍千五百八拾元
一結欠馬挺政港紙銀壹千三百元
一結欠李奕順港紙銀五百五十元
一結欠陳高潤雙毛銀壹千元
一結欠馬華莊港紙銀二千元
一結欠馬本環港紙銀壹千元
一結欠馬榮烱港紙銀壹千三百元
一結欠馬修純港紙銀壹千壹百五拾元
一結欠馬士翹祖港紙銀壹千七百五十元
一結欠馬惇德堂港紙銀五千五百五十元
一結欠馬江純港紙銀壹千元
一結欠馬詠倫港紙銀壹千五百元
一結欠華僑馬金紫堂港紙銀五百元
一結欠馬榮瀚港紙銀弍千元
一結欠馬本簪港紙銀壹千五百元
一結欠綿遠堂港紙銀壹千五百元
一結欠陳枝雙毛銀弍百元
一結欠陳國逢雙毛銀壹千元
一結欠祥和港紙銀壹萬元
一結欠馬萬存港紙銀七百元
一結欠馬榮普港紙銀弍千元
一結欠馬宗浣港紙銀壹千元

一結欠馬發中港紙銀壹千五百元
一結欠馬澤民港紙銀一千五百元
一結欠馬華清港紙銀一千五百元
一結欠馬修基港紙銀一千八百元
一結欠循道會港紙銀三百元
一結欠陳高策港紙銀三千四百元
一結欠陳杲宗雙毛銀二百元
一結欠馬達臣港紙銀三千二百元
一結欠李慶港紙銀壹萬元
一結欠陳啟賢雙毛銀二千元
一結欠馬大秀雙毛銀一百八十元
一結欠香港四邑輪船公司港紙銀五萬五千元
一結欠萬國銀行港紙銀弍萬元
一結欠公記港紙銀五百元
一結欠陳祥靄港紙銀一千五百元

一結欠馬宗潤港紙銀壹千元
一結欠馬植棟港紙銀四百五十元
一結欠馬有修港紙銀五千元
一結欠温荔坡港紙銀一千五百元
一結欠陳孔蓁雙毛銀一千五百四十元
一結欠陳高策雙毛銀一千一百元
一結欠陳丙曜港紙銀一千元
一結欠李維慶雙毛銀三千元
一結欠陳璧宜雙毛銀五千一百元
一結欠陳文學港紙銀五百元
一結欠馬子質祖神主會港紙銀一千五百元
一結欠省城廣東銀行港紙銀五萬五千元
一結欠香港廣東銀行港紙銀四萬元
一結欠陳龍記雙毛銀二千五百元
一結欠陳永華港紙銀五千元

一結欠馬樹德堂港紙銀五千元
一結欠馬奕振港紙銀三千四百二十元
一結欠陳敦善雙毫銀四百元
一結欠馬作修港紙銀二千元
一結欠馬如駿港紙銀一千六百五十元
一結欠馬寶隆港紙銀五千元
一結欠李金葉雙毛銀一百六十元
一結欠馬榮斌港紙銀三千元
一結欠陳源宜雙毛銀九百元
一結欠馬遠崇港紙銀一千二百元
一結欠馬實秋港紙銀二千元
一結欠馬金堂港紙銀六百元
一結欠陳鉅宗港紙銀八百元
一結欠馬炎政港紙銀一千一百元
一結欠伍于銀雙毛銀六百元
一結欠馬滮記港紙銀五千元
一結欠陳宜郿雙毛銀一千七百元
一結欠馬紫路堂港紙銀三千三百一十元
一結欠甄華昌堂雙毛銀一千九百七十三元八毫
一結欠馬朝泮港紙銀一千五百元
一結欠馬大瀛港紙銀四千五百元
一結欠陳毓芳雙毛銀四百元
一結欠馬紫路港紙銀一萬四千七百一十元
一結欠馬頌修港紙銀二千元
一結欠陳業修雙毛銀三千元
一結欠馬敬修堂港紙銀二千元
一結欠陳孔相港紙銀二百元
一結欠陳彝深港紙銀三百五十六元
一結欠馬智銓港紙銀五百元
一結欠馬倫明港紙銀六百元

一結欠馬經鋭雙毛銀四百元
一結欠同福堂港紙銀五百元
一結欠馬國惠雙毛銀一千元
一結欠黃會宗雙毛銀三百元
一結欠保欽公司港紙銀弍萬元
一結欠馬聯益會港紙銀五百五十元
一結欠馬本基港紙銀一千元
一結欠陳慶宜雙毛銀一千元
一結欠陳丙林港紙銀一千元
一結欠陳明芳港紙銀二百元
一結欠陳吉來港紙銀四百元
一結欠馬燁修雙毛銀二千元
一結欠公裕港紙銀五千元
一結欠餘慶堂港紙銀四千五百元
一結欠集義堂港紙銀一千五百元

一結欠譚翊屏雙毛銀三百元
一結欠馬宗位港紙銀八百元
一結欠馬光華港紙銀六百元
一結欠馬維碩港紙銀一萬元
一結欠馬大全港紙銀五百元
一結欠永吉堂港紙銀二千六百元
一結欠譚開槐祖雙毛銀二百元
一結欠陳炳林雙毫銀一千元
一結欠陳象文雙毛銀一百八十元
一結欠陳積財港紙銀一千元
一結欠馬榮溢港紙銀一千元
一結欠馬心鎮港紙銀一千三百元
一結欠陳宗全港紙銀五百元
一結欠甯濟醫院港紙銀二千元
一結欠伍于鍾雙毛銀二百元

一結欠胡現業港紙銀五千元
一結欠陳溢近雙毛銀四百元
一結欠陳宜裕雙毛銀九百五十元
一結欠伍學欽雙毛銀一千元
一結欠陳龍勝雙毛銀一千五百元
一結欠馬路記港紙銀一千一百九十五元
一結欠陳如珍雙毛銀三百元
一結欠陳齊宗雙毛銀五千二百元
一結欠永明公司雙毛銀一千八百三十五元
一結欠陳瓊港紙銀五百元
一結欠馬鴻本港紙銀一千元
一結欠陳森德堂雙毛銀五百元
一結欠馬璉賢港紙銀五百元
一結欠黃述賢雙毛銀五百二十七元二毛五仙

一結欠陳英豪俊傑港紙銀五千元
一結欠馬宗棠港紙銀五百元
一結欠陳若文港紙銀三千二百五十元
一結欠許濟權雙毛銀八千元
一結欠李翔曜堂港紙銀二萬元
一結欠陳烈業雙毛銀一千元
一結欠陳堯宗雙毛銀八百元
一結欠永明公司港紙銀一千五百元
一結欠袁元亨雙毛銀四百五十元
一結欠李合興堂雙毛銀六百元
一結欠三益堂雙毛銀二千元
一結欠馬楫川港紙銀一千元
一結欠馬沃川港紙銀五百元
一結欠陳炎宜雙毛銀一千二百元

一結欠馬子質祖港紙銀一千元
一結欠陳金良港帋銀四百元
一結欠陳孔恩雙毛銀二百元
一結欠四姐雙毛銀一百元
一結欠陳伯舟雙毛銀五千元
一結欠陳安宜雙毛銀一千四百元
一結欠李大興堂雙毛銀一千七百元
一結欠馬文濯雙毛銀二百七十元
一結欠陳宜卿祖雙毛銀二百六十元
一結欠朱家旺雙毛銀二千五百元
一結欠陳衍宜雙毛銀一千五百元
一結欠李靄春雙毛銀五百元
一結欠朱立傳雙毛銀一千四百元
一結欠陳丙基雙毛銀一千六百元
一結欠陳錦鏞雙毛銀一千七百元

一結欠李篤應雙毛銀一千五百元
一結欠陳生宜雙毛銀二千六百元
一結欠陳遇祥雙毛銀一千八百元
一結欠馬儀祖雙毛銀五百元
一結欠陳務滋雙毛銀二千元
一結欠陳永昌堂雙毛銀一千一百元
一結欠陳惠棠雙毛銀四百三十元
一結欠陳貽謀堂港帋銀五千元
一結欠黃經碩港帋銀五千元
一結欠伍興廉堂雙毛銀六百元
一結欠馬立儀祖雙毛銀一千二百元
一結欠陳德鉅雙毛銀四千元
一結欠李英廉雙毛銀一千元
一結欠陳樹梅港帋銀一千元
一結欠陳天相堂雙毛銀二百一十元

一結欠馬如柏雙毛銀五百元
一結欠陳懷松雙毛銀九百五十元
一結欠陳宗時祖雙毛銀四百元
一結欠陳善慶堂雙毛銀三千元
一結欠長庚堂雙毛銀二千五百元
一結欠吳朝熯港帋銀五百元
一結欠馬渭存雙毛銀四百元
一結欠陳實學祖雙毛銀二百元
一結欠吳濃澤雙毛銀一百元
一結欠陳熙春雙毛銀二千八百元
一結欠馬勝修港帋銀二千元
一結欠天福堂雙毛銀一千一百五十元
一結欠馬昌琫港帋銀六百元
一結欠李聖璉雙毛銀一千元
一結欠陳慶宜雙毛銀一千二百元

一結欠陳壽祖雙毛銀一千七百元
一結欠新橫街雙毛銀二百元
一結欠陳榮耀雙毛銀八百元
一結欠江德堂雙毛銀二千元
一結欠陳慎成堂雙毛銀三百元
一結欠李杒文雙毛銀四千五百元
一結欠陳厚成雙毛銀五百元
一結欠陳寶光雙毛銀一千元
一結欠陳良代祖雙毛銀二百元
一結欠陳敦球雙毛銀四千元
一結欠廖洪恩雙毛銀五千元
一結欠馬聯合港帋銀六百五十元
一結欠陳祥積雙毛銀一千五百元
一結欠陳高暢雙毛銀二千六百元
一結欠陳慶宜港帋銀一百元

以上二百四十六柱合共欠各號附欵本銀柒拾萬零柒千叁百六十九元二毫五仙

（內港帋銀五拾四萬七千二百九十八元零九仙

（內雙毛銀壹拾六萬零零七十一元一毫六仙

民國九年營業收入車脚項清册

謹將民國九年份收入車脚項逐月表明于左

一月份車脚銀六萬七千四百八十五元三毛六仙
二月份車脚銀五萬一千七百六十八元五毫四仙
三月份車脚銀六萬六千捌百九十一元六毫二仙
四月份車脚銀六萬零捌百捌十七員七毛七仙
五月份車脚銀五萬七千捌百一十五元二毛五仙
六月份車脚銀五萬五千九百四十五元捌毛捌仙
七月份車脚銀五萬五千一百九十三元一毛一仙
八月份車脚銀四萬五千四百七十二元四毛九仙
九月份車脚銀六萬零五百七十五元五毛
十月份車脚銀捌萬三千捌百九十九元四毫七仙
十一月份車脚銀七萬七千五百四十六元三毛三仙
十二月份車脚銀捌萬七千弍百五十三元六毫九仙

全年共收車脚銀七拾七萬零七百三十五元零一仙

再將民國九年份各站收入車脚詳細開列于左

一北街車站是年收入客脚銀九萬七千陸百九十二元壹毛弍仙

一北街車站是年收入貨脚銀壹萬八千九百弍十七元零九仙

一白石車站是年收入客脚銀壹千四百五十三元零五仙

一白石車站是年收入貨脚銀一百零零四毛弍仙

一江門車站是年收入客脚銀六萬四千九百五十五元三毛弍仙

一江門車站是年收入貨脚銀弍萬五千三百二十九元六毛七仙

一會城車站是年收入客脚銀弍萬九千七百七十二元三毫壹仙

一會城車站是年收入貨脚銀三千四百九十壹元九毛

一惠民門車站是年收入客脚銀壹萬六千九百四十四元壹毛

一惠民門車站是年收入貨脚銀一千六百零捌元一毛五仙

一汾水江車站是年收入客脚銀三千三百七拾二元七毫九仙

一汾水江車站是年收入貨脚銀四十四元二毛捌仙

一蓮塘車站是年收入客脚銀二千七百七十四元四毛五仙

一蓮塘車站是年收入貨脚銀六十元零零捌仙

一大澤車站是年收入客脚銀捌千七百七十七元四毫毛二仙

一大澤車站是年收入貨脚銀一百九十三元五毛四仙

一南洋車站是年取入客脚銀三千四百三十九元六毛

一南洋車站是年收入貨脚銀捌十四元二毛三仙

一沙冲車站是年收入客脚銀壹萬零零三十七元三毛六仙

一沙冲車站是年收入貨脚銀一千壹百四十元零一毛七仙

一白廟車站是年取入客脚銀三千零九十元零四毫四仙

一白廟車站是年收入貨脚銀一百九十九元捌毫四仙

一司前車站是年收入客脚銀六千二百三十五元捌毫二仙

一司前車站是年收入貨脚銀壹百五十四元三毫九仙

一大王市車站是年收入客脚銀六千三百三十一元二毫九仙

一大王市車站是年收入貨脚銀弍百零壹元七毛一仙

一牛灣車站是年收入客脚銀五千二百四十七元四毫六仙

一牛灣車站是年收入貨脚銀三十四元三毫七仙

一公益車站是年收入客脚銀七萬三千九百七十壹員捌毫壹仙
一公益車站是年收入貨脚銀五萬九千叁百九十員零四毛一仙
一潯陽車站是年收入客脚銀二千九百四十一員八毫六仙
一潯陽車站是年收入貨脚銀三百四十七員九毛三仙
一麥巷車站是年収入客脚銀五千四百捌十五員五毫一仙
一麥巷車站是年収入貨脚銀七十一元四毫七仙
一萬福車站是年收入客脚銀六千六百一十九員四毫三仙
一萬福車站是年収入貨脚銀二十五員一毛五仙
一大江車站是年收入客脚銀五千三百零二元四毫九仙
一大江車站是年収入貨脚銀九百九拾捌元三毛二仙
一陳邊車站是年收入客脚銀捌千四百四拾二元零九仙
一陳邊車站是年收入貨脚銀一百一十四元七毛九仙
一水步車站是年收入客脚銀捌千弍百五拾七元五毛九仙
一水步車站是年收入貨脚銀四百四拾壹元六毛壹仙
一東坑車站是年収入客脚銀弍千七百六十六元三毛

一東坑車站是年收入貨脚銀一百壹十七元七毛七仙
一板崗車站是年收入客脚銀二千零九十三元六毫三仙
一板崗車站是年收入貨脚銀四拾四元二毫五仙
一寧城車站是年收入客脚銀五萬六千五百零五元九毛七仙
一寧城車站是年收入貨脚銀二萬零四百七十三元五毛五仙
一東門車站是年收入客脚銀五千六百九十九元七毛二仙
一東門車站是年收入貨脚銀一百五十七元九毛五仙
一大亨車站是年收入客脚銀一千九百二十七元五毛四仙
一大亨車站是年收入貨脚銀一百六拾五元零陸仙
一松朗車站是年收入客脚銀一千六百五十三元捌毫七仙
一松朗車站是年收入貨脚銀七十元零伍毛捌仙
一五十車站是年收入客脚銀五千四百六十六元五毫一仙
一五十車站是年收入貨脚銀七百九十六元四毛五仙
一下坪車站是年收入客脚銀三千六百二十元零一毫捌仙
一下坪車站是年收入貨脚銀一百零零二毫

一四九車站是年收入客脚銀六千九百壹十二元零捌仙
一四九車站是年収入貨脚銀壹千零二十五元四毛捌仙
一大塘車站是年収入客脚銀四千三百七十元零四毫捌仙
一大塘車站是年収入貨脚銀壹百六拾六元三毛三仙
一紅嶺車站是年收入客脚銀二千三百七十三元壹毛四仙
一紅嶺車站是年收入貨脚銀七十捌元零三仙
一冲蔞車站是年收入客脚銀一萬七千七百一十五元九毫四仙
一冲蔞車站是年收入貨脚銀二千零四拾二元三毫四仙
一六村車站是年収入客脚銀一萬零零四十六元六毫七仙
一六村車站是年收入貨脚銀五百四十三元一毫五仙
一斗山車站是年收入客脚銀四萬四千二百六十三元五毫捌仙
一斗山車站是年收入貨脚銀二萬九千七百四十五員捌毫
一筋坑車站是年收入客脚銀五百捌十九元二毫三仙
一筋坑車站是年收入貨脚銀九員六毫二仙
一水南車站是年收入客脚銀一千七百四拾員零四毫六仙

一水南車站是年收入貨脚銀捌百捌拾五員六毫五仙
一官步車站是年收入客脚銀捌百四十七員三毫七仙
一官步車站是年收入貨脚銀一十員零五毫六仙
一三合車站是年收入客脚銀五千七百五拾三員捌毫三仙
一三合車站是年收入貨脚銀二百三十五員六毫六仙
一黎洞車站是年收入客脚銀一千五百零五員二毫三仙
一黎洞車站是年收入貨脚銀三十一員五毫
一上陳車站是年收入客脚銀捌百三十一員二毫四仙
一上陳車站是年收入貨脚銀七員四毫三仙
一東心坑車站是年收入客脚銀一千二百四十五員六毫
一東心坑車站是年收入貨脚銀二十二員捌毫二仙
一長江車站是年收入客脚銀三千一百四十一員七毫二仙
一長江車站是年收入貨脚銀四拾二員四毫三仙
一田坑車站是年收入客脚銀一千四百四十九員五毫四仙
一田坑車站是年收入貨脚銀三十三員一毫九仙

一白沙車站是年收入客脚銀三千零三十七員零四仙
一白沙車站是年收入貨脚銀捌百四十員零四毫六仙
一斗山車上是年收入客脚銀七千捌百五十捌員四毫二仙
一公益車上是年收入客脚銀七千捌百九十員零二毫一仙
一西南車上是年收入客脚銀一千一百九十五員一毫捌仙
一新會車上是年收入客脚銀一萬六千四百零二員九毫四仙
一牛灣車上是年收入客脚銀五千捌百零一員九毫捌仙
一總公司是年收入客脚銀二千九百三十四員七毫二仙
一新會分局是年收入客脚銀六百捌十四員五毛
一貨車是年收入客脚銀四百捌十捌員零九仙
一是年收入戲脚銀一千一百七十二員

以上九十九柱共收入客貨脚銀七十七萬零七百二十五元零一仙

民國九年收入售材料項淸册

謹將民國九年份收入賣材料項逐條表明于左

一沽油罐六十個價銀一百元零零六毛二仙
一四邑輪船公司取煤一十七噸五碼銀三百零六元二毫五仙
一公安祥取電話工料銀三十九元一毛
一下三都籌防局取材料銀四百五十六元五毫九仙
一六村自治會取盆油威士銀七元二毛五仙
一陳宜禧取銅片材料銀七十元零三毫三仙
一馬月湖取材料銀七元二毛七仙
一義昌取材料銀七十八元三毛八仙
一裕祥修電話工料銀十元
一成知事符孟修炮件工料銀二元
一陳孔焘取材料銀二十七元
一永明公司取材料工值銀八十九元七毛
一伍耀南修炮件工料銀一十一元六毛

一台城公司取電話工料銀三十一元八毛五仙
一永聯公司取材料工値銀四百三十八元八毛二仙
一觀佐祖取士敏土材料銀五百零八元七毫五仙
一明山取材料銀一十七元七毫五仙
一廣甯公司取煤炭材料工値銀一百四十九元八毫
一陳篤學取材料馬胡橈銀二十七元一毛
一會隆取材料銀六元七毛
一馬雲橋取英坭銀二十二元四毛
一仁安取電話材料銀九元
一岑培取材料銀八毛
一同利取材料銀一十四元四毛五仙
一光昌取材料銀一十二元
一廣豐泰取電話工料銀二元
一仁和押取電話材料銀三十元
一芝生堂取電話材料銀五元

一寶源修電話工料銀六元
一裕興公司修電話工料銀六元
一陳荀取材料銀一十三元三毛二仙
一滙興取電話工料銀三十元
一李麗屏取材料銀叁元一毛
一王定華取電話材料銀三十元
一美孚洋行取材料銀一十二元八毛
一商團公所取材料銀五十元
一陳典琇取材料銀五元五毛
一伍燦堂取材料銀六元二毛
一劉伯取材料銀三元一毛
一李寬明取材料銀二十四元八毛二仙
一大盛取馬胡欖銀一十八元

一永同福取竹櫈銀九元二毛
一陳祥紹取風燈一盞銀一元四毛
一沽坤甸馬胡櫈一張銀九毛
一陳粹宗取煤炭銀七十五元
一台山酒店取電話工料銀六元
一啟生取電話工料銀九元五毛
一有成公司取電話材料銀一元八毛
以上四十八柱共收入賣材料什項銀一千七百九十五元一毫五仙

民國九年收入售地段項清册

謹將民國九年份收入賣地段項逐條表明于左

一黃如家來公益第七段地價銀六十元

一李英廉補東門山頸地價銀五元

一陳鴻霖買六村黃坑頭餘田價銀三十一元四毫五仙

一李孟浩祖買筋坑站高橋頭餘地價銀一百四十三元二毫四仙

一陳宗瑀買六村站后邊地價銀一百二十三元六毫六仙

以上五柱共收入賣地段項銀三百六十三元二毫五仙

民國九年收入營業產業租項清册

謹將民國九年份收入租項逐條表明于左

一四邑輪船公司賃北街碼頭貨倉是年全年租銀二千六百四十元
一紹興輪船公司賃北街碼頭貨倉是年全年幷十年正月租銀一千四百三十元
一大安輪船公司賃北街碼頭貨倉是年全年租銀二千八百六十二元六毛二仙
一岡州輪拖公司賃北街碼頭是年來租銀五百零四元
一大成信德公司賃北街碼頭是年來租銀六百四十八元
一合興利興公司賃北街碼頭是年來租銀二百二十五元
一合安祥賃寧城站賣物塲兼板皮舖屋一間來租銀六百二十一元六毛
一陳篤學賃總公司側邊屋一間是年全年租銀三十六元
一馬雲橋賃總公司側邊屋一間是年全年租銀三十六元
一陳文樂賃總公司側邊屋一間是年十一個月零二十三天租銀三十五元二毛
一林竹軒賃總公司側邊屋一間是年全年租銀三十六元
一譚瑞芝賃全路車上賣物是年全年租銀九百元
一香香賃公益站賣物塲是年五個月租銀五十元

一中英林賃公益車頭地來由七年十二月一號至八年十二月底一年租銀二十五元

一梁錂祖賃麥巷站東邊地是年全年租銀七元

一吳聰廷陳柱宗合租會局後邊舖屋一間是年全年租銀八十四元

一祥發利賃新會東門站舖一間由己未年十一月初一日至庚申年七月十二日計二百四十八天仁寸租銀二百九十七元六毫

一茶香園賃江門站賣物塲是年來租銀二百元

一江門粤興賃江門羊橋市舖一間是年來租銀六十元

一江門合記賃江門羊橋市舖一間是年來租銀三十六元

一江門裕安餉舘賃北街左邊地是年來租銀一百零四元

一李聚勝堂賃江門站前樹告白牌二個來租銀十元

一麥同安賃江門站前樹告白牌是年來租銀十元

一伍華學賃下坪站後背地尾一段是年全年租銀三元

一陳焯宗賃斗山站賣物塲來由八年九月一號至九年二月底六個月租銀十元

一陳宗謀賃斗山海邊貨倉東邊三間是年來租銀一百元

一陳宗齊賃斗山海邊貨倉西邊三間是年來租銀一百元

一楊松竹林賃江門站前地樹告白牌一個是年來租銀十元

一李道美賃北街碼頭內外餘地賣物來由九年九月十五至十年二月十五號六個月租銀五拾元

一廣興利輪船公司賃北街碼頭是年來租銀一百四十元

一李寬明賃甯城站后邊地一段是年來由九年十一月一號至十年十月底一年租銀六元

一陳修宗賃甯城站后邊地一段是年來由九年十一月一號至十年十月底一年租銀五元

一均裕鉅信賃由江門至會城路邊地竪電杆是年二十二個月租銀七十二元二毛

一鄧南捷賃北街桑地禾田是年全年租銀二十二元

一湯就批耕司前站紅樓村後餘田是年全年租銀二元

以上三十五柱共收入租項銀壹萬壹千三百七十九元三毫二仙

民國九年材料處材料清册

謹將民國九年份公益材料處材料進支數詳列于左

一進接上民國八年底存來各項材料值銀一十六萬五千二百七十九元二毛零八文

一進本年新購入各項材料值銀三十六萬三千六百八十七元三毛六仙

一進本年製造售料鑄料加工值銀二千二百一十九元

一進本年鑄料處交回鑄成各件值銀五千四百三十八元七毛二仙五文

一進本年售料加附屬費值銀三百九十八元三毛九仙五文

以上五柱共進材料值銀五拾三萬七千零二十二元六毫八仙八文

一支本年發出機器廠材料值銀五萬八千三百五十一元五毛六仙一文

一支本年發出工程處材料值銀八萬七千五百零六元五毛一仙五文

一支本年發出電話處材料值銀一千三百七十六元一毛九仙五文

一支本年發出鑄料處鑄件工料值銀二千元零零零八毛二仙

一支本年售出各件工料值銀三千零零六元零八仙

一支本年營業機車用去煤炭值銀一十四萬七千六百五十五元

一支本年營業機車用去松柴值銀一千五百一十二元九毛

一支本年工程機車用去煤炭值銀五萬三千八百五十五元

一支本年機器廠機偈用去煤炭值銀一萬三千八百五十六元

一支本年機器廠用去焗炭值銀一百五十五元

一支本年各泵水偈用去煤炭值銀九千九百六十二元

一支本年各泵水偈用去火水渣值銀三百二十八元

一支本年材料處并分局用去材料值銀四百五十五元五毛八仙

一支本年機器廠鑄料處用去焗炭值銀一千二百七十五元一毛八仙

一支本年各船戶裝煤損失煤炭值銀三百零一元六毛

一支香港浩昌和收回第二十二帮洋鐵值銀五百二十元

一支本年發出鑄料處碎件材料值銀三千四百三十七元九毛零五文

一支本年牛灣鐵船用去煤炭值銀一萬二千五百九十八元

以上一十八柱共六支材料值銀三十九萬八千一百五十三元三毫三仙七文六

進支比對外實存各項材料值銀一十三萬八千八百六十九元三毫五仙一文

民國九年工程處材料清册

謹將民國九年份工程處材料進支數詳列于左

一進是年公益材料處來材料值銀八萬七千五百零六元五毛一仙五文

以上一柱共進材料值銀捌萬七千五百零六元五毛一仙五文

一支築白沙枝路用去材料值銀一萬二千一百七十四元二毛一仙

一支續建寧城水井用去材料值銀九十一元六毛九仙

一支養路北街岡用去材料值銀八百四十二元四毛五仙

一支養路白石岡用去材料值銀二千三百一十五元一毛零五文

一支養路江門岡用去材料值銀二千六百零三元一毛五仙

一支養路上淺岡用去材料值銀二千八百七十三元零七仙

一支養路會東岡用去材料值銀一千二百七十元零八毛

一支養路惠民岡用去材料值銀一千八百一十五元九毛六仙

一支養路汾水岡用去材料值銀一千七百五十元零八毛

一支養路運塘岡用去材料值銀一千七百二十四元零六仙

一支養路大澤佃用去材料值銀二千五百二十三元七毛一仙

一支養路南洋佃用去材料值銀二千六百四十元零八毛六仙

一支養路沙冲佃用去材料值銀一千五百零五元五毛四仙

一支養路白廟佃用去材料值銀三元九毛二仙

一支養路司前佃用去材料值銀一千三百三十八元五毛六仙

一支養路大王市佃用去材料值銀一千五百九十八元五毛二毛

一支養路牛灣佃用去材料值銀三千一百零四元五毛一仙

一支養路公益佃用去材料值銀三千零八十二元一毛二仙五文

一支養路潯陽佃用去材料值銀一千一百四十四元九毛九仙

一支養路坪巡佃用去材料值銀二千二百零四元二毛七仙

一支養路萬福佃用去材料值銀一千二百五十一元九毛一仙

一支養路陳邊佃用去材料值銀一千六百六十二元一毛九仙

一支養路水步佃用去材料值銀一千八百八十四元二毛九仙

一支養路東坑佃用去材料值銀一千三百一十八元四毛一仙

一支養路寧城佃用去材料值銀一千八百三十元零二毛八仙

一支養路大亨⿴用去材料值銀七百九十七元零六仙
一支養路五十⿴用去材料值銀八百八十六元三毛五仙
一支養路下坪⿴用去材料值銀一千三百四十三元六毛七仙
一支養路四九⿴用去材料值銀九百零七元零四仙
一支養路大塘⿴用去材料值銀一千一百四十二元八毛
一支養路紅嶺⿴用去材料值銀一千二百三十三元八毛二仙
一支養路冲蔞⿴用去材料值銀八百二十六元二毛四仙
一支養路六村⿴用去材料值銀七百四十九元零一仙
一支養路斗山⿴用去材料值銀四十四元九毛九仙
一支養路修橋北街段用去材料值銀一百零六元七毛六仙
一支養路修橋白石段用去材料值銀二百五十三元七毛一仙
一支養路修橋江門段用去材料值銀二百五十三元四毛四仙
一支養路修橋上淺段用去材料值銀三百七十三元八毛三仙

一支養路修橋會東段用去材料值銀二十六元九毛九仙

一支養路修橋惠民段用去材料值銀七百三十七元七毛三仙

一支養路修橋汾水段用去材料值銀二百一十元零一毛一仙

一支養路修橋運塘段用去材料值銀一千一百四十八元五毛三仙

一支養路修橋南洋段用去材料值銀一千五百零二元一毛八仙

一支養路修橋沙冲段用去材料值銀一千三百五十四元四毛九仙

一支養路修橋白廟段用去材料值銀九元五毛六仙

一支養路修橋司前段用去材料值銀一千五百七十三元二毛三仙

一支養路修橋大王市段用去材料值銀七百九十九元二毛六仙

一支養路修橋牛灣段用去材料值銀二百三十四元五毛八仙

一支養路修橋潯陽段用去材料值銀一百四十一元五毛

一支養路修橋萬福段用去材料值銀五百九十元零八毛六仙

一支養路修橋陳滘段用去材料值銀一百五十四元七毛三仙五文

一支養路修橋水步段用去材料値銀一百六十三元九毛四仙
一支養路修橋寗城段用去材料値銀四千三百四十一元
一支養路修橋大亨段用去材料値銀三十四元
一支養路修橋五十段用去材料値銀四百二十三元九毛
一支養路修橋下坪段用去材料値銀二百二十七元一毛五仙
一支養路修橋四九段用去材料値銀一千二百七十一元一毛五仙
一支養路修橋大塘段用去材料値銀二百九十二元五毛
一支養路修橋紅嶺段用去材料値銀二百九十八元八毛四仙
一支養路修橋冲蔞段用去材料値銀六百二十三元四毛二仙五文
一支養路修橋六村段用去材料値銀一千八百五十六元八毛九仙
一支養路修橋斗山段用去材料値銀六百零八元九毛
一支修理北街車站用去材料値銀六十六元九毛
一支修理江門車站用去材料値銀一十五元五毛四仙

一支修理會東車站用去材料值銀四十三元七毛六仙
一支修理公益車站用去材料值銀三百九十六元七毛三仙
一支修理寧城車站用去材料值銀二百零九元七毛捌仙五文
一支修理紅嶺車站用去材料值銀一十九元零五仙
一支修理冲蔞車站用去材料值銀一十二元七毛六仙
一支修理斗山車站用去材料值銀三百捌十三元五毛七仙
一支修理寧城印務局用去材料值銀二百捌十一元三毛七仙
一支修理北街碼頭用去材料值銀一千四百一十一元四毛捌仙
一支修理牛灣碼頭用去材料值銀捌百一十一元五毛捌仙
一支修理公益碼頭用去材料值銀一千四百四十三元零四仙
一支修理斗山碼頭用去材料值銀叁百一十一元四毛

以上七十五柱共支材料值銀捌萬七千五百零六元五毫一仙五文

進支兩比對外無存

民國九年機器廠材料清册

謹將民國九年份公益機器廠材料進支數詳列于左

一進接上民國八年底結存來材料值銀八十九元五毛五仙

一進是年公益材料處來材料值銀五萬捌千三百五十一元五毛六仙二文

以上二柱共進材料值銀五萬八千四百四十一元一毫一仙二文

一支是年修理營業機車用去材料值銀一萬一千一百六十三元九毛六仙

一支是年修理營業車輛用去材料值銀九千二百六十四元捌毛四仙五文

一支是年修理工程機車用去材料值銀七百七十四元六毛六仙

一支是年修理工程車輛用去材料值銀捌百捌十捌元四毛捌仙

一支是年修理機廠機件用去材料值銀三千三百三十元零五毛九仙三文

一支是年修理機廠屋盖用去材料值銀一萬一千三百四十九元四毛三仙

一支是年修理牛灣大船及竪攬船用去材料值銀四千捌百零五元捌毛五仙

一支是年修理各車站及造器具用去材料值銀捌百五十捌元

一支是年修理各路佃器具用去材料值銀七百一十三元六毛二仙

一支是年修理各水泵用去材料值銀一千二百捌十捌元四毛四仙

一支是年修理各碼頭用去材料值銀七百零三元九毛三仙

一支是年修理整橋器具用去材料值銀六百五十九元一毛六仙

一支是年修理印務局及整機件用去材料值銀五百二十七元零零五文

一支是年修理材料倉用去材料值銀四百二十七元零三仙

一支是年修理總公司及造器具用去材料值銀一千零零九元一毛零五文

一支是年修理公益分局及造器具用去材料值銀三十七元三毛一仙

一支是年修理寧城車頭廠用去材料值銀三十五元零五仙

一支是年製造水[illegible]用去材料值銀二百零五元三毛九仙九文

一支是年製造工程卡仔用去材料值銀捌十五元九毛六仙

一支是年製造火水機偈用去材料值銀六百四十元零一毛五仙

一支是年製造(卅號)三等車輛用去材料值銀二百六十捌元零一仙五文

一支是年營業機車車輛用去偈油緯絲值銀七千一百七十四員捌毛七仙
一支是年工程機車車輛用去偈油緯絲值銀九百五十九元二毛九仙
一支是年機器廠用去偈油緯絲值銀四百一十九元一毫五仙
一支是年牛灣船用去偈油緯絲值銀三百三十四元一毛一仙
一支是年印務局用去偈油值銀一百九十二元五毛
一支是年寧城泵水偈用去偈油值銀一百七十九元

以上二十八柱共支材料值銀伍萬八千二百九十三員九毫一仙二文

進支比對外實存材料值銀壹百四十七員二毫正

民國九年電話處材料清册

謹將民國九年份電話處材料進支數詳列于左

一進接上民國八年底結存來材料值銀一千捌百一十捌元捌毫七仙

一進是年公益材料處來材料值銀一千三百七十六元一毛九仙五文

一進是年售料加附屬費銀捌十捌元六毛

以上三柱共進材料值銀叁千二百捌十三元六毛六仙五文

一支是年打風颶修補電線材料值銀五百元零零三毛

一支是年養線用去材料值銀五百捌十一元五毛

一支是年車務處用去電話材料值銀一百一十五元三毛

一支是年新會分局用去電話材料值銀三十七元四毛五仙

一支是年公益分局用去電話材料值銀四十三元九毛二仙

一支是年總公司用去電話材料值銀七十捌元一毛二仙

一支是年售料用去電話材料值銀二百五十元零三毛

以上七柱共支材料値銀壹仟陸百零陸員八毫九仙

進支比對外實存材料値銀壹仟陸百七拾陸元七毫七仙五文

存材料總數開列

一存公益材料處材料值銀一十三萬八千八百六十九元三毫五仙

一存公益機器廠材料值銀壹百四拾七元二毫

一存寧城電話處材料值銀壹仟陸百七十六元七毫七仙五文

合實存材料值銀壹拾四萬零六百九十三元二毫二仙五文

廣東新寧鐵路股份有限公司民國十年份總結冊

新甯鐵路總理

陳宜禧眞像

新甯鐵路總公司

在台城西拱橋頭

新甯鐵路總公司

遠影圖

民國十年年結序

商場之有年結所以明收支別存欠結束終歲之數以報告股東質言之每歲營業之決算表而已然此第就普通商店言之耳若夫鐵路年結其作用固不止此曷言乎爾蓋鐵路營業除自身盈虧問題外其於地方上商務上尤具種種之關係是故覘客商往來之衆寡而知交通事業之興衰觀貨物運輸之盈朒而識地方商務之隆替他如物價之消長也可於煤料支費之多少而窺其涯畧焉工人生活程度之高低也可於薪工之增減而得其狀况焉雖年結之內容僅列數目不加議論僅言本路不涉其他然明眼人循是而考覈之按年而比較之溯流尋源灼然可見則是册也作年結觀可也作地方商務調查表觀無不可也茲試就本路十年份結册內容而論列之查是年收入客貨車脚共銀二百二十四萬餘元較之九年份突增三十七萬餘元寔爲向所少見除開銷各項經費八十九萬餘元外尚盈二十五萬餘元此無他地方治安漸復商務行旅漸臻興盛故本路營業亦隨之而漸就發展耳又查是年支銷經費中如煤炭油料等雖價格畧低比九年份減支三萬餘元而如購入煤炭材料等港紙水之增漲稅厘船脚及養路材料等費之增加又造鐵卡十壹架並

車房車站舖屋橋壆等之添設與夫工人等之要求加薪統計比九年份增支二十二萬餘員增減此對仍增支一十九萬餘員設無此種種特別增加則開銷斷無八十九萬餘員之巨盈餘亦不止二十五萬餘員之數今開銷之巨既如此盈餘之數尚如彼以視九年份其進步爲何如耶顧或謂既有盈餘曷不派息不知本路前築新會白沙等綫股本不足迭借商欵以充建築費自不能不撥遞年車利以爲償還除歷年已還外九年結欠付欵不下七十萬員故本年卽於盈餘項內支還各號及銀行付欵本息共銀一十八萬餘員又支補港紙水約四萬八千員股息緩派蓋由於此然與其藉盈餘以派息祗分目前之微利曷若以盈餘而還欵免增日後之負擔　股東明達必有深韙斯議者操此計畫以往惟望車利年有增進則完了債務分派股息之期夫豈遠耶是册既成送監察人覆核無異將付剞劂謹述其梗概如此手是册者庶有以知本路最近營業之狀況并以窺地方商務之一斑乎

中華民國十一年四月一日新甯鐵路總理陳宜禧謹序

支簡明十覽表

電話費項銀一千三百四十一元八毛六仙
雜項銀二千三百六十五元九毫九仙
各號貯下來往項銀一十四萬七千九百零五元四毫八仙
各號過來貨項銀四十七萬零六百七十一元八毫六仙
各站長按櫃項銀八百五十元
展築白沙枝路股份銀五萬九千一百一十五元
賣江門三合鋪仔三間銀一千二百元
船戶賠償損失煤炭銀二百八十二元一毛
材料處退回各號材料銀七百九十一元四毛二仙
共銀壹百九拾二萬一千六百一十八元三毫九仙七文

車務項下銀四萬五千零四拾六元零三仙
運務項下銀五萬七千六百五十四元九毫
廠務項下銀三萬三千四百九十元零八毛九仙
工務項下銀一十三萬七千零零八元七毫九仙
購材料項下銀四十八萬一千一百七拾三元五毫九仙
稅腳項下銀六萬三千七百八十六元一毫八仙
白沙路購田地項銀四萬七千二百一十元零六毛
新昌路補田租項銀一千零七十一元
購廣東公債票銀一千九百元
共銀壹百捌拾弍萬八千九百六拾九元一毫七仙

收支比對外實存銀九萬弍千六百四拾九元二毫二仙七文

民國十年份 照陽歷計

收入

接上民國九年底來存銀五萬三千四百七十七元一毛五仙七文

本年客貨車脚銀一百一十四萬八千一百三十四元五毛七仙

印務局接印外處印件銀一百四十二元九毫

違犯路章罰欵銀一百一十二元五毫三仙

賣材料項銀四千四百一十三元二毛七仙

賣地段項銀二千八百二十三元一毛五仙

租項銀壹萬二千零三十九元六毫三仙

貨項扣現銀一千四百八十六元零五仙

銀紙水項銀一萬四千零七十六元七毫九仙

存欵生息銀三百捌十七元六毛四仙

支出

還各號附欵比對附入外實還本銀九萬六千零二十七元九毛六仙

還各號附欵利息銀五萬四千八百九十元零六毫八仙

還各站長按櫃項銀三百元

還各號貯下來往銀二十萬零八千九百一十四元六毛七仙

還各號貨項銀四拾六萬九千八百八十元零一毛

還萬國銀行前年在欵銀三萬三千五百七十四元六毛九仙

交回公益公和購地定銀二百元

銀水項下銀一拾三萬九千八百四拾九元五毫七仙

總務項下銀五萬六千九百捌拾九元五毛三仙

明一覽表

艙戶損失煤炭值銀二百八十二元一毛

祥和收回車路釘值銀五百八十八元零五仙

祥和收回銅燈值銀六十六元

祥和收回洋鏟值銀二百二十五元

浩昌和收回門珠值銀壹百四拾元

浩昌和收回市點喉值銀二百一十六元

浩昌和收回火酒值銀一百三十六元

合共支材料值銀四拾叁萬零九百捌拾捌元七毛七仙五文

進支比對外實存材料值銀壹拾九萬二千二百七十二元八毫七仙五文

材料進支簡

民國十年份 照陽歷計

進數

接上民國九年底各處存來煤炭各項材料值銀壹拾四萬零六百九拾三元三毛二仙五文

本年新購入煤炭各項材料值銀四拾七萬七千六百三拾四元三毫三仙

本年製造售料鑄料加工值銀三千五百三十九元二毛六仙

本年售出材料加附屬費銀一千三百九十三元七毫三仙五文

合共進材料值銀六拾弍萬三千弍百六十元零六毫五仙

支數

營業開銷項下用去材料值銀四拾弍萬三千六百零三元四毛三仙

售出材料項下用去材料值銀五千七百三拾弍元一毛九仙五文

謹將民國十年份本公司進支數目年結總冊列呈

（本鐵路所有員司工役均自備伙食）

公鑒

舊管

接上民國九年底結存來銀五萬三千四百七十七元一毫五仙七文

新收

一進是年客貨車脚銀壹百壹拾四萬八千一百三十四元五毛七仙

一進印務局接印外處印件銀一百四十二元九毛

一進違犯路章罰欵銀一百一十二元五毛三仙

一進賣材料項銀四千四百一十三元二毛七仙

一進賣地段項銀弍千八百二十三元一毛五仙

一進租項銀壹萬弍千零三十九元六毛三仙

一進貨項扣現銀一千四百八十六元零五仙
一進銀紙水項銀壹萬四千零七十六元七毛九仙
一進存欵生息銀三百八十七元六毛四仙
一進船戶賠償損失煤炭銀二百八十二元一毛
一進電話費銀一千三百四十一元八毫六仙
一進什項賣爛木槭等項銀二千三百六十五元九毛九仙
一進賣江門三合鋪仔三間銀一千二百元
一進材料處退回祥和鑛燈項銀三元五毛
一進材料處退回祥和浩昌和材料項銀七百八十八元九毛二仙
一進展築白沙枝路股份銀五萬九千一百一十五元
一進各號附欵銀五拾五萬二千二百五十元零六毛三仙
一進各站長及驗票員按櫃項銀八百五十元
一進各號貯下來往項銀壹拾四萬七千九百零五元四毛八仙

一進各號過貨項銀四拾七萬零六百七十一元八毛六仙

以上新收共進銀弍百四拾弍萬零三百九十一元八毛七仙

舊管新收合共進銀弍百四拾七萬三千八百六十九元零三仙七文

開除

還欵門

一支還各號附欵本銀六拾四萬八千弍百七十八元五毫九仙

一支還各號來往項銀壹拾萬零八千九百一十四元六毛七仙

一支還各號貨項銀四拾六萬九千八百八十元零一毛

一支還附欵利息銀五萬四千八百九十元零六毛八仙

一支還各站長按櫃項銀三百元

一支還萬國銀行舊歳在來項銀三萬三千五百七拾四元六毫九仙

一支交囘公益公和買公益地段定銀弍百元

以上還欵項下共支銀壹百三拾壹萬六千零三十八元七毛三仙

銀水門

一支是年補各項港銀紙水銀壹拾三萬九千四百五十七元零八仙
一支是年沽出銅仙虧水銀三百九十二元四毛九仙
以上銀水項下共支銀壹拾三萬九千八百四十九元五毛七仙

總務門

一支陳總理全年薪水銀七千二百元
一支董事局全年薪水銀二千五百二十元
一支監察員全年薪水銀七百二十元
一支總文案薪水銀一千四百八十元
一支書記處全年薪水銀壹千壹百四十九元四毛
一支董事局書記薪水銀一百五十元
一支收支處全年薪水銀壹千八百七十三元三毛
一支賬務處全年薪水銀三千六百四十七元四毫

一支庶務處全年薪水銀一千八百零二元一毛七仙

一支股册處全年薪水銀三百六十四元一毫

一支材料處全年薪水銀八百五拾八元

一支電話處全年薪工銀四千九百四十元零二毛六仙

一支駐港執事員役全年薪工銀一千二百四十四元

一支總局分局更夫伙夫什役全年辛工銀弍千九百一十二元七毛

一支本路警務處全年薪餉銀三千六百六十八元

一支總局分局添置傢具什物銀一千三百一十六元一毛八仙

一支警務處添置服裝傢具什物及什費銀五百五十四元七毛四仙

一支駐港分局全年份樓租銀一千三百二十五元四毫五仙

一支賞格費銀四拾三元弍毛

一支點電燈連裝燈材料費銀一千三百三拾八元九毫四仙（總公司及寧城站）

一支公益分局點電燈費銀六百四拾九元六毫

一支登告白費銀五百七十三元一毛
一支電報郵費銀七百一十六元五毛一仙
一支撫恤醫傷費銀八百九十五元八毛四仙
一支旅行公費銀七百六十元零六毫六仙
一支辦公雜用費銀五千七百二十九元七毫七仙
一支銀行借欵扣佣銀六百五拾三元二毫五仙
一支添購槍彈項銀三百八拾元零五毫
一支納北街本路碼頭步頭捐銀三百二拾五元三毫八仙
一支完納新會縣辛酉年粮務銀三百一拾九元
一支捐助新會縣保衞團辛酉年軍餉銀壹百弍十元
一支捐助公益福寧醫院藥費銀三百元
一支捐助慰勞會費銀壹百元
一支捐助築江門三角塘處路費銀五十元

一支捐助修築江門站軌道傍路費銀壹百元
一支捐助各項雜費銀二百一十元
一支選舉第四屆董事費銀式千零二十八元零七仙
一支開辦展築白沙枝路經費銀三千九百七十元
以上總務項下共支銀五萬六千九百八十九元五毫二仙

車務門

一支車務總管全年薪水銀三百九十四元
一支管理處全年薪水銀一千二百九十九元五毛
一支查票處全年薪水銀一千零零七元六毫
一支各站站長員役全年薪工銀式萬六千一百六十九元一毫六仙
一支印務局全年薪工銀二千六百五十二元零四仙
一支看守閃口水偈及更夫什役全年辛工銀四千二百九十元零九毛八仙
一支貨物裝卸工費銀六千二百三十九元七毛

一支賠償附車損失貨物銀一百八十六元一毫
一支印務局購紙料字粒等項銀一千六百四十元零八毛一仙
一支什項筆墨紙料色油什用等銀一千一百六十六元一毛四仙
以上車務項下共支銀四萬五千零四十六元零三仙

運務門

一支司行機車及驗卡員役全年薪工銀壹萬五千五百四拾三元六毛九仙
一支車上驗票員全年薪工銀八千五百一拾五元二毛九仙
一支車上管貨員全年薪工銀五千零五十四元七毛八仙
一支行牛灣過海大船員役全年薪工銀五千弍百二十六元二毛五仙
一支王統領護車隊正月份兵餉銀六百六十六元六毫
一支陳管帶瑤宗護車路廵正二月餉項銀二千三百三十三元一毫
一支解散陳瑤宗護車隊四月份餉及給多個半月恩餉銀二千六百五十九元九毫
一支陳總廵相宗護車路廵由四月至十二月餉項銀壹萬三千五百元

一支護車路巡遮置服裝傢具什物及什費銀二千三百五十四元一毛二仙
一支購在牛灣鐵船拖纜木船仔一隻銀一百九十三元
一支什項煤鑪繩篸火水油燭器具什用等銀一千六百零八元一毛七仙
以上運務項下共支銀五萬七千六百五十四元九毛

廠務門

一支機器廠員役全年薪工銀四千三百九十元零九毛二仙
一支修理營業機車工項銀壹萬弍千三百三十元零二毫一仙
一支修理營業車輛工項銀六千六百一十元零四毛
一支修理工程機車工項銀八百一十五元五毛五仙
一支修理工程車輛工項銀三百一十六元七毫六仙
一支修理船隻工項銀一千七百六十八元零五仙
一支修理機廠機件工項銀九百二十四元五毛
一支修理水泵工項銀四百零一元三毛二仙

一支修理電話器具工項銀七元九毛
一支修理路𠚕卡仔工項銀一百七十二元零七仙
一支修理羊义工項銀式十三元一毛五仙
一支特別修車工項銀七百三拾五元六毛七仙
一支新裝各種車輛工項銀四百零六元七毛五仙
一支新裝望天卡工項銀式千八百元
一支新造水掣工項銀三十元零六毛九仙
一支新造火水偈工項銀五百三十三元五毛一仙
一支什項火水松炭什用等銀一千二百二十三元四毫四仙
以上廠務項下共支銀三萬三千四百九十元零八毛九仙

工務門

一支養路購田地項銀一十九元六毛四仙
一支仝上工程員役仝年薪工銀式千一百二十八元一毛

一支仝上稽核工數處全年薪工銀九百一十四元一毛
一支仝上分段管理處全年薪工銀八百二拾八元
一支仝上巡查路工員全年薪工銀八百零六元三毛
一支仝上行工程車員役全年薪工銀四千三百二十一元四毛三仙
一支仝上各路缶工頭全年薪工銀九千五百式拾一元七毛八仙
一支仝上各路缶全年散工銀六萬二千二百八十八元二毫三仙
一支仝上沿途修理橋梁工項銀八千四百六十八元九毫七仙
一支仝上修造路缶用具工項銀四百三十元零七毛三仙
一支仝上修造修橋器具工項銀二百五十六元五毫九仙
一支仝上修橋購石仔項銀一千四百七十三元一毛二仙
一支仝上取坭砂項銀九千零三十二元二毛三仙
一支仝上鋤鏟繩篸竹木什物銀式千六百八十九元七毛
一支仝上篷廠什費銀五百三十四元二毛二仙

一支總局分局修理及造器具費銀二百七十六元三毛三仙
一支車站修理及造器具費銀四千一百零八元一毛一仙
一支印務局修理及造器具費銀一百一十五元一毛四仙
一支公益機器廠修理費銀三千五百三十二元六毛八仙
一支碼頭修理費銀四百二十元零七毫
一支寧城車頭廠圍墻修理費銀一百九十七元三毛二仙
一支寧城工廠修理費銀五百七十四元二毛一仙
一支勇廠修理費銀三百一十七元五毛
一支公益分局後便河涌淘坭砂工項銀三百三十五元一毛五仙
一支牛灣船塢淘坭砂工項銀五百五十三元七毛九仙
一支北街碼頭水步淘坭砂工項銀七百五十三元二毛八仙
一支建潯陽車站項銀七百六十六元八毛八仙
一支建馬洞車站項銀一千一百四十八元七毛

一支建上馬石車站項銀一千六百七十九元一毛
一支建田坑車站項銀一千二百六十一元一毛二仙
一支建東心坑車站項銀一千九百五十五元一毛七仙
一支建寧城拱橋頭處舖樓項銀七千五百一十五元六毛
一支建公益車輛廠項銀一千三百九十三元九毛八仙
一支增建寧城站樓屋及客亭項銀二千一百八十九元八毛九仙
一支增建沙冲站貨倉屋項銀三百八十五元二毛六仙
一支築南洋段路英坭拱橋項銀一千六百九十六元一毛五仙
一支築沙冲段路英坭長橋墪項銀一千一百五十二元四毛三仙
一支築沙堤橋英坭拱橋墪項銀九百六十七元一毛六仙
以上工務項下共支銀壹十三萬七千零零八元七毛九仙

材料門

一支購銅鐵材料銀壹拾萬零六千九百零六元四毛四仙
一支購木枕項銀六萬弍千五百三拾八元三毛五仙

一支購機油項銀壹萬六千壹百六拾八元五毫

一支購木料項銀壹萬三千六百九拾八元七毛六仙

一支購青州坭士敏坭銀壹萬三千四百五拾元

一支購杉料項銀二千九百五拾三元三毫六仙

一支購鋼纜項銀七千四百九十七元

一支購車床項銀一千五百元

一支購路釘項銀三千二百六拾五元二毛

一支購電池項銀一百一拾三元

一支購電話材料項銀四拾八元九毛六仙

一支購火水項銀二千三百一拾二元四毛五仙

一支購煤炭項銀弍拾四萬五千六百八十四元五毫

一支購乾松柴項銀一千四百九十七元八毛一仙

一支製造材料工項銀三千五百三拾九元二毫六仙

以上材料項下共支材料銀四拾七萬七千六百三十四元三毛三仙
工項銀三千五百三十九元二毛六仙

稅脚門

一支材料稅厘銷號費銀弍萬零弍百零六元九毛八仙
一支材料船脚運駁費銀四萬三千五百七十九元二毛
以上稅脚項下共支銀六萬三千七百八十六元一毛八仙

白沙枝路購田地門

一支購田地項銀四萬七千二百一十元零六毛
以上購田地項下共支銀四萬七千二百一十元零六毛

築新昌枝路門

一支補田租項銀一千零七十一元
以上新昌枝路項下共支銀一千零七十一元

購公債票門

一支購廣東地方善後十年份公債票銀一千九百元
以上購公債票項下共支銀一千九百元

統計十二項共支銀弍百三拾八萬一千三百一十九元八毫

管收開除比對外實存銀九萬弍千六百四十九元二毫三仙七文

實存項下

計開

一存港官銀錢局欠來往銀四千零五十五元五毛五仙
一存港廣東銀行欠來往銀四萬三千四百五十九元六毛五仙
一存港萬國銀行欠來往銀壹萬壹千八百三十六元七毛五仙
一存寗總公司銀壹千五百七十九元五毫二仙
一存新會分局銀四千一百六十元零三毛二仙
一存香港分局銀四百一十五元二毫
一存李燿堂欠銀一千元
一存陳藻宜燕宜欠銀壹萬四千八百九十四元一毫六仙五文

一存余成樂欠銀三百四十二元二毛八仙八文
一存陳良譜欠銀一百五十一元九毛一仙六文
一存陳宗立欠銀三千三百七十四元四毛三仙二文
一存譚翊屏欠銀四十元
一存吳楚三欠銀二百五十八元二毛六仙六文
一存林尊三欠銀四百五十一元四毛七仙
一存周之貞欠銀二千元
一存李捷欠銀五百元
一存朱爲濬欠銀一百五十元
一存何瑞雲欠銀二百元
一存西寧市公所欠銀八百元

一存省城廣東銀行欠銀一千元
一存各號欠銀一千九百七十九元七毛

合實存銀九萬弍千六百四十九元二毫二仙七文

另存

附廣甯輪船股份票銀二千元（民國六年派回本銀六百元）
附永聯輪船股份票銀二千元
購存三年份中央政府公債票除收回外尚存票銀三千九百四十五元
購存四年份中央政府公債票除收回外尚存票銀一千六百五十五元
購存五年份中央政府公債票除收回外尚存票銀五千三百元
購存十年份廣東地方善後公債票銀一千九百元

監察員

馬愛之

陳勵如

民國十年底結欠各號附欵淸册

謹將民國十年底結欠各號附欵數目表明於左

一接上民國九年底結欠各號附欵本銀七十萬零七千三百六十九元二毛五仙
一是年份進入各號附欵本銀五十五萬二千二百五十元零六毛三仙
一是年份支還各號附欵本銀六十四萬八千二百七十八元五毫九仙
統計比對外實欠各號附欵本銀六十一萬壹千三百四十壹元二毫九仙

計開

一結欠新寗中學堂雙毛銀二千零九十六元壹毛壹仙（即王侯祠賣田銀）
一結欠馬棠政雙毛銀四千元
一結欠陳源業堂雙毫銀二千元
一結欠陳介宗雙毛銀壹千二百元
一結欠趙應滄港紙銀壹千八百元
一結欠盧家仁雙毫銀一百元
一結欠陳氏家族會港紙銀一千五百七十五元
一結欠李仲卿雙毫銀七百三十元
一結欠馬恒芳港紙銀一千五百元
一結欠甘譚氏毓沛聯照雙毫銀二千元

一結欠趙康平港紙銀壹萬元
一結欠陳杜宗雙毛銀五百元
一結欠陳成文雙毫銀壹千元
一結欠陳宋雙毛銀七百元
一結欠陳羨德港紙銀壹千七百元
一結欠陳宜業雙毫銀三千元
一結欠循環日報港紙銀壹萬二千元
一結欠馬天傑港紙銀三千壹百元
一結欠馬榮爵港紙銀一千元
一結欠馬益豐港紙銀三百元
一結欠馬修純港紙銀壹千壹百五十元
一結欠馬士翹祖港紙銀壹千壹百五拾元
一結欠馬惇德堂港紙銀六千壹百五十元
一結欠馬江純港紙銀壹千元
一結欠馬詠倫港紙銀二千元

一結欠陳勝雙毛銀伍百元
一結欠陳端宸祖雙毫銀壹千元
一結欠陳頌興堂雙毫銀壹千五百元
一結欠馬行修港紙銀弍千元
一結欠馬林運港紙銀四千元
一結欠吳欽宏祖雙毫銀七百五十元
一結欠陳應暢雙毫銀九百元
一結欠馬榮廣港紙銀壹千二百元
一結欠馬洛俊雙毫銀七百元
一結欠馬龍安港紙銀七千元
一結欠馬頌唐港紙銀二千元
一結欠馬洛修港紙銀二千元
一結欠馬榮楫港紙銀四千五百元
一結欠馬壽眉港紙銀三千元
一結欠旅港馬金紫堂港紙銀五千五百元

一結欠華僑馬金紫堂港紙銀五百元
一結欠馬榮瀚港紙銀弍千元
一結欠陳振良港紙銀壹千八百元
一結欠陳濯宜雙毛銀二千四百元
一結欠馬挺政港紙銀壹千三百元
一結欠李奕順港紙銀七百五十元
一結欠陳高潤雙毫銀二千元
一結欠馬萬存港紙銀七百元
一結欠馬榮燗港紙銀一千一百元
一結欠馬有修港帋銀五千元
一結欠陳孔蓁雙毛銀一千五百四十元
一結欠陳高策雙毛銀一千四百元
一結欠陳丙曜港帋銀一千元
一結欠李維慶雙毛銀三千元
一結欠陳璧宜雙毛銀五千一百元

一結欠馬宗鈿港紙銀二千七百元
一結欠馬榮瀚雙毛銀五千元
一結欠馬本簪港紙銀壹千五百元
一結欠綿遠堂港紙銀壹千五百元
一結欠陳枝雙毛銀二百元
一結欠陳國逢雙毛銀壹千元
一結欠馬華莊港紙銀二千元
一結欠馬榮普港紙銀二千元
一結欠馬華清港帋銀一千五百元
一結欠温荔坡港帋銀三千元
一結欠陳高策港帋銀三千四百元
一結欠陳杲宗雙毛銀二百元
一結欠悅生雙毛銀二千元
一結欠李慶港帋銀壹萬元
一結欠陳啟賢雙毛銀二千元

一結欠陳文學港帋銀五百元
一結欠馬子質祖神主會港帋銀一千五百元
一結欠陳龍記雙毛銀二千五百元
一結欠陳宜鄙雙毛銀一千七百元
一結欠馬作修港帋銀二千元
一結欠馬大瀛港帋銀四千五百元
一結欠陳朝阜雙毛銀六百元
一結欠陳源宜雙毛銀五百元
一結欠馬遠崇港帋銀一千元
一結欠馬敬修堂港帋銀二千元
一結欠陳孔相港帋銀二百元
一結欠陳鉅宗港帋銀二百元
一結欠馬炎政港帋銀一千一百元
一結欠馬經鋭雙毛銀四百元
一結欠六村同福堂港紙銀五百元

一結欠馬大秀雙毛銀一百八十元
一結欠公記港帋銀五百元
一結欠陳永華港帋銀五千元
一結欠陳敦善雙毛銀四百元
一結欠甄華昌堂雙毛銀一千九百七十二元八毛
一結欠李金葉雙毛銀一百六十元
一結欠馬榮斌港帋銀三千元
一結欠馬頌修港帋銀二千元
一結欠陳業修雙毛銀二千五百元
一結欠陳雄光雙毛銀一千元
一結欠陳孔相雙毛銀五百元
一結欠陳彝深港帋銀三百五十六元
一結欠馬倫明港紙銀六百元
一結欠譚翊屏雙毛銀一千元
一結欠馬宗位港紙銀八百元

一結欠馬國惠雙毛銀一千元
一結欠黃會宗雙毛銀三百元
一結欠馬聯益會港紙銀五百五十元
一結欠馬本基港紙銀一千元
一結欠陳炳林雙毛銀一千元
一結欠陳衆文雙毛銀一百八拾元
一結欠陳吉來港紙銀五百元
一結欠馬燁修雙毛銀一千七百元
一結欠陳益近雙毛銀八百元
一結欠陳宜裕雙毛銀一千元
一結欠許濟權雙毛銀九千元
一結欠陳齊宗雙毛銀五千二百元
一結欠馬鴻本港紙銀一千元
一結欠馬楫川港紙銀一千元
一結欠黃述賢雙毫銀五百二十七元二毛五仙

一結欠梁翰青港紙銀二千元
一結欠馬大全港紙銀五百元
一結欠永吉堂港紙銀二千六百元
一結欠朗美陳慶宜雙毛銀一千元
一結欠陳炳林港紙銀一千元
一結欠陳活泉雙毛銀一千五百元
一結欠馬榮溢港紙銀一千元
一結欠伍于鍾雙毛銀二百元
一結欠馬宗棠港紙銀五百元
一結欠伍學欽雙毛銀一千元
一結欠陳堯宗雙毛銀三百元
一結欠永明公司雙毫銀一千三百三十五元
一結欠三益堂雙毫銀二千元
一結欠馬璉賢港紙銀五百元
一結欠陳炎宜雙毫銀一千二百元

一結欠馬子賢祖港紙銀一千元
一結欠陳金良祖雙毫銀一千元
一結欠陳遇祥雙毫銀一千八百元
一結欠陳伯舟雙毫銀五千元
一結欠陳安宜雙毛銀三千元
一結欠李大興堂雙毫銀一千五百五十元
一結欠朱家旺雙毫銀四千元
一結欠陳衍宜雙毫銀一千二百元
一結欠陳德鉅雙毛銀三千元
一結欠李英廉雙毫銀八百元
一結欠陳樹梅港紙銀一千元
一結欠陳天相堂雙毫銀四百一十元
一結欠陳壽祖雙毛銀一千七百元
一結欠陳宗時祖雙毫銀四百元
一結欠陳慎成堂雙毫銀三百元

一結欠李篤應雙毫銀一千五百元
一結欠陳生宜雙毛銀三千元
一結欠四姐雙毫銀二百元
一結欠陳務滋雙毫銀五千元
一結欠陳永昌堂雙毫銀一千一百元
一結欠陳宜卿祖雙毫銀二百六十元
一結欠伍興廉堂雙毫銀六百元
一結欠馬立儀祖雙毛銀一千六百元
一結欠朱立傳雙毛銀一千四百元
一結欠陳丙基雙毫銀一千六百元
一結欠陳錦鏞雙毫銀一千七百元
一結欠馬如柏雙毫銀五百元
一結欠陳懷松雙毫銀九百五十元
一結欠陳榮耀雙毛銀八百元
一結欠吳朝燦港紙銀五百元

一結欠李牣文雙毛銀一千五百元
一結欠陳厚成雙毛銀五百元
一結欠吳濃澤雙毫銀一百元
一結欠廖洪恩雙毫銀五千元
一結欠馬聯合港紙銀六百五十元
一結欠陳忠普港紙銀一千五百元
一結欠宏聰學校雙毫銀二千五百五十元
一結欠陳華記港紙銀一千元
一結欠陳祥積雙毫銀一千二百元
一結欠陳高暢雙毛銀二千四百元
一結欠陳樹藹雙毫銀五千元
一結欠陳忠國雙毫銀一千元
一結欠陳輝南雙毫銀五千元
一結欠馬文超雙毫銀二千元
一結欠陳長煥雙毛銀一千一百六十八元六毫五仙

一結欠馬渭存雙毫銀七百元
一結欠陳寶光雙毫銀一千元
一結欠陳熙春雙毫銀二千八百元
一結欠天福堂雙毫銀一千一百五十元
一結欠馬昌琫港紙銀六百元
一結欠陳乾港紙銀一千五百元
一結欠馬俊明雙毫銀一千二百元
一結欠馬永配祖雙毛銀四千元
一結欠李聖璉雙毫銀一千元
一結欠禾田陳慶宜雙毛銀一千元
一結欠陳壽民港紙銀五千元
一結欠順成堂港紙銀二千五百元
一結欠陳菁芝雙毫銀五百五十元
一結欠朱景堂雙毛銀五千元
一結欠陳子舟雙毛銀一千元

一結欠陳文裔雙毛銀一千元
一結欠陳祥讓雙毛銀五千元
一結欠馬德鐸祖雙毫銀八百元
一結欠伍汝詒雙毛銀九百元
一結欠德懋堂双毫銀一千一百七十元
一結欠陳賡堂港紙銀二千元
一結欠何瑞蘭港紙銀四千元
一結欠馬本洽奴毫銀一千元
一結欠馬宗位港紙銀一千元
一結欠陳林盛双毫銀一千八百元
一結欠全福堂雙毫銀三百元
一結欠陳德寶雙毫銀一千零九十元
一結欠朱定山港紙銀五千元
一結欠陳建祥双毛銀五百元
一結欠陳興國雙毫銀一千元

一結欠陳宏光雙毫銀一千二百元
一結欠馬俊熙雙毫銀三百元
一結欠陳宗創双毫銀三千元
一結欠陳澤宗雙毫銀一千元
一結欠譚典文双毫銀五千元
一結欠馬本興港紙銀二千六百元
一結欠黃亮朝堂港紙銀五百元
一結欠馬宗堯港紙銀四千元
一結欠馬宗祉港紙銀一千五百元
一結欠蓮塘同福堂双毫銀五百元
一結欠陳德瀚双毫銀三千五百元
一結欠陳澤德双毫銀三千元
一結欠譚卓廷双毛銀三百元
一結欠馬漁隱祖神主會雙毛銀一千二百元
一結欠陳文燁雙毫銀二千三百元

一結欠陳永福堂雙毫銀三百五十元
一結欠東坑團保局雙毫銀三千元
一結欠葉建潮港紙銀一千元
一結欠葉瑞芝港紙銀五百元
一結欠仁義堂雙毫銀一千元
一結欠陳光炳雙毛銀一千元
一結欠李德宣祖雙毛銀一千七百元
一結欠馬名儒祖双毛銀五百元
一結欠李熀明雙毫銀五百元
一結欠馬宗信港紙銀一千元
一結欠譚文軫雙毫銀四千九百元
一結欠陳裕國雙毛銀八百元
一結欠陳森有雙毛銀二千四百四十元
一結欠葉均和雙毛銀一千元
一結欠馬焜倫雙毛銀三千元

一結欠馬達燦祖雙毛銀六百元
一結欠葉建潮雙毫銀二千九百元
一結欠葉瑞芝雙毛銀八千七百元
一結欠陳廣齊雙毫銀二千二百元
一結欠馬宗煜雙毛銀二千元
一結欠觀佐祖雙毛銀二千五百五十元
一結欠陳齊貴雙毫銀一千一百元
一結欠陳業週雙毫銀一千八百元
一結欠甄泮迪港紙銀五千元
一結欠三合區長安堡雙毫銀一千七百元
一結欠陳持德雙毫銀二千八百元
一結欠陳迪宗雙毫銀四千五百二十元
一結欠陳伍氏子維德雙毛銀九百元
一結欠積善堂雙毛銀四百元
一結欠陳德情雙毫銀五千一百元

一結欠陳孔德雙毛銀二千五百元
一結欠悠遠堂雙毛銀六百元
一結欠陳槐業雙毛銀一千元
一結欠奠棨氏港紙銀三百元
一結欠陳國表雙毫銀三千元
一結欠陳炳森雙毛銀四百元
一結欠馬道璇祖雙毛銀七百元
一結欠馬劉氏雙毫銀五百七十元
一結欠朱家綸雙毫銀五百元
一結欠朱裘潤雙毛銀一千元
一結欠陳華芬雙毛銀五百四十元
一結欠馬成位祖雙毫銀一千元
一結欠朱開偉雙毫銀二千元
一結欠伍奕安祖雙毫銀一千元
一結欠馬滙政雙毫銀一千一百五十五元

一結欠馬榮祝雙毫銀五千元
一結欠思益堂雙毛銀一千元
一結欠陳坤祥雙毛銀三百元
一結欠馬大周雙毛銀一千元
一結欠鄺廣年雙毫銀五千元
一結欠陳催業雙毫銀九百元
一結欠陳介福堂雙毫銀四百元
一結欠陳拱辰雙毫銀七千元
一結欠陳合意堂雙毫銀二百元
一結欠陳應潤雙毛銀九百元
一結欠陳廣生雙毫銀一千二百元
一結欠陳煥祥港紙銀二千四百元
一結欠馬大舉雙毫銀二千一百元
一結欠馬爍政雙毫銀一千五百元
一結欠陳潤文雙毫銀四百元

一結欠普濟醫院雙毫銀壹千元
一結欠陳德根雙毫銀壹千元
一結欠陳彩宜雙毫銀四千二百元
一結欠鄺修賀雙毫銀六百元
一結欠葉鴻君雙毫銀三千五百元
一結欠馬恒灼雙毫銀壹千壹百元
一結欠馬俊熙雙毛銀五百元
一結欠冼義港紙銀五百元
一結欠陳彝沛双毛銀二千五百元
一結欠李聖煥雙毛銀五百元
一結欠黃述港紙銀五百元
一結欠陳玉德港紙銀壹千元
一結欠陳錫康雙毛銀一千元
一結欠陳則忠雙毛銀二千元
一結欠伍華允祖雙毛銀七千五百元
一結欠陳幸福堂雙毛銀八百元
一結欠馬相楯雙毛銀四百六十元

一結欠馬規修港紙銀三百元
一結欠陳作屏雙毫銀壹千元
一結欠鄺有炳祖雙毛銀三百五十元
一結欠馬永杰祖雙毛銀三百二十元
一結欠馬萬昌雙毫銀壹千元
一結欠馬國瑞祖雙毛銀壹千壹百五十元
一結欠馬裕豐雙毛銀三百元
一結欠馬强政雙毛銀五百元
一結欠余毓麒港紙銀九千元
一結欠老畹分大姑港紙銀三百元
一結欠馬本彪港紙銀八百元
一結欠李樹槐雙毛銀六百二十壹元
一結欠陳良琮雙毛銀二千元
一結欠劉錫龍雙毛銀一千元
一結欠兩益堂雙毛銀四百五十元
一結欠陳彝瑞雙毛銀六百元
一結欠葉君鈿雙毛銀五千元

一結欠李信明雙毛銀四千元

一結欠馬木滾雙毛銀二千元

一結欠陳百盈雙毛銀一千三百元

一結欠李植善祖雙毛銀九百八十元

一結欠林扳德港紙銀二千元

一結欠陳子旺雙毛銀五百元

一結欠陳睿祖雙毛銀壹千一百五十三元九毫

一結欠陳烈祥雙毛銀四百元

一結欠陳明雅雙毛銀一千元

一結欠陳貽燕堂雙毫銀二千元

一結欠馬崇光港紙銀二千七百元

一結欠李傳明雙毛銀一千一百六十元

一結欠陳璽安雙毛銀一千一百四十一元

一結欠陳甚佳雙毛銀三千元

一結欠陳瀚章雙毛銀二千元

一結欠陳穰業雙毛銀一千七百元

一結欠林貽孫港紙銀一千元

一結欠陳賢宜雙毛銀一千一百五十九元五毛八仙

一結欠陳吉興雙毛銀二千元

一結欠水南舊百子會雙毛銀四百二十元

一結欠陳開宜雙毛銀六千元

一結欠陳高運雙毫銀五百元

以上三百三十六柱合共欠各號附欵本銀陸拾壹萬壹千

三百四十一元二毫九仙

（內港紙銀弍拾壹萬九千四百三十一元正）

（內双毫銀三拾九萬一千九百一十元零二毛九仙）

民國十年營業收入車脚項清册

謹將民國十年份收入車脚項逐月表明於左

一月份車脚銀九萬七千八百六拾二元一毛六仙
二月份車脚銀七萬六千四百四拾四元零五仙
三月份車脚銀壹拾萬零六千六百八拾七元一毛
四月份車脚銀九萬七千九百三拾六元四毛一仙
五月份車脚銀七萬九千二百五拾五元五毛四仙
六月份車脚銀七萬七千六百六拾六元四毛
七月份車脚銀九萬二千八百四拾七元二毛九仙
八月份車脚銀八萬九千七百七拾八元三毛六仙
九月份車脚銀九萬六千二百二拾四元九毫一仙
十月份車脚銀壹拾萬零八千一百五十元零三毛
十一月份車脚銀一十萬零六千七百六十一元六毛九仙
十二月份車脚銀一十一萬八千五百二十元零二毛六仙

全年共收車脚銀壹百壹拾肆萬八千一百三十四元五毫七仙

再將民國十年份各站收入車脚詳細開列於左

一北街站是年收入客脚銀一拾四萬二千九百六拾四元零四仙

一北街站是年收入貨脚銀一萬九千三百九拾九元零一仙

一白石站是年收入客脚銀一千八百五拾四元五毛一仙

一白石站是年收入貨脚銀七拾七元二毛七仙

一江門站是年收入客脚銀九萬零六百四拾二元五毛一仙

一江門站是年收入貨脚銀三萬二千六百四拾五元七毛九仙

一會城站是年收入客脚銀四萬二千五百零三元八毛

一會城站是年收入貨脚銀四千九百八拾六元三毛七仙

一惠民門站是年收入客脚銀二萬四千八百八拾六元零一仙

一惠民門站是年收入貨脚銀一千五百零三元三毛七仙

一汾水江站是年收入客脚銀二千八百八拾九元七毛九仙

一汾水江站是年收入貨脚銀七拾一元七毛八仙

一蓮塘站是年收入客脚銀三千六百四拾一元四毛四仙

一蓮塘站是年收入貨脚銀七拾一元四毛九仙

一大澤站是年收入客脚銀一萬一千零五拾四元八毛三仙

一大澤站是年收入貨脚銀二百二十三元六毛二仙

一南洋站是年收入客脚銀四千二百一拾二元三毛八仙

一南洋站是年收入貨脚銀八拾八元零三仙

一沙冲站是年收入客脚銀一萬三千零三拾二元九毛七仙

一沙冲站是年收入貨脚銀一千一百一拾五元七毛六仙

一白廟站是年收入客脚銀三千六百九十七元四毛八毛

一白廟站是年收入貨脚銀八拾一元七毛五仙

一司前站是年收入客脚銀八千二百一拾二元八毛一仙

一司前站是年收入貨脚銀一百九十八元九毛四仙

一大王市站是年收入客脚銀七千九百三十九元一毛一仙

一大王市站是年收入貨脚銀三百四十五元七毛一仙

一牛灣站是年收入客脚銀七千三百一十三元四毛六仙

一牛灣站是年收入貨脚銀三十二元二毛三仙

一公益站是年收入客脚銀一拾萬零一千六百二拾五元一毛六仙
一公益站是年收入貨脚銀一拾萬零八千零八十六元零八仙
一潯陽站是年收入客脚銀三千六百二十八元四毛八仙
一潯陽站是年收入貨脚銀六百八十九元七毛一仙
一麥巷站是年收入客脚銀捌千二百零五元五毛二仙
一麥巷站是年收入貨脚銀六拾九元三毛八仙
一萬福站是年收入客脚銀九千一百九十三元一毫四仙
一萬福站是年收入貨脚銀三十八元三毛八仙
一大江站是年收入客脚銀七千六百三十九元三毛八仙
一大江站是年收入貨脚銀一千二百九十九元五毛九仙
一陳邊站是年收入客脚銀一萬二千四百八十二元六毛六仙
一陳邊站是年收入貨脚銀一百九十元零九毛三仙
一水步站是年收入客脚銀一萬二千七百七十七元五毛七仙
一水步站是年收入貨脚銀六百六十七元四毛七仙
一東坑站是年收入客脚銀四千一百九十六元三毛六仙

一東坑站是年收入貨脚銀一百七十一元四毛五仙

一板岡站是年收入客脚銀三千零八十六元四毛七仙

一板岡站是年收入貨脚銀六十八元八毛一仙

一甯城站是年收入客脚銀捌萬九千九百五十八元九毛二仙

一甯城站是年收入貨脚銀二萬九千零五十六元九毛一仙

一東門站是年收入客脚銀八千三百六十九元九毛

一東門站是年收入貨脚銀二百二十元零二毛七仙

一大亨站是年收入客脚銀三千五百一十八元八毛五仙

一大亨站是年收入貨脚銀二百零一元六毛一仙

一松朗站是年收入客脚銀二千六百九十元零四毛三仙

一松朗站是年收入貨脚銀一百六十七元七毛八仙

一五十站是年收入客脚銀九千一百六十一元五毛

一五十站是年收入貨脚銀一千五百七十六元五毛七仙

一下坪站是年收入客脚銀五千八百四十五元九毛六仙

一下坪站是年收入貨脚銀一百六拾七元八毛五仙

一四九站是年收入客脚銀壹萬零八百三十二元五毛八仙

一四九站是年收入貨脚銀一千一百六十一元一毛七仙

一大塘站是年收入客脚銀七千一百八十八元五毛四仙

一大塘站是年收入貨脚銀二百二十六元一毛八仙

一紅嶺站是年收入客脚銀三千六百一十六元五毛

一紅嶺站是年收入貨脚銀一百七十九元八毛七仙

一冲蔞站是年收入客脚銀一萬六千七百四十六元三毛三仙

一冲蔞站是年收入貨脚銀二千六百八十六元三毛二仙

一六村站是年收入客脚銀一萬五千五百七十三元四毛

一六村站是年收入貨脚銀九百三十三元七毛八仙

一斗山站是年收入客脚銀六萬二千九百二十四元三毛一仙

一斗山站是年收入貨脚銀三萬八千五百四十元零三毛六仙

一筋坑站是年收入客脚銀一千八百七十三元一毛二仙

一筋坑站是年收入貨脚銀六十五元四毫八仙

一水南站是年收入客脚銀四千九百六十五元一毫二仙

一水南站是年收入貨脚銀四千九百八十元零四毫
一官步站是年收入客脚銀二千零零八元零八仙
一官步站是年收入貨脚銀一百三十四元九毛三仙
一三合站是年收入客脚銀一萬三千三百八十五元七毛二仙
一三合站是年收入貨脚銀一千零七十元零七毛一仙
一黎洞站是年收入客脚銀三千九百五十八元一毛七仙
一黎洞站是年收入貨脚銀二百一十一元二毛四仙
一上陳站是年收入客脚銀一千五百五十八元三毛二仙
一上陳站是年收入貨脚銀四十六元五毛七仙
一東心坑站是年收入客脚銀二千八百一十元零八毛四仙
一東心坑站是年收入貨脚銀七十元零三毛三仙
一長江站是年收入客脚銀五千六百一十五元二毛七仙
一長江站是年收入貨脚銀八十九元三毫三仙
一田坑站是年收入客脚銀二千一百八十七元零八仙
一田坑站是年收入貨脚銀二十二元四毫六仙

一白沙站是年收入客脚銀一萬一千六百三十四元四毛四仙
一白沙站是年收入貨脚銀一千九百八十三元零五仙
一斗山車上是年收入客脚銀一萬二千五百二十五元九毛
一公益車上是年收入客脚銀一萬一千六百八十七元二毛九仙
一西南車上是年收入客脚銀三千三百四十八元七毛四仙
一牛灣車上是年收入客脚銀八千六百六十八元七毛七仙
一新會車上是年收入客脚銀二萬五千零零三元五毛七仙
一新會分局是年收入客脚銀六百零一元九毛五仙
一總公司是年收入客脚銀二千一百五十七元九毛五仙
一貨車車上是年收入客脚銀一千二百一十八員九毛六仙
一總公司是年收入戲箱脚銀三千零零二員零九仙

以上九十九柱共收入客貨脚銀壹百二十四萬八千二百三十四元五毫七仙

民國十年收入營業產業租項清册

謹將民國十年份收入租項逐條表明於左

一四邑輪船公司賃北街碼頭貨倉是年全年租銀二千九百二十元
一紹興輪船公司賃北街碼頭貨倉是年十一個月租銀一千三百五十元
一大安輪船公司賃北街碼頭貨倉是年全年租銀二千八百九十七元零三仙
一岡州輪拖公司賃北街碼頭是年來租銀六百四十八元
一大成信德公司賃北街碼頭是年來租銀九百三十二元
一合興利興公司賃北街碼頭是年來租銀一百五十元
一合安祥賃甯城站賣物塲兼板皮舖屋一間來租銀六百二十一元六毛
一陳篤學賃總公司側邊屋一間是年全年租銀三十六元
一馬雲橋賃總公司側邊屋一間是年全年租銀三十六元
一陳文樂賃總公司側邊屋一間是年全年租銀三十六元
一林竹軒賃總公司側邊屋一間是年全年租銀三十六元
一譚瑞芝賃全路車上賣物是年全年租銀九百元

一香香號賃公益車站賣物塲是年來租銀二百一十元
一中英林賃公益車頭地來由八年十二月一號至九年十一月底一年租銀二十五元
一梁鋑袓賃𦾟巷車站東邊地是年全年租銀七元
一吳驄廷陳柱宗合租會局後邊舖屋一間是年全年租銀八十四元
一茶香園賃江門車站賣物塲是年來租銀二百元
一江門粤興賃江門羊橋市舖一間是年來租銀三十元
一江門合記賃江門羊橋市舖一間是年來租銀一十八元
一江門裕安餉舘賃北街車站左邊地是年來租銀九十六元
一伍華學賃下坪車站後背地尾一段是年全年租銀三元
一陳焯宗賃斗山車站賣物塲來由九年三月一號至十年二月底一年期租銀二十元
一陳宗謀賃斗山海邊貨倉東邊三間是年來租銀一百元
一陳宗齊賃斗山海邊貨倉西邊三間是年來租銀一百元

一劉得之賃寧城車站西邊墻壁登告白是年全年租銀一拾五元

一平安公司賃北街大碼頭右邊碼頭來由辛酉六月十二至辛酉九月十二日三個月租銀七十五元

一萃華商店賃甯城車站側舖屋全座是年來租銀二百五十元

一均裕鉅信賃由江門至會城車路邊地豎電杆是年全年租銀四十元

一鄧南捷賃北街桑地禾田是年全年租銀二十二元

一湯就批耕司前站紅樓村後餘田是年全年租銀二元

一英美烟公司賃北街江門會東甯城站前地豎告白牌是年來租銀一百六十元

一利源號賃公益車站地自建貨倉來由八年六月初五至九年六月初五日一年租銀二十元

以上三十二柱共收入租項銀壹萬二千零三十九元九六毫三仙

民國十年收入售地段項清册

謹將民國十年份收入賣地段項逐條表明於左

一陳禮宜買六村黃坑頭餘田價銀一拾七元

一陳宗創買六村衣字九十三九十四九十五號東邊塹地價銀一拾八元七毛七仙

一陳宗時祖買六村衣字四十二號西邊塹地價銀七元二毛二仙

一陳日昌堂買北街舖地價銀九百元

一陳卓全堂買江門車站左邊餘地價銀一百三拾七元七毛二仙

一鄺振成堂買江門車站對面餘地價銀二百六拾七元四毛四仙

一李錮佑買公益埠東華街八號地價銀二拾五元

一伍英豪堂買公益車頭西邊三星字頭地價銀一千元

一廣福買公益河邊地價銀四百五十元

以上九柱共收入賣地段項銀二千八百二十三元二毫五仙

民國十年收入售材料項清册

謹將民國十年份收入賣材料項逐條表明於左

一六村電力公司取火水渣銀一十一元六毛四仙
一四邑輪船公司取煤炭壹十噸銀二百零五元
一永明電燈公司取材料工值銀二百三十三元九毛五仙
一公益電燈公司取材料銀五十一元七毛五仙
一永聯輪船公司取材料工值銀一千五百零六元四毛七仙
一廣寧輪船公司取煤炭材料工值銀一百二十四元七毛八仙
一東漢輪船公司取材料工值銀五元二毛
一六村公所取材料銀一十九元八毛三仙
一六村自治會取材料銀一十四元七毛七仙
一西寧市修橋取材料銀四百八十一元四毛四仙
一明山船取材料銀三元五毛
一保衞團局取電話材料銀十元

一北街稅關取銅片工値銀八元四毛
一理船廳取材料工値銀三元
一胡邊燈樓取材料工値銀一十八元三毛
一中華酒店取電話工料銀三元
一萃華商店取電話工料銀一十五元
一廣安祥取電話工料銀一十五元
一公安祥取電話工料銀七元
一仁和押取電話工料銀四元九毛
一義豐取電話工料銀三十元
一金榮源取電話工料銀一十五元
一金逢源取電話工料銀四元
一萬泰隆取電話工料銀四元
一萬春堂取電話工料銀三十元
一和安取電話工料銀三元
一鉅安取電話工料銀三元

一滙安取電話工料銀三元
一永安取電話工料銀一十五元
一百安取電話工料銀四元
一仁安取電話工料銀七元
一寶興取電話工料銀二十一元
一廣亨取電話工料銀四十五元
一怡昌取電話工料銀五元
一滙源取電話工料銀三十元
一孚昌取電話工料銀三十三元
一寶源取電話工料銀三元
一富榮取電話工料銀三十元
一豐華取電話工料銀三十元
一國通取電話工料銀三元
一調盛取電話工料銀一十五元

一誠信取電話工料銀三元
一志昌取電話工料銀三十元
一冠齊取材料工值銀二百三十五元六毛五仙
一冠綽取材料工值銀一百八十八元四毛二仙
一冠海取材料工值銀二百二十一元七元
一新江取材料工值銀二十七元零八仙
一焜勳取材料工値銀三百零四元六毛五仙
一陳宜禧取銅片材料銀七元五毛五仙
一陳渠宗取材料銀七毛七仙
一陳捷三取英坭銀四元七毛
一陳元取英坭銀弍元
一陳賢榮取夾萬銀一百四十五元四毛
一陳光取材料銀四元六毛
一陳棠宗取材料銀三元六毛

一鄺翔坡取材料銀五十七元六毫
一李麗屏取材料銀四元五毛七仙
一李天祿取材料銀一十五元六毛六仙
一李世洽取材料銀三元五毫六仙
一李周来取偈油銀一元三毛四仙
一李尭取材料銀三元六毫四仙
一譚管取材料銀二元
一双利取英坭銀六十一元七毫五仙
一陳活宜取材料銀四元八毛
一陳尙德取材料銀三元三毫

以上六十五柱共收入賣材料什物項銀四千四百壹拾三元二毫七仙

民國十年材料處材料清册

謹將民國十年份公益材料處材料進支數詳列于左

一進接上民國九年底存來各項材料值銀一十三萬八千八百六十九元三毫五仙一文

一進本年新購入各項材料值銀四十七萬七千六百三十四元三毛三仙

一進本年製造售料鑄料加工值銀三千五百三十九元二毛六仙

一進本年鑄料處交回鑄成各件值銀八千三百四十六元八毛二仙五文

一進本年售料加附屬費值銀一千一百七十四元八毛三仙五文

以上五柱共進材料值銀陸拾弍萬九千五百六十四元六毫零一文

一支本年發出機器廠材料值銀九萬三千三百六十三元四毛三仙

一支本年發出工程處材料值銀一十二萬四千二百六十八元五毛

一支本年發出電話處材料值銀二千零一十七元九毛一仙

一支本年交出鑄料處鑄碎件工料值銀捌千三百四十六元捌毛二仙五文

一支本年材料處并分局用去材料值銀三百零九元七毛四仙

一支本年售出各件工料值銀五千二百捌十九元二毛九仙五文

一支本年營業機車用去煤炭值銀一十三萬二千三百捌十捌元

一支本年營業機車用去松柴值銀一千三百三十六元四毛一仙
一支本年工程機車用去煤炭值銀四萬二千六百五十三元五毛
一支本年機器廠機偈用去煤炭值銀捌千捌百九十七元
一支本年機器廠打鐵房用去焗炭值銀六百二十元
一支本年牛灣船機偈用去煤炭值銀九千零一十七元零五仙
一支本年各泵水機偈用去煤炭值銀七千一百二十元零四毛
一支本年各泵水機偈用去黑油渣值銀二百五十捌元
一支本年機器廠鑄料處用去焗炭值銀九百三十元
一支本年各船戶裝煤炭損失煤炭值銀二百捌十二元一毛
一支本年車務處用去綫球票袋票鉗值銀捌百七十七元五毛二仙
一支本年香港祥和號收回車路釘銅燈洋鏇值銀捌百七十九元零五仙
一支本年香港浩昌和收回門珠市點頭火酒值銀四百九十二元
以上壹拾九柱廿六支材料值銀四十三萬九千三百四十六元七毫三仙
比對外實存各項材料值銀一十九萬零三百一十七元八毫七仙一文

民國十年工程處材料清册

謹將民國十年份工程處材料進支數詳列於左

一進公益材料處來材料值銀一十二萬四千二百六十捌員五毫
以上一柱共進材料值銀一十二萬四千二百六十捌員五毛
一支建築寧城站邊舖樓用去材料值銀三千二百四十七員二毫
一支養路斗山甶用去材料值銀七百三十四員一毛六仙五文
一支養路六村甶用去材料值銀二千五百捌十二員七毛九仙
一支養路冲蔞甶用去材料值銀二千五百一十一員六毛九仙
一支養路紅領甶用去材料值銀二千六百捌十九員三毫九仙
一支養路大塘甶用去材料值銀二千一百捌十九員四毫捌仙
一支養路四九甶用去材料值銀二千零二十捌員四毛五仙
一支養路下坪甶用去材料值銀二千四百七十員零九毛四仙
一支養路五十甶用去材料值銀一千四百九十員零捌毛一仙
一支養路大亨甶用去材料值銀二千一百零二員五毫三仙
一支養路寧城甶用去材料值銀七千五百三十三員零五仙一文

一支養路東坑凼用去材料値銀三千五百六十三員七毫七仙

一支養路水步凼用去材料値銀三千二百七十七員七毫

一支養路陳邊凼用去材料値銀二千七百五十三員一毫一仙

一支養路萬福凼用去材料値銀三千零一十九員九毫五仙

一支養路坪逕凼用去材料値銀二千七百捌十七員六毫九仙

一支養路潯陽凼用去材料値銀二千一百零七員四毫五仙五文

一支養路公益凼用去材料値銀四千二百一十九員五毫七仙五文

一支養路牛灣凼用去材料値銀六千零四十九員捌毫九仙

一支養路大王市凼用去材料値銀一千九百九十六員三毫三仙

一支養路司前凼用去材料値銀一千六百捌十一員一毫四仙

一支養路沙冲凼用去材料値銀三千六百六十捌員六毫七仙

一支養路南洋凼用去材料値銀二千三百二十七員一毫九仙

一支養路大澤凼用去材料値銀一千四百捌十九員三毫六仙

一支養路蓮塘凼用去材料値銀二千三百六十五員六毫七仙

一支養路汾水江凼用去材料値銀一千六百員零零三毛七仙

一支養路惠民門段用去材料值銀二千一百捌十一員七毫
一支養路會東段用去材料值銀二千零捌十九元四毫三仙
一支養路上淺段用去材料值銀二千四百零三員零三仙
一支養路江門段用去材料值銀二千五百七十三員捌毫
一支養路白石段用去材料值銀二千四百六拾捌員九毛六仙
一支養路北街段用去材料值銀三千四百二十九員四毛捌仙四文
一支養路筋坑段用去材料值銀二千四百捌十三員捌毫一仙
一支養路水南段用去材料值銀二千二百零七員三毫
一支養路官步段用去材料值銀九百七十六員九毛五仙
一支養路三合段用去材料值銀一千零四十一員九毛一仙
一支養路黎洞段用去材料值銀二千七百七十五員捌毛四仙
一支養路上馬石段用去材料值銀二千七百二十四員四毫零五文
一支養路東心坑段用去材料值銀一千九百三十九員五毫七仙

一支養路長江缶用去材料值銀一千九百九十二員七毫

一支養路田坑缶用去材料值銀七百四十二員捌毫一仙

一支養路白沙缶用去材料值銀一百六十二員零捌仙

一支養路修橋斗山段用去材料值銀一百五十五元捌毫捌仙

一支養路修橋六村段用去材料值銀三千二百一十六元七毫捌仙

一支養路修橋冲蔞段用去材料值銀二百四十四元捌毛

一支養路修橋紅嶺段用去材料值銀三十七員捌毫

一支養路修橋四九段用去材料值銀九十七員六毛

一支養路修橋五十段用去材料值銀三百一十七員七毫五仙

一支養路修橋大亨段用去材料值銀六十二員七毛

一支養路修橋甯城段用去材料值銀一千二百九十四員一毛六仙

一支養路修橋水步段用去材料值銀六十捌員

一支養路修橋陳邊段用去材料值銀二百零六員三毫四仙

一支養路修橋牛灣段用去材料值銀一百捌十捌元四毛
一支養路修橋白廟段用去材料值銀六員捌毛
一支養路修橋沙冲段用去材料值銀一千一百五十四員一毛
一支養路修橋南洋段用去材料值銀一千捌百七十三員二毛九仙
一支養路修橋惠民門段用去材料值銀一千五百七十一員五毛二仙
一支養路修橋北街段用去材料值銀六百四十員零四毛四仙五文
一支養路修橋筋坑段用去材料值銀捌百一十五員捌毛九仙
一支養路修橋東心坑段用去材料值銀一千七百九十九員四毛一仙
一支養路修橋長江段用去材料值銀四千捌百二十六員二毫捌仙
一支養路修橋白沙段用去材料值銀一千零零捌員四毫一仙

以上六十二柱共支材料值銀壹拾弍萬四千二百六十八元五毫

進支比對外無存

民國十年機器廠材料清册

謹將民國十年份公益機器廠材料進支數詳列于左

一進接上民國九年底結存來材料值銀一百四十七員二毫

一進是年公益材料處來材料值銀九萬三千三百六十三員四毫三仙

以上二柱共進材料值銀九萬三千五百一十員零六毫三仙

一支是年修理營業機車用去材料值銀一萬九千一百九十捌員五毛一仙

一支是年修理營業車輛用去材料值銀九千五百捌拾捌員三毫六仙四文

一支是年修理工程機車用去材料值銀七百九十二員七毛三仙九文

一支是年修理工程車輛用去材料值銀六百五十九員三毛五仙

一支是年修理機廠機件用去材料值銀二千捌百一十二員六毛五仙

一支是年修理機器廠用去材料值銀一千一百二拾一員七毫七仙五文

一支是年修理牛灣大船及市欖船用去材料值銀一千一百零四員捌毛三仙七文

一支是年修理牛灣大船用去鋼線纜值銀一萬零零六十二員九毛三仙

一支是年修理機廠電燈用去電燈材料值銀三百九十一員零九仙

一支是年修理牛灣炮樓用去材料值銀四十一員五毫捌仙

一支是年修理打樁傌用去材料值銀捌十三員捌毛五仙

一支是年修理洋叉用去材料值銀五十七員肆毫一仙

一支是年修理各車站及用具用去材料值銀五百九十九員二毛二仙五文

一支是年修理公益車站用去電燈材料值銀二百二十五員零六仙

一支是年修理各路山用具用去材料值銀三百三十六員五毫二仙五文

一支是年修理各水泵用去材料值銀九百六十五員七毛捌仙五文

一支是年修理各碼頭用去材料值銀一百七十捌員零五仙五文

一支是年修理北街碼頭用去電燈材料值銀七十七員五毫四仙

一支是年修理整橋器具用去材料值銀一百員零零九毛二仙五文

一支是年修理印務局機件用去材料值銀三百二十肆員二毛二仙五文

一支是年修理材料倉用去材料值銀二十員零九毛九仙五文

一支是年修理總公司用具用去材料值銀二百一十員零二毛六仙五文

一支是年修理公益局用具用去材料值銀一十叁員叁毛捌仙五文

一支是年修理會局用具用去材料值銀三員

一支是年修理港局用具用去材料值銀七員一毛五仙

一支是年續造三等卡用去材料值銀二百捌十二員肆毛五仙
一支是年新造火水偈用去材料值銀一百捌十肆員五毛二仙五文
一支是年新造水掘用去材料值銀三十四元零七仙五文
一支是年新造無蓋鐵卡十一個用去材料值銀弍萬六千五百九十五元四毫五仙五文
一支是年建造車輛房用去材料值銀二千三百七十一元捌毛一仙
一支是年建築甯城站邊舖用去材料值銀捌百一十一元一毛三仙五文
一支是年營業機車車輛用去偈油緯絲值銀壹萬壹千二百四十元零七毛七仙
一支是年工程機車車輛用去偈油緯絲值銀一千三百零三元九毛二仙
一支是年機器廠用去偈油緯絲值銀五百七十五元捌毛五仙
一支是年牛灣大船用去偈油緯絲值銀三百三十元零一毛五仙
一支是年印務局用去偈油值銀二百三十六元二毛五仙
一支是年甯城泵水偈用去偈油值銀二百六十五元

以上三十七柱共支材料值銀九萬三千一百零八元二毫一仙

進支比對外實存材料值銀叁百零一元四毫二仙

民國十年電話處材料清册

謹將民國十年份電話處材料進支數詳列于左

一進接上民國九年底結存來材料值銀一千六百七十六元七毫七仙五文

一進是年公益材料處來材料值銀二千零一十七元九毛一仙

一進是年售料加附屬費銀二百一十捌元九毛

以上三柱共進材料值銀叁千九百一十三元五毛八仙五文

一支是年養線用去材料值銀九百七十九元八毛

一支是年車務處用去電話材料值銀三百四十二元四毛一仙

一支是年總公司用去電話材料值銀一百四十二元捌毛九仙

一支是年新會分局用去電話材料值銀二百二十一元八毛

一支是年公益分局用去電話材料值銀捌元六毛

一支是年路巡處用去電話材料值銀二十三元六毛

一支是年售料用去電話材料值銀四百四十二元九毛

以上七柱共六支材料値銀弍仟壹百陸拾二元

進支

比對外實存材料値銀壹仟七百五拾壹元五毫八仙五文

存材料總數開列

一存公益材料處材料值銀一十九萬零三百一十七元八毫七仙

一存公益機器廠材料值銀三百零二元四毫弍仙

一存甯城電話處材料值銀壹仟七百五十一元五毫八仙五文

合實存材料值銀壹拾九萬二千二百七十一元八毫七仙五文

革命文獻與民國時期文獻
保護計劃

成果

新宁铁路档案资料汇编

（二）

总结册3：1923年、1924年

林　军　高东辉　罗达全　主编

暨南大學出版社
JINAN UNIVERSITY PRESS

中国·广州

图书在版编目（CIP）数据

新宁铁路档案资料汇编．二．总结册3，1923年、1924年／林军，高东辉，罗达全主编．—广州：暨南大学出版社，2020.10
ISBN 978－7－5668－2789－0

Ⅰ．①新…　Ⅱ．①林…②高…③罗…　Ⅲ．①铁路线路—史料—广东—近代
Ⅳ．①F532.865

中国版本图书馆CIP数据核字（2019）第247099号

新宁铁路档案资料汇编（二）
总结册3：1923年、1924年
XINNING TIELU DANGAN ZILIAO HUIBIAN（ER）
ZONGJIECE 3：1923 NIAN、1924 NIAN
主　编：林　军　高东辉　罗达全

出 版 人： 张晋升
策划编辑： 黄圣英
责任编辑： 冯　琳　詹建林
责任校对： 黄　球　刘宇韬
责任印制： 汤慧君　周一丹

出版发行： 暨南大学出版社（510630）
电　　话： 总编室（8620）85221601
营销部（8620）85225284　85228291　85228292　85226712
传　　真：（8620）85221583（办公室）　85223774（营销部）
网　　址： http://www.jnupress.com
排　　版： 广州市天河星辰文化发展部照排中心
印　　刷： 深圳市新联美术印刷有限公司
开　　本： 787mm×1092mm　1/16
印　　张： 76
字　　数： 1208千
版　　次： 2020年10月第1版
印　　次： 2020年10月第1次
定　　价： 428.00元（全七册）

目 录 contents

广东新宁铁路股份有限公司民国十二年份总结册 001
民国十二年底结欠各号附款清册 031
民国十二年底结欠各号货项来往项清册 051
民国十二年营业收入车脚项清册 055
民国十二年收入营业产业租项清册 067
民国十二年收入售地段项清册 071
民国十二年收入售材料项清册 073
民国十二年材料处材料清册 077
民国十二年工程处材料清册 083
民国十二年机器厂材料清册 091
民国十二年电话处材料清册 097

广东新宁铁路股份有限公司民国十三年份总结册 101
民国十三年收入营业产业租项清册 105
民国十三年收入售地段项清册 161
民国十三年收入售材料项清册 167
民国十三年材料处材料清册 171
民国十三年机器厂材料清册 183
民国十三年电话处材料清册 189

廣東新寧鐵路股份有限公司民國十二年份總結册

新寧鐵路總理

陳宜禧眞像

新寧鐵路總公司

在台城西拱橋頭

新寧鐵路總公司

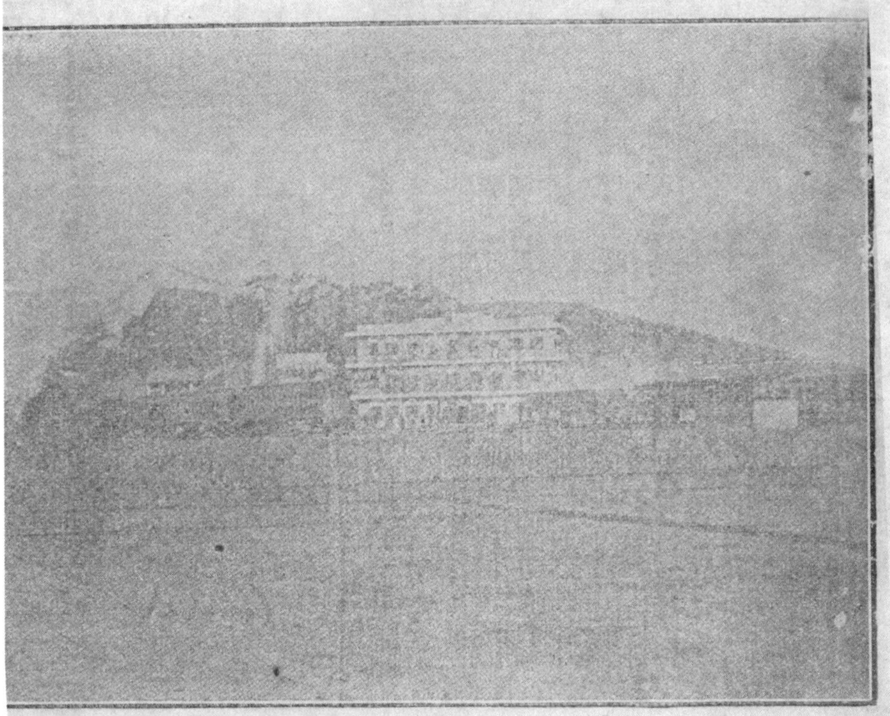

遠影圖

收支簡明一覽表

中央政府咗年公債票本銀三千一百三十九元七毛五仙

中央政府咗年公債票息銀三百九十四員八毛七仙

船戶賠償損失煤炭銀九百零一元四毫六仙

香港上海公司賠來煤炭角鐵保險銀四千二百元

林國岡祖來回錯領田價銀六拾九元三毫二仙

材料處退回祥和絲門銀二百一十九員五毫三仙

展築白沙枝路股份銀七千八百九十元

各號附欵銀五十六萬零叁百一十七員九毛四仙

各站長及驗票員按櫃銀九百五十元

各號貯下來往銀六萬二千七百一十二元四毫一仙

各號過來貨項銀四十一萬八千零三十員零三毛

萬國銀行來往來長銀四萬九千二百九十八員九毛二仙

共銀二百七十萬零九千三百八十四元零三仙七文

總務項下銀七萬六千七百三十元零一毛六仙

車務項下銀壹十五萬七千零五十三元零八仙

廠務項下銀七萬七千一百六拾七元六毛五仙

養路項下銀壹十六萬一千六百八十九元五毛

建設項下銀一十萬零三千五百九十五元二毛七仙

材料項下銀四拾六萬一千六百六十九員五毛六仙

稅脚項下銀壹十一萬九千零零三元九毛七仙

白沙路購田地項銀一萬三千三百四十五元零九仙

共銀弍百五拾六萬八千六百二拾元零零八仙

收支比對外實存銀一拾四萬零七百六十三元九毫五仙七文

新寧鐵路統一

民國十二年份 照陽歷計

收入

接上民國十一年底結存來銀三十三萬四千五百八十一元八毛四仙支

本年客貨車脚銀一百二十萬零五千零二十八元五毫六仙

印務局印外處印件銀壹百叁拾弍員伍毫

違犯路章罰欵銀七百五十八元六毛一仙

租項銀壹萬壹千六百叁拾叁元四毛四仙

銀紙水項銀叁萬六千伍百三拾元零零伍仙

貨項扣現銀三千叁百叁十七元叁毛八仙

存欵生息銀一千八百叁拾叁元零七仙

電話費銀一百三拾三元伍毛

補發股摺費銀八拾三元伍毛

雜項銀二千伍百零六元叁毛四仙

賣材料項銀四千七百七拾二員六毛

支出

還各號附欵本銀五十四萬四千六百六十三元二毛四仙

還各號附欵利息銀五萬六千二百八十一元二毫八仙

還各站長及驗票員按櫃銀六百元

還各號貯下來往銀六萬八千零五十七員九毫三仙

還各號貨項銀四拾三萬零零七十六元四毛八仙

股息項下銀二拾叁萬零七百二十五元四毛四仙

銀水項下銀六萬七千捌百六拾一元三毛三仙

館明一覽表

築牛灣橋用石屎機一副值銀三千五百元

築牛灣橋用花旗泵一副值銀六百元

築牛灣橋用躉艇一隻值銀叁千二百元零零一毛伍仙

築牛灣橋修理挖坭機莫坭艇用去材料值銀一千七百零四元叁毛叁仙伍文

增築總公司樓屋用去材料值銀一萬九千一百一十一元四毛一仙二文

增築公益車站用去材料值銀八千六百捌十捌元一毛七仙

增築公益工人屋用去材料值銀二百捌十伍元七毛二仙

增築印務局用去材料值銀一千五百六十九元伍毛

機器廠用鑽床車床剪床七架值銀六千伍百三十九元弍毛伍仙

船戶損失煤炭值銀九百零一元四毛六仙

退回祥和綠罡值銀二百一十九元五毛二仙

沉沒第七拾三帮煤鐵值銀三千七百五十二元九毛七仙伍文（有保險）

售出材料項下用去材料值銀二萬六千三百四十二元七毛叁仙五文

合共支材料值銀伍十萬零三千一百九十四元二毛四仙四文

進支比對外實存材料值銀三十四萬九千八百二十五元一毫八仙

材料進支

民國十二年份 照陽歷計

進數

接上民國十一年底結各處存來煤炭各項材料値銀三十七萬七千九百零六元一毛九仙四文

本年新購入煤炭各項材料値銀四十五萬五千五百六十三元八毫九仙

本年製造售料鑄料加工値銀六千一百零五元六毛七仙

本年售出材料加付屬費銀一萬三千四百四十三元六毛七仙

合共進材料値銀捌十五萬三千零一十九元四毛二仙四文

支出

營業開銷項下用去煤炭材料値銀三十五萬八千九百九十一元四毛七仙二文

築牛灣橋用去各項材料値銀叁萬五千二百九十四元九毛七仙五文

築牛灣橋用挖坭機一副値銀一萬二千二百一十元零二毛七仙

築牛灣橋用英坭船一隻値銀八千五百二十四元八毫

築牛灣橋用電泵機一副値銀一萬一千五百五十七元五毫

謹將民國十二年份本公司進支數目年結總冊列呈

（本鐵路所有員司工役均自備伙食）

公鑒

舊管

接上民國十一年底結存來銀三十三萬四千五百八十一元八毫四仙七文

新收

一進是年客貨車脚銀一百二十萬零五千零弍十八員五毫六仙

一進印務局接印外處印件銀一百三十二員五毛

一進違犯路章罰欵銀七百五十八元六毛一仙

一進賣材料項銀四千七百七十二元六毫

一進賣地段項銀弍拾八員一毛五仙

一進租項銀一萬壹千六百三拾三元四毛四仙

廣東新寧鐵路股份有限公司　民國十二年份總結册　一　本鐵路公司自刊

一進銀紙水項銀三萬六千五百三十元零零五仙

一進貨項扣現銀三千三百三拾七元三毛八仙

一進存欵生息銀一千捌百三十三元零七仙

一進電話費銀一百三十三元五毫

一進補發股部息摺費銀捌拾三員五毛

一進什項銀弍千五百零六元三毫四仙

一進船戶賠償損失煤炭銀九百零壹員四毛六仙

一進香港上海公司賠來保險材料銀四千二百員

一進各號附欵銀五拾六萬零三百一十七元九毫四仙

一進各站長及驗票員按櫃項銀九百五十員

一進各站號貯下來往銀六萬二千七百壹拾二元四毛一仙

一進各號過貨項銀四十一萬八千零三拾元零三毫

一進展築白沙枝路股份銀七千捌百九十元

一進香港萬國銀行來往來長銀四萬九千一百九拾八元九毛二仙

一進中央政府三年份公債票本銀一千三百二十叁零五毫（合大洋一千三百九十元）

一進中央政府四年份公債票本銀一千捌百一十九元二毫五仙（合大洋一千九百一十五員）

一進中央政府匡年公債票息銀三百九十四元捌毛七仙

一進冋林國岡祖舖領牛灣田價項銀六十九員三毛二仙

一進材料處退冋材料項銀二百一十九元五毛二仙

以上新收共進銀二百三十七萬四千捌百零二元一毫九仙

舊管新收合共進銀二百七十萬零九千三百八十四元零三仙七文

開除

股息門

一支派第一期股息項銀二十三萬零七百二十五員四毫四仙（由光緒三十一年起至光緒三十四年四月十六日止）

以上股息項下共支銀二十三萬零七百二十五元四毫肆仙

還欵門

一支還各號附欵本銀五十四萬四千六百六十三元弍毛四仙

一支還各號來往項銀六萬八千零五十七元九毫三仙

一支還各號貨項銀肆拾三萬零零七拾六元四毛八仙

一支還附欵利息銀五萬六千二百八十壹元二毫捌仙

一支還各站長及驗票員按櫃項銀六百元

以上還欵項下共支銀壹百零九萬九千六百七十捌元九毫三仙

銀水門

一支是年補各項港紙水銀六萬五千捌百七十元零九毫四仙

一支是年沽出銅仙虧水銀一千九百九拾元零三毛九仙

以上銀水項下共支銀六萬七千八百六拾一元三毛三仙

總務門

一支陳總理全年薪水銀七千二百元
一支議事局全年薪水銀四千弍百元
一支監察員全年薪水銀一千二百元
一支總文案薪水銀一千四百一十元
一支書記處全年薪水銀一千八百五十九元七毫
一支收支處全年薪水銀一千三百七十五元
一支賬務處全年薪水銀五千六百零二元四毛
一支庶務處全年薪水銀一千九百零四元五毛六仙
一支股册處全年薪水銀一千二百九十三元七毫
一支材料處全年薪水銀一千四百五拾四元五毛
一支電話處全年薪工銀六千三百五十三元七毛捌仙
一支駐港執事員役全年薪工銀一千六百三十六元
一支總局分局更夫伙夫什役全年辛工銀三千四百八十八員八毫三仙

廣東新寧鐵路股份有限公司　民國十二年份總結册　三　本鐵路公司自刊

一支本路警務處全年薪餉銀三千七百零八元
一支總局分局添置傢具雜物銀九百壹十六元零六仙
一支警務處添置服裝傢具什物及什費銀三百六十三元五毫捌仙
一支總局分局點電燈費銀弍千零九十四元九毛七仙
一支駐港分局樓租銀七百七十元
一支賞格費銀二百一十四員四毛
一支電報郵費銀七百六十四元零六仙
一支登告白費銀一千二百三十四元六毛一仙
一支撫恤醫傷費銀二千三百四十元零八毛二仙
一支旅行公費銀三千三百五十六元七毫五仙
一支辦公什用費銀壹萬六千八百七十四員三毫一仙
一支總局分局修理費銀七百捌拾三元一毛九仙
一支寧城拱橋頭處舖樓修理費銀一十九員三毛捌仙

一支换牛灣電杆工項銀壹百七十四元七毛
一支添購槍彈項銀弍千壹百八拾七元二毛
一支納北街本路碼頭步頭捐銀二百八十八員
一支借欵扣用銀二百弍十四元零四仙
一支完納新會縣癸亥年粮務銀三百肆十一元肆毫
一支補寧城拱橋頭舖租捐銀弍百元（四個月主客各半）
一支賠償北街站白石站站長路工上年七月兵災損失銀壹百八十六員三毛弍仙
一支賠償駐牛灣碉樓陳池護車隊兵災損失銀一百五拾員
一支捐助新會城西各鄉聯團建築汾水江碉樓欵銀五百元
一支捐助廣州同善護傷隊藥費銀一十元
一支捐助三江水災善金銀五十元
以上總務項下共支銀七萬六千七百三十元零二毫六仙

車務門

一支車務總管全年薪水銀四百三拾四元七毫

一支管理處全年薪水銀壹千四百二十六元

一支查票處全年薪水銀壹千三百七十元零三毛

一支各站站長員役全年薪工銀三萬二千壹百四十員零二毛

一支印務局全年薪工銀三千弍百四十三元八毛九仙

一支司行機車及駁卡員役全年薪工銀弍萬五千二百三十二元三毫三仙

一支車上驗票員全年薪工銀壹萬二千七百零六元八毫

一支車上管貨員全年薪工銀六千三百弍十九元四毫三仙

一支看守閘口水偈及更夫什役全年辛工銀六千二百六十員零七毛一仙

一支貨物裝卸工費銀壹萬二千二百七十壹元三毛七仙

一支行牛灣過海大船員役全年薪工銀五千九百六十九元八毛五仙

一支陳總巡相宗護車路巡處全隊全年餉項銀弍萬七千零四十八元

一支路巡處被兵燹繳械解散兵士恩餉銀六百零六元

一支各站置傢私器具項銀三百九十員零二毛
一支路巡處置服裝傢具什物及什費銀三千五百一十四員九毛七仙
一支各站点電燈費銀六百九十三元六毛四仙
一支賠償附車損失貨物銀四百九拾六元五毛五仙
一支印務局購紙料字粒項銀壹千零六十八員五毫九仙
一支修理各車站費銀三千三百一十八元壹毛九仙
一支修理印務局及用具費銀三百五十三元二毛六仙
一支修理勇廠費銀四百二拾五元九毛
一支修理車頭廠費銀四百三拾九員五毛二仙
一支修理碼頭費銀三千二百元零零九毛五仙
一支修理牛灣碉樓費銀一拾九元七毛
一支築寧城車頭地圍墻費銀一百四拾二員八毛
一支築總局後便山頂水塘費銀二百六十四員七毛

廣東新寧鐵路股份有限公司　民國十二年份總結册　五　本鐵路公司自刊

一支建六村泵水僞屋項銀五百七十二員七毫五仙
一支建四九客亭項銀七百四十五元九毛六仙
一支建公益貨倉項銀八百七拾一員四毛三仙
一支建斗山客亭項銀七百二十九員六毛捌仙
一支建斗山車頭廠項銀五百七拾二元五毫九仙
一支車務什項銀四千一百九十二員壹毛二仙
以上車務項下共支銀壹拾伍萬七千零五十三員零捌仙

廠務門

一支機器廠管理員全年薪工銀二千二百二十三元三毛六仙
一支咕哩什役更夫全年辛工銀五千二百八十元零一毛九仙
一支修理營業機車工項銀貳萬三千三百五十五元五毫
一支修理營業車輛工項銀一萬五千零四十五元八毛肆仙
一支修理工程機車工項銀三千三百七十六元一毛三仙

一支修理工程車輛工項銀一千三百五十三元一毫四仙
一支修理船隻工項銀三千四百六十二元一毛四仙
一支修理水泵工項銀五百捌拾八元九毛二仙
一支修理機廠機件工項銀一千八百九拾八元三毛九仙
一支修造電話用具工項銀二十六元四毛
一支新裝各種車輛工項銀五千零六十六元九毛三仙
一支新裝攪坭夾坭機工項銀壹百五十二元一毛二仙
一支造車輪工項銀二千四百元
一支特别修車工項銀五千九百七拾元零零二仙
一支修理工人住屋工項銀一百七拾九元八毛七仙
一支機器廠點電燈費銀一百一十三元六毫五仙
一支築公益機廠油房連屋仔項銀二千五百二拾五元七毫五仙
一支築公益機廠火水倉項銀七百一拾九元零三仙

一支廠務雜項銀三千五百三十元零二毛七仙

以上廠務項下共支銀七萬七千二百六拾七元六毛五仙

養路門

一支購田地項銀四千二百四拾四元六毛二仙

一支補遷墳費銀三拾九元

一支工程員役全年薪工銀一千九百八十七元四毛

一支稽核工數處全年薪工銀壹千零四十五元四毛

一支分段管理處全年薪工銀九百一十八元

一支巡查路工員全年薪工銀一千四百八拾六元八毛

一支行工程車員役全年薪工銀四千九百二十元零九毛三仙

一支各路冚工頭全年薪工銀一萬零捌百二拾二元三毛

一支各路冚散工全年薪工銀七萬三千零三十一元二毛三仙

一支沿路修理橋梁工項銀二萬三千五百四拾九元五毛二仙

一支取坭砂項銀一萬一千八百四十八元六毫八仙
一支修橋購石仔項銀七千零四拾五元零七仙
一支修橋鎅木工項銀三百五拾二元二毛六仙
一支鋤鏟繩篸竹木什物銀八千零四拾三元四毛七仙
一支蓬廠什費銀一千六百五十七元六毛
一支修造各站用具工項銀一千一百三十一員七毛
一支築公益路站屋仔工項銀一千弍百零六元二毫六仙
一支築寧城取砂廠工項銀七百一十八元一毛一仙
一支築會城北門段路拱橋項銀一千四百六十弍元九毛
一支築江門紫坭涌拱橋項銀壹千二百三十八元五毛六仙
一支築東門段路拱橋項銀壹千壹百七十五元五毛二仙
一支築牛灣段路拱橋項銀弍百三拾六元一毫七仙
一支牛灣開濠涌工項銀一千三百九十五元五毛九仙

一支牛灣船塢淘坭砂工項銀九百五十三元二毛三仙
一支北街礪頭水步淘坭砂工項銀一千一百七十九元壹毛八仙
以上養路項下共支銀一十六萬壹千六百八十九元五毫

建設門

一支增建公司後便及左右樓屋項銀二萬零三百二十四元三毛（由材料處取用材料另計）
一支增建公益車站項銀捌千四百九十二元七毫四仙　仝上
一支增建公益工人住屋項銀三千三百三十三元一毛九仙　仝上
一支改建江門車站及工人住屋項銀九千四百三十五元壹毛二仙　仝上
一支增建印務局項銀三千零五十三元九毫一仙　仝上
一支築牛灣橋項銀五萬三千二百八十八元三毛五仙　仝上
一支築會局后山圍墻項銀一千一百一十八員七毛五仙
一支填公益地坭砂項銀四千五百四十捌元九毛壹仙

以上建設項下共支銀壹十萬零三千五百九十五員二毛七仙

材料門

一支購銅鐵材料銀九萬五千七百四拾九員三毛七仙
一支購木梳項銀八千七百一十八元九毛
一支購木料項銀五萬四千零九十八元壹毛
一支購機油項銀七千壹百九十員零八毛九仙
一支購杉板項銀五千六百二十五員九毛三仙
一支購青州坭士敏坭銀弍萬七千六百七十九元零五仙
一支購夾餅項銀六百二十員
一支購挖坭機項銀壹萬二千二百一拾元零二毛七仙
一支購疊𥱊項銀三千二百元零零一毫五仙
一支購夾萬門項銀六百五十員

一支購鑽床項銀二千零一十九員二毛六仙
一支購電油項銀二十五元六毛
一購電話材料銀一十九元九毛
一支購火箱項銀六百四十四員六毫七仙
一支購火水項銀弍千四百二十七元六毛四仙
一支購炸藥項銀七百一十二元
一支購帆布項銀三十捌元九毫五仙
一支購煤炭項銀二十三萬一千七百五拾捌元二毛五仙
一支購乾松柴銀二千一百七十四員九毛六仙
一支製造材料工項銀六千一百零五元六毫七仙
以上材料項下共支村料銀四十五萬五千五百六拾三元捌毛九仙
工項銀六千一百零五元六毛七仙

稅脚門

一支材料稅厘銷號費銀二萬六千一百四十六元二毛八仙

一支材料船脚運駁費銀九萬二千六百一拾八員零五仙

一支材料買保險費銀二百三拾九元六毫四仙

以上稅脚項下共支銀一十一萬九千零零三員九毫七仙

白沙枝路 購田地門

一支購田地項銀一萬三千三百四十五員零九仙

以上購田地項下共支銀一萬三千三百四十五員零九仙

統計十一項共支銀二百五十六萬八千六百二十元零零八仙

管收開除 比對外實存銀一十四萬零七百六十三元九毫五仙七文

實存項下

計開

一存滙廣東銀行欠來往銀三百五十六員壹毛九仙

一存省廣東銀行欠來往銀一百四十七元三毛三仙

一存康年公司欠來往銀二千五百四十三元六毛七仙

一存陸海通欠來往銀三千二百三十一元三毛七仙

一存寧總公司銀一千弍百六十八員七毛九仙

一存新會分局銀四千五百壹十五元九毫

一存香港分局銀二元八毛四仙

一存李耀堂欠銀一千元

一存陳藻宜燕宜欠銀一萬四千七百九拾三員一毫四仙五文

一存余成樂欠銀三百四十二員二毛八仙八文

一存陳良譜欠銀一百五十一元九毛一仙六文

一存陳宗立欠銀三千三百七十一員五毫九仙二文

一存譚翊屏欠銀四十元
一存吳楚三欠銀二百五十八元二毛六仙六文
一存林尊三欠銀四百五十一員四毛七仙
一存李捷欠銀五百員
一存周之貞欠銀二千員
一存朱爲濬欠銀一百五十員
一存何瑞雲欠銀二百員
一存西寧市公所欠銀捌百員
一存省大本營建設部欠銀七萬三千元
一存駐江大本營欠銀九千六百五十九元四毛九仙
一存西江善後督辦處欠銀二萬元
一存各號欠銀一千九百七十九元七毛

合實存銀一十四萬零七百六十三元九毫五仙七文

另存

附廣寧輪船股份票銀二千元（民國六年派回本銀六百元）

附永聯輪船股份票銀二千元

購存三年份中央政府公債票除收回外尚存票銀二千二百九十五員

購存五年份中央政府公債票除收回外尚存票銀五千三百元

購存十年份廣東地方善後公債票銀二千員

監察員　陳勵如　馬邦修

民國十二年底結欠各號附欵清册

謹將民國十二年底結欠各號附欵數目表明于左

一接上民國十一年底結欠各號附欵本銀九十六萬八千六百四十二員七毛五仙
一是年份進入各號附欵本銀五十六萬零三百一十七員九毛四仙
一是年份支還各號附欵本銀五拾四萬四千六百六十三員二毛四仙
統計比對外實欠各號附欵本銀九十八萬四千二百九拾七員四毛五仙

計開

一結欠新寧中學堂雙毛銀二千零九十六元一毛一仙（即王侯祠賣田銀）

一結欠趙應滄港紙銀壹千八百元

一結欠陳氏家族會港紙銀一千五百七拾五元

一結欠甘譚氏毓沛聯照雙毛銀二千元

一結欠陳勝雙毛銀五百元

一結欠馬萬昌雙毛銀壹千元

一結欠陳成文雙毛銀一千元

一結欠陳頌興堂雙毛銀一千五百元

一結欠陳宋雙毛銀七百元
一結欠陳姜德港紙銀一千五百元
一結欠陳宜業雙毛銀三千元
一結欠循環日報港紙銀一萬二千元
一結欠馬天傑港紙銀二千七百元
一結欠馬榮爵港紙銀一千元
一結欠馬益豐港紙銀三百元
一結欠馬修純港紙銀一千一百五拾元
一結欠馬洛修港紙銀二千元
一結欠馬惇德堂雙毛銀七千九百四十五元
一結欠馬江純港紙銀一千元
一結欠華僑馬金紫堂港紙銀五百元
一結欠馬榮瀚港紙銀二千元
一結欠馬行修港紙銀二千元
一結欠馬林運港紙銀四千元
一結欠吳欽宏祖雙毛銀七百五十元
一結欠陳庭光雙毛銀捌百元
一結欠馬榮廣港紙銀一千二百元
一結欠馬洛俊雙毛銀七百元
一結欠馬龍安港紙銀七千元
一結欠馬士翹祖港紙銀一千二百六拾元
一結欠馬洛修雙毛銀一千七百元
一結欠馬榮楫港紙銀四千五百元
一結欠馬詠倫港紙銀二千元
一結欠馬宗鈿港紙銀三千元
一結欠馬榮瀚雙毛銀五千捌百元

一結欠馬本簪港紙銀一千五百元
一結欠馬挺政港紙銀一千三百元
一結欠陳國逢雙毛銀一千元
一結欠馬萬存港紙銀七百元
一結欠馬榮燗雙毛銀三千五百元
一結欠馬華清雙毛銀三千七百元
一結欠陳孔秦雙毛銀二千五百四十元
一結欠陳丙曜港紙銀一千元
一結欠李慶港紙銀一萬元
一結欠陳啟賢雙毛銀二千元
一結欠馬大秀雙毛銀一百八十元
一結欠陳龍記雙毛銀二千五百元
一結欠陳宜鄁雙毛銀一千七百元

一結欠綿遠堂港紙銀一千五百元
一結欠陳枝雙毛銀二百元
一結欠馬華莊港紙銀二千元
一結欠馬榮普港紙銀二千元
一結欠馬華清港紙銀一千五百元
一結欠馬有修雙毛銀六千一百元
一結欠陳昇宗雙毛銀八百元
一結欠李維慶雙毛銀六千七百元
一結欠陳肇宜雙毛銀五千六百元
一結欠陳文學港紙銀五百元
一結欠馬子質祖神主會港紙銀一千五百元
一結欠陳永華港紙銀六千三百元
一結欠馬作修港紙銀壹千二百元

一結欠馬榮斌港紙銀三千元
一結欠馬大瀛雙毛銀九千元
一結欠馬頌修港紙銀二千元
一結欠陳孔相雙毛銀四百元
一結欠陳彛深雙毛銀三千元
一結欠馬倫明港紙銀六百元
一結欠馬宗位港紙銀八百元
一結欠梁翰青港紙銀一千元
一結欠馬聯益會港紙銀五百五十元
一結欠陳慶宜雙毛銀一千元
一結欠陳炳林港紙銀一千元
一結欠陳沽泉雙毛銀二千元
一結欠馬燁修雙毛銀一千四百元
一結欠馬榮斌雙毛銀一千七百元
一結欠陳源宜雙毛銀二百元
一結欠馬遠崇港紙銀九百元
一結欠陳彛深港紙銀三百五十六元
一結欠馬炎政港紙銀一千一百元
一結欠同福堂港紙銀五百元
一結欠馬國惠雙毛銀一千元
一結欠馬大全港紙銀五百元
一結欠馬本基港紙銀壹千元
一結欠陳炳林港紙銀二千元
一結欠陳象文雙毛銀一百捌十元
一結欠馬榮溢港紙銀一千元
一結欠陳益近雙毛銀六百元

一結欠馬宗棠港紙銀五百元
一結欠許濟權雙毛銀五千元
一結欠馬鴻本港紙銀一千元
一結欠馬楫川雙毛銀一千三百元
一結欠馬子賢祖港紙銀一千元
一結欠陳生宜雙毛銀三千四百元
一結欠陳安宜雙毛銀三千元
一結欠陳宜卿祖雙毛銀二百六十元
一結欠朱立傳双毛銀壹千元
一結欠陳丙基雙毛銀一千六百元
一結欠陳錦鏞雙毛銀二千元
一結欠陳壽祖雙毛銀一千七百元
一結欠陳宗時祖雙毛銀七百元

一結欠陳宜稔雙毛銀一千元
一結欠陳齊宗雙毛銀三千元
一結欠三益堂雙毛銀二千元
一結欠陳炎宜雙毛銀一千員
一結欠李篤應雙毛銀一千捌百元
一結欠陳遇祥雙毛銀二千元
一結欠陳永昌堂雙毛銀一千壹百元
一結欠陳衍宜雙毛銀一千二百元
一結欠李英廉雙毛銀八百元
一結欠陳樹梅港紙銀一千元
一結欠馬如栢雙毛銀五百元
一結欠陳懷松雙毛銀壹千元
一結欠馬渭存雙毫銀弍百元

一結欠陳熙春雙毫銀一千元

一結欠馬聯合港紙銀六百五拾元

一結欠宏聰學校雙毫銀三千零三十元

一結欠馬永配祖雙毫銀五千三百元

一結欠陳壽民港紙銀五千五百元

一結欠朱景堂雙毛銀三千元

一結欠陳宏光雙毫銀九百元

一結欠陳宗創雙毫銀四千元

一結欠陳曆堂港紙銀三千元

一結欠何瑞蘭港紙銀四千元

一結欠馬宗堯港紙銀四千元

一結欠陳林盛雙毫銀一千捌百元

一結欠馬漁隱祖神主會雙毫銀一千二百元

一結欠天福堂雙毫銀一千一百五十元

一結欠馬昌璋港紙銀六百元

一結欠馬俊明雙毫銀一千二百元

一結欠陳慶宜雙毫銀九百元

一結欠陳蓄芝雙毫銀九百五十元

一結欠陳長煥雙毫銀一百五十元

一結欠馬德鐸祖雙毫銀六百元

一結欠德懋堂雙毫銀一千零三十元

一結欠馬本興港紙銀二千六百元

一結欠馬本治雙毫銀捌百元

一結欠馬宗祉港紙銀一千五百元

一結欠陳德瀚雙毛銀一千元

一結欠陳興國雙毫銀一千元

一結欠陳文燁雙毫銀二千三百元

一結欠陳廣齊雙毫銀二千二百元

一結欠馬宗煜雙毛銀一千五百元

一結欠陳齊貴雙毫銀一千一百元

一結欠陳業週雙毫銀一千五百元

一結欠馬宗信港紙銀一千元

一結欠長安墟雙毛銀一千捌百六十元

一結欠陳裕國雙毛銀四百元

一結欠陳伍氏子維德雙毫銀七百元

一結欠馬榮祝雙毫銀二千七百元

一結欠陳槐業雙毫銀一千元

一結欠陳國表雙毫銀三百元

一結欠馬成位祖雙毛銀五百元

一結欠東坑團保局雙毫銀三千四百一十六元

一結欠仁義堂雙毫銀一千元

一結欠李德宣祖雙毫銀一千三百元

一結欠馬名儒祖雙毫銀五百元

一結欠甄泮迪港紙銀五千元

一結欠鄺其珍雙毫銀三千元

一結欠譚文軫雙毛銀一千五百元

一結欠陳迪宗雙毛銀壹千二百元

一結欠陳孔德雙毛銀九百元

一結欠思益堂雙毛銀一千元

一結欠吳梁氏港紙銀五百元

一結欠陳應潤雙毫銀六百元

一結欠陳煥祥雙毫銀四千七百元

一結欠馬大舉雙毫銀捌百元

一結欠馬煠政雙毛銀一千元

一結欠陳潤文雙毫銀四百元

一結欠馬規修雙毛銀二百元

一結欠陳作屏雙毛銀一千元

一結欠馬恒灼雙毫銀壹千一百元

一結欠馬强政雙毛銀一千五百元

一結欠余毓麒港紙銀七千元

一結欠馬本彪港紙銀八百元

一結欠陳則忠雙毫銀一百元

一結欠兩益堂雙毛銀四百五十元

一結欠陳彝瑞雙毫銀六百元

一結欠陳璋業雙毫銀二千四百元

一結欠伍奕安祖雙毫銀三百元

一結欠馬滙政雙毫銀捌百五十五元

一結欠普濟醫院雙毫銀一千六百元

一結欠陳德根雙毛銀三百元

一結欠陳彩宣雙毛銀一千元

一結欠馬永杰祖雙毫銀六千捌百二十元

一結欠陳彝沛雙毛銀四百元

一結欠老晼分大姑港紙銀三百元

一結欠陳良琮雙毫銀六百元

一結欠伍華允祖雙毛銀八千五百元

一結欠陳幸福堂雙毛銀五百元

一結欠馬本滾雙毛銀五百元

一結欠陳基佳雙毛銀二千四百元

一結欠陳簪祖雙毫銀一千壹百五十三元九毛
一結欠陳吉興雙毫銀捌百元
一結欠馬崇光港紙銀二千七百元
一結欠馬活泉祖雙毛銀五百元
一結欠陳崇炳祖雙毫銀七百元
一結欠劉耀華雙毫銀壹千元
一結欠黃恭錫雙毫銀壹千元
一結欠鄺炳基雙毛銀五百元
一結欠黃啟璘雙毫銀二千元
一結欠陳土地嘗雙毫銀五百壹十元
一結欠黃德祖馬氏雙毛銀四千四百元
一結欠陳高策港紙銀二千四百元
一結欠陳應銓雙毛銀五百元

一結欠陳賢宜雙毫銀六千二百五十九元五毛八仙
一結欠陳開宜雙毛銀四千二百元
一結欠馬政策雙毛銀七百元
一結欠馬顯能祖雙毛銀三百元
一結欠陳樹藹雙毛銀五千四百元
一結欠陳聯光百子會雙毛銀五百元
一結欠梁敬強雙毛銀壹千元
一結欠陳業慰雙毛銀一千五百元
一結欠朱德鳳雙毫銀二百元
一結欠陳兩教祖嘗雙毛銀弍百元
一結欠陳星旺雙毛銀二百元
一結欠陳高策雙毫銀三千壹百元
一結欠陳光炎雙毛銀壹千元

一結欠伍文星雙毛銀壹千三百元
一結欠李聖利港紙銀五千元
一結欠馬道本雙毛銀壹千元
一結欠馬在政雙毛銀七百元
一結欠陳業本雙毫銀四千三百元
一結欠黃熫基雙毫銀二千元
一結欠馬修已雙毫銀五千元
一結欠陳均德雙毛銀五千元
一結欠陳世逢祖雙毛銀一千元
一結欠馬有修雙毛銀四千二百元
一結欠陳宗桃雙毛銀一千三百元
一結欠譚宜祺雙毛銀一千元
一結欠陳朝宗雙毫銀四千五百員

一結欠黃愛廷雙毛銀壹千三百五十元
一結欠李聖燦雙毛銀壹百元
一結欠馬政良雙毛銀一千五百元
一結欠林催德港紙銀三千元
一結欠陳奕南雙毛銀五百捌十元
一結欠陳高士雙毛銀二千元
一結欠陳益羣雙毫銀五千元
一結欠馬華視雙毛銀六千元
一結欠馬錫鈿祖雙毫銀捌百五十元
一結欠陳孔璋雙毛銀五百元
一結欠陳業滚雙毛銀一千元
一結欠陳高潤彝焜雙毛銀三百三十員
一結欠陳朝宗港紙銀一千三百元

一結欠馬能友雙毫銀九百元

一結欠馬爲阜雙毛銀五百員

一結欠李慶餘祖雙毛銀三千元

一結欠馬英華港紙銀五千元

一結欠馬煜瑞雙毛銀一千元

一結欠陳執德雙毛銀一千元

一結欠伍堅素祖雙毛銀一千一百五十元

一結欠陳源英雙毫銀一千一百九十元

一結欠馬立耀昂港紙銀二千元

一結欠馬開祥雙毛銀一千元

一結欠淑德女學雙毛銀五百元

一結欠馬能炎雙毫銀六千元

一結欠賢佐祖百子會雙毛銀二千一百元

一結欠陳祥羆雙毫銀二千元

一結欠陳鎬宜雙毫銀五百元

一結欠李向義雙毛銀五百元

一結欠馬英宏祖港紙銀一千三百元

一結欠馬君和祖雙毫銀一千元

一結欠伍德恒祖雙毛銀二千一百元

一結欠怡怡堂雙毛銀四百元

一結欠馬宦政雙毛銀捌百元

一結欠馬本基雙毫銀三千元

一結欠燕翼堂雙毛銀四百元

一結欠廣成堂雙毫銀六百元

一結欠良術祖雙毛銀三千六百五十元

一結欠以道祖百子會雙毛銀三千四百元

一結欠陳遠業堂雙毛銀一千五百元

一結欠陳順德雙毫銀二千元

一結欠陳瑛宗雙毫銀五百元

一結欠馬經榮雙毛銀二千二百元

一結欠陳慶林雙毛銀一千五百元

一結欠李更明雙毛銀六千元

一結欠伍廣貽堂雙毛銀五千六百元

一結欠馬琼修祖雙毛銀壹百一十元

一結欠馬福燕祖雙毛銀九百元

一結欠馬修美雙毫銀五百元

一結欠馬光賢雙毫銀五百元

一結欠陳錫南祖雙毛銀七百五十元

一結欠朱進取雙毛銀七百元

一結欠文直祖百子會雙毫銀一千五百元

一結欠陳孔燾祖雙毫銀七百七十七元五毛

一結欠陳宗香祖雙毛銀七百五十五元

一結欠馬本積雙毛銀一千元

一結欠陳韶記雙毛銀三千九百元

一結欠馬強雙毫銀捌百元

一結欠馬浩林雙毛銀一千四百元

一結欠陳高潤雙毛銀一千九百元

一結欠馬芸修雙毫銀一千六百元

一結欠陳明德雙毫銀二千三百元

一結欠馬實政雙毫銀六千元

一結欠馬本民港幣銀一千元

一結欠馬滋槐雙毛銀二千元

一結欠陳楸宗祖雙毛銀四千三百四十元
一結欠陳文焯雙毛銀二千元
一結欠陳沛華雙毫銀三百元
一結欠馬英揚港紙銀壹千四百元
一結欠馬立耀雙毫銀壹千二百五十元
一結欠陳寶宗堂雙毛銀三百六十元
一結欠甄曉春雙毫銀壹千壹百元
一結欠馬昌珍雙毫銀七百元
一結欠馬道榮祖双毛銀壹千元
一結欠朱煦双毛銀四百元
一結欠陳源業堂双毛銀二千四百元
一結欠葉鴻君双毛銀壹千二百元
一結欠馬修顔双毛銀二千元

一結欠馬立常雙毫銀五百元
一結欠陳貞立堂雙毫銀七百元
一結欠馬萬舜雙毫銀二千一百元
一結欠馬立昂雙毛銀七百五十元
一結欠陳鑾傳祖雙毛銀壹千捌百元
一結欠陳才港紙銀壹千元
一結欠馬名吉雙毫銀五百元
一結欠馬立寬雙毛銀壹千元
一結欠陳德奕双毛銀壹千四百元
一結欠陳介宗双毛銀壹千七百元
一結欠旅港馬金紫堂双毛銀四千五百元
一結欠陳德鉅双毛銀壹千元
一結欠馬修岐双毛銀七百元

一結欠馬昌賚双毛銀三千三百元
一結欠李璋翁双毛銀壹千元
一結欠朱仁性双毛銀捌百元
一結欠馬盛周双毛銀壹千三百五十元
一結欠李礽播双毛銀五百元
一結欠馬大巧双毛銀壹千元
一結欠朱培双毛銀九百元
一結欠樹德堂双毛銀六百元
一結欠馬載賢双毛銀二千五百元
一結欠陳明頌双毛銀三千元
一結欠陳孟芳双毫銀五百元
一結欠馬倖政双毛銀壹千二百元
一結欠馬明倫双毛銀九千元
一結欠曹鳳崑双毛銀二千捌百元
一結欠馬大讓双毛銀壹千元
一結欠馬平隆双毛銀壹千三百五十元
一結欠馬神庇双毛銀五百元
一結欠陳良記双毛銀七百元
一結欠陳賜祥祖双毫銀壹千七百六十元
一結欠馬榮安双毛銀二千五百元
一結欠陳焯業双毛銀壹千元
一結欠馬俊秀双毛銀二千元
一結欠馬崇祥祖双毛銀三千六百元
一結欠馬崇光双毛銀二千四百九十元
一結欠鄺天裔祖双毫銀七千捌百元
一結欠伍壋榮祖双毛銀八百元

一結欠伍于稔双毛銀五百元
一結欠吳深澤双毛銀三千元
一結欠陳貽燕堂港紙銀壹千四百元
一結欠陳顯德双毛銀五千元
一結欠陳福培双毛銀捌百元
一結欠陳德煦双毛銀壹千八百元
一結欠陳敬文祖双毛銀二千四百元
一結欠馬鼎政双毛銀五百元
一結欠甄曉春双毛銀捌百元
一結欠陳良琅双毛銀三千元
一結欠陳開潤迪双毛銀壹千元
一結欠馬步修双毛銀壹千二百元
一結欠馬立修双毛銀二千四百元
一結欠馬兆槐雙毛銀壹千七百元
一結欠馬才濃双毛銀七百元
一結欠陳明珖双毛銀三千五百元
一結欠馬仲節祖双毛銀壹千捌百元
一結欠金山寧陽會館双毛銀一千二百六十六元六毛六仙
一結欠馬本進双毛銀壹千三百元
一結欠陳明權双毛銀壹千五百元
一結欠馬會昂祖双毛銀八百元
一結欠陳毓濯双毛銀壹千五百元
一結欠陳顯宗双毛銀壹千元
一結欠馬龍賢双毛銀二千五百元
一結欠林舉達港紙銀壹千元
一結欠陳敦鏞双毛銀九百元

一結欠李岳署双毛銀四千元
一結欠劉銀維双毛銀壹千元
一結欠陳明遂双毛銀一千元
一結欠馬林泮双毛銀一千元
一結欠陳基廣双毛銀五百元
一結欠陳舜德双毛銀壹千零五十元
一結欠陳端宸祖双毛銀九百元
一結欠陳德情双毛銀壹千元
一結欠劉希銘双毛銀五百元
一結欠馬賜錦祖双毛銀壹千三百元
一結欠陳文洛港紙銀壹千三百元
一結欠陳朝勉祖双毛銀壹千零三十元
一結欠思敬堂双毛銀三千捌百元

一結欠陳春榮双毛銀捌百元
一結欠陳焯德双毛銀壹千捌百元
一結欠雷家恒双毛銀一百壹十六元四毛
一結欠馬瓊浡祖双毛銀六百元
一結欠馬廉俊港紙銀捌百元
一結欠馬棠政双毛銀四千四百四十元
一結欠陳灌宜双毛銀二千四百元
一結欠明德學校双毛銀三千元
一結欠馬榮熙双毛銀五百元
一結欠陳孔林港紙銀壹千元
一結欠馬超修港紙銀二千元
一結欠譚聯興堂双毛銀四百元
一結欠梁同福堂双毛銀捌百元

一結欠馬天相港紙銀八百元
一結欠譚光錫双毫銀壹千元
一結欠馬國廉双毫銀五百元
一結欠陳文翕港紙銀二千元
一結欠馬樂野祖神主會双毛銀壹千五百元
一結欠陳應池雙毛銀二千元
一結欠馬本現港紙銀壹千三百元
一結欠馬禮隆雙毛銀五百元
一結欠陳保滋堂雙毛銀六百元
一結欠李美毓祖雙毫銀二千二百元
一結欠陳煥學雙毫銀三百元
一結欠陳德華雙毫銀二百元
一結欠馬作富祖雙毫銀四百元

一結欠李意詠双毫銀五百元
一結欠陳永興社港紙銀壹千元
一結欠陳孔爵双毛銀五百元
一結欠陳世重祖双毛銀壹千二百二十元
一結欠公安洞馬百子會双毫銀壹千三百元
一結欠陳宏恩雙毫銀二千元
一結欠陳世光雙毫銀壹千元
一結欠黃廷袖雙毛銀壹千元
一結欠陳洲宗雙毫銀七百元
一結欠陳赴賢雙毫銀壹千元
一結欠陳業置雙毫銀捌百元
一結欠譚琳捷雙毫銀四百元
一結欠陳哲學宜璽雙毫銀三百元

一結欠劉儒想雙毫銀壹千元
一結欠陳明穎雙毛銀壹千五百元
一結欠余風采堂雙毛銀壹百五十元
一結欠余報本堂雙毛銀三千二百元
一結欠陳炳宗雙毛銀三千七百捌十元
一結欠岑協倫堂雙毛銀三百元
一結欠黃元道祖雙毛銀壹千元
一結欠鄺錦修雙毛銀壹千元
一結欠黃棠記港紙銀二萬元
一結欠陳榮雙毛銀五百元
一結欠李星衢雙毫銀壹萬元
一結欠陳暢庭雙毛銀壹千壹百元
一結欠香港廣東銀行港帋銀四萬元
一結欠馬才玉雙毫銀二千元
一結欠朱榮深雙毛銀三千元
一結欠陳明簡雙毛銀六百元
一結欠陳祥勤雙毛銀壹千二百元
一結欠陳寧德雙毫銀三百五十元
一結欠黃宣淋雙毛銀五百元
一結欠陳宗琚雙毛銀三百員
一結欠陳兆機港紙銀壹千元
一結欠陳謀宗雙毛銀二百元
一結欠李星衢港紙銀二萬元
一結欠陳暢庭港紙銀壹千元
一結欠陸海通港紙銀四萬元
一結欠馬榮祐雙毛銀壹千三百元

一結欠馬慧如雙毛銀壹千三百元
一結欠馬翊廷宏亮雙毛銀五百元
一結欠鄺燦瓊雙毛銀二千元
一結欠敦和里堨會雙毛銀八百元
一結欠香港祥和港紙銀三萬元
一結欠鄺業璘雙毛銀五千元
一結欠陳鏗德雙毛銀五千元
一結欠陳堯宗雙毛銀二千元
一結欠觀佐祖雙毛銀四千七百二十五元三毫

一結欠陳樹人雙毛銀三千元
一結欠省城廣東銀行港紙銀一萬元
一結欠金良婆雷氏雙毛銀一千元
一結欠耀元堂雙毛銀六百元
一結欠陳光裕堂雙毛銀五千元
一結欠陳明達雙毛銀七千元
一結欠甄嵩雙毛銀四百元
一結欠陳業修雙毛銀壹千元

以上四百陸十七柱合共欠各號附欵本銀九十八萬四千二百九十七元四毫伍仙

（內港紙銀三十三萬八千四百四十一元）（內雙毛銀六十四萬五千八百五十六元四毛五仙）

廣東新寧鐵路股份有限公司 民國十二年份總結冊 二十 本鐵路公司印刊

民國十二年底結欠各號貨項來往項清册

謹將民國十二年底結欠各號貨項來往項數目表明于左

一結欠萬國銀行來往銀四萬九千壹百九十捌元九毛二仙

一結欠廣福堂來往銀壹萬元

一結欠永業公司來往銀五十捌元一毫

一結欠存緝匯花紅來往銀六千六百一十元零零九仙

一結欠劉培新陳協福堂來往銀一百一十元

一結欠黃泮運顏運來往銀弍百元

一結欠自治事務所來往銀四千五百元

一結欠永聯輪船公司來往銀九千一百五十三元零七仙

一結欠鄺振成堂來往銀一十五元

一結欠黃劭南馬香譜來往銀六百三十七元一毫弍仙

一結欠聯合堂來往銀一百元

一結欠合益堂來往銀五千元

一結欠現記來往銀一萬三千元

一結欠開平礦局貨項銀捌千六百一十二元五毛

一結欠祥和貨項銀一萬一千二百五十四元三毛三仙

一結欠浩昌和貨項銀一萬九千五百五十四元二毫六仙

一結欠黃棠記貨項銀一萬四千六百捌十四元三毛一仙

一結欠利源貨項銀一千五百三十三元弍毛

一結欠萬寶和貨項銀九百六十九元一毛五仙

一結欠德士古公司貨項銀一千九百七十七元四毛五仙

以上二十柱合共欠各號貨項來往項銀一十伍萬七千壹百陸十七元伍毫

民國十二年營業收入車脚項清册

謹將民國十二年收入車脚項逐月表明於左

一月份車脚銀壹十三萬九千四百弍十九元壹毫

二月份車脚銀壹十萬零三千弍百零七員零九仙

三月份車脚銀壹十三萬三千零三拾六元七毛九仙

四月份車脚銀壹十壹萬四千九百零四員四毛九仙

五月份車脚銀六萬三千零六十弍員五毫八仙

六月份車脚銀九萬八千三百壹十八員零五仙

七月份車脚銀七萬九千九百九十九員四毫捌仙

八月份車脚銀捌萬七千八百肆拾五元九毫八仙

九月份車脚銀八萬捌千四百伍拾三元二毛八仙

十月份車脚銀九萬七千三百二拾五員八毫六仙

十一月份車脚銀九萬四千三百七十九元三毫二仙

十二月份車脚銀壹十萬零五千零六十六元五毫四仙

全年共收車脚銀一百二十萬零五千零二十八元五毫六仙

再將民國十二年份各站收入車脚詳細開列于左

一北街站是年收入客脚銀壹拾四萬九千九百四十壹元九毫
一北街站是年收入貨脚銀四萬五千零壹拾伍元四毫三仙
一白石站是年收入客脚銀弍千零三十壹員七毛二仙
一白石站是年收入貨脚銀七十四元二毛五仙
一江門站是年收入客脚銀八萬五千四百九十五元三毛八仙
一江門站是年收入貨脚銀四萬六千零壹十元零七毫六仙
一會城站是年收入客脚銀四萬零四百三十三元七毛九仙
一會城站是年收入貨脚銀六千七百零七元壹毛七仙
一惠民門站是年收入客脚銀二萬壹千九百五十七元六毛二仙
一惠民門站是年收入貨脚銀一千四百一拾九元零五仙
一汾水江站是年收入客脚銀四千六百捌十弍元四毛五仙
一汾水江站是年收入貨脚銀一百一拾三元零七仙

一蓮塘站是年收入客脚銀三千一百七十八元三毛八仙

一蓮塘站是年收入貨脚銀九拾六元九毫九仙

一大澤站是年收入客脚銀一萬二千八百五十元零一毛

一大澤站是年收入貨脚銀四百五十三元八毛六仙

一南洋站是年收入客脚銀三千八百八十三元四毫七仙

一南洋站是年收入貨脚銀一百四十五元五毛一仙

一沙冲站是年收入客脚銀一萬零三百九拾一元七毛一仙

一沙冲站是年收入貨脚銀弍千六百九拾九元零八仙

一白廟站是年收入客脚銀二千八百七拾三元

一白廟站是年收入貨脚銀一百伍十三元八毛捌仙

一司前站是年收入客脚銀八千六百二拾九元六毛三仙

一司前站是年收入貨脚銀三百二拾八元一毫八仙

一大王市站是年收入客脚銀九千一百零九元一毛八仙

一大王市站是年收入貨脚銀二百二拾三元三毛八仙
一牛灣站是年收入客脚銀五千六百二十五元三毛一仙
一牛灣站是年收入貨脚銀九十六元三毛四仙
一公益站是年收入客脚銀一十二萬一千五百七拾一元八毫
一公益站是年收入貨脚銀九萬六千九百壹拾九元壹毫九仙
一潯陽站是年收入客脚銀二千三百零四元壹毛三仙
一潯陽站是年收入貨脚銀壹百壹十伍元零九仙
一麥巷站是年收入客脚銀七千六百零六元二毫九仙
一麥巷站是年收入貨脚銀九十三元三毛五仙
一萬福站是年收入客脚銀八千壹百四十二員弍毛四仙
一萬福站是年收入貨脚銀五十一元六毛一仙
一大江站是年收入客脚銀七千弍百八十六元五毛七仙
一大江站是年收入貨脚銀一千零九十元零一毛捌仙

一陳邊站是年收入客脚銀一萬零弍百二十八元五毛五仙

一陳邊站是年收入貨脚銀二百五十五元六毛五仙

一水步站是年收入客脚銀一萬弍千五百六十元零三毛七仙

一水步站是年收入貨脚銀七百六十八元五毫

一東坑站是年收入客脚銀三千三百零五元一毛三仙

一東坑站是年收入貨脚銀一百五十九元六毛一仙

一板崗站是年收入客脚銀二千捌百九十四元五毛八仙

一板崗站是年收入貨脚銀一百五十七元六毛五仙

一寧城站是年收入客脚銀七萬三千三百弍拾四元一毫九仙

一寧城站是年收入貨脚銀二萬八千九百五十二元九毛

一東門站是年收入客脚銀六千一百捌十八元八毛二仙

一東門站是年收入貨脚銀二百零九元零八仙

一大亨站是年收入客脚銀三千零七十九元六毫八仙

一大亨站是年收入貨脚銀二百七拾三元五毫九仙

一松朗站是年收入客脚銀弍千一百一拾六元六毛

一松朗站是年收入貨脚銀一百五十七元九毫二仙

一五十站是年收入客脚銀七千七百三十二元八毛一仙

一五十站是年收入貨脚銀一千三百壹拾四元九毛二仙

一下坪站是年收入客脚銀四千九百五拾四員八毛三仙

一下坪站是年收入貨脚銀二百一十八員六毛三仙

一四九站是年收入客脚銀九千零七十五員七毛二仙

一四九站是年收入貨脚銀壹千七百九十七員四毫八仙

一大塘站是年收入客脚銀六千零五十四員六毫七仙

一大塘站是年收入貨脚銀三百六十九員二毫二仙

一紅嶺站是年收入客脚銀三千二百九十六員六毛壹仙

一紅嶺站是年收入貨脚銀二百壹十六員九毛七仙

一冲蔞站是年收入客脚銀二萬零七百六十二員九毛九仙
一冲蔞站是年收入貨脚銀三千二百三十八員四毛一仙
一六村站是年收入客脚銀一萬一千八百二十八員四毛三仙
一六村站是年收入貨脚銀九百四十五員四毫一仙
一斗山站是年收入客脚銀五萬弍千二百九十六員四毫一仙
一斗山站是年收入貨脚銀五萬一千二百四十九員五毛七仙
一筋坑站是年收入客脚銀一千八百六十員零六毛二仙
一筋坑站是年收入貨脚銀九十四員一毛六仙
一水南站是年收入客脚銀四千六百九十六員二毛九仙
一水南站是年收入貨脚銀六千九百四十七員五毛七仙
一官步站是年収入客脚銀一千六百四十七員九毛八仙
一官步站是年收入貨脚銀二百四十壹員六毫六仙
一三合站是年收入客脚銀一萬零九百零五員九毛一仙

一三合站是年收入貨脚銀一千五百零三員五毛八仙
一黎洞站是年收入客脚銀三千三百八拾七員六毫
一黎洞站是年收入貨脚銀四百八十六員二毛五仙
一上馬石站是年收入客脚銀一千三百二十叁員八毛叁仙
一上馬石站是年收入貨脚銀八十二員一毛
一東心坑站是年收入客脚銀二千七百二十一元八毛九仙
一東心坑站是年收入貨脚銀一百七十八員二毛一仙
一長江站是年收入客脚銀五千七百一十四員八毫六仙
一長江站是年收入貨脚銀一百九十七員八毛一仙
一田坑站是年收入客脚銀一千八百九十六員一毛七仙
一田坑站是年收入貨脚銀五十六員四毛七仙
一白沙站是年收入客脚銀一萬四千八百一十員零六毫五仙
一白沙站是年收入貨脚銀二千八百六十九員四毛九仙

一斗山車上是年收入客脚銀壹萬六千六百二十七員五毛二仙
一公益車上是年收入客脚銀二萬四千四百九十四元叁毛四仙
一西南車上是年收入客脚銀七千四百七十二員四毛一仙
一牛灣車上是年收入客脚銀一萬一千四百八十三員一毛三仙
一新會車上是年收入客脚銀四萬四千四百一十九員五毛五仙
一貨車車上是年收入客脚銀一千七百九十二員三毛六仙
一新會分局是年收入客脚銀三百零五員二毛
一總公司是年收入客脚銀二千五百五十員零八毛三仙
一總公司是年收入戲箱脚銀四千四百七十三員二毫壹仙

以上九十九柱共收入客貨脚銀二百二十萬零五千零二十八元五毫六仙

民國十二年收入營業產業租項清册

謹將民國十二年份收入租項逐條表明于左

一四邑輪船公司賃北街碼頭貨倉是年全年租銀三千一百二十員
一紹興輪船公司賃北街碼頭貨倉是年全年租銀一千伍百六十員
一大安輪船公司賃北街碼頭貨倉是年全年租銀二千捌百九十三元二毛八仙
一岡州輪拖公司賃北街碼頭是年來租銀二百八十八元
一馬雲橋賃總公司側邊屋一間是年全年租銀三十六元
一陳文樂賃總公司側邊屋一間是年全年租銀三十六元
一李善甫賃總公司側邊屋一間是年來租銀二十九元
一譚瑞芝賃全路車上賣物是年全年租銀九百元
一香香賃公益車站賣物塲是年全年租銀一百二十元
一梁凌祖賃麥巷站東邊地是年全年租銀七元
一吳聰廷陳杜宗賃會局後邊舖屋一間是年全年租銀八十四元

一茶香園賃江門站賣物塲是年來租銀弍百元

一裕安祥賃北街站左邊舖地是年來租銀一百零四元

一伍華學賃下坪站後背地尾一段是年全年租銀三元

一陳榮德賃斗山站賣物塲是年來租銀四十元

一陳宗謀賃斗山貨倉東邊三間是年來租銀一百伍十元

一陳崇齊賃斗山貨倉西邊三間是年來租銀一百伍十元

一李寬明賃寧城站後邊地一段是年來租銀一十八員

一陳修宗賃寧城站後邊地一段是年來租銀弍十元

一劉得之賃寧城站西邊墻壁登告白是年全年租銀一十伍元

一華華商店賃寧城站舖屋全座是年全年租銀一千二百元

一平安公司賃北街大碼頭右邊木碼頭是年來租銀二百二十伍元

一先施公司賃北街江門會城公益寧城站樹告白牌是年來租銀一十六元六毛六仙

一德士古公司賃北街江門會城公益寧城站樹告白牌是年來租銀二百元

一萬利賃寧城新壙地車路邊地是年來租銀一十二員

一同益賃水南站石邊地一段是年來租銀捌元

一祥利賃會城東門站舖屋是年來租銀伍十二元伍毛

一英法公司賃北街碼頭是年來租銀一百元

一陳提賃寧城工廠是年全年租銀一十二元

一蘇四耕賃北街車頭桑地禾田是年來租銀二十二元

一湯就耕賃司前紅樓村后車路餘田是年來租銀二元

以上三十一柱共收入租項銀壹萬一千陸百三十三元四毫四仙

民國十二年收入售地段項清册

謹將民國十二年份收入賣地段項表明於左

一黃鴻發買江門站邊餘地價銀二十八員一毛五仙

壹柱共收入賣地段項銀二十八元一毫五仙

民國十二年收入售材料項清册

謹將民國十二年份收入賣材料項逐條表明於左

一永明電燈公司取火水渣材料銀二百零二員叁毫三仙
一廣寧輪船公司取煤炭材料銀一千五百七十一員叁毛
一永聯輪船公司取材料工值銀二百叁十四員八毫二仙
一東漢輪船公司取材料工值銀五百四十四員八毛七仙
一公益電燈公司取材料銀七十七員七毛八仙
一會城電燈公司取材料銀二十九員五毛五仙
一新會古兜事務所取材料銀二百二十員零四毛二仙
一六村燈樓取材料銀二元
一胡邊燈樓取材料銀一拾八員四毛
一中華靚廠取材料工值銀六十五員一毛四仙
一仁安藥房取材料銀五員
一西寧市拱橋頭值理取材料銀四十二員六毛一仙

一振業公司取材料工值銀七員五毛
一得勝榮取煤炭銀五百五十元
一公安隆取材料工值銀壹百弍十七員七毛九仙
一陳祥靄取松椿三枝銀七百五十員
一自治會取材料銀四員
一靚佐祖取材料工值銀二元
一陳活宜取材料銀三員七毛五仙
一陳基廣取材料銀六毛
一黃晉取材料銀壹百六十四員弍毛二仙
一寶裕取材料銀五十元
一陳禮宜取材料銀四十壹元叁毛
一陳偉取材料銀一員八毛弍仙
一李堯取材料銀二元七毛

一利安取材料工値銀一十元零五毛
一余權取材料銀式元六毛
一沽油桶二只銀二員陸毫
一李長取材料工値銀二十一員
一均興取材料銀一十六員
以上三十柱共收入賣材料什物項銀四千七百七十二元六毫正

民國十二年材料處材料清册

謹將民國十二年份公益材料處材料進支數詳列于左

一進接上民國十一年底存來各項材料值銀三十七萬四千九百零八元六毛六仙

一進本年新購入各項材料值銀四拾伍萬伍千伍百六十三員八毛九仙

一進本年製造售料鑄料加工值銀六千一百零伍員六毛七仙

一進本年鑄料處交回鑄成各件值銀七千九百九十伍員捌毛一仙

一進本年售料加附屬費值銀一萬三千四百四十二員六毛七仙

以上五柱共進材料值銀八十五萬八千零一十七元七毫

一支本年發出機器廠材料值銀一十萬零九千四百二十弍員七毫三仙

一支本年發出工程處材料值銀一十一萬八千八百二十七員零三仙九文

一支本年發出電話處材料值銀二千二百零伍員九毛八仙

一支本年交出鑄料處鑄碎件工料值銀七千九百九十伍員捌毫一仙

一支本年材料處並分局用去材料值銀二百一拾捌員三毫九仙

廣東新寧鐵路股份有限公司　民國十二年份總結册　二　本鐵路公司自刊

一支本年營業機車用去煤炭值銀一十二萬四千一百四拾元零二毛伍仙
一支本年營業機車用去松柴值銀二千一百七十四元九毛六仙
一支本年工程機車用去煤炭值銀四萬伍千二百一十三元伍毛
一支本年機器廠機偈用去煤炭值銀八千四百六十伍元四毛
一支本年牛灣船機偈用去煤炭值銀捌千四百六十伍元四毫
一支本年各泵水機偈用去煤炭值銀四千七百捌十三員七毛
一支本年各泵水機偈用去黑油渣值銀三百伍十元
一支本年鑄料處用去焗炭值銀伍千四百元
一支本年機器廠打鐵房用去焗炭值銀一千四百四十元
一支本年築牛灣橋用挖坭機一副值銀一萬二千二百壹十元零二毛七仙
一支本年築牛灣橋用紅毛坭船一隻值銀八千伍百二十四元八毫
一支本年築牛灣橋用電泵機一副值銀一萬一千伍百伍十七元伍毛
一支本年築牛灣橋用手攪機一副值銀二百元

一支本年築牛灣橋用石屎機一副值銀三千伍百元

一支本年築牛灣橋用花旗泵一副值銀六百元

一支本年築牛灣橋用躉船一隻值銀三千弍百員零一毛伍仙

一支本年各船戶裝煤損失煤炭值銀八百九十伍元四毛六仙

一支本年廣泰和船在澳門沉沒損失六十九帮煤炭值銀九百捌十元（無保險）

一支本年廣義隆船在澳門避風損失六十九帮煤炭值銀三百九十八元七毛五仙（無保險）

一支本年新祥發船在澳門沉沒損失七十三帮煤炭值銀一千一百六十八元七毫五仙（有保險）

一支本年新祥發船在澳門沉沒損失七十三帮角鐵值銀二千五百八十四員二毛二仙五文（有保險）

一支本年何德利船裝英坭損失一包值銀六員

一支本年售出各件工料值銀二萬六千三百四十二員七毫三仙伍文

一支香港祥和收回七十四帮絲門值銀二百一十九員伍毫二仙

以上二十九柱卄六支材料值銀五十一萬一千五百一十一元三毫一仙九文

進支比對外實存各項材料值銀三十四萬六千五百零六元三毫八仙一文

民國十二年工程處材料清册

谨将民国十二年份工程处材料进支数详列于左

一进公益材料处来材料值银一十壹万八千八百三十七元零叁仙九文

以上一柱共进材料值银一十一万八千八百三十七元零三仙九文

一支建筑宁城公司后楼用去材料值银壹万叁千三百伍拾一元叁毫八仙七文

一支建筑宁城公司侧便住屋用去材料值银叁千四百九十九元九毫四仙

一支建筑宁城印务局用去材料值银壹千五百六十九元伍毫

一支建筑公益车站用去材料值银叁千七百五十伍元六毫七仙

一支建筑牛湾铁桥用去材料值银二万八千九百叁十四元四毫叁仙伍文

一支斗山佰养路用去材料值银七百零六元叁毫二仙伍文

一支六村佰养路用去材料值银一千六百七十五员一毫伍仙

一支冲蒌佰养路用去材料值银九百伍十二員四毛七仙伍文

一支红岭佰养路用去材料值银壹千零一十三員七毫七仙

一支大塘缶養路用去材料值銀一千三百九十八員一毛六仙

一支四九缶養路用去材料值銀一千四百九十一員弍毛

一支下坪缶養路用去材料值銀九百零四元一毫伍毛

一支五十缶養路用去材料值銀五百七十九元一毫八仙

一支大亨缶養路用去材料值銀壹千四百一十七元七毫

一支寧城缶養路用去材料值銀叁千二百一十八元六毛叁仙

一支東坑缶養路用去材料值銀一千二百七十五員叁毫五仙

一支水步缶養路用去材料值銀一千一百伍十叁員八毫一仙

一支陳邊缶養路用去材料值銀一千二百二十二元三毫九仙

一支萬福缶養路用去材料值銀九百八十壹元八毫伍仙

一支坪逕缶養路用去材料值銀壹千二百四十四員四毫五仙

一支潯陽缶養路用去材料值銀一千一百一十叁元七毫六仙五文

一支公益缶養路用去材料值銀二千五百七拾四員七毫九仙

一支牛灣缶養路用去材料值銀二千九百叁十四元一毛一仙
一支大王市缶養路用去材料值銀壹百伍十七元八毛八仙
一支司前缶養路用去材料值銀壹百壹十一員八毛二仙
一支白廟缶養路用去材料值銀叁十四員壹毫四毛
一支沙冲缶養路用去材料值銀一千三百八十六員五毫六仙
一支南洋缶養路用去材料值銀八百七拾二員五毛六仙
一支大澤缶養路用去材料值銀壹千壹百六十八員四毛四仙
一支蓮塘缶養路用去材料值銀二百叁十六員七毫五仙
一支汾水江缶養路用去材料值銀壹百叁十元零六毛七仙
一支惠民門缶養路用去材料值銀五百九十五員八毛四仙
一支會東缶養路用去材料值銀七百零八員六毛弍仙
一支上淺缶養路用去材料值銀叁百三十員零八毛六仙
一支江門缶養路用去材料值銀六百六十八員四毛四仙

一支白石田養路用去材料值銀二百九十一員七毛八仙
一支北街田養路用去材料值銀六千六百壹十五元七毫五仙六文
一支筋坑田養路用去材料值銀八百八十員零八毛九仙
一支水南田養路用去材料值銀八百壹十九員九毛六仙
一支官步田養路用去材料值銀八百二十叁員五毛
一支三合田養路用去材料值銀七百九十壹員四毛九仙
一支黎洞田養路用去材料值銀八百九拾叁元四毛七仙
一支上馬石田養路用去材料值銀八百叁十叁元九毛五仙
一支東心坑田養路用去材料值銀八百零七元四毛八仙
一支長江田養路用去材料值銀叁百一十五員零三仙
一支岡坑田養路用去材料值銀捌百叁十二員八毛八仙
一支白沙田養路用去材料值銀九百七十一元零六仙五文
一支斗山段修橋用去材料值銀二千零五十四元三毛六仙

一支六村段修橋用去材料值銀五十員零八毛四仙
一支冲蔞段修橋用去材料值銀一千七百八十八員六毛五仙五文
一支紅嶺段修橋用去材料值銀一百零叁元三毛八仙
一支四九段修橋用去材料值銀二千九百三十二員一毛五仙五文
一支下坪段修橋用去材料值銀一百四十元零七毛五仙
一支五十段修橋用去材料值銀一千五百二十七員二毛叁仙五文
一支寧城段修橋用去材料值銀叁千四百七十八員六毛九仙五文
一支東坑段修橋用去材料值銀九百一十五元二毛
一支水步段修橋用去材料值銀二百九十三員四毫八仙
一支陳邊段修橋用去材料值銀六百六十一元七毛一仙五文
一支萬福段修橋用去材料值銀叁百六十三元五毛四仙五文
一支潮陽段修橋用去材料值銀四百叁十九員六毛八仙
一支公益段修橋用去材材值銀一千零三十一元五毫二仙五文

一支牛灣段修橋用去材料值銀六百九十六元零壹仙
一支會東段修橋用去材料值銀六百五十元零九毛
一支江門段修橋用去材料值銀三千四百八拾六元四毛九仙六文
一支筋坑段修橋用去材料值銀五百九十二元四毛九仙五文
一支黎洞段修橋用去材料值銀三百七十一元七毛五仙五文
一支寧城取砂廠用去材料值銀壹十元零零四仙
以上六十七柱共支材料值銀一十一萬八千八百三十七元零三仙九文
進支比對外無存

民國十二年機器廠材料清册

謹將民國十二年份公益機器廠材料進支數詳列于左

一進接上民國十一年底結存來材料値銀三百三十七員四毛伍仙

一進本年公益材料處來材料値銀一十萬零九千四百三十二員七毛三仙

以上二柱共進材料値銀壹十萬零九千七百七十元零一毫八仙

一支修理營業機車用去材料値銀一萬三千捌百六拾元零九毛六仙四文

一支修理營業車輛用去材料値銀一萬七千伍百元零零一毛七仙九文

一支修理工程機車用去材料値銀四千六百八拾六元七毛九仙三文

一支修理工程車輛用去材料値銀一千五百六十六元伍毛五仙五文

一支修理機廠機件用去材料値銀四千二百一十九元三毛五仙五文

一支修理牛灣大船用去材料値銀九百三十五元八毛七仙五文

一支牛灣船大添置鋼纜一條値銀五千弍百九十八員七毛六仙

一支修理豎攬船用去材料値銀一百零六員一毛三仙伍文

一支修理各車站用去材料値銀三百九十一員零一仙
一支修理各路碼用去材料値銀伍十弍元八毛
一支修造各站用具用去材料値銀六十二員七毛伍仙
一支修造各碼用具用去材料値銀九拾四元一毛伍仙伍文
一支修理各泵水偈用去材料値銀伍百二拾七員二毫二仙
一支修理各碼頭用去材料値銀九十六元七毛八仙
一支修理各橋梁用去材料値銀四十六員九毛八仙伍文
一支修理印務局用去材料値銀七十捌元七毛二仙
一支修理印務局機件用去材料値銀三百一十二元三毛八仙九文
一支修理材料倉用去材料値銀二百三十捌元七毛
一支修造總局用具用去材料値銀二百四十九元一毛
一支修造公益局用具用去材料値銀三十伍員七毛四仙
一支修造會局用具用去材料値銀四元一毛六仙

一支修理公益卡房用去材料值銀一百三十弍元六毛
一支修理護車勇廠用去材料值銀一百一十捌元九毫四仙
一支營業機車車輛用去偈油緯縧值銀一萬零八百七十三員一毫六仙
一支工程機車車輛用去偈油緯縧值銀壹千伍百三拾四員九毛四仙
一支機器廠用去偈油緯縧值銀六百零一元四毛四仙伍文
一支牛灣船用去偈油緯縧值銀三百九十伍員八毛一仙伍文
一支印務局用去偈油值銀二百九十九員
一支各泵水偈用去偈油值銀伍百八十九員四毛伍仙
一支築公益貨倉用去材料值銀二百四十伍員三毛
一支築公益油倉用去材料值銀六百九十捌員伍毛三仙
一支築公益路冚用去材料值銀九十元零壹毛零五文
一支增造一十七號至二十六號望天卡用去材料值銀壹萬六千七百六十三元壹毛一仙五文
一支增造二十九號至三十八號客卡用去材料值銀二千叁百七十九元捌毛四仙

一支增造護車鐵卡用去材料值銀七百叁十二員一毛九仙

一支增造鐵工程卡用去材料值銀一千五百壹十九元壹毫九仙伍文

一支機器廠添置鑽床一架值銀二千零壹十九元二毛伍仙

一支機器廠添置車床四架值銀二千四百七十元

一支機器廠添置剪床二架值銀二千零伍十元

一支增建總公司後樓用去材料值銀二千二百叁十二員壹毛捌仙伍文

一支增建公益車站用去材料值銀四千九百叁十二員伍毫

一支增建公益工人住屋用去材料值銀二百八十伍元七毛二仙

一支新建總公司左便屋仔用去材料值銀二十七元九毛

一支新造牛灣橋水古用去材料值銀六千零四十七元捌毛九仙

一支新造牛灣橋水排用去材料值銀叁百一十二員六毛伍仙

一支新修牛灣橋挖坭機用去材料值銀六百伍十伍員零二仙伍文

一支新修牛灣橋英坭船用去材料值銀一千零四十九員叁毛一仙

以上四十七柱共支材料值銀壹十萬零九千四百二十一元一毫八仙

進支比對外實存材料值銀三百四十九元

民國十二年電話處材料清册

謹將民國十二年份電話處材料進支數詳列于左

一進接上民國十一年底結存來材料值銀弍千六百六十元零零捌仙五文

一進是年公益材料處來材料值銀二千二百零五元九毛捌仙

以上二柱共進來材料值銀四千八百六十六元零六仙五文

一支是年養線用去電話材料值銀八百二十五元三毛二仙

一支是年車務處用去電話材料值銀二百九十二元五毛

一支是年總公司用去電話材料值銀一百七十七元四毛四仙五文

一支是年路巡處用去電話材料值銀一十五元五毛

一支是年公益分局用去電話材料值銀二十一元八毛

一支是年會城分局用去電話材料值銀二十三元七毛

一支是年各車站因亂事損失電話機六套值銀五百肆十元

以上七柱合共支材料值銀一千八百九十陸元二毫六仙五文

進支比對外實存材料值銀二千九百六十九元八毫

存材料總數開列

一存公益材料處材料值銀三十四萬六千五百零六元三毫八仙

一存公益機器廠材料值銀三百四十九元

一存寧城電話處材料值銀二千九百陸十九元捌毫

合實存材料值銀三十肆萬九千八百二十五元一毫八仙

廣東新寧鐵路股份有限公司民國十三年份總結冊

新寧鐵路總理

陳宜禧眞像

新甯鐵路總公司

遠影圖

民國十三年收入營業產業租項清册

謹將民國十三年份本公司進支數目年結總冊列呈

公鑒（本鐵路所有員司工役均自備伙食）

舊管

接上民國十二年底結存來銀二十四萬零七百六十三元九毫五仙七文

新收

一進是年客貨車脚銀壹百弍十弍萬三千七百五拾四元四毛四仙

一進印務局接印外處印件銀四十九元弍毛

一進違犯路章罰欵銀五百三十九元四毛

一進賣材料項銀三萬九千二百四十三元零五仙

一進賣地段項銀四萬捌千零七十一元八毛二仙

一進租項銀壹萬一千八百零一元五毛三仙

一進銀紙水項銀壹萬二千四百七十四元八毫三仙
一進貨項扣現銀弍千四百四十七元伍毛一仙
一進存欵生息銀四百八十叁元九毛二仙
一進電話費銀一百三十四元四毛
一進補發股部息摺費銀五十一元
一進船戶賠償損失煤炭銀五百九十六元九毛四仙
一進什項銀一千三百六十九元五毛
一進各號附欵銀四十六萬六千三百一十二元一毛二仙
一進各站長及驗票員按櫃項銀一千叁百元
一進各號貯下來往銀七萬九千九百四十二元零三仙
一進各號過來貨項銀五十一萬弍千五百一十一元六毛七仙
一進香港萬國銀行再來長銀八百零三元伍毫
一進收回中央政府三年份公債票本銀六百六十伍元
一進收回中央政府三年份公債票息銀七十伍元七毛五仙

一進收回錯支賠償牛灣碉樓陳池護車隊被兵災損失銀八百員

一進材料處退回材料項銀弍百四拾捌元五毛

以上新收共進銀貳百四十萬零三千六百七十六元一毛一仙

舊管新收合共進銀二百伍十四萬四千四百四十二元零零六仙七文

開除

股息門

一支續派第一期股息項銀五千九百一十七元三毛七仙

以上股息項下共支銀伍千九百一十七元三毛七仙

還欵門

一支還各號附欵本銀四十七萬八千七百九十六元七毛捌仙

一支還各號來往項銀捌萬五千六百六十三元六毫三仙

一支還各號貨項銀四十四萬九千弍百二十五元八毛八仙

一支還附欵利息銀六萬八千四百六十九員二毛
一支還各站長及驗票員按櫃項銀一千一百員
以上還欵項下共支銀壹百零捌萬三千二百伍十伍元四毫九仙

銀水門

一支是年補各項港紙水銀一十一萬七千二百零七元六毛八仙
一支是年沽出銅仙虧水銀一千零八十五元八毛四仙
以上銀水項下共支銀一十一萬八千二百九十三元五毫二仙

總務門

一支陳總理全年薪水銀七千二百元
一支董事局全年薪水銀四千三百伍十元
一支監察員全年薪水銀壹千二百元
一支文案全年薪水銀二千九百一十六元
一支書記處全年薪水銀六百七十六元七毫

一支收支處全年薪水銀一千五百一十六元八毛
一支賬務處全年薪水銀四千叁百一十捌員三毛
一支股册處全年薪水銀一千零二十六元一毛
一支總局更夫伙夫什役全年辛工銀二千伍百七十二員七毛
一支公益分局員役全年薪工銀二千四百八十五員
一支公益材料處員役全年薪工銀一千七百零一元三毛
一支新會分局員役全年薪工銀二千一百員零零四毛
一支香港分局員役全年薪工銀壹千五百七十一元
一支全路電話處員役全年薪工銀六千二百四拾五元七毛三仙
一支本路警務處全年薪餉銀叁千九百四十四員
一支寧城電燈機房員役兩個月薪工銀一百一十三員六毫二仙
一支總局分局點電燈費銀一千七百四十一元九毫三仙
一支總局分局添置傢私器具費銀捌百六十一員
一支總局分局修理傢私器具費銀一百五拾一元零六仙

一支總局分局修理費銀一百六十八員二毫一仙
一支警務處置傢私器具及什費銀叁百一十六元二毛三仙
一支駐港分局樓租銀一千一百弍十元
一支賞格費銀二百一十三員四毛二仙
一支登告白費銀四百九十八員七毛二仙
一支電報郵費銀五百二十二元二毛七仙
一支撫恤醫傷費銀三千七百六十八元七毫五仙
一支旅行公費銀八百六十二員七毛
一支辦公什用費銀一萬零八百九十九元二毛四仙
一支添購槍彈項銀二千四百捌十九員
一支選舉董事費銀二千四百零四員九毫
一支賠償牛灣砲台陳池巡長護車隊被兵災損失銀六百五十員
一支北街碼頭處海坦升稅項銀伍千五百七十七元三毫七仙
一支納台山縣十年份粮務銀九十伍員七毛

一支納新會縣甲子年粮務銀叁百二十一員九毛

一支納北街本路碼頭步頭捐銀弍百八拾八員

一支納斗山貨倉鋪租捐銀叁元

一支捐助公益軍警團聯合處常費銀一千五百六十七員五毫

一支捐助台城軍警團聯合處常費銀七百元

一支捐新會保衞團癸亥年献捐軍餉銀一百二十元

一支捐新會保衞團甲子年献捐軍餉銀一百二十員

一支捐新會寧路義墳銀四百員

一支捐助東江掩埋隊善金銀五員

一支捐助廣州救傷隊善金銀五十員

一支購江門三江賑災會名譽劵銀五十員

一支搭牛灣碼頭兩邊電線架費銀二百二十三員　仙

一支築總公司前便圍墻項銀六百七十六員一毫三仙

一支改築公益分局圍墻項銀一百員零零叁毛三仙

以上總務項下共支銀八萬零九百零三元八毫五仙

車務門

一支車務總管全年薪水銀四百八拾五元四毫

一支管理處全年薪水銀壹千五百零五元四毛

一支查票處全年薪水銀壹千六百三十八員

一支各站站長員役全年薪工銀叁萬二千六百二十元零八毛

一支印務局全年薪工銀三千七百八十八元四毫四仙

一支司行機車及驗卡員役全年薪工銀二萬三千捌百零一元三毛三仙

一支車上驗票員全年薪工銀壹萬三千三百六十三元零八仙

一支車上管貨員全年薪工銀六千叁百零八員六毛

一支看守閃口水偈及更夫什役全年辛工銀六千捌百五十一元四毛二仙

一支行牛灣過海大船員役全年薪工銀五千九百九十捌元一毛七仙

一支陳總巡護車隊全隊全年餉項銀弍萬八千七百零四員

一支貨物裝卸工費銀一萬零七百三十一元七毛

一支印務局購紙料字粒項銀二千二百一十九員六毫四仙

一支路巡處置服裝傢具什物及什費銀二千七百八十一元二毛六仙
一支各站置傢私器具費銀一百八十九元八毫九仙
一支各站修理傢私器具費銀二百二十四元六毛叁仙
一支各站點電燈費銀三百四十員零二毫四仙
一支賠償附車損失貨物銀二百九十八員五毫四仙
一支修理印務局及用具費銀一千一百一十六員九毛九仙
一支修理各車站費銀弍千一百九十二員八毫三仙
一支修理各勇廠費銀捌百八十九元三毛三仙
一支修理車頭廠費銀六十二員六毛七仙
一支修理碼頭費銀八百一十四員四毫一仙
一支修理牛灣北便碉樓費銀四百七十九元三毛七仙
一支築公益裝卸貨工廠項銀五百八拾九員六毛四仙
一支築白沙站貯煤倉項銀弍百二十四員
一支築園各站柵門項銀一千九百七十員零六毛九仙

一支增築寧城車頭地水井項銀三百零七員一毛六仙
一支拆卸公益舊水桶費銀叁百二十捌元三毛一仙
一支車務什項銀七千一百九拾三員四毛五仙
以上車務項下共支銀一十五萬八千零一十九元三毛九仙

廠務門

一支機器廠管理員全年薪工銀二千三百九十八元六毫九仙
一支咕哩什役更夫全年辛工銀五千五百一十五元零二仙
一支修理營業機車工項銀二萬三千六百九十六元九毫二仙
一支修理營業車輛工項銀二萬零一百三十九員九毫伍仙
一支修理工程機車工項銀二千七百七十二元九毛九仙
一支修理工程車輛工項銀一千二百九十一員三毛三仙
一支修理船隻工項銀三千四百五十三元九毫二仙
一支修理水泵工項銀一千零九十九元六毛四仙
一支修理機廠機件工項銀一千四百一十五元三毛五仙

一支修理電話用具工項銀六十三員零九仙
一支特別修車工項銀二千八百八十三員九毫九仙
一支造車輪工項銀二千三百四十員
一支新裝各種車輛工項銀五千二百四十九元三毛三仙
一支新裝攪坭機工項銀六百一十七員三毛四仙
一支新裝火水傌工項銀二十三員三毛一仙
一支新裝泵水傌工項銀八十八元五毫六仙
一支修理公益機器廠費銀六元三毫
一支修理公益工人住屋項銀一百六十五員七毫
一支築公益機廠圍墻鐵閘項銀六千二百叁十一元八毛六仙
一支築公益機廠火水倉項銀一千一百零七員三毫七仙
一支築公益機廠傌油倉項銀二百零二員一毫五仙
一支築公益機廠看更屋項銀一千二百九十四元二毛四仙
一支築公益工人廚房項銀捌百六十元零一毛八仙

一支建牛灣補爐廠廚房項銀一百零八元弍毛三仙
一支公益機器廠點電燈費銀四十九元一毛
一支廠務什項銀三千二百八十五元六毛七仙
以上廠務項下共支銀八萬六千三百六十元零二毛三仙

養路門

一支購田地項銀二百一十七元六毛四仙
一支工程員役全年薪工銀二千二百零四元七毛
一支稽核工數處全年薪工銀壹千一百一十六員三毛
一支分段管理處全年薪工銀九百五十叁員
一支巡查路工員全年薪工銀一千一百六十七員一毛
一支行工程車員役全年薪工銀四千七百六十九員四毛四仙
一支各路凸工頭全年薪工銀壹萬一千零一十九員八毛一仙
一支各路凸散工全年薪工銀七萬七千六百零七員二毛七仙
一支沿路修理橋樑工項銀一萬九千七百零二元零四仙

一支修橋鎅木工項銀叁百一十四元弍毛
一支修橋購石仔項銀一萬七千零二十三員九毛六仙
一支取坭砂項銀一萬二千五百零六員一毛九仙
一支鋤鐽繩簩竹木什物銀九千捌百七十四員六毛一仙
一支蓬厰什費銀一千六百二十四員九毫二仙
一支修造各佂用具費銀一千一百七十捌元一毛九仙
一支修理各佂工厰費銀三百三拾九元一毛四仙
一支修理寧城工人住屋項銀六拾八元二毛二仙
一支增築斗山工人住屋項銀壹百零六元八毛
一支改築甯城路佂工人住屋項銀一百一十二元二毛
一支築金鷄坳取石工厰項銀一千三百七十六元零六仙
一支築寧城鐵橋項銀二千三百九十員零九毛一仙
一支築東門段路拱橋項銀八百三十六元六毛三仙
一支築上淺段路拱橋項銀一千一百四十九員二毛

一支築江門段路拱橋項銀九百八十七員五毛九仙
一支築惠民門段路拱橋項銀二千四百零五元三毛二仙
一支築汾水江段路拱橋項銀五百三十七元二毛
一支築牛灣段路拱橋項銀三千零三十三員八毛六仙
一支牛灣船塢淘坭砂工項銀九百二十八元四毛二仙
一支北街水步淘坭砂工項銀一千零三十六元八毛捌仙
以上養路項下共支銀壹十七萬六千伍百八十七元八毛

建設門

一支增建總公司後便及左便樓屋項銀二萬三千捌百零九元六毫
一支增建印務局項銀六百零四元八毛
一支改建斗山車站項銀二千三百六十三元六毛七仙
一支增建會城東門車站項銀八千六百四十五員九毫三仙
一支建大江站客亭項銀六百五十二元一毛五仙
一支建水南站客亭項銀一千四百一拾二元四毛四仙

一支增建公益工人住屋項銀四千八百六十九員六毛
一支建牛灣工人住屋項銀二千六百六拾一元一毛五仙
一支建斗山勇廠項銀一百九拾員零九毛五仙
一支增建牛灣工廠項銀三千八百六拾一員五毛六仙
一支增建牛灣護車碉樓項銀三千九百七十八員七毛
一支建斗山護車碉樓項銀二千一百三十四元九毛八仙
一支建印務局側邊水桶項銀五百伍十九員二毛
一支建牛灣泵水電燈機房項銀五千一百七十一員三毛八仙
一支建寧城電燈機房項銀三千五百零一員零五仙
一支新裝鐵躉船項銀四千九百八十六員九毫一仙
一支築牛灣橋項銀一萬八千一百一十八員伍毛七仙
一支築牛灣碼頭項銀三百零五員七毛六仙
一支築寧城長堤項銀五百一十一員九毫八仙
一支填寧城地坭砂項銀九千五百五十九員伍毫四仙

一支築北街水桶項銀二百九十一員九毫

以上建設項下共支銀九萬捌千一百九十一員八毫二仙

材料門

一支購銅鐵材料項銀壹十萬零六千三百三拾一員二毛四仙

一支購木枕項銀五萬八千零七十四員

一支購杉料項銀五千六百六拾三員一毛二仙

一支購木料項銀四萬七千八百三十一元六毛一仙

一支購煤炭項銀二十四萬四千零五十一元三毛九仙

一支購青州坭項銀三萬六千三百零五元四毛五仙

一支購機油項銀一萬五千二百八十八員二毛

一支購卡油項銀二千九百零九元一毛伍仙

一支購火油項銀五百伍拾二員

一支購黑油項銀式百七十員

一支購油渣項銀一千七百四十員零九毛

一支購威士項銀一百七十五員二毛四仙
一支購火水項銀二千零七拾三元二毛五仙
一支購水泵項銀二千七百六十元
一支購電燈機項銀一千捌百四十六員一毛六仙
一支購鐵錨項銀一千六百二拾五元零捌仙
一支購閃口鐵項銀三千零三十六元一毛二仙
一支購膠布項銀三員五毛
一支購電話材料項銀一百七拾九元二毛
一支購電杆杉項銀三百六十四員零捌仙
一支購乾松柴項銀式千七百伍拾三員四毛三仙
一支製造材料工項銀五千九百零七員三毫五仙

以上材料項下共支 材料銀五十三萬三千八百三十三元壹毫二仙
工項銀伍千九百零七員三毛五仙

稅脚門

一支材料稅厘銷號費銀三萬四千一百五十八員伍毛八仙

一支材料船脚運駁費銀捌萬八千一百七拾八員一毛四仙

以上稅脚項下共支銀一十二萬二千三百三拾六員七毛二仙

白沙枝路購田地門

一支購田地項銀弍千六百六十捌員二毛一仙

以上購田地項下共支銀二千六百六十八員二毛一仙

購軍需券門

一支購存粤軍軍需借券銀一千元

以上購軍需券項下共支銀一千元

統計十二項共支銀二百四十七萬三千二百七十四元八毫七仙

管收開除

比對外實存銀七萬一千壹百陸十五元一毫九仙七文

實存項下

計開

一存省廣東銀行欠來往銀一百五十二元九毛三仙

一存港廣東銀行欠來往銀五百零四員七毛九仙

一存港康年公司欠來往銀捌百八十四元三毛五仙

一存港陸海通欠來往銀五千三百三十七元二毫七仙

一存寧總公司銀弍千八百四十九元弍毛八仙

一存新會分局銀三千八百四十九元三毛九仙

一存香港分局銀一千零一十伍員九毛九仙

一存李耀堂欠銀一千元

一存陳藻宜 燕宜 欠銀一萬四千七百九十三元一毛四仙五文

一存余成樂欠銀三百四拾二元二毛捌仙八文

一存陳良譜欠銀一百五十一元九毛一仙六文

一存陳宗立欠銀三千三百七十一元五毛九仙二文

一存譚翊屏欠銀四十元

一存吳楚三欠銀二百五十八元二毛六仙六文

一存林脊三欠銀四百五拾一元四毛七仙

一存周之貞欠銀弍千元

一存朱爲濬欠銀壹百五拾元

一存李捷欠銀五百元

一存何瑞雲欠銀弍百元

一存西寧市公所欠銀八百元

一存西江財政整理處五邑分處欠銀一萬三千五百員

一存粵軍第一軍欠銀一萬一千五百員

一存卓旅部欠銀六千四百員

一存各號欠銀一千一百一十弍員伍毫弍仙

合實存銀七萬一千壹百陸十五元一毫九仙七文

另存

附廣寧輪船股份票銀二千元 （民國六年派回本銀六百員）

附永聯輪船股份票銀二千員

購存三年份中央政府公債票除收回外尚存票銀一千六百三十員

購存五年份中央政府公債票除收回外尚存票銀五千三百元

購存十年份廣東地方善後公債票銀二千元

購存粵軍軍需借券銀一千元

謹將民國十三年底結欠各號附欵數目表明于左

一接上民國十二年底結欠各號附欵本銀九十八萬四千二百九十七元四毛五仙

一是年份進入各號附欵本銀四拾六萬六千三百一十二元一毛二仙

一是年份支還各號附欵本銀四拾七萬八千七百九十六元七毛八仙

統計比對外實欠各號附欵本銀九十七萬一千八百一十弍元七毛九仙

計開

一結欠趙應滄港紙銀一千八百元

一結欠新寧中學堂雙毫銀二千零九十六元一毛一仙（即王侯祠寶田銀）

一結欠甘譚氏毓沛聯照雙毫銀一千五百元

一結欠陳氏家族會港紙銀一千五百七十五元

一結欠馬萬昌雙毫銀五百元

一結欠陳勝雙毫銀五百元

一結欠陳頌興堂雙毫銀一千五百元

一結欠陳成文雙毛銀一千元

一結欠馬行修雙毫銀一千元
一結欠陳宜業雙毫銀弍千五百元
一結欠馬天傑港紙銀弍千六百元
一結欠馬榮爵港紙銀一千元
一結欠馬龍安港紙銀七千元
一結欠馬洛修港紙銀弍千元
一結欠馬惇德堂雙毫銀九千零三十八元七毛六仙
一結欠馬江純港紙銀一千元
一結欠馬宗鈿港紙銀四百元
一結欠馬榮瀚雙毫銀五千二百元
一結欠綿遠堂港紙銀一千五百元
一結欠陳枝雙毛銀二百元
一結欠馬華莊港紙銀二千元
一結欠馬榮烱雙毫銀三千元
一結欠馬華清雙毫銀二千九百元

一結欠馬林運港紙銀四千元
一結欠吳欽宏祖雙毛銀三百元
一結欠馬榮廣港紙銀一千弍百元
一結欠馬洛俊雙毫銀七百元
一結欠馬士翹祖港紙銀一千元
一結欠馬洛修雙毫銀一千七百元
一結欠馬榮楫港紙銀四千五百元
一結欠馬詠倫港紙銀一千元
一結欠馬榮瀚港紙銀二千元
一結欠馬本簪港紙銀一千五百元
一結欠馬挺政港紙銀一千五百元
一結欠陳國逢雙毫銀一千元
一結欠馬榮普港紙銀一千元
一結欠馬華清港紙銀一千五百元
一結欠陳孔藥雙毫銀二千五百四十元

一結欠陳杲宗雙毫銀八百元
一結欠李維慶雙毫銀五千六百元
一結欠陳肇宜雙毫銀五千七百元
一結欠陳文學港紙銀五百元
一結欠馬子質祖神主會雙毫銀四百元
一結欠陳永華港紙銀七千九百元
一結欠馬作修港紙銀一千二百元
一結欠馬榮斌港紙銀三千元
一結欠陳源宜雙毫銀弍百元
一結欠陳孔相雙毛銀四百元
一結欠陳彛深港紙銀三百五十六元
一結欠馬倫明港紙銀六百元
一結欠馬國惠雙毫銀一千元
一結欠馬聯益會港紙銀五百五十元
一結欠陳慶宜雙毫銀六百元

一結欠陳丙曜港紙銀一千元
一結欠李慶港紙銀一萬元
一結欠陳啟賢雙毫銀二千元
一結欠馬子質祖神主會港紙銀一千元
一結欠陳龍記雙毫銀二千五百元
一結欠陳宜郿雙毫銀一千七百元
一結欠馬大瀛雙毫銀七千五百元
一結欠馬榮斌雙毫銀一千四百元
一結欠馬遠崇港紙銀五百元
一結欠馬炎政港紙銀一千一百元
一結欠陳彛深雙毫銀一千五百元
一結欠同福堂港紙銀五百元
一結欠馬大全港紙銀三百元
一結欠馬本基港紙銀一千元
一結欠陳象文雙毫銀一百元

一結欠陳活泉雙毫銀弍千元
一結欠陳益近雙毫銀六百元
一結欠陳齊宗雙毫銀三千元
一結欠三益堂雙毫銀二千元
一結欠陳炎宜雙毫銀一千三百元
一結欠陳生宜雙毫銀三千六百元
一結欠陳安宜雙毫銀一千元
一結欠陳衍宜雙毫銀一千二百元
一結欠陳內基雙毛銀六百元
一結欠馬如柏雙毫銀五百元
一結欠陳懷松雙毛銀一千元
一結欠陳熙春雙毫銀一千元
一結欠馬俊明雙毫銀一千二百元
一結欠陳慶宜雙毫銀九百元
一結欠陳長煥雙毫銀一百五十元

一結欠陳燁修雙毫銀一千四百元
一結欠陳宜裕雙毫銀一千元
一結欠馬鴻本港紙銀一千元
一結欠馬楫川雙毫銀一千三百元
一結欠李篤應雙毫銀一千八百元
一結欠陳遇祥雙毫銀弍千元
一結欠陳宜卿祖雙毫銀二百六十元
一結欠李英廉雙毛銀八百元
一結欠陳綿鏞双毫銀二千元
一結欠陳壽祖雙毫銀一千四百四十元
一結欠陳宗時祖雙毫銀四百元
一結欠宏聰學校雙毫銀三千零三十元
一結欠馬永配祖雙毫銀五千三百元
一結欠陳壽民港紙銀五千二百元
一結欠陳宏光雙毛銀九百元

一結欠陳宗創雙毛銀三千七百元
一結欠馬本興港紙銀二千二百元
一結欠馬本洽雙毛銀五百元
一結欠馬宗祉港紙銀一千五百元
一結欠馬漁隱祀神主會雙毛銀一千二百元
一結欠陳文燁雙毛銀二千三百元
一結欠仁義堂雙毛銀一千元
一結欠李德宣祖雙毛銀一千三百元
一結欠甄泮迪港紙銀四千五百元
一結欠陳裕國双毛銀四百元
一結欠馬榮視双毛銀二千七百元
一結欠陳槐業双毛銀一千元
一結欠陳煥祥双毛銀一千元
一結欠陳潤文双毛銀四百元
一結欠陳德根双毛銀一百元

一結欠德懋堂雙毛銀七百元
一結欠何瑞藹港紙銀四千八百元
一結欠馬宗堯港紙銀四千元
一結欠陳林盛雙毛銀一千八百元
一結欠陳興國雙毛銀一千元
一結欠陳廣齊雙毛銀二千二百元
一結欠馬宗煌雙毛銀四百元
一結欠馬名儒祖雙毛銀五百元
一結欠長安堡雙毛銀一千七百元
一結欠陳迪宗双毛銀一千二百元
一結欠思益堂双毛銀一千一百二十元
一結欠馬成位祖双毛銀五百元
一結欠馬爍政双毛銀二千元
一結欠白沙普濟醫院双毛銀一千六百元
一結欠陳作屏双毛銀四百元

一結欠馬恒灼双毛銀叁百元
一結欠陳彝湘双毫銀二百元
一結欠陳良琮雙毛銀六百元
一結欠馬本濱雙毫銀四百元
一結欠陳賢宜雙毛銀三千五百元
一結欠馬崇光港紙銀二千七百元
一結欠陳崇炳祖雙毛銀七百元
一結欠劉耀華雙毛銀二百元
一結欠黃恭錦雙毛銀一千員
一結欠鄺炳基雙毫銀五百員
一結欠朱德鳳雙毫銀弍百員
一結欠陳兩敦祖嘗雙毫銀二百員
一結欠陳覃旺雙毛銀二百員
一結欠陳應銓雙毛銀五百員
一結欠伍文星雙毫銀二千員

一結欠馬强政双毛銀一千元
一結欠馬本彪港紙銀八百元
一結欠伍華允祖双毛銀九千元
一結欠陳睿祖雙毫銀一千二百六十九元六毛
一結欠陳開宜雙毛銀二千九百元
一結欠馬活泉祖雙毛銀五百元
一結欠陳樹藹雙毛銀五千四百元
一結欠陳聯光百子會雙毛銀五百元
一結欠梁敬强雙毛銀七百員
一結欠黃啟璘双毛銀二千員
一結欠陳土地嘗雙毫銀五百一十員
一結欠黃德祖馬氏雙毫銀四千員
一結欠陳高策港紙銀二千四百員
一結欠陳光炎雙毫銀七百員
一結欠李聖利港紙銀二千員

一結欠馬道本雙毫銀五百員
一結欠林催德港紙銀一千七百員
一結欠黃煊基双毛銀八百員
一結欠陳益堃雙毛銀五千員
一結欠馬華硯双毛銀六千員
一結欠馬錫鈿祖雙毛銀八百五十員
一結欠譚宜祺雙毛銀七百員
一結欠馬能友雙毛銀九百員
一結欠陳繇宜雙毛銀五百員
一結欠李向羨雙毛銀五百員
一結欠馬英宏祖港紙銀一千三百員
一結欠馬君和祖雙毛銀一千員
一結欠伍德恆祖雙毛銀二千一百員
一結欠馬立耀昂港紙銀二千員

一結欠馬在政雙毛銀七百員
一結欠陳奕南雙毛銀五百八十員
一結欠陳高士雙毛銀一千五百員
一結欠陳均德双毛銀二千四百員
一結欠陳世逢祖雙毛銀一千員
一結欠陳宗桃雙毛銀一千三百員
一結欠陳朝宗雙毛銀六百員
一結欠馬爲阜雙毛銀一千員
一結欠李慶餘祖雙毛銀三千員
一結欠馬英華港紙銀五千員
一結欠馬煜瑞雙毛銀一千員
一結欠陳執德雙毛銀一千員
一結欠伍堅素祖雙毛銀一千一百五十員
一結欠馬本基雙毛銀三千員

一結欠馬開祥雙毛銀一千員
一結欠廣成堂雙毛銀六百員
一結欠賢佐祖百子會雙毛銀二千一百員
一結欠文直祖百子會双毛銀一千伍百員
一結欠陳孔藎祖双毛銀七百七十七員五毛
一結欠馬經榮雙毛銀二千二百員
一結欠陳廣林雙毛銀一千五百員
一結欠李東明双毛銀六千員
一結欠馬浩林雙毛銀一千四百員
一結欠馬福燕祖雙毛銀六百員
一結欠馬實政雙毛銀六千員
一結欠馬本民港紙銀一千員
一結欠陳楸宗祖雙毛銀四千七百九十員
一結欠陳沛華雙毛銀三百員
一結欠馬立昂雙毛銀七百伍十員

一結欠淑德女學双毛銀五百員
一結欠馬能炎雙毛銀六千員
一結欠以道祖百子會雙毛銀三千四百員
一結欠陳順德雙毛銀二千員
一結欠陳宗香祖双毛銀七百五十伍員
一結欠馬本積双毛銀一千員
一結欠陳韶記雙毛銀一千八百員
一結欠馬　强雙毛銀八百員
一結欠馬瓊修祖雙毛銀一百一十員
一結欠陳明德雙毛銀二千三百員
一結欠陳錦南祖雙毛銀四百五十員
一結欠馬滋槐雙毛銀一千伍百員
一結欠馬立常雙毛銀五百員
一結欠馬英揚港紙銀壹千四百員
一結欠馬立耀雙毛銀壹千二百五十員

一結欠陳聖傳祖雙毛銀壹千二百員
一結欠甄曉春雙毛銀壹千一百員
一結欠馬昌珍雙毛銀五百員
一結欠陳介宗雙毛銀伍百員
一結欠旅港馬金紫堂雙毛銀二千員
一結欠曹鳳崑雙毛銀三千員
一結欠馬平隆雙毛銀七百員
一結欠馬神庇雙毛銀五百員
一結欠陳賜祥祖雙毛銀壹千二百六十員
一結欠陳焯業雙毫銀壹千員
一結欠馬俊秀雙毛銀二千員
一結欠陳孟芳雙毛銀四百員
一結欠馬俸政雙毛銀一千二百員
一結欠伍增榮祖雙毛銀八百員
一結欠吳深澤雙毛銀伍百員
一結欠陳寶宗堂雙毛銀三百六十員
一結欠馬名吉雙毛銀五百員
一結欠馬道榮祖雙毛銀壹千員
一結欠陳源業堂雙毛銀二千四百員
一結欠馬昌贊雙毛銀三千三百員
一結欠馬大讓雙毛銀壹千員
一結欠馬盛周雙毛銀壹千員
一結欠馬大巧雙毛銀五百員
一結欠馬榮安雙毛銀二千五百員
一結欠馬載賢雙毛銀二千五百員
一結欠馬崇祥祖雙毫銀三千六百員
一結欠馬崇光雙毛銀壹千二百員
一結欠馬明倫雙毛銀七千員
一結欠伍千稔雙毛銀三百員
一結欠陳顯德雙毫銀伍千六百員

一結欠馬仲節祖雙毛銀壹千八百員
一結欠馬本進雙毫銀壹千三百員
一結欠陳毓濯雙毛銀壹千三百員
一結欠馬龍賢雙毫銀二千伍百員
一結欠陳教鏞雙毛銀九百員
一結欠陳焯德雙毫銀一千七百元
一結欠馬林泮雙毛銀一千員
一結欠陳甚廣雙毛銀七百員
一結欠陳端宸祖双毫銀一千五百元
一結欠明德學校双毛銀壹千五百員
一結欠陳孔林港紙銀壹千元
一結欠馬超修港紙銀二千員
一結欠馬天相港紙銀八百元
一結欠馬國廉雙毫銀五百員

一結欠金山富陽會館雙毛銀一千二百六十六員六毫六仙
一結欠甄曉春雙毫銀八百員
一結欠陳開潤迪雙毛銀七百員
一結欠馬步修雙毛銀壹千二百員
一結欠陳春榮雙毫銀四百伍十員
一結欠雷家恒雙毫銀一百一十六元四毫
一結欠馬瓊淳祖雙毫銀六百員
一結欠馬廉俊港紙銀八百員
一結欠陳德情雙毛銀一千員
一結欠馬榮熙雙毫銀叁百員
一結欠陳文洛港紙銀一千員
一結欠思敬堂雙毫銀三千八百員
一結欠朱家旺雙毫銀一千員
一結欠陳世重祖雙毫銀壹千壹百弍十員

一結欠馬樂野祖神主會雙毫銀一千五百元

一結欠陳宏恩雙毫銀弍千二百員

一結欠黃廷紳双毛銀五百元

一結欠李美毓祖雙毫銀弍千弍百元

一結欠馬作富祖雙毫銀四百元

一結欠馬才玉雙毫銀弍千元

一結欠余風采堂雙毫銀一百五十員

一結欠陳炳宗双毫銀一千員

一結欠鄺錦修双毫銀一千員

一結欠黃棠記港紙銀壹萬員

一結欠李星衢港紙銀三萬元

一結欠陳暢庭雙毫銀四千七百六十二元二毫六仙

一結欠香港廣東銀行港紙銀四萬元

一結欠馬百子會雙毫銀一千叁百員

一結欠馬本現港紙銀一千三百員

一結欠陳保滋堂雙毫銀三百元

一結欠陳趾賢雙毫銀一千員

一結欠陳哲學宜羣雙毫銀叁百元

一結欠朱榮深雙毫銀三千員

一結欠余報本堂雙毫銀三千二百員

一結欠陳宗琚雙毛銀三百員

一結欠陳兆機港紙銀一千員

一結欠陳謀宗雙毛銀弍百元

一結欠李星衢雙毛銀一萬元

一結欠香港陸海通港紙銀一萬六千員

一結欠馬翊廷安亮雙毫銀五百員

一結欠省城廣東銀行港紙銀一萬元
一結欠金良婆雷氏雙毛銀壹千員
一結欠香港祥和港紙銀四萬元
一結欠鄺業璘雙毫銀五千員
一結欠陳琔宗雙毫銀五千元
一結欠穗岐堂雙毫銀三百元
一結欠陳孔埜雙毫銀五千元
一結欠廖相和雙毫銀五千員
一結欠陳容記雙毫銀一千員
一結欠陳璋宜雙毫銀伍千元
一結欠譚碗文雙毫銀五千員
一結欠陳孔治堂雙毫銀五千元
一結欠蔡英勇雙毫銀五千元
一結欠鄺燦瓊雙毫銀弍千員
一結欠耀元堂雙毫銀一千一百員
一結欠陳光裕堂雙毫銀一千元
一結欠新會甯路義墳雙毛銀壹千元
一結欠李世滙雙毛銀五千員
一結欠許庭光雙毫銀五千元
一結欠梁翰椐雙毛銀五千員
一結欠馬發強双毫銀五百員
一結欠朱箕欽雙毛銀伍千元
一結欠陳孔祥雙毫銀伍千元
一結欠劉孔衢雙毛銀五千元
一結欠蔡雄燊雙毛銀五千元
一結欠陳國基雙毛銀五千元

一結欠陳國基港紙銀五百元
一結欠劉儒潵雙毫銀五千元
一結欠陳業修雙毫銀一千元
一結欠四邑輪船公司港紙銀弍萬元
一結欠公昌行雙毛銀五千員
一結欠雷銘學雙毛銀五千員
一結欠公祚祖雙毫銀伍百元
一結欠馬康平祖神主會港紙銀伍百元
一結欠崇禮學校双毛銀八千元
一結欠陳衍宗雙毛銀七百元
一結欠馬榮藝雙毛銀弍百元
一結欠馬才安祖双毛銀六百元
一結欠黃宣淋雙毛銀三百元
一結欠陳標業双毫銀一千一百元
一結欠陳渠宗雙毛銀一千元

一結欠余扳中双毛銀五千員
一結欠萬春堂雙毫銀伍千元
一結欠懷遠堂港紙銀一千一百元
一結欠陳宗全港紙銀五千元
一結欠陳嫺祥雙毫銀六百員
一結欠陳子舟雙毫銀五千員
一結欠李伯周双毛銀伍千員
一結欠陳廣寧双毛銀一千壹百七十四元
一結欠陳培民雙毛銀三百元
一結欠馬大舉雙毛銀八百元
一結欠陳滿祥雙毛銀八百元
一結欠葉瑞芝雙毛銀伍百元
一結欠李芳南双毫銀五千元
一結欠陳賡堂港紙銀六千元
一結欠鄺茂廣雙毫銀五千元

一結欠馬榮溢雙毛銀一千二百元
一結欠梁阿四港紙銀五百元
一結欠馬渡俊双毫銀五千元
一結欠冼義港紙銀四百元
一結欠馬本沃雙毛銀五千元
一結欠陳祥雁雙毛銀二百五十元
一結欠馬恒俠双毫銀一千六百元
一結欠陳維霖雙毛銀一千弍百元
一結欠李聖賞雙毫銀四百元
一結欠何秀蘭港紙銀壹千元
一結欠陳昭前雙毛銀一千五百元
一結欠思源堂雙毫銀一千元
一結欠陳新宗雙毫銀壹千八百七十一元
一結欠陳其祥雙毛銀六百元
一結欠陳宗燦祖双毛銀七百五十六元

一結欠林裘謀港紙銀一萬元
一結欠曹陳氏港紙銀二百五十元
一結欠陳孔柱雙毛銀七百二十元
一結欠陳尊榮雙毛銀七百元
一結欠馬本遐雙毛銀五百元
一結欠陳德快双毛銀三百元
一結欠合益堂雙毫銀一千七百元
一結欠陳鈺光雙毫銀伍千元
一結欠陳宗瑀雙毛銀一千元
一結欠伍長耀双毫銀伍千七百五拾元
一結欠陳雨祥雙毫銀五百元
一結欠循環日報港紙銀八千元
一結欠馬本裕雙毫銀五千元
一結欠馬鳳存雙毛銀一千元
一結欠陳芬庭雙毫銀一千弍百元

一結欠馬覊傚双毫銀五千元
一結欠陳文起祖神主會雙毫銀壹千元
一結欠馬信記雙毛銀六百元
一結欠余廣德堂港紙銀七千元
一結欠陳國豪港紙銀一萬元
一結欠浩昌和港紙銀二萬元
一結欠馬榮溢雙毛銀五千元
一結欠陳孔嘉雙毫銀二千五百壹拾捌元五毛

一結欠黃卓卿港紙銀二萬元
一結欠麥箕炳雙毛銀一百元
一結欠馬厚穩雙毫銀叁百元
一結欠陳煥庭雙毛銀五百元
一結欠芝生堂雙毫銀四百元
一結欠朱彰藜雙毫銀一百元
一結欠朱瓊仙雙毛銀四千四百四拾元
一結欠譚芳双毫銀壹百元

以上四百零二柱合共欠各號附欵本銀九拾七萬一千八百一十二元七毫九仙

（內港紙銀三拾七萬七千弍百三拾一元）（內雙毫銀五拾九萬四千五百八拾一元七毛九仙）

廣東新寧鐵路股份有限公司 民國十二年份總結册 十九 本鐵路公司自刊

謹將民國十三年底結欠各號貨項來往項數目表明于左

一結欠萬國銀行來往銀五萬零零零二元四毛二仙

一結欠廣福堂來往銀一萬元

一結欠永業公司來往銀五十八元一毫

一結欠鄺振成堂來往銀壹十五元

一結欠綸匯花紅來往銀七百八十五元零九仙

一結欠劉培新陳協福堂來往銀一百一十元

一結欠黃沖顏運來往銀二百元

一結欠譚裔鏡來往銀六百三十二元五毛

一結欠譚德來往銀五百一十五元二毫

一結欠現記來往銀二萬元

一結欠三井洋行貨項銀壹萬壹千三百五十四元

一結欠開平礦局貨項銀壹萬二千三百九十元

一結欠祥和貨項銀一萬四千四百八十五元一毛二仙

一結欠浩昌和貨項銀一萬六千二百三十二元零七仙
一結欠黃棠記貨項銀三萬五千七百一十六元五毫四仙
一結欠德士古貨項銀七千零七十六元六毫
一結欠蕭味峯貨項銀三百元零零六毛
一結欠海利公司貨項銀壹萬二千七百三十元零五毛九仙
一結欠萬寶和貨項銀二千五百四十四元
一結欠利源貨項銀二千七百壹十元
一結欠安隆貨項銀六百壹十二元
一結欠鉅興貨項銀二百五十元
一結欠廣福公司貨項銀五千四百六十四元六毛九仙
一結欠和昌貨項銀七千八百八十八元八毛六仙
一結欠利昌隆貨項銀一千五百壹十四元四毛五仙
一結欠中英林貨項銀壹千四百四十七元三毫四仙

以上二十六柱共欠各號貨項來往項銀二十一萬伍千零二十伍元一毫七仙

謹將民國十三年收入車脚項逐月表明于左

一月份車脚銀壹十壹萬五千四百八十壹員三毛五仙
二月份車脚銀八萬六千六百二十九員二毛二仙
三月份車脚銀壹十一萬七千壹百四十員零九毛五仙
四月份車脚銀壹拾萬零弍千一百四十八元五毛八仙
五月份車脚銀九萬二千壹百二十二元八毛二仙
六月份車脚銀七萬三千四百零三元四毫一仙
七月份車脚銀七萬七千三百零一元五毫五仙
八月份車脚銀八萬二千七百五十四元七毫六仙
九月份車脚銀八萬九千九百六十壹元一毛伍仙
十月份車脚銀九萬伍千五百零一員五毛捌仙
又收大木莊還欠車費銀一萬一千一百八十元零六毛九仙
十一月份車脚銀壹十萬零八千二百九十四員捌毫九仙

又收大木營還欠車費銀二萬一千伍百一十七元伍毫

十二月份車脚銀壹十二萬五千三百四十七元二毛六仙

又收大木營還欠車費銀二萬四千捌百六十八員七毛三仙

全年共收車脚銀一百三十二萬三千七百五十四元四毫四仙

再將民國十二年份各站收入車脚詳細開列于左

一北街站是年收入客脚銀壹拾叁萬一千三百九十元零一毛九仙

一北街站是年收入貨脚銀叁萬肆千九百六十七元三毫

一白石站是年收入客脚銀二千零叁十三員六毛捌仙

一白石站是年收入貨脚銀五元八毫捌仙

一江門站是年收入客脚銀七萬八千壹百九十六元三毛三仙

一江門站是年收入貨脚銀三萬六千三百零四元二毫七仙

一台城站是年收入客脚銀三萬五千五百二十壹元二毛六仙

一台城站是年收入貨脚銀七千九百六十二元四毛七仙

一恩民門站是年收入客脚銀壹萬九千一百六十弍元零一仙

一恩民門站是年收入貨脚銀一千四百零六元壹毛

一汾水江站是年收入客脚銀四千叁百三十五元六毫

一汾水江站是年收入貨脚銀一百叁十元零零二仙

一蓮塘站是年收入客脚銀二千九百四十七元六毛五仙

一蓮塘站是年收入貨脚銀四十叁元八毛九仙

一大澤站是年收入客脚銀一萬壹千八百零六元五毛二仙

一大澤站是年收入貨脚銀五百五十一元伍毛

一南洋站是年收入客脚銀叁千六百七十一元七毛捌仙

一南洋站是年收入貨脚銀壹百三十七元八毛八仙

一沙冲站是年收入客脚銀壹萬壹千八百九十五元二毛四仙

一沙冲站是年收入貨脚銀三千叁百壹拾七元叁毫叁仙

一白鶴站是年收入客脚銀三千零三十六元一毛五仙

一白鶴站是年收入貨脚銀一百三拾八元五毛六仙

一司前站是年收入客脚銀九千一百七十四元五毫三仙

一司前站是年收入貨脚銀三百五十六元七毛弍仙

一大王市站是年收入客脚銀九千零三十六元三毛一仙

一大王市站是年收入貨脚銀弍百九十捌元七毫六仙

一牛灣站是年收入客脚銀五千八百四十七元二毛二仙

一牛灣站是年收入貨脚銀六十元零九毛

一公益站是年收入客脚銀一十萬零五千五百九拾元零四毛一仙
一公益站是年收入貨脚銀一十萬零肆千八百三十四元八毛六仙
一潯陽站是年收入客脚銀弍千六百九十一元三毛九仙
一潯陽站是年收入貨脚銀一百二十六元一毛捌仙
一麥巷站是年收入客脚銀七千五百八十九元五毛二仙
一麥巷站是年收入貨脚銀六拾一元四毫四仙
一萬福站是年收入客脚銀八千六百六十一元柒毫四仙
一萬福站是年收入貨脚銀七十元零零四仙
一大江站是年收入客脚銀七千一百三十七元八毛伍仙
一大江站是年收入貨脚銀九百八十元零二毛一仙
一陳邊站是年收入客脚銀九千八百三十一元四毛一仙
一陳邊站是年收入貨脚銀九百二十四元五毛三仙
一水步站是年收入客脚銀一萬二千六百三十五元八毛八仙

一水步站是年收入貨脚銀六百八十六元九毛三仙

一東坑站是年收入客脚銀三千三百四拾九元二毛四仙

一東坑站是年收入貨脚銀二百零三元二毛六仙

一板崗站是年收入客脚銀三千零一十九元零六仙

一板崗站是年收入貨脚銀一百三十元零三毛八仙

一甯城站是年收入客脚銀七萬四千四百三十二元四毛三仙

一甯城站是年收入貨脚銀三萬零七百四十二元五毛二仙

一東門站是年收入客脚銀六千三百三十六元八毛八仙

一東門站是年收入貨脚銀一百伍十七元七毛七仙

一大亨站是年收入客脚銀二千九百四十六元七毛九仙

一大亨站是年收入貨脚銀二百一十九元三毛七仙

一松朗站是年收入客脚銀二千零六十二元七毫七仙

一松朗站是年收入貨脚銀一百五十六元六毫一仙

一五十站是年收入客脚銀七千八百三拾一元九毫七仙
一五十站是年收入貨脚銀一千五百四十六元二毫
一下坪站是年收入客脚銀四千六百零二元伍毫一仙
一下坪站是年收入貨脚銀一百伍十七元伍毫一仙
一四九站是年收入客脚銀九千叁百零四元伍毫九仙
一四九站是年收入貨脚銀壹千六百伍十三元零三仙
一大塘站是年收入客脚銀五千八百四十八元五毛五仙
一大塘站是年收入貨脚銀一千三百二十二元八毫六仙
一紅嶺站是年收入客脚銀叁千三百三十伍元三毫七仙
一紅嶺站是年收入貨脚銀二百零五元六毫九仙
一冲蔞站是年收入客脚銀一萬九千九百捌十九元四毫二仙
一冲蔞站是年收入貨脚銀三千零七十九元六毫一仙
一六村站是年收入客脚銀壹萬一千六百伍十一元九毫七仙

一六村站是年收入貨脚銀捌百陸十元零五毫九仙

一斗田站是年收入客脚銀四萬九千二百五十五元一毫五仙

一斗山站是年收入貨脚銀伍萬七千零伍十二元伍毫叁仙

一筋坑站是年收入客脚銀一千肆百捌十九元七毫四仙

一筋坑站是年收入貨脚銀九十六元一毫九仙

一水南站是年收入客脚銀四千一百三十四元九毫九仙

一水南站是年收入貨脚銀七千零三十七元一毫四仙

一官步站是年收入客脚銀一千七百三十捌元六毫捌仙

一官步站是年收入貨脚銀二百二十二元九毫四仙

一三合站是年收入客脚銀一萬零捌百九十六元六毫六仙

一三合站是年收入貨脚銀一千五百三十七元捌毫二仙

一黎洞站是年收入客脚銀三千五百三十二元零四仙

一黎洞站是年收入貨脚銀三百七十三元二毛七仙

一上馬石站是年收入客脚銀一千五百九十元零伍毫七仙
一上馬石站是年收入貨脚銀八十元零二毫一仙
一東心坑站是年收入客脚銀二千五百伍十元零九毫九仙
一東心坑站是年收入貨脚銀一百四十一元三毛六仙
一長江站是年收入客脚銀伍千四百一十二元零六仙
一長江站是年收入貨脚銀一百九十捌元七毛一仙
一田坑站是年收入客脚銀二千二百九十伍元六毫一仙
一田坑站是年收入貨脚銀二十四元零四仙
一白沙站是年收入客脚銀一萬三千捌百九十四元一毫三仙
一白沙站是年收入貨脚銀三千二百四十元零四毫二仙
一斗山車上是年收入客脚銀一萬七千一百零八元二毫三仙

一公益車上是年收入客脚銀三萬二千零零九元零伍仙

一牛灣車上是年收入客脚銀一萬一千六百二十二元三毫九仙

一西南車上是年收入客脚銀捌千伍百六十四元六毫

一新會車上是年收入客脚銀四萬九千一百元零零六毫六仙

一總公司是年收入客脚銀四千四百一十四元伍毫二仙

一新會分局是年收入客脚銀六百九十四元三毫五仙

一貨車是年收入客脚銀一千四百五十五元捌毫八仙

一是年收入戲班銀三千七百一十七元四毫八仙

以上九柱共收入客貨脚銀一百一十六萬六千一百八十七元五毫二仙

一是年收大本營還欠車費銀五萬七千五百六十六元九毫二仙

統計共收銀一百二十二萬三千七百五十四元四毫四仙

謹將民國十三年份收入租項逐條表明於左

一四邑輪船公司賃北街碼頭貨倉是年全年租銀三千一百二十員

一紹興輪船公司賃北街碼頭貨倉是年全年租銀一千五百六十元

一大安輪船公司賃北街碼頭貨倉是年全年租銀二千八百八十三元零三仙

一譚瑞芝賃全路車上賣物是年全年租銀九百元

一香香賃公益站賣物塲是年全年租銀壹百二十元

一梁鏡祖賃麥巷站東邊地是年全年租銀七員

一吳聰廷 陳柱宗 賃會局後便屋一間是年全年租銀八十四員

一茶香園賃江門站賣物塲是年全年租銀二百員

一蘇四賃北街車頭桑地是年全年租銀二十二員

一裕安祥賃北街站左邊舖地是年全年租銀壹百零四員

一伍華學賃下坪站後背地是年全年租銀三員

一陳德榮賃斗山站賣物塲是年全年租銀十員

一陳宗謀賃斗山海邊貨倉東便三間是年來租銀壹百七十五員

一陳宗齊賃斗山海邊貨倉西邊三間是年來租銀壹百七十五員

一陳修宗賃寧城站後便地是年全年租銀十員

一劉得之賃寧城站前地豎告白牌是年全年租銀壹十五員

一萃華商店賃拱橋頭舖兼寧站賣物塲是年全年租銀壹千二百員

一平安公司賃北街大碼頭右便木碼頭是年來租銀五十員

一福華賃寧城站廁所照壁登告白是年全年租銀壹十三員

一玲新公司賃會城至江門車路邊豎電杆是年來租銀七十五員

一先施公司賃北街江門會城公益寧城站地豎告白牌位是年來租銀壹百員

一萬利賃西南路東路邊新塡地是年全年租銀壹十二員

一英法公司賃北街碼頭是年來租銀三百五十員

一民權鞋廠賃會東江門公益站豎告白牌是年全年租銀三十員

一廣生行賃北街江門會城公益寧城站豎告白牌是年全年租銀五十員

一李天一賃寧城站客亭柱壁登告白是年全年租銀六員
一廣和昌賃白沙枝路西邊地一段是年全年租銀三十員
一怡章鞋舖賃會東江門站豎告白牌是年全年租銀二十元
一英美公司賃江門會東站豎告白牌是年全年租銀二十員
一公安輪船賃北街碼頭是年來租銀壹百員
一永安輪船賃北街碼頭是年來租銀壹百二十員
一陳象乾賃會東站賣物塲是年來租銀六十員
一黃悅賃打椿偈是年來租銀壹百四十員
一岑天業賃寧城站前禾田是年全年租銀三十七員五毛

以上三十四柱共收入租項銀壹萬壹千八百零二元
五毫三仙

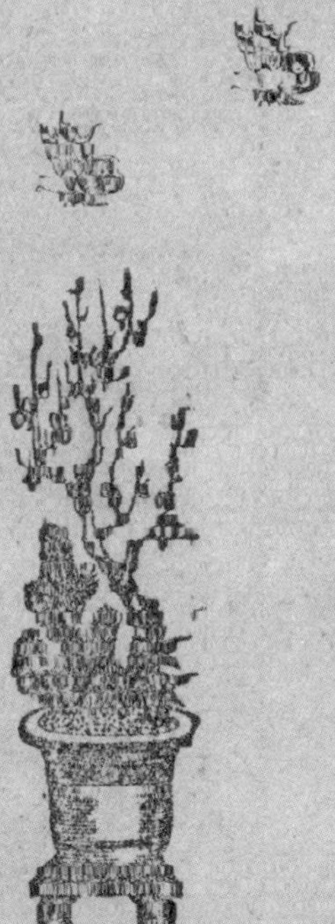

民國十三年收入售地段項清册

謹將民國十二年份收入賣地段項逐條表明于左

一陳孔盈買公益屯燈局後邊地一段地價銀壹百八十元零九毫五仙
一陳邊八和村買陳邊站東邊地來價銀四十七元七毛七仙
一陳炎宜買公益車站後便屋地價銀二百元
一同福堂買寧城車站後邊地價銀壹萬元
一良榮堂買總公司對面第六號舖地價銀壹千元
一增壽堂買總公司對面第七號舖地價銀壹千元
一叶吉堂買總公司對面第九號舖地價銀壹千元
一振新堂買總公司對面第十號舖地價銀壹千元
一恩光堂買總公司對面第十一號舖地價銀壹千元
一貽謀堂買總公司對面第十二號舖地價銀壹千元
一錫福堂買總公司對面第十三號舖地價銀壹千元
一元翼堂買總公司對面第十四號舖地價銀壹千元

一紹述堂買總公司對面第十五號舖地價銀壹千元
一永祥堂買總公司對面第十六號舖地價銀壹千元
一廣吉堂買總公司對面第十七號舖地價銀壹千元
一廣育堂買總公司對面第十九號舖地價銀壹千元
一五美堂買總公司對面第廿一號舖地價銀九百元
一述善堂買總公司對面第廿四號舖地價銀九百元
一芳澤堂買總公司對面第廿九號舖地價銀九百元
一光新堂買總公司對面第三十號舖地價銀九百元
一啟基堂買總公司對面第卅一號舖地價銀九百元
一紹榮堂買總公司對面第卅二號舖地價銀九百元
一建基堂買總公司對面第一號舖地價銀壹千元
一榮業堂買總公司對面第二號舖地價銀壹千元
一志仁堂買總公司對面第廿五號舖地價銀九百元

一廣德堂買總公司對面第廿六號舖地價銀九百元
一懷遠堂買總公司對面第廿七號舖地價銀九百元
一天福堂買總公司對面第卅八號舖地價銀九百元
一宏業堂買總公司對面第二十號舖地價銀壹千元
一三盛堂買總公司對面第八號舖地價銀壹千元
一和濟堂買總公司對面第十八號舖地價銀壹千元
一積厚堂買總公司對面第廿二號舖地價銀九百元
一瑞昇堂買總公司對面第廿三號舖地價銀九百元
一萃福堂買總公司對面第卅三號舖地價銀九百元
一榮福堂買總公司對面第卅四號舖地價銀九百元
一觀佐祖買總公司對面第三四五號舖地價銀三千元
一陳商業堂買斗山站滘塹地來地價銀三百三十六元二毛二仙
一陳兩益堂買斗山站西邊滘塹地來地價銀四拾八元零六仙

一李樞天買公益木橋灣河邊地價銀六百四十七元三毛

一李樞天買公益南華橋頭地價銀五拾元

一陳兩益堂買斗山站東邊地地價銀一百六十一元五毛二仙

一伍于蕊買公益站後邊屋地來第一期地價銀二千四百元

一陳裕德堂買公益站後邊屋地來第一期地價銀一千四百元

以上四十三柱共收入賣地段項銀四萬八千零七十

一元捌毫三仙

民國十三年收入售材料項清册

謹將民國十三年份收入賣材料項逐條表明於左

一馬光華取木椰二條銀二員八毫

一維新公司取油桶六個銀壹十二員

一嘉禾公司取油桶六個銀壹十二員

一公益電燈公司取材料工值銀五十二員九毛二仙

一第一師取煤炭銀七十五員

一光興公司取材料工值銀六百零壹員八毛

一和昌取材料工值銀六十六員二毛

一李和天取材料工值銀一十八員

一公安隆取材料工值銀二元四毛

一謝松取材料工值銀壹十八元二毛

一廣寧取材料工值銀五百五十九元壹毫二仙

一漢興取材料工值銀壹十三元九毫九仙

一潤宗取材料工值銀五元壹毛

一陳炎宜取材料工值銀壹十五元五毫
一黄悦取煤炭銀七十五元
一陳宜禧取英坭銀五元八毛
一馬心練取英坭銀壹十七元四毛
一裕興公司取材料工值銀九十七元壹毛九仙
一寶裕公司取材料工值銀四十壹元七毛六仙
一達利公司取材料工值銀一十八元四毛二仙
一同德隆取材料工值銀三十元零八毫四仙
一新光公司取材料工值銀三十壹元二毛五仙
一永明公司取材料工值銀二十五元七毛
一合和取材料工值銀壹十九元五毛
一耀東船取材料工值銀九元四毫
一陳宗球取油桶銀一十七元五毛
一陳池取材料工值銀九十六元六毫四仙

一永聯公司取煤炭偈油銀九千六百七十二元五毛
一聯商取材料工値銀六十四元
一陳孔圖取材料工値銀五元
一裕和取材料工値銀七元
一大本營取煤炭銀二萬七千一百八十壹元六毛二仙
一中學校取材料工値銀六十壹元七毛二仙
一陳昭華取材料工値銀二元三毛四仙
一陳宜啟取材料工値銀八十元
一公益酒店取材料工値銀二十六元零三仙
一永盛隆取材料工値銀壹十二元七毛
一都斛電燈公司取材料工値銀七元五毛五仙
一陸海通取材料工値銀五十一元一毫五仙
一海龍船取材料工値銀一百三十元
以上四十一柱共收入賣材料什物項銀三萬九千二百四十三元零五仙

民國十三年材料處材料清册

謹將民國十三年份公益材料處材料進支數詳列于左

一進接上民國十二年底存來各項材料值銀三十四萬六千五百零六元三毛八仙一文

一進本年新購入各項材料值銀五十三萬三千八百三十三元一毛三仙

一進本年製造售料加工值銀五千九百零七元三毛五仙

一進本年鑄料處交回鑄成各件值銀壹萬四千二百四拾捌元一毫八仙六文

一進本年售料加附屬費五千七百八十元零三毛三仙二文

以上五柱共進材料值銀九十萬零六千二百七十五元三毫七仙九文

一支本年發出機器廠材料值銀九萬七千七百四十弍元零二仙七文

一支本年發出工程處材料值銀壹拾三萬九千五百五十二元九毛一仙六文

一支本年發出電話處材料值銀弍千七百三十元零七毫八仙

一支本年交出鑄料處鑄碎件工料值銀壹萬四千弍百四十八元一毫八仙六文
一支本年售出各件工料值銀壹萬三千一百七十四元二毫六仙二文
一支本年材料處幷分局用去材料值銀弍百八十五元二毛九仙五文
一支本年營業機車用去煤炭值銀壹十三萬八千九百七十七元五毫
一支本年營業機車用去松柴值銀弍千七百五十三元四毫三仙
一支本年工程機車用去煤炭值銀五萬八千四百九十元零七毛五仙
一支本年機器廠機偈用去煤炭值銀九千五百三十三元三毫
一支本年牛灣船機偈用去煤炭值銀九千五百三十三元三毫
一支本年各水泵機偈用去煤炭值銀四千零一拾一元五毛
一支本年各水泵機偈用去黑油渣值銀六百四拾八元
一支本年鑄料處鑄各件用去焗炭值銀六千八百三十一元

一支本年機器廠打鐵房用去煱炭值銀弍千七百七十二元
一支本年各船戶裝煤損失煤炭值銀五百九十六元九毛四仙
一支本年瑞昌磅英坭輕磅銀二十元
一支本年香港浩昌和收回七十五帮火酒值銀二十五元
一支本年香港浩昌和收回九十帮綠答值銀壹百捌十二元五毫
一支本年香港浩昌和收回百二十帮羊毛心值銀弍十七元
一支本年香港祥和收回七十帮票鉗值銀一十四元
以上二十一柱共支材料值銀五十萬零三千一百四十九元六毫八仙六文
進支比對外實存各項材料值銀四十萬零肆千一百二十五元陸毫九仙三文

謹將民國十三年份工程處材料進支數詳列于左

一進公益材料處來材料值銀一十三萬九千五百五十二元九毛一仙六文

以上一柱共進材料值銀一十三萬九千五百五十二元九毫一仙陸文

一支建築寧城公司側便住屋用去材料值銀九千四百八十七元九毫零叁文

一支建築牛灣新鐵橋用去材料值銀一萬零六百二十叁元零七仙

一支斗山站養路用去材料值銀二千九百九十叁元七毫四仙五文

一支六村站養路用去材料值銀壹千一百五十元零四毫九仙

一支沖蔞站養路用去材料值銀壹千叁百一十二元八毛陸仙叁文

一支紅嶺站養路用去材料值銀二千二百三十元零九毛八仙

一支大塘站養路用去材料值銀壹千零叁十一元七毫六仙五文

一支四九站養路用去材料值銀壹千五百五十八元四毛五仙五文

一支下坪站養路用去材料值銀一千二百一十八元一毫一仙七文

一支五十站養路用去材料值銀壹千叁百四十二元五毫

一支大亨岡養路用去材料值銀壹千七百七十六元叁毫七仙五文

一支寧城岡養路用去材料值銀七千九百八十九元零一仙一文

一支東坑岡養路用去材料值銀七百一十二元零四仙

一支水步岡養路用去材料值銀一千一百七十七元四毫五仙

一支陳邊岡養路用去材料值銀一千一百二十一元八毫一仙五文

一支萬福岡養路用去材料值銀壹千二百四十六元四毫六仙五文

一支坪逕岡養路用去材料值銀壹千九百九十六元四毛零伍文

一支潯陽岡養路用去材料值銀一千一百四十七元九毛零伍文

一支公益岡養路用去材料值銀二千九百二十元零伍毫八仙

一支牛灣岡養路用去材料值銀七千四百八十四元零一仙五文

一支大王市岡養路用去材料值銀二千伍百伍十六元零二仙

一支司前岡養路用去材料值銀一千九百四十元零八毛八仙

一支沙冲岡養路用去材料值銀二千零四十四元九毛四仙

一支南洋缸養路用去材料值銀二千四百二十二元二毫六仙五文
一支大澤缸養路用去材料值銀三千零二十四元二毫伍仙
一支蓮塘缸養路用去材料值銀二千七百七十九元一毛三仙
一支汾水江缸養路用去材料值銀二千五百二十六元二毛五仙五文
一支惠民門缸養路用去材料值銀二千零一十一元零九仙
一支會東缸養路用去材料值銀六千四百七十六元四毛四仙伍文
一支上淺缸養路用去材料值銀二千四百零六元四毛一仙五文
一支江門缸養路用去材料值銀叁千零八十八元四毫四仙五文
一支白石缸養路用去材料值銀二千一百一十一元八毛六仙伍文
一支北街缸養路用去材料值銀二千五百伍十九元六毛二仙
一支筋坑缸養路用去材料值銀八百六十六元一毛八仙
一支水南缸養路用去材料值銀九百九十四元四毛八仙
一支官步缸養路用去材料值銀七百六十九元四毫七仙

一支三合佰養路用去材料值銀一千零零九員七毛二一仙

一支絮洞佰養路用去材料值銀一千一百九十七元四毛四仙

一支上馬石佰養路用去材料值銀六百三十九員四毛一仙

一支東心坑佰養路用去材料值銀伍百四十伍元四毛二仙五文

一支長江佃養路用去材料值銀六百三十伍員九毛九仙伍文

一支田坑佰養路用去材料值銀七百零六元九毛二仙伍文

一支白沙佰養路用去材料值銀一千四百伍十四元九毫伍仙伍文

一支斗山段修橋用去材料值銀一百伍十二元七毛八仙

一支六村段修橋用去材料值銀三百捌十八元六毛

一支沖蔞段修橋用去材料值銀一千九百八十七元伍毫七仙

一支紅嶺段修橋用去材料值銀四十六元八毛

一支四九段修橋用去材料值銀七千一百三十六員七毫

一支下坪段修橋用去材料值銀一百八十元零伍毫二仙

廣東新寧鐵
一進
一支修理
一支修理營業
一支修理工程
一支修理工
一支修理機
一支修理機
一支修理生
一支修理機
一支修理
一支修理
一支修理

四百四十伍元八毛三仙
一千零八十三元三毫九仙伍文
六千一百九十伍元伍毛伍仙七文
百二十六元四毛六仙伍文
元零零三毛四仙
零四十伍元叁毛六仙
七元一毫二仙五文
九十六元叁毛六仙
百八十叁元九毛三仙五文
四元六毛六仙
百七十五元四毛

國十二年份總結册　卄六

本鐵路公司自刊

一支三合佂養路用去材料值銀一千伍百九十七元五毛三仙

一支黎洞佂養路用去材料值銀一千伍十伍元零五仙

一支上馬石佂養路用去材料值銀六百毛

一支東心坑佂養路用去材料值銀伍百

一支長江佃養路用去材料值銀六百八十三元伍毛一仙五文

一支田坑佂養路用去材料值銀七百一元弍毫五仙五文

一支白沙佂養路用去材料值銀一千

材料值銀壹十三萬九千五百五

一支斗山段修橋用去材料值銀一百

一支六村段修橋用去材料值銀三百六文

一支沖蓢段修橋用去材料值銀一

一支紅嶺段修橋用去材料值銀無存

一支四九段修橋用去材料值銀

一支下坪段修橋用去材料值銀

國十三年機器廠材料清冊

謹將民國十三年份公益機器廠材料進支數詳列於左

一進接上民國十二年底結存來材料値銀三百四十九元

一進本年公益材料廠來材料値銀九萬七千七百四十二元零二仙七文

以上二柱共進材料値銀九萬八千零九十一元零弍仙七文

一支修理營業機車用去材料値銀壹萬三千五百六十九元五毛九仙八文

一支修理營業車輛用去材料値銀一萬五千六百二十一元九毛一仙七文

一支修理工程機車用去材料値銀二千一百五十六元七毛三仙五文

一支修理工程車輛用去材料値銀一千五百一拾八元七毛九仙三文

一支修理機廠機件用去材料値銀三千一百四十八元八毫八仙五文

一支修理牛灣大船用去材料値銀七百八十二元一毛零九文

一支修理機廠圍墻用去材料値銀一千五百五十元零四毛六仙五文

一支修理豎欖船用去材料値銀捌十五元零五仙

一支修理英坭船用去材料値銀一百零七元零六仙五文

一支修理公益卡房用去材料値銀七百四拾五元四毛八仙五文

一支修理各車站用去材料値銀五百八拾二元零六仙
一支修理各站用具用去材料値銀五元零五仙五文
一支修理各路㽞用去材料値銀一百二十九元三毛三仙
一支修理各㽞用具用去材料値銀四十五元二毛
一支修理各泵水偈用去材料値銀六百五十一元六毛九仙六文
一支修理各碼頭用去材料値銀一百一十元零二毛九仙五文
一支修理各橋樑用去材料値銀九百四十一元零四仙五文
一支修理印務局用去材料値銀二十四元二毛八仙
一支修理印務局機件用去材料値銀五百零四元九毛四仙
一支修理材料倉用去材料値銀二百二十九元八毛六仙五文
一支修理總局水喉用去材料値銀四十九元六毛八仙
一支修理總局用去材料値銀五百一十七元五毫五仙
一支修理公益分局用去材料値銀九十五元七毫九仙
一支修理護車勇廠用去材料値銀二百零六元三毛一仙五文
一支修理坭夾船用去材料値銀五百九十三元零四仙一文

一支修理石屎偈用去材料値銀五十六元零九仙五文
一支修理黎頭咀更樓用去材料値銀八元九毛
一支修理北街水桶用去材料値銀三百一十七元九毫二仙
一支修造總局用具用去材料値銀六十六元四毫捌仙
一支修造公益局用具用去材料値銀一百零四元九毫四仙
一支修造新會局用具用去材料値銀九元七毛二仙
一支修造護車廠用具用去材料値銀一十員零零捌仙
一支會城泵水偈用去材料値銀一百五十四元六毛捌仙
一支北街泵水偈用去材料値銀五十三元
一支牛灣埞夾船用去材料値銀三十六元四毫
一支牛灣電機房用去材料値銀四十九元四毛
一支寧城電機房用去材料値銀九十捌元捌毫
一支新配寧城電燈偈用去材料値銀七百叁十二元二毛三仙
一支新建牛灣電燈房用去材料値銀三百五十五元捌毛六仙
一支新建牛灣工人屋用去材料値銀三百二十元零二毫七仙

一支新造牛灣鐵躉船用去材料值銀捌千三百九十三元四毛三仙一文
一支增造寧城水桶用去材料值銀四百零七元捌毫五仙五文
一支增造無蓋貨卡用去材料值銀一百零二元五毫六仙
一支增造三等卡用去材料值銀五千一百七十員零捌毛六仙五文
一支增造寧站貨卡仔用去材料值銀一百六十三元二毫五仙
一支增造牛灣碉樓用去材料值銀六十七元三毛一仙
一支增造火水偈用去材料值銀壹十九元四毫壹仙
一支續造牛灣橋水古用去材料值銀四千零四拾八員一毛一仙伍文
一支續造公益工人屋用去材料值銀一千四百六十七元弍毫零五文
一支續造牛灣橋用去材料值銀叁千七百二拾三員五毛七仙
一支改築寧城鐵橋用去材料值銀四千四百弍十一元六毫五仙七文
一支續建總局住屋用去材料值銀二千一百六十元零九毛七仙五文
一支營業機車車輛用去偈油緯絲值銀一萬三千伍百九十一元四毫四仙五文
一支工程機車車輛用去偈油緯絲值銀弍千零零八元三毛二仙
一支機器廠用去偈油緯絲值銀七百三拾元零五毛五仙五文

一支牛灣船用去偈油緯綵值銀四百六拾捌元七毛二仙五文
一支印務局用去偈油緯綵值銀三百七十元零三毫六仙
一支寧城汞水偈用去偈油緯綵值銀壹百零捌元一毫二仙
一支六村汞水偈用去偈油緯綵值銀弍百九十二元五毛六仙
一支牛灣大船添置鋼綵鋼纜值銀三千五百零四元八毫五仙

以上六十柱廿六支材料值銀九萬七千五百六十八元二毫二仙七文

進支比對外實存材料值銀伍百弎拾弎元捌毫正

民國十三年電話處材料清册

謹將民國十三年份電話處材料進支數詳列于左

一進接上民國十二年底結存來材料值銀二千九百六十九員捌毛

一進是年公益材料處來材料值銀二千七百三十元零七毛捌仙

以上二柱共進來材料值銀五千七百元零零五毫捌仙

一支是年養路用去電話材料值銀弍千零零八員

一支是年車務處用去電話材料值銀六百七十元

一支是年總公司用去電話材料值銀弍百零一員三毛九仙伍文

一支是年新會分局用去電話材料值銀三百零七元

一支是年公益分局用去電話材料值銀七十六員二毛八仙五文

一支是年裝設牛灣建橋廠用去電話材料值銀一百四十員

一支是年裝設台城軍警團用去電話材料值銀一百弍十員

一支是年装設門江粵軍護路處用去電話材料値銀一百九十八元
一支是年裝設公益粵軍護路處用去電話材料値銀一百五十四員
一支是年裝設台城粵軍護路處用去電話材料値銀一百四十六員
一支是年裝設銅鼓路處用去電話材料値銀二百九十捌員
以上十一柱合共支材料値銀四千三百一拾八元五毫八仙
進支比對外實存材料値銀壹千三百捌十二元正

存材料總數開列

一存公益材料處材料值銀四十萬零四千一百二十五元六毫九仙

一存公益機器廠材料值銀五百弍十弍元八毫

一存寧城電話處材料值銀壹千三百八十一元

合實存材料值銀四十萬零五八千零三十元零四毫九仙

革命文獻與民國時期文獻
保護計劃

成果

新宁铁路档案资料汇编

（二）

会计年报：1931年
会计统计年报：1933年、1934年、1935年

林　军　高东辉　罗达全　主编

暨南大学出版社
JINAN UNIVERSITY PRESS

中国·广州

图书在版编目（CIP）数据

新宁铁路档案资料汇编．二．会计年报：1931 年、会计统计年报：1933 年、1934 年、1935 年／林军，高东辉，罗达全主编．—广州：暨南大学出版社，2020.10
ISBN 978－7－5668－2789－0

Ⅰ．①新…　Ⅱ．①林…②高…③罗…　Ⅲ．①铁路线路—史料—广东—近代
Ⅳ．①F532.865

中国版本图书馆 CIP 数据核字（2019）第 247100 号

新宁铁路档案资料汇编（二）
会计年报：1931 年　会计统计年报：1933 年、1934 年、1935 年
XINNING TIELU DANGAN ZILIAO HUIBIAN（ER）
KUAIJI NIANBAO：1931 NIAN　KUAIJI TONGJI NIANBAO：1933 NIAN、1934 NIAN、1935 NIAN
主　编：林　军　高东辉　罗达全

出 版 人：张晋升
策划编辑：黄圣英
责任编辑：冯　琳　詹建林
责任校对：黄　球　陈皓琳
责任印制：汤慧君　周一丹

出版发行：暨南大学出版社（510630）
电　　话：总编室（8620）85221601
营销部（8620）85225284　85228291　85228292　85226712
传　　真：（8620）85221583（办公室）　85223774（营销部）
网　　址：http：//www.jnupress.com
排　　版：广州市天河星辰文化发展部照排中心
印　　刷：深圳市新联美术印刷有限公司
开　　本：787mm×1092mm　1/16
印　　张：76
字　　数：1208 千
版　　次：2020 年 10 月第 1 版
印　　次：2020 年 10 月第 1 次
定　　价：428.00 元（全七册）

目 录 contents

新宁铁路中华民国二十年度会计年报 001

新宁铁路民国二十二年度会计统计年报 021

新宁铁路廿三年度会计统计年报简编 099

新宁铁路廿四年度会计统计年报简编 115

新寧鐵路

中華民國二十年度

會計年報

會計課編

二十年度營業狀況概要

鐵道企業素爲廣大收支賬項最爲繁博故收入愈大而支出亦愈多如影之隨形响之應聲不能偏廢此理也亦勢也本公司二十年度營業狀况較以前各年度收入爲優堪爲我股東諸公告慰惟詳細賬目非編造決算莫能明其底藴爰率員司遵照鐵道部頒會計則例編訂成册藉資報告兹幸編造完竣并將資產營業歲計各賬拾其概要分列於後以供省覽

（一）資產賬　查去年資産結算總額爲七百餘萬元本年添置額現已增至七百九十五萬餘元

（二）營業賬　查本年營業進欵總數爲二百一十七萬餘元爲歷年以來最優成績營業用欵總數爲一百七十四萬餘元比去年略有增加其用途以運務及設備品維持費兩項較多運務費占本年度營業進欵百份之二八•二四占營業用欵百份之三五•二七而設備品維持費占營業進欵百份之一四•三零占營業用欵百份之一七•八四至總務費畧減營業進欵百份之一三•五一占營業用欵百份之一六•八九

（三）歲計賬　本年度歲計賬除去各項用欵及折舊外盈餘三十六萬九千餘元與歷年盈餘九十七萬六千餘元合計共一百三十四萬六千餘元內撥付擴充資產六十七萬三千餘元償還積欠債項三十八萬九千餘元原尚存二十八萬二千九百五十一元二毫正惟現奉董事會决議本年度决算書加入股息一項兹按照股息一分計算合計全年應支股息總額三十六萬五千八百六十二元三毫四仙與盈餘之數比對不敷八萬二千九百一十一元一毫四仙至該項股息現因建築公益鐵橋需費甚鉅擬仍撥存本公司以資應需合并陳明

上列各賬僅舉其犖犖大者其他如總平準表及詳細情形臚列册內按圖索驥自可得其週詳故從畧股東諸公幸垂察焉

會計主任李袞宸報告

本路二十年度决算書內列各賬

均經覆核無訛

新寧鐵路第九屆監察人

李慶廣

伍耀垣

1

式十年各月份營業盈虧比較畵

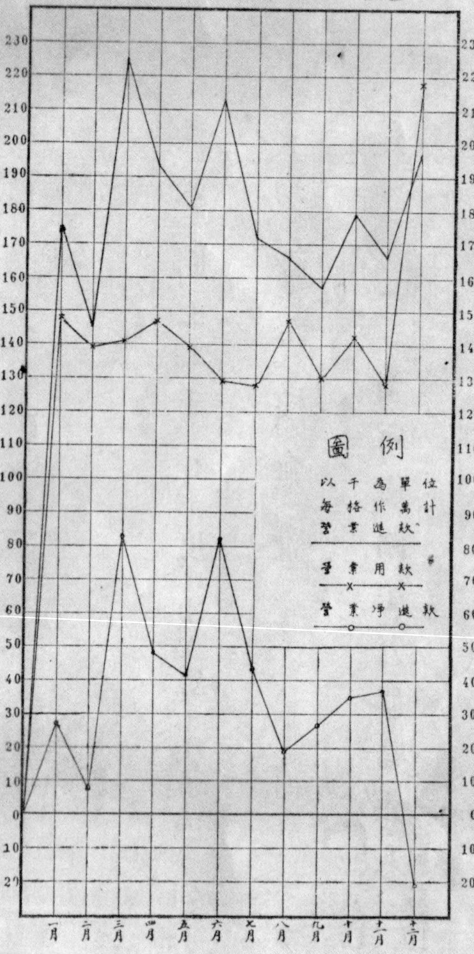

款別＼月份	一　月	二　月	三　月	四　月	五　月	六　月
營業進款	175,402.56	145,450.09	225,697.56	194,574 13	181,559.6	213,243.30
業營用款	148,998.71	139,313.00	141,286.58	146,077.93	139,260.77	129,483.05
盈或虧	26,403.85	6,137.09	84,410.98	48,496.20	42,298.88	83,760.25

七　月	八　月	九　月	十　月	十一月	十二月	總　計
172,768.52	19,081.80	157,381.89	179,545,38	166,460.29	196,662.73	2,174,751.27
123.222.32	146,923.37	130,520.47	143,564.25	128,870 51	218,355.02	1,740,875.98
44,546.20	166,005.17	26,261,42	35,981.13	37,589.78	虧 21,692.29	433,875.20

資本支出

中華民國二十年度

項別	年初累計	年度內 新設展長路綫	年度內 擴充改良	年度內 廢棄產業	年度內 資本支出淨數	年終累計
1	2	3	4	5	6	7
	元 角	元 角	元 角	元 角	元 角	元 角
第一欵 建築帳						
資-1 總務費	205,165 30		25,936 50		25,936 50	231,101 80
資-2 籌辦費	12,962 19		106 60		106 60	13,068 79
資-3 購地	871,924 32		19,790 11		19,790 11	891,714 43
資-4 路基築造	702,331 23		1,049 20		1,049 20	703,380 43
資-5 隧道						
資-6 橋工	622,088 64		439,091 08		439,091 08	1,061,179 72
資-7 路綫保護	2,362 02		752 37		752 37	3,114 39
資-8 電報及電話	36,854 57		4,162 07		4,162 07	41,016 64
資-9 軌道	1,756,612 11					1,756,612 11
資-10 信號及軌閂	21,945 48					24,945 48
資-11 車站及房屋	669,009 08		1,876 71		1,876 71	670,885 79
資-12 總機器廠	132,778 38					132,778 38
資-13 特別機廠						
資-14 機件	181,087 05		1,010 32		1,010 32	182,097 37
資-15 車輛	1,649,640 38		172,057 47		172,057 47	1821,697 85
資-16 維持費						
資-17 船塢船港及船埠	47,952 81		5,723 20		57,23 20	53,676 01
資-18 浮水設備品	255,580 49					255,580 49
第一欵共計	7,171,294 05		671,555 63		671,555 63	7842,849 68
第二欵 建築以外收支帳						
資-19 建築時利息	89,443 97					89,443 97
資-20 滙兌	10,563 91					10,563 91
第二欵共計	100,007 88					100,007 88
第一第二兩欵合計	7,271,301 93		671,555 63		671,555 63	7,942,857 56
減去建築帳收入	5,510 17					5,510 17
路綫及設備品之原價	7,265,791 76		671,555 63		671,555 63	7,937,347 39
其他有形資產之原價						
無形資產之原價	17,932 76		2,300 00		2,300 00	20,232 76
財產原價總計轉入平準表	7,283,724 52		673,855 63		673,855 63	7,957,580 15

營

中華民

4

百分之幾占營業進欵	百分之幾占營業用欵	十九年一月至十二月				營業用欵	二十年一月至十二月				百分之幾占營業用欵	百分之幾占營業進欵
1	2	3		4		5	6		7		8	9
15.39	20,00	281,566	78			用-1 總務費			293,960	12	16.89	13.5
				135,221	20	管理	140,185	54				
				146,345	58	特別	153,774	58				
7.00	9.00	128,189	13			用-2 車務費			163,484	90	9.40	7.5
26.30	33.90	481,526	02			用-3 運務費			614,169	01	35.27	28.2
				404,570	72	機車	523,835	90				
				2,408	51	客貨車	4,221	61				
						自動車						
				36,098	73	車務	35,728	27				
				38,448	06	渡船	50,383	23				
12.41	16.00	226,958	75			用-4 設備品維持費			310,693	57	17.84	14.3
				226,893	75	機車處	310,677	72				
				65	00	渡船處	15	85				
16.40	21.10	299,706	57			用-5 工務維持費			358,568	38	20.60	16.4
				279,542	72	養路處	347,705	17				
				20,163	85	他處	10,863	21				
						用-6 互用車輛						
77.50	100.00	1.417,947	25			營業用欵總數			1,740.875	98	100.00	80.0
22.50		411,307	42			營業淨盈			433,875	29		19.9
100.00	100.00	1.829.254	67			總計			2,174,751	27	100.00	100.0

百分之幾占營業進款	十九年一月至十二月		營業進款	二十年一月至十二月		百分之幾占營業進款
10	11	12	13	14	15	16
	1,794,715 33		A 運輸進款		2,080,249 88	
72.67		1,329,426 97	進一1 旅客	1,525,556 28		70.15
1.40		22,271 91	進一2 其他	30,438 91		1.40
24.40		442,836 16	進一3 貨物	524,248 36		24.11
01		180 29	進一4 其他	6 33		
	34,539 34		B 其他營業進款		94,501 39	
			進一6 電報	48 32		
			進一7 總機廠贏利	8 70		
02		5,376 00	進一8 租金	53,955 40		2.48
1.50		29,163 34	進一9 雜項進款	40,488 97		1.86
			C 進一10 附屬營業			
			D 進一11 互用車輛			
100.00	1,829,254 67		營業進款總數		2,174,751 27	100.00
			營業淨盈			
100.00	1.829.254 67		總計		2,174,751 27	100.00

第一段　歲計賬

上年度		借方	本年度		上年度		貸方	本年度
1		2	3		4		5	6
元			元		元			元
		歲一8　虧損淨數			411,307	42	歲一1　進欵數淨	433,87
64,901	14	歲一9　長期債欵之利息	61,386	96			歲一2　有價證券之收入	
806	09	歲一10　短期債欵之利息	987	37	2,864	03	歲一3　利息	2,461
		歲一11　契約規定之官利	365,862	34			歲一4　實業投資之盈利	
		歲一12　政府資金之利息					歲一5　應收租金	
		歲一13　實業投資之虧損					歲一6　兑換盈餘	420
		歲一14　分期消除債欵之折扣					歲一7　雜項收入	
4,332	04	歲一15　稅金	4,540	10				
4,875	98	歲一16　應付租金						
	40	歲一17　錢幣跌價之折扣						
		歲一18　兑換虧損	241	36				
		歲一19　雜項支出						
74,915	65	共計	433,018	13	414,171	45	共計	436,757
339,255	80	結數	3,739	36			結數	
414,171	45	共計	436,757	49	414,171	45	共計	436,757

第二段 盈虧賬

上年度	借方	本年度	上年度	貸方	本年度
1	2	3	4	5	6
元		元	元		元
	盈—5 本年結數		339,255 80	盈—1 本年結數	3,739 36
	盈—6 出售資產之虧損			盈—2 出售資產之盈利	
	盈—7 過期賬支出			盈—3 過期賬收入	
	盈—8 其他支出			盈—4 其他收入	
	共計		339,255 80	共計	3,739 36
339,255 80	結數	3,739 36		結數	
339,255 80	共計	3,739 36	339,255 80	共計	3,739 36

第三段 盈虧撥補賬

上年度	借方	本年度	上年度	貸方	本年度
1	2	3	4	5	6
元		元	元		元
	撥—4 本年虧折		339,255 80	撥—1 本年盈餘	3,739 36
	撥—5 歷年積虧			撥—2 歷年積餘	976,409 10
	撥—6 債劵紅利			撥—3 政府息金之轉登	
154,393 69	撥—7 擴充產業之撥用	673,855 63			
143,429 88	撥—8 償還債欵之撥用	389,203 97			
	撥—9 抵消折扣之撥用				
	撥—10 公積特別撥用金				
	撥—11 其他撥用				
	撥—12 撥付政府之數				
297,823 57	共計	1,063,059 60	339,255 80	共計	980,148 46
41,432 23	轉入平準表之盈餘			轉入平準表之虧折	82,911 14
339,255 80	共計	1,063,059 60	339,255 80	共計	1,063,059 60

總　平

8　借方　　資產或稱借方結數　　中華民國

本年度初結數	款別	本年度末結數	增	減
1	2	3	4	5
元 角		元 角	元 角	元
	平—6　資金資產			
7,265,791 76	平—6—1　路綫及設備品之原價	7,937,347 39	671,555 63	
	平—6—2　其他有形資產之原價			
17,932 76	平—6—3　無形資產之原價	20,232 76	2,300 00	
7,283,724 52	資金資計共計	7,957,580 15		
	平—7　營業資產			
182,289 02	平—7—1—1　銀行來往	111,887 72		70,401
2,176 17	平—7—1—2　港局庫存	5,725 82	3,549 65	
66,775 99	平—7—1—3　總局庫存	81,349 93	14,573 94	
14,509 84	平—7—1—4　備用欵項	77,344 70	62,834 86	
	平—7—2　債欵及滙票			
	平—7—3　車務帳應收之結數			
37,611 08	平—7—4—2　零星欠戶	37,650 60	39 52	
98,683 90	平—7—5　材料	235,378 70	136,694 80	
402,046 00	營業資產共計	549,337 47		
	平—8　未來之借項			
5,000 00	平—8—1　暫時墊付政府之欵			5,000
	平—8—2　預付欵項			
	平—8—3　未經銷滅之債欵折扣			
	平—8—4　未經註銷之廢棄產業			
	平—8—5　特別積欵			
5,710 66	平—8—6　其他未來借項	5,840 66	130 00	
10,710 66	未來之借項共計	5,840 66		
	平—9　累積虧折	82,911 14	82,911 14	
7,696,481 18	總計	8595,669 42		

準　　　　表

二十年度　　　　負債或稱貸方結數　　　　貸方　9

本年度初結數		款　　別	本年度末結數		增		減	
6		7	8		9		10	
元	角		元	角	元	角	元	角
		平—1　資本負債						
3,658,623	35	平—1—1　股份	3,688,623	35				
17,659	56	平—1—2　股份之增價	17,659	56				
		平—1—3　政府長期資金						
		平—1—4　抵押債券						
		平—1—5　其他未來之貸項						
3,676,282	91	資本負債共計	3,676,282	91				
		平—2　營業負債						
		平—2—1　債欵及滙票						
		平—2—2　車務賬應付之結數						
148,028	75	平—2—3　未償之到期欠項	133,037	23			14,991	52
		平—2—4—2　零星借主	3,000	00	3,000	00		
84,654	00	平—2—4—3　貨項	39,053	20			46,600	80
23,573	00	平—2—5　保証金	21,950	07			1,622	93
709,160	11	平—2—6　附項	1,167,532	36	458,372	25		
965,415	86	營業負債共計	1,364,572	86				
		平—3　未來之貸項						
15,553	83	平—3—1　政府暫墊之欵	2,096	81			13,457	02
		平—3—2　營業準備金						
1,164,402	48	平—3—3　折舊準備金	1,228,226	68	63,824	20		
		平—3—4　救濟金						
26,822	71	平—3—5　未領股息	389,836	27	363,013	56		
33,396	31	平—3—6　荒賬準備	33,396	31				
1,240,175	33	未來之貸項共計	1,653,556	07				
		平—4　已經支用之盈餘						
506,821	01	平—4—1　盈餘提出之增建產業	1,180,676	64	673,855	63		
331,376	97	平—4—2　盈餘提出之償還債欵	720,580	94	389,203	97		
838,197	98	已經撥用之盈餘共計	1,901,257	58				
976,409	10	平—5　未經撥用之盈餘					976,409	10
7,696,481	18	總　　計	8,595,669	42				

營業進欵詳細計算書

中華民國二十年度

類別	合計 節	合計 目	合計 項
1	2	3	4
	元	元	元
第一欵　運輸進欵			
進－1　客運業務—旅客			1,525,556 28
進-1-1 尋常		1,443,930 87	
進-1-2 政府			
進-1-2-1 屬於行政者			
進-1-2-2 屬於軍事者			
進-1-3 優待票			
進-1-4 游覽票		859 17	
進-1-5 補價票		80,766 24	
進-1-7 特別費			
進-1-8 定期票			
進－2　客運業務—其他			30,438 91
進-2-1 行李		22,285 24	
進-2-1-1 公衆	22,285 24		
進-2-1-2 政府			
進-2-2 包裹			
進-2-2-1 本路			
進-2-2-2 公衆			
進-2-3 車輛及動物			
進-2-3-1 公衆			
進-2-3-2 政府			
進-2-4 車專		7,053 67	
進-2-4-1 公衆			
進-2-4-2 政府			
進-2-5 郵運業務		1,100 00	
進-2-6 裝卸力			
進-2-7 貨幣			
進-2-7-1 公衆			
進-2-7-2 政府			
進-2-8 其他			
進－3　貨運業物—貨物			524,248 36
進-3-1 通常貨物		724,248 36	
進-3-1-1 公衆	524,248 36		
進-3-1-2 政府			
進-3-2 他路材料			
進-3-3 本路材料			
進-3-3-1 建築用材料			
進-3-3-2 營業用材料			
進-3-3-3 機車處用煤			
接後頁			2,080,245 55

營業進欵詳細計算書

類別	合計		
	節	目	項
1	2	3	4
	元	元	元
接前頁			2,080,243 55
進-4 貨運業務—其他			6 33
進-4-1 調車			
進-4-2 裝卸力			
進-4-3 延期費		6 33	
進-6 電話			48 32
進-7 總機廠贏利			8 70
進-8 租金			53,955 40
進-9 雜項			40,488 97
進-9-1 廣告		3,263 82	
進-9-2 站上車上之特許利益		34,099 17	
進-9-3 無主物及沒收物變價		53 00	
進-9-4 材料轉賣之贏利		8 26	
進-9-5 其他		3,064 72	
進-10 輔助營業			
營業進欵總計			2,174,751 27

營業用欵詳細計算書

中華民國二十年度

類別	合計					
	節		目		項	
1	2		3		4	
	元		元		元	
用-1　總務費						
第一欵　管　理					140,185	54
用-1-1 督辦經費						
用-1-1-1 總管理經費						
用-1-1-2 聯運處經費						
用-1-1-3 其他						
用-1-2 管理處			50,000	95		
用-1-2-1 薪俸	42,800	00				
用-1-2-2 公費	2,091	57				
用-1-2-3 辦公室費用	1,561	32				
用-1-2-4 傢具	3,548	06				
用-1-3 總務課			31,370	91		
用-4-1-1 薪俸	28,158	26				
用-4-1-2 公費	186	34				
用-4-1-3 辦公室費用	3.026	31				
用-1-4 會計課			25,780	13		
用-1-4-1 薪俸	23,720	91				
用-1-4-2 公費	11	40				
用-1-4-3 辦公室費用	2,047	82				
用-1-5 材料股			12,293	76		
用-1-5-1 薪俸	11,791	26				
用-1-5-2 公費	156	34				
用-1-5-3 辦公室費用	346	16				
用-1-6 總公司費用			18,585	86		
用-1-7 其他						
用-1-7-1 保險費			2,153	93		
用-1-7-2 廣告費	1,969	07				
用-1-7-3 材料損失						
用-1-7-4 材料運費	3	20				
用-1-7-5 看守費						
用-1-7-6 雜費	181	66				
用-1-8 外國費用						
第二欵　特　別					153,774	58
用-1-9 醫藥及衛生			3,965	94		
用-1-9-1 薪俸及公費	771	24				
用-1-9-2 藥品及醫院	3,194	70				
用-1-9-3 衛生						
用-1-10 法律事務			111	13		
接　後　頁			141,262	61	293,960	12

營業用欵詳細計算書

中華民國二十年度

類別	合計 節	合計 目	合計 項
1	2	3	4
	元	元	元
接前頁		144,262 61	293,960 12
用-1-11 警務		67,053 68	
用-2-11-1 薪餉	58,941 99		
用-2-11-2 公費	189 90		
用-2-11-3 服裝及設備品	3,503 21		
用-2-11-4 雜費	4,418 58		
用-1-12 教育經費		6,362 40	
用-1-12-1 附屬學校	362 40		
用-1-12-2 教育捐助金	6,000 00		
用-1-13 租金		2,111 60	
用-1-14 賠償		3,559 44	
用-1-14-1 人民死傷	3,270 84		
用-1-14-2 損失	166 30		
用-1-14-3 其他	122 30		
用-1-15 捐欵獎金		62,367 20	
用-1-15-1 救濟金	5,804 50		
用-1-15-2 獎勵金	54,798 00		
用-1-15-3 撫恤金	1,764 70		
用-1-16 其他		8,243 19	
用-1 共計		293,960 12	
用-2 車務費			163,484 90
用-2-1 車務課		50,788 07	
用-2-1-1 薪俸	47,512 74		
用-2-1-2 公費	420 70		
用-2-1-3 辦公室費用	2,854 63		
用-2-2 車站員役		92,578 13	
用-2-2-1 站長及事務員薪工	65,181 72		
用-2-2-2 站長及事務員公費	14,082 73		
用-2-2-3 工資	13,313 68		
用-2-3 服裝		1,413 20	
用-2-4 車站消耗品及傢具		8,330 90	
用-2-4-1 消耗品	6,577 76		
用-2-4-2 傢具	1,753 14		
用-2-5 印刷品文具及車票		6,369 45	
用-2-6 裝卸費		3,819 56	
用-2-7 招攬用金			
接後頁		163,299 31	457,445 02

營業用欵詳細計算書

 中華民國二十年度

類別	合計 節	合計 目	合計 項
1	2	3	4
	元	元	元
接前頁		163,299 31	457,445 02
用-2-8 其他		185 59	
用-2-8-1 材料損失			
用-2-8-2 材料運費			
用-2-8-3 看守費	12 00		
用-2-8-4 雜費	173 59		
用-2 共計		163,484 90	
用-3 運務費			
用-3-1 機車			523,835 90
用-3-1-1 機車匠役		49,172 33	
用-3-1-1-1 司機司火薪工	30,283 21		
用-3-1-1-2 司機司火過時加給	17,273 89		
用-3-1-1-3 工資	353 69		
用-3-1-1-4 雜費	1,261 54		
用-3-1-2 燃料		408,820 34	
用-3-1-2-1 煤	400,524 38		
用-3-1-2-2 運費			
用-3-1-2-3 工資	5,389 21		
用-3-1-2-4 材料	2,906 75		
用-3-1-2-5 点查存料之損失			
用-3-1-3 水		4,773 50	
用-3-1-4 油脂		58,742 59	
用-3-1-5 其他材料		2,327 14	
用-3-2 客貨車			4,221 61
用-3-2-1 工資			
用-3-2-2 油脂		4,051 43	
用-3-2-3 其他材料		170 18	
用-3-3 自動車			
用-3-3-1 工資			
用-3-3-2 材料			
用-3-4 車務			35,728 27
用-3-4-1 車上員役		33,352 23	
用-3-4-1-1 驗票及車守薪工	25,569 62		
用-3-4-1-2 驗票及車守薪工過時加給	7,062 79		
用-3-4-1-3 制動伕及車役工資	27 15		
用-3-4-1-4 雜費	692 67		
用-3-4-2 發光及導熱		49 29	
用-3-4-3 客貨車消耗品及費用		45 51	
用-3-4-4 出險清理		2,281 24	
接後頁		563,785 78	1,021,230 80

營業用欵詳細計算書

中華民國二十年度

類別		合計 節	合計 目	合計 項
1		2	3	4
		元	元	元
接前頁			563,785 78	1,021,230 80
用-3-5 渡船				50,383 23
用-3-5-1 員役			16,367 87	
用-3-5-2 燃料			23,542 92	
用-3-5-3 材料			10,472 44	
用-3-5-4 雇賃船隻等項				
用-3-5-5 其他				
用-3 共計			614.169 01	
用-4 設備品維持費				
第一欵 機車處				310,677 72
用-4-1 機務課			24,152 03	
用-4-1-1 薪俸		22,145 13		
用-4-1-2 公費		179 34		
用-4-1-3 辦公室費用		1,827 56		
用-4-2 機車			85,351 55	
用-4-2-1 修理		74,866 65		
用-4-2-1-1 工資	54,111.80			
用-4-2-1-2 材料	20,601.90			
用-4-2-1-3 其他	152.95			
用-4-2-2 折舊		10,484 90		
用-4-3 客車			61,747 98	
用-4-3-1 修理		56,223 08		
用-4-3-1-1 工資	21,399.36			
用-4-3-1-2 材料	34,762.27			
用-4-3-1-3 其他	61.45			
用-4-3-2 折舊		5,524 90		
用-4-4 貨車			61,803 33	
用-4-4-1 修理		34,787 83		
用-4-4-1-1 工資	8,158.81			
用-4-4-1-2 材料	26,587.67			
用-4-4-1-3 其他	41.55			
用-4-4-2 折舊		27,015 50		
用-4-5 自動車			32,690 05	
用-4-5-1 修理		11,891 15		
用-5-4-1-1 工資	4,855.84			
用-5-4-1-2 材料	6,867.86			
用-5-4-1-3 其他	167.45			
用-4-5-2 折舊		20,798 90		
接後頁			265,74, 94	1,382,291 75

營業用欵詳細計算書

中華民國二十年度

類別	合計 節	合計 目	合計 項
1	2	3	4
	元	元	元
接前頁		265,744.94	1,382,291.75
用-4-6 發光導熱設備品			
用-4-7 業務設備品		92.09	
用-4-7-1 修理	92.09		
用-4-7-1-1 工資			
用-4-7-1-2 材料 92.09			
用-4-7-1-3 其他			
用-4-7-2 折舊			
用-4-8 機件及器具		59.30	
用-4-8-1 機件			
用-4-8-2 器具	59.30		
用-4-9 總機廠		41,477.35	
用-4-10 零小工作			
用-4-11 其他		3,304.04	
用-4-11-1 材料損失			
用-4-11-2 材料運費	1,286.45		
用-4-11-3 看守費			
用-4-11-4 雜費	2,017.59		
第二欵 航渡處			15.85
用-4-13 監理			
用-4-13-1 薪俸			
用-4-13-2 公費			
用-4-13-3 辦公室費用			
用-4-14 船身		15.85	
用-4-15 機械			
用-4-16 航船機件			
用-4-17 器具及傢具			
用-4-18 零小工作			
用-4-19 其他			
用-4-19-1 材料損失			
用-4-19-2 材料運費			
用-4-19-3 看守費			
用-4-19-4 雜費			
用-4 共計		310,693.57	
接後頁			1,382,307.60

營業用欵詳細計算書

中華民國二十年度 17

類別	合計 節	合計 目	合計 項
1	2	3	4
	元	元	元
接前頁			1,382,307 60
用-5 工務維持費			
第一欵 養路工程處			347,705 17
用-5-1 工務課		23,940 79	
用-5-1-1 薪俸	20,706 38		
用-5-1-2 公費	1,710 14		
用-5-1-3 辦公室費用	1,524 27		
用-5-2 路基及路線保護		3,279 72	
用-5-3 隧道			
用-5-4 工橋		37,321 07	
用-5-5 軌道		209,410 27	
用-5-5-1 工資	94,091 54		
用-5-5-2 軌枕	106,123 33		
用-5-5-2-1 原價 105,242.81			
用-5-5-2-2 運費 880.52			
用-5-5-3 鋼軌及配件	7,334 76		
用-5-5-4 石渣	1,860 64		
用-5-6 信號及軌閘		20,681 42	
用-5-7 車站及房屋		40,437 67	
用-5-7-1 總公司房屋	4,956 94		
用-5-7-2 車站及房屋	13,242 56		
用-5-7-3 員司住屋	8,132 04		
用-5-7-4 車站屬具	14,106 13		
用-5-8 總機廠		403 93	
用-5-9 機件及器具		8,611 14	
用-5-9-1 機件	1,393 61		
用-5-9-2 器具	7,217 53		
用-5-10 臨時費用			
用-5-11 零小新工作		716 43	
用-5-12 其他		2,902 73	
用-5-12-1 材料損失			
用-5-12-2 材料運費	36 05		
用-5-12-3 看守費			
用-5-12-4 栽植	724 09		
用-5-12-5 疏河	2,074 59		
用-5-12-6 雜費	68 00		
接後頁		347,705 17	1,730,012 77

營業用欵詳細計算書

18　中華民國二十年度

類別	合計 節	合計 目	合計 項
1	2	3	4
	元	元	元
接前頁		347,705 17	1,730,012 77
第二欵 他處			10,863 21
用-5-14 電務		3,830 32	
用-5-14-1 電務股			
用-5-14-1-1 薪俸			
用-5-14-1-2 公費	50		
用-5-14-1-3 辦公室費用	5 25		
用-5-14-2 維持費	3,320 97		
用-5-14-3 零小新工作			
用-5-14-4 其他			
用-5-14-4-1 材料損失			
用-5-14-4-2 材料運費	3 60		
用-5-14-4-3 看守費			
用-5-14-4-4 雜費			
用-5-15 船塢船港及船埠		7,032 89	
用-5-15-1 監理			
用-5-15-2 維持費	7,032 89		
用-5 共計		358,568 38	
用-6 互用車輛			
用-6-1 客車			
用-6-2 貨車			
用-6 共計			
營業用欵總計			1,740,875 98

新寧鐵路

民國二十二年度

會計統計年報

會計處編

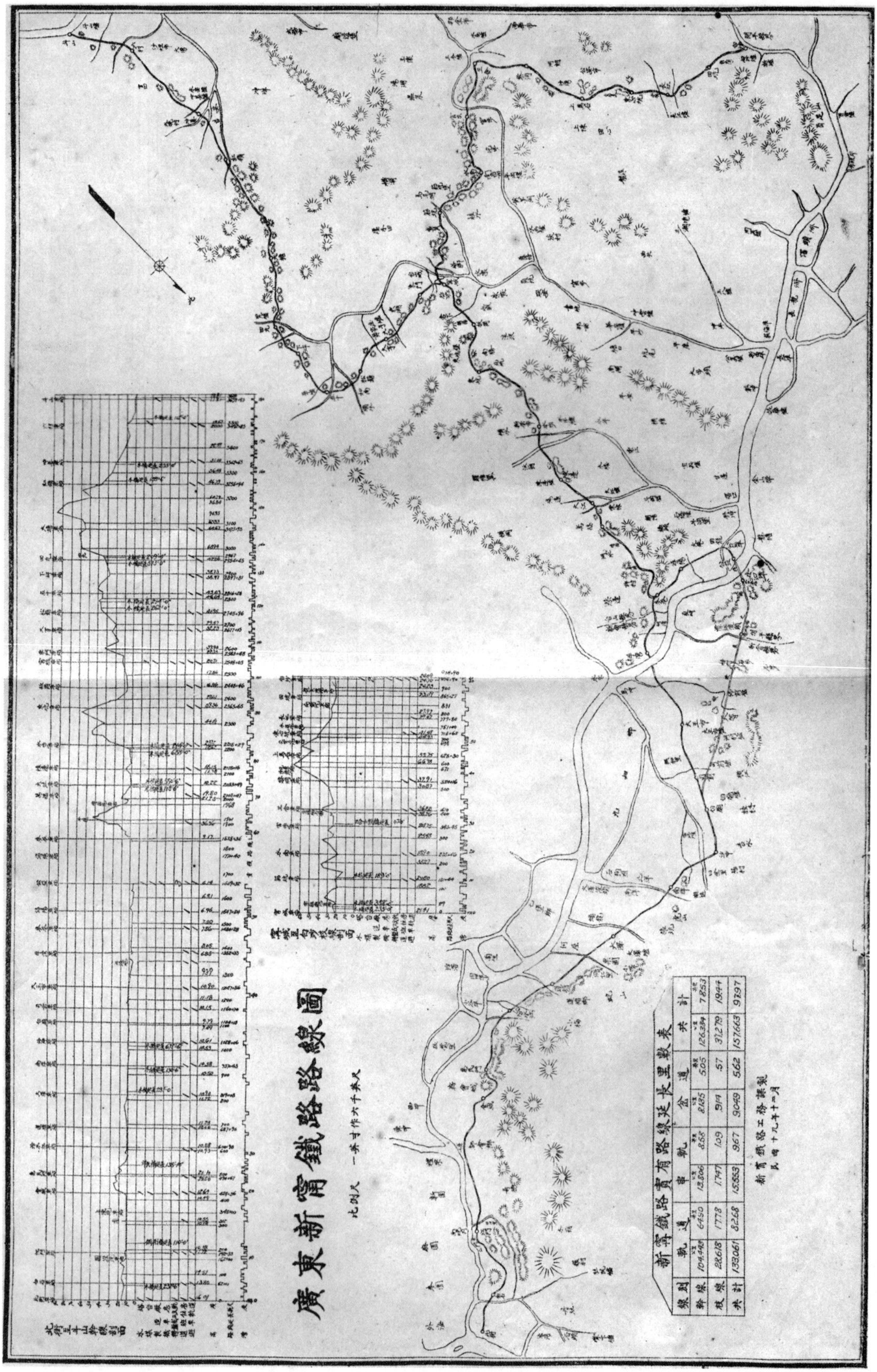
廣東新甯鐵路路綫圖
比例尺 一英寸作六千英尺
新甯鐵路實有路綫延長里數表
綫別 | 軌道 | | 岔軌 | | 岔道 | | 共計 |
幹綫 | 104.443 | 64.90 | 13.806 | 8.58 | 8.135 | 5.05 | 126.384 | 78.53
枝綫 | 28.618 | 17.78 | 1.747 | 1.09 | .914 | .57 | 31.279 | 19.44
共計 | 133.061 | 82.68 | 15.553 | 9.67 | 9.049 | 5.62 | 157.663 | 97.97
新甯鐵路工務課製
民國十九年十一月

公益橋第二度移往安裝至河中情形写真

公益橋第一度安設時攝影片

公益橋第二度在南岸橋頭裝安後預備移往安置地點情形圖

公益橋第二度已移置安設地點情形
民國十二年一月

總理遺囑

余致力國民革命凡四十年其目的在求中國之自由平等積四十年之經驗深知欲達到此目的必須喚起民衆及聯合世界上以平等待我之民族共同奮鬬

現在革命尙未成功凡我同志務須依照余所著建國方略建國大綱三民主義及第一次全國代表大會宣言繼續努力以求貫徹最近主張開國民會議及廢除不平等條約尤須於最短期間促其實現是所至囑

新寧鐵路史畧

（新寧原係縣名即今台山）

溯本路建築之起因，原以新寧縣境之中部，爲王蛇膣蝗蜍口諸山所橫亘，使北部荻海之水，不能與南部三峽海溝通，（明代陶魯議鑿蟾蜍口引荻海之水南流入三峽海因工鉅未就）航路梗塞，感交通之不便，外埠邑僑，與內地紳商，建議吸集游資，敷設鉄路，貫通全邑，以利交通，乃於新甯縣城設鉄路股份有限公司，並因地命名曰新甯，聲明不收洋股，不借洋欵，不用洋工，同時測定路線，計劃進行，由光緒三十二年二月二十二日奉准政府，開始建築，其時羣情踴躍，大欵一呼立集，工程迅速，僅閱三載，而由新寧之斗山經寧城至公益，縱貫新寧縣境南北之一段，已告竣工，於宣統元年三月初一日通車，嗣是而由公益展築至新會城一段，於民國元年三月初六日通車，由新會城經江門至北街一段，於民國六年三月二十三日通車，又議築西南枝線，由甯城車站直達陽江縣城，以欵項不足，僅築至甯開交界之白沙墟而止，於民國九年五月十二日通車，而新甯之交通便矣。

路線：由斗山至公益又至新會之江門北街，共一百零四公里四四三，由甯城至白沙之枝路，共二十八公里六一八，其間站內軌道及岔道共二十五公里六一二，合計全路一百五十八公里六七三。

資本：第一次由美洲招股二百萬両，內地七十萬両，第二次展築北街一段，招股五十萬元，第三次展築白沙枝路，招股三十萬元，合計實收股本三百六十七萬六千二百八十二元九角壹仙，並先後向商行息借二百萬元，以充建設之用。

車輛：建築之初，向德國購大機車三輛，美國購大機車九輛，小機車四輛，本路工廠自造小機車二輛，又購入頭等坐車八輛，二等坐車八輛，三等坐車三十輛，有蓋貨車四十七輛，無蓋天平車四十三輛，無蓋鐵欄貨車二十七輛，坭車五十四輛，手搖車五十輛，初時運輸上僅有此數，然尚敷調遣之用。

建築費：第一段斗山至公益，用去二百五十餘萬元，第二段公益至北街，用去二百二十餘萬元，第三段甯城至白沙，用去一百二十餘萬元，統計建築費約六百萬元。除建築外，購機車車輛機件等項，約一百萬元。其時資產全部統計達七百萬元，前日所借商欵，陸續車利項下提撥償還，負債部分，惟股本三百六十餘萬元，與應付未付帳百餘萬元而已。故於民國九年全路通車時，資產負債相較，頗有盈餘，成績甚爲可觀。

— 1 —

本路籌辦伊始，公推華僑陳宜禧爲總辦，邑紳余灼爲協理，旋余灼物故，由陳總辦一手專管，並自任工程師機器師，以忠實忍毅，爲衆所稱，及西南枝路工竣，董事局提議於總公司之前，爲之鑄像紀念，勒石紀功，時陳總辦尚生存，然年已期頤，暮氣深矣。

本路係商辦性質，開辦十年，董事局仍未成立，至民國四年，美洲華僑推舉多人回國，組織董事局，乃擬具章程，呈奉交通部備案，始由股東正式選舉董事監察，負路務完全責任。

至以路務言，民國十六年以前，公司內部員司，向乏有系統之組織，僅如舊式商店，畧分職務而已，故諸事多叢脞不舉，加以自民國九年以還，連年兵亂迭起，其時搭客，每藉軍政機關公務往來爲口實，無票乘車者，常居多數，雖有禁令，曾不稍戢，影響車利損失甚鉅，以至日中所入，不敷所出，對於運輸無力補充，軌枕無法抽換，脫軌壞車之事，時有所聞，其時今立法院長孫科爲廣東建設廳長，洞悉此中情况，卽於民國十六年二月二十一日派員駐路整理，除舊佈新，氣象爲之一振，整理完畢，隨於十七年十月招集股東大會，選舉第六屆董事監察，從新成立董事會，於十八年一月二十日由整理委員將路務交回董事會負責辦理，至今數載，路務蒸蒸焉日有起色，車利收入，歲有增進，機車車輛之增置，路線之改良，公益鐵橋之建築，着着進行，將來全部計劃完成，客貨運輸，暢行無阻，其發展誠有未可限量者。

第自民二十一年以後，世界各國經濟恐慌，影響所至，外而華僑破產歸來，內而農村經濟不景，本路收入因而銳減，於是汲汲焉惟開源節流是務，從前所定之建設改良計劃，以財力短絀故，爲之濡延，復大舉裁員，減薪，以事撙節，此爲最近路史之重要紀錄，亦路政上之創舉也。

會計報告

民二十二年度

甲• 本年度營業概况

本路自民十七年以來，一切業務，加以整理，百廢以次舉行，營業漸臻繁榮，頗有蒸蒸日上景象，凡關心本路情况者，每省覽統計會計年報，莫不欣欣然爲之色喜，其前途之光明，未來之發展，信可預期•不圖年來世界經濟不景，中外商業，一落千丈，本路當此險惡潮流，自難例外，客貨運輸，因而銳減，至其他直接間接之損失，有形無形之虧耗，俱非淺鮮，但是，雖於此險惡潮流當中，仍能上下一心，羣策羣力，共維巨艱，故運輸業務，雖未能與上年度相頡頏，而以與十七年度相比較，尚能有等量之發展，未嘗非當局人員努力服務，以尅制斯不良環境，有以致之•查民二十二年度，客運人數爲二百八十三萬六千，貨運噸數本爲九萬五千餘，較於民十七年度客運人數，逾一百零八萬餘人，貨運噸數，僅短收三千餘噸，營業收入共一百七十三萬八千零七十六元一角，比之民十七年度增一十二萬餘元，於此掀天動地之經濟不景中，仍能有此運輸成績，非戮力維持之功而何，茲將近年運輸數額，表列於次：

近年客貨運輸表

年度	客運		貨運	
	人數	進欵	噸數	進欵
民十七年	1,754,384	1,150,876 25	98,084	462,441.29
民十八年	2,062,527	1,140,028.88	113,533	404,996.44
民十九年	2,453,219	1,351,698.88	128,865	443.016.45
民二十年	2,644,857	1,555,995.19	149.364	524,254.69
民廿一年	3,119,078	1,453,781.99	146,667	479,343.44
民廿二年	2,836,000	1,259,665.24	95,342	332,882.45

乙• 公益鐵橋及新路綫

本路路綫所經之牛灣河面，寬度一千七百餘尺，當建築之初，以限於財力故，未建橋樑，僅從簡便設置，備有大鐵船一艘於此，以航渡機車車輛，接駁兩岸，歷數十年來，雖未有若何危險發生，然行旅往還，每於車列船上，鼓輪渡河之際，莫不慄慄危懼，若大禍之將至，且鉄船容積無多，僅能載運一機車，三客車，一貨車，如逾此數，必須脫去，方能登船，是以貨物旅客，皆不能盡量運載，損失殊非淺鮮•況兩岸接駁，頗需時間，加以船行遲緩，每次車行至是，必經數十分時之久，全列車輛，始能遵軌進行，時間不經濟，旅客不安寧，車利受損失，誠爲發展路務之一大障礙，乃於民十九年決定在公益河面建築大鐵橋一座，並修改路綫，以便往來，查建橋工程，除於民二十一年度以前，支出數十萬元外，本年上半年度，雖於不景當中，仍努力繼續進行，同時並購入新路綫地畝，建築路基，建橋築路併力舉行，計購地支出一十萬餘元，築造路基支出七萬餘元，公益鉄橋支出二十二萬餘元，此外測勘等費亦有相當支出，以期迅速完成，無奈承建鐵橋之馬克敦公司因經濟不景，不能接濟，致下半年度工程進行，爲之延滯，未能依期完成，以利交通，誠爲路政之大憾事。孫總理云「行之非艱知之爲艱」夫旣知之，自能行之，理所固然。吾人當本其不懈之精神，鼓其不撓之勇氣，務於最短期間，基此心理建設，以完成橋路建設，爲行旅謀便利與安全也。

丙。台冲公路與台東公路

台冲公路係由台山縣城起，至冲蔞墟止，路綫長約三十四華里，除起止兩端，與本鐵路同一地點，並在四九墟與本路路綫相交互外，沿途與本鐵路相距離，約由半華里至六華里半，其時已有一部分通車，台東公路由台山縣城起至五十墟止，路綫長約十五。七華里，起訖兩端，亦與本鉄路同一地點，沿途復與本鉄路平行，其相距最遠處，僅二。二華里，其時尙在建築之中，尙未行車，第自台冲公路行車以後，本鉄路自台城至冲蔞一段，收入較平時銳減，該公路營業收入，亦不敷支出之需，以理勢言，倘不設法善其後，以補救將來，則本鉄路受累固多，仍不至有重大影響，該公路資本微薄，難堪長期虧耗，勢必至於破產而後已。況鐵路公路，同爲交通運輸事業，同爲地方人民資本，愛護鉄路與愛護公路，其關繫原無次等，且鐵道部曾有公路應居啣接或分歧地位，不能與鉄路平行之規定，本鐵路乃本其愛護地方交通事業初衷，分呈鐵道部及廣東建設廳，請予以限制，隨由廳派員會縣履勘，旋奉飭由台山縣政府轉着本鉄路備價收買台冲公路，將欵發還該路股東，台東公路准繼續建築，俟完成後，仿照台冲辦法，由本鐵路收買，或由本鉄路行車，每月納回路租，撥爲公路股東本息，其租額由雙方訂妥呈核，等因，迭經本鉄路去函及派員，與台冲公路台城段路股董事會冲蔞段勸辦處四九五堡段管理田丁橋梁路股董事會台東公路勸辦處等，會商接洽，並由台山縣政府定期召集開會，協商租批辦法，時四九五堡管理田丁橋梁路股董事會表示同意，將由田坑琴山橋起至小旗山止，共一十四華里半，由本鐵路承租，乃於二十二年七月五日雙方簽訂批約，其批約內容，大要「台冲公路所有大小車輛及建築物等，共値銀四萬八千元，由本鐵路完全備價承買。自簽約之日起，該公路完全歸與本鉄路，永遠自由管理設施，及行駛車輛，與夫一切收益處分。全路修養費，由本鐵路支理。每年納回公路租銀四千二百元，按月清交。」自承租以來，平均每天車利收入，不滿五十元，而汽油機件修理各費，站上車上員司工資，養路工程費等，平均每天需費約九十元，收支相較，每天約虧損不少。計是年由承租之日起，至十二月底止，本鉄路所受損失，達數千元。換言之，此數千元之損失，實代該公路股東賠累而已。

丁。憑票之發行與銷燬

本路縱貫台會兩屬，鄰接恩開鶴赤各邑，經濟狀況，交易往還，與本路有密切關繫，向者五邑各都市流通應用之毫洋，銀質純雜不一，旅客到本路購票乘車，每因轉換低銀故，常與站上或車上員司發生爭執，甚至延誤行程，不及登車，貽誤行旅不鮮，且本路每月發放員司薪金，達五萬餘元，（現經裁員減薪，每月節省萬餘元）爲數旣鉅，每當發薪之期，輾轉挑換，固感困難，而於選擇交收，耗費時間，曠誤工作，其無形之損失殊巨，本路爲避免上述情形起見，曾於二十二年一月間，印製一元五元十元五十元憑票數種，於發薪時，搭發一部，或給發全數，各員司領受後，隨時携交會計處或各站掉換毫洋，商旅爲謀自己便利，免交收挑換麻煩計，每當本路發薪之期，紛向員司購換憑票，以備需用，信用之孚洽，商場之樂用如此，故自發行後，不匝月間，已發出者共三十二萬九千九百四十五元，其流通區域，不僅遍於五邑各大小都市，且遠及港澳，其珍重價值，駸駸乎與香港鈔票並駕齊驅，誠非始料所及，至五月間，政府以妨碍幣政故，限期本路於一月內將已發出之憑票收回，其未發者則連同庫內所有，悉數截角銷燬，但信用深入人心，經一月之久，僅收回少數，一月復一月，屢次延限，至今仍有些少票數，存諸社會人士之手，持向本路會計處易取毫洋，或換其他銀幣者，時有其人，信譽效用，非政治力量所能轉移，誠然。

會計處長

李　袞　宸

本路廿二年度决算書各項數目均經核對無訛

監察人

李慶廣 印

陳孟坡 印

產業所擔之債務

債務之識別	股份		借款		政府長期資金		共計	
	規定數	已發數	規定數	已發數	規定數	已發數	規定數	已發數
1	2	3	4	5	6	7	8	9
	元.	元.	元.	元.			元.	元.
股份	3,676,282.91	3,676,282.91					3,676,282.91	3,676,282.91
尋常借欵(附項)			2,712,400.00	2,505,082.21			2,712,400.00	2,505,082.21
合計	3,676,282.91	3,676,282.91	2,712,400.00	2,505,082.21			6,388,682.91	6,181,365.12

說明『產業所擔負之債務』

1．本路股本，原無定額。在建築之初，政府曲爲通融，事事力予扶助，故路線長短，資本多寡，完全自由處理，未有規定之限制。及至斗山至北街與由台城至白沙兩線完成，共收入股本銀三百六十七萬六千二百八十二元九角一分，始以此數具報政府備案，作爲股本額定數。

2．本路籌建之始，由美僑集資二百萬両，內地十七萬両，其後展築北街段，招股五十萬元，展築白沙段，招股三十萬元，並先後向商行息借二百萬元。今者前時所借二百萬元，已先後由車利項下撥欵清還。惟自民二十年，起因感牛灣渡船過河之不便，決議創建公益鐵橋，修改路線，預算需欵二百七十一萬二千四百元，先向商行息借足數，隨後由車利項下提撥清還，現已借得二百五十萬零五千零八十二元二角一分，卽表內尋常借欵項下所列之數也。

股票定額

識別	定額數	發行數	增價數	應付紅利之股票數	暫時不付紅利將來應付紅利之股票數	應交未交之數	未經徵繳之數	未發行數
1	2	3	4	5	6	7	8	9
	元	元	元					
股份	3.676.282.91	3.658.623.35						
股份之增價			17.659.56					
合計	3.676.282.91	3.658.623.35	17.659.56					

說明『股票定額』

本路初向美洲華僑招股二百萬両，每附股人，附帶徵收告白登報費若干元，間又有華僑贈送舟車旅行費與陳總辦宜禧者（陳總辦親赴美洲招股）兩欵共計廣銀一萬七千六百五十九元五角六分，此欵在後未有列數支銷，故列作股份增價，即表內第四欄所列之數。省覽年結者，每誤以增價爲增加，以爲股額在後有所增加。合將此數之原委說明。

借 款

類別	期限		借款	價格	折扣			已收數	已收數	息金			本金之分期提存			本金之分期清償		
	收欵日期	到期日期	總數		總數	已銷除數	未銷除數		折合毫洋	息率百分之幾	付息日期	已付息金數	提存年份	每年提存之數	歷年提存	起償年份	每年償還之數	未償數
1	2	3	4	5	6	7	8	9	10	11	12	13	14	15	16	17	18	19
			元.					元.	元.					元.	元.			
	民國	民國									民國		民國			民國		
尋常借欵	21.1.1	30,12,31	2,712,400.00					2,505,082.21	2,505,082.21	$7\frac{1}{2}\%$	31.1,1.		21,12.31.	271,240.00	101,769.27	31,1,1.		
民國二十二年十二月共計			2,712,400.00					2,505,082.21	2,505,082.21						101,769.27			
民國二十一年十二月共計			2,712,400.00					1,449,783.91	1,449,783.91						101,769.27			
比增								1,055,298.30	1,055,298.30									

說明『借欵』

查公益鐵橋建築工料價值，及改良路線費用，有以香港銀幣計算者，有以美國金幣計算者，有以廣東毫洋計算者，茲依照時值分別伸算，共值廣幣毫洋二百七十一萬二千四百元。表內所列借欵，卽爲建橋改路之用，其債額亦以此數爲標準，並定於橋路工程完成後，開始分爲十次償還，每年償還債額百分之十，及當年利息之全數，以十年爲期，期滿本息一併清償。

資本支出

項別	年初彙計	本年度內 新設展長路線	本年度內 擴充改良	本年度內 廢棄產業	本年度內 資本支出淨數	年終彙計
	元	元.	元	元.	元	元.
第一欵 建築帳						
資—1 總務費	232 613.80		1,175.26		1,175.26	233,789.06
資—2 籌辦費	13,723.52		145.00		145.00	13,868.52
資—3 購地	929,409.62		116,283.82		116,283.82	1,045,693.44
資—4 路基築造	703,380.43		72,404.04		72,404.04	775,784.47
資—5 隧道						
資—6 橋工	1,384,439.26		220,840.23		220,840.23	1,605,279.49
資—7 路線保護	4,021.40		3,797.65		3,797.65	7,819,05
資—8 電報及電話	92,397.24		23,562.08		23,562.08	115,959.32
資—9 軌道	1,756,612.11		36,926.93		36,926.93	1,793,539.04
資—10 信號及軌閘	24,945.48		41,455.39		41,455.39	66,400.87
資—11 車站及房屋	688,349.91		8,651.16		8,651.16	697,001.07
資—12 總機器廠	170.097.99		16,680.78		16,680.78	186,778.77
資—13 特別機廠	17.994.83		1,932.90		1,932.90	19,927.73
資—14 機件	184.011.41		556.06		556.06	184,567.47
資—15 車輛	2,009,922.76		118,117.39		118,117.39	2,128,040.15
資—16 船塢船港及船埠	53,676.01					53,676.01
資—17 浮水設備品	255,380.49					255,380 49
第一欵共計	8,520,976.26		662,528.69		662,528.69	9,183,504.95

資本支出

項別	年初彙計	本年度內 新設展長路線	本年度內 擴充改良	本年度內 廢棄產業	本年度內 資本支出淨數	年終彙計
	元.	元.	元.	元.	元.	元.
第二欵　建築以外收支帳						
資一19　建築時利息	89,443.97					89,443.97
資一20　滙換	10,563.91					10,563.91
第二欵共計	100,007.88					100,007.88
第一第二兩欵總計	8,620,984.14		662,528.69		662,528.69	9,283,512.83
減去建築帳收入	7,634.13					7,634.13
路線及設備品原價總計	8,613,350.01		662,528.69		662,528.69	9,275,878.70
其他有形產業之原價	51,445.38		3,027.66		3,027.66	54,473.04
無形資產之原價	23,412.76					23,412.76
財產原價總計轉入平準表	8,688,208.15		665,556.35		665,556.35	9,353,764.50

資本支出詳細計算表

目別	年初彙計	本年度內				年終彙計
		新設展長路線	擴充改良	廢棄產業	資本支出淨數	
1	2	3	4	5	6	7
資-1 總務費						
資-1-1 督辦公所						
資-1-2 總管理處	7,675.99					7,675.99
資-1-2-1 薪水及公費			148.61		148.61	148.61
資-1-2-2 其他費用						
資-1-3 工程處	160,834.07					160,834.07
資-1-3-1 薪水及公費			710.92		710.92	710.92
資-1-3-2 住屋			166.82		166.82	166.82
資-1-3-3 辦公所						
資-1-3-4 辦公費用			148.91		148.91	148.91
接後頁	168,510.06		1,175.26		1,175.26	169,685.32

項別	年初彙計	本年度內				年終彙計
		新設展長路線	擴充改良	廢棄產業	資本支出淨數	
1	2	3	4	5	6	7
接前頁	168 510.06		1,175.26		1,175.26	169 685.32
資-1-4 機車處						
資-1-4-1 薪水及公費						
資-1-4-2 其他費用						
資-1-5 車務處						
資-1-5-1 薪水及公費						
資-1-5-2 其他費用						
資-1-6 電務處	490.86					490.86
資-1-6-1 薪水及公費						
資-1-6-2 其他費用						
接後頁	169 000.92		1,175.26		1,175.26	170,176.18

項別	年初彙計	本年度內 新設展長路線	本年度內 擴充改良	本年度內 廢棄產業	本年度內 資本支出淨數	年終彙計
1	2	3	4	5	6	7
接前頁	169,000.92		1,175.26		1,175.26	170,176.18
資-1-7 會計處	2,803.93					2,803.93
資-1-7-1 薪水及公費						
資-1-4-2 其他費用						
資-1-8 材料處	8,358.66					8,35866.
資-1-8-1 薪水及公費						
資-1-8-2 其他費用						
資-1-9 醫藥處及衞生費	872,61					872.61
資-1-9-1 薪水及公費						
資-1-9-2 其他費用						
資-1-9-3 醫藥及醫院						
資-1-9-4 衞生費						
接後頁	181,036.12		1,175.26		1,175.26	182,211.38

項別	年初彙計	本年度內 新設展長路線	本年度內 擴充改良	本年度內 廢棄產業	本年度內 資本支出淨數	年終彙計
1	2	3	4	5	6	7
接前頁	181,036.12		1,175.26		1,175.26	182,211.38
資-1-10 警務處	36,982.68					36,982.68
資-1-11 雜項	267.00					267.00
資-1-12 外洋支出	14,328.00					14,328.00
資-2 籌辦費						
資-2-1 企業者測勘費	6,936.73					6,936.73
資-2-2 測量器及設備品	3,000.00					3,000.00
資-2-3 測勘費	3,786.79		145.00		145.00	3,931.79
資-3 購地						
資-3-1 用地	912,085.19		108,806.40		108,806.40	1,020,891.59
資-3-2 遷墳	16,949.19		7,477.42		7,477.42	24,426.61
資-3-3 事務費	165.24					165.24
資-3-4 不動產	210.00					210.00
接後頁	1,175,746.94		117,604.08		117,604.08	1,293,351.02

項別	年初彙計	本年度內				年終彙計
		新設展長路線	擴充改良	廢棄產業	資本支出淨數	
1	2	3	4	5	6	7
接前頁	1,175,746.94		117,604.08		117,604.08	1,293,351.02
資-4 路基築造						
資-4-1 土工	654,567.50		58,948.02		58,948.02	713,515.52
資-4-2 鑿石	22,013.05					22,013.05
資-4-3 墻垣	20,813.53					20,813.53
資-4-4 溝渠	5,986.35					5,986.35
資-4-5 道路						
資-5 隧道			13,456.02		13,456.02	13,456.02
資-5-1 掘鑿						
資-5-2 鑿石						
資-5-3 敷砌						
資-5-4 其他費用						
接後頁	1,879,127.37		190,008.12		190,008.12	2,069,135.49

項別	年初彙計	本年度內				年終彙計
		新設展長路線	擴充改良	廢棄產業	資本支出淨數	
1	2	3	4	5	6	7
接前頁	1,879,127.37		190,008.12		190,008.12	2,069,135.49
資-6 橋工						
資-6-1 大橋	616,092.17					616,092.17
資-6-1-1 公益鐵橋	762,350.62		218,804.87		218,804.87	981,155.49
資-6-1-2 其他						
資-6-2 小橋	5,996.47		2,035.36		2,035.36	8,031.83
資-6-3 水溝及涵洞						
資-7 路綫保衛						
資-7-1 界址及標誌	4,021.40		3,797.65		3,797.65	7,819.05
資-7-2 道叉						
資-8 電報及電話	92,397.24		23,562.08		23,562.08	115,959.32
接後頁	3,359,985.27		438,208.08		438,208.08	3,798,193.35

項別	年初彙計	本年度內：新設展長路線	本年度內：擴充改良	本年度內：廢棄產業	本年度內：資本支出淨數	年終彙計
1	2	3	4	5	6	7
接前頁	3,359,985.27		438,208.08		438,208.08	3,798,193.35
資－9 軌道						
資－9－1 軌枕	720,431.85					720,431.85
資－9－2 鋼軌及配件	955,918.07		36,926.93		36,926.93	992,845.00
資－9－3 鋪軌	60,015.03					60,015.03
資－9－4 鋪路基	20,247.16					20,247.16
資－10 信號及軌閘						
資－10－1 軌尖及軌叉	8,315.16		41,455.39		41,455.39	49,770.55
資－10－2 信號及互鎖機	16,630.32					16,630.32
資－10－3 電籤器具						
接後頁	5,141,542.86		516,590.40		516,590.40	5,658,133.26

<table>
<tr><td rowspan="2">項　　別</td><td>年初</td><td colspan="4">本年度内</td><td>年終</td></tr>
<tr><td>彙計</td><td>新設展長路線</td><td>擴充改良</td><td>廢棄產業</td><td>資本支出淨數</td><td>彙計</td></tr>
<tr><td>1</td><td>2</td><td>3</td><td>4</td><td>5</td><td>6</td><td>7</td></tr>
<tr><td>接前頁</td><td>5,141,542.86</td><td></td><td>516,590.40</td><td></td><td>516,590.40</td><td>5,628,133.26</td></tr>
<tr><td>資-11　車站及房屋</td><td></td><td></td><td></td><td></td><td></td><td></td></tr>
<tr><td>資-11-1　總局房屋</td><td>47,318.30</td><td></td><td></td><td></td><td></td><td>47,318.30</td></tr>
<tr><td>資-11-2　車站辦公所</td><td>449,807.92</td><td></td><td>7,555.41</td><td></td><td>7,555.41</td><td>457,363.33</td></tr>
<tr><td>資-11-3　小工廠及材料所</td><td>23,906.87</td><td></td><td></td><td></td><td></td><td>23,906.87</td></tr>
<tr><td>資-11-4　員司住屋</td><td>118,768.00</td><td></td><td>1,095.75</td><td></td><td>1,095.75</td><td>119,863.75</td></tr>
<tr><td>資-11-5　車站屬具</td><td>48,548.82</td><td></td><td></td><td></td><td></td><td>48,548.82</td></tr>
<tr><td>資-12　總機器廠</td><td></td><td></td><td></td><td></td><td></td><td></td></tr>
<tr><td>資-12-1　房屋及裝修品</td><td>30,777.29</td><td></td><td></td><td></td><td></td><td>30,777.29</td></tr>
<tr><td>資-12-2　機器及器具</td><td>139,320.70</td><td></td><td>16,680.78</td><td></td><td>16,680.78</td><td>156,001.48</td></tr>
<tr><td>接後頁</td><td>5,999,990.76</td><td></td><td>541,922.34</td><td></td><td>541,922.34</td><td>6,541,913.10</td></tr>
</table>

項別	年初彙計	本年度內 新設展長路線	本年度內 擴充改良	本年度內 廢棄產業	本年度內 資本支出淨數	年終彙計
1	2	3	4	5	6	7
接前頁	5,999,990.76		541,922.34		541,922.34	6,541,913.10
資－13 特別機廠						
資－13－1 發光及發力廠	17,994.83					17,994.83
資－13－1－1 房屋及裝修品			1,932.90		1,932.90	1,932.90
資－13－1－2 機器及器具						
資－13－2 注射工廠						
資－13－3 造橋工廢						
接後頁	6,017,985.59		543,855.24		543,855.24	6,561,840.83

項別	年初彙計	本年度內 新設展長路線	本年度內 擴充改良	本年度內 廢棄產業	本年度內 資本支出淨數	年終彙計
1	2	3	4	5	6	7
接前頁	6,017,985.59		543,855.24		543,855.24	6,561,840.83
資-14 機件						
資-14-1 建築用	30,799.25					30,799.25
資-14-2 通車	153,212.16					153,212.16
資-14-2-1 工程用						
資-14-2-2 機車及客貨車用			184.00		184,00	184.00
資-14-2-3 小汽船及小船用						
資-14-2-4 車站及辦公所傢具			372.06		372.06	372.06
接後頁	6,201,997.00		544,411.30		544,411.00	6,746,408.30

項別	年初彙計	本年度內				年終彙計
		新設展長路線	擴充改良	廢棄產業	資本支出淨數	
1	2	3	4	5	6	7
接前頁	6,201,997.00		544,411.30		544,411.30	6,746,408.30
資-15 車輛						
資-15-1 機車	574,313.95		75,000.00		75,000.00	649,313.95
資-15-2 客車	581,039.49		14,960.00		14,960.00	595,999.49
資-15-3 貨車	573,902.98					573,902.98
資-15-4 自動車	279,341.15		28,157.39		28,157.39	307,498.54
資-15-5 發光及發熱設備品						1,325.19
資-15-6 業務設備品	1,325.19					
接後頁	8,211,919.76		662,528.69		662,528.69	8,874,448.45

項別	年初彙計	本年度內 新設展長路線	本年度內 擴充改良	本年度內 廢棄產業	本年度內 資本支出淨數	年終彙計
1	2	3	4	5	6	7
接前頁	8,211,919.76		662,528.69		662,528.69	8,874,448.45
資-16 維持費						
資-16-1 路工及各種建設						
資-16-2 車輛						
資-17 船塢船港及船埠	53,676.01					53,676.01
資-18 浮水設備品						
資-18-1 汽船	255.08					255.08
資-18-2 渡船	229,170.30					229,170.30
資-18-3 小船及浮具	25,955.11					25,955.11
總計	8,520,976.26		662,528.69		662,528.69	9,183,504.95

本年度內新設展長路綫

名稱	幹線里數	原價	車輛 所增數目 機車	客車	貨車	原價 機車	客車	貨車	欵項來源 借款	政府期資長金	盈餘
1	2	3	4	5	6	7	8	9	10	11	12
						元.	元.	元.	元.		
1. 機車											
機車						75,000.00			75,000.00		
2. 客車											
頭等坐車				1			8,140.00		8,140.00		
二等坐車				1			6,820.00		6,820.00		
三等坐車(汽車)				4			22,525.91		22,525.91		
3. 貨車											
有蓋貨車(汽車)					1			5,631.48	5,631.48		
無蓋貨車											
低棚車											
合計				6	1	75,000.00	37,485.91	5,631.48	118,117.39		

說明『本年度內新設展長路綫』

1. 本年度向香港愼昌洋行訂購客運機車二輛每輛美金七萬五千元，先交定香港銀五萬元，加五伸廣毛銀七萬五千元。

2. 本年度自造頭等客車二等客車各一輛，共工料銀一萬四千九百六十元。

3. 承購台山縣屬台冲公路汽車五輛，共銀二萬八千一百五十七元三角九仙。

本年度內之擴充改良

工程或所置設備品之名稱	工程或所置設備之原價	廢棄產業登入資產支出帳貸方之數	款項來源		
			借款	政府長期資金	盈餘
1	2	3	4	5	6
	元.		元.		
新路線工程管理人員公費	1,175.26		1,175.26		
測勘公益鉄橋兩端新路線	145.00		145.00		
購置公益車站附近地段	97,528.29		97,528.29		
購買寧城車站附近地段	400.00		400.00		
購買寧東站地段	67.50		67.50		
購置新會縣屬新路線地段	16,008.94		16,008.94		
購買平逕地段	600.00		600.00		
築造新線路基	72,404.04		72,404.04		
建築公益車站過河鉄橋本年度支出	220,840.23		220,840.23		
三合界址工料	3,797.65		3,797.65		
架設沿路電話雙線工料	23,562.08		23,562.08		
購置電力發動機	16,680.78		16,680.78		
鋼軌及配件等(新路線)	36,926.93		36,926.93		
閂口鉄等(新路線)	41,455.39		41,455.39		
建造北街員工住屋及公益路警住屋	8,651,16		8,651.16		
建築公益電機房本年度支出	1,932.90		1,932.90		
收買台冲公路傢私機件建築物等	2,235.15		2,235.15		
合計	5,44,411.30		544,411.30		

營業路線公里數之細則

線別	幹線	枝線	實業枝線站內軌道及岔道	共計
1	2	3	4	5
斗山至北街	104,443		22,951	127,394
寧城至白沙		28,618	2,661	31,279
合計	104,443	28,618	25,612	158,673

車輛分類

機車

類別	汽筒圓徑寸數	主輪圓徑寸數	煤水車或櫃	機車煤車總公噸數	年初機車總數	年內增加數	年內減去數	年終機車總數	每類平均年壽	主輪上之重量		輓力	
										總數	平均	總數	平均
1	2	3	4	5	6	7	8	9	10	11	12	13	14
I 運客													
"A" CLASS 2-6-0	38.1	137.16	煤水車	40.815	8	–	–	8	20	216.000	27.000	55,080	6.885
,, ,, 2-6-0	40.6	137.16	煤水車	54.420	2	–	–	2	6	64.412	32.206	24,706	12,353
II 運貨													
"B" CLASS 0-6-0	43.18	111.76	煤水車	54.000	3	–	–	3	27	63.490	31.745	18,926	9,463
III 倒車													
"C" CLASS 0-2-0	25.4	81.28	煤水車	21.768	3	–	–	3	24	37.800	12.600	5,804	2,902
IV 有軌汽車					6			6					
					22			22		381.702	25.446	104,516	6.968

車輛分類

客車

類別	車身長度	平均每類之重量(噸數)	載客容積(人數)	年初客車總數	年內增加數	年內减去數	年終客車總數	總共載客容積(人數)
1	2	3	4	5	6	7	8	9
頭等坐車	15.24	29.26	32	6	1	–	7	224
	15 24	29 26	60	1	–	–	1	6
二等坐車	15.24	29.26	72	6	1	-	7	504
	15.21	29.26	72	1	–	–	1	72
三等坐車	15.24	29.26	120	32	–	–	32	3,840
汽車			14	–	4	–	4	51
合計				46	4		52	4,756

車輛分類

貨車

類別	車身長度	平均每類之重量（噸數）	年初貨車總數	年內增加數	年內減去數	載重噸數（公噸）	年終貨車總數	載重總數（噸數）
1	2	3	4	5	6	7	8	9
有蓋貨車	10.61	15,915	39	--	--	22,675	39	884,325
WAGON	10.61	15,915	8	--	--	27,210	8	217,680
汽車				1		15	1	15
無蓋貨車								
高棚車	10.61	13.37	5	--	--	21,768	5	108,840
鋼平車	9.14	8.71	20	--	--	10,884	20	217,680
木平車	9.14	8.71	40	--	--	10,884	40	435,360
低棚車	10.61	16.44	20	--	--	21,768	20	635,360
合計			132	1			133	2,499.260

借方

營業

占營業進款百分之幾	占營業用款百分之幾	民二十一年度		營業用款用	民二十二年度		占營業用款百分之幾	占營業進款百分之幾
		元.	元.		元.	元.		
16.47	18.81	347,426.30		用-1 總務費		343,469.36	19.31	19.76
			151,538.17	管理	154,864.91			
			195,888.13	特別	188,604.45			
8.64	9.89	182,403.23		用-2 車務費		182,555.94	10.26	10.50
29.92	34.20	631,197.65		用-3 運務費		655,785.16	36.86	37.74
			492,756.27	機車	500,240.87			
			3,317.31	客貨車	4,033.17			
			43,228.20	自動車	61,896.76			
			39,055.61	車務	40,017.21			
			52,840.26	渡船	49,597.15			
14.58	16.65	307,563.49		用-4 設備品維持費		254,715.67	14.31	14.65
			307,563.49	機車處	254,585.67			
				渡船處	130.00			
17.89	20.45	377,674.96		用5- 工務維持費		341,501.14	19.26	19.65
			363,887.51	養路處	321,149.57			
			13,787.45	他處	20,35157			
				用6- 互用車輛				
87.50	100.00	1,840,270.62		營業用款總數		1,778,027.27	100.00	102.30
12.50		263,652.49		淨盈				
100.00	100.00	2,103,923.12		總計		1,778,027.27	100.00	102.30

帳 貸方

占營業進歀百分之幾	民二十一年度		營業進歀	民二十二年度		占營業進歀百分之幾
	元.	元.		元.	元.	
	1.971.285.82		一 運輸進歀		1,613,563.04	
(8.91		1,453,781.99	進--1 旅客業務--旅客	1,259.665.24		72.47
1.81		28,136.39	進--2 旅客業務-其他	21,015.35		1.21
22.72		479,343.44	進--3 貨運業務-貨物	332,882.45		19.16
		24.00	進--4 貨運業務--其他			
			進 5 渡船業務			
	138,637.30		二 其他營業進歀		124 51 :06	
			進--6 電 報			
			進--7 總機廠贏利			
4.13		87,217.62	進--8 租 金	77,730.84		4.47
2.43		51,419.68	進--9 雜項進歀	46,782.22		2.69
			三 附屬營業			
			進--10 附屬營業			
			四進--11 互用車輛			
100.00	2,109.923.12		營業進歀總數		1,738,076.10	100 00
			營業淨虧		39,951.17	
100.00	2.109.6:3.12		總 計		1,778,027.27	100.00

歲計帳計算書

借方　　　　貸方

第一段　歲計帳

民廿一年度	項目	民廿二年度	民廿一年度	項目	民廿二年度
元.		元.	元.		元.
	歲—8 虧損淨數	39,951.17	263,652.49	歲—1 進欵淨數	
106,963.88	歲—9 長期債欵之利息	144,864.79		歲—2 有價證劵之收入	
685.95	歲—10 短期債欵之利息	879.24	7,964.32	歲—3 利息	4,095.90
	歲—11 契約規定之官利			歲—4 實業投資之盈利	
	歲—12 政府資金之利息			歲—5 應收租金	28.00
	歲—13 實業投資之虧損		520.91	歲—6 兌換盈餘	12,347.72
	歲—14 分期消除債欵之折扣		141.68	歲—7 雜項收入	314.30
4,660.41	歲—15 稅金	5,039.97			
	歲—16 應付租金	1,795.40			
	歲—17 貨幣跌價之折扣	7,376.94			
3,151.04	歲—18 兌換虧損	5,575.26			
319.80	歲—16 雜項支出	1 080.01			
115,781.08	共計	206,562.78	272,279.40	共計	16,785.92
156,498.32	相差			相差	189,776.86
272,279.40	共計	206,562.78	272,279.40	共計	206,562.78

第二段　盈虧帳

民廿一年度	項目	民廿二年度	民廿一年度	項目	民廿二年度
元.		元.	元.		元.
	盈—5 本年結數	189,776.86	156,498.32	盈—1 本年結數	
	盈—6 出售資產之虧損			盈—2 出售資產之盈利	
	盈—7 過期帳支出			盈—3 過期帳收入	
	盈—8 其他支項		28.182.09	盈—4 其他收入項	
	共計	189,776.86	184,680.41	共計	
184,680.41	相差			相差	189,776.86
184,680.41	共計	189,776.86	184,680.41	共計	189,776.86

第三段　盈虧撥補帳

民廿一年度	項目	民廿二年度	民廿一年度	項目	民廿二年度
	撥—4 本年虧折	189,776.86	184,680.41	撥—1 木年盈餘	
82,911.14	撥—5 歷年積虧			撥—2 歷年積餘	
	撥—6 業主盈利			撥—3 政府息金之轉登	
	撥—7 擴充產業之撥用				
	撥—8 償還債欵之撥用				
	撥—9 抵銷折扣之撥用				
	撥—10 公積特別撥用金				
	撥—11 其他撥用				
	撥—12 撥付政府之數				
82,911.14	共計	189,776.86	184,680.41	共計	
101,769.27	轉入平準表之盈餘			轉入平準表之虧損	189,776.86
184,680.41	共計	189,776.86	184,680.41	共計	189,776.86

借方　　資產或稱借方結數　　總平

民廿一年度	欵　　別	民廿二年度	增	減
元.		元.	元.	元.
	平-6 資金資產			
8,613,350.01	平-6-1 路線及設備品之原價	9,275,878.70	662,528.69	
51,445.38	平-6-2 其他有形資產之原價	54,473.04	3,027.66	
23,412.76	平-6-3 無形資產之原價	23,412.76		
8,688,208.15	資金資產共計	9,353,764.50		
	平-7 營業資產			
	平-7-1 現金			
294,465.52	平-7-1-1 銀行來往	7,225.93		287,239.59
73,917.91	平-7-1-2 港局庫存	5,939.39		67,978.52
185,579,66	平-7-1-3 總局庫存	26,494.74		159,084.92
5,740.91	平-7-1-4 備用欵項	168,256.86	162,515.95	
	平-7-1-5 員工暫借	23,042.60	23,042.60	
	平-7-2 債欵及滙票			
	平-7-2-1 放欵	5,000.00	5,000.00	
	平-7-3 車務帳應收之結數			
	平-7-4 其他應收之帳目			
	平-7-4-1 他路			
37,159.28	平-7-4-2 零星欠戶	36,718.44		440.84
765,868.08	平-7-5 材料	730,126.88		35,741.20
1,362,731.36	營業資產共計	1,002,804.84		
	平-8 未來之借項			
26,000.00	平-8-1 暫時墊付政府之欵	26,000.00		
	平-8-2 預付欵項			
	平-8-3 未經銷滅之債欵折扣			
	平-8-4 未經注銷之廢棄產業	17,607.46	17,607.46	
	平-8-5 特別積欵			
5,900.66	平-8-6 其他未來借項	6,100.66	200.00	
31,900.66	未來之借項共計	49,708.12		
	平-9 積累虧折	189,776.86		
0,082,840.17	總計	10,956,054.32		

準表　負債或稱貸方結數　貸方

民廿一年度	款別	民廿二年度	增	減
元.		元.	元.	元.
	平-1 資本負債			
3,658,623.35	平-1-1 股份	3,658,623.35		
17,659.56	平-1-2 股份之增價	17,659.56		
	平-1-3 政府長期資金			
	平-1-4 抵押債券			
1,449,783.91	平-1-5 附項	2,505,082.21	1,055,298.30	
5,126,066.82	資本負債共計	6,181,365.12		
	平-2 營業負債			
	平-2-1 債欵及滙票			
1,146,837.38	平-2-1-1 附儲	191,707.23		955,130.15
22,312.62	平-2-1-2 保證金	23,645.01	1,332.39	
	平-2-1-3 銀業課	295,758.96	295,758.96	
	平-2-2 Ⅱ務帳應付之結數			
57,099.94	平-2-3 未償之到期欵項	12,701.96		44,397.98
	平-2-4 其他應付之帳目			
	平-2-4-1 他路			
2,280.40	平-2-4-2 零星借主	3,209.29	928.81	
	平-2-4-3 貸項			
	平-2-4-4 應付帳項	53,421.64	53,421.64	
25,286.21	平-2-4-5 應付材料	71,580.30	46,294.09	
1,253,816.55	營業負債共計	652,024.39		
	平-3 未來之貸項			
8,186.41	平-3-1 政府暫墊之欵	11,512.94	3,326.53	
33,396.31	平-3-2 營業準備金	33,396.31		
1,270,107.27	平-3-3 折舊準備金	1,328,150.25	58,042.98	
101,769.27	平-3-4 償還借欵提存	101,769.27		
388,239.96	平-3-5 未領股息	386,578.46		1,661.50
1,801,699.22	未來之貸項共計	1,861,407.23		
	平-4 已經支用之盈餘			
1,180,676.64	平-4-1 盈餘提出之增建產業	1,180,676.64		
720,580.94	平-4-2 盈餘提出之償還債欵	720,580.91		
1,901,257.58	撥用之盈餘共計	1,901,257.58		
	平-5 未經撥用之盈餘			
10,082,840.17	總計	10,596,054.32		

旅客業務之細別

第一段 — 旅客業務 —（進—1）旅客

民廿一年度 營業進欵	客票種類	民廿二年度 本路所售票數	民廿二年度 所載旅客數	民廿二年度 延人公里	民廿二年度 進欵	百分之幾 所載旅客數	百分之幾 延人公里	百分之幾 進欵
元.					元.			
1,392,697.18	進-1-1 尋常							
	頭等	5,990	5.990	275.540	29,958.00	.21	.28	2.34
	二等	121,734	121.734	5,478.030	60,867.31	4.29	5.50	4.76
	三等	2,656.184	2,656.184	93 529.452	1,136,141.97	93.66	93.66	88.71
	進-1-2 政府							
	進-1-2-1 民事							
	進-1-2-2 軍事							
	進-1-3 優待票							
1,401.31	進-1-4 游覽票	.575	.575	35.760	1,788.36	.02	.03	.14
59,083.50	進-1-5 補價票	51.516	51.516	491.714	30,909.60	1.82	.42	2.41
	進-1-6 睡車票							
	進-1-7 特別票							
	進-1-8 定期票							
1,453,781.99	第一段共計	2,836.000	2,836.000	99,810.496	1,259,665.24	100.00	100.00	98.36

旅客業務之細別

第二段 — 旅客業務 —（進—2）其他

民廿一年度	客票種類	民二十二年度				百分之幾		
營業進款		本路所售票數	所載旅客數	延人公里	進款	所載旅客數	延人公里	進款
元					元			
	進-2-1 行李							
18,873.18	進-2-1-1 公衆				9,580.75			.75
	進-2-1-2 政府							
	進-2-2 包裹							
	進-2-2-1 公衆							
	進-2-2-2 政府							
	進-2-3 車輛及動物							
	進-2-3-1 公衆							
	進-2-3-2 政府							
18,163.21	進-2-4 專車				10,234.60			80
	進-2-4-1 公衆							
	進-2-4-2 政府							
1,100.00	進-2-5 郵務				1,200.00			9
	進-2-6 裝卸力							
	進-2-7 貨幣							
	進-2-7-1 公衆							
	進-2-7-2 政府							
	進-2-8 其他							
38,136.39	第二段共計				21,015.35			1.64
1,491,918.38	第一段第二段共計				1,280,680.59	100.00	100.00	100.00

貨運業務之細別

第一段 — 貨運業務 —（進—3）貨物

民廿一年度	貨別	民廿二年度				百分之幾		
進款		由本路發生之公噸數	所運公噸數	延噸公里	進款	所運公噸數	延噸公里	進款
元.					元.			
	進-3-1 通常貨物							
479,343.44	進-3-1-1 公衆							
	礦產品	11,494	11,494	881,038	41,378.35	12.08	12.50	12.43
	農產品	33,532	33,532	2,485,496	115,722.30	35.25	33.94	34.76
	森林品產	605	605	36,885	216.74	.64	.50	.07
	禽畜品	4,357	4,357	345,889	15,675.26	4.58	4.72	4.71
	製造品	45,128	45,128	3,574,556	159,889.80	47.45	48.34	48.03
	進-3-2-1 政府							
	礦產品							
	農產品							
	森林產品							
	禽畜品							
	製造品							
479,343.41	接後頁	95,116	95,116	7,323,864	332,882.45	100.00	100.00	100.00

貨運業務之細別

第一段 — 貨運業務 —（進—3）貨物

民廿一年度	貨別	民二十二年度				百分之幾		
進欵		由本路發生之公噸數	所運公噸數	延噸公里	進欵	所運公噸數	延噸公里	進欵
元 479,343.44	接前頁	95,116	95,116	10,425,189	元 332,882.45	100.00	100.00	100.00
	進-3-2 他路材料							
	進-3-3 本路材料							
	進-3-3-1 建築用材料							
	進-3-3-2 營業用材料							
	進-3-3-3 機車用處煤							
479,343.44	第一段共計	95,116	95,116	10,425,189	332,882.45	100.00	100.00	100.00

第二段 — 貨運業務 —（進—4）其他

8.00	進-4-1 調車							
	進-4-2 裝卸力							
16.00	進4-3- 延期費							
	第二段共計							
	第一段第二段共計	95,116	95,116	10,425,189	332,882.45	100.00	100.00	100.00

百分之幾	民二十一年度		其他營業進款		民二十二年度		百分之幾
1	2	3	4	5	6	7	8
	元.	元.			元.	元.	
			進--6	電報及電話			
			進--7	總機廠贏利			
4.13	87,217.62		進--8	租金		77,730.84	4.47
2.43	51,419.68		進--9	雜項		46,782.22	2.69
		4,675.63		1 廣告	4,927.67		
		39,397.34		2 站上車上之特許利益	32,080.51		
		600.00		3 無主物及沒收物之變賣	158.34		
		20.05		4 材料轉賣之贏利	17.17		
		6,726.66		5 其他	9,598.53		
6.56	138,637.30			共計		124,513.06	7.16

進十 附屬營業

			下列各帳之結數				
			共計				

百分之幾	民二十一年度		用—6 或 進—11 五 用車輛	民二十二年度		百分之幾
	元	元	･･･鉄　路	元	元	
			借方項			
			貸方項			
			･･･鉄　路			
			借方項			
			貸方項			
			･･･鉄　路			
			借方項			
			貸方項			
			･･･鉄　路			
			借方項			
			貸方項			
			･･･鉄　路			
			借方項			
			貸方項			
			･･･鉄　路			
			借方項			
			貸方項			
			共計借項或貸項之凈數			

百分之幾	民廿一年度	用一1	總務費	薪俸	公費	辦公室費用	民廿二年度	占營業進款百分之幾
1	2	3	4	5	6	7	8	9
	元.		第一段 管理	元.	元.	元.	元.	
.41	8,698.87	用-1-1	督辦經費				17,341.33	1.00
			1. 總管理經費					
			2. 聯運處經費					
			3. 其他		17,341.33			
2.07	43,601.79	用-1-2	總管理處				41.096.60	2.36
			1. 薪俸	38.760.00				
			2. 公費		866.99			
			3. 辦公室費用			986.02		
			4. 傢具			483.59		
1.43	30,281.41	用-1-3	總務處	22,801.34	147.66	3.467.28	26,416.28	1.52
1.44	30,358.25	用-1-4	會計處	30,162.28	45.82	3,482.30	33,690.40	1.94
.78	16,377.51	用-1-5	材料課	13,128,40	16.00	412.57	13,556.97	.78
.90	19,075.49	用-1-6	總公司費用				19,478.42	1.12
.15	3,144.85	用-1-7	其他				3,284.91	.19
			1. 火險費			1,890.37		
			2. 廣告費					
			3. 材料損失					
			4. 材料運費					
			5. 看守費					
			6. 雜費			1,394.54		
		用-1-8	國外費用					
7.18	151.538.17			第一段 共計			154.864.91	8.91

百分之幾	民廿一年度	用—1 總務費		民二十二年度		百分之幾
1	2	3	4	5	6	7
	元			元	元	
			第二段 特別			
.25	5,176.81	用-1-9	醫葯及衛生費		3,249.44	.19
			1. 薪俸及公費	604.16		
			2. 葯品及醫院	2,645.28		
			3. 衛生			
.24	5,100.22	用-1-10	法律事務		400.40	.03
3.18	67,265.40	用-1-11	警務		73,189.37	4.21
			1. 薪餉	64,189.43		
			2. 公費	246.85		
			3. 服裝及設備品	5,079.84		
			4. 雜費	3,673.25		
29	6,047.97	用-1-12	教育費		5,500.00	.32
			1. 附屬學校			
			2. 教育捐助金	5,500.00		
.13	2,618.66	用-1-13	租金		2,482.65	.14
.26	5,318.88	用-1-14	賠償		7,155.25	.41
			1. 民死傷人	7,075.22		
			2. 損失			
			3. 其他	80.03		
4.60	97,046.76	用-1-15	捐款及奬金		90,215.46	5.19
			1. 捐助金	14,870.55		
			2. 奬勵金	74,264.31		
			3. 恤金	1,080.60		
.34	7,313.43	用-1-16	其他		6,411.88	.36
9.29	195,888.13		第一段共計		188,604.45	10.85
16.47	347,426.30		總務費總計		343,469.36	19.76

百分之幾	民二十一年度		用—2 車務費		民二十二年度		百分之幾
1	2	3	4	5	6	7	8
	元.	元.			元	元.	
2 21	46 566.15		用-2-1	車務處		41,237.23	2 37
		43,622.76		1. 薪俸	36,635.13		
		70.51		2. 公費	295.23		
		2 872.88		3. 辦公室費用	4.306 87		
5.38	113,423.61		用-2 2	車站員役		118,786.85	6.83
		70,798.76		1 站長及事務員薪工	76,205.30		
		15,490.25		2 站長及事務員公費	16,893.07		
		27 134 60		3. 工資	25 688 48		
.06	1,166.05		用-2-3	服裝		1,273.52	.08
.35	7,456.78		用-2 4	車站消耗品及傢具		7.230.49	.41
		6,415.43		1. 消耗品	6,186.82		
		1.041.35		2. 傢具	1,043 67		
.48	10,230.04		用-2-5	印刷品文具及車票		10,104.63	.58
.15	3,269.22		用-2-6	裝卸費		3,439.17	.20
			用-2-7	招攬用金			
8.63	182 111 85			接後頁		182,071.89	10.47

百分之幾	民二十一年度		用－2 車務費		民二十二年度		百分之幾
1	2	3	4	5	6	7	8
	元	元			元	元	
8.63	182,111.85			接前頁		182,071.89	10.47
.01	296.38		用2-8	其他		484.05	.03
				1. 材料損失			
		2.20		2. 材料運費			
				3. 看守費	2.00		
		294.18		4. 雜費	482.05		
			用2-9	聯用車站			
				借方			
				貸方			
8.64	182,408.23			車務費總計		182,555.94	10.50

度百分幾	民二十一年度		用一3	運務費	民二十二年度		百分之幾
1	2	3	4	5	6	7	8
	元.	元.			元	元.	
			用3.1	機務			
2.65	55,993.42			1. 機車工匠		59,817.97	3.44
		34,108.28		1. 司機司火辛工	36,982.30		
		20,168.82		2. 司機司火過時加給	21,558.12		
		6.00		3. 工資	1.50		
		1,710.32		4. 雜項	1,276.05		
18.61	392,466.09			2. 燃料		398,844.43	22.96
				公噸數　　公噸數			
		384,922,92		12,220　1. 煤　12,243	391,520.38		
				2. 運費			
		4,795.69		3. 工資	5,097.24		
		2,747.48		4. 材料	2,226.81		
.26	5,413.53			3. 水		4 834.39	.28
1.75	36,903.32			4. 油脂		34,808.84	2.00
.09	1,9799.1			5. 其他材料		1 935.24	.11
23.63	492,756.27			機務共計		500,240.87	28.79
.16	3.317.31		用3.2	客貨車		4 033.17	.23
				1. 工資			
				2. 油脂	3,933.92		
				3. 其他材料	99.25		
.16	3,317.31			接後頁		4,033.17	.23

百分之幾	民二十一年度		用一3	運務費	民二十二年度		百分之幾
1	2	3	4	5	6	7	8
	元	元			元	元	
.16	3,317.31			接前頁		4,033.17	.23
2.05	43,228.20		用3.3	自動車		61,896.76	3.56
				1. 工資			
		43,228.20		2. 材料	61,896.76		
			用3.4	車務			
1.82	38,425.25			1. 車上員役		39,164.21	2.25
		27,990.45		1. 驗票及車守薪工	29,268.64		
		8,286.87		2. 驗票及車守過時加給	8,144.71		
		27.25		3. 制動夫及車役工資	66.00		
		2,120.68		4. 雜費	1,684.86		
	29,80			2. 發光及導熱			
	61,47			3. 客貨車消耗品及費用		236.02	.01
.02	539.09			4. 出險清理		616.98	.04
4.05	85,601.12			車務共計		105,947.14	6.09
2.51	52,840.26		用3.5	渡船		49,597.15	2.85
		17,004.43		1. 員役	17,245.33		
		23,957.28		2. 燃料	22,508.27		
		11,878.55		3. 材料	159.32		
				4. 雇賃船隻等類費用			
				5. 其他			
29.92	631,197.65			運務費總計		655,785.16	37.74

百分之數	民二十一年度			用一4 設備品維持費	民二十二年度		百分之數
1	2	3	4	5	6	7	8
	元.	元.			元.	元	
				第一段 機車處			
1 09	23,008.25		用-4-1	機務處		22,763.49	1 30
		20,470.99		1. 薪俸	19,140.49		
		158.79		2. 公費	91.65		
		2,378.47		3. 辦公室費用	3,531.35		
4.35	91 809.78		用-4-2	機車		71,108.02	4 00
		81 324.90		1. 修理	66 366.26		
				1. 工資			
				2. 材料			
				3. 其他			
		10 484.88		2. 折舊	4 741 76		
2.23	46,144.23		用-3-3	客車		34,883.12	2.07
		40 302 71		1. 修理	32,982.88		
				1. 工資			
				2 材料			
				3. 其他			
		5 841.52		2. 折舊	1 900.24		
2.71	57,10696		用-4-4	貨車		29,473.95	1 69
		30,091.48		1. 修理	18,831.35		
				2. 工資			
				2. 材料			
				3. 其他			
		27 015 48		2 折舊	10,642.60		
10.38	218,069.22			接後頁		158,228.58	9 06

百分之幾	民二十一年度		用一4	設備品維持費	民二十二年度		百分之幾
1	2	3	4	5	6	7	8
	元.	元.			元.	元.	
10.38	218,069.22			接前頁		158,228.58	9.06
1.98	41,862.86		用-4-5	自動車		54,760.78	3.14
		14,942.06		1. 修理	14,002.40		
				1. 工資			
				2. 材料			
				3. 其他			
		26,920.80		2. 折舊	40,758.38		
			用-4-6	發光導熱設備品			
	2.70		用-4-7	業務設備品		279.30	.01
		2.70		1. 修理	279.30		
				1. 工資			
				2. 材料			
				3. 其他			
				2. 折舊			
			用-4-8	機件及器具		2.60	
				1. 機件			
				2. 器具	2.60		
2.00	42,850.93		用-4-9	總機廠		36,655.39	2.18
			用-4-10	零小工作			
.22	4,777.78		用-4-11	其他		4,659.02	.26
				1. 材料損失	337.57		
		2,914.95		2. 材料運費	2,119.54		
				3. 看守費			
		1,862.83		4. 雜費	2,201.91		
14.58	307,563.49			第一段共計 接後頁		254,585.67	14.65

百分之幾	民二十一年度		用－4	設備品維持費	民二十二年度		百分之幾
1	2	3	4	5	6	7	8
	元.	元.			元	元.	
14.58	307 563.49			接前頁		254 585.67	14.65
				第二段　渡船處		130.00	
			用-4-13	監理			
				1. 薪俸			
				2. 公費			
				3. 辦公室費用			
			用-4-14	船身			
			用-4-15	機械			
			用-1-16	浮水機件	130.00		
			用-4-17	器具及傢具			
			用-4-18	零小新工作			
			用-4-19	其他			
				1. 材料損失			
				2. 材料運費			
				3. 看守費			
				4. 雜費			
				第二段共計	130.00		
14.58	307 563.49			設備品維持費總計		254,715.67	14.65

百分之幾	民二十一年度		用一5	工務維持費	民二十二年度		百分之幾
1	2	3	4	5	6	7	8
	元.	元.			元	元.	
				第一段 養路工程處			
1.26	34,067.72		用 5 1	工務課		36,506.29	2.10.
		24,085.74		1. 薪俸	31,946.75		
		4,691.59		2. 公費	1,536.06		
		4,290.39	用 5 2	3. 辦公室費用	3,023.48		
1.82	38,432.23		用 5 3	路基及路線保護		10,469.62	.61
			用 5 4	隧道			
.28	5,879.47		用-5 5	橋工		9,985.41	.58
11.55	243,606.15			軌道		221,318.41	12.74
		96,989.49		1. 工資	102,585.42		
		131,437.93		2. 軌枕	112,799.32		
				129,436.37 1. 價值 111,873.28			
				2,001.56 2. 運費 929.04			
		8,830.55		3. 鋼軌及配件	4,268.17		
		6,348.18	用-5-6	4. 石渣	1,665.50		
.06	1,328.23		用 5-7	信號及軌閘		1,144.49	.06
1.50	31,653.32			車站及房屋		28,238.62	1.62
		1,212.71		1. 總公司房屋	656.06		
		5,669.88		2. 車站及房屋	16,014.35		
		15,190.43		3. 員司住屋	6,019.46		
		9,580.30		4. 車站屬具	5,548.75		
16.83	354,967.12			接 後 頁		307,662.84	17.71

百分之幾	民二十一年度		用—5 工務維持費		民二十二年度		百分之幾
1	2	3	4	5	6	7	8
	元.	元.			元.	元.	
16.83	354,967.12			前接頁		307,662.84	17.71
	106.70		用-5-8	總機廠		68.67	
.33	7,086.80		用-5-9	機件及器具		10,493.22	.61
		2,203.53		1 機件	6,334.20		
		4,803.27		2 器具	4,159.02		
			用-5-10	臨時費用			
	130.00		用-5-11	零小新工作			
.08	1,676.89		用-5-12	其他		2,924.84	.17
				1 材料損失			
		2.90		2 材料運費	341.50		
				3 看守費			
		309.72		4 栽植	129.38		
		1,332.96		5 疏河	2,309.62		
		31.31		6 雜項	144.34		
			用-5-13	聯川路線			
				借方			
				貸方			
17.24	363,887.51			第一段共計		321,149.57	18.49

百分之幾	民二十一年度		用—5 工務維持費		民二十二年度		百分之幾
1	2	3	4	5	6	7	8
	元.	元.			元.	元.	
				第二段 他處			
			用5.14	電務			
.18	3 838.20			1. 電務課		5 175.99	29
		3,539.16		1. 薪俸	5,023.17		
		11.40		2. 公費	3.50		
		287.64		3. 辦公室費用	149.32		
.39	8,120.64			2. 維持費		9 609.18	.56
				3. 零小新工作			
	50.03			4. 其他		87.42	
				1. 材料損失			
		3.90		2. 材料運費	.80		
				3. 看守費			
		46.13		4. 雜費	86.62		
.08	1,778.58		用5.15	船塢船港及船埠		5,478.98	.31
				1. 監理			
		1 778.58		2. 維持費	5 478.98		
.65	13,787.45			第二段共計		20 351.57	1.16
17.89	377,674.96			工務維持費總計		341,501.14	19.65

列車機車里程之細別

民廿一年度 共計	民廿一年度 貨物	民廿一年度 旅客	類別	民廿二年度 旅客	民廿二年度 貨物	民廿二年度 共計
1	2	3	4	5	6	7
			列車里程			
			旅客			939,840
			客貨聯車	617,535		
			特別	22,305		
			貨物			159,216
			尋常		159,216	
			特別			
			列車里程共計	639,840	159,216	799,056
			機車里程			
			輔助機車里程		10.513	10.513
			列車之機車里程	639 840	169 729	809,569
			空機里程			24,031
	機車	車務		車務	機車	
			換軌行程及留汽停駛時間	41,203	18,240	59 443
			機車里程共計			893,043

旅客車務之統計

類別	民二十二年度									
	尋常			尋常共計	政府		補價	長期	游覽	總計
	頭等	二等	三等		民事	軍事				
1	2	3	4	5	6	7	8	9	10	11
1. 本路發生之旅客	5.990	121.734	2,656.184	2,783.908			51.516		576	2,836.000
2. 所載旅客數	5.990	121.734	2,656.184	2,783.908			51.516		576	2,836.000
3. 延人公里	275.540	5,478.030	93,529.452	99,283.022			491.714		35.760	99,810.496
4. 每路線一公里所攤延人公里數	1.071	41.196	703.229	745.496			3.771		209	749.536
5. 每旅客平均行程	45	45	35	42			9		70	41
6. 每路綫一公里所攤平均旅客數	45	915	19.971	20.931			387		4	21 333
7. 每列車公里所攤平均延人公里數	1/3	8	146	155			2/3		1/18	156
8. 進欵	29,958.00	60,867.31	1,136,141.97	1,226,967.28			30,909.60		1,788.36	1,259,665.24
9. 每旅客平均進欵	5.00	.50	.43	.44			.50		32.	.44
10. 每路線一公里所攤進欵	189.51	485.23	719.08	7,765.62			195.62		11.32	7,972.56
11. 每一延人公里所攤進欵數	.11	.02	.02	.02			.06		.05	.02
12. 每一旅客列車公里平均進欵數	.05	.09	1.77	1.92			.05		.02	1.96

貨運車務之統計

類別	民二十二年度								總計
	農產品	禽畜產品	礦產品	森林產品	製造品	政府	他路材料	本路材料	
1	2	3	4	5	6	7	8	9	10
1. 本路發生之公噸數	33.532	4.357	11.494	605	45.128				95.116
2. 所載公噸數	33 532	4.357	11.494	605	45 128				95 116
3. 延噸公里數	2 485 496	345 889	881 038	36 885	3,574.556				7,323.864
4. 每路線一公里所攤噸里數	1 807	2 189	5 576	233	22 623				46.253
5. 每公噸平均行程	74	79	77	61	79				77
6. 路線每一公里所攤公噸數	212	27	73	4	.285				601
7. 每列車公里所攤平均延噸公里數	15	2	5	$\frac{1}{4}$	22				46
8. 進款	115 722 30	15 675 26	41 378.35	21.674	159 889.80				332,882.45
9. 每公噸平均進款數	3.45	3 59	3 60	.36	3 54				3.50
10 每路線一公里所攤進款	732 42	99 21	261 89	1 37	1 011.96				2,106.85
11 每公噸里所攤進款數	.04	.05	.04	.01	.04				.04
12 每貨運列車公里平均進款數	.73	.10	.26	.01	1 00				2.10

維持費占資本原價百分之幾

資本項目	計至民二十二年度末資本原價總計	營業用欵分類則例中同等之節目	維持費 民 年 共計	民 年 百分之幾	民二十一年 共計	民二十一年 百分之幾	民二十二年 共計	民二十二年 百分之幾
1	2	3	4	5	6	7	8	9
資－5 隧道		用-5-3						
資－6 橋工	1 605 279.49	用-5-4			5 879.47	.42	9,985.41	.62
資－9 軌道	1,793 539.04	用-5-5			243,606.15	13.87	221,318.41	12 34
1 軌枕		用-5-5-2						
2 鋼軌及配件		用-5-5-3						
資－10 信號及軌閘	66,400.87	用-5-6			1,328.23	5.32	1,144.49	1.72
資－11 車站及房屋	697,001.07	用-5-7			31,653.32	4.59	28,238 62	4.05
1 總公司辦公所	47,318.30	用-5-7-1			1,212.71	2.56	656.06	1.18
2 員司住屋	119,863.75	用-5-7-3			15 190.43	.12.79	6,019.46	5.02
資－12 總機器廠								
1 房屋及裝修品	30,777.29	用-5-8			106.70	.34	68.67	.22
2 機器及器具	156,001.48	用-4-9			42,850.93	30.75	4,659.02	2.99

維持費占資本原價百分之幾

資本項目	計至民二十二年度末資本原價總計	營業用欵分類則例中同等之節目	維持費 民 年 共計	維持費 民 年 百分之幾	維持費 民二十一年 共計	維持費 民二十一年 百分之幾	維持費 民二十二年 共計	維持費 民二十二年 百分之幾
1	2	3	4	5	6	7	8	9
資-13 特別機廠								
資-15 車輛								
1 機車	649 313.49	用-4-2-1			81,324.90	14.16	66,366.26	10.22
2 客車	595,999.49	用-4-3-1			40 302.71	6.93	32,982.88	5 53
3 貨車	573,902.98	用-4-4-1			30,091.48	52.4	18 813.35	3.28
4 自動車	307,498.54	用-4-5-1			14,942.06	3.31	14,002.40	4 55
資-17 船塢船港	53 676.01	用-5-15-2					5,478.98	10.21

各項費用之分配及統計

第一段　營業用欵之分配

民廿一年度	項別	廿二年度總數	每營業路線一公里之費用	每行駛列車一公里之費用
1	2	3	4	5
347,426 30	總務費	343,469 36	2,173 86	.43
182,408 23	車務費	182,555 94	1,155 42	.23
631,197 65	運務費	655,785 16	4,150 54	.82
307,563.49	設備品維持費	254,715 67	1,612 12	.32
377,674 96	工務維持費	341,501 14	2,161 40	.42
1,846,270 63		1,778,027 27	11,253 34	2 22

第二段　機車用煤

廿一年度	價量	廿二年度	廿一年度	重量	廿二年度
1	2	3	4	5	6
			公噸		公噸
384,922.92	1. 煤價總計	391,520 38	12,220	5. 用煤總數	12,243
31 50	2. 每噸平均原價	31 98		6. 每列車公里用煤數量	磅 34
	3. 每列車公里用煤之原價	0.[illegible]8		7. 每機車公里用煤數量	磅 33
	4. 每機車公里用煤之原價	0.47			

各項費用之分配及統計

第三段　維費

二十一年度		二十二年度
元.		元.
3,696.59	1. 每機車每年之平均修理費	4 147 89
	2. 每機車公里每輛機車平均修理費	.005
876.15	3. 每客車一輛每年平均之修理費	717.02
165.33	4. 每貨車一輛每年平均之修理費	142 66
	5. 平均每機車行一公里機車所消之油脂費	.0025
	6. 平均每列車行一公里客貨車所耗之油脂費	.005

第四段每一公里路線之維持費

公里數 二十一年度	由進欵項下開支維持費之平均公里數	公里數 二十二年度
133,061	單軌	133,061
11 268	第二軌道	11 268
8 566	串道	8 566
5,778	岔道	5,778
	實業枝線	
158 673	軌道共計	158 673

243,606 15 用-55 軌道維持貨共計 221,318.41

廿一年度	每路維一公里之維持費	廿二年度
元.		元
1 541 80		1 400.75

類別	人數	工鐘作点	酬 月支 薪俸	津貼	共計	報 日支	本業年進營欵	本業年用營欵	附註
1	2	3	4	5	6	7	8	9	10
I 總管理處									每人每日工作以八小時爲標準
一級									
二級									
三級									
四級至七級	1		450.00		450.00				
八級至十二級									
十三級至二十級	5		1,160.00		1,160.00				
二十一級至三十級	9		1,200 00		1,200.00				
三十級以下者	1		40.00		40.00				
共計	16		2,850 00		2,850.00				
II 總務處									同上
一級									
二級									
三級									
四級至七級									
八級至十二級									
十三級至二十級									
二十一級至三十級	4		555.00		555.00				
三十級以下者	143		3 345 35		3 345 35	224.72			
共計	147		3,900 35		3 900 35	224,72			
III 車務處									同上
一級									
二級									
三級									
四級至七級									
八級至十二級									
十三級至二十級									
二十一級至三十級	3		420.00		420.00				
三十級以下者	381		9.544.00		9 544 00	726 80			
共計	384		9,964.00		9 964.00	726 80			

類別	人	工鐘	酬			報	本業	本業	附
			月		支	日	年進	年用	
	數	作点	薪俸	津貼	共計	支	營欵	營欵	註
1	2	3	4	5	6	7	8	9	10
IV 機務處									每人每日工作以八小時爲標準
一級									
二級									
三級									
四級至七級									
八級至十二級									
十三級至二十級	1		250.00		250.00				
二十一級至三十級	2		300.00		300.00				
三十級以下者	333		3,033.96		3,033.96	9,938.98			
共計	336		3,583.96		3,583.96	9,938.98			
V 工務處									同上
一級									
二級									
三級									
四級至七級									
八級至十二級	1		300.00		300.00				
十三級至二十級									
二十一級至三十級	8		1,060.00		1,060.00				
三十級以下者	423		1,208.58		1,208.58	8,545.65			
共計	432		2,568.58		2,568.58	8,545.65			
VI 會計處									同上
一級									
二級									
三級									
四級至七級									
八級至十二級									
十三級至二十級									
二十一級至三十級	6		770.00		770.00				
三十級以下者	35		1,541.54		1,541.54				
共計	41		2,341.54		2,341.54				

類別	人數	工鐘作點	酬報 月支 薪俸	津貼	共計	日支	本業年進營欵	本業年用營欵	附註
1	2	3	4	5	6	7	8	9	10
VII 路警署									工作以不間斷爲原則
一級									
二級									
三級									
四級至七級									
八級至十二級									
十三級至二十級									
二十一級至三十級									
三十級以下者	343		3,419 00		3 419 00				
共計	243		3 419 00		3 419.00				

圖式壹

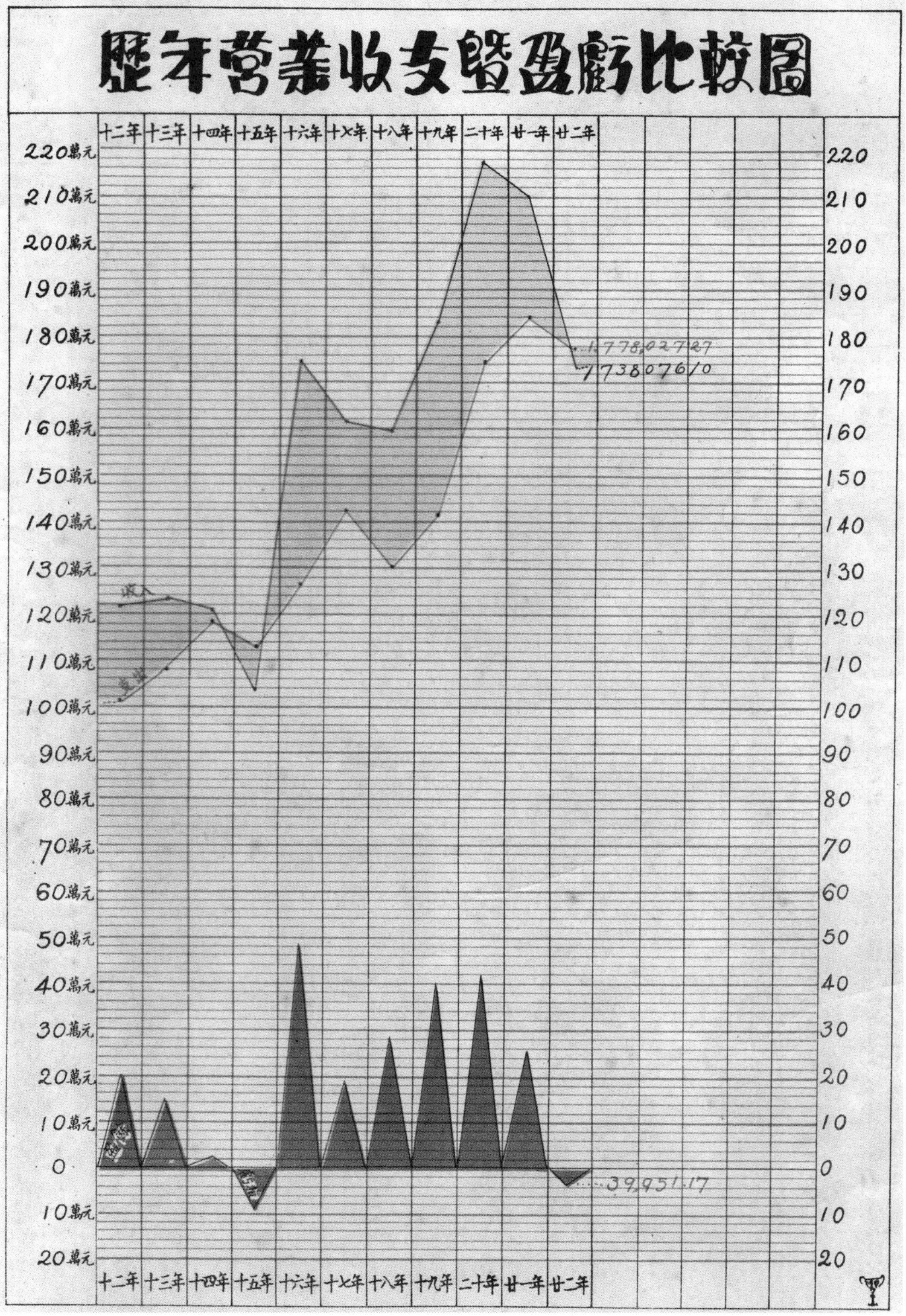
歷年營業收支盈虧比較圖
十二年 十三年 十四年 十五年 十六年 十七年 十八年 十九年 二十年 廿一年 廿二年
220萬元 210萬元 200萬元 190萬元 180萬元 170萬元 160萬元 150萬元 140萬元 130萬元 120萬元 110萬元 100萬元 90萬元 80萬元 70萬元 60萬元 50萬元 40萬元 30萬元 20萬元 10萬元 0 10萬元 20萬元
220 210 200 190 180 170 160 150 140 130 120 110 100 90 80 70 60 50 40 30 20 10 0 10 20
收入
支出
1,778,027.27
1,738,076.10
盈餘
虧折
39,951.17

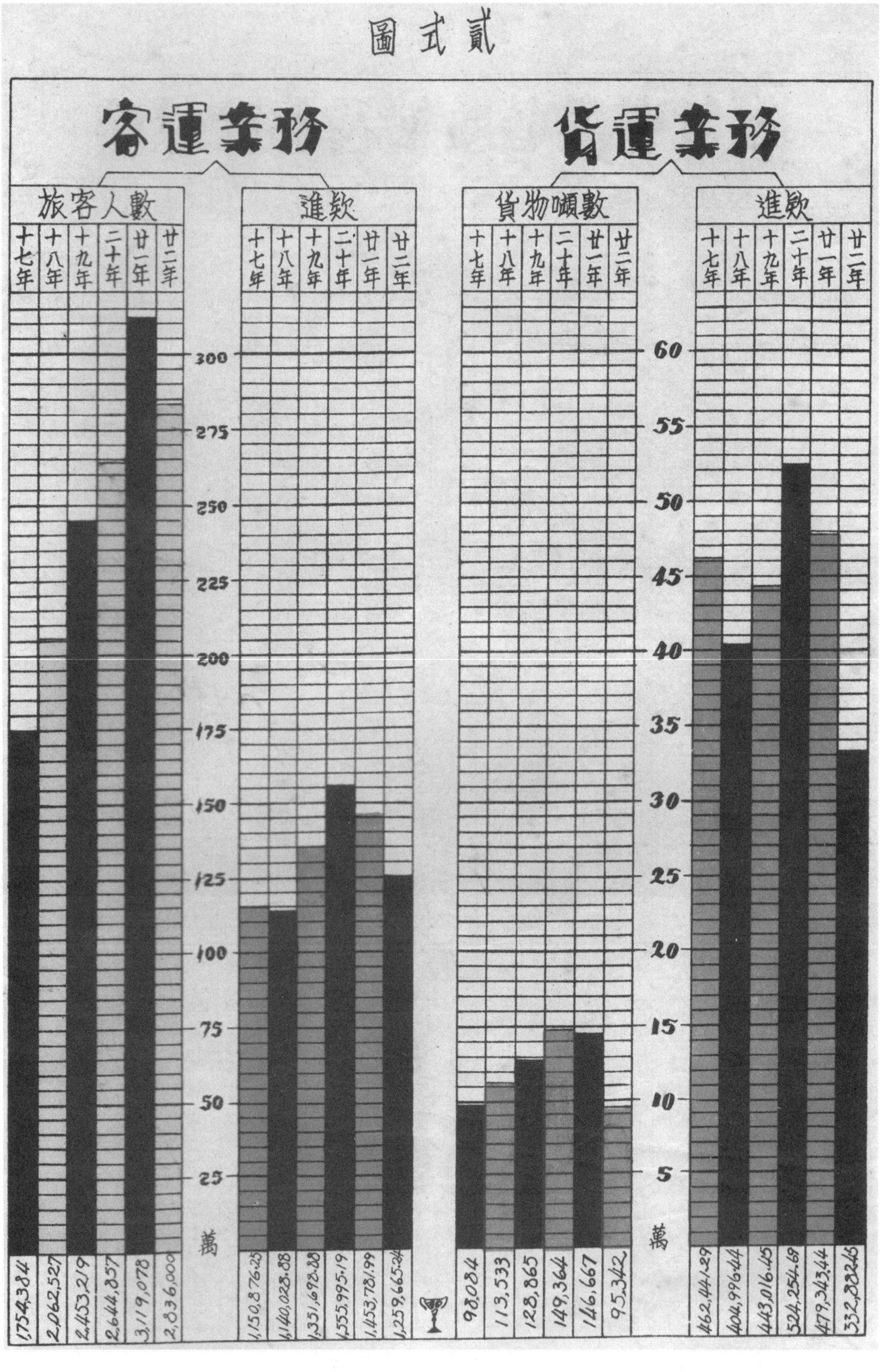
圖式貳
客運業務
貨運業務
旅客人數
進款
貨物噸數
進款
十七年
十八年
十九年
二十年
廿一年
廿二年
300
275
250
225
200
175
150
125
100
75
50
25
萬
60
55
50
45
40
35
30
25
20
15
10
5
萬
1,754,384
2,062,527
2,453,219
2,644,857
3,119,078
2,836,000
1,150,876.25
1,140,028.88
1,351,698.88
1,555,995.19
1,453,781.99
1,259,665.24
98,084
113,533
128,865
149,364
146,667
95,342
462,441.29
404,996.44
443,016.45
524,254.69
479,343.44
332,882.45

勘　誤　表

頁數	欄　數	行　數	誤	正
1		28	陸續車利項下提撥償還	陸續由車利項下提撥償還
8		2	政府曲爲通蝠	政府曲爲通融
8		8	惟自民二十年，起因感覺....	惟自民二十年起，因感覺....
13	1	17	資－16	資－17
13	1	18	資－17	資－18
19	4,6,7	8	13,456.02　資-5 項下數目	原係資-4-5 道路項下數目
24	6	末	544,411.00	544 411 30
28		3	美金七萬五千元	美金二萬四千五百元
32	9	6	51	56
35	2	末	2,109,623 12	2,109,923.12
37	第三段	3	撥－6　業主盈利	撥-6　債券紅利
38	3	末	10 956,054 32	10,596,054.32
38	4	29	漏　去	189 776.86
39	4	17	928.81	928 89
40	3,4	4	2,656,184	2,656,185
40	8	4	93.66	93.77
41	3	末	漏　去	2,836,000
41	4	末	漏　去	2,836,000
41	5	末	漏　去	99,810,496
41	9	12	.9	.09
43	1	11	漏　去	24.00
43	1	末	漏　去	479,367.44
43	5	延噸公里	10,425,189	7,323,864
50	1	6	23 63	23.36
51	7	7	2.85	2.86
51	5	8	漏去材料數目	3. 材料　9,684.23
51	5	9	4.　雇賃船隻等類費用	159 32
55	4	2	工務課	工務處
55	4	2,3,4,5	用-5-2, 5-3, 5-4, 5-5,	各挨次移下一位與"路基及路線保護"等相聯接
55	4	6,7	用-5-6, 5-7,	各挨次移下一位與"信號及軌閘，車站及房屋"等相聯接
56	2	3	7,086.80	7,006.80
58	7	1	939,840	639,840
63	第一段	弍欄，末	漏　去	共　計
64	第四段	8	軌道維持貨共計	軌道維持費共計
64	第四段	9	每路維一公里之維持費	每路綫一公里之維持費
66	會計處	末	2,341.54	2,311.54
67	路警署	末	343	243
65		項	漏　去	"員役"二字

新寧鐵路廿三年度會計統計年報

簡編

總理遺囑

余致力國民革命凡四十年其目的在求中國之自由平等積四十年之經驗深知欲達到此目的必須喚起民衆及聯合世界上以平等待我之民族共同奮鬥現在革命尚未成功凡我同志務須依照余所著建國方略建國大綱三民主義及第一次全國代表大會宣言繼續努力以求貫澈最近主張開國民會議及廢除不平等條約尤須於最短期間促其實現是所至囑

目錄

1. 民國二十三年度會計報告
2. 資本支出
3. 營業賬
4. 歲計賬……第一段……第二段……第三段
5. 平準表

會計報告

民國廿三年度

甲• 節印歲計平準等四表原因

本路會計統計年報，自民國廿一年起，已悉遵 鐵道部規定四十種表式編造，遞年年報編竣，卽將全部數目統計各表，付諸印刷，編裝成册，呈繳 鐵道部廣東建設廳等主管機關審核，並以之分送 大會股東省覽，手此一篇，全部經濟狀況，包括無遺，洵屬完善；惟每年印製此種會計統計年報，需數千本之多，方敷各方面索取，其印工紙料，所費甚鉅，當此不景氣彌漫之際，百業凋零，收入縮減，撙節靡費，乃切要之事，故於民國廿三年度起，變通辦法，除將各表繕錄全份，呈送 部廳主管機關審核，以符定章外，另就各表中擇其能提綱挈領，足以表現全年度經濟狀況之概要；如資本支出，營業收支，歲計，平準，四種，付之印製，以供省覽，此外總中之分表，或僅關於一部分之報告表，完全抽出，以節印費，倘 股東諸君有以節印近於簡畧，未窺全豹爲慊，可隨時到會計處查閱全表也•

乙• 營業狀況

民廿三年度營業進款爲壹百三十七萬八千九百九十四元八毛，營業用欵爲一百四十四萬五千四百七十四元零七仙，收支比較，營業上虧損六萬六千四百七十九元弍毛七仙•

丙• 營業進欵增減之比較

民廿二年度營業收入爲一百七十三萬八千零七十六元一毛，本年度營業收入爲一百三十七萬八千九百九十四元八毛，比較短收三十五萬九千零八十一元三毛，其中客運減少二十一萬九千八百二十三元四毛八仙，貨運減少一十一萬弍千八百二十五元五毛八仙，其他收入減少弍萬六千四百三拾二元二毫四仙，兹列表于次：

營業進欵增減比較表

年度 \ 類別		客運收入	貨運收入	其他收入	合計
廿二年度		1,280,680.59	332,882.45	124,513.06	1,738,076.10
廿三年度		1,060,857.11	220,056.87	98,080.82	1,378,994.80
增減比較	增				
	減	219,823.48	112,825.58	26,432.24	359,081.30

本年度收入之短少，爲歷年以來僅見，分析其中情形，客貨運輸，固屬不振，卽其他一切收入莫不銳減，可見農村破產，商業凋弊，經濟枯竭，得未曾有矣。

丁。 營業用欵增減之比較

本年營業用欵總額爲一百四十四萬五千四百七十四元零七仙，廿二年度營業用欵總額爲一百七十七百八千零二十七元二毫七仙，比較節省三十三萬二千五百五十三元二毫，內計本年總務費省節一十五萬七千二百七十四元一毫三仙，車務費節省三萬六千零三十八元一毫九仙，運務費節省六萬四千一百六十六元七毫三仙，設備品維持費節省三萬一千四百八十七元五毫四仙，工務維持費節省四萬三千五百八十六元六毫一仙。茲列表于次：

營業用欵增減比較表

類別 / 年度		總務費	車務費	運務費	設備品維持費	工務維持費	合計
廿二年度		343,469.36	182,555.94	655,785.16	254,715.67	341,501.14	17,78,027.27
廿三年度		186,195.23	146,517.75	591,618.43	223,228.13	297,914.53	1,445,474.07
增減比較	增						
	減	157,274.13	36,038.19	64,166.73	31,487.54	43,586.61	332,553.20

查廿二年六月間潦水暴漲，奔流湍急，勢甚洶湧，沿路低窪地方，水深及丈，本路路軌橋樑，被水衝毀者多處，尤以西南枝綫受災最巨，潦水退後，橋樑路基，修理需時，寧白火車停行以待者，將及匝月，差幸其時尙有汽車可以往來，交通不至完全斷絕；然估計此次潦災損失，修理費約需弍十萬元，客貨車利約短收十萬元，倘無此水災損失，廿三年度收入不至如此短少，支出亦不需如此巨額，兩相比較，營業上或不至於虧損也。

會計處長

李袞宸

資本支出

項別	年初彙計	本年度內：新設展長路線	本年度內：擴充改良	本年度內：廢棄產業	本年度內：資本支出淨數	年終彙計
	元,	元,	元,	元,	元,	元,
第一欵 建築帳						
資－1 總務費	233,789.06		1,876.41		1,876.41	235,665.47
資－2 籌辦費	13 868.52					13,868.52
資－3 購地	1,045,693.44		7,471.95		7,471.95	1,053,165.39
資－4 路基築造	775,784.47		68,398.52		68,398.52	844,182.99
資－5 隧道						
資－6 橋工	1 605,279.49		12,104.90		12,104.90	1,617,384.39
資－7 路線保護	7,819.05		1,409.60		1,409.60	9,228.65
資－8 電報及電話	115,959.32					115,999.32
資－9 軌道	1,793,539.04		1,887.36		1,887.36	1,795,426.40
資－10 信號及軌閘	66,400.87		79.49		79.49	66,480.36
資－11 車站及房屋	697,001.07		2,745.00		2,745.00	699,746.07
資－12 總機器廠	186,778.77					186,778.77
資－13 特別機廠	19,927.73		9,230.00		9,230.00	29,157.73
資－14 機件	184,567.47					184,567.47
資－15 車輛	2,128,040.15					2,128,040.15
資－16 船塢船港及船埠	53,676.01					53,676.01
資－17 浮水設備品	255,380.49					255,380.49
第一欵 共計	9,183,504.95		105,203.23		105,203.23	9,288,708.18

資本支出

項別	年初彙計	本年度內 新設展長路線	本年度內 擴充改良	本年度內 廢棄產業	本年度內 資本支出淨數	年終彙計
	元.		元.		元.	元.
第二欵 建築以外收支帳						
資－19 建築時利息	89,443.97					89,443.97
資－20 滙換	10,563.91					10,563 91
第二欵共計	100,007.88					100,007.88
第一第二兩欵總計	9,283,512.83		105,203.23		105,203.23	9,388,716.06
減去建築帳收入	7,634.13					7,634.13
路線及設備品原價總計	9,275,878.70		105,203.23		105,203.23	9,381,081.93
其他有形產業之原價	54,473.04					54,473.04
無形資產之原價	23,412.76					23,412.76
財產原價總計轉入平準表	9,353,764.50		105,203.23		105,203.23	9,458,967.73

借方 營業

占營業進歀百百之幾	占營業用歀分分之幾	民二十二年度		營業用歀	民二十三年度		占營業用歀百分之幾	占營業進歀百分之幾
		元,	元,		元,	元,		
19.76	19.31	343,469.36		用-1 總務費		186,195.23	12.88	13.50
			154,864.91	管理	107,169.15			
			188,604.45	特別	79,026.08			
10.50	10.26	182,555.94		用-2 車務費		146,517.75	10.14	10.63
37.74	36.86	655,785.16		用-3 運務費		591,618.43	40.93	42.90
			500,240.87	機車	447,427.00			
			4,033.17	客貨車	2,295.78			
			61,896.76	自動車	63,210.06			
			40,017.21	車務	30 332.29			
			49,597.15	渡船	48,353.30			
14.65	14.31	254,715.67		用-4 設備品維持費		223,228.13	15.44	16.19
			254,585.67	機車處	223,226.13			
			130.00	渡船處	2.00			
19.65	19.26	341,501.14		用-5 工務維持費		297,914.53	20.61	21.60
			321,149.57	養路處	284,529.22			
			20,351.57	他處	13,385.31			
				用-6 互用車輛				
102.30	100.00	1,778,027.27		營業用歀總數		1,445,474.07	100.00	104.82
				淨盈				
102.30	100.00	1,778,027.27		總計		1,445,474.07	100.00	104.82

帳

貸方

占營業進款百分之幾	民二十二年度		營業進款	民二十三年度		占營業進款百分之幾
	元,	元,		元,	元,	
	1,613,563.04		一 運輸進欵		1,280,913.98	
72.47		1,259,665.24	進-1 旅客業務-旅客	1,046,428.62		75.88
1.21		21,015.35	進-2 旅客業務-其他	14,428.49		1.05
19.16		332,882.45	進-3 貨運業務-貨物	220,056.87		15.96
			進-4 貨運業務-其他			
			進-5 渡船業務			
	124,513.06		二 其他營業進欵		98,080.82	
			進-6 電報			
			進-7 總機廠贏利			
4.47		77,730.84	進-8 租金	62,574.19		4.54
2.69		46,782.22	進-9 雜項進欵	35,506.63		2.57
			三 附屬營業			
			進-10 附屬營業			
			四進-11 互用車輛			
100.00	1,738,076.10		營業進欵總數		1,378,994.80	100.00
	39,951.17		營業淨虧		66,479.27	
100.00	1,778,027.27		總計		1,445,474.07	100.00

— 8 —

歲計帳計算書

借方　　　　　　　　　　　　　　貸方

第一段歲計帳

民廿二年度	項目	民廿三年度	民廿二年度	項目	民廿三年度
元.		元.	元.		元.
39,951.17	歲—8 虧損淨數	66,479.27		歲—1 進欵淨數	
144,864.79	歲—9 長期債欵之利息	150,826.70		歲—2 有價證券之收入	
879.24	歲—10 短期債欵之利息	1,068.27	4,095.90	歲—3 利息	1,061.64
	歲—11 契約規定之官利			歲—4 實業投資之盈利	
	歲—12 政府資金之利息		28.00	歲—5 應收租金	129.16
	歲—13 實業投資之虧損	5,869.15	12,347.72	歲—6 兌換盈餘	12,176.81
	歲—14 分期消除債欵之折扣		314.30	歲— 雜項收入	633.50
5,039.97	歲—15 稅金	3,850.46			
1,795.40	歲—16 應付租金	3,373.33			
7,376.94	歲—17 貨幣跌價之折扣	704.16			
5,575.26	歲—18 兌換虧損	4,572.59			
1,080.01	歲—19 雜項支出	51.50			
206,562.78	共計	236,795.43	16,785.92	共計	14,001.11
	相差		189,776.86	相差	222,794.32
206,562.78	共計	236,795.43	206,562.78	共計	236,795.43

— 9 —

第二段 盈虧帳

民廿二年度	項目	民廿三年度	民廿二年度	項目	民廿三年度
元		元	元		元
189,776.86	盈—5 本年結數	222,794.32		盈—1 本年結數	
	盈—6 出售資產之虧損			盈—2 出售資產之盈利	
	盈—7 過期帳支出			盈—3 過期帳收入	
	盈—8 其他支項			盈—4 其他收項	12 1,457.02
189,776.86	共計	222,794.32		共計	121,457.02
	相差		189,776.86	相差	101,337.30
189,776.86	共計	222,794.32	189,776.86	共計	222,794.32

第三段 盈虧撥補帳

民廿二年度	項目	民廿三年度	民廿二年度	項目	民廿三年度
189,776.86	撥—4 本年虧折	101,337.30		撥—1 本年盈餘	
	撥—5 歷年積虧	189,776.86		撥—2 歷年積餘	
	撥—6 債劵紅利			撥—3 政府息金之轉登	
	撥—7 擴充產業之撥用				
	撥—8 償還債欵之撥用				
	撥—9 抵銷折扣之撥用				
	撥—10 公積特別撥用金				
	撥—11 其他撥用				
	撥—12 撥付政府之數				
189,776.86	共計	291,114.16		共計	
	轉入平準表之盈餘		189,776.86	轉入平準表之虧損	291,114.16
189,776.86	共計	291,114.16	189,776.86	共計	291,114.16

借方　　資產或稱借方結數　　總　平

民廿二年度	欵別	民廿三年度	增	減
元.		元.	元.	元.
	平-6 資金資產			
9,275,878.70	平-6-1 路線及設備品之原價	9,381,081.93	105,203.23	
54,473.04	平-6-2 其他有形資產之原價	54,473,04		
23,412,76	平-6-3 無形資產之原價	23,412,76		
9,353,764.50	資金資產共計	9,458,967.73		
	平-7 營業資產			
	平-7-1 現金			
7,226.93	平-7-1-1 銀行來往	11,934.48	4,708.55	
5,939.39	平-7-1-2 港局庫存	42.59		5,896.80
26,494.74	平-7-1-3 總局庫存	59,652.20	33,157.46	
168,256.86	平-7-1-4 備用欵項	204,914.50	36,657.64	
23,042.60	平-7-1-5 員工暫借	16,229.87		6,812.73
	平-7-2 償欵及滙票			
5,000.00	平-7-2-1 放欵	5,000,00		
	平-7-3 車務帳應收之結數			
	平-7-4 其他應收之帳目			
	平-7-4-1 他路			
36,718.44	平-7-4-2 零星欠戶	36,607.48		110,96
730,126.88	平-7-5 材料	665,536.72		64,590.16
1,002 804.84	營業資產共計	999,917.84		
	平-8 未來之借項			
26,000.00	平-8-1 暫時墊付政府之欵	26,000.00		
	平-8-2 預付欵項			
	平-8-3 未經銷減之債欵折扣			
17,607.46	平-8-4 未經注銷之廢棄產業	11,738.31		5,869.15
	平-8-5 特別積欵			
6,100.66	平-8-6 其他未來借項	6,054.66		46.00
49,708.12	未來之借項共計	43,792.97		
189,776.86	平-9 積累虧折	291,114.16	101,337.30	
10,596,054.32	總計	10,793,792.70		

準表　　資產或稱貸方結數　　貸方

民廿二年度	款別	民廿三年度	增	減
元.		元.	元.	元.
	平-6 資本負債			
3,658,623.35	平-1-1 股份	3,658,623.35		
17,659.56	平-1-2 股份之增價	17,659,56		
	平-1-3 政府長期資金			
	平-1-4 抵押債劵			
2,505,082,21	平-1-5 附項	2,611,477.23	106,395.02	
6,181,365.12	資本負債共計	6,287,760.14		
	平-2 營業負債			
	平-2-1 債欵及滙票			
191,707.23	平-2-1-1 附儲	170,060.03		21,647.20
23,645.01	平-2-1-2 保證金	53,719.19	30,074.18	
295,758.96	平-2-1-3 銀業課	295,758.96		
	平-2-2 車務帳應付之結數			
12,701.96	平-2-3 未償之到期欵項	12,280.16		421.80
	平-2-4 其他應付之帳目			
	平-2-4-1 他路			
3,209.29	平-2-4-2 零星借主	8,558.38	5,349.09	
	平-2-4-3 貸項			
53,421.64	平-2-4-4 應付帳項	76,101.96	22,680.32	
71,580.30	平-2-4-5 應付材料	186,060.53	114,480.23	
652,024.39	營業負債共計	802,539.21		
	平-3 未來之貸項			
11,512.94	平-3-1 政府暫墊之欵	11,512.94		
33,396.31	平-3-2 營業準備金	30,056.68		3,339.63
1,328,150.25	平-3-3 折舊準備金	1,273,197.31		54,952.94
101,769.27	平-3-4 償還借欵提存	101,769.27		
386,578.46	平-3-5 未領股息	385,699.57		878.89
1,861,407.23	未來之貸項共計	1,802,235.77		
	平-4 已經支用之盈餘			
1,180,676.64	平-4-1 盈餘提出之建增產業	1,180,676.64		
720,580.94	平-4-2 盈餘提出之償還債欵	720,580.94		
1,901,257.58	撥用之餘盈共計	1,901,257.58		
	平-5 未經撥用之盈餘			
10,596,054.32	總計	10,793,792.70		

— 12 —

本路廿三年度會計統計年報各項數目均經核對無訛

監察人 李慶南 印

陳仲垣 印

新寧鐵路廿四年度會計統計年報

簡編

總理遺囑

余致力國民革命凡四十年其目的在求中國之自由平等積四十年之經驗深知欲達到此目的必須喚起民衆及聯合世界上以平等待我之民族共同奮鬥

現在革命尚未成功凡我同志務須依照余所著建國方略建國大綱三民主義及第一次全國代表大會宣言繼續努力以求貫徹最近主張開國民會議及廢除不平等條約尤須於最短期間促其實現是所至囑

目錄

1. 民國二十四年度會計報告
2. 資本支出
3. 營業賬
4. 歲計賬……第一段……第二段……第三段
5. 平準表

會計報告

民國廿四年度

甲• 會計統計年報節印：

本路會計統計年報，自民國廿一年度起，已悉遵　鐵道部規定之四十種表式編造，遞年年報編竣，卽將全部會計統計各表，付諸剞刷，編裝成册，呈繳　鐵道部及廣東建設廳審核，同時並分送地方團體與本路股東大會省覽，以示公開，手此一篇，全路經濟狀況，巨細悉備，一覽無遺，洵稱完善•惟遞年印製此種會計統計年報，印工紙料，所費不貲，當此不景氣彌漫中，百業凋零，收入減縮，撙節靡費，爲切要之圖，故自民廿三年度起，變通辦法，除將會計統計各表，繕錄全份，（或酌印少數）呈送　部廳各主管機關審核，以符章制外，另於各表中擇其能提綱挈領，足以表示全年度經濟狀況之概要，如資本支出，營業收支，歲計，平準，四種，付之印製，以供省覽，此外總中之分表，或僅關於一部份之報告表，完全抽出，以節印費•倘股東諸公，有以節印近於簡畧，未窺全豹爲憾者，可隨時到會計處查閱全表，或一切賬册也•

乙• 營業狀況：

民國廿四年度營業進欵：關於旅客部份，爲八十萬零五千一百七十二元三毛四仙•關於貨物部份，爲一十七萬二千零四十四元零五仙，其他部份，爲七萬八千六百五十七元五毛五仙，合共進欵爲壹百零五萬五千八百七十三元九毛四仙•營業用欵：屬於總務費者，爲壹十五萬三千二百零七元九毫，屬於車務者，爲壹十弍萬八千七百二十六元三毛三仙，屬於運務者爲四十四萬六千六百一十三元五毫六仙，屬於設備維持者，爲弍十萬零弍千弍百三十元零弍毛六仙屬於工務維持者，爲壹拾八萬六千壹百七十三元零六仙，合計用欵爲壹百壹十壹萬六千九百五十一元一毫一仙，進欵用欵兩相比較，本年度營業虧損六萬壹千零七十七元壹毫七仙•

丙• 營業進欵增減之比較：

民國二十三年度營業進欵，合計爲壹百三十七萬八千九百九十四元八毛，廿四年度營業進欵，合計爲壹百零五萬五千八百七十三元九毛四仙，比較減少三十二萬三千一百式十元零八毛六仙，分折觀之，各項進欵，俱有銳減之象，質言之，不景氣較上年爲甚，一切社會生活，不啻入於半睡眠狀態中，警夢震鼾，挽救疲弊，斯爲急亟之圖矣，茲列表于次：

營業進欵增減比較表

類別 年度	客運收入	貨運收入	其他收入	合計
廿二年	1,280,680.59	332,882.45	124,513.06	1,738,076.10
廿三年	1,060,875,11	220,056.87	98,080.82	1,378,994.80
廿四年	805,172.34	172,044.05	78,657.55	1,055,873.94
廿四年比廿三年減少數	255,684.77	48,012.82	19,423.27	323,120.86

就上表觀察，客貨運輸遞年銳減，其他收入，亦年少一年，若挽救疲弊，非開源節流，同時並舉不可。

丁。 營業用欵增減之比較：

民國廿三年度營業用欵一百四十四萬五千四百七十四元零七仙，廿四年度營業用欵一百一十一萬六千九百五十一元一毫一仙，比較減少三十二萬八千五百二十二元九毫六仙，分折觀之，各部用費俱有撙節，其中以運務費節省壹十四萬餘元爲最巨，工務維持費節省壹拾壹萬餘元次之。維持費爲業務上鞏固安全之需，事實上似不宜減少，惟當此業務凋弊中，撙節支出，亦應付環境應有之策畧也。茲列表于次：

營業用欵增減比較表

類別 年度	總務費	車務費	運務費	設備品維持費	工務維持費	合計
廿二年	343,469.36	18,2555.94	655,785.16	254,715.67	34,1501.14	1,778,027.27
廿三年	186,195.23	146,517.75	591,618.43	223,228.18	297,914.53	1,445,474.07
廿四年	153,207.90	128,726.33	446,613.56	202,230.26	186,173.06	1,116,951.11
廿四年比廿三年減少	32,987.33	17,791.42	145,004.87	20,997.87	111,741.47	328,522.96

觀察上表，總務費節減三萬三千餘元，車務費節減一萬七千餘元，運務費節減一十四萬五千餘元，設備品維持費節減二萬一千元，工務維持費節減一十一萬一千餘元，合計全部節減三十二萬八千餘元，與廿三年度節減之三十三萬餘元，彙計之，兩年間共節減用費六十六萬餘元，此數不可謂不巨，無如不景氣侵襲，不易遏止，節用雖多，仍不免於虧損，（本年度營業虧損六萬一千零七十七元一毫七仙）涓涓不息，將成江河。興言及此，焉能無懼，故今後業務之興替，緊夫今後繼續努力之收穫，與社會經濟環境之變遷爾已。

戊。 擴充業務：

交通事業，貴在快捷省時，本路爲便利行旅發展業務計，因與江門大安源發。兩輪渡聯運，加快速率，縮減時間，出寧城而廣州，晨發夕至，且收費特廉，行程遠而用費無多，在旅客方面，時間金錢俱耗費少而收效大，行旅之經濟化，莫愈於此。至於本年度之建設，因限於財力，無多發展，唯於新路綫需要上，購地用去九萬餘元，築造路基用去四萬二千餘元，與機器上略事增加耳。統計資本支出僅十三萬七千餘元，與上年較大有逕庭之別矣。

會計處長

李　袞　宸

資本支出

項別	年初彙計	本年度內 新設展長路線	本年度內 擴充改良	本年度內 廢棄產業	本年度內 資本支出淨數	年終彙計
	元,	元,	元,	元,	元,	元
第一欵 建築帳						
資－1 總務費	235,665.47		1,337.98		1,337.98	237 003.45
資－2 籌辦費	13 868.52					13,868.52
資－3 購地	1,053,165.39		90,300.62		90,300.62	1,143,466.01
資－4 路基築造	844,182.99		42,168.45		42,168.45	886,351.44
資－5 隧道						
資－6 橋工	1,617,384.39					1,617,384.39
資－7 路線保護	9,228.65					9,228.65
資－8 電報及電話	115,959.32		102.20		102.20	116,061.52
資－9 軌道	1,795 426.40					1,795,426.40
資－10 信號及軌閘	66,480.36					66,480.36
資－11 車站及房屋	699,746.07					699,746 07
資－12 總機器廠	186,778.77					186,778.77
資－13 特別機廠	29,157.73		3,770 00		3,770.00	32,927.73
資－14 機件	184,567.47					184,567.47
資－15 車輛	2,127,840.15					2,127,8401.5
資－16 維持費						
資－17 船塢船港及船埠	53,676.01					53,676.01
資－18 浮水設備品	255,580.49					255,580.49
第一欵共計	9,288,708.18		137,679.25		137,679.25	9,426,387.43

資本支出

項別	年初彙計	本年度內 新設展長路線	本年度內 擴充改良	本年度內 廢棄產業	本年度內 資本支出淨數	年終彙計
	元.		元.		元.	元.
第二欵 建築以外收支帳						
資-19 建築時利息	89,443.97					89,443.97
資-20 滙換	10,563.91					10,563.91
第二欵共計	100,007.88					100,007.88
第一第二兩欵總計	9,388,716.06		137,679.25		137,679.25	9,526,395.31
減去建築帳收入	7,634.13					7,634.13
路線及設備品原價總計	9,381,081.93		137,679.25		137,679.25	9,518,761.18
其他有形產業之原價	54,473.04					54,473.04
無形資產之原價	23,412.76			8,317.00		15,095.76
財產原價總計轉入平準表	9,458,967.73		137,679.25	8,317.00	137,679.25	9,588,329.98

占營業進款百分之幾	占營業用款百分之幾	民二十三年度		營業用款	民二十四年度		占營業用款百分之幾	占營業進款百分之幾
		元,	元,		元,	元,		
13.50	12.88	186,195.28		用-1 總務費		153,207.90	13.71	14.51
			107,169.15	管理	89,793.72			
			79,026.08	特別	63,414.18			
10.63	10.14	146,517.75		用-2 車務費		128,726.33	11.52	12.20
42.90	40.93	591,618.43		用-3 運務費		446,613.56	40.00	42.30
			447,427.00	機車	330,717.50			
			2,295.78	客貨車	1,890.36			
			63,210.06	自動車	53,453.36			
			80,332.29	車務	24,850.81			
			48,353.30	渡船	35,701.53			
16.19	15.44	223,228.13		用-4 設備品維持費		202,230.26	18.10	19.15
			223,228.13	機車處	202,225.36			
				渡船處	4.90			
21.60	20.61	297,914.53		用-5 工務維持費		186,173.06	16.67	17.63
			284,529.22	養路處	175,246.67			
			13,385.31	他處	10,926.39			
				用-6 互用車輛				
104.82	100.00	1,445,474.07		營業用欵總數		1,116,951.11	100.00	105.79
				淨盈				
104.82	100.00	1,445,474.07		總計		1,116,951.11	100.00	105.79

帳

貸方

占營業進款百分之幾	民二十三年度		營業進款	民二十四年度		占營業進款百分之幾
	元,	元,		元,	元,	
	1,280,913.98		一• 運輸進欵		977,216.39	
75.88		1046,428.62	進-1 旅客業務-旅客	778,445.00		73.73
1.05		14,428.49	進-2 旅客業務-其他	26,727.34		2.53
15.96		220.056 87	進-3 貨運業務-貨物	172,044.05		16.30
			進-4 貨運業務-其他			
			進5- 渡船業務			
	98,080.82		二• 其他營業進欵		78,657.55	
			進-6 電報			
			進-7 總機廠贏利			
4.54		62,574 19	進-8 租金	60,849.14		5.76
2.57		35.506.63	進 9 雜項進欵	17,808.41		1.68
			三• 附屬營業			
			進-10 附屬營業			
			四•進 11 互用車輛			
100.00	1,378,994.80		營業進欵總數		1,055,873.94	100.00
	66,479.27		營業淨虧		61,077.17	
100.00	1,445,474.07		總計		1,116,951.11	100.00

— 8 —

歲計帳計算書

借方　　　　　　　　　　　　　　　　貸方

第一段歲計帳

民廿三年度	項目	民廿四年度	民廿三年度	項目	民廿四年度
元		元	元		元
66,479.27	歲—8 虧損淨數	61,077.17		歲—1 進欵淨數	
150,826.70	歲—9 長期債欵之利息	120,596.25		歲—2 有價證券之收入	
1,068.27	歲—10 短期債欵之利息	6,017.58	1,061.64	歲—3 利息	1.40
	歲—11 契約規定之官利			歲—4 實業投資之盈利	
	歲—12 政府資金之利息		129.16	歲—5 應收租金	300.09
5,869.15	歲—13 實業投資之虧損		12,176.81	歲—6 兌換盈餘	8,222.24
	歲—14 分期消除債欵之折扣		633.50	歲—7 雜項收入	120.18
3,850.46	歲—15 稅金	5,368.74			
3,373.33	歲—16 應付租金	3,784.00			
704.16	歲—17 貨幣跌價之折扣	6,50.50			
4,572.59	歲—18 兌換虧損	5,823.25			
51.50	歲—19 雜項支出				
236,795.43	共計	203,317.49	14,001.11	共計	8,643.91
	相差		222,794.32	相差	194,673.58
236,795.43	共計	203,317.47	236,795.43	共計	203,317.49

—9—

第二段 盈虧帳

民廿三年度	項目	民廿四年度	民廿三年度	項目	民廿四年度
元.		元.	元.		元
222,794.32	盈—5 本年結數	194,673.58		盈—1 本年結數	
	盈—6 出售資產之虧損	7,745.77		盈—2 出售資產之盈利	
	盈—7 過期帳支出			盈—3 過期帳收入	
	盈—8 其他支出		121,457.02	盈—4 其他收項	
222,794.32	共計	202,419.35	121,457.02	共計	
	相差		101,337.30	相差	202,419.35
222,794.32	共計	202,419.35	222,794.32	共計	202,419.35

第三段 盈虧撥補帳

民廿三年度	項目	民廿四年度	民廿三年度	項目	民廿四年度
101,337.30	撥—4 本年虧折	202,419.35		撥—1 本年盈餘	
189,77[illegible]36	撥—5 歷年積虧			撥—2 歷年積餘	
	撥—6 債券紅利			撥—3 政府息金之轉登	
	撥—7 擴充產業之撥用				
	撥—8 償還債欵之撥用				
	撥—9 抵銷折扣之撥用				
	撥—10 公積特別撥用金				
	撥—11 其他撥用				
	撥—12 撥付政府之數				
291,114.16	共計	202,419.35		共計	
	轉入平準表之盈餘		291,114.16	轉入平準表之虧損	202,419.35
291,114.16	共計	202,419.35	291,114.16	共計	202,419.35

借方　　資產或稱借方結數　　總平

民廿三年度	款別	民廿四年度	增	減
元		元	元	元
	平-6 資金資產			
9,381,081.93	平-6-1 路線及設備品之原價	9,518,761.18	137,679.25	
54,473.04	平-6-2 其他有形資產之原價	54,473.04		
23,412.76	平-6-3 無形資產之原價	15,095.76		8,317.00
9,458,967.73	資金資產共計	9,588,329.98		
	平-7 營業資產			
	平-7-1 現金			
11,934.48	平-7-1-1 銀行來往	11,147.25		787.23
42.59	平-7-1-2 港局庫存	4.29		38.30
59,652.20	平-7-1-3 總局庫存	44,814.46		14,837.74
204,914.50	平-7-1-4 備用欵項	118,135.34		86,779.16
16,229.87	平-7-1-5 員工暫借	6,866.89		9,362.98
	平-7-2 債欵及滙票			
5,000.00	平-7-2-1 放欵	5,000.00		
	平-7-3 車務帳應收之結數			
	平-7-4 其他應收之帳目			
	平-7-4-1 他路			
36,607.48	平-7-4-2 零星欠戶	36,107.48		500.00
665,536.72	平-7-5 材料	637,101.12		28,435.60
999,917.84	營業資產共計	859,176.83		
	平-8 未來之借項			
26,000.00	平-8-1 暫時墊付政府之欵	26,000.00		
	平-8-2 預付欵項			
	平-8-3 未經銷減之債欵折扣			
11,738.31	平-8-4 未經注銷之廢棄產業	11,738.31		
	平-8-5 特別積欵			
6,054.66	平-8-6 其他未來借項	6,054.66		
43,792.97	未來借項共計	43,792.97		
291,114.16	平-9 積累虧折	493,533.51	202,419.35	
10,793,792.70	總計	10,984,833.29		

準表　　資產或稱貸方結數　　貸方

民廿三年度	欵別	民廿四年度	增	減
元.		元.	元.	元
	平-6 資本負債			
3,658,623.35	平-1-1 股份	3,658,623.35		
17,659.56	平-1-2 股份之增價	17,659 56		
	平-1-3 政府長期資金			
	平-1-4 抵押債券			
2 611,477.23	平-1-5 附項	2,645,814 33	34,337.10	
6,287,760.14	資本負債共計	6,322,097.24		
	平-2 營業負債			
	平-2-1 債欵及滙票			
170,060.03	平-2-1-1 附儲	166,614.03		3,446.00
53,819.19	平-2-1-2 保證金	52,658.11		1,161.08
295,758.96	平-2-1-3 銀業課	295,758 96		
	平-2-2 車務帳應付之結數			
12,280.16	平-2-3 未償之到期欵項	11,960.48		319,68
8,458,38	平-2-4-2零星借主	10,211,91	1,753,53	
	平-2-4-3 貨項			
76,101.96	平-2-4-4 應付帳項	106,033.67	29,931.71	
186,060.53	平-2-4-5 應付材料	244 974.92	58,914.39	
	平-2-4-6 應付工程費	6,599,44	6,599.44	
	平-2-4-7 其他應付帳	1,627.66	1,627,66	
802 539.21	營業負債共計	896,439.18		
	平-3 未來之貸項			
11,512.94	平-3-1 政府暫墊之欵	11,512.94		
30,056,68	平-3-2 營業準備金	30,056 68		
1,273,197,31	平-3-3 折舊準備金	1,336,374 19	63.176.88	
101,769.27	平-3-4 償還借欵提存	101,769.27		
385,699 57	平-3-5 未領股息	385,326 21		373.36
1,802,235,77	未來之貸項共計	1,86,5039.29		
	平-4 已經支用之盈餘			
1,180 676,64	平-4-1 盈餘提出之建增產業	1,180 676.64		
720 580.94	平-4-2 盈餘提出之償還債欵	720.580.94		
1,901,257.58	撥用之盈餘共計	1,901,257 58		
	平-5 未經撥用之盈餘			
10,793,792.70	總計	10,984,833.[illegible]		

— 12 —

本路民國二十四年度會計統計年報簡編核對無訛

監察
陳仲桓 印
馬榮添 印